# 张北高原

## 历史文化研究文萃

### 【第一卷】
坝上纵横（上）

尹自先　主编

社会科学文献出版社
SOCIAL SCIENCES ACADEMIC PRESS (CHINA)

# 序 一

一方水土孕育一方文化，一方文化影响一方发展。在中华民族悠久的历史长河中，丰富而多彩的自然地理环境，孕育了不同特质、各具特色的地域文化。与此同时，独特的地域文化与地域经济社会相互融合，产生巨大的经济效益和社会效益，直接推动人类文明向前发展。坝上张北高原，以农牧交错为特质，粗朴而宁静、神秘而苍凉，人民长期的生产生活渐渐产生了以草原文化为主体、多种文化相交融的地域文化，为源远流长的中华文化发展添写了浓墨重彩的一笔。

坝上张北高原泛指河北省张北、沽源、康保、尚义一带以及包括内蒙古多伦、化德、商都和太仆寺旗在内的内蒙古高原东南部，清末民国以来俗称"坝上"。这片神圣的土地，自古就是多元文化和谐共存、多民族共同繁衍发展的一片热土，在中华民族发展史上具有一定的影响力。

张北高原是一片历史悠久的土地。在距今8000~10000年的新石器时期，先民们就在这里生存生活，之后先后有十多个民族在这里繁衍生息，是多个朝代皇帝驻跸、畋猎、办公之所。尤其自秦汉以来，内地华夏政权和草原民族政权交错进退，在这一方土地上上演了多部影响深远的历史活剧。北魏怀荒镇起义影响大河以北，推动中国北方变革并促进了隋唐的国家大统一。唐宋以降，契丹（辽）在燕子城清暑，女真（金）建金莲川行宫，蒙古铁骑激战野狐岭横扫千军，改写了中国乃至亚欧历史进程。"汉唐羁縻地，今则同中原"。元明清时期，我们统一多民族国家进一步发展，古老的北方丝路和繁忙的驿道军台在这里交会重叠，农牧业共同发展，各民族和谐共处。

张北高原是一片英雄辈出的土地。一百多年来，中国人民推翻帝制建立共和，抗击日本帝国主义，争取民族独立、人民解放和建设社会主义新中国，这里的人民流血牺牲、英勇奋斗，涌现出了许多英雄烈士和杰出人物。

张北高原是一片文化荟萃的土地。在历史上，坝上各县区的辖治都经历了从无到有、扩大与缩小、拆分与并合等变化，不变的是这方土地上各民族繁衍生息中产生的厚重历史文化。其中包含游牧文化、农耕文化、皇家文化、都城文化、长城文化、军事文化、商贾文化、移民文化、饮食文化、旅游文化等，但在这诸多文化中，最直接、最原始的是中原农耕文化与草原游牧文化千百年来共融的文化。这种文化是相对政治经济而言的人类全部精神活动及其活动产品，其通过不同时期的拓展与变化，说明社会生活和思想的巨大变迁，相对而言，也正是社会历史的发展与变革造就了这光彩夺目的地域文化。

一般来讲，编辑出版一部文化方面的书非常不容易，而编辑出版地域文化方面的书更是不容易。它既要涵盖这个地域一定的共性，还要包含这个地域不同的个性，否则不是有东拼西凑之嫌，就会有顾此失彼之虑。因此，张北县历史文化研究会这次结集出版《张北高原历史文化研究文萃》，将曾在这方土地上发生的历史事件和文化脉动中的文化研究收集编辑成册，不求面面俱到，只求特色突出，寓共性于个性之中。愿编者收集、整理、节选的相关学术论文和一些价值较高的文史资料，能够让广大读者更加了解这方土地历史文化、风土人情等方面的特定文化特征，并为专门研究坝上地域文化的专家学者提供一些方便。同时，《张北高原历史文化研究文萃》汇编出版，也算是曾经和现在生活、工作在坝上的人们的一种深深情结的释放！

2019.4

# 序 二

张北高原因张北县而得名，俗称"坝上"。就行政区域而言，绝大部分归河北省张家口市管辖，自然地理上则与内蒙古高原连为一体。在古代，这里居于农牧交界带偏牧区一侧，大多数时候属于北方游牧民族的活动范围。从清朝中叶起，内地农民出长城垦荒者日增，农业才逐渐成为该地区的主要经济形态。张北高原的地理位置十分重要，就横向而言，处于农牧交界带；就纵向而言，是北方游牧民族南下中原的一处交通要冲。自古及今，这里发生过许多波澜壮阔的历史事件，蕴含着丰富的历史文化资源。《张北高原历史文化研究文萃》的编纂，荟萃相关中外学者的研究论文、考古报告和重要文史资料于一帙，是一项非常有意义的工作。

张北高原与张北县在学术界和旅游业知名度的提升，与元中都遗址的发现有着密切关系。元中都是元朝中期武宗在位期间（1307~1311）兴建的都城。与元朝另外两座都城大都、上都相比，中都存在时间短暂，建设工程半途而废，因此较少受到关注。上世纪末，张北县北15公里的白城子遗址被确定为元中都故址，成为我国元代城市考古的一大突破。元中都遗址发现后，很快入选1999年全国十大考古新发现，之后又成为第五批全国重点文物保护单位，被国家文物局列入《中国申报世界文化遗产预备名单》，近期还建成了国家考古遗址公园。凡此种种，都对元中都以及张北高原历史文化的研究工作提出了更高要求。本书的编辑出版，对以往相关学术成果进行了阶段性的总结，必将大有助于研究工作的继续深入开展，可谓适逢其时。

本书主编尹自先老师，长期利用业余时间从事张北高原历史文化研究，成绩斐然。1987 年发表的《白城子说》一文，首次论定白城子遗址就是元中都故址，随后得到了考古发掘的证明，因此尹老师被誉为"元中都发现第一人"。而在更早的 1985 年，我就已经得知尹老师大名。当时我正读大学三年级，研究生备考中阅读南京大学陈得芝老师《元察罕脑儿行宫今地考》一文，注意到陈老师在这篇文章后面专门写了 700 多字的"补正"。其中引用尹老师通信转述的实地考察成果，对文章论点进行补充，高兴地表示："所幸与拙文论证之察罕脑儿行宫方位尚无大矛盾。"进而又说："唯纸上谈兵，终逊一筹，深感研究历史地理，不仅需读万卷书，更重要的竟是行万里路。"这段话给我留下了非常深刻的印象。多年之后到张北开会，有幸结识尹老师，时有请教，获益匪浅。今尹老师以古稀之年，编成此数百万字巨著，用力之勤，令人钦敬。蒙其不弃鄙陋，嘱序于我，谨略书数语如上，祝愿尹老师和张北的学者在相关领域研究做出更大成绩。

张　帆

2019.4

# 说　明

一　本书以习近平新时代中国特色社会主义思想为指导，致力于弘扬中华优秀传统文化。

二　本书是研究张北高原历史文化的专题文论集萃。时间截至中华人民共和国成立，之后时段相关的历史文化研究文论暂不收入。

三　本书所称"张北高原"，地域范畴为河北省张北、尚义、康保、沽源县，以及内蒙古自治区的多伦、商都、化德县和太仆寺旗等八个旗县的行政区域。多伦县相关研究文论众多，宜自成体系，暂不入本书。

四　本书收录的文章，除国内外公开刊行的图书文献、学术期刊、资料汇编，一部分出自内部刊物学位论文或民间著述。所收无论公开出版与否，均在文章首页注明出处。

五　按内容归类，全书分"坝上纵横""金莲川记""长城探幽""纪行拾忆""中都杂论"五大类。"坝上纵横"细分为"建置考释""史迹考论""刍牧垦殖""考古报告""战事纵览""文化掠影""文史集粹"。"中都杂论"细分为"遗址探究""武宗旁论""皇都拾穗"。

六　入选文章或有争鸣者，不代表主编观点。

七　明显错误且歧义文字改正处以〔　〕示，衍、阙字所删补以［　］示。个别论文前面的英文部分删除，未报经作者。大陆作者的文章，就标点符号、纪年方式等，按现行相关国家标准做了统一处理。度量衡单位的使用未做修改。部分文章因发表年代久远，无法一一核对注释和引文，亦均从原文，不做修改。

八　本书遵照《中华人民共和国著作权法》第 11 条 "著作权属于作者"、第 33 条 "作品刊登后，除著作权人声明不得转载、摘编的外，其他报刊可以转载或者作为文摘、资料刊登，但应当按照规定向著作权人支付报酬" 做收集。收录的全部文章，作者均无 "不得转载、摘编" 的声明。为尊重鉴，选文时仍多方征询求得作者同意。因种种原因，少部分文章无法联系到作者或译者，若由此引发版权纠纷，概由本书主编负责。

九　作者有关单位、职称、职位等情况无法一一核实，故不作 "作者简介"。为划一，个别有记载者也一并删除。

# 代前言：张北县历史定位及张北高原的界定

## 一 张家口厅是清代口外第二早的厅设

关于"口外"的定义，长城自山海关向西，在内蒙古高原南部东西绵延数千里，中辟关口多个，便利南北往来。著名关口有五：从东到西依次是喜峰口、古北口、独石口、张家口、杀虎口。历史上习惯以长城及关口界定南北，出现了许多空间称谓，比如口内、口外，边内、边外和关内、关外等，这无论在清代官书、私人著述还是在民间俚语中，都不乏见。关于"口外"的含义，李辅斌先生在《清代直隶山西口外地区农垦述略》中认为："清代属于直隶和山西省统辖的口外地区包括热河、察哈尔及土默特等地。"[①] 清康熙三十一及三十二年，在长城五口设置通往内蒙古的驿站，称"口外五路驿站"，[②] "口外"的含义又广。狭义上的"口外"，指某一特定的地域，清末"走西口"移民潮中常常提到的"口外"，大致包括杀虎口外的察哈尔右翼、归化城土默特左右旗和伊克昭、乌兰察布二盟；清季民初"移民实边"，又有"出口外"一说，[③] 此"口外"又指张家口外察哈尔左翼及清朝在这一地域

---

① 李辅斌：《清代直隶山西口外地区农垦述略》，《中国历史地理论丛》1994 年第 1 期。
② 参见金峰《清代内蒙古五路驿站》，《内蒙古师范学院学报》( 哲学社会科学版 ) 1979 年第 1 期。该文还指出，口外五路驿站又叫边外五路驿站，简称为蒙古台站，有时也笼统地叫作草地路。
③ 参见李殿光《"出口外"说》，张北县历史文化研究会《研究动态》总 21 期。

设立的四大牧群的场地。康熙五十一年（1712），廷臣奏议东部喀喇沁、土默特地区，"山东民人往来口外垦地者多至十万余"，此"口外"又指的是喜峰口外。

本文所言"口外"，指长城五口外经垦殖并设厅理政的区域，与李辅斌先生"清代属于直隶和山西省统辖的口外地区包括热河、察哈尔及土默特等地"的说法大体一致。

关于"厅"的概念，根据目前学术界相关研究论文，笔者就大家一致认可的说法做以下梳理。

（1）厅制始于明，发展并完善于清，是清代颇具特色的地方行政机构。普遍设于边地开发和民族杂居的地区，就是说在不同民族杂居或沿边地区，特别是事情复杂而又不便设州县的地方，采取分防的办法，由地方府级行政机关派佐贰官（以同知和通判[①]为主要形式）前往理事。口外设厅，几乎全都肇始于农业垦殖。来垦汉民与当地蒙民杂处，既不能由蒙旗札萨克辖理，又不能拿来套用传统的府县管理体制，于是厅制便应运而生。厅作为府的一个派出衙门，久之形成由府（或由省直辖）管辖的一个独立的地方行政建置，是一个不同于传统府县管理体制的全新政权。

（2）厅的职能，有理事、抚民之区分。理事者，专门负责审理少数民族和汉人之间的交涉、诉讼事件，经征钱粮；抚民者，统辖境内一切事务，与内地地方官没有区别。在口外，起初多设理事同知厅或理事通判厅，后期汉族移民渐占绝大多数，改为抚民同知厅或抚民通判厅。

（3）厅的长官为同知和通判，同知正五品，通判正六品。同知和通判为府的佐贰官，"知府掌一府之政，教养百姓，为州县表率，佐以同知、通判，曰清军、曰捕粮、曰水利、曰屯田、曰治农牧马、曰理事，各视其繁简而分掌之"，[②]可见同知和通判是职掌府的专门职能的官职。

（4）厅的等级分类，大致可分为直隶厅和散厅两类，二者的主要区别在

---

① 马天卓：《清代厅城的类型与特点研究》，《西南大学学报》2011年第1期。
② 《清朝文献通考》卷85《职官考》，浙江古籍出版社，2000。

于统属机构、职能和官员衔职的不同。张家口厅属散厅。①

结合周清澍主编的《内蒙古历史地理》、张永江《论清代漠南蒙古地区的二元管理体制》、②乌云格日勒《口外诸厅的变迁与清代蒙古社会》③等论著，参酌地方史志文献，就清代口外诸厅设置的时间做一梳理，依垦殖这一设置原因而论，张家口厅是清代口外第二早的厅设。④

张家口厅，雍正二年（1724）设。这一年，都统弘升就张家口口外垦殖民众的处理意见奏称：

> ……若将现种地之民尽行驱逐入口，则伊等俱系无籍穷人，入口无耕种之地，至于度命艰难不无作乱为非之事。若将此地即交与伊等耕种，每亩令其缴纳钱粮七分，一年可得十九万余两。应设满洲同知一员，驻扎于四旗之中正红旗口西边北新庄，督管农民事务……臣等又看得自张家口至镶蓝旗察哈尔西界各处，山谷偏隅，所居者万余。居民既多，不无盗贼等事，若交与新设同知，令其兼辖，既有钱粮，又任以刑名，殊觉繁剧。应于张家口地方再设理刑满洲同知一员。……⑤

理藩院知会后具奏，奉旨"和硕怡亲王等公同保放理事同知事务理藩院员外郎白石（张家口厅首任同知），于本月内即往收纳今年地亩钱粮……"因此，雍正二年七月甲寅日奏折载：

---

① 对于如何区分直隶厅和散厅，学界颇有分歧。乌云格日勒《略论清代内蒙古的厅》（载《清史研究》，1999年第3期）谈到区别的标准，认为"直隶厅直属于省布政使司，同于府；散厅或属将军、或属道府，同于州县"。陆韧《清代直隶厅解构》（《中国历史地理论丛》2010年第3期）一文据光绪《钦定大清会典》的标准，认为直隶厅应符合三个条件——主官为抚民同知、必须直隶于布政司、基本没有领属，并非所有直隶于省和道的通名为厅的政区，就能称为直隶厅，并认为口北三厅在光绪七年改为抚民同知厅后才能称为直隶厅。
② 张永江：《论清代漠南蒙古地区的二元管理体制》，《清史研究》1988年第2期。
③ 乌云格日勒：《口外诸厅的变迁与清代蒙古社会》，《山西大学学报》（哲学社会科学版）2007年第2期。
④ 清代口外最早设立的是热河直隶厅，雍正元年（1723）设，早张家口厅一年。
⑤ 《口北三厅志》卷1《地舆志·附雍正二年都统弘昇奏折》，"内蒙古历史文献丛书"之十八，乌云格日勒点校，忒莫勒审定。以下同。

怡亲王允祥等遵旨议覆都统世子弘升疏奏。丈量察哈尔右翼四旗地亩共二万九千七百余顷，每年应征银十九万余两。请设满洲理事同知一员，驻扎北新庄地方，督管农民事务。并设满洲千总二员，催粮稽察。再察哈尔西界穷山僻谷，易于藏匿，请再设满洲理事同知一员，驻扎张家口，管理词讼，稽查边口出入之人。均应如所请。从之。①

从以上奏折看，张家口厅曾在北新庄、张家口两处同时设立理事同知，并得到了官方的批准。以此推断，张家口理事同知的设立时间可精确为雍正二年七月十三日。

张家口厅设置时间最早，而且辖境也最大。设置初，"张家口理事同知管理口外东西两翼八旗地方，经征西四旗入官地租银两，承审口内宣属十一州县旗民互讼命盗等案，职掌綦重"。②雍正十年（1732），因为"口外八旗东自千家店西至土默特边界一千六百余里，该同知耳目难周，鞭长莫及"，③析置多伦诺尔厅，雍正十二年（1734），再析置独石口厅，"西翼四旗仍令张家口同知管理"。乾隆元年（1736）春二月，由于税收等种种原因，"分张家口理事同知所管西翼正黄半旗，正红、镶红、镶蓝三旗，自宣化府西北平远堡口外由阁老湾迤北自石嘴直抵大青山适中之水泉沟与大同之丰川卫分界立石，以垂永久焉"。④张家口厅"管理张家口外西翼正黄半旗、东翼镶黄旗分入官地亩、经征钱粮、旗民户婚田土斗殴争讼，西翼察哈尔旗分蒙古、汉人交涉、逃匪命盗等案，并口内蔚州、怀安、万全、宣化、保安、西宁、蔚县等七州县旗民互讼人命之事"。⑤

---

① 《清世宗实录》，雍正二年七月甲寅，中华书局，1985，转引自郭岩伟《清代前期口北三厅地区政区体制研究》，硕士学位论文，复旦大学，2011。
② 《口北三厅志》卷1《舆志附·雍正十二年直隶总督李卫奏折》。
③ 《口北三厅志》卷1《舆志附·雍正十二年直隶总督李卫奏折》。
④ 民国《张北县志·沿革》。这道分界线就是今天河北省尚义县与内蒙古自治区兴和县的界线。
⑤ 《口北三厅志》卷4《职官志》。

## 二　张北县冠带口外各县

民国 2 年（1913）1 月 8 日，北京政府颁布《划一现行各省地方行政官厅组织令》《划一现行各道地方行政官厅组织令》《划一现行各县地方行政官厅组织令》（均简称《划一令》），并通令全国"按照政府计划，以民国 2 年 3 月以前为限，一律办齐"[①]。按照这一政令，口外各抚民同知厅皆改厅为县。[②]

民国《张北县志》"序言"部分有几篇序说："张北县系察哈尔省属县之一，为口外各县之冠"，"素称为口外各县之首郡。"所谓"口外"，狭义上指张家、独石二口口外，又作察哈尔口外。

张北县领袖口外各县，固然有"张北县南接省垣，北通多库，东控热境，西扼绥郊，攘往熙来，士商云集，屹然重镇也"的政治、军事、经济等方面的因素，但历史积淀所产生的影响力不可忽视。辽金元时期，张北县域几度辉煌，元代兴和路辖地广大，人口虽少却定为上路；元中都存立时间虽短，但终归是一个朝代的政治中心。民国 3 年 7 月成立察哈尔特别区[③]，下设一个道，名"兴和道"。林传甲《察哈尔乡土志》称："察哈尔只兴和一道，以元之兴和路得名。兴和路古城在张北之中汛兴和，县虽居七县之适中，然非铁路之所经，实业亦不甚发达，是以道尹行署暂驻张家口。"兴和道最初辖理口外张北、独石、多伦、丰镇、凉城、兴和、陶林七个县。民国 4 年成立"商都垦务行局兼设治局"，张北县划拨县境垦熟地，与商都牧群荒地以及兴和、陶林二县所拨隶之，民国 7 年改为商都县。这一年，宝昌设太仆寺两翼清丈行局（后改设治局），张北县又划拨县境垦熟地与太仆寺左右两翼牧厂的荒地

---

① 《政府公报》第 243 号，1913 年 1 月 9 日，《中国行政区划通史·中华民国卷》，复旦大学出版社 2007 年。

② 不少方志记载为民国 3 年改厅设县，即如民国《张北县志》一书之中记载也不一致。很可能是政令颁布与具体实施时间不统一造成的。本文以颁布时间为准。

③ 察哈尔特别区沿用清制，设都统一员，察哈尔都统"管辖兴和道，锡林郭勒盟，及察哈尔左翼四旗、右翼四旗，各旗牧场，达里岗崖、商都各牧场地方。"参见林传甲《察哈尔乡土志》，《地学杂志》第 8~12 期，1916 年。《地学杂志》为中国地学会期刊（1910~1937）。

隶之，民国 14 年改为宝昌县。民国 10 年，由丰镇、凉城、兴和三县辖地析置集宁招垦设治局（或称平地泉设治局），第二年 12 月升格为县。民国 11 年，张北县再度划拨境土给康保招垦设治局，14 年改为康保县，上述四县皆由兴和道管辖。张北县一再拨土分疆，因其渊源关系当时戏称"子母县"。

民国 25 年（1936）2 月 1 日，德王（德穆楚克栋鲁普）以"蒙政会"的名义在张北县成立察哈尔盟公署，下辖张北、商都、崇礼、康保、宝源（宝昌与沽源县合并）、多伦、化德、尚义八县，以及正蓝、镶白、正白、镶黄、明安、商都、太仆寺左翼、太仆寺右翼等八个旗。中华人民共和国成立前后所设的管理上述口外八县的察北专署无不以张北县为中心。1958 年 10 月，在人民公社化运动中，沽源、康保、商都、尚义与张北五县合并设大县，称张北县，县人民委员会驻地为张北县城。

## 三　张北高原的界定

张北高原因张北县的影响力而得名，其疆理范围却不仅仅包括张北县。

张北高原作为地理单元，与东部围场高原合称张北—围场高原，是内蒙古高原（二级地质构造，称内蒙古台背斜）的组成部分，俗称"坝上高原"。

关于坝上的概念，紧贴张北—围场高原的南部边缘，是崎岖蜿蜒、岗峦起伏的群山，地质学上称为深断裂，依走向命名为尚义套里庄—北票（辽宁）深断裂（张北高原段称尚义—狼窝沟—赤城深断裂），是内蒙古台背斜与燕山沉降带的分界线。

这条深断裂，清朝言地理者叫它兴安岭，又叫内兴安岭。《大清一统志·宣化府·山川》曰："兴安岭，正黄旗察哈尔（时驻牧尚义、兴和二县南部）北，其山甚高大，自张家口迤逦而东，绵亘千里，为漠北蒙古诸部落道里适中之所。或谓发源于长白山，由圣祖仁皇帝行围之索约而济（山在东北大兴安岭北段）地方绕至乌朱（珠）穆秦（沁），巴林、克西（什）克腾之乌兰布通，东界入热河围厂（场），又由围厂至独石口外，西连张家口，袤延数千里，实一形胜之区。"这条深断裂又俗称"大坝"。乾隆四年（1739），直隶总督孙嘉淦出独石口北巡后，在《请于开平、兴和添驻满兵奏札》中就提到："口外之山，绵亘千里，名曰'大坝'，凡坝内之田，皆以招民垦种……""大坝"是蒙语，译言"岭"，清代汉人北入大漠作纪行诗文，写作"达坂""大巴""打八"，不知何时约定俗成为"大坝"。"大坝"虽为山岭，但形态有着特殊的含义，即一面陡峭高立，一面平缓。民国5年，林传甲撰《察哈尔乡土志》时亲履实地，说："口外地势一面高一面低，山上与山下高度悬殊，如升堂之阶，似山非山，土人谓之坝，实山脉也。"

坝内、坝外作为地理概念出现，最晚也在清初。乾隆四年，直隶总督孙嘉淦出独石口北巡，下车伊始便将"坝内"的叫法用在奏疏里，可见这个时候"坝内、坝外"的称呼已经普遍，乾隆二十三年修《口北三厅志》就称"国朝坝内为农田，坝外为察哈尔东翼四旗、西翼正黄半旗游牧地，三厅治之，隶口北道"。[①]清中叶以前，大坝北面全部是蒙古人的驻牧地，坝南则是汉地。清政府以汉地为腹里内地，以蒙古地为藩外边地，于是大坝就有了内外之分，里外之别，坝南叫坝里，坝北叫坝外。坝外，亦即坝上，依据"上北下南"的习惯，再加上坝外地势高上，把坝外叫坝上似乎更贴切。但"坝上"一词在清代文献或私家著述里尚未见到，到了民国20年前后已然普遍，这从民国《张北县志》中可见。据笔者调查，当今兴和县（含）迤西，不闻"坝上"名，因为区内没有深断裂。尚义县（含）以东到围场皆有其称。辽宁北票一带没有做过调查。坝上因深断裂而成，张北高原以深断裂为界，有意思的是前面提到的长城（尤其秦汉长城）大体蜿蜒其上。我们的前人在地质和地理学尚未完全认知的时代，言口外，指的就是深断裂背后的张北——围场高原，狭义上的张、独二口外或者察哈尔口外指的是张北高原。

关于张北高原的范畴，目前不见权威定论。《河北地理概要》讲，包括张北、沽源、康保三县的全部和尚义、崇礼二县的一部。[②]《河北地理概要》

---

① 《口北三厅志》卷1《地舆志》。

② 邓绶林主编《河北地理概要》，河北人民出版社，1984，第54页。

是由河北师范大学地理系上课的讲义整理成书的，讲河北地理，自不便涉及内蒙古。与上述四县（崇礼县在外）同处一个地理单元的内蒙古商都县、化德县和太仆寺旗为何就不属张北高原？而且它们原本是由四县分出，以后又分分合合，这一点，邓绶林先生怎会不知晓呢？

在没有权威性定论之前，笔者不揣浅陋，以为应将地处坝外（上），业经垦辟并设治行政，有历史沿承的县份纳入张北高原，即民国时期号称的"口外六县"，①加上它们的"子母县"——尚义、化德、崇礼三县，也就是现在的河北省张北、沽源、康保、尚义、崇礼五县，内蒙古自治区的多伦、商都、化德三县及太仆寺旗。

清置张、独、多口北三厅，是张北高原最早的主人。民国3年成立察哈尔特别区，自民国4年开始，商都、宝昌、集宁、康保陆续设治立县，先后来属，山西归绥道拨来丰镇、凉城、兴和、陶林县，与厅改县的张北、独石、多伦三县共11个县隶察哈尔特别区兴和道，是察哈尔特别区唯一设治理政的县。张北、独石、多伦、商都、宝昌、康保六县合称"口外六县"，兴和、陶林、集宁、丰镇、凉城五县合称"绥东五县"，兴和道十一县的辖区基本是口北三厅的地域。但"绥东五县"不在坝上，长期归属山西（仅在察哈尔区特别设置时期来属），缺少历史沿袭关系，故不能放在张北高原圈内。民国17年，撤察哈尔特别区，设察哈尔省，"绥东五县"回拨绥远省。民国23年，以辖境太大，析张北县、康保县、商都三县地设崇礼、化德、尚义三个招垦设治局，三设治局作为"子母县"，土地人口并无大变更。②既改县，遂与口外六县共八个县（七七事变前，日伪政权将沽源县与宝昌县合并成宝

---

① 杨溥《察哈尔口北六县调查记》（内蒙古自治区图书馆抄本影印）称"口北六县"，李延墀、杨实《察哈尔经济调查录》（"内蒙古历史文献丛书"之十八《察哈尔经济调查录》）称"口外六县"。

② 《察哈尔省通志·察哈尔省沿革》记载："崇礼设治局原系张北县二、四两区地，因辖境过大，不便推行庶政，于二十三年五月奉令划张北县之二四两区，成立设治局；尚义设治局，原系商都招垦设治局，民国九年划分警区，划是地为东区辖境，十四年办区制，又改为商都县之第二行政区，因介于张商两县之间，相距甚远，行政设施，诸感不便，于二十三年五月，奉令即划商都县第二区全境及三五区各一部，成立设治局；化德设治局，辖境西南部，原系商都县第五之七整乡二半乡，东北部，原系康保县第一区屯垦乡之一部，及教育厅学田地，近为行政便利，重划区域，计全境一镇十一乡，于二十一年五月，奉令成立设治局。"

源县）长期隶属于以"蒙政会"名义成立的察哈尔盟、伪蒙古联盟自治政府察哈尔盟、伪蒙疆联合自治政府察哈尔盟，以及中共冀察区十九专区、察哈尔省察北专区、东北行政委员会冀热察专区、察哈尔省[①]察北专区。

"口外六县"相沿既久，地理环境、风土人情几近同一，长期隶属划一，共处坝外，纳入张北高原也遵照了历史习惯。

尹自先

---

① 1949 年 1 月 15 日，冀热察区和北岳区合并成立察哈尔省，1952 年撤销。

# 目　录

**建置考释** ……………………………………………………………………… / 001

张北高原为什么俗称坝上 …………………………………… 尹自先 / 003

野狐岭考 …………………………………………………………… 胡　明 / 006

牛马来细路

　　——《野狐岭考》补遗 …………………………………… 胡　明 / 022

北魏柔玄镇地望考述 ……………………………… 魏隽如　张智海 / 032

辽代"头下抚州"之辩 ……………………………… 李惠生　马　遼 / 046

金代乌沙堡及抚州城地望探析 …………………………… 格日勒 / 053

阿尔泰军台及张北县境台站杂考 ………………………… 尹自先 / 065

金桓州考 …………………………………………………………… 陈耀全 / 082

"商都"地名考 ……………………………………………………… 忒莫勒 / 086

读史二则 …………………………………………………………… 格日勒 / 094

北魏"御夷故城"地理位置管见 ………………………… 赵永春 / 100

哈拉罕考略 ……………………………………………………… 李殿光 / 103


**史迹考论** ……………………………………………………………………… / 115

英宗北狩的地理（节录） …………………… 和田清 著　潘世宪 译 / 117

明初的蒙古经略

  ——特别是它的地理研究（节录）………和田清 著　潘世宪 译 / 132

元代黑谷路探

  ——兼谈张家口地区古道 …………………………………尹自先 / 171

元代的兴和路与中都 ………叶新民　宝音德力根　赵　琦　白晓霞 / 184

略论金抚州地区在蒙金战争期间的战略地位及元武宗

在抚州建元中都的军事原因 …………………………………韩志远 / 195

四世达赖喇嘛云丹嘉措出生地考 ……………………………曹永年 / 204

元《宝昌州创建接官厅记》杂考 ……………………………胡海帆 / 211

忽必烈的两处塞上行宫 ………………………………………党宝海 / 222

北魏柔玄镇兴废探研 …………………………………张智海　李瑞杰 / 233

从坝上"灰坑"看辽金元"烧饭"习俗 ………………………尹自先 / 243

试论内蒙古自治运动联合会察哈尔盟分会的历史贡献

  …………………………………………………李玉伟　王星晨 / 251

兴和弃守与明朝的北边战略 …………………………………杨润平 / 261

从驿站交通看元中都地区 ……………………………………党宝海 / 268

历史时期坝上及内蒙古锡盟地区蒙盐产地浅述 ……李惠生　尹自先 / 286

察哈尔三次西迁新疆起程地考辨 …………………松岱扎布　尹自先 / 298

穆荣嘎史事钩沉 ………………………………………………忒莫勒 / 312

**刍牧垦殖** ………………………………………………………… / 323

张家口外开垦纪要 ……………………………………………何光澄 / 325

调查察哈尔垦牧情形记

  ——以所至之商都为较详 ……………………………陈贞瑞 / 333

坝上牧业考略 …………………………………………………尹自先 / 357

目 录

清代太仆寺左右翼牧厂初探 ·························陈安丽 / 367

清代察哈尔蒙地开发 ·····························尹自先 / 381

张北县境清代公私牧厂考 ·························尹自先 / 390

张北县西北部地区清代牧场遗迹调查 ·············铁志军 / 412

从四台蒙古营出土文物看元代北方草原的农牧经济

·····························格日勒 / 420

民国时期察哈尔的垦政与政区变化 ·············苏日朦 / 427

张北县开发史 ·····························尹自先 / 498

# 建置考释

# 张北高原为什么俗称坝上<sup>*</sup>

## 尹自先

紧贴张北高原的南部边缘，有一条崎岖蜿蜒、岗峦起伏的群山。它的西段即大马群山，自兴和、尚义二县境内的大青山迤逦而东，过张家口、独石口外；它的东段即苏克斜鲁山，自独石口外又东北穿过丰宁、围场二县，跟大兴安岭尾闾相接。

张北高原南缘的这条群山，在清朝时叫兴安岭，又叫内兴安岭。《口北三厅志》对此山有记载，该志援引《大清一统志》曰："兴安岭，《一统志》：正黄旗察哈尔（时驻牧尚义、兴和二县南部）北。其山甚高大，自张家口迤逦而东，绵亘千里，为漠北蒙古诸部落道里适中之所。或谓发源于长白山，由圣祖仁皇帝行围之索约而济（山在东北大兴安岭北段）地方绕至乌朱（珠）穆秦（沁），巴林、克西（什）克腾之乌兰布通，东界入热河围厂（场），又由围厂至独石口外，西连张家口，袤延数千里，实一形胜之区。"①

这一线群山俗称"大坝"最晚也在清初。乾隆四年（1739），直隶总督孙嘉淦出独石口北巡后，在《请于开平、兴和添驻满兵奏札》中就提到："口外之山，绵亘千里，名曰大坝。"《口北三厅志》卷12《艺文一》究其称"坝"由来，民国《张北县志》解释："南由沟渠而上达其巅，过此虽属高原，愈趋愈下，故名曰坝，如防水坝之意。"其实，"大坝"是蒙语，译言"岭"，清代

---

\* 原载《地名知识》1982年第4期。

① 《口北三厅志》卷2《山川志·多伦诺尔》。

南人北入大漠作纪行诗文，或作"达坂""大巴""打八"，不知何时约定俗成为"大坝"。

清中叶以前，兴安岭这条大坝的坝北，全部是蒙古人的驻牧地，坝南则是汉地。清政府以汉地为腹里内地，以蒙古地为藩外边地，于是大坝的地域就有了内外之分，坝南叫坝里又叫坝内，坝北叫坝外。再加上坝外地势高上，又把坝外叫作坝上，坝里叫作坝下。

大坝宽15~16公里，大部分海拔在1500米以上，赤城、丰宁二县交界的东猴顶山最高，达2293米，与高原内陆相对高差较大，个别可达200米左右。这里年均气温为摄氏0.5℃~0.9℃，年降水量在460毫米左右，属寒温半湿润地区。山体由花岗片麻岩和中酸性火山岩组成，沟谷及坡麓有少量的坡积和洪积物，以砂砾沙土及亚砂土为主。这些母质在低温、潮湿等条件下不发育，形成以灰色森林土和暗栗钙土为主的土壤，肥力较高，如在12厘米深度内，张北县狼窝沟暗栗钙土有机质含量为3.83%，是所在县份重要产粮区。山泉萦纡，地下水资源丰富，坝上大多数内陆河如大青沟河、安固里河、葫芦河等都源自北麓；滦河、潮河、白河、洋河等一些外流河也源于此。

大坝东西千里横亘，地理位置显赫重要，自古以来就是中原与大漠的天然分界线。元人郝经《岭北行》诗云："中原南北限西岭，野狐高出大庾顶。"西岭指西段大马群山，野狐即张北县之野狐岭。因其具有重要的战略意义，燕、赵与北魏古长城曾蜿蜒其巅，明王朝更立"九边"防线，清时在大坝各主要隘口设栅栏驻兵把守。

大坝划南北，也割寒暖，是明显的气候分界线。坝北高原海拔在1400~1600米，坝南地势陡降，海拔在1000米左右，高度相差400~600米。因受地形影响，大坝南北气候也迥乎两样。就温度而言，坝上年均气温在-1℃~4℃之间，坝底在4℃~7℃之间。以张北与张家口比较而言，两地虽然仅距47公里，但1月份（冬季代表月）张北为-15.7℃，张家口为-9.8℃；4月份（春季代表月）张北为4.7℃，张家口为10.1℃；7月份（夏季代表月）张北为18.5℃，张家口为23.3℃；10月份（秋季代表月）张北为3.7℃，张家口为 8.6℃。两地年平均气温分别为 2.7℃和 7.9℃，温差为 5.2℃。

从一些历史文献看，历史时期温差尤甚。元人周伯琦《扈从北行后记》记载，至正十二年（1352）阴历八月底过野狐岭下坝："由兴和行三十里，过野狐岭，上为纳钵，地高风甚寒，东西盘折而下，平地天气即暄，无不减衣者。"[①] 从此段记载可见秋季温差之大。

地势高差引起水热条件的差异，水热组合特点又决定了地带性植被的形成。坝上自然植被为草原，有许多优质牧草以及蘑菇、金莲花、蕨菜、口黄芪等野生植物为坝下少见。大坝南北动物相互渗透，区系复杂，但也有一些明显区别。如坝下的青羊、赤狐、貉、獾、沙土鼠、小沙百灵、白顶、白背矶鸫、三道眉草鹀、松鸡、褐马鸡、勺鸡等在坝上少有，而坝上的草兔、五趾跳鼠、黑线毛足鼠、长爪沙鼠、草原鼢鼠、黄鼠、沙狐、黄羊、蒙古百灵、毛腿沙鸡、野鸡、红脚隼、蒙古云雀、漠雀、凤头百灵等在坝下也少见。

---

① 《口北三厅志》卷 13《艺文二》。

# 野狐岭考<sup>*</sup>

胡 明

　　在蒙古高原与华北平原的结合部——河北省万全县与张北县交界处，有一道东西走向的山，曰"坝"，即"南由各沟渠上达其巅，过此虽属高原，愈趋愈下，故名曰坝，如防水坝之意"。<sup>①</sup>其间一段"坝"，名"野狐岭"，又名也乎岭、隘狐岭、额狐岭、扼胡岭，《元朝秘史》称其"忽捏根稂答巴"，蒙语"山口"的意思。"这野狐岭系西北要隘，势甚高峻，雁飞过此，遇风辄堕，俗称此岭隔天只十八里。有一夫当关万夫莫开的形势。"<sup>②</sup>元代诗人周伯琦作《野狐岭》诗："高岭出云表，白昼生虚寒。冰霜四时凛，星斗咫尺攀。其阴控朔部，其阳接燕关……"民国许闻诗作诗曰："野狐胜地古今传，路险山高云汉边。莫怪军家争此地，长驱之捣控幽燕。"从元代至民国，历代记载野狐岭的史志及诗歌有上百处。

　　近年来，随着经济建设的发展和旅游事业的兴起，野狐岭引起了各方关注，描写野狐岭的文章经常出现于各级新闻媒体："为扼守坝上坝下咽喉堑道——野狐岭黑风口（现今狼窝沟）……"<sup>③</sup>"狼窝沟在张家口西北，接近坝上，是通往塞外的咽喉。据史载，明永乐皇帝朱棣数次率兵北征，多是由此

---

　　*　原载《张家口历史文化研究》第 2 期，2005。

① 陈继淹、许闻诗编《张北县志·地貌》，1935。
② 蔡东藩：《元史演义第十一回：蒙古军入关耀武》。
③ 赵俊：《万全城》，《万全文史资料》第 1 集。

口出长城。"①"……蒙古铁骑驰上野狐岭，横扫狼窝沟，穿越黑风口。"②"野狐岭也是大漠劲风南刮的风口，风力猛烈，当地人称之为黑风口。近年来，电力企业和张北县合作，在野狐岭一带建起了风电场。"③在 2004 年 12 月 27 日 20 点 10 分，CCTV-4 "走遍中国"栏目播出的介绍野狐岭及蒙金战争的《塞上战事》节目里，对野狐岭的解释是："根据有关资料显示，在张家口以北 30 多公里的地方，有一处方圆几百公里的丘陵，历史上统称为野狐岭。"这些对野狐岭的错误见解被相互传抄，以讹传讹，甚至出现在史学专家、学者的专著之中。近年来，通过多方面查阅历史资料，几次对野狐岭做实地调查和考证，进一步证实：历史上"野狐岭"的位置应在明长城上的"土边坝"，东西长 5 里。本文意欲以翔实的史料、实地的考证、实事求是的态度揭开尘封的历史，还野狐岭的本来面貌。

# 一　历史上的野狐岭

野狐岭何以成名？随着北宋都城的东移及北方游牧民族的崛起，位于蒙古高原与中原结合部的野狐岭成为草原民族与中原地区进行政治、经济、军事交往的主要通道和重要关隘。辽、金、元、明四朝天子的足迹将它写入历史。凭借一场以少胜多的野狐岭战争，一代天骄成吉思汗的铁蹄踏进中原。

## （一）野狐岭是四朝交通锁钥

早在辽代，位于张北县境内的鸳鸯泺（今安固里淖）就成为皇帝纳钵之地。乾亨二年（982），辽秦晋大长公主建"燕子城"（今张北城）。辽朝历代皇帝几乎每年都到这里畋猎或驻跸。笔者查寻，"野狐岭"这个词最早出现在《辽史本纪十八·兴宗一》：辽重熙六年（1037），"夏四月，辽主猎野狐岭"。

---

① 　华夏子：《明长城考实·万全县辖长城》。
② 　《河北长城文化纪行·追思野狐岭》，《河北日报》2004 年 8 月 26 日。
③ 　新华社：《野狐岭古战场成旅游点》。

辽保大五年（1125），辽最后一位皇帝天祚帝从燕京逃出，出居庸关，过野狐岭，驻鸳鸯泺。金灭辽后，在燕子城设抚州。这一地区依然是金朝皇家的畋猎与避暑胜地，金朝皇帝从燕京回上京也常走野狐岭这条路。金开国皇帝太祖阿骨打灭辽后，于次年即天辅七年（926）六月"丙寅，次野狐岭"，七月"壬午朔，次鸳鸯泺"，①游猎了半个月，可见这一带水草丰盛，风光绚丽，气候宜人。由于皇帝的青睐，百姓也陆续进入。《金史》志31《榷场》记载："国初，于西北招讨司之燕子城、北羊城之间尝置之，以易北方牲畜。"此榷场的中原交易者，均登野狐岭而上。大定二十年（1180）夏，金世宗赴金莲川驻夏，"谕有司曰：'白石门至野狐岭，其间淀泺多为民耕植者，而官民杂畜往来无牧放之所，可差官括元荒地及冒佃之数。'"②贞祐三年（1215）四月，（宣宗）"上幸燕京，宗干从。有疾，上亲临问。自燕京还，至野狐岭，宗干疾亟不行，上亲临问，语及军国事，上悲泣不已"。③由此可见，野狐岭已成为沟通中原与漠北的重要道路、皇帝北还的辇道。

蒙元时期，野狐岭是由漠北到中原的主要道路。忽必烈早在中统三年（1262）十二月，就在抚州建了行宫。至元二十五年（1288）三月"丁酉，驻跸野狐岭。……九月癸未朔，大驾次野狐岭"。④从中原赴漠北，往返都驻野狐岭。1368年，在朱元璋的大将徐达率大军兵临大都时，元朝最后一位皇帝即元顺帝，携在朝文武大臣及后妃弃城而逃，过野狐岭，奔元上都。在元代，饱赏过野狐岭风光的还有两位重要人物。一是马可·波罗。"其人皆属大汗，其地有一城，名曰申达州（抚州，今张北）。居民多以制造君主臣下之武装为业。"⑤从天德（今宣化）到申达州，野狐岭是当时必经之路。另一位重要人物是长春真人丘处机。他奉成吉思汗之诏赴漠北，登上野狐岭时感

---

① 《金史》本纪二《太祖》。
② 《金史》志二十八《食货二》。
③ 《金史》列传四十一《宗干》。
④ 《元史》卷15《世祖十二》。
⑤ 马可波罗：《马可波罗行纪》，A.J.H.Charignon注，冯承钧译，河北人民出版社，1999，第258~268页。

慨万千："南望，俯视太行诸山，晴岚可爱；北顾，但寒烟衰草，中原之风自此隔绝矣。"①

明朝前期，北征大军多走野狐岭。洪武三年（1370），"李文忠拜征虏左副将军。与大将军分道北征，以十万人出野狐岭，至兴和，降其守将；洪武七年，大将兰玉越野狐岭，拔兴和城（张北城），生擒国公帖里密赤以下59人"。②永乐年间，成祖五次御驾亲征漠北鞑靼蒙古部。其中，"永乐八年（1410）二月，成祖亲征漠北鞑靼蒙古部。登野狐岭，驻跸兴和，北上"。③永乐十二年（1414）四月一日，成祖亲征漠北蒙古瓦剌部（蒙古各部划分不同，瓦剌属于"漠西蒙古"，而非"漠北蒙古"，此为作者误记。——编者注），师次兴和，大阅五军，颁赏罚号令。七月班师经野狐岭返京师。④宣德年间，实行"缩边"政策，将开平等建制迁入内地。但是，景泰二年（1451），在野狐岭仍留一口，曰"新开口"。同时，在口南建新开口堡一座。虽然明成化二十一年（1485），野狐岭上建起了长城，但是嘉靖三十年（1551）夏开马市，互市对象为青把都儿、辛爱、伯腰、卜郎台吉、委兀儿慎台吉五部。故《万历武功录》云，嘉靖三十年（1551）六月，"新开口市成"。⑤野狐岭引起明廷重视，是因为"北方蒙古从宣德五年（1530）——嘉靖三十八年（1559），大规模入侵三十八次"（《镇志·征战考》）。著名的"土木之战，英宗被掳"的瓦剌部也先，"庚戌之变，兵临京师"的鞑靼部俺答，都是出入野狐岭的。纵观历史，野狐岭在明朝仍很活跃。

## （二）野狐岭是闻名中外的古战场

有人说，野狐岭的成名，大多是靠刀枪剑影张扬出去的。这自有他的道理。正是在700多年前的野狐岭上，"夫兵以气为主，会河堡之役，独吉思

---

① 《长春真人西游记》。
② 尹自先主编《张北县志·大事记》，中国社会科学出版社，1994。
③ 《张北县志·大事记》。
④ 《张北县志·大事记》。
⑤ 《万历武功录》卷7《俺答列传》。

忠、承裕沮丧不可复振，金之亡国兆于此焉"。① 正因为这场以少胜多、决定金国命运的战争具有特殊的历史地位，因而被记载于许多中外史书之中："其后，成吉思合罕于未年（辛未年，1211）征伐金国，取抚州，越野狐岭。"② "帝自将南伐，败金将定薛于野狐岭，取大水泺、丰利等县。"③ "上之将发抚州也，金人以招讨九斤、监军万奴等领大军，设备于野狐岭……"④ "金主命招讨使完颜九斤、完颜兀奴率兵驻守西京东方不远之野狐岭……"⑤ 这场战争的具体战况是："8 月，纥石烈执中主军，完颜兀奴为监军，定薛为前锋，完颜承裕继后，合军 30 万，至野狐岭防御。契丹军事建策，当趁蒙古军方破抚州，正纵兵大掠，马牧于野之机，以轻骑攻其不备，定能获胜。绝石烈执中不纳，认为只有步骑并进，才是万全之策。次日，挥军北进，石抹明安临阵降于蒙古。成吉思汗即率中、左二军迎击于獾儿嘴（野狐岭北山嘴）。蒙古万户木华犁认为，在敌众我寡形势下，必须死力拼杀，方能取胜。即率敢死队，挺枪策马，冲入金军阵中；成吉思汗挥中军继进，往来冲杀。金军大溃，向南撤退。蒙军乘胜追击，伏尸百里，至会河堡（今怀安之洋河）全歼其军。"⑥

## （三）野狐岭是"两都巡幸"的归路

生于草原马背民族的孛尔只斤氏家族，从铁木真初登汗位，到其孙忽必烈建立大元王朝、定都中都（今北京），终于在繁华的中原大城市住下来。尽管住上了雕梁画栋的亭台楼阁，过上了灯红酒绿、歌舞升平的生活，但是，他们却不习惯城市生活的单调、寂寞，以及中原夏季炎热的气候。为了解决这个问题，"元世祖定大兴府（今北京）为大都，开平府为上都。每年四

① 《金史》列传四十一《承裕》。
② 《蒙古秘史》续集卷第 247 节，河北人民出版社，2001。
③ 《元史》卷 1《太祖》。
④ 《圣武亲征录》。
⑤ 《多桑蒙古史》第 1 卷第 4 章。
⑥ 军事科学院：《边寨堡之战》。

月，迤北草青，则驾幸上都以避暑。颁赐于其宗戚。马亦就水草。八月草将枯，则驾回大都。自后宫里岁以为常，车驾每岁往来于两都间"。[①] 从中统四年（1263）忽必烈正式实行"两都巡幸"制，到至正十八年（1358）红巾军把上都烧毁，野狐岭是元朝皇帝每年返回大都的必经之路。

元朝从大都到上都有四条道路："驿路、黑谷东路（俗称"辇路"）、东道（古北上路）、孛落站道（西道）。"[②] 孛落站道即是辽金时期经抚州、过野狐岭的古驿道，是元朝皇帝回归大都的"辇道"，同时也是漠北物资供应的重要道路。大都与上都之间孛落站道全程1095里，建有24个纳钵。

以上史料证明野狐岭是千年以前，历经4个朝代，长达800年连接中原与漠北的交通大动脉，而今我们搞错了它的地理位置，前愧于古人，后负于来者。

## 二　考证野狐岭

野狐岭位置在哪里？《辞海》曰："在河北万全西北，山势高峻。"《畿辅通志·关隘》篇载："膳房堡，在县（指万全）北二十里，堡北野狐、虞台二岭为辽金元往来大道，离边四十里即兴和旧城。"《清史稿·地理志》记："万全右卫，洪武二十六年二月置，北有翠屏山，又有野狐岭。"以上史书说出了野狐岭的方位。《口北三厅志》载："野狐岭，宣镇图说膳房堡口北五里。""北五里"无山脉，坝头山脉距膳房堡十里，野狐岭的东端就在此范围。

野狐岭南北接壤的两个县所修的县志，对野狐岭的位置做了记载。《万全县志·山脉》（1992年修）载："野狐岭，位于县城正北28.5公里，膳房堡北6公里，海拔西段1538米，东段1644.9米，中间有黑风口，张宝公路由此通过。"《张北县志·名胜》（1994年修，下称《新志》）载："野狐岭，县城南十五公里，张北、万全县界山。海拔1561米，属阴山支脉，东西绵亘数十

---

① 《草木子·杂制篇》。
② 史为民：《元代都城制度的研究与中部地区的历史地位》，《文物春秋》总第42期。

里。锡林郭勒——海安线通过，明长城绕其上，苏蒙联军烈士塔落其巅。为历代军事要地。"又《山脉》："李太山（野狐岭），县城正南 16.5 公里之坝沿处。呈东西走向，长约 2.5 公里，海拔 1644.9 米。"然而，这两部地方志对野狐岭位置的记载是错误的，这可能是后者以讹传讹的根源之一。

野狐岭的地理位置是由它丰厚的历史文化内涵所决定的。笔者根据史料记载，今年夏秋三次到实地进行了考查，走访了当地群众。一次从万全郭磊庄（古城河入洋河处）沿着纵贯万全县南北的古城河向北行，经土边坝上野狐岭；一次从张北县城沿台路沟河向西南行，经土边坝越过野狐岭；一次沿坝头东西对野狐岭做了调查。其考证如下。

## （一）野狐岭的地理形势

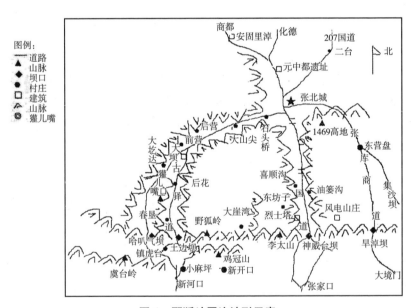

**图 1　野狐岭周边地形示意**

### 1. 俯视野狐岭

从卫星遥感照片和内蒙古地形图上看野狐岭及以北地理形势：东北大

兴安岭南端和燕山山脉相接，燕山山脉西端和大马群山相接。大马群山西端到神威台，全部是绵亘百里的群山；西部的阴山山脉向东延伸到虞台岭的东端与野狐岭相接。野狐岭东西的群山，就像从野狐岭上伸出的双臂，把锡林郭勒大草原抱在怀里。野狐岭居于东西群山结合部的特殊地理位置。而更特殊的是，无论从东边的燕山山脉还是从西部的阴山山脉进入中原，都必须穿越几百里连绵不断的高山峡谷，而从野狐岭下坝不足十里，就从高原进入了平原地区的洋河流域。这里是蒙古高原和华北平原接合部山区距离最短的隘口，是蒙古高原通向北方最易行的捷径。

2. 坝头山脉

《张北县志》（1936 年修，下称《旧志》）上有一张坝头山脉示意图，张北与万全交界的山脉从西向东是白龙洞山、虞台岭（帷台岭）、野狐岭、李太山。其间：野狐岭北，南北走向的山是獾儿嘴山。《旧志》记载："虞台岭，在第一区县城南五十里，长约五里，高约百丈，亦为要害之地。（旧宣德志：新河堡北十二里，也曰帷台岭）。野狐岭：在第一区县城南五十里，长约五里，高约百丈，形势险要，为辽、金、元必争之地，山多石质，不能耕种。"另据《水东日记·虞台岭观音堂记》载："兴和西南五十里曰桃山，桃山之东五里曰虞台岭。"根据山势及访问当地老乡，从镇虎台山口向西延伸应是虞台岭（即镇边台村所在山），从镇虎台村（哈叭气山口）向东延伸到大崖湾村是野狐岭，从大崖湾村向东（狼窝沟所在山）是李太山。在中国地图出版社 1982 年出版的《中国历史地图集》第 8 页《中书省地图》上，"野狐岭▲"标在"土边坝"上；在中国地图出版社 2001 年 2 月出版的《河北省地图册》第 71 页《万全县地图》上，"李太山▲ 1640"标在 207 线神威台（黑风口）上。由此可见，李太山和野狐岭不是同一座山，而是同一山脉上的两段山岭。

## （二）穿越坝头的交通要道

### 1. "两都"西道，即字落驿道

**图 2　元代两都交通图**

注：参阅元上都网站绘。

《水东日记》载：元大都至元上都的西驿道："……西过鸡鸣山之阳，有邸店曰平舆，其巅建僧舍焉。循山之西而北沿桑干河以上，河有石桥，繇桥而西，乃德兴府（今涿鹿）道也。北过一邸曰定防水，经石梯子至宣德州（今宣化），复西北行，过沙岭子（今沙岭子）口及宣平县驿（今怀安左卫），出德胜口（原注：荨麻岭。今万全洗马林），抵扼胡岭（明朝时称谓，今野狐岭）下，有驿曰字落。繇岭而上，则东北行始见毳幕毡车，逐水草畜牧，而已非复中原之风土也。寻过抚州（今张北城），北入昌州（今沽源九连城）……"①其对驿站及路线讲得清楚而具体。此书最早成书于"明弘治年间

---

① 《水东日记》卷35《中堂事记纪行录》。

（1488~1506）常熟徐氏刻本"。作者叶盛，曾"寻转都给事中、山西右参政，监督宣府粮饷，兼管屯田、独石马营（今赤城独石口、马营）等处军务。宪帝即位，转左金部御史，巡抚宣府……"其所记述的元朝两都西道应当是可信的。

野狐岭下第一驿站为德胜口（洗马林、荨麻岭）。早在元成宗元贞元年（1295）六月，就设立了由阿儿浑人和回回人组成的西域卫亲军，都指挥使司就驻在洗马林。那里建有御花园，"杂植诸果，中置行宫"。据《读史方舆纪要》载："明弘治末，蒙古兵曾由此堡入犯。"这条驿道符合"古道多沿河而行"的规律。出张北县城西南，顺着西来的台路沟河逆流而上，至前大营滩村是近十公里的河川，宽约1.5~2.5公里，平坦开阔，两边是平缓的丘陵区。到"大圪啦村"的"獾儿嘴山"分成东西两河，西河来源于台路沟方向坝头，河床没有东面河床宽。驿道顺东面河经石头囤圈村，到春垦坝头。从张北县城到野狐岭上的"土边坝"，水源充足，河床宽阔而平坦。原文记载："由岭而上，则东北行，始见毳幕毡车，逐水草畜牧而已，非复中原之风土也。"[1]与该河流道一致，所指正是此路。越过土边坝，从半坝的水泉开始，进入万全县古城河。顺河流南下直至与洋河相交，折向东沿洋河、桑干河入居庸关。

2. 明、清、民国时期道路

明代长城大隘叫"关"，小隘叫"口"，关、口就建在交通要道上。明朝"景泰二年（1451），户部左侍郎刘链请于新开口置关一所，令使客出入。两旁筑二台，拨军守备，其余墙垣务筑立高厚坚完，俾人马不得往来"。[2]有"口"必有"戍堡"，如张家口建有来远堡，新河口建有新开口堡，此后又在其西南建新河口堡。正如张家口的"口"在大境门一样，新河口的"口"在土边坝，该"坝口"是明朝时期中原通往漠北的主要道路。"黑风口"这个名称，是当地老乡对它的称谓，史书上只有"神威台"。坝头自然形成的

---

① 《水东日记》卷35《中堂事记纪行录》。
② 《明英宗实录》。

隘口称"坝口"。在张北县与张家口市、万全县交界的坝头,有集沙坝、西十五里汉淖坝、西七里神威台坝、西十五里土边坝(《旧志》)。清定都北京后,把张家口列为重要驿道,在来远堡旁长城上破墙开豁口建起大境门,并且"自张家口至四子部落(今内蒙古四子王旗)为一路(驿道),计五百余里,各驿站均设水泉佳胜处"。同时,该道还是清廷的重要"贡道"。张家口贡道不仅担负辖区内"贡车"的通行,漠北喀尔喀等部落的"贡车"也走这条路。该驿道就是此后发展起来的张库大道。此道不仅是驿道、商道,而且是连接草原民族与中原政权的纽带,是北方的政治、经济、军事大动脉。"民国七年,大成汽车股份有限公司经神威台坝正式行车。"① 随着边疆的稳定和张家口商城的兴起,从中原经张家口到坝上,不再绕行土边坝了,土边坝只是民间通往万全、怀安、大同的道路了。

### 3. 蒙、金战场——獾儿嘴

成吉思汗和金军交战于"野狐岭北的獾儿嘴",现存史书对交战战场在"獾儿嘴"并无争议。《旧志》记载:"獾儿嘴山,在县城南五十余里,为大战争扼要之处,《元史》帝破昌抚桓等州,金纥石烈等来援,帝与战于獾儿嘴,大破之。'獾儿嘴'因地形和獾儿嘴相似而得名。"该记载和《旧志·山脉》记载野狐岭"在第一区城南五十里"相一致。在《张北县文物分布图》上,土边坝西侧标有地名曰"獾子窝"的地方。根据《旧志》所载的距离及獾子窝的位置,土边坝西侧向北延伸的山应是獾儿嘴山。

在前大营滩村两山瓶颈处,一条长 200 多米的大坝衔接东西两山,将台路沟河拦腰斩断,坝南就是大营滩水库。在大坝正南方 1.5 公里处,巍然矗立着一座高约 50 米的独立山峰,形状像嘴巴一样的前端伸向水库,两河从嘴巴两侧流入水库。其后山脉向南延伸,南端和野狐岭相交。这里就是《旧志》记载的"獾儿嘴"。獾儿嘴距张北城 15 公里,距野狐岭 11 公里,与《旧志》记载的"在县城南五十余里"一致。开

---

① 《张北县志·道路》。

阔的库区，正是蒙金双方可以摆开大军厮杀的主战场。清朝曾在这里建前后两座大营屯兵镇守，地名保留至今，即今日的前大营滩村和后大营滩村。

### （三）岭上纳钵——孛落驿站

孛落驿站是蒙古人管理站赤的第一站，该站有皇帝的纳钵，是野狐岭的重要标志之一。《水东日记》载："……出德胜口（洗马林），抵扼胡岭，下有驿曰孛落。自是以北诸驿，皆蒙古部族所分主也，每驿各以主者之名名之。"[①] 野狐岭上驿站为蒙古部族管理，岭下驿站则由汉人管理，野狐岭是蒙汉管理驿站的分界线。"孛落驿站"属于蒙古人管理，应该在野狐岭上。元人周伯琦在《扈从北行后记》中记载："……过野狐岭，上为纳钵，地高风甚寒，东西盘折而下。""上"，即野狐岭上了。元代陈孚曾作诗曰："野鹊山头野草黄，野狐岭上月茫茫。五更但觉无风冷，帐顶青毡一寸霜。"这说明他在野狐岭驿站上住的是蒙古人的青色毡帐。从元朝严光大在《祈请使行程记》的记载可以确定其位置是在坝上："至昌平至独石站，亡墙草尘，皆是汉儿官人管理，名汉儿站。十八日［至元十三年（1276）三月］宿牛群站（今沽源县石头城子），此去皆草地，此乃鞑靼家官人管待，名鞑靼站。并无房子，只是毡帐，鞑靼人多吃马、牛乳、羊酪，少吃饭，饥则食肉。"蒙古站赤是吃肉、喝奶、住毡帐，孛落驿站正是建在坝头的蒙古站赤。

从土边坝口西北 500 米开始，有一面座西北、面东南，南北宽 300米、东西长 500 米的扇面斜坡。当地老乡称这里为"獾子窝"。在扇面斜坡及周边地区，都发现了灰色陶片、暗红色焦土状的灰坑。这里应该是遍布毡帐的孛落驿站。在此遗址上还有疑似秦朝建筑遗迹[②]。日军占领时

---

① 《水东日记》卷 35《中堂事记纪行录》。

② 遗址西南部是秦长城遗址。在南北长 10 米、东西长 20 米的范围内，有破碎的青砖和瓦片。同明长城上的碎砖做比较：密度强，颜色深，已有石化感觉，敲击有清脆的铿锵声。分析是与秦长城同时期的建筑遗址。

期，在这里设过兵营。① 由此可见，此处从秦朝以来就是戍兵驻扎之地。

这里水源充足，是可以在坝顶驻扎的重要原因之一。在驿站南端山崖下20多米处，有一股喷涌而出的山泉；山下40米平坦处，又有一眼面积为20平方米的清泉。这二泉就是万全县古城河的源头。八百多年来，泉水甘甜、水量充足、奔涌不息，至今仍是镇虎台村人畜饮水的源泉。

## （四）野狐岭上的"土边坝"

### 1. 坝口

无论从坝上或坝下远眺明长城，首先映入眼帘的是一对高矗于长城之上的烽燧。这两座烽燧，正是"请于新开口置关一所，令使客出入。两旁筑二台"②中所讲的"二台"。两台距离30米，分别建在坝口两端长城上，大道从中间通过。这里就是土边坝坝口。两座墩台底宽12米，高8米，上有散碎的青砖，呈土石堆积状。从这两台的外形、体积、高度分析，与已发掘的"宝塔形、三级墩台"的神威台相似，给人以神威之震慑。这里的明长城是在秦长城基础上修筑的。明长城从西面烽燧由东西走向转南北走向下野狐岭，秦长城沿主峰继续向西北行。

### 2. 下山道路

"坝口"以西是陡峭的山壁，直至哈叭气山口。长城从"坝口"南行的原因，可能是因为以西山峰直立陡峭，人畜难越，不需防御。坝口正面是一条泉水流出及被山洪冲刷的沟壑，长城建在沟西沿上。元人周伯琦在《扈从北行后记》中记载："……过野狐岭，上为纳钵，地高风甚寒，东西盘折而下。"下坝有东西两条路。西路宽不足两米，出"坝口"10米右拐，贴峭壁向西南行至200米处，古道则顺南北走向的沟南下出山。东路是宽畅的车马大道。出"坝口"10米东行，进入人工破山凿开的宽6米的通道；到30米处，

---

① 当地村民介绍，日军占领时期这里长期驻扎着日军部队。他们住的是帐篷，用抽水机将山腰泉水扬到兵营。

② 《明英宗实录》。

来到与野狐岭相距 100 米并列的鸡冠山西端山脚下；右转 90 度，从鸡冠山脚下南行；下坡 500 米是平地，迎面有一道东西走向的山梁；向西平行 200 米，南拐出山口，突然视野开阔，地势平坦。这里坝头相对高度较低（海拔 1500 米左右），上坝的距离短（长约 500 米）。南行缓坡两公里到万全小麻坪村入宽阔的古城河川。

### 3. 筑路遗迹

元代曾多次派兵修这条路。至治三年（1323）二月，"修野狐、桑干驿道"；① 泰定二年（1325）闰正月，"修野狐岭、色泽、桑干道路"。② 泰定三年（1326）七月，"发兵修野狐、色泽、桑干三岭道"。③ 这条路从坝口到鸡冠山前平地，500 多米山路多是人工修筑的，路面宽 6~8 米。它已不像随山势起落而上下的自然古道，而是像现代修路一样，破山凿石，保持路面平行。在鸡冠山西端，有 30 多米长、8 米宽的路，是切断山的余脉、破石凿山开道而过的，工程量很大。在靠近山崖的边沿，用平面山石铺筑了路肩，给人以安全感。

## 综 析

（1）河流是千军万马的生命线。这条古驿道沿河而行，此路水草丰盛，路面平坦开阔。既解决了饮水问题，又便于大军行进。

（2）土边坝独具坝短、④ 坡缓、⑤ 路宽、⑥ 弯少 ⑦ 的优势，宜于大军

---

① 《元史》卷 28《英宗二》。

② 《元史》卷 30《泰定帝二》。

③ 《元史》卷 30《泰定帝二》。

④ 从海拔 1500 米的山顶到海拔 1200 米的山下高地，只有 1000 米的路程。而后缓坡四公里到海拔 900 米的河谷。

⑤ 明长城从土边坝口的西烽台南下到坝底，烽台以西是人畜难越的悬崖峭壁，这可能是长城南下的原因。从坝口有一条两米多宽栈道似的小道，朝西南方向贴壁而下。从坝口向东，随着自然山势和人工修筑，从山顶到山底修成一条 ">" 形道路，减缓了道路的坡度。

⑥ 路宽 6~8 米，路面平整，外侧靠近山崖处，用平整的石块修有路肩。

⑦ 在坝口东 150 米起、距野狐岭主峰 100 多米有一座与主峰同高并列的山，名"鸡冠山"。东道向东南到鸡冠山的东端，开凿一个 8 米多宽的豁口而过，转 80 度弯向西南到山下高地。

通过。①

土边坝有野狐岭的明确标志孛落驿站、古战场獾儿嘴、元朝筑路遗迹。

结论：通过史证及实地考查，土边坝所在地理位置有野狐岭丰厚的历史文化内涵，土边坝位置应是史书记载中的野狐岭。

以上拙见，有待深入探讨，敬请批评指正。

# 后　记

近几年在翻阅史书时，总觉得野狐岭蒙上了一块朦胧的面纱，对目前众说野狐岭所在地理位置产生了怀疑。在《塞上战事》摄制组收集有关野狐岭资料时，正值笔者最后一次调查完野狐岭。在张家口文史学者们向摄制组介绍情况的先后，笔者也向摄制组做了近两个小时的汇报。最终，摄制组采纳了"方圆几百公里的丘陵，历史上统称野狐岭"的意见。提供资料者置十分重要的《清史稿》《畿辅通志》《口北三厅志》《宣府镇志》《张北县志》《万全县志》《中国历史地图》《中国现代地图》等众多史志记载的野狐岭而不顾，把"岭"说成了"方圆几百公里的丘陵"。在这"方圆几百公里"范围内，仅地图上标明的，大的山脉有阴山山脉、燕山山脉、大马群山山脉，小的有虞台岭、李太山、翠屏山等十几座，野狐岭怎能包括如此多的群山（不是丘陵）？该片向国内外观众所展示的具有十分厚重历史内涵的野狐岭，不应在地理概念上出现常识性的错误吧？

为了学术研究上的慎重与严谨，本文完成后请北京大学历史系的老师们审阅了此稿。元月七日，收到他们修订本稿后的意见："同意作者意见。作者文章的最大价值，一是通过实地考察和读地图得出对交通形势的切实认

---

① 20世纪30年代，日本人从张家口到坝上修铁路时，路基北出膳房堡后没有直上神威台（狼窝沟）坝口，而是沿坝下高地西行到土边坝上坝。上坝后，从春垦村东沿古驿道直至张北城。坝上路基尚存，十几个涵洞完好。20世纪70年代初修坝头国防工程时，在古道几处被山洪冲坏路面地段的路基中央，修整了3米宽路面，运输建筑材料的车辆都从这里上下坝。这次考察时，见到有几段路基冲坏，但路面大平小不平，仍有车辆通过。

识，二是利用张德辉路线记载的德胜口（洗马林）位置、坝南北河流形势判断古路方位，从而把前人（民国志和历史地图集）标定的野狐岭位置具体肯定了。……这文章的价值是毋庸置疑的。"在此，特别要感谢北京大学历史系李新峰等老师对《野狐岭考》的首肯及修改意见。同时，在野狐岭实地考察及本文撰写中，承蒙生长工作在野狐岭的张北县劳动局原局长宋子义先生、张北县文物局柴立波局长、诗人逢阳先生、作家世琦先生、瑞杰付教授的陪同、帮助和指教，谨致谢忱。

# 牛马来细路*

## ——《野狐岭考》补遗

胡 明

历史上从中原进入漠北经过野狐岭究竟有几条道路？野狐岭下为什么要建新开口和新河口东、西二堡？为什么膳房堡、万全城要建在现在的位置？明朝前期，蒙古军队为什么多次袭击新开口堡、万全城、张家口堡？带着这些在《野狐岭考》中没有解决的问题，去年国庆节后，笔者邀张北县文物局局长柴立波先生、宣传部袁玉清先生徒步考查了野狐岭上明长城，以及土边坝—新开口堡—膳房堡的道路情况。经考证，走新开口关（土边坝）是下坝道路的最佳选择。坝下分东、西二路，途经翠屏口（今张家口）—万全城—膳房堡—新开口堡—新开口关进入草原，是辽、金、元、明时期从宣府上野狐岭坝的一条小路（细路）。

## 一 岭上山势、隘口与道路

从狼窝沟风电山庄向西，至大崖湾村的大脑包山约3公里，海拔在1450~1645米，沿坝头山势呈山峰状，明长城修在峰顶。大脑包山至哈叭气山口约5公里，海拔在1500米左右，呈现"远看像山，近看是滩"的较平坦的地貌。从狼窝沟的神威台山口向西，依次是东方子南滩、红林台、大崖湾、黄土湾4

---

* 原载《张家口历史文化研究》第4期，2006。

个山口，再向西则是较平坦高地上的水台沟、春垦（土边坝）两个坝口。

狼窝沟隘口东西约500米内有3座烽台，故当地老乡称这里为"里三台"。隘口正中是神威台，去年因张石高速公路要从这里通过，河北省、张家口市、万全县、张北县文物部门联合对神威台局部进行了发掘（此后高速路采取地下隧道方案，未从地上通过）。此台位于隘口中心长城上，用石条垒砌的三层台基呈宝塔形，上部是砖砌墩台，现仅留夯土。从地表发现的青砖、瓦当碎片来看，顶部应有敌楼。神威台东西两侧山坡上，各有一座小于神威台的烽台。从3座烽台、连接的长城及地形地貌上，看不出任何长城完好时可以通行的道路遗迹。神威台海拔高1510米，至山下海拔高1020米的膳房堡十多里，这一段落差490米的现代公路有人工开凿的20多个弯路，设置了5个"紧急辟险区"，其间完全是山岭和沟壑，崎岖而艰险。据《张北县志》（1994年修）记载："民国七年，大成汽车股份有限公司经神威台坝正式行车。"狼窝沟下长达十多里的山区，在冷兵器时代车马不可能通过，史志亦无行车道路记载。

神威台以东进入崇礼县深山区。以西至红林台山口，这一段长城以南是几十里连绵不断的高山深涧，仅发现在南十里左右的山沟中有一个小村庄，查地图是万全冯家窑。这一段有近年来植树造林时修的上山小路。从红林台山口向西至黄土湾山口，途经突然拔地而起的坝头沿线最高（海拔1645米）的大脑包山，南面就像刀切一样，是悬崖峭壁。在坝南1000米左右，与坝并列着一道孤立的山峰，顶峰如鸡冠，故曰鸡冠山。两山中间形成一条大峡谷。我们下坝时夜幕已降临，在寻找村庄时误入大峡谷。顺峡谷小路东行十里左右，山间小路不见了。此时，在上山时仅带的一瓶矿泉水的支持下已行走了14个小时了。峡谷中两山陡峭，寒气逼人，阴森可怖，只见天上星星，不见人间灯火。好在高处手机尚有信号，可以向外呼救。就在精疲力竭、饥寒交迫时，被附近村民救出了峡谷。

大脑包山以西至虞台岭，则是史志中记载的"野狐岭，长五里"。这5里多长的坝顶，呈较平坦的高地状。这段坝头有两处坝口，靠近大脑包山的是水沟台坝口。水沟台坝从坝顶到坝底有700米左右，山势陡峭，山水冲刷出一条沟。曾听生长在这里的张北县劳动局原局长宋子义先生介绍，20世纪70年代，这里仅有上山的人行道。山下沟口西靠西鸡冠山的东端，向东形成一条河沟，一直和膳房堡大沙河交汇，沿途坝上流下的山水都汇集到这条河沟里。20世纪40年代初，日本人修的铁路就是从膳房堡向西，沿沟西行至水口台坝底（再向西就是西鸡冠山东端了），利用高架桥上水沟台坝。上坝后的路基依然存在，有的涵洞基本完好（膳房堡距坝头直线距离7里，距水沟台15里，日本人修铁路为什么要舍近求远？从膳房堡到水沟台坝底是15里直线、缓坡，从坝底到坝顶不足500米。而狼窝沟路7里坡坝，崎岖山地无一条较直的路）水沟台坝西3里是新开口关（土边坝），即辽、金、元古道。通过实地考察，土边坝（新开口关）是历史上野狐岭上唯一可供大军通过的道路，也是车马唯一可通过的"坝口"。

## 二 岭下东、西分二路

在野狐岭下有东、西两座鸡冠山，两山中间不连接。东鸡冠山为东西走向山脉，从冯家窑西至菜山沟北；西鸡冠山由西北向东南走向，从小麻坪北的土边坝至水沟台。在《野狐岭考》中写道："元人周伯琦在《扈从北行后记》中记载：'……过野狐岭，上为纳钵，地高风甚寒，东西盘折而下。'下坝有东西两条路。西路宽不足两米，出"坝口"10米右拐，贴峭壁向西南行至200米处，古道则顺南北走向的沟南下出山。东路是宽畅的车马大道。出"坝口"10米东行，进入人工破山凿开的宽6米的通道；到30米处，来到与野狐岭相距100米并列的鸡冠山西端山脚下；右转90度，从鸡冠山脚下南行；下坡500米是平地，迎面有一道东西的山梁；向西平行200米，南拐出山口，突然视野开阔，地势平坦。"此段文字记述的是前两次考查野狐岭时所走的道路。当时，在鸡冠山西端山脚下，发现在鸡冠山南麓下，有一条向东行的大车路。当时对这两条东、西路进行了分析判断。（1）东路向东是上坡，在200多米处天地相接看不到路了。随行的宋局长说前面有国防工事，20世纪

70 年代初，他曾坐部队的汽车到过那里，没有近代车辆通行的痕迹。再者，下坝的路应向下坡走，而此路是向上坡走。（2）西路是下坡，有明显筑路遗迹，现在仍有车辆通过。下游有新河口堡、洗马林堡。早在元太宗时，任命（哈散纳）领阿儿浑军，并回回人匠三千户驻于荨麻林（今洗马林），①明叶盛在《水东日记》中对这条路亦有明确记载（见《野狐岭考》）。因此，放弃了东路，而沿西路进入古城河流域，即元朝西驿路。

明宣德十年（1435），在野狐岭"土边坝"口之下同时建了新开口、新河口二座戍堡，重建了洗马林堡。新河口堡是扼守下野狐岭后进人古河流域河川的山口；洗马林堡是扼守古河川进入洋河平原的"镇河口"。而新开口堡却建在远离元朝西驿道的"土边坝"东南 20 里处。新开口堡东行 5 里是膳房堡，膳房堡沿大沙河南行 15 里是万全右卫（今万全城）。右卫城南是平原，直通宣大古道。这条从宣大古道北上万全右卫直达野狐岭的线路，正是岷峨山人在《译语》中记载的："由今宣府西北经万全右卫、膳房堡、野狐岭，逾塞垣以达兴和，此永乐中击虏之西路，甚平坦，虏亦常由此入。"②新开口堡则是扼守这条道路的戍堡。

对明朝中期野狐岭下东路上发生的一些事进行研究，有助于进一步发掘野狐岭深厚的历史文化内涵。"景泰二年（1451），户部左侍郎刘琏请于新开口置关一所，令使客出入。两旁筑二台，拨军守备，其余墙垣务筑立高厚坚完，俾人马不得往来。"③为什么刘琏在"土边坝口"（见《野狐岭考》）开关，不以近在 10 里、沿河而行、交通方便的"新河口堡"命名，而要以远在 20 多里外的"新开口堡"命名呢？这正体现了刘琏出于军事防御及通贡需要、保证互市安全的良苦用心。

明正统三年（1449），统一中国仅 80 余年的明王朝就出现了国力衰退，边防疏守，军队作战能力日趋低下的状况。作为战败的蒙古族一支的瓦剌

① 《元史》卷 122《哈散纳传》。
② 岷峨山人：《译语》，《纪录汇编》本。
③ 《明英宗实录》。

部在塞北高原趁机崛起。1449 年 7 月初，也先以明廷刁难其贡使和毁其婚约为理由，发动了一个惊天动地的大事件——"土木堡之变"。决定"土木之战"胜利的重要因素之一，就是潜伏在兴和路一带的也先率主力直下野狐岭，奇袭明军辎重部队。此后在"瓦剌议和"期间，也先先是命喜宁充使者，伪称奉明英宗命，入野狐岭探听明廷内情；后是送英宗回京宴别于野狐岭，恢复了与明朝的通贡贸易。由此，足以看出野狐岭古道在明、蒙关系中的特殊位置了。就是在这种特殊历史背景下，英宗返京的次年，"景泰二年（1451），户部左侍郎刘琏请于新开口置关一所"。而"土木之战"使朝野震撼，心有余悸。因此，不仅对关口严加防范，于关口"两旁筑二台，拨军守备，其余墙垣务筑立高厚坚完，俾人马不得往来"，而且，此后也绝不能将参加"通贡互市"的人畜引入平坦易行的西驿道。因而将互市场址选在远离关口 20 里、大军不易通过的崎岖山峦之中的新开口堡。这就是刘琏将关口命名为"新开口"的真实目的。刘琏的筹略很有远见，此后他当时所担心的问题全部发生了。"庚戌之变"次年五月，"宣府设马市于新开口堡，虏酋把都儿、辛爱、伯要卜朗台吉、委兀儿慎台吉凡五部入市，共易马 2000 余匹"。[①]蒙古部落"欲以牛羊易谷豆者候命不得，遂分散为盗无虚日。十一月间大入边三次，抢掳人畜甚众"。[②]嘉靖三十一年（1552）九月，下诏罢各边马市，明令"复言开马市者斩"。[③]新开口互市所发生的问题，正是刘琏开关时所顾忌到的：蒙古"拥兵压境，恃强求市，以款段驽罢，索我数倍之利"，甚至"市易未终，遂行抢掠"。[④]野狐岭下西驿道同样没有幸免蒙古人的袭击。据《明世宗实录》载，明嘉靖四十四年（1565 年）八月，蒙古俺答部黄台吉"自洗马林突入，将禾三五散掠，驰过暗庄堡。把总江汝栋以锐卒二百，按伏堡中，出而搏之，黄酋骤骑直前，我兵奋挺击之"。[⑤]

---

① 《明世宗实录》卷 373。
② 《〈明实录〉大同史料汇编》。
③ 《明史》卷 222《王崇古传》。
④ 张居正：《答王鉴川计贡市利害》。
⑤ 《明世宗实录》卷 551。

## 三 宣府赴野狐岭的"细路"

乘车从狼窝沟神威台下坝至三分之二处,公路左侧孤立的山包顶部有一座碎石堆积的烟墩遗存。登墩顶远眺,东、北方向可望见远山之巅的明长城;向西可见一条烟墩构成的连线,经新开口堡北,直达野狐岭"土边坝"下的镇胡台,北距坝顶新开口关"东、西二台"500多米;向南清晰地看到膳房堡、上南山村直至水关山口这条南北直线上矗立的4座较完整的圆形夯土烟墩。出水关山口即万全右卫城。水关山顶上的一座石砌方形烽台,将山南、北两侧的烟墩连接起来。万全城北高台上即水关山下的烟墩,已在修公路南侧建筑时拆除。从此墩向东,沿旧公路南侧直至苏家桥村东、黄土梁山下,尚存3座较完整的烟墩。黄土梁顶部的烟墩已在修公路时拆除,梁东侧山下的翠屏庵村、五墩村圆形夯土墩台尚存,与永丰堡、张家口堡连成一线。

黄土梁是张家口大西山北端余脉的一道牛脊背梁,梁的北端与翠屏山西端相接。明长城从此处向北拐,直到坝头张家口市、崇礼县、张北县、万全县交界处,与坝顶秦长城相接(秦长城从此处向东北方向走去),而后向西进入野狐岭山脉。因此,从黄土岭下的烟墩至膳房堡烟墩整条线路是远离长城的。这里应该说明的是:笔者之所以要考查烟墩,正是因为这条通信线路是沿着宣府、过翠屏口、赴野狐岭的小道修筑的。

岷峨山人说:"由今宣府西北经万全右卫、膳房堡、野狐岭,逾塞垣以达兴和,此永乐中击虏之西路,甚平坦,虏亦常由此入寇。"他只提到"万全右卫、膳房堡、野狐岭……甚平坦",笔者想岷峨山人不一定亲自走过这条路。从膳房堡到万全右卫确实很平坦,特别是万全右卫到宣大古道,即洋河流域,是一块一马平川的小平原。但从膳房堡到明长城上的新开口关是近30里的崎岖山路,尽管有一条河沟,但有的地方人、畜难行,有的地段是人工破山开凿的深十几米、宽只有3米的小路,有的地方是在沟壁腰部凿出的小路。宣府到野狐岭从里程上看,此路比元西驿路要近些,但它沿途无水源,更不具备西驿路从洋河流域沿平坦的古城河直达新开口关下的优势。这条路出宣府，过沙岭（今沙岭子），沿大清河北上，经张家口堡，走翠屏山下，入万全右卫路。此路真正的优势，在它与西驿路的路线形成直角三角形，新开口关与沙岭是斜边的两个端点，这条路则是斜边。因此，辽、金、元以来，小队人马及牲畜多选此近路出入野狐岭。

经翠屏口过万全右卫、登野狐岭这条古道，《史志》及金、元名人都留有墨迹。《明史·地理志》记："万全右卫……北有翠屏山，又有野狐岭。"明代山西巡抚熊伟在其诗《翠屏山》中写道："绝壁横空峙，遥看却似屏。"站在张家口市东高山上远眺，从万全旧城北山起，东至大境门西太平山，一道弧形山岭，宛如一扇碧绿的屏风，此即翠屏山。山下建有以翠屏山命名的翠屏庵。出"平门"西行不足十里，至今在翠屏庵遗址上发展起来的翠屏庵村依然存在。金大安三年（1211），"蒙、金野狐岭大战"前夕，金代著名诗人周昂随承裕之军驻扎在翠屏口，写下了《翠屏口》诗七首。① "去岁翠屏下，东流看涌波，"即站在翠屏山下（翠屏口），向东可以看到波涛汹涌的大清河（纵贯张家口市区的河流）流水；"山去何时断，云来本自通"，即翠屏山至大境门处突然中断，形成悬崖峭壁；"马牛来细路，灯火出塞松"，这说明金代草原的马牛就是从这条"细道"（小道）进入翠屏口的。以上诗句较准确记述的翠屏口的地理位置，应该是今日张家口市"平门"的位置。蒙古宪宗二年（1252），张德辉与好友元好问一起北去觐见忽必烈时，走的也是此路。元好问在此留下《过翠屏口》诗一首，② 诗中"沙城雨塌名空在，石峡风来夏亦寒"，准确地描写了张家口城区的地理形势及气候特点。金兴定五年（1221）丘处机出燕京赴漠北，途经张家口时有这样一段记载："辛巳之上元，醮于宣德州（今宣化）上元观，以颂示众……以二月八日启行，时天气晴雾，道友饯行于西郊，遮马首以泣……十日，宿翠屏口。明日，北度

① 周昂：《翠屏口》，元好问：《中州集》。
② 元好问：《遗山集·过翠屏口》。

野狐岭。"① 以上史料说明，金元时期，出宣德、经翠屏口、越野狐岭已是一条重要的道路。至此，我们就足以看出万全右卫建城和膳房堡建堡选址的意义了。

万全县，元朝时为宣平县，治所在今怀安县左卫镇。《明史·地理志》载，洪武四年（1371）废县，洪武二十六年（1393）二月置了万全左卫、右卫，二卫同城。建城时今日万全县宣大公路以北仅有洗马林堡，之所以选择今日万全城址建城，一可与西驿路上的洗马林堡呼应，二可守御北面野狐岭路、东面翠屏山路、南面宣平路三路的汇集点——水关山口。

万全右卫辖区内的边堡都是建于明宣德十年（1435）以前，而唯有膳房堡是建于40多年后的成化十五年（1479）。史学界及当地老乡都认为，建堡的目的是为过往官兵提供膳宿之地，故改名为膳房堡。从建堡的历史背景分析，永乐二十年（1422）蒙古鞑靼部攻陷兴和千户所，迫使千户所迁至宣府后，明朝"缩边"至野狐岭长城一线。此后连年战争，此路使臣、官兵很少，只有西距五里的新开口堡驻兵四百多人。若是仅为供应五里之遥的四百官兵过往食宿，建一座比新开口堡（方一里三百四十步）建筑规模还大的膳房堡（周二里有奇），理由并不充分。其建堡的真实目的有二。一是蒙古骑兵多次绕新河口堡外进入膳房堡大沙河。膳房堡的建设是"土木之战"后，朝廷考虑拟开野狐岭关（1451年开关），并在新开口堡开"互市"，出于军事安全防御目的，作为新开口的依托、扼守进入大沙河的出山口设置的第二道防线。因此，宣镇将其列入"极冲"级戍堡，并置守备守御。二是笔者同意"后改名为膳房堡"的说法。明朝"缩边"以后，为了加强边防守御，尽管宣德年间在重要关隘、交通要道建筑了不少戍堡，仍然没有阻挡蒙古骑兵入边。同时，界壕、墙也遭到严重破坏。作为重要的防卫措施，朝臣们开始酝酿修建边墙。成化二十年（1485），户部尚书余子俊，兼左副都御史，总督大同、宣府军务，上奏曰："东起四海冶，西抵黄河，延袤千三百里，旧

---

① 李志常撰《长春真人西游记》。

有墩台百七十，应增筑四百四十，墩高广皆三丈，计役夫八万六千，数月可成。宣府以独石（今赤城独石口）为首，以柴沟（今怀安柴沟堡）为尾而垣工。"①"明成化二十一年，余子俊以户部尚书兼左副都御史，总督大同、宣府军务，由大同中路起，西至偏关接界去处止，东西地远六百余里，地势平坦，无险可据，调集中、西二路征操马步官军，并屯种官舍余人等做与墩墙。从中路起随小边故址，每二里立墩一座。每座四面根脚各阔三丈，高三丈，对角做悬楼二座，长阔各六尺。空内挑壕堑阔一丈五尺，深一丈许。"②据张家口史志记载，万全长城建于成化二十一年（1485）。野狐岭长城从成化十一年筹建，到成化二十一年完工，正是建于成化十五年、道路平坦、靠近边墙的膳房堡提供的后勤保障。由于该堡负责近百里长城修边的后勤供应及过往将士的食宿，久而久之，声名远扬，故改名为膳房堡。

在闻名中外的蒙金"野狐岭之战"中，金军将领宗亲完颜承裕登野狐岭时，在东、西二路上都留下了足迹。金大安三年（1211）三月，成吉思汗大军抵旺古部，四月前锋越边克大水泺。金皇完颜永济议和被成吉思汗拒绝，遂派承裕行省事于宣德（今宣化），出屯抚州（今张北）。承裕此次从宣化到抚州，走的就是东路：宣德—翠屏口—野狐岭—抚州。身为金朝著名诗人、六部员外郎的周昂随承裕大军驻扎在翠屏口，并写下了雄奇肃杀、悲音袅袅的历史名诗《翠屏口》。③

七月，成吉思汗破乌月营，拔乌沙堡（今商都境内），完颜承裕弃抚州，退屯宣平（今怀安左卫镇），下野狐岭，沿古城河直抵洋河，过河即宣平。此路即西路，走此路到宣平道路平坦而快捷。此后承裕与大同留守纥石烈执中合军30万再上野狐岭设防。纥石烈执中的军队是从山西集结来的，必然从西路登野狐岭。金军在野狐岭之战大败后，退到浍河堡被全歼。浍河堡位于宣平西，占有西去大同古道、南进蔚县飞狐峪入关的特殊地理

---

① 《明史·余子俊传》。

② 董耀辉：《长城大事记》，《明会要》。

③ 张觉：《周昂〈翠屏口〉赏析》。

位置。野狐岭战败后，纥石烈执中则是从浍河堡逃入飞狐峪，经紫荆口入京的。完颜承裕并没有和纥石烈执中一起行动，而是逃入了宣府。由此可以看出，纥石烈执中是原路败退的；完颜承裕则是从他熟悉的小路（东路）逃回宣府。

在蒙元时期，还有一人从中原赴漠北走过野狐岭下的东、西二路，他就是张德辉。蒙古定宗二年（1247），"岁丁未，世祖在潜邸召见"。① 此次张德辉到漠北去觐见忽必烈，走的是西路，叶盛在《水东日记》中有详细记载。元宪宗二年（1252），"壬子，德辉与元裕北觐，请世祖为儒教大宗师，世祖悦而受之"。② 这次张德辉走的是东路，路过翠屏口时，同行的元裕（好问）留下《过翠屏口》诗一首。

从以上对野狐岭下东、西二路的考证，进一步证实：辽、金、元、明时期，从居庸出关过宣德登野狐岭，小队人马是走"东路"，大队人马是走"西路"；从蔚县飞狐峪入关，经宣平登野狐岭，必走"西路"。

---

① 《元史·张德辉传》，中华书局，第 3823~3824 页。
② 《元史·张德辉传》，第 3823~3824 页。

# 北魏柔玄镇地望考述*

魏隽如　张智海

**摘　要：** 本文结合北魏柔玄镇地望研究的现状，从历史文献、实地考察与考古资料入手，分析了河北尚义三工地镇土城子城址与湮灭近1500年的北魏柔玄镇之间的关系，认为北魏柔玄镇的地望在河北省尚义县三工地镇土城子村，其故址就是土城子城址。

**关键词：** 北魏柔玄镇　地望　土城子城址

六镇是北魏建都平城（今山西大同）后，为防范柔然人入侵和羁縻高车人而沿着长城一线，在西起内蒙古五原、东到今张家口的2000里边界上设置的六大军事重镇。[①] 六镇的地名和范围，自北宋以来，聚讼纷纭，而以清代学者沈垚《六镇释》[②] 考证最力，为后来学界所公认，即自西向东依次为沃

---

　＊　原刊于《北方文物》2009年第1期。2018年张智海根据一些最新研究成果，在正文和注释部分做了若干补正。

　①　日本东京大学佐川英治教授在《北魏六镇史研究》一文中指出，"六镇本起自怀朔、抚冥、柔玄、怀荒四镇"，"怀朔、抚冥、柔玄、怀荒四镇的名称表达出了'绥和荒服'，显示了镇抚周边民族的共同性质"。"北魏最初以上四镇安置高车，后来由于同在长城外侧的武川镇和赤城镇与高车的联系逐渐紧密，遂统称'六镇'。"参见中国中古史研究编委会编《中国中古史研究》第5卷，中西书局，2015，第55、102页。

　②　沈垚著、张穆编《六镇释》，《落颿楼文稿》卷1，转自谭其骧主编《清人文集·地理类汇编》第一册，浙江人民出版社，1986，第676页。

野、怀朔、武川、抚冥、柔玄、怀荒六镇。① 本文的研究对象柔玄镇就是其中之一。柔玄镇究竟在哪里？多年来，学术界莫衷一是。一种观点认为在内蒙古兴和县境，②但具体在兴和县什么地方，则有兴和西北、③兴和北、④兴和台基庙东北⑤等不同说法；另一种观点认为在内蒙古自治区，⑥其中有的则推定在内蒙古察右后旗白音察干古城；⑦还有一种观点主张在河北省尚义县西，⑧有的则认为在河北省张北县北。⑨谭其骧先生主编的《中国历史地图集》第四册中将柔玄镇标在兴和县石湾子乡榆树营一带，地处今河北尚义与内蒙古兴和交界处，东距尚义县城南壕堑镇约12公里。⑩

作为距平城最近的北边重镇柔玄镇，因孝昌年间杜洛周在上谷（今河北怀来）发动的"河北起义"而名震天下，追随他起事的柔玄镇兵又成为高欢父子取代北魏建立东魏、北齐的军事工具。由此，柔玄镇的重要性便不言而喻。康乐先生指出："北魏怀荒镇民的暴动掀开了'六镇之乱'的序幕，并间

① "迁都洛阳前，北魏将'怀朔—赤城'六镇称为'六镇'，迁都后，则将'沃野—御夷'七镇称为'六镇'。没有称为'七镇'可能是因为即便在迁都洛阳后，原本安置东部高车的怀朔镇以东六镇依然发挥着作用。而沃野北迁以后，与其他六镇形成共同防线时，则以沃野为从西第一镇。但这并不意味着原来镇抚高车的六镇消失。所以，迁都洛阳后《魏书》中的'六镇'，有时候指的是旧'六镇'，有时则指的是加上沃野的七镇。"参见中国中古史研究编委会编《中国中古史研究》第5卷，第104页。

② 吕思勉：《两晋南北朝史》，上海古籍出版社，1983，第564页。

③ 王仲荦：《魏晋南北朝史》，上海人民出版社，2003，第528页；程应镠：《南北朝史话》，北京出版社，1979，第91页；朱大渭：《魏晋南北朝社会史》，中国社会科学出版社，1998，第5页。

④ 韩国磐：《魏晋南北朝史纲》，人民出版社，1983，第484页。

⑤ 张传玺：《中国通史讲稿》，北京大学出版社，1982，第309页注①。沈起炜：《细说两晋南北朝》，上海人民出版社，2002，第361页。

⑥ 白寿彝：《中国通史纲要》，上海人民出版社，1980，第173页。

⑦ 内蒙古文物工作队、包头市文物管理所：《内蒙古白灵淖城圐圙北魏古城遗址调查与试掘》，《考古》1984年第2期，第151页；李逸友：《内蒙古历史名城》，内蒙古人民出版社，1993；鲍桐：《北魏北疆几个历史地理问题的探索》，《中国历史地理论丛》1999年第3期，第68页。

⑧ 何德章：《中国魏晋南北朝政治史》，人民出版社，1994，第193页；张文强《中国魏晋南北朝军事史》，人民出版社，1994，第216页；严耕望：中研院历史语言所专刊之八十三《唐代交通图考》第5卷篇53，1986，第1778页（"则柔玄镇当在今兴和县或稍北，约E113°52′·N41°"）。

⑨ 尚钺：《中国历史纲要》，人民出版社，1955年第1版，1980年第2版，第120页注1；何兹全：《魏晋南北朝史略》，上海人民出版社，1958，第162页。

⑩ 中国历史地图集编辑组编《中国历史地图集》第四册，中华地图学社，1975，第44~45页；谭其骧主编《中国历史地图集》第四册，地图出版社，1985；谭其骧主编《简明中国历史地图集》，中国地图出版社，1991，第31~32页。

接敲响了北魏帝国的丧钟。北魏的军镇与镇人也因此成为后世史家注意的焦点。"[1]但史籍对柔玄镇的记载却几于失载，近现代史学家对此也少有专文论述，即使有所涉及也极为简略，且多与六镇一并提出，或只是征引文献。至于有关柔玄镇地望考证的专门文章，笔者至今亦尚未见到公开发表。[2]因而本文以历史文献、实地考察与考古资料相互参照、相互印证，就柔玄镇的地望与兴废沿革进行分析与考证，以求正于方家。

## 一　以历史文献及实地考察资料相互印证考述柔玄镇的地望

柔玄镇史料缺乏是不争的事实，究其原因，主要有以下几个方面。

（1）柔玄镇地处北边，北魏迁都洛阳后其战略地位急遽下降，尤其是六镇起义后，这一地区长期处于失控状态，后世修史的资料便难以收集。

（2）记载南北朝史实的《北史》《南史》《北齐书》《周书》等正史中无志，《魏书》虽然有志但显疏略，《地形志》中又缺乏有关柔玄镇的任何有参考价值的史料。《南史》根本没有提及柔玄镇，而其他正史对柔玄镇的记载，都散于本纪和列传中，描述简略，难以佐证。

（3）唐代的重要志书中，《元和郡县图志》只记载了六镇的位序，并未涉及柔玄镇的地望；《通典》中有关柔玄镇的记载及地望的考证几乎没有任何参考价值。

（4）五代以后，北魏柔玄镇之地相继陷于辽、金、元，这一时期的志书均未提及该地（《大清一统志》"古迹"条下载柔玄镇城在察哈尔右翼正黄旗东南）。

近年来，诸如毛明远《汉魏六朝碑刻校注》等集北魏镇将或有关人物墓志大全的碑校专著，也难以从中探寻到柔玄镇地望的任何线索。

---

① 康乐:《从西郊到南郊——国家祭典与北魏政治》，台北稻禾出版社，1995，第88页。
② 董尚礼:《北魏柔玄镇考略——兼和王龙耿商榷》，《乌盟史料汇编》第2辑，1983，第285页。

现存历史典籍中关于柔玄镇地望的记载，只有郦道元《水经注》的记载最为详尽，尤其是《魏书·郦道元传》中有关于柔玄镇的一段描述："肃宗以沃野、怀朔、薄骨律、武川、抚冥、柔玄、怀荒、御夷诸镇并改为州，其郡县成名令准古城邑。诏道元持节兼黄门侍郎，与都督李崇筹宜置立，裁减去留，储兵积粟，以为边备。"①这段史料是说，北魏末年，随着北边诸镇的扩大及地理位置的重要，肃宗（即魏孝明帝元诩）准备将柔玄等镇合并为州，任命郦道元为参加诸镇调整计划的大使。②这项工作后来因"六镇起义"半途而废，但肩负着国家使命并立志注《水经》的郦道元到过距平城最近的柔玄镇是不言而喻的。所以他在《水经注》中对柔玄镇的描述应是真实可靠的，因而是笔者考证柔玄镇地望最为可据的文献资料。

郦道元《水经注·㶟水》记载："㶟水又东，左得于延水口，水出塞外柔玄镇西长川城南小山。《山海经》曰：梁渠之山，无草木，多金玉，修水出焉。东南流迳且如县故城南……于延水出县北塞外，即修水也……"③

《水经注》为我们提供了"于延水""塞""长川城""梁渠山"等与柔玄镇地望息息相关的几个地理标志，因而欲考察其地望则必需先确定这些地理标志的具体位置。

"于延水"为㶟水（今桑干河）的支流，《水经注》记载其发源于柔玄镇西长川城南小山，因而首先得确定"于延水"源头的位置。《大同府志》载"于延水即今东洋河也"，《中国历史地图集》第四册标注今东洋河的源头在今内蒙古兴和县北部，东南流至河北怀安县境与南支流银子河汇合，现称为后河或后沙河。④

《水经注》说于延水出自塞外，关于"塞"的概念古代是不断变化的，

---

① 魏收：《魏书》卷89《郦道元传》，中华书局，1974，第1925页。

② 史念海：《论西北地区诸长城的分布及其历史军事地理（上篇）》，《中国历史地理论丛》1994年第2期，第12页。

③ 北魏郦道元著，民国杨守敬、熊会贞疏《水经注疏》卷13，江苏古籍出版社，1989，第1175页。

④ 《中国历史地图集》第四册，第44~45页；严耕望：《唐代交通图考》第5卷篇53，第1778页。严耕望先生据民国4年（1915）参谋部百万分之一图及ONC-F-8指出，东洋河有东西两源，东源出兴和县北，西源出兴和、平地泉（集宁）之间以北地区。

早期是指边界险要形势之地，汉代的塞则多以长城而言，北魏因袭汉代之用法。

《魏书·太宗纪》载：（泰常）"八年正月丙辰，……蠕蠕犯塞。二月戊辰，筑长城于长川之南，起自赤城，西至五原，延袤二千余里，备置戍卫。"① 这里的"塞"，指的是北魏泰常八年（423）第一次修筑的长城。

《魏书·世祖纪下》：（太平真君七年）"六月丙戌，发司、幽、定、冀四州十万人筑畿上塞围，起上谷，西至于河，广袤皆千里。"② 这里的"塞"指的是太平真君七年（446）北魏第二次修筑的长城，艾冲先生称其为"魏南长城"。③

太和八年（484）中书令高闾又上表奏请："今宜依故于六镇之北筑长城，以御北虏。"④ 孝文帝虽曾"优诏答之"，却未明确记载是否兴筑。而《水经注·鲍丘水》记载："大榆河又东南出峡，迳安州旧渔阳郡之滑盐县南，左合县之北溪水，水出县北广长堑南，太和中，掘此以防北狄，其水南流迳滑盐县故城东。"⑤ 此段史料说明太和年间确曾第三次兴筑长城。

《水经注》记载的于延水出塞外之"塞"，李逸友先生万里跋涉实地考察后认为是泰常八年"北魏王朝第一次修筑的长城，是将赤城至五原间的秦汉长城加以修葺而成。其东起自河北省赤城县独石口北的大山上，西行经崇礼与沽源之间的山岭，再经张北县南、尚义县南、怀安县西北角而入内蒙古"。⑥

高鸿宾先生持相似观点，他根据实地勘察结果，认为"今张家口市张北县与万全县交界的坝头沿线，确有古长城遗迹存在，它东起张北黄花坪、狼窝沟一带，向西经东营盘、台路沟，到大河乡南缘入尚义县甲石河乡鱼儿山，折西南行，经万全、尚义、怀安交界转而向西，从怀安桃沟出境向北，入内蒙古兴和县，全长约100公里。这段长城在历史上曾先后为秦、汉、北

① 《魏书》卷3《太宗纪》，第63页。
② 《魏书》卷4下《世祖纪下》，第101页。
③ 艾冲：《北朝诸国长城新考》，中国长城学会编《长城国际学术研讨会论文集》，吉林人民出版社，1995，第144页。
④ 《魏书》卷54《高闾传》，第1201页。
⑤ 《水经注疏》卷14，第1220页。
⑥ 李逸友：《中国北方长城考述》，《内蒙古文物考古》2001年第1期，第32、34~35、40页。

魏及明代修缮利用，其中明代遗迹最为明显，但早期长城遗迹还随处可寻，曾采集到战国时期的夹砂红、灰陶片及釜足等"。①《张家口地区文物普查资料集》也记载："经调查和核对有关地方志后，发现此段长城（北魏泰常八年所修）大部被明长城复缮利用了。"②

根据以上史料及实地考察分析，《水经注》中"水出塞外柔玄镇西长川城南小山"的"塞"当指北魏泰常八年（423）在秦汉长城基础上修缮利用，后经明代复缮叠压的今蜿蜒于河北尚义县南境与万全、怀安交界处而入内蒙古兴和县的长城。

而确定长川城南小山的地望，对于考证柔玄镇故址的确切地点更为重要。内蒙古兴和县的常谦先生热心乡土史地，他多次到土城滩实地考察，认为长川城南小山，即土城滩元山子。他说："古代的土城滩，有季节性内陆湖（汗海子），面积大约 2500 平方米……经研究分析，古于延水是从这一内陆湖溢出的溢水河，于延水的称谓可能与之有关。不知什么时候，河槽冲深，内陆湖水随之而去，形成了原来的土城子沼泽地带。……土城滩又称元山子滩，元山子位于滩的中南部，离土城子故城 5 里。元山子平地而起、特别明显。而郦道元随同魏孝文帝北巡时在《水经注》中所描述的长川城南小山，即土城滩元山子。古于延水发源处则为元山子。……从考查结果看，既然于延水的发源地是元山子滩（南小山），那么，内蒙古乌盟兴和县土城子遗址则是北魏长川城确定无疑了。土城村南 5 里的元山子就是郦道元所指的：'长川城南小山。'"③

长川城遗址位于今兴和县西北 15 公里处的土城子村，东距集兴公路 2 公里，东南距大青山 8 公里，东北距团结乡政府 2.5 公里，西北距大五号行政村 1 公里，西 8 公里之外是台基庙村。

常谦先生通过进一步考证，认为《水经注》中的"梁渠山"即今日南北

① 高鸿宾：《张家口赵长城考》，《文物春秋》2003 年第 6 期，第 41 页。
② 张家口地区行署文化局、张家口地区博物馆：《张家口地区文物普查资料集》，内部资料，1982，第 43 页。
③ 常谦：《北魏长川古城遗址考略》，《内蒙古文物考古》总 18 期，1998，第 24~25 页。

向耸立于河北尚义县与内蒙古兴和县交界处但大部分在尚义的大青山。他说：
"经考查发现了多处古人采水晶、脉金、蓝宝石、矿洞遗迹，并发现北魏早期摩崖石碑。碑文所指（大青山）即当时七宝山，并指出七宝洞的位置，这和《山海经》描写的是一致的，没树少草，有金矿，有宝石。同时又发现了卜沟鲜卑墓群。这充分证实了今大青山即战国梁渠山、修水发源地；北魏长川城拓跋鲜卑族墓地就建在本县大青山下。"[①]

大青山属阴山支脉大马群山，东汉时称弹汗山，北魏时呼东木根山。这一地区在历史上曾经是鲜卑民族纵横捭阖的广阔历史舞台。东汉桓帝时，鲜卑著名首领檀石槐统一了各部，"乃立庭于弹汗山歠仇水（即于延水）上，去高柳（今山西阳高西北）北三百余里，……"[②]开创了中古北方鲜卑世纪。这里也曾是鲜卑拓跋部走出高山深谷，历经"九难八阻"而步入文明国家征途中的"龙兴之地"。史载"惠皇帝讳贺傉立，桓帝之中子也。……四年（325），帝始临朝。以诸部人情未悉款顺，乃筑城于东木根山，徙都之"，即是明证。[③]

通过以上对文献的分析并结合历史的变迁，可以大体上确定柔玄镇所在的地理范围，即在北魏泰常八年（423）所筑的位于今河北省尚义县南境与万全县、怀安县交界处而入内蒙古兴和县的长城之北，其故址地处今兴和县团结乡土城子村的北魏长川城的东部。

## 二 以考古资料进一步考定柔玄镇的地望

李逸友先生认为："北方镇戍遗址中遗物与沽源县大宏城相同，大宏城为北魏御夷城遗址，因此亦疑尚义县哈拉沟古城乃是柔玄镇遗址，有待于河北

① 常谦：《北魏长川古城遗址考略》，《内蒙古文物考古》总18期，1998，第24~25页。
② 范晔撰、李贤等注《后汉书》卷90《乌桓鲜卑列传》，中华书局，1999，第2022页。王子今教授在《秦汉史：帝国的成立》（中信出版集团，2017，第299页）中将檀石槐立庭所在弹汗山歠仇水上标注为今河北尚义南大青山东洋河畔。
③ 《魏书》卷1《序纪》，第10页。

省文物部门证实。"① 这使我们深受启发。

哈拉沟古城即今河北省尚义县三工地镇土城子城址，它究竟是不是北魏柔玄镇遗址？为此我们沿着北魏长川城遗址的东部寻觅，在兴和境内并未发现北魏镇戍遗址存在的任何蛛丝马迹。这充分说明，柔玄镇遗址并不在兴和县境。那么它在哪里？河北尚义县位于内蒙古兴和县的东边，其境内的三工地镇土城子城址距北魏长川古城遗址东约 25 公里。土城子城址是不是柔玄镇址？带着这一疑惑，我们数次深入该地点实地考察。2003 年 8 月笔者还陪同河北省文物研究所一行 6 人对土城子城址进行了为期一天的勘探，在城内多处地点采集到具有典型北魏特征的遗物。我们初步认定土城子城址为北魏北边的军事重镇，极有可能就是湮灭近 1500 年的北魏柔玄镇故址。同年 10 月，省文物研究所又派考古队对该遗址周边自然地理环境、城垣的现状与遗址内高出地面的建筑基址进行了仔细地勘察，并在遗址内探明了文化层的北魏属性，笔者随同并做了详细的考古探查记录，结果从考古学角度也进一步证实了土城子城址确为北魏柔玄镇址。

土城子城址位于河北省尚义县三工地镇土城子村，地处冀蒙交界，其西、东与内蒙古兴和县接壤。经纬度为东经 113°57′，北纬 N41°15′，平均海拔 1381 米。距遗址北垣约 20 米有二龙河，蜿蜒西北流去，过沙河庙汇入五台河（部分河段为冀蒙界河）而注入冀蒙界湖察汗淖（五台海子）。② 遗址南部约 30 公里处有巍峨的大青山，最高峰海拔 1919 米。古城内有通往沙河庙与哈拉沟的乡间公路，东向与尚义—大青沟公路接通，城址东距尚大公路约 8 公里，北距东号—商都公路约 12 千米（见图 1）。

土城子城址，筑于二龙河阴隆起的台地上，地上建筑已荡然无存。城垣呈"囗"形，城墙残高 0.5~1.5 米，夯筑。古城呈东西向布局，东西长约 1100 米，南北宽约 1006 米，城池面积约 105 万平方米。从军事防御角度来

---

① 李逸友：《中国北方长城考述》，《内蒙古文物考古》2001 年第 1 期，第 32、34~35、40 页。
② 鲍桐先生在《北魏北疆几个历史地理问题的探索》（《中国历史地理论丛》1999 年第 3 期，第 91 页）中认为，道武太祖拓跋珪天赐三年（406）"考察的漠南盐池只能是商都县东南察汗淖"。

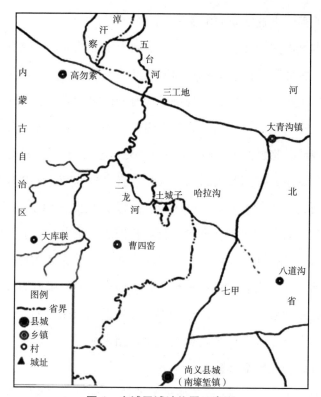

**图 1　土城子城址位置示意图**

看，古城紧扼二龙河阴，居高临下，据有重要军事战略地位。

　　土城子城址的建筑布局符合北魏风格，与内蒙古已考定为六镇之一的怀朔镇的遗址布局极其相似，如子城、角台与马面。遗址城垣平面呈现不规则的六边形，也颇类似于怀朔镇遗址的城垣形状。城垣面积及规模也仅次于怀朔镇遗址。① 原因是柔玄镇与怀朔镇在北魏后期均是防御柔然的主要军镇，为东部都督区的核心所在。柔玄镇将一般都兼统抚冥、怀荒等诸镇军事。如苟恺"累迁冠军将军，柔玄、怀荒、武川镇大将"；② 江阳王元继"加平北将

---

① 　内蒙古文物工作队、包头市文物管理所：《内蒙古白灵淖城圐圙北魏古城遗址调查与试掘》，《考古》1984 年第 2 期，第 145 页。
② 　《魏书》卷 44《苟颓传》，第 994 页。

军。高祖时，除使持节、安北将军、抚冥镇都大将，转都督柔玄、抚冥、怀荒三镇诸军事、镇北将军、柔玄镇大将"；[1] 元鸷"都督柔玄、抚冥、怀荒三镇诸军事，抚北将军、柔玄镇大将"。[2]

遗址所处纬度与其他被考定的六镇遗址纬度也基本一致，大致在北纬41°南北，且处于北魏太和年间兴筑的长城50公里之内。[3] 内蒙古四子王旗乌兰花土城子古城早在20世纪70年代就被认定为抚冥镇遗址，[4] 多年来学界多沿此说。虽然缺乏文物考古的证据，但学者们仍据文献并结合交通地位推断怀荒镇的地望就在张北县城内，这得到了学术界的普遍认同。柔玄镇将兼督抚冥、怀荒等镇，说明这三镇必相毗邻，且正以柔玄镇居中，兼督东西两邻镇。

土城子城址恰处于抚冥镇遗址与怀荒镇之间，这符合六镇中抚冥、柔玄、怀荒镇依西向东的顺序。遗址南一墙之隔的谢家村农田中经常有青铜镞的出土，笔者也曾在遗址东北约7公里处的西水泉村的小山包上采集到一些青铜镞与残青铜剑首。这类发现无疑证明了土城子城址的军事用途，它是北魏北边的一座军事重镇。

土城子村就建在遗址内，遗址内出土的建筑构件与生活遗物，也具有鲜明的北朝时代特征。村落内经常见到被流水冲刷出的泥质灰瓦当、瓦片与灰陶片等遗物，由此可知，村落是直接建于原毁弃的建筑之上的。村落后的农田上有一大型建筑台基遗迹，东西约100米，南北约50米，疑为子城，或为镇将衙署所在。为探明其文化与年代属性，河北省考古队曾在此建筑遗迹上打三探孔，经测量T1文化层厚75厘米，T2厚63厘米，T3厚78厘米。东垣墙体呈北偏东15度，宽约7.2~8.0米。观察该墙体上近代废弃窖穴断面有明显夯层分布，厚约8~10厘米，有直径约3厘米的夯窝。东垣墙体遭严重破坏，几乎夷为平地，残高约1.5米。墙内采集到一瓷片，疑为原始青瓷残片。东垣北段内折与北垣接壤处呈弧形，弧形处向外凸出一高于地面的建筑

---

① 《魏书》卷16《道武七王》，第401页。

② 毛明远：《汉魏六朝碑刻校注》第7册，线装书局，第277页。

③ 李逸友：《中国北方长城考述》，《内蒙古文物考古》2001年第1期，第32、34~35、40页。

④ 内蒙古大学蒙古史研究所：《内蒙古文物古迹简述》，内蒙古人民出版社，1977，第43页。

基址，应该是角台遗迹。北垣破坏严重，残高约1米，护城河二龙河距墙体约20米，沿墙内侧有一略高出地面的建筑台基，周围散落着大量筒瓦与板瓦残片。西垣与南垣也破坏严重，已被夷为平地，残高约0.5~0.8米。西垣正中有一豁口，可能为门址所在。西南角有一略高出地面的台地，周围分布着大量瓦片等建筑构件，可以断定该处是一角台建筑遗迹。20世纪60年代因修扬水站致使南门址遭破坏，但仍依稀可辨。也有学者推测南门正对城中偏西大型建筑台基的南垣上。遗址墙基有均匀分布的8处土墩子，疑为马面遗迹。城内中部偏西建筑遗迹上发现一些带划刻文字的瓦片，年代可能晚于北魏，疑为后代沿用营造的建筑构件。城内农田中曾出土铁犁铧、马具、青铜镞与铁镞，还有一些年代属于北宋与金代的货币，如金正隆、大定通宝等。铁犁铧时代最终被认定为金代，这充分说明遗址最晚曾在金代被沿用。近年来又有一批铁农具出土，根据形制初步判定为北朝遗物。

遗址地表散落有大量泥质灰陶布纹瓦残片、红陶瓦残片和少量夹砂黑陶残片遗物，具有明显的北魏特征。遗址内许多地点还发现了具有典型北魏特征的莲花纹瓦当、布纹板瓦、子母扣筒瓦、水波与凹弦纹夹砂泥质灰陶片。莲花瓦当纹饰有复瓣双层、复瓣单层等多种样式，共3件，淡灰色泥胎，模制。"复瓣双层莲花纹残瓦当"，面径约13.2厘米，当厚1.7厘米，其纹饰颇类似于汉魏洛阳故城出土的一件瓦当，当中为一高突的圆心，周围再饰一圈连珠纹共同组成花蕊，外周环绕双层复瓣莲花纹。"复瓣三层莲花纹瓦当"，面径13厘米，边轮宽0.9厘米，当厚1.5厘米，当中为一高突的乳丁纹钮，周围再饰一圈极小的连珠纹共同组成花蕊，外周环绕三层复瓣莲花纹九瓣，莲瓣之间有凸起的花萼纹饰，整体构图丰满，表现出极强的装饰效果。"复瓣单层莲花纹瓦当"，面径约12厘米，边轮宽约1厘米，当厚1.5厘米，花蕊纹为圆心钮外饰连珠纹的图案表示，外周环绕单层复瓣莲花纹，莲瓣略显短肥，外缘饰一周连珠纹（见图2）。

莲瓣形雕饰为佛教之象征。梁思成《中国建筑史》曾言："佛教传入中国，在建筑上最显著而久远之影响，不在建筑之基本结构，而在雕饰……莲花为佛

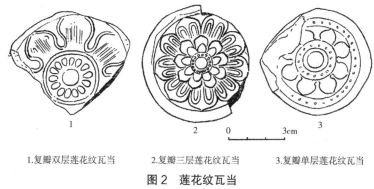

1.复瓣双层莲花纹瓦当　　2.复瓣三层莲花纹瓦当　　3.复瓣单层莲花纹瓦当

**图 2　莲花纹瓦当**

（三工地镇土城子遗址出土，现存于尚义县文保所　河北省博物馆郝建文绘）

教圣花，其源虽出于印度，但其莲花瓣形之雕饰，则无疑采自希腊之'卵箭式'（egg-and-dart）。因莲瓣之带有象征意义，遂普传至今。"[1] 在柔玄镇遗址中征集到的"首尾团连双狮"石质器物座，也说明了这种成对的动物图案或几种动物分组对称排列的处理形式具有佛教与祆教的鲜明特色。佛教从汉代传入中国，至晋而普传，北魏极度崇佛，曾呈现一派"京邑帝号，佛法丰盛，神图妙塔，桀峙相望，法轮东转，兹为上矣"[2] 的恢宏佛界气象。佛教观念渗透到社会生活的各个方面，建筑材料中莲花纹瓦当的广泛运用就是一个具体反映。这些文物的装饰或造型，与佛教昌盛密切相关，这也进一步证实了土城子城址的北魏属性。在当地还征集到一件完整的敞口束颈瓜棱灰陶罐，高 20.3 厘米，口径 9 厘米，底径 7.6 厘米，底部饰一圈绳纹，属于北魏的标准器物，即喇叭口状器物（见图 3）它无疑证明了土城子城址的北魏文化属性。

**图 3　敞口束颈瓜棱灰陶罐**

（三工地镇土城子遗址出土，现存于尚义县文保所　河北省文研所陈伟摄）

---

① 梁思成:《中国建筑史》，百花文艺出版社，1998，第 92 页。

② 《水经注疏》卷 13，第 1150~1151 页。

**图4 "晋鲜卑率善佰长"印**

（尚义县大青沟镇安家梁村出土，现藏尚义县文保所　尚义县文保所王桂岐摄）

土城子城址所在的坝上高原，是古代农牧两种文明碰撞、交融的过渡带。这样的地缘性，决定了它长期成为古代北方游牧民族进出中原的走廊。1984年，沉睡在地下千余年的"晋鲜卑率善佰长"印在尚义县大青沟镇安家梁村重见天日，这方印是西晋中央政府授予鲜卑的官印，青铜质，印体呈正方形，边长2.1厘米，通高2.1厘米，重24.5克，兽钮，阴文篆书（见图4）。① 它的出土更有力地证明了尚义县所在区域早在西晋就已经成为鲜卑诸部活跃的历史舞台。遗址南部的大青山区更是拓跋鲜卑的"龙兴之地"，在鲜卑民族史上具有举足轻重的地位。这样的历史注定了古代尚义有理由成为北魏建国初期历代帝王苦心经营的区域，柔玄镇城建置于此也就不足为奇了。

通过以上对土城子城址的建筑布局、形制与规模、城内外出土的遗物以及其所处的相对地理位置等探讨、考证，结合历史文献、实地考察资料的分析，2004年10月我们完成了此文的初稿，认为北魏柔玄镇的地望在河北省张家口市尚义县三工地镇土城子村，土城子城址就是北魏柔玄镇故址所在。我们的观点得到了省文物研究所有关专家的认同。2006年5月"土城子城址"（编号 I-13）被国务院公布为第六批全国重点文物保护单位，时代为南北朝，但未确定是北魏柔玄镇故址。同年10月，景爱先生根据李逸友《中国北方长城考述》提供的资料进行推断：土城子古城"规模比较大，城内多北魏遗物，作为柔玄镇址是没有什么问题

---

① 吴万发、庞瑞祥、王桂岐：《河北尚义县出土西晋铜印》，《考古与文物》1987年第3期。

的"，① 却并未做论证。因而我们就柔玄镇的地望与兴废沿革，以历史文献、实地考察与考古资料相互参照、相互印证，进行分析与考证，希望由此可以丰富北朝历史地理的研究内容，并以此为突破口推动北朝边镇系列研究向纵深层面发展。

---

① 景爱：《中国长城史》，上海人民出版社，2006，第 222 页。

# 辽代"头下抚州"之辩*

李惠生　马　速

辽朝是 10 世纪契丹族于中国北方建立的一个少数民族王朝。辽政权建立之后，除沿用原来当地的州县建置外，还设立了一些头（投）下军州，头下军州是辽朝特有的一种制度，其具体方法就是把战争俘虏的大批汉人及奚（库莫奚）、渤海人充作契丹贵族和军将的奴隶，用一种类似分封之法，把一个地区赠给某一个贵族和军将的同时，连同战争俘获的人口一并赐予，而这些地区仍袭用原有之名来称谓。《辽史·地理志》"头下军州"条说："头下军州，皆诸王、外戚、大臣及诸部从征掠，或置生口，各团集建州县以居之。横帐（即宗室）诸王、国舅、公主许置立州，自余不得建城郭。""建州县以居之"，这些所谓州、县，实际上是为了防止奴隶逃亡，"筑寨居之"，以强迫其从事劳动。[①] 这种奴役奴隶的寨堡，称为"投下"或"头下"。契丹统治者所推行的头下州军制，既是强迫奴隶劳动的场所，又包含了一定程度的封建经济因素。譬如在这种头下军州里实行赋税制就是一例："井邑商贾之家，征税各归头下；唯酒税课纳上京盐铁司。"[②]

据史家分析，辽朝头下军州的建置有两个高峰：一是太宗时期，自天显元年（927）至大同元年（947），持续了 20 年；二是圣宗朝，统和元年

---

＊　原载张北县历史文化研究会《研究动态》总第 11 期，2014。

①　参见《辽史·地理一》《辽史·地理四》《辽史·韩延徽传》，中华书局，1974。

②　《辽史·地理》。

（983）至太平十年（1030），持续了近50年。兴宗以后头下州的建置几乎是个空白了。太宗时期，正是契丹致力向中原扩张时期，参与战争的贵戚大臣，常可获得大量俘户，并以各自战功而得到州、军的建置，亦实为头下军州的扩张时期。其头下主之出身，基本是出于战功。而圣宗朝前期，即统和二十二年（1004）缔结澶渊之盟前，虽有同样的便利，以至于始置头下军州者亦不在少数，然而，却将原有的头下军州大多收回朝廷，并竭力控制现有头下军州的规模。

圣宗朝所置头下（军）州之中，其中竟有六个是公主或驸马所建，与军功者各半。日本史学家田村实造认为："辽自中朝以后，作为头下州的基本要素——军功已不再成为条件，几乎都是仅以公主从嫁户为主体，而形成的州县。"①

《辽史·地理志》所载头下军州有16个，目前考证出有45个，其分布范围主要是在契丹统治的腹心地区，环绕上京、中京周边而建立的。众多史料证明，辽代曾于今河北省张北县建有头下州——抚州。《金史·地理志》"抚州"条载："辽秦国大长公主建为州，金章宗明昌三年（1192），复置刺史。"但《辽史》中却没有头下抚州之记载。然而，众多史学家却认为"辽建有抚州"，如辽金史专家向南、冯永谦、张修桂等的考证。②

清代史学家顾祖禹最早指出抚州为"辽之所置"，③他在《读史方舆纪要》里对抚州有较详记述："兴和城，（开平）卫西南四百余里，去宣府三百余里，后魏柔远镇地，唐新州地，契丹建为抚州。金为柔远镇，明昌三年复置抚州，治柔远县，又升为镇宁军，属西京路。元亦曰抚州，寻升为隆兴路，亦曰兴和路。"近代史学家向南就《辽史》中没有头下抚州之记载进行

---

① 田村实造：《辽代的移民政策和州县制的建立》，刘俊文主编《日本学者研究中国史论著选译》，中华书局，1992，第520页。
② 向南：《〈辽史地理志〉补正》，《社会科学辑刊》1990年第5期，第81页；冯永谦：《辽史地理志考补——中京道、南京道、西京道失载之州军》，《北方文物》1998年第3期，第73页；张修桂等编著《辽史地理志汇释》，安徽教育出版社，2001，第216页。
③ 顾祖禹：《读史方舆纪要》卷18《北直九》"万全都指挥使司·兴和城"条："契丹建为抚州。"

了探究，他在《辽史地理志补正》中说："二十四史中以《辽史》为最劣，而《辽史》中又以《地理志》问题最多。由于元人修史草率从事，再加上当时所依据的资料极其有限，致使《地理志》在记载州城上有严重缺漏。'抚州'亦是《地理志》失载之一。"他在《辽史地理志补正》中还说："金志：'抚州，镇宁军节度使，辽秦国大长公主建为州，章宗明昌三年复置刺史，为桓州支郡，治柔远县。'金史所记甚明，辽有抚州。"冯永谦在《辽史地理志考补——中京道、南京道、西京道失载之州军》西京道失载之"抚州"下写道："抚州，《辽史》不载，但《金史》在抚州的建置沿革中却说：'抚州，下，镇宁军节度使，辽秦国大长公主建为州，章宗明昌三年复置刺史，为桓州支郡，治柔远县。明昌四年置司侯司。承安二年升为节镇，军名镇宁，……柔远（县）倚，大定十年置于燕子城，名为抚州。'金灭辽后，拥有此州，仍依辽之旧，继续称抚州，只是《辽史地理志》失载。"张修桂、赖长寿在《辽史地理志汇释》中亦说："抚州，《金史》：'抚州，下，镇宁军节度使，辽秦国大长公主建为州，章宗明昌三年复置刺史，为桓州支郡，治柔远。'《金史》所记甚明，辽有抚州。"

"辽代，秦国大长公主建有头下抚州，治今河北省张北县"之说，如今已被史学界专家学者广泛认同。尹自先主编的1994年版《张北县志》也载道："辽初，秦晋国大长公主建投下（抚）州（封地）。"①

根据史料记载，辽代有多个秦国大长公主，如世宗长女和骨典，次女观音；景宗之观音女，圣宗女岩母堇，道宗女特里等皆曾封为秦国大长公主或秦晋国大长公主。那么，辽代的"头下抚州"究竟是哪个皇帝之女（大长公主）所建的呢？据《辽史·公主表》所载，世宗女和骨典是第一位有封号的秦国大长公主（景宗的姐姐），但经考证，辽头下抚州非她所建。史学家周振鹤在《辽代政区建置沿革考》"头下抚州"条下写道："道宗大康元年（1075）以前置，道宗女特里头下州，治今河北省张北县。"② 著名史学家陈

---

① 尹自先主编《张北县志》，中国社会科学出版社，1994，第44页。

② 周振鹤：《中国行政区划通史》辽金卷，复旦大学出版社，2012.

汉章认为：“此秦国大长公主为道宗女特里。”[①] 他在《辽史索隐》卷5“地理志·西京道·抚州”条下写道：“按金志，西京路抚州，辽秦国大长公主建为州，是金之抚州始于辽。考《辽史·公主表》秦晋国大长公主有二人，一圣宗女岩母堇，一道宗女特里，然圣宗女既置成州，则此抚州为道宗女之头下州。盖此州乾统（1101）初置，不久即入于金，故《辽史》不著。”

从辽代可见史料中，未有一公主尚有二头下州者。据《辽史·头下军州》载：“徽州宣德军节度，为辽圣宗女秦晋大长公主所建；成州长庆军节度，圣宗女（即岩母堇）晋国长公主所建；懿州广顺军节度，圣宗女长公主槊占所建。”由于岩母堇已有成州，观音女已有徽州，两者分别有万户、四千户，皆为大州，似无必要再予新的头下州。所以建“头下抚州”者，唯有道宗女特里了。

《辽史·公主表》载：“特里，道宗（皇帝耶律洪基）第三女，母宣懿皇后（萧观音）。封越国公主，乾统初，进封秦晋国大长公主，徙封梁宋国大长公主，下嫁萧酬斡。公主随天祚帝出奔。明年，次应州，留公主守辎重，金人围之，公主奔行在所，天祚潜逃，为金人所获。大康八年，以驸马都尉萧酬斡得罪，离之。大安初，改适萧特末。为都统，与金人战，败于石辇驿，被擒。”

因特里被俘获入金，所以金人对这位大长公主较熟悉，特载入《金史》。按辽制，公主建头下州，当在下嫁之时，未见升为长公主或大长公主之时方得建头下之例。《金史·地理志》称“辽秦国大长公主建为州”，乃以特里最后之封号称之，非指建头下州在特里成为大长公主之初，即乾统初年所建。

按《辽史·公主表》，特里初嫁萧酬斡。据《辽史·道宗纪》，萧酬斡封兰陵郡王在太康五年（1079），从以上记载则可知公主特里适（嫁）萧酬斡，当在特里获得头下抚州之时，应在太康元年（1075）。

从《辽史·公主表》还可知，特里有姊二，她为老三。大姐撒葛只，封

---

① 陈汉章：《辽史索隐》卷5《地理志·西京道》，《二十五史三编》第8分册，1947，第238页。

郑国公。咸雍中徙封魏国,下嫁萧末(萧霞抹),大康初(1075)薨。二姐紈里,封齐国公主,进封赵国,下嫁萧挞不也,大安五年(1089)以疾薨。在姐妹三人中,只有特里长寿,侄子天祚帝耶律延禧即位后,于乾统初(1101),将这个姑母晋封为秦国大长公主。天祚帝是个亡国之君,六个女儿都只能享有公主的封号,在辽末战乱中被金人俘虏,其婚姻无须论及。在辽末公主中,只有特里是能享有秦国大长公主封号之人,所以头下抚州当为她所建。

另外,笔者读了张敏的《辽代公主及其封赏制度》[①]之后颇受启发。张敏在其《辽代公主及其封赏制度》中说:"受唐制影响,辽代公主的等级制度也非常严密,从《辽史》中可以看到公主等级大致可分为5个等级:大长公主、长公主、公主、郡主、县主。皇之姑封为大长公主、皇姊妹封为长公主,皇女封公主,但同为帝女因嫡庶之别封号亦相差甚远。"由此可知,特里公主为天祚皇帝耶律延禧的姑母,乾统初晋封为秦晋国大长公主是当之无愧的。

张敏在《辽代公主及其封赏制度》中又说:"《辽史》中有明确记载的公主头下州有4个:徽州(圣宗朝秦晋大长公主所建)、成州(圣宗朝时晋国长公主所建)、懿州(圣宗朝时燕国长公主所建)、渭州(圣宗朝时韩国长公主驸马萧昌裔所建)。除此之外,可以肯定的具有媵地性质的头下州还有……秦国大长公主所建之抚州、佚名氏所建的媵州昌永军。但是,并非所有的公主都有获得兴建头下州的特权,从现存史料来看,这些拥有头下军州的公主,一般都是皇后所生的嫡系公主,且所嫁驸马在政治上大都比较强势。"从以上所言可以得知:(1)秦国大长公主所建之抚州,是具有媵地性质的头下州;(2)特里是宣懿皇后所生的嫡系公主,当享有建头下州特权的;(3)特里驸马萧酬斡家族显赫,在政治上应是强势的。特里与萧酬斡的婚姻,是由耶律洪基主婚的,刘喜民在其所著《契丹大辽九帝》[②]中有记述。

---

① 张敏:《辽代公主及其封赏制度》,《赤峰学院学报》2011年第8期。
② 刘喜民:《契丹大辽九帝》,内蒙古人民出版社,2011。

在特里公主建"头下抚州"之前,这"抚州"还有一个美丽的名字——"燕子城"。在《辽史》诸帝"纪"或《游幸表》中,多次记载辽朝帝后到燕子城游幸,仅景宗一帝就曾三次光顾:"保宁五年(973)七月,(景宗帝)驻跸燕子城";"乾亨二年(980),清暑燕子城";"乾亨四年(982)四月,清暑燕子城"。关于"燕子城"名字的来历,民间传说该城为辽景宗皇后萧绰所建,萧绰小名燕燕,故以其名命之。民间传说总归传说,不必究其真伪。但史籍中不乏"燕子城"的记载,它在辽代有名气,金代仍袭用其名。金初,西北路招讨使司治所就设在燕子城。金章宗明昌三年(1192)升为抚州。金章宗时,蒙古边患加剧,明昌六年(1195)十一月,"命尚书左丞夹谷衡行省于抚州"。次年十月,遣"签枢密院事完颜匡于抚州"。次年三月,复命"尚书户部侍郎温昉佩金符,行六部尚书于抚州"。承安二年(1197)升为镇宁军节度。

抚州,金代又名燕赐城,金人赵秉文《抚州》诗云:"燕赐城边春草生,野狐岭上断人行。沙平草远望不尽,日暮唯有牛羊声。""燕赐城"的来历又是怎样呢?抚州位于蒙古高原的南端,是北连漠北,南通中原的交通枢纽。金代,抚州是金朝北部缘边大郡,距金界壕150多里,既是抵御蒙古、鞑靼、阻卜等北方游牧民族南下的防线、桥头堡,又是与他们政治、经济往来的接触地。由于双方经常发生战争与摩擦,无论是外族战败投降,还是金廷恩赐宴赏游牧民族部落首领,地点经常选择在抚州。《金史·完颜襄传》载:"北部复叛,……其后斜出部族诣抚州降。"这斜出部族降金之地便在抚州。曹永年在《内蒙古通史》中说:"当初金因宴赐蒙古、鞑靼等部落头领于此(抚州),故抚州又有了'宴赐城'之美名。"[①]周清澍等在《内蒙古历史地理》中也说:"抚州,辽秦国大长公主所建头下州。金初废,原州城名燕子城,置西北路招讨司驻于此。燕子城女真语称吉甫鲁湾城,金人诗文中多称'燕赐城',燕赐即宴赐的别写,当初因宴赐蒙古、鞑靼等部头领于

---

① 曹永年:《内蒙古通史》,内蒙古大学出版社,2007。

此，城因而得名。"① 可知，民间呼"燕子城""燕赐城"，当是"宴赐城"的谐音。

综上，"头下抚州"的创建人是辽朝道宗皇帝之女、秦国大长公主、兰陵郡王妃特里，应该与小名燕燕的辽景宗皇后萧绰无关。

① 周清澍、亦邻真、张文和等著《内蒙古历史地理》，内蒙古大学出版社，1993。

# 金代乌沙堡及抚州城地望探析*

格日勒

乌沙堡和抚州城，是金代西北路的两个战略要地。由于存在时间较短，史书记载寥寥，因此对其地望的考证相对较难，虽然目前有"抚州为张北说"的主流观点，但也未免不让人存疑。下面结合西北路区域城堡遗址的田野调查，对乌沙堡及抚州城的地理位置作探析，不妥之处敬请指正。

## 一　西北路的地理概况

金代西北路是金朝北部边境区域，辖三州一招讨司，[①] 分别为桓州（今内蒙古正蓝旗四郎城）、昌州（今河北省沽源县九连城）、抚州和西北路招讨司。西北路大致区域相当于现在的内蒙古乌兰察布市的东部和北部、锡林郭勒盟的西部和南部，及河北省张家口坝上地区。其中，抚州的辖域大体包括现在的内蒙古察右前旗、兴和县，内蒙古察右后旗、商都县的南部，河北省尚义县、张北县、康保县的西南部以及沽源县的西南部。[②]

西北路招讨司，是金朝在北部边疆设置的东北、西南、西北路三招讨司之一，招讨司专司招降和羁縻沿边各族，如有不听号令或反叛者，则出兵征

---

\* 原载张北县历史文化研究会《研究动态》总第 16 期，2016。

① 李昌宪:《金代行政区划史》，上海古籍出版社，2015。

② 亦邻真等著《内蒙古历史地理》，内蒙古大学出版社，1994。

讨。"以重臣知兵者为使，列城堡壕墙戍守，为永制。"① 西北路招讨司初驻燕子城（后升为抚州），大定八年（1168），由于金世宗巡幸金莲川，为了巩卫皇帝的安全，又迁至桓州。②

在这片辽阔的土地上，金王朝还设立了同蒙古部落进行交易的榷场。据载，抚州有四处，分别为北羊城榷场、虾蟆山市场、集宁春市、昌州狗泊榷场。

这里也是金王朝的牧业基地，更是输送军马的重要基地——群牧，"群牧是金朝在西北路及山前山后从事牧业的屯兵制度"。③ 有史可查的在抚州有明确名称的有两处：特满群牧和忒满群牧。④

金朝中期为了防御蒙古和北方其他游牧部族的侵扰，修建了长城。经过西北路有两道长城，一条是金世宗在大定二年（1162）平定了撒八、移剌窝斡领导的契丹大起义后，为防御契丹人而修建的，它贯穿西北路全境，我们命名为"A线"。A线从东北而来，经内蒙古林西县、翁牛特旗、赤峰松山区，河北省围场县、丰宁县，又经内蒙古多伦县、正蓝旗、太仆寺旗，又经河北省康保县，又经内蒙古化德县、商都县、察右后旗，出抚州境，进入西南路的净州。它的西段即察右后旗至商都县冯家村段及净州（四子王旗）段，是防御蒙古的主要地段。大定年间，在A线北部又修建了一条长城，我们命名为"B线"，此线是金朝中后期的边境线，它也是从东北而来，在内蒙古林西县凌家营与A线分开，经内蒙古克什克腾旗、正蓝旗、正镶白旗、镶黄旗，进入商都县，在商都县冯家村南与A线汇合，金章宗年间（1189~1208）西北路诏讨使独吉思忠对此线进行了大规模的增缮，⑤ 此线主要是为防御蒙古人而修建的。

---

① 《金史·兵志》卷44。
② 《金史·移剌子敬》卷89。
③ 曹永年主编《内蒙古通史》（二），内蒙古大学出版社，2009，第13页。
④ 《金史·兵志》卷44。
⑤ 参见马彦明《金界壕、金长城考》，《万里长城》2013年第2期。

## 二　西北路的战略地位

作为与蒙古部落相邻的区域，在金朝中晚期，当蒙古部落迅速崛起时，深受其袭扰。金世宗时"北鄙岁警"；金章宗年间，边患频发，在金莲川的捺钵活动都不得不停止，[1]抚州最高长官刺史石抹元毅甚至都被打死，[2]边境形势堪忧。西北路招讨司区域内的察右后旗和商都县的北部以及化德县是漠北蒙古汗庭至金中都（今北京市）最近路线的必经之地。此段边界线也就成了蒙古南伐金中都最有可能经过的路线。同时，抚州也就成了金朝抵御蒙古最重要的区域，因此金朝在此地实施了诸多军事措施，主要有以下几方面。

（1）西北路招讨司所辖区域行政区划改革　明昌三年（1192），恢复辽在燕子城（今张北）所设的抚州，为刺史州；明昌七年，又恢复设在狗泊（今沽源县九连城）的建昌县仍为昌州，并把昌州设为抚州的支郡。承安元年（1196）降桓州为刺史州，承安二年升抚州为节度使州，并拨西北招讨司所管梅坚必剌、拿怜速花速、王敦必剌、宋葛斜特浑4个猛安军事组织归抚州节制。且在抚州又增设一县——威宁县，使得抚州所辖县增至4县，分别为威宁、集宁、丰利、柔远，成为西北路三州最大州，故其防线也最长，这也使得抚州成为金代边境十一要州之一。这种对桓州和抚州地位升降的时间如此衔接的安排，似乎表明西北路招讨司副使甚至招讨使也移驻到了抚州。

（2）加强西北路的防御工事　金在建造和修缮长城的同时，也在此区域修建了大量的戍堡。内蒙古察右后旗、化德县各有古城址5座，商都县有8座，密集列置于长城沿线附近，其中商都县金长城A线南侧500米见方的大边堡就有5座。从建有角台、马面、瓮城这些军事设施来看，几乎都为金代城池。防御是这些城堡的主要功能，而辽元时期，这里为腹里地区，故多没有上述设施。另据田野调查，西北路西部戍堡设置的密度远远高于西北路其

---

[1]　刘浦江：《金捺钵研究》，《文史》第49辑，1999。

[2]　《金史·石抹元毅》卷121。

他地段。

（3）行省抚州备边　大安三年（1211）四月，金朝向蒙古求和遭到拒绝后，便派独吉思忠、完颜承裕行省事备边（于抚州），[①] 在抚州设立了类似现在的战区司令部的指挥机构——行省，即行中书省。从"金人以独吉思忠行中书省，领兵驻乌沙堡，会太师木华黎至，败其兵 30 万，思中等走，宝玉举军降"[②] 之类的事件看，金朝这个时间从各地征调了大量的军队并进驻到前线各戍堡。

## 三　乌沙堡地望

乌沙堡，是蒙金交战被蒙古军队击毁的第一个重要城堡，是一座决定蒙金战局走向的城堡。史书记载："通吉思忠（独吉思忠）、完颜承裕缮乌沙堡未及设备，蒙古遣阿哈（耶律阿海）以轻骑奄至，拔乌沙堡及乌月营，思忠败走。"[③] 乌沙堡在哪里？史界莫衷一是，从"平章政事独吉千家奴，参知政事胡沙行省事备边"、[④]"金人以独吉思忠行中书省，领兵驻乌沙堡"、"通吉思忠（独吉思忠）、完颜承裕缮乌沙堡未及设备"等信息，可知乌沙堡是西北路的一座重要城堡，其建筑规模一定很大，且一定处于特殊地段之上，否则，不足以彰显其重要性。

笔者对西北路的西部做过田野调查，靠近金界壕 A 线有下列几个大的古城堡符合乌沙堡的特征，它们分别是内蒙古察右后旗大南沟古城和西土城古城，兴和县魏家村古城、台基庙古城，河北康保西土城古城及上文提到的商都县的 5 座古城（见表 1）。

---

① 《金史·卫绍王本纪》卷 13。
② 《元史·郭宝玉传》卷 147。
③ 《续资治通鉴》宋纪 159，中华书局，1959。
④ 《金史·卫绍王本纪》卷 13。

表 1　抚州境内 A 线南侧规模较大古城遗址

| 城址名 | 现在位置 | 年代 | 面积（平方米） | 距金界壕 A 线距离（公里） | 备注 |
|---|---|---|---|---|---|
| 大南沟 | 察右后旗哈彦胡洞苏木 | 元 | 540000 | 54 | |
| 西土城 | 察右后旗八号地乡 | 金 | 280000 | 3 | |
| 魏家村 | 兴和县赛尔乌素镇 | 元 | 1150800 | 67 | |
| 台基庙 | 兴和县台基庙乡政府驻地 | 金元 | 480000 | 100 | |
| 公主城 | 商都县四台坊子乡 | 金元 | 340000 | 21 | 东距康保西土城 20 公里 |
| 大拉子 | 商都县大拉子乡土城子村 | 金元 | 280000 | 25 | |
| 西井子 | 商都西井子乡政府驻地 | 金元 | 315000 | 15 | 北距大拉子古城 10 公里 |
| 泉子沟 | 商都县卯都乡泉子沟村 | 金元 | 275000 | 15 | |
| 西坊子 | 商都县西坊子村乡土城子村 | 金元 | 300000 | 40 | |
| 西土城 | 康保县二号卜乡西土城村 | 金 | | 20 | |

资料来源：依据李逸友《元代城址概况》绘制而成。

　　表 1 所列之察右后旗大南沟古城和兴和县赛尔乌素镇魏家村古城，据内蒙古文物普查资料，它们是元代古城，但是这两个古城，金代可能就已存在。它们都在金代抚州威宁县城的西北部，距威宁也很近，如果它们是乌沙堡，1211 年乌沙堡失陷后，威宁必然很快遭到打击，但是"壬申岁（1212）太祖围威宁，伯林知不能敌，乃缒城诣军门请降，太祖许之，遣秃鲁花等与偕入城，遂已城降"。[①] 威宁比乌沙堡晚了一年才被迫降，所以这两城不可能是乌沙堡，另外这两座城距金界壕 A 线很远。

　　台基庙是金代威宁县驻地，自不会成为乌沙堡。

　　康保西土城，据考古发掘资料，古城遗存丰富，甚至还有民居、寺院，为金代中晚期城池。乌沙堡建于 1210 年，毁于 1211 年，存在时间很短，是一座军堡，故不可能有上述遗存，所以康保西土城也不是乌沙堡。

　　商都县的 5 座古城和察右后旗八号地乡的西土城古城，目前尚无能够确定的资料和出土文物，但从其所处的地理位置看也不会是乌沙堡，因为与下

———————

① 《元史·刘伯林列传》卷 147。

面这几条史料不符："五年庚午（1210）春，金谋来伐，筑乌沙堡，帝命哲别，袭杀其众，遂略地而东。"[①] 东面是哪里，史书没有记载，但在《宋会要辑稿》里有这样一条记载，南宋臣僚向宋宁宗报告说："近日闻北边为鞑靼侵扰，已焚了凉亭、金莲川等处。去燕山才六七百里，昨日贺正人使回，言与所闻亦略同。"[②] 显然这两条记载说的是同一事件，可见哲别略地而东是到了金莲川。金莲川位于河北省沽源县东部，商都县五座古城和察右后旗八号地乡西土城古城这六座古城，距离金莲川最近的是公主城（此城东距康保西土城20公里），它们之间的距离是160公里，哲别从这里"而东"金莲川，需要经过昌州、桓州的防区，如此远距离孤军奔袭，可能性不大。另外昌州城是必经之地，而史书也不见有昌州城被袭扰的记载。故商都县内的五座古城和察右后旗西土城古城都不可能是乌沙堡。

西北路的中部，有座那仁勿拉苏木古城，在内蒙古镶黄旗地界内。那仁勿拉苏木古城处于一块盆地之中，周围是小土山，古城东面紧挨着河，河水已经断流，由于古城处于牧区，保存得非常好。目测其面积，要比康保西土城大，估计周长有四千多米，在金元时代这是一座大城，城角建有角台，各边配有马面，也有瓮城，军事功能突出，从城内地面看不到任何建筑遗迹，甚至连瓷片都几乎没有，仅在城的东部发现几片金元时代的粗瓷片，砖瓦建筑残件更是没有。在城中央有一天然形成的山包，站在包上可以看到很远的地方。此城西南距康保西土城90公里左右，南距昌州古城100公里左右，东距桓州120公里左右，南距野狐岭和金界壕A线分别为150公里和45公里左右，北距金界壕B线25公里，其后不远处就是浑善达克沙地。

从该城城墙特征与金界壕建筑特征一致来看，应为金代所建，是一座大型屯兵城。城内没有任何建筑痕迹，估计当时连基本的办公、住宿设施都没来得及建设，就被战尘湮没在茫茫草原的荒草丛中，以后再也没有被利用

---

① 《元史·太祖本纪》卷1。
② 刘浦江把此事定为大安元年（1209），而《宋会要辑稿》所述时间为宋宁宗庆元二年（1196），也即金明昌五年。又据《金史·章宗本纪》载，这一年克烈部王汗和蒙古部成吉思汗正协助金军攻打东北的塔塔尔、忻只斤、昆答山部，故此事纪年有问题。

过。建也匆匆，毁也匆匆，这与史书中乌沙堡短暂存在的记载一致。

此处距金莲川 100 公里，中间也只需穿过昌州或者桓州防区的康保至正蓝旗段金长城的 A 线，比较起西部诸古城，哲别更容易袭击金莲川。因此，在西北路的西段和中段诸城中，镶黄旗的那仁勿拉苏木古城最有可能是乌沙堡。

那仁勿拉苏木古城北距金长城 B 线 25 公里，B 线长城从商都县冯家村到镶黄旗的浑善达克沙地边缘将近 100 公里长的路段上，目前仅发现三座戍堡，一就是这座那仁勿拉苏木古城，另两座在商都县境。从戍堡的数量可知，金朝在西北路中部的防务，较之于西部防线相对薄弱。金长城 B 线很大部分位于浑善达克沙地，自然环境因素可以使得 B 线长城在很短时间内被风沙淹埋。乌沙堡处在这样的环境，可能是独吉思忠"不设备"和蒙古骑兵"奄至"的原因，因此深谙金朝防务和地理环境的耶律阿海，[1]率领蒙古军先锋部队，首先攻打了乌沙堡，而没有像金朝预料的那样出现在西部防线上。

## 四 抚州地望

《元史·地理志》载："兴和路，唐属兴州，金置柔远镇，后升为县，又升为抚州，属西京。元中统三年（1262），以郡为内辅，升隆兴路总管府，建行宫，户八千九佰七十三，口三万九千四佰九十五。领县四、州一，县四：高原（下、依郭）天成、怀安、威宁，宝昌州。"这就是说兴和路就是金抚州。

《明史·地理志》记："兴和守御千户所，元兴和路，直隶中书省，皇庆元年（1312）十月改为兴和路。洪武三年（1370）为府，属北平布政司，四年后府废，三十年（1398）正月置所，永乐元年（1403）二月置后军都督府，二十年（1423）为阿鲁太所攻，迁至宣府卫城，而所城遂虚。"这就是

---

① 夏宇旭：《金代契丹人研究》，中国社会科学出版社，2014。耶律阿海曾在金朝为官，并多次出使蒙古，而且他是桓州（今内蒙古正蓝旗）人，对金朝西北路的防务非常了解。

说元代兴和路就是明代兴和千户所。

那兴和城在哪呢？清末李廷玉在其《游蒙日记》中载："台之东北十里许，有兴和城，为光绪二十九年（1903）开垦所成之村落，村属多伦（俗称萧太后故城基址），户约百余，每逢六月庙会，附近各村及游牧蒙人皆集焉。城设捕盗千戎一员，归厅节制。"兴和城"为光绪十九年开垦所成之村落，村属多伦（俗称萧太后故城基址）"等语显然不对（此"兴和城"非古代之兴和城，而是清代中期以来汉人出边，在兴和城故地所建的村落。此乃作者对史料的误读。——编者注），但所言之"台"不假，就是指阿尔泰军台的第二台——布尔哈苏台，现在张北县油篓沟乡二台背行政村的蒙古营子，以前叫二台蒙古营，其东北不远处就是张北城，即兴和城就是张北城。

从这些权威史著看，张北城就是金代的抚州了。

但也有一些史籍读后令人疑惑不解，《续资治通鉴》记述了发生在张北县地界的野狐岭大战："蒙古攻云中、九原诸郡，拔之。进取抚州，金主命招讨使赫舍里纠坚（纥石烈九斤）监军，完颜万奴等援之，或谓纠坚曰：'蒙古新破抚州，方以得赐其下，马牧于野，宜乘其不备击之。'纠坚曰："此危道也，不若马步俱进，为计万全。"这段对话，在《元史》的几个列传（如《元史·石抹明安传》）里都有意思相近的记载。从对话分析，如果抚州在张北县城，野狐岭大战的地点獾儿嘴与张北仅二十多里，双方大军对峙，骑兵二十多分钟就可冲到张北县城，步兵有一个多钟头也能到达，蒙古军会把战马放到野外吗？都是身经百战的将军，会犯如此低级的错误吗？为什么金军会有乘蒙古战马放到野外，用骑兵突然袭击的提议呢，就是因为抚州距野狐岭还有一段距离，蒙军才敢把战马放到野外去。我们有理由认为，抚州城不在张北县城，似乎要靠北些。

早期元人行记如丘处机的《长春真人西游记》和张德辉的《岭北行记》，都有对抚州的记载，分别如下："……十日宿翠屏口，明日北渡野狐岭……北过抚州，十五日过盖里泊，尽丘垤咸卤地，始见人烟二十余家……""复西北行，过沙岭子口，及宣平驿，抵野狐岭，下有驿曰孛落，……由岭而上，则东北行……寻过抚州，唯荒城在焉，北入昌州。"长春真人西游是 1248 年的事情，比张德辉还要早，当时元代还没有"复立抚州"。据《元史·赵柄传》，1254 年忽必烈命其侍从赵柄为抚州长官后，才"府邑规制，为之一新"。所以他们二人看到的是赵柄执政前的抚州，无疑这一抚州即金代的抚州。

野狐岭北即是抚州地界，"由岭而上，则东北行……寻过抚州，唯荒城在焉，北入昌州"。经野狐岭北入昌州，径直路上所能看到的规模相当的古城最近的是张北城，从张北文物普查资料看，还有张北县二泉井乡黑城子古城。如果迁绕西北行，则有康保县的西土城。

### 1. 二泉井乡黑城子古城

据周伯琦《扈从诗后序》记载："……又西二十里为兴和路，世祖所创置也，岁北巡，东出西还，故置有司，为供亿之所，城廓因完，阛阓丛夥，……设置二留一守，余同他上郡，东界宣德府境，上都属郡也，府之西南名新城，武宗筑行宫其地，故名中都，今多圮毁，大驾久不临矣。"考古已经确定中都即张北县白城子古城，其东北五六里有二泉井黑城子古城，此城即《大清一统志》"镶黄旗等四旗牧场"所称之"哈喇巴尔哈逊"古城，"哈喇"为蒙语"黑"的意思，"巴尔哈逊"为"城市、废墟、遗址"的意思，"哈喇巴尔哈逊"即黑城。周伯琦所言"府（兴和路）之西南名新城"这句话，如果没记错方位的话，他所说的兴和路是指黑城子古城。

胡明在他的《元中都》里介绍，黑城子古城呈"日"字形，北城墙距北城南墙 250 米，面积为 42 万平方米。据此黑城子古城已达到元代路级城市规模，笔者实地调查遗址地表多为辽金时期的沟纹灰砖，判断此城可能是金代抚州所在地。又《金史·地理志》载，抚州所在地又称燕子城，女真语称吉甫鲁湾城，金人诗文中多称"宴赐城"，《内蒙古历史地理》解释"宴赐城"，因为宴赐蒙古、鞑靼等部头领于此，故得名。黑城子旁边有淖，至今遗迹仍在，淖泊产盐，燕子城似乎是"盐池"城的谐音。妥当与否，供参考。

### 2. 张北城

张北县城现已没有了一点古城的痕迹。前几年，张北大搞城镇建设，出土了很多文物，有些地段出土的元青花瓷片和枢府瓷片上带有五爪龙纹饰，特别是一件铜鎏金的大门上的装饰残构件，上面模压一只五爪龙爪，龙爪犀利，遒劲有力，工艺精湛，完全彰显了皇家气派，这与《察哈尔省通志》和《张北县志》有关张北城"东北城角内建筑皇城，内有行宫"的记载相吻合，证明张北县城确实是元代皇帝的捺钵行宫所在地。

前面提到"兴和路是指黑城子古城"，如果这个判断真实，那兴和路行宫与兴和路治不在一个地方。兴和路为元代"东出西还"驿路之一驿，行宫为皇帝巡幸驻跸起居之所，傍行宫设驿似乎不便，兴和路避开行宫，与之相隔一定距离也在情理之中。这里有一个问题，张北城曾出土了大量明代文物，而黑城子没发现任何明代遗物，这表明明代的守御千户所建在兴和路行宫基础上，而没设在兴和路——黑城子古城，这与《明史·地理志》所记"兴和守御千户所，元兴和路"不符。

### 3. 康保县西土城古城

据《河北省康保县西土城城址考古调查简报》，该城建于金中晚期。城围为 3165 米，是金代抚州境内最大的古城。[①]它北距金界壕 A 线 20 公里，距 A 线和 B 线的交界处（内蒙古商都县境内）60 公里，是长城线上最大的边堡，建有瓮城、角台、马面。经局部考古发掘，发现城内有寺庙建筑、民居，同时出土了大量铜钱币，娱乐的围棋子、骰子，冶炼的坩埚、炉渣，还有文房用的带有"西京字样的"砚台，以及佛像残件，这表明该城可能是抚州境内的军事、经济、政治、文化、宗教中心。勘探还发现，该城有很大部分没有文化层，这种现象同金代西南路戍城遗址的情况一样：有的在城内设立一片空地；有的将城分为大小两半，一半为空地；有的在城外建一小城空起来，用于安扎毡帐，圈放军马，与衙署、商业、寺院、民居、手工业作坊区区分开来。这种特色反映出这些古城军事功能是第一位的。

---

① 经田野调查，内蒙古兴和县魏家村古城是金代西北路抚州境内最大的古城，初步认定是元代建筑，且该城位于抚州辖之威宁县境，而抚州依廓柔远县，故不可能是抚州城。张北城所在地表文化层毁没，已无法判断城址的规模。

　　黑龙江文物考古所王永祥先生等对黑龙江地区 106 处金代古城遗址做调查统计，依据城址周长，将古城分为六级：（1）大于 7500 米——京城；（2）4000~5000 米——路所在地及府城；（3）2500~3500 米——州城；（4）1500~2500米——县城或猛安；（5）1000~1500 米——谋克；（6）400~750 米——戍堡。①黑龙江地区的这些古城大部分为东北招讨司所辖，这与西北路所辖范围内的古城在等级划分上应该是一致的。笔者调查统计，属于金代西南路的呼和浩特市郊区的丰州古城周长为 4560 米，乌兰察布市四子王旗的净州古城为3500 米，桓州为 4500 米，昌州为 2900 米。丰州和桓州分别是西南路和西北路诏讨司驻地，城址略大些；抚州是节度使州，而且昌州属抚州支郡，抚州城围应该大于昌州。依此而论，康保县西土城城围 3165 米，可以定为州级城。

　　康保县西土城古城，从城址规模、军事功能等看，让它作抚州的州治说得过去，尤其地理位置更是适当。首先，金末，抚州的战略地位突出，军事要求抚州必须及时得到边境警报，然后马上机动它的兵力，近距离出击来犯之敌，这样才能起到防御和震慑的作用，拒敌于边境之外；其次得便于军令、军情的传递，及时指挥、调度各个戍堡和边堡的军事力量。"初，朝廷置东北招讨司于泰州，去境三百里，每敌入，比出兵追袭，敌已遁去，至是宗浩奏徙之金山，以据要塞，设副招讨使二员，分置左右，由是敌不敢犯。"②作为金十一要州的抚州，它的防御任务和东北招讨司是一样的，所以其地理位置，应位于抚州的北部边境区域，而不能远离边境线。这就有一种可能：抚州起初设在黑城子古城址（或者是张北城），后来因为边境吃紧，于是移驻到距离边境较近的康保西土城古城址，就像"东北招讨司于泰州""徙之金山"。

　　泰州移治，于是史籍中出现新旧泰州，桓州也是这样。我们注意到，抚州也有新旧之说。《金史·地理志》"西京路·抚州"记载抚州所领四县之一

① 见王永祥等《金代黑龙江古城述略》，《辽海文物学刊》1988 年第 2 期。
② 《金史·宗浩列传》。

的威宁县："承安二年，以抚州新城镇置。"据忒莫勒《金元威宁县城考》，这个威宁县城就是前面提到的内蒙古兴和县的台基庙古城。抚州是否移治？史书无泰州那样的明确记载，也没有相关的佐证资料，光凭"承安二年，以抚州新城镇置"一句话而定论未免单薄牵强，这有待进一步考证。

退一步说，假设抚州的治所移过，但不会移到康保县西土城，前面提到元人丘处机、张德辉的"行纪"，"行纪"里有"渡野狐岭"，"北过抚州"；"抵野狐岭，下有驿曰李落，……由岭而上，则东北行……寻过抚州，唯荒城在焉，北入昌州"等语。昌州就在沽源县九连城早成定论，他们出野狐岭后所路过的抚州自不会是康保县西土城，让古人出野狐岭后西北绕行 150 里，再正东走 125 里到达昌州，显然说不通。更不会是兴和县的台基庙，台基庙在野狐岭正西稍偏北 170 里处！除非"抚州"特指旧抚州，但我们在"行纪"中丝毫没有看透这层意思。另外，考古研究发现，康保西土城文化层单一，属金代中晚期遗存，且没有发现一件元代文物；台基庙没有明代文化层的叠压，这表明二古城与金代的抚州没有历史渊源。因为《元史·地理志》明确记载"兴和路，唐属兴州，金置柔远镇，后升为县，又升为抚州"，即兴和路就是金抚州；《明史·地理志》明确记载"兴和守御千户所，元兴和路"，即兴和千户所就是元兴和路。金抚州—元兴和路—明兴和千户所，一脉相承。

# 阿尔泰军台及张北县境台站杂考[*]

尹自先

清代，"外蒙古北路驿站，皆由阿尔泰军台达之。自出内札萨克四子部落境起，由第十九站奇拉伊木呼尔至赛尔乌苏凡六站，由赛尔乌苏至哈拉尼敦凡二十一站，由哈拉尼敦至乌里雅苏台凡二十站，由乌里雅苏台至科不多凡十四站，是为阿尔泰军台"。[①]

对阿尔泰军台做系统全面研究的，截至目前当属内蒙古师大教授金峯先生。他在《清代外蒙古北路驿站》中讲：之所以被命名为北路驿站，是因为外蒙古地处蒙古戈壁大沙漠以北，同时相对新疆地区的西路台站而言的。由于军事需要，北路驿站不断地向阿尔泰山地区延伸，并且它成为整个北路驿站的主干，有时把北路驿站又通称为阿尔泰军台。阿尔泰军台由京城北京经过内蒙古，然后渡蒙古戈壁分别到达外蒙古地区的政治、军事或宗教中心——库伦、恰克图、乌里雅苏台和科布多城，总长5850里。阿尔泰军台终端科布多城，地近阿尔泰山，主干尤其是赛尔乌苏（今蒙古国东戈壁省达兰扎尔嘎朗县）、乌里雅苏台（今蒙古国扎布罕省扎布哈朗特）、科布多（今蒙古国科布多省省会，亦作地区名）、恰克图（今俄罗斯布里亚特共和国恰克图市老城）和库伦（又名大圐圙，今蒙古国首都乌兰巴托老城）这些节点，

---

　* 原载张北县历史文化研究会《研究动态》总第18期，2017。

　① 汉文《理藩院则例》卷31，转引自金峯《清代外蒙古北路驿站》，《内蒙古大学学报》（哲学社会科学版）1979年第Z2期。

又发散出多条支线和卡伦道，阿尔泰军台不仅路线宏远，而且呈扇面覆盖北疆，其巨大规模，我国古代驿传交通无出其右者。阿尔泰军台除递送公文消息外，因公赴蒙入京、押解人犯、输送官兵，乃至行旅也假台站，尤其"路通葱、鄯（天山北路），又候骑所从出也"，[①]为内地联结西北边疆的一条通信、交通大动脉。

阿尔泰军台最初是在清军进击噶尔丹时沿进军路线设置的，它经过杀虎口到科布多地区。后几经改动，到康熙五十八年（1719）共设 47 个台站。雍正二年（1724）因沿途自然条件不够好，把它从杀虎口外移设在张家口之外，[②]如夏之璜在《夏湘人出塞日记》所言："台站道向出杀虎口，由二十家至哈拉乌苏，共四十七台。后改出张家口，系运粮旧道也。"[③]直到乾隆二十年（1755）以后，清朝统一了外蒙古西部和准噶尔的中心地区——新疆以后，整个阿尔泰军台才终于安设并稳定下来。

阿尔泰军台主要作为为国防军事服务的通信、运转机构，是在清朝同准噶尔的战争过程中，从南到北、从东到西逐渐安设的。这一过程中，清廷特招民间力量（旅蒙商），为军旅、台站提供军需支应，战后给发"龙票"特许做草原生意，自阿尔泰军台启动的第一天起，内地商号如影随形，清廷难以独立负担的北疆军需补给的运输，相当一部分是由民商力量的驼队、老倌车来承担的，而俄罗斯和内外蒙古对茶叶和内地生活用品的大量需求，更为他们提供了商机。当时南北往来，经过张家口被称为走东口，经过杀虎口被叫作走西口，[④]久之，形成了诸如"张库大道""大西路"之类著名的外蒙古大商道，与阿尔泰军台融合交汇，又赋予阿尔泰军台丰富的社会生态蕴涵。

---

① 《口北三厅志》卷6《台站志》。本文引用版本为"内蒙古历史文献丛书"之十八。内蒙古出版集团远方出版社，2015。

② 《清世宗实录》卷31，雍正二年六月戊寅："理藩院议复，总管阿尔泰路军台宗查布奏称：阿尔泰路军台，共四十七处，内除十二站照旧不移外，其自杀虎口至扎克拜达里城所设军台三十五站，水草不佳，道路遇远，请移在张家口外一路安设。应如所请，从之。"转引自金峯《清代外蒙古北路驿站》。

③ 夏之璜撰《夏湘人出塞日记》，毕奥南整理《清代蒙古游记选辑三十四种》下册，东方出版社，2015。

④ 《乌里雅苏台志略·道里》，《中国方志丛书·塞北地方·第三九号》，成文出版社，1968。

阿尔泰军台可划分为 4 个区段，即张家口驿路、赛尔乌苏驿路、乌里雅苏台南路和科布多东路。

张家口驿路　张家口，自首台察罕托罗海（盖）而北，经四子部落吉斯黄郭尔（第 18 台）出内蒙古边境，这一段设 18 座台站，以北入外蒙古土谢图汗部，该部境内设 5 站，共 23 座台站。张家口驿路的底台（即第 23 台图固哩克）西北接赛尔乌苏驿路。此外，由第 18 台吉斯黄郭尔向西南，经过四子部落等内札萨克旗自设的苏木台站经库库额力根（武川），继续向南越过大青山可到达归化城（今呼和浩特市）。这样，阿尔泰军台就同杀虎口的驿路连接起来。

赛尔乌苏驿路　从默霍尔噶顺（本路首台）开始，经过它的管理中心——塔拉多伦台向西，共 21 站，底台哈达图，西北接乌里雅苏台南路驿站的底台哈拉尼敦。此外，自塔拉多伦台分道，东北又同库伦南路台站相接，如《理藩院则例》卷 31 所云："由赛尔乌苏（指塔拉多伦）至库伦，凡十四站。由库伦至恰克图，凡十二站，以备巡查卡伦，并达俄罗斯互市。……"

乌里雅苏台南路　首台花什洛图，"距城（乌里雅苏台城——笔者注）七十里"，[①]底台哈喇呢敦，全程"千七百里有奇"，[②]共设 20 个台站。据《乌里雅苏台志略·军台》，乌里雅苏台城又向北设 9 台，底台察罕托罗盖同乌里雅苏台卡伦（经唐努乌梁海等地到达新疆地区塔尔巴噶台边界）的首卡——近吉里克续接，如《理藩院则例》卷 31 所云："由乌里雅苏台至近吉里克卡伦，凡九站。……"向西同科布多东路连接。

科布多东路　按所处地理位置也叫乌里雅苏台西路，它由乌里雅苏台城向西到达科布多城。共设 14 台，从东往西是首台阿尔达勒，底台哈拉乌素，再行 100 里到科布多城，全程"千三百里有奇"。[③]此外，还有"南八台"，

① 《乌里雅苏台志略·军台》。
② 《乌里雅苏台志略·道里》。
③ 《乌里雅苏台志略·军台》。

据《科布多事宜即科布多政务总册·军台》记载："科布多所属南八台，由科赴古城（今新疆古城）。"又有"北八台"，即《理藩院则例》卷31所说的"由科布多至索果克卡伦，凡八站，以备巡查卡伦"。

阿尔泰军台以上四区段，即由张家口经过赛尔乌苏、乌里雅苏台到科布多城，总长5850里，共设78台。加上由张家口到北京之间的430里，从科布多城到北京共6280里。[①]

由于赛尔乌苏驿路的人员、设备归察哈尔都统管辖，它所属各台同张家口驿路统一编号，所以《口北三厅志·台站志》云：阿尔泰军台"共大站二十九，腰站一十五"，"以上台站自张家口上堡至阿尔泰新城，共计程二千二百七十六里"。这里所指是狭义的阿尔泰军台，而且所说的"阿尔泰新城"也不是乌里雅苏台，应是鄂尔坤新城。据金峯《清代外蒙古北路驿站》，雍正九年（1731），北路清军在和通诺尔被打败，不久到雍正十三年，清朝在额尔德尼召附近建鄂尔坤新城。乾隆继位以后，将科布多地区的清军撤回到乌里雅苏台，后来连同乌里雅苏台卡伦道路沿途的清军又逐步向后撤，一直撤到鄂尔坤河阵地。接着充实鄂尔坤新城与张家口之间的台站，并加强了新城与黑龙江之间的联系。当时，由张家口到鄂尔坤新城的路是在前阿尔泰军台的哈达图站分道的。乾隆二十年（1755）后，边疆稳定下来，原来从阿尔泰军台哈达图站分道到鄂尔坤新城的台站，随着准噶尔战争的结束被裁除。据《夏湘人出塞日记》，夏之璜于乾隆五年追随被革职发配边疆接任台务的卢见曾赴鄂尔坤新城，走的就是这条临时安设的驿路："二十三日……是日，行至二十九台阿登所（放牧羊马的地方被称作阿登——笔者注），宿台丁家。二十四日至新城，城外直街一，横街二，傍杭霭（爱）山下鄂尔昆（坤）河。河自山中出，流砂碛间，绕市北而东北去……渡河歇肆市中，市皆山西人。……（城）中有大将军府，向平郡王（指福彭——笔者注）主焉。有仓廒府库，近以原任川抚法公敏主之，并有水部诸曹分理。自乾隆

---

① 参见金峯《清代外蒙古北路驿站》。关于各台之间的里程，诸书记载不一。金峯先生从《小方壶斋舆地丛抄再补编》中搜得无名氏所著《驿站路程》（以下简称《驿程》），较比之下认为所记准确。

元年撤减台所后，四十七台改存二十九台，至此为止。"夏湘人笔下的"新城"无疑就是鄂尔坤新城，这时清军已从乌里雅苏台撤回，鄂尔坤新城暂时成了清军的大本营，而对乌里雅苏台《夏湘人出塞日记》是这样记的："鄂尔昆河西去，吴良斯泰（疑系乌里雅苏台，译音讹耳——自注）有木城，向有大兵驻防。"显然夏之璜没到乌里雅苏台，他在此段话后紧接着提及雍正九年北路清军在和通诺尔战败一事，隐晦说出乌里雅苏台没有大兵驻防的原因。清军缩防，台站自然跟着撤销，所以阿尔泰军台"至此为止"。《夏湘人出塞日记》记这 29 个台站，可惜仅有序号并无站名，《口北三厅志·台站志》则不然，它记底台："第二十九台胡克深鄂尔坤，六十九里。至阿尔泰新城，十三里。"胡克深鄂尔坤站名大抵因鄂尔坤河而起。《口北三厅志·台站志》所载赛尔乌苏驿站管下的几个台站（哈达图下面的第 24 台至第 29 台共 6 个台站）是这条临时驿路的站名，准噶尔战事结束，随临时驿路一并裁撤，这是我们在有关驿路的记载中找不见《口北三厅志·台站志》所记的那几个台站的原因。

张家口合赛尔乌苏两个区段，即《口北三厅志》所称之阿尔泰军台，可视为早期的阿尔泰军台。据《口北三厅志·台站志》记载：阿尔泰军台（早期）设总理军台事务总管一员，副总管一员（均驻扎张家口）；又设张家口驿传道一员（驻张家口），赛尔乌苏驿传道一员（驻赛尔乌苏），分管内外蒙古（当时之地理区划）境内所在台站。以上三衙门各设笔帖式（文书）一名。全台（早期）分为 4 段，依次称察汗拖罗海台（有的史籍如 1934 年《张北县志》又称"第一台"）、布鲁图台、赛尔乌苏台和窄尔冯克泰台，分别掌理第 1~12 台、第 13~23 台、第 24~34 台和第 35~44 台，各段设参领一员，分驻各段首站。每站设章京或骁骑校一员，领催一员，站丁 10 名。又设甲兵，大站 10 名，腰站 1 名。参领以下官兵、站丁率由蒙古人充之。以上"一应官兵粮饷、官员养廉、兵丁武器，各站口粮羊只俱资行理藩院转咨各部开销"。准噶尔战事结束后恢复的乌里雅苏台南路和科布多东路的人员设备的配置也如之，上述人事、经费制度终清末基本未变。各区段沙漠地带不便养马而设驼站，各站驼马"或系附近蒙古部落派拨，或系效力废员（谪贬官员）自备应差。马驼倒毙孳生也资行理藩院拨补记档"。随着转运差役加重，马站也增备驼，额数几变。同治十年（1871）整饬台务，定"每台连同旧定额设之数以驼100头，马50匹为定数"。"不能用马之处备驼150头。"清末，又饬内外札萨克旗"帮台"，派人畜应差。每年查台一次，考校兵丁技艺、驼马肥瘦及数目虚实，清末多在三年一届的口外牧政考验时顺便考校。各站接递公文，随到随送，并填注收发时刻。又分别缓急、紧要公文，依时限驰递，其限有日行300里、400里、500里、600里几种，故台站的拴马桩上时刻备马。官员等人乘骑，一般限日行3站，有紧急不在此限，所须乘骑、行装驮畜按规定数目由各站供备。

道光以后，制度日趋松弛，弊端百出，站丁困乏。清末，以"供送征兵，转运军械粮饷，日无休息,（各台）率已不堪使用"，更有"贼匪滋扰台站"，布鲁图台段以北不少台站溃散，几经修整复设，终不能疏畅，帮台应差之旗寥寥无几。光绪十七年（1891），清政府制定《整顿台站章程》，然积弊日深，颓局不能挽。其后又受裁驿设邮（边疆地带驿传未裁）、蒙地开发特别是外蒙古独立、政局败亡诸因素的影响，到清末民初之际仅存两段，路通库伦，除首段尚供职外，余皆名存实亡。

1916年整顿台站，改称"张家口路"，设"张家口台站管理处"，隶蒙藏院，置处长一员总理台务。又以"头段第一站至第九站之驻在地均在察哈尔行政区域治之内，似无设立台站之必要"，"拟将头段九站之员弁移在第二段各站,"①总共一段14站，首台设在崇礼县高家营，置参领一员掌理，设副参领、委参领各一员协理，各站设站长一员。但计划未能实行，遂恢复原首段12台站，实际仅察区界内第1台至第9台运行，另3台及第二段名存实亡。南京政府初期，该台路隶蒙藏委员会，并改张家口台站管理处为张家口

① 察哈尔都统署《察哈尔政务辑要》下册，民国六年十一月三日《会同蒙藏院呈大总统拟就台站旧制并原有经费酌加整顿文》（"暂行章程"附），内蒙古自治区图书馆学会编"内蒙古历史文献丛书"之十二。

台站管理局，下设东营盘"台站总理事务所"，长官仍称参领，管理第 1~12 台（实为第 1~9 台）台务，各站设正副站长，仍称章京、骁骑校。时邮政大兴，1934 年有取消台站设牧场之议。到蒙疆时，随着交通邮电事业的发展，这段台站也自动消废。

关于清代张北县境内所设的台站，其有蛛丝马迹可寻的是在顺治初年。据《清实录》顺治四年（1647）八月，顺治帝"赴边打猎"，"出张家口"进入"什巴尔台、海流图河口、察罕淖尔、胡苏台……"什巴尔台，《张北县标准地名图》作"什巴台"，位于阿尔泰军台上坝的坝口——集砂坝不远的地方，地当孔道。① 康熙四十四年（1705）八月秋围后，康熙帝阅视独石口至张家口一线口外牧厂回銮时，就是经什巴尔台进张家口的。② 海流图河口，地当张北县海流图乡所在地，见后面详考。察罕淖尔，可能指阿尔泰军台第 5 台奎苏图（又作魁素图、奎斯图，汉译肚脐眼滩，今尚义县大营盘乡五台蒙古营）旁边的察汗淖尔，《口北三厅志》作奎苏诺尔，《尚义县标准地名图》作"察汗淖"。胡苏台，可能就是后来阿尔泰军台第 6 台扎哈苏（又作扎哈苏台、扎噶苏台，汉译有鱼，在今内蒙古自治区商都县小海子镇宋家村）。顺治帝打猎行走的正是后来的阿尔泰军台，这条路线应该是明代中叶以后蒙古部落赴张家口互市过程中踏开的。顺治帝行走路线上是否设有驿站，史书并无记载。

有记载在康熙二十七年（1688）。这年五月，清政府同沙俄谈判东北边界，派出以领侍卫内大臣索额图为首的清朝使团，由北京经过张家口、归化城，然后向北进入外蒙古边界以达。兵部督捕理事官张鹏翮作为使团成员，途中写有《奉使倭罗斯日记》：初七日，出张家口；初八日，过托罗庙（今

---

① 什巴台，蒙语"有泥淖"意，这里水草丰美，靠近坝头，是通往集砂坝［集砂坝口扼阿尔泰军台，20 世纪 70 年代修筑的张朝公路（张北——张家口大境门外朝天注）过此，为南北通衢］的要道。清廷镇压太平天国、捻军起义征调的蒙古马队多在什巴台驻屯。民国初曾有张北县治设在什巴台之议。

② 《清朝野史大观》卷 3《阅视群牧》。详见拙作《清代张北县境公私牧场考》，张北县历史文化研究会《研究动态》第 14 期。

崇礼县陶赖庙）、察汗托诺亥大坝（在今崇礼县察汗陀罗北，汉译白头岭）；初九日，"次博尔哈斯泰，犹华言柳条沟也"；初十日，"小雨。行六十里，次哈喇郎，有水草"。① 博尔哈斯泰，即阿尔泰军台第 2 站，今张北县二台蒙古营（详考见后）。哈喇郎，同行使团成员钱良择著《出塞纪略》记作"哈尔哈冷"，根据里程和"有水草"的环境判断，哈喇郎应当离《驿程》所说的阿尔泰军台第 3 台"哈柳图"不远，附近不单有哈柳图河，还有安固里淖（详考见后）。索额图一行当时还没有完全来得及渡过戈壁，半路就碰上准噶尔噶尔丹汗同外蒙古哲卜尊丹巴一世和土谢图汗发生战争，中途撤回。据《出塞纪略》，撤前索额图将喀尔喀各部被噶尔丹汗打败的消息向康熙奏闻，"索帅（指索额图）因具疏备述始末，驰驿上闻"。当时清政府尚未在内蒙古地区安设驿路，所驰之驿应该是使团这次行走之路，张鹏翮《奉使倭罗斯日记》记载当时使团成员开会商议对策，也有"侍郎温他所安驿站应移设此路等语"。看来清朝使团在行进路上设有后勤补给之类性质的台站或军用台站，但当时清朝统治在那里没有得到巩固，这些台站也随着清人的撤离而自然消失了。

康熙二十九年（1690），噶尔丹汗追捕哲布尊丹巴一世，兵锋直抵内蒙古克什克腾旗境内乌兰布通。当时，为了阻止噶尔丹汗南进，内务府总管、领侍卫内大臣马思哈以偏师先出张家口，迂回数千里到乌兰布通同噶尔丹汗作战。根据马思哈《塞北纪程》，② 偏师经过路线：康熙二十九年夏四月壬午，出长城张家口 50 里至查汗驼罗庙；癸未，60 里至十八喇太；甲申，50 里至哈喇巴喇哈搜；乙酉，西北 70 里至阿哈苦里；丙戌，90 里至查汗那罗湖。……查汗驼罗庙，《崇礼县标准地名图》作察汗陀罗，当时此地有个小关帝庙；十八喇太，即前面提到的什巴尔台；哈喇巴喇哈搜，大多史籍作"喀喇巴尔哈孙"，即今张北县城（详考见后）；阿哈苦里，依西北方位和 70 里数当在张北县海流图，很可能是《出塞纪略》所称"哈尔哈冷"的谐音；查

---

① 　毕奥南整理《清代蒙古游记选辑三十四种》下册，张鹏翮撰《奉使倭罗斯日记》。
② 　参见毕奥南整理《清代蒙古游记选辑三十四种》下册。

汗那罗湖，依 90 里数应是尚义县的察汗淖。

张北县境设驿有明确记载是康熙三十二年（1693）所设的张家口驿站。康熙三十年（1691）多伦诺尔会盟后，清廷做出从内蒙古地区到北京设五路贡道的决定。喜峰口、杀虎口两路驿站安设于康熙三十一年，古北口、独石口、张家口三路安设于康熙三十二年。当时，五路贡道叫作口外五路驿站或边外五路驿站，简称蒙古台站，有时也笼统地叫作草地路。内蒙古五路驿站均以从内蒙古地区到北京所经过的长城关口命名，从东到西分别为喜峰口驿站、古北口驿站、独石口驿站、张家口驿站、杀虎口驿站，辐射整个内蒙古。

张家口驿站，从北京开始经过怀来县、宣化府到张家口〔张家口路驿站，即不包括从北京至张家口一段，也不包括张家口至归化城一段，其实就连张家口站，都不属于张家口路驿站，这路驿站的起点是察罕陀罗海（五十家村、白头岭）归化城一路，也同张家口站没有关系。——编者注〕，从张家口到长城以北分开两路，一路向西到归化城，又一路向西北到四子部落（大体为今内蒙古四子王旗，当时札萨克驻乌兰额尔济坡，现址不详），当初分道地点缺乏记载。

归化城一路，除张家口本身汉站一座外，另设察罕托罗海、叟吉、昭化、塔拉布拉克、穆海图、和林格尔等蒙古站六座，此路可以到达察哈尔右翼和归化城土默特等 6 旗。另外，从北京到阿拉善左右两翼额鲁特旗、额济纳上尔启特旗的官方人员也都要经过这条驿站行走。察罕托罗海，即察汗陀罗。塔拉布拉克，金峯先生翻译作"平地泉"，认为在今集宁市南 20 里、黄旗海北 40 里，今内蒙古乌兰察布市察右前旗平地泉乡所在地，当地称"老平地泉"，以别于今日集宁市。穆海图，即现在呼和浩特与集宁市之间的马盖图火车站。和林格尔，蒙古语"二十家"的意思，即小站或腰站，地靠小黑河左岸之二十家子站，现在呼和浩特市郊区西把栅乡合林村。叟吉和昭化两站没能确指。①

---

① 参见金峯《清代内蒙古五路驿站》，《内蒙古师范学院学报》（哲学社会科学版）1979 年第 1 期。

康熙三十五年（1696）九月，康熙北巡就走过这条路。据《朔漠方略》载：九月"壬申（十九日），驾发京城，巡行北边，经理机务"。[①]这次北巡，从张家口出边，从杀虎口入边返回，从张家口到归化城基本上是沿归化城一路的驿道行进的。根据《清圣祖实录》卷176，我们摘出相关驿站以及和当地有关的几个驻跸地约略记载，并做古今比对：九月二十五，到达张家口；九月二十八日，出张家口，到察汗陀罗海驻跸；二十九日，驻跸喀喇巴尔哈孙；三十日，驻跸昂古里湖；十月初一日，驻跸鄂罗音布拉克；十月初二日，驻跸胡虎额尔奇；十月初四日，驻跸昭哈；十月初八日，驻跸磨海图；十月十三日，驻跸库库河屯："丙申（十三日），上自白塔往归化城，卤簿全设。副都统阿迪等率官兵来迎，民间老少男妇皆执香集路旁跪接。是日，上驻扎归化城（蒙古名库库河屯）。"

**察汗陀罗海** 即归化城一路的首站察罕托罗海，与张鹏翮《奉使倭罗斯日记》里提到的察汗托诺亥大坝在一处或相距不远。

**喀喇巴尔哈孙** 即康熙二十九年马思哈偏师到过的哈喇巴喇哈搜，蒙语"黑城"意，指兴和旧城（即今张北县城）。《口北三厅志·古迹》"兴和故城"条："《一统志》（《嘉庆重修一统志》）：'在镶黄旗牧厂西南二十里，南至张家口百里，本金时抚州。'……按：此城土人名喀喇巴尔哈孙城，周六里余，门四，故址犹存，即兴和城也。"据《朔漠方略》卷31，当天康熙帝还"阅临镶黄旗牛群"，该镶黄旗牛群的群庙正是今张北县东北20里的波罗素庙。

**昂古里湖** 康熙帝在本次出行途中每隔几日就要给皇太子写信，通报其旅途中路过的地方。有一封信中写道："三十日，驻跸于昂古里湖池。是日，阅右翼达卜孙脑尔之马群（指太仆寺右翼牧厂驻牧在张北县与内蒙古商都县交界的盐淖一带的马群，"达卜孙脑尔"蒙语"盐淖"的意思——笔者注）。"《一统志》载："集宁海子，在牧厂（指正黄牛群——笔者注）东六十里，土人名昂古里淖尔，哈柳台河、喀喇乌苏数水注其中。"《朔漠方略》又说当日

---

① 故宫博物院编《亲征平定朔漠方略》（以下简称《朔漠方略》）卷30，海南出版社，2000。

驻跸于海流图，可见昂古里湖池与海流图指的同一个地方。海流图，清人南北往来留下的诸多诗文中好多都提到，是阿尔泰军台的三台，《驿程》作"哈柳图"，汉文《则例》"张家口驿站"作"哈留台"，《口北三厅志·台站志》作"哈柳泰"。关于它的位置，1915 年 9 月财政部金事赵世荣调查察哈尔羊群（今尚义县后石庄井一带）、大马群（今商都县）垦务时所留日记记载最详。①28 日记：过二台后，"十二时止客店午餐，地名黑马户（黑麻胡）。……晚止客店宿，地名安固林诺尔（安固里淖）"。29 日记："黎明微雨，旋即晴。行三十余里，止客店午餐，地名大青沟（今尚义县大青沟）。计行程已过四台，入五台界矣。"赵世荣此段行程基本上沿台站，文中未提三台，但其位置在安固里淖方向，大青沟以东是很清楚的。又 1913 年北洋政府遣员"前往牛羊群、大马群、左翼四旗、太仆寺牧场宣布共和德意"，"沿途调查，逐日登记"，写有《调查察哈尔左翼四旗两群报告》，②报告云："阳历四月十三号，调查员关云、宝石由兴和城（令张北镇）起程，上午十句（点）钟北去……过哈玛户村（黑麻胡）……过东永和大庄向西北行，（遥）见大水泡一处，问名曰安吉林诺尔……暮六句钟抵土城子，即三台交界处。""十四号上午十一句钟起程，……土城（指土城子）较兴和城为小，固垣约数十里（按此数不合），疑即昔日元明废县故址。一里许过三台河，水不深。北过安古林诺尔……"据此推断，三台在土城子附近。土城子即今海流图乡土城子遗址，附近有三台蒙古营子（隶属土城子行政村）。昂古里湖与海柳图，《张北县标准地名图》作"安固里淖"和"海流图"，两地相距三五里，都在张北县海流图乡乡政府附近。海流图系蒙语，有人译作"有水獭的地方"，其实因河得名，此地的三台河，原名纳哈留图（《一统志》作哈柳台）河，西注入安固里淖，顺治帝"赴边打猎"所到的海流图河口当即这里，1958 年截流成海流图水库。这里还应当指出，集宁海子公认是内蒙古集宁市西南不远的黄旗

---

① 赵世菜：《调查察哈尔羊群、大马群垦务日记》，《东方杂志》第 13 卷第 10 号《内外时报》，内蒙古图书馆藏。
② 《调查察哈尔左翼四旗两群报告》，内蒙古图书馆藏。

海，与远在数百里外的安固里淖无涉，《一统志》此处记载有误。

**俄罗特布拉克** 有的文牍作鄂罗依琥图克、鄂罗胡都克、鄂罗胡笃克，《驿程》作鄂拉呼都克，即前面《翔漠方略》中提到的鄂罗音布拉克。"鄂拉"蒙语谓"顶"，"呼都克"是"井"的意思，合作山井或山泉。志锐有《张家口至乌里雅苏台竹枝词》（亦称《廓轩竹枝词》），①其中《鄂洛胡都克第四台》诗的题注云"译言井多也"，也跟井水有关。河北省尚义县后石庄井乡有一村，《尚义县标准地名图》作"四台蒙古营子"，民间称"四台"，就是鄂拉呼都克，后来成为阿尔泰军台的第 4 台，村里现存古井几口，台站遗址处古井仍在使用。另康熙在写给皇太子的信里说道："初一日，驻桦于俄罗特布拉克。是日，阅正黄旗牛群。"正黄旗牛群就在河北省尚义县后石庄井乡与张北县单晶河乡一带，二县交界处现在仍称牛群梁。②

**胡虎额尔奇** 据刘忠和《康熙第二次亲征噶尔丹所经内蒙古西部地方地名研究》，③"胡虎"即呼和，蒙语意为"青色"，"额尔奇"意为"崖、土坎"，"胡虎额尔奇"即青色的土坎，该地在今尚义县大青沟镇一带。刘氏且言"从此开始，康熙帝及清军离开了阿尔泰军台路，直转向西"。

**昭哈** 即归化城一路的第三站昭化。昭化，蒙语意为"锅台、灶"，现在北方草原一些汉族人民受其影响也叫锅台为灶火。刘忠和先生认为今天内蒙古兴和县境内的皂火口就是昭哈，金峯先生也认为昭化"按音蒙古语谓灶"，但同时指出，《舆图》标记"以河名站"。《舆图》即胡林翼撰、严树森补订的《皇朝中外一统舆图》，简称《舆图》。哈斯巴根先生则依据《一统志》有关兆哈河的记述，做出"其地理位置在兆哈河的上游"的判断。④按地理形势，从张家口经崇礼县察汗陀罗向西到归化城，只能北走上坝入张北

---

① 参见见毕奥南整理《清代蒙古游记选辑三十四种》下册。

② 参见拙作《清代察哈尔蒙地开发》，《张家口师专学报》1993 年第 1 期。

③ 刘忠和：《康熙第二次亲征噶尔丹所经内蒙西部地方地名研究》，《内蒙古师范大学学报》（哲学社会科学版）2015 年第 2 期。

④ 哈斯巴根：《康熙北巡内蒙古西部道程考》，赵志强主编《满学论丛》第二辑，辽宁民族出版社，2012。

县境，若经大青沟（胡虎额尔奇）以达，昭化应在尚义县或内蒙古兴和县交界一带。按当时百里一站①推算，昭化以西百里是老平地泉（塔拉布拉克），皂火口就是昭哈这个说法应该是准确的。

**磨海图**　即归化城一路的第五站穆海图。穆海图，蒙语意为"有蛇的地方"，金峯先生认为"此地即现在呼和浩特与集宁市之间的马盖图火车站"。刘忠和先生以此地与前后站距离不当，认为应是"今卓资县梅力盖图（三义堂）"。

康熙从张家口到归化城共顿宿15站，其中察罕陀罗海、昭哈、磨海图明确是归化城一路上的驿站，胡虎额尔奇前距察汗托罗海大约130里，后距昭化110里，按里数它非曳吉莫属，因为此前此后还找不出一个道里适中的地方。大青沟镇现在仍是交通枢纽，位于尚义县四台蒙古营子（阿尔泰军台第四台）和五台蒙古营子（阿尔泰军台第五台）之间，安设在这个重地的胡虎额尔奇站却不在阿尔泰军台之列，就因为它是雍正六年（1728）被裁汰的曳吉站。当然，康熙此行未必完全按归化城一路行走，如塔拉布拉克（"老平地泉"）、和林格尔（呼和浩特市郊区西把栅乡合林村）两站就没经过，可能从昭哈径直西去归化城了，但康熙此行仍可完好地勾勒出归化城一路的概况。

四子部落一路，安设之初主要是到达内蒙古乌兰察布、锡林郭勒二盟的四子部落旗、苏尼特右翼旗、苏尼特左翼旗、喀尔喀右翼旗、茂明安旗等5旗，当初所设的5个驿站缺乏记载。金峯先生据康熙三十二年理藩院所提出的张家口驿道设置执行方案——"张家口至归化城、四子部落设立八站"一说分析，两路可能是在昭化站分道，然后从昭化到四子部之间设两站，这样，归化城一路六站加上从昭化到四子部两站，恰好符合八站的记载。②从前文考定的昭化位置，再两站到四子部落这是不可能的。雍正六年由于准噶尔战争形势的变化，清政府下令裁除张家口到归化城一路，"一切文移交军

---

① 《嘉庆会典事例》（以下简称《会典》）卷982，理藩院"边务·驿站"："自张家口至四子部落五旗为一路，计程五百余里应安设五驿。又张家口至归化城六旗，计程六百余里，应安设六驿，仍为张家口一路。"

② 语见金峯《清代内蒙古五路驿站》，《内蒙古师范学院学报》（哲学社会科学版）1979年第1期。

台（指杀虎口外原阿尔泰军台）递送"。[1]张家口到归化城一路共六站，所裁五站包括昭化，足见四子部落一路不走昭化。剩下的察罕陀罗海一站未裁撤，是因为四子部落一路要从此经过。取道察罕陀罗海去四子部落，也只能北走上坝过张北县境西北行，循顺治帝和马思哈走过的一些路段进入四子部落。该路后来调整驿站间距并随形势朝北延伸，逐渐形成清代著名的阿尔泰军台，四子部落一路及其延伸作为阿尔泰军台的南段后来被称为张家口驿站（路），原名称几近消失。据汉文《则例》卷31"张家口驿站"，该道共设蒙古站23座，一台察罕陀罗海（古今地名对照见上文，以下不注明者同）、二台布尔哈苏台（详考见后）、三台哈留台、四台鄂罗依虓图克、五台奎苏图、六台扎哈苏、七台明该（又作明垓、明爱，《口北三厅志》作明安白兴，译言千所房，今商都县城七台镇，民间呼七台）、八台察察尔图（在今商都县大拉子乡水渠子，即商都县城西北27公里处之土城子，民间呼八台）、九台沁岱（在今内蒙古察右后旗土牧尔台镇西北新建村西5公里处），以上9站在察哈尔境内，第10~18台共9站在内蒙古境内（主要在四子部落），下接外蒙古土谢图汗部境内的五站。

1934年《张北县志》记阿尔泰军台在县境有三个台站："由张家口起，一台在张北第一区东营盘……由一台向西北行二十里至二台村（指二台蒙古营子），在县城西十余里，为第二台站。再向西北行四十里至三台村（指三台蒙古营子），在县城西五十里，为第三台站。"二台，即布尔哈苏台，蒙古语"有柳树之地"，《驿程》作"布尔嘎素台"。光绪十九年（1893）3月至11月，俄人波兹德涅耶夫在内蒙古旅行，写有考察日记《蒙古及东蒙古人》，他从归化城去张家口走尚义县南壕堑、张北县大河一线，正好路过布尔哈苏台，所记对确定二台的位置颇有帮助。日记："3月22日：（下午）2点20分出发……3点钟经过一座只有3户人家的破落小村，叫三岔口。又走了40分钟后，见

---

[1] 《会典》卷982，理藩院"边务·驿站"："（雍正）六年议准，自张家口至归化城，前因噶尔丹之役，设立叟吉、昭化、塔拉布拉克、穆海图、和林格尔等五站，今俱裁汰，一切文移交军台递送。又议准，裁汰叟吉、昭化、塔拉布拉克、穆海图、和林格尔等五处驿站，其驿丁五十名仍令各该札萨克收回。……所有马匹应入军台驿站，于倒毙价内扣抵。廪给羊支应一并归于军台。"

到一个座落在一片洼地之中的察哈尔人村子，只有两座带有蒙古包的'板升'（房子）。这是一个便道驿站，叫哈盖，或按汉人的叫法——汉淖台。……5点10分快走到一条向北流去的小河时才找到路。这条河叫大河，分成两条河叉，共约3俄里宽，岸边是沼泽地，河底淤泥很厚。我们从这里走到5点40分，来到一个座落在小河边的村庄，河名及村名都叫小河……7点40分才来到多尔济花（今大河乡姑子营一带）的一家客店，并在这里落脚过夜。从小河到多尔济花有8里路。""3月23日：我们于6点50分出发，几乎一出客店就进入一条小河的河谷，这条河叫雅岱河（即马连渠河），流人布尔噶哈苏台（泰）。……8点30分，我们在有着许多山岗的草原上走过了一座察哈尔人的村庄，叫丘伦翁果卓，汉人称之为马连渠，这里有6个供归化城——张家口大道上的驿差使用的哈沙（畜圈、院子）。由此又走出了一小时后，我们来到了布尔噶苏台河。河岸上有一座阿尔泰路军台的驿站，……10点15分我们来到库伦——张家口商道的谷地，它正对着哈剌巴勒嘎鄂（意为黑石头脑包，现在上面设有"802"军事演习观礼台）。我们的道路由此开始折向东南，一路上平坦的草原。11点30分，我们来到玻璃采（今油篓沟乡玻璃彩）……"该俄人从今汗淖台经小河、姑子营、马连渠，又顺马连渠河东进，抵达布尔哈苏泰台站后，即"折向东南"插入张化公路（原张库商道）张北至狼窝沟段所在的玻璃彩河河谷，布尔哈苏泰正位于马连渠与玻璃彩交汇处。具备这一地理形势的唯有县城西数里的二台背、大山尖、蒙古营、树儿湾一带。《奉使倭罗斯日记》云："次博（布）尔哈斯（苏）泰，犹华言柳条沟也。有小流绕山下……"《张家口至乌里雅苏台竹枝词一百首》之"布尔哈苏第二台"一诗题序云："译言柳树沟，今存空名，并无树矣。"诗曰："布尔哈苏在半山，当年杨柳已凋残。征车到此浑无阻，两马齐驱换驾竿。"以上两记可知，布尔哈苏泰依山傍水（俄人也明言在河岸上），此地理环境非蒙古营莫属。现在蒙古营村内有古柳两株，有关部门鉴定树龄正合康熙三十年前后。

我们注意到，文中提到所行道路是归化城至张家口的大道，沿途设有驿站，这就是文书路。据1934年《张北县志·地理志上·沿革·张北县各旗群之变迁》，张北县境有东西两条文书路，西路张家口至正黄旗，设9站：第1站大鸿（红）沟，第2站布二才（玻璃彩），第3站乞鲁文古齐（马连渠），第4站哈格台（汗淖台），第5站不列彦，第6站赛尔古台，第7站毛尔忽沁，第8站鄂尔国土，第9站正黄旗，第5~9台在尚义县及兴和县境。西路张家口至正白旗，设5站：第1站什巴尔台（什巴台），第2站包来（又作波尔，今张北县波罗素庙），第3站哈尔根台，第4站乌兰诺尔，第5站正白旗，第3~5台在康保县、内蒙古太仆寺旗境。

关于第1台察罕陀罗海，从诸多史料看，清时不在东营盘。《夏湘人出塞日记》里有一段记载：康熙五年"九月初十日出口（指张家口）……，三十里陀罗庙小歇，此处有居民数十家。十里至小关帝庙……此地名察汗陀罗庙"。夏之璜从察汗陀罗庙北行时迷了路，当天"月已东映"时才"得导人就大道，至五十家。入第一台笔帖式何君处，茶坐片刻，复行十里至坝下宿"。睡觉时他曾感叹："第一台在此而何时寄居庙中？"清制，抽调人户养畜供给帮护台站，大站50家，小站20家。今崇礼县有五十家子村，村东南约七八里外有村名察汗陀罗。第1台笔帖式何君驻五十家子，台站却在察汗陀罗庙（庙毁于"文革"中），这使夏之璜迷惑不解。《夏湘人出塞日记》又记："十一日，过坝缘山傍溪而行，至坝顶，回首长城，万山重叠，归路迷离矣。坝外一片荒漠，人烟自此绝少。宿第一台腰站（指二台布尔哈苏台）。"这段文字告诉我们，阿尔泰军台初创之时察罕托罗海驿站在察汗陀罗，不在五十家，更不在东营盘。光绪三十二年（1906），李廷玉（时任州判）随御前大臣署镶蓝旗满洲都统博迪苏赴库伦劝达赖回藏，著《游蒙日记》详细记载沿途所见所闻：光绪三十二年三月，"二十一日，……八点开行，抵大境门验照而出。……至托罗庙，殿宇宏敞，有督销蒙盐局分局警兵十余名，居民百余户。有杂货店及茶社等，为出入口尖食处。……二十五里至五十家子村，有大农户。十五里至上黄旗村，约二十户。三里至下黄旗村，约十余户，均业农。二里抵头台察汗托罗海，蒙语白头岭。……按自出口至头台六十里间，均多伦属地（大境门以外为多伦镇守使管辖地——笔者注），……二十二日，早五点开行。……上坝头约半里许，有社神庙，其规制以石块堆作圆平盘，共四层，中树一木，木端有龛，内藏经文，蒙人呼为鄂博，每岁六月十五日致祭，蒙俗每于两台路之中心点设之，以记里程"。上黄旗，即今崇礼县五十家子北5里之黄旗村，可见头台又不在察罕陀罗庙。李廷玉等当晚住察罕陀罗海，第二天开行就上坝，可见察罕陀罗海还在坝下，很可能就在坝底，原先有几户人家，前面提到夏之璜到五十家第一台笔帖式何君处，"茶坐片刻，复行十里至坝下宿"，所宿地点应该也是坝底那个村。《游蒙日记》接着又记从社神庙"七里到东新营盘，有牛车店一处，平日聚车常三四百辆，逐水草而行，不走台路，每车三四月开行，七八月方抵库伦。十一里过东营盘，人家十余户。五里至王大人陵，生时为喇嘛，没后蒙人祀之。五里又有车店一处，十里至二台，……台之东北约十里许，有兴和城，……"文中提及东营盘，但此时尚不是头台所在地。

宣统三年（1911）二月，清朝中央政府派一位部员前往蒙古调查，该部员写有《考察蒙古日记》①：宣统三年二月"二十六日，发张家口，由西口赴头台。……行四十里，抵哈诺尔坝。坝者，蒙古语山也。……午后五时三十分，达半坝，有客店一家，甚污秽，仅能容数人，乃就车中露宿。……二十七日，六时二十分起程。行至坝上，回顾四望，白雪铺地，皆成平地。有客店一家，离头台约三里。台上方预备送头班起程，乃入店歇息。……蒙语头台，即察汗托罗盖是也"。该官员出张家口没有走正沟（去察罕陀罗、五十家子方向），而是从西沟由哈诺尔坝（《张北县标准地名图》作汉淖坝）上坝。从这段文字看出，头台在坝上，但台名还叫察罕陀罗盖。

---

① 见佚名撰《考察蒙古日记》，毕奥南整理《清代蒙古游记选辑三十四种》上册。

# 金桓州考*

陈耀全

内蒙古自治区正蓝旗境内有座金代桓州古城，这是众所周知的。2013 年 5 月 3 日，国务院正式对外公布了第七批全国重点文物保护单位，正蓝旗上都镇闪电河北岸的四郎城榜上有名。四郎城为金代新桓州、元代桓州及明代桓州驿。

据历史资料记载，金代桓州古城有两座，一座叫新桓州城，一座叫旧桓州城。那么新旧桓州城的具体方位在哪里呢？

桓州，金代归属西京路，西京路治所在今天的山西省大同市。金初，在辽代基础上，在边境沿线设置了 3 处招讨司，即东北路招讨司、西北路招讨司、西南路招讨司。西北路招讨司相当于今天的西北军区司令部，最先设在燕子城，即今河北省张北县城，有人认为因为皇帝常在此设宴和赐赏各部族而名"宴赐城"，后讹为燕子城。西北路招讨司后改设抚州，城址仍在今河北省张北县。

金世宗多次到金莲川（今河北省沽源县、内蒙古自治区正蓝旗闪电河一带）避暑，并在此间筑有景明宫、扬武殿等宫殿。金世宗大定初年（1166），时任秘书监的移剌子敬（契丹人）考虑到皇帝避暑的安全，且西北路招讨司又在皇帝行宫范围的内侧（西南方向），于是请求将西北路招讨司北迁至壕

\* 原载《寻根》2018 年第 3 期。

堑附近，以便护卫皇帝的夏"捺钵"。史载："世宗将如凉陉，子敬与右补阙粘割斡特剌、左拾遗杨伯仁奏曰：'车驾至曷里浒，西北招讨司圉于行宫之内地矣。乞迁之于界上，以屏蔽环卫。'上曰：'善。'诏尚书省曰：'招讨斜里虎可徙界上，治蕃部事。都监撒八（契丹人）仍于燕子城治猛安谋克事。'"①《口北三厅志》就此解释，"此则西北路招讨司治应在抚州"，可见西北路招讨司确曾设在抚州。

于是金世宗命令都监撒八继续留在燕子城管理着北部草原各部族，西北路招讨使斜里虎北迁至界壕附近，在金莲川上兴筑起桓州城，以其地为汉朝乌桓族世居之地，所以命名此城为桓州，治所在今天内蒙古自治区正蓝旗境内某地，军额为威远军节度使。西北路招讨司移至桓州城，成为金代在西北边境的一处军事重镇。后来，金章宗明昌年间开始在桓州以北百余里修筑界壕，称之"新界"，桓州附近界壕就成了"旧界"。明昌七年（1196）改桓州为刺史州，又在桓州城之北约30里另筑新桓州，西北路招讨司又移至新桓州城。

元代脱脱编纂的《金史·地理志》记载："桓州，下，威远军节度使。军兵隶西北路招讨司。明昌七年改置刺史。北至旧界一里半。户五百七十八。"这里的"桓州"指的是旧桓州，"北至旧界一里半"，可知此桓州的地理位置在界壕以南不远。比《金史》更早记载旧桓州的有元代王恽《秋涧集·中堂事记》，蒙古中统二年（1261）三月五日，王恽等大臣由燕京（后来的大都）出发，到开平（后来的上都），途中所经过的草原城镇有察罕脑儿行宫、鞍子山、桓州故城、新桓州："十五日丙子，停午至察罕脑儿，时行宫在此。时御道不启，拜觐者皆俟，留八日而发。距双城七十里。二十三日甲申，次鞍子山南，距滦河四十里。二十四日乙酉，次桓州故城。二十七日戊子，次新桓州，西南十里外，南北界壕尚宛然也，距旧桓州三十里。"②当年八月，王恽等大臣又从开平返回燕京："廿日庚戌，诣都堂辞诸相南归。廿一日辛亥，

---

① 《金史·移剌子敬传》，中华书局，1974。
② 王恽：《中堂事记》，《口北三厅志》卷13《艺文二》。

辰刻，由都西门出，是夜宿桓州。廿二日壬子，抵旧桓州。"①从都（开平）返回时，第一夜住在了桓州，这一次王恽把"新桓州"直接写成了"桓州"，说明当时称呼如是。王恽第二夜住在了旧桓州，把"桓州故城"写成了"旧桓州"。

王恽所记，明确提到了桓州有新旧两个城即"桓州故城"和"新桓州"。"桓州故城"就是"旧桓州"，它就是《金史·移剌子敬传》中提到的"界上，"②也即《金史·地理志》中所记的"桓州"。察罕脑儿行宫已确定就是现在沽源县小宏城子遗址；鞍子山在其北，就是今天太仆寺旗的骆驼山，骆驼山南部，距离闪电河正好40里。从行进路线看，旧桓州在骆驼山附近。

王国维在《金界壕考》一文中说："旧桓州即今库尔图巴尔哈孙南，波罗城北之某地点也。""库尔图巴尔哈孙"即清代桓州城，今俗称"四郎城"；波罗城，即《口北三厅志》所言的威虏废驿："威虏废驿，今牧厂地，土人呼为博罗城，在独石口东北一百四十里。明初置驿于此，为开平西南第二驿。"③牧厂指清初御马厂，即上都牧厂。《口北三厅志》又明确记载："威虏驿城，蒙古呼为波罗河屯，犹华言青城也，在明安城东北六十里。"又明确了波罗城蒙古语叫作"波罗河屯"，汉语译过来叫作"青城"，即今天闪电河左岸的老黑城子遗址。据此推定，旧桓州在四郎城南、老黑城子北。史学前辈贾敬颜先生于60年前写过《王恽〈开平纪行〉疏证稿》，其中说道：《元史·祭祀志》：'中统二年四月己亥，躬祀天于旧桓州之西北，洒马湩以为礼，皇族之外，无得而与。'旧桓州谓桓州故城，约在今斯交音子以东濒闪电河处（骆驼山东北）。"斯交音子即现在太仆寺旗骆驼山镇四角滩村，和闪电河右岸几个古城遗址相连。旧桓州之西北有座高山叫作乌里雅斯台山，海拔1644.7米，是太仆寺旗骆驼山镇与正蓝旗上都镇、黑城子示范区三乡镇的界山。山底有多处古墓，山上有敖包以及许多古代祭祀的痕迹，印证了"祀天

① 王恽：《中堂事记》，《口北三厅志》卷13《艺文志》。
② 王国维在《金界壕考》中说："金之西北路招讨使，初驻燕子城，后为抚州治，后徙界上，后为桓州治。"这里的"界上"就是旧桓州，"桓州"为新桓州。
③ 《口北三厅志》卷3《古迹》。

于旧桓州西北郊"的说法。

按照王国维、贾敬颜所提示的范围（旧桓州在四郎城南、老黑城子北，东濒闪电河处）做田野调查，老黑城子遗址北、闪电河西岸有4个古城遗址，其中有两个最大的城堡，一座叫四方城，一座叫太平城。四方城在太平城南，古代遗存不多，相对于太平城古城要小许多，可排除其为旧桓州城。太平城是一座东西长500余米、南北长600余米见方的古城遗址，城门一（开在南墙），有角楼、马面、瓮城等附属建筑。该城出土有大量的宋代古钱币，及少量的辽金古币。因此，可以确定此城属辽金元时期遗址。从马面、瓮城、角台来看，和其北边的金界壕建筑特征一致，可以判定此城在金代应该是金界壕上的一座边堡。

金界壕就在太平城西、北一里半左右，太平城的位置符合《金史·地理志》关于旧桓州"北至旧界一里半"的记载，从其规制判断，四城中只有它最为适宜，所以内蒙古自治区正蓝旗黑城子示范区内的太平城遗址应为金代旧桓州城遗址。

目前，史界把老黑城子遗址定为旧桓州，此说应该做进一步的探讨。王国维又说："王恽所见界壕，当在旧桓州城北十余里，而《金志》云桓州北至旧界一里半，一里殆十里之误也。"① 由于笔者是当地人，金界壕就在太平城西、北一里半左右，与《金史·地理志》记载相符，王国维没有到过实地，因此可以说，"一里殆十里之误也"。

---

① 王国维:《观堂集林》卷15《金界壕考》。

# "商都"地名考*

## 忒莫勒

商都是内蒙古乌兰察布市的属县，其名称来历与含义至少有以下不同说法，至今没有定论。

其一，臧励和等编《中国古今地名大辞典》称："一说元上都在今县境，商都即上都之音转也。"[1]

其二，臧励和等编《中国古今地名大辞典》又称：商都河"在察哈尔多伦县，即滦河之上流。《蓟门考》：滦河夷名商都。《李实奉使录》：土人以河水清绿急流，呼曰商都"。[2]

《商都县志》似乎赞同此说，称："商都之名最早见诸清乾隆年间设置的商都牧场。""按《中国地名大辞典》解释：'商都河，即滦河之上流。滦河夷名商都，土人以其河水清流急湍，呼曰商都。一般来说，在沙地发育的小泉、小河，往往被称为商都、上都、闪电、闪旦等。'这一解释，破译了'商都'称谓之谜团：一是商都源于滦河之夷名（是否确切，有待考证）；二是印证了'商都'一词之真实含义。"[3]

---

\* 原载张北县历史文化研究会《研究动态》总第 20 期，2018。

[1] 臧励和等编《中国古今地名大辞典》，商务印书馆香港分馆，1931，第 786 页。

[2] 臧励和等编《中国古今地名大辞典》，第 786 页。

[3] 魏兆主编《商都县志》，内蒙古文化出版社，2007，第 82 页。唯该志所引之"在沙地发育的小泉、小河，往往被称为商都、上都、闪电、闪旦等"句，并不见于《中国古今地名大词典》（戴均良等主编），当系引号标错致误，应是该志的看法。

其三，《商都县事情》载："商都，满文'水漩'也。以注入察汗诺尔之水，清流激湍，洄漩成纹，故蒙古人即以满文商都称之。清乾隆年间，设有商都牧场。民国七年设县，亦即以商都名之。"①

《内蒙古自治区地名志·乌兰察布盟分册》、《中国古今地名大词典》（戴均良等主编）、《商都县志》和《内蒙古地名》赞同此说。②前三书认定"注入察汗诺尔之水"即商都县境内的不冻河，《商都县志》还发挥曰："该河流量较小，流速迅急，河水清澈见底，稍有土石之阻便洄漩成指纹状流形，这种流形便是满文所称的'水漩'。"

其四，"商都"系蒙古语，意为平地之泉，因商都县境内共有大小泉眼数十处，故蒙古人以'平地泉'称之"。③有稍详之解释称：其含义"与满语'商都'一词所指示的含义相同，无论是满语或者是藏语，'商都'一词是指：由于泉水水流量特别小且清澈，稍有障碍物阻挡，便使水流回漩成指纹状流形的河流，或指草原上低凹之处的微小泉眼，由于出水量特别小，即不成溪，也不干枯，形成一个小水涡。这种小水涡在蒙古语中通常也叫'Xant'。在商都县七台镇附近这种河流和小水涡颇多"。清政府在此设置牧群时"根据这种地理特点取名为'商都牧群'，就此形成了该地区的专指名称——商都，并且一直沿用至今"。④

此外，牛汝辰编《中国地名由来词典》糅和第一、三两说及《内蒙古自治区地名志·乌兰察布盟分册》和《商都县志》的发挥，称："本元之上都地，有上都河，即古濡水。清为上都牧场，后讹为'商都'。'商都'系满语，意为旋流。因为从北部流来的'布动河'（意为'粗大的河流'）清流湍急，在这里拐弯，然后逶迤向东注入浩瀚的察汗淖尔湖。因河水在拐弯处有

① 《商都县事情·序》，商都县档案管理局影印本，20011。
② 内蒙古自治区地名委员会编《内蒙古自治区地名志》（乌兰察布盟分册），1987，第267页；戴均良等主编《中国古今地名大词典》，上海辞书出版社，2005，第2722页；魏兆主编《商都县志》，第82页；庞启主编《内蒙古地名》，内蒙古人民出版社，2006，第487页。
③ 转引自魏兆主编《商都县志》，第82页。
④ 达林太主编《乌兰察布地名传说》，远方出版社，2010，第161页。

旋涡，故名。"①

以上诸说哪个正确？须认真剖析考辨。为论述方便，先自第二说起。

首先，第二说既源于《蓟门考》和《李实奉使录》，那我们先查证一下两书的成书时间，以便探明"商都"一名出现的大概年代。查《蓟门考》为明代米万春撰，撰者系隆庆辛未年（五年，1571）武进士，历官分守道、州参将。②因其在万历十五年（1587）以后方在北边（天津）任职，③故《蓟门考》成书当在此后。而"土人以河水清绿急流，呼曰商都"一语不见于《李实奉使录》，实出自戚继光撰《蓟镇边防》。④李实于景泰元年（1450）出使瓦剌也先处，并未到过上都河流域，《中国古今地名大辞典》所引当沿误自《口北三厅志》。⑤

《蓟镇边防》原文曰："滦河源头远自西北虏地，至插汉〔根〕儿往东南流。其水虽深，其河最窄，宽约七八尺。两岸柳条丛生，秋时采为箭杆。夷人以河水清绿急流，呼为商都。古北哨夜以滦河上头名为商都。夷人不论远近，但见本河，通名商都。""在夷总名商都，在华总名滦河云。"⑥

考戚继光自隆庆元年（1567）至蓟镇防边，"在镇十六年"，⑦无论《蓟镇边防》撰于当时还是戚氏南还以后，都说明最晚在明隆庆年间以前，夷人即称滦河为"商都河"，受其影响，古北口"哨夜"（即"哨探""夜不收"，明代北边防军中从事侦察工作的军人）也称滦河上游为"商都河"。此时，东北的满族尚未兴起，在明朝蓟州、宣府、大同诸镇边外活动的夷人是蒙古诸部，故所谓夷名"商都"当来自蒙古人，与满语无涉，也与"注入察汗诺尔之水"的不冻河无涉。显然，第三说即《商都县事情》的满语"水漩"说不攻自破，《商都县志》之"商都之名最早见诸清乾隆年间设置的商都牧场"的

---

① 牛汝辰编《中国地名由来词典》，中央民族大学出版社，1999，第62页。
② 见《明故昭信校尉锦衣卫百户昆泉米公暨配安人马氏合葬墓志铭》，转引自卜永坚《从墓志铭看明代米氏锦衣卫家族的形成及演变》，载《明清论丛》第十二辑，故宫出版社，2012。
③ 《明史·李材传》第20册，中华书局，1974，第5957页。
④ 《李实奉使录》所记系明景泰元年（1450）事，撰者并未经过滦河一带，故文内并无此语。
⑤ 参见金志章撰、黄可润增校《口北三厅志》卷2《山川·滦河》，清乾隆二十三年（1758）刻本。
⑥ 见《明代蒙古汉籍史料汇编》第二辑，内蒙古大学出版社，2000，第571页。米万春《蓟门考》亦有类似记载。
⑦ 见《明史·戚继光传》第18册，中华书局，1974，第5616页。

说法亦站不住脚。

其次，"夷人以河水清绿急流，呼为商都"应系汉人的揣测附会之词，在蒙古语中并无踪迹可寻。

至于第四说之"商都"系蒙古语，意为平地之泉，似以蒙古语 Šangda（又作 Šanda）一词当之。该词义为"小浅井"，水位高的"二阴地""下湿地"等，①不仅读音（近似汉语"香达"或"鲜达"）与"商都"有一定距离，含义亦与水流颇大的"商都河"（滦河）不符。

排除了第二、三、四说，我们再来看看第一说："元上都在今县境，商都即上都之音转也。"

说元上都在商都县境，显然大谬，商都县距上都及上都河流域尚远，中间还间隔着化德、康保（属河北省）、太仆寺等县旗。有人即认为："仅以'商都'和'上都'二词语音上的相近来判断其确切含义是不可行的。""《中国地名大辞典》所指的商都河即上都河，这是毫无疑义的。上都河流经地之一的正蓝旗所在地又称'上都镇'。然而，上都河与商都县七台镇之间足有260 公里之遥。用五百里以外的河流名称来命名当地地名，似乎不大可能。"②因此，他们力主"商都"是满语"水漩"或蒙古语 Šangda。但查核史籍，说"商都即上都之音转"是有历史依据的，因而是正确的。

元上都位于今内蒙古自治区锡林郭勒盟正蓝旗东 20 公里的上都河北岸，是元世祖忽必烈龙兴之地和历朝元帝避暑的夏都，虽于元末被毁，但在蒙古人中享有很高的知名度。故北元以来，蒙古人一直称流经上都城南的滦河为"上都河"（Šangdu-yinγoul，意为上都之河）。17 世纪初成书的《阿勒坦汗传》（Erdenitunumalneretüsudurorusiba）中，"上都"出现过一次，分写作 Sangtu（即 Šangdu 的不正规写法）；③其后的《黄金史纲》（Qad-un ündüsün

---

① 内蒙古大学蒙古学研究院蒙古语文研究所编《蒙汉词典》增订本，内蒙古大学出版社，1999，第 971 页。
② 达林太主编《乌兰察布地名传说》，远方出版社，2010，第 160~161 页。
③ 珠荣嘎译注《阿勒坦汗传》（Erdeni tunumal neretü sudur orusiba，蒙汉合璧），内蒙古人民出版社，1991，第 213 页；珠荣嘎译注《阿勒坦汗传》影印本，内蒙古大学出版社，2014，第 257 页。

quriyangγui altan tobči）中，"上都"出现过三次，两处连写作 Sangdu（即 Šangdu），一处分写作 Sangdu（即 Šangdu）。[①] 分写形式的存在，恰恰说明 Šangdu 一名来自汉语"上都"，是蒙古语中的汉语借词。至于"商都"，是汉人对"上都"的不正确音写，来自蒙古人的读音。由于蒙古语与汉语分属不同的语系，差异甚大，而且没有汉语特有的四声，故借入蒙古语的汉语词汇往往发音有变，无法与原汉语读音对应，若用汉文音写，常常面目全非，令人无从根究。如蒙古语的 Baγsi（汉文作"榜实""把式""把什""巴格西"等，意为"老师"）实即汉语的"博士"，Bayising（汉文作"板升""板申""拜牲"等，意为"房屋""村庄"）实即汉语的"百姓"，Tayiji（汉文作"台吉"，北元蒙古贵族成吉思汗黄金家族男性成员的称号，清代为蒙古王公贵族的称号）实即汉语的"太子"，不仅读音有异，其意义也往往有所引申或改变。

清乾隆年间的《口北三厅志》就记载说：滦河"俗名上都河"。"其河土人呼为商都河，以元时上都在水北岸，故名。后又转音而为商都，今直讹为山丹河矣。"[②] 在该志卷 5 之《经费志·兵饷》中，上都河又写作闪电河。从语音上看，"商都"是 Šangdu（上都）的音写，而"闪电""山丹"当源自 Šangdu-yin（上都之）的急读。由于清廷在上都河流域设立有官牧厂，遂由河名衍生出同名的机构名称——上都牧厂（后世俗称商都牧群或大马群）。

无论是河名还是牧厂名，在《清实录》中，早期写作"上都"，如天聪六年（1632）七月庚子、顺治八年（1651）四月辛未、康熙二十二年（1683）六月庚寅、康熙三十年（1691）三月庚子、雍正元年（1723）十一月己亥、雍正九年（1731）春正月乙亥诸条均作"上都"，自乾隆元年（1736）秋七月壬寅条起，则写作"商都"。[③]《口北三厅志》卷六之《考牧

---

① *Qad-un ündüsün quriyangγui altan tobči* 影印本，乌兰巴托，2002，第 35、39 页。

② 《口北三厅志》卷 2《山川》，乾隆二十三年（1758）刻本。《嘉庆重修一统志》卷 549《察哈尔图》亦作"商都河"。《河北省地名志·张家口分册》（河北省地名办公室，1985）第 328~329 页亦称："闪电河古称濡河、金莲川、上都，后以多伦县元代称上都河而得名。后演变为上丹河、闪电河。"

③ 《清实录》，中华书局，1986，第二册，第 740 页；第三册，第 1940 页；第五册，第 3986、4532 页；第七册，第 6093 页；第八册，第 7346~7347 页；第九册，第 8487 页。

志》还写作"尚都"。但无论"上都"还是"商都",蒙古文的写法都完全一致,均作 Šangdu。[①]《清实录》只有一次将"上都"写作"闪电",蒙古文音写作 Šandiyan,[②] 显然此时的编撰者和蒙译者已搞不清"闪电"是"上都"(Šangdu-yin)的音讹了。

至于商都县名的来历,因地理位置的关系,与上都或上都河没有直接联系,而是源于商都牧群(大马群)。据史学界研究,清代内务府上驷院在察哈尔地区有两处牧厂,"一在上都河,一在达布逊诺尔,合称上都达布逊牧厂,因曾隶御马监,又称御马厂,俗称大马群。上都牧厂在独石口东北一百四十五里博罗城(今正蓝旗南黑城子),东西距一百三十里,南北距九十七里"。"达布逊牧厂大约在察哈尔镶黄、正白二旗南,正黄、镶黄二旗牧厂北,约今商都、化德、张北和康保等县交界地带。"[③] 由于上都达布逊诺尔(乾隆以后写作商都达布逊诺尔)牧厂合称多年,且嘉庆以后原上都马厂地遭其他牧厂挤占,[④] 位于今商都县境一带的达布逊诺尔牧厂遂逐渐被人省称为商都牧群。1915 年秋,察哈尔都统何宗莲向民国政府呈请设立商都垦务行局兼设治局(商都县的前身)时称:"查现放大段荒地占领商都牧群较多,拟请定名为商都垦务行局兼设治局,择定七台干井梁地方为设局地点,借用台站官房,即由本总局刊刻木质关防一颗,文曰:商都垦务行局兼设治局之关防。"[⑤] 次年一月十三日获批:"准如所拟办理,即由各该部转行遵照。"[⑥]

① 蒙古文《清实录》(Daičing ulus-un mayad qauli),内蒙古文化出版社,1988,第 17 册,第 546 页;第 21 册,第 75 页。那顺乌力吉整理《清朝蒙古实录》(蒙古文)第二辑,内蒙古教育出版社,2013,第 213 页。

② 见《清实录》第 15 册乾隆二十二年(1757)二月甲申条,中华书局,1986,第 15325 页;那顺乌力吉整理《清朝蒙古实录》(蒙古文)第三辑,内蒙古教育出版社,2013,第 82 页。

③ 周清澍主编《内蒙古历史地理》,内蒙古大学出版社,1994,第 218~219 页。

④ 周清澍主编《内蒙古历史地理》,第 221 页。

⑤ 民国《政府公报》第 1198 号,《留任署察哈尔都统兼垦务督办何宗莲呈拟于现放大马群羊群地方设立垦务行局兼设治局推广垦殖保护商民以资治理而兴地方请训示文并批令》,载上海书店影印本第 65 册,1988,第 300~301 页。

⑥ 民国《政府公报》洪宪元年(1916)第 12 号,《司法内务财政农商部奏为会核察哈尔马羊群地方拟设垦务行局兼设治局一案祈圣鉴训示折》,载上海书店影印本第 78 册,1988,第 180~181 页。关于商都设治的史料系内蒙古大学乌力吉套克套先生提供,在此谨表谢忱。

作为县级行政区域名称，"商都"一名很稳定，而作为自然地理实体的"上都河"则不然，一度名为"闪电河"，据说1961年又改回"上都河"。[①]至今，其上游（河北省境）仍叫闪电河。

笔者就手头资料略事查阅，发现：

1935年，《察哈尔省通志》卷首之《察哈尔省各县局暨盟旗群位置略图》作"上都河"，《多伦县政概要》之《多伦县全图》《多伦围场县界汽车路线图》则作"闪电河"。[②]

1947年，邵越崇编著《复兴中国新地图》第32图作"上都河"。[③]《锡林郭勒盟地图》（原图约绘制于1947~1948年，20世纪80年代锡林郭勒盟地名委员会办公室复制）作"闪电河"。[④]

1952年，《中华人民共和国分省地图》第23图作"上都河"。[⑤]

1973年，内蒙古自治区革命委员会测绘局编《中华人民共和国内蒙古自治区地图集》第64~65图汉文版作"闪电河"，蒙文版作 Šangdu-yinγoul。

1976年，内蒙古自治区革命委员会测绘局民政局编《中华人民共和国内蒙古自治区地名录》第818页有正蓝旗闪电河、多伦县上都河，蒙文均为 Šangdu-yinγoul。

1987年，内蒙古自治区测绘局编《内蒙古自治区地图集》汉文版第3~4页《内蒙古政区》、第91~92页《锡林郭勒盟政区》、第103~104页《正蓝旗》诸图均作"闪电河"，第111~112页《多伦县》图作"上都河"，蒙文版分别作 Šandinγoul、Šangdanγoul、Šangda-yinγoul；而多伦县村名"上都河"，蒙文版第91~92页《锡林郭勒盟政区》、第103~104页《正蓝旗》、第111~112页《多伦县》诸图分别作 Šangdaγoul、Šangduγoul。内蒙古自治区地名委员

---

① 参见内蒙古自治区地名委员会编《内蒙古自治区地名志·锡林郭勒盟分册》"多伦县上都河乡、上都河行政村"条，1987，第416页。

② 《多伦县政概要》，康德二年（1935）油印本。

③ 邵越崇编著《复兴中国新地图》，上海复兴舆地学社，民国三十六年（1947）二月修正三版。

④ 《内蒙古自治区地名志·锡林郭勒盟分册》，1987。

⑤ 《中华人民共和国分省地图》，亚光舆地学社，1952。

会编《内蒙古自治区地名志·锡林郭勒盟分册》第335、342页和《多伦县地名图》作"上都音高勒",《锡林郭勒盟政区图》《正蓝旗地名图》又写作"上都河"。

1992年，高俊主编《军官地图集》（总参谋部测绘局）第180~181页、第184~185页作"闪电河"，多伦县村名作"上都河"。

从以上情形可以看出，尽管上都河又称闪电河，但20世纪70年代的蒙文地图尚能正确地写作Šangdu-yinɣoul，而以后的蒙文地图则迷失本真、竞相出错了，甚至在同一地图集中，无论汉文还是蒙文，都存在着书写不统一的情况。为什么会这样？这又说明了什么？望有关领导和地名管理工作者深思。

# 读史二则<sup>*</sup>

格日勒

　　每当翻阅文献资料看到自己家乡和熟悉的地方的历史，便格外关注。这也许是人之常情吧。总想把这些历史事件的来龙去脉、古地名的方位和现在的名字弄清楚，因此也就有了自己对一些问题的再思考。下面对以下几个历史问题，谈谈笔者的不同看法。当然，对这些问题的看法很难断言此是彼非，只是表达笔者个人的观点，聊供读者参考。

## 一　喀剌巴尔哈孙古城（以下简称喀城）

　　《口北三厅志》载：兴和故城，"此城土人名喀剌巴尔哈孙城"。兴和故城就是张北城，学界《内蒙古历史地理》等权威书籍也认为喀城就是张北古城。但在民间，没有人知道张北城叫过黑城子。"喀剌（又作喇）"蒙古语"黑色"的意思，"巴尔哈孙"是"废墟、营盘、城"的意思，合作"黑城"。《口北三厅志》毕竟是坐在书斋里搞出来的，很多记载大都抄录前代文献或听从一些口碑，偶有简单考证，也仅是依据文献资料猜测和怀疑，特别是山川、遗址，缺乏田野调查考证，直接照抄《大清一统志》。

　　喀城，在很多清代纪程文献上有记载，如《塞北纪程》《张诚日记》，另

　　*　原载张北县历史文化研究会《研究动态》总第 20 期，2018。

外《清太宗实录》也有记载："天聪六年（1632）六月大军至宣府边外张家口喀喇把尔噶孙地方。列三十余营，联络四十里，环营四面穿堑，深广各一丈。"可见喀城是个出名的地方。有意思的是，这些纪程文献无一例外的没有提过此城曾叫作兴和城。

叫兴和城的是今张北县县城。成书于乾隆年间的《口北三厅志》记录兴和城就是金代的抚州城、元代的兴和路治、明代守御千户所，三地故址即张北城已被史学界公认。记载最清楚不过的是清朝末年李廷玉所著的《游蒙日记》云："台（指阿尔泰军台第二台布尔哈苏台，在张北城西南五六里的地方——笔者注）之东北十里许，有兴和城，为光绪二十九年开垦所成之村落，村属多伦（俗称萧太后故城基址——原注），户约百余，每逢六月庙会，附近各村及游牧蒙人皆集焉。城设捕盗千戎一员，归厅节制。"可见有清一代张北就叫兴和城，虽沦落为一个小村庄，但名气依然很大，直到民国时期才改叫张北，以致现在上了年纪的老人还称张北城为兴和城，而不称之为喀城。

兴和城也叫喀城是有疑问的。马思哈《塞北纪程》里有如下记载："康熙二十九年夏四月辛巳，抵塞下。壬午，出长城张家口五十里至查汗驼罗庙。癸未，六十里至十八剌太。甲申，五十里至哈喇巴喇哈搜（是日度大巴汗岭——原注）。乙酉，西北七十里至阿哈苦里（张北安固里淖——笔者注）。丙午，走九十里至查汗那罗湖（尚义、商都二县的界淖察汗淖）……"这个路线大致是东南—西北向的。察汗拖罗即阿尔泰军台第一台，现在的崇礼县察汗拖罗村。十八喇太就是今张北城东南12里处的什巴台，它距察汗拖罗60里路。哈喇巴喇哈搜即喀喇巴尔哈孙。我们注意到，《塞北纪程》明确记载十八剌太至哈喇巴喇哈搜50里，假设喀城就是张北城，显然里数不当，如果《塞北纪程》记载不错的话，喀喇巴尔哈孙另有其城。

张诚于康熙三十五年（1696）曾随康熙帝西征噶尔丹，留有《张诚神父第六次随扈旅行日记》（《张诚日记》），日记里有对喀喇巴尔哈孙的记载：康熙三十五年（1696）10月"23日，……之后在长城的张家口出关……我们扎营的地方叫察罕拖罗海，意为"白头"……24日，我们向西北行军四十五里，在一片牧草丰美的大平原安营扎寨，这里是为了圈养皇帝的羊群而设的牧场。这里水量很充沛，像一条小江穿过大平原；我们从那里爬上一座很高的山，名叫Hinkantabahan。在爬山过程中，我们觉得比以前爬过的山都要寒冷，刮着凛冽刺鼻的西北风。因为这座山全被白雪覆盖，所以径流的溪流全都冰封住了。这座山比中原地区的山峰都要高耸，即使再下降些高度在中原地区也很少有同样高度的山脉，这也是这里之所以特别冷的原因。然而，当我们到达我们扎营的地方，也就是喀喇巴尔哈孙，我们觉得天气又变得暖和了。向南走到了一片平原，这里有大量的皇帝养的牧牛和奶牛。我确信这个大平原有四十法里。……"张诚见到的四十法里的牧场就是镶黄旗牛群牧厂。《圣祖仁皇帝亲征平定朔漠方略》卷30记录了同一件事情：康熙三十五年十月"丙戌，驾至胡虎额尔奇。上谕皇太子曰：朕于二十九日度察罕拖罗防岭，驻跸于喀喇巴尔哈孙之地。是日，阅镶黄旗牛群，其数至一万六千头，毛色甚佳。三十日，驻跸于昂古里湖地。是日，阅右翼达卜孙脑尔之马群，其数至二万匹，整齐肥壮，不可言喻。初一日，驻跸于俄罗特布拉克之地。是日，阅正黄旗牛群，其数一万六千头，羊七万只"。镶黄旗牛群牧厂治所即今张北县二台镇波罗素庙（已毁），在张北城北面。张诚是在喀喇巴尔哈孙"向南走到了一片平原"，看见"这里有大量的皇帝养的牧牛和奶牛"，据此判定喀喇巴尔哈孙不指张北城。

波罗素庙正西稍偏南12里处，有一座当地人称黑城子的古城，属张北县二泉井乡黑城子村，村因城而得名，这个古城在《口北三厅志》里漏载。该城在什巴台村正北稍偏西，从现行《张北行政区划图》测量，这两个地方的理论距离为45里多，这与记载的50里非常接近。该城距安固里淖最近处为45里，最远处有60里多（最近点在淖东岸，最远点在淖西南的赵家坡村），此最远点又距察汗淖八九十里，这也符合《塞北纪程》记载的方向和里程。我们看张北城，它距什巴台10里多，距赵家坡100里，里程不符合喀城与上述两地的距离。鉴此，文献提到的喀喇巴尔哈孙有可能就是黑城子古城。

喀城在《口北三厅志》里也能找到一点蛛丝马迹。关于山川、古迹的记载中，有对"大水泊"的一个考证："兴和城北，土人呼为伊克脑儿，与昂固里泊（安固里淖）相通"，同书又载："又按《皇舆图》，喀喇火吞地，在伊克脑儿之侧。"张北城北边淖泊众多，与安固里淖有河道相连的只有东南方向的黄盖淖，此淖可以说是张北县的第二大淖，黑水河把它俩串联起来，可知伊克脑儿就是黄盖淖。喀喇火吞在伊克脑儿之侧，说明相距不远。黄盖淖之侧有古城两座，其中之一就是黑城子，另一座规模小且远，也无名无姓。"喀喇"是蒙古语"黑色"的意思，"火吞"即蒙古语"浩特"，与喀喇巴尔哈逊的含义一致，可能是喀喇巴尔哈逊的异音。由此判断，喀喇巴尔哈逊（喀喇火吞）就是黑城子古城。

## 二　隆兴路与旺兀察都

隆兴路治所在今张北城。金代为抚州治所，元世祖中统三年（1262）十一月，"升抚州为隆兴府"；十二月，在隆兴府建行宫；至元四年（1267）正月，"析上都路隆兴府自为一路，行总管府事"。

忽必烈为什么要把抚州改称隆兴？和金代肇州一样，发生在辽天庆四年（1114）的出河店大捷使女真军实力猛涨，为以后大金国的肇建创造了先决条件。天会八年（1130），金朝在出河店址建肇州，"以太祖兵胜辽肇基王绩于此，遂建为州"。金末，蒙古军在抚州野狐岭以 10 万对 40 万取得完胜，"是战也，罄金虏百年兵力，销折溃散殆尽，其国遂衰"。波斯史学家施拉特在《史集》里写道："这是一次很大的仗，很出名，直到今天，成吉思汗野狐岭之战还有蒙古人所知，并以为荣。"蒙古由此走向强大。

蒙哥即位蒙古大汗，命忽必烈总领漠南汉地军国庶事。忽必烈驻帐桓、抚州之间，征召汉地文武人士 60 多人，建立了漠南幕府。宪宗四年（1254）八月，复立抚州，忽必烈任用亲信赵柄为守，将"城邑规制，为之一新"。从此，抚州成了幕府人员的居地之一，在这里确立了安邦治国之策，开创了大元盛世的伟业，于是抚州自然成了忽必烈的"汤沐邑"之地。忽必烈在和其弟争夺汗位的斗争取得决定性胜利后，马上就把抚州升格为府，叫"隆兴府"，取"龙兴"之意，隆兴即龙兴，是汉语的叫法，忽必烈把抚州改称隆兴应该缘于此。

大德十一年（1307）六月，元武宗海山即位不久，就在临近隆兴路的旺兀察都"立宫阙为中都"。中都城址在张北县馒头营乡白城子村南，东北距上面提到的黑城子古城七八里。"旺兀察都"与蒙古语"翁德斯台"的读音相近，"翁德斯台"就是"根、扎根"的地方，台是词缀，表示"×××"的地方，引申义就是"肇基兴旺之地"。有的文献把"旺兀察都"记作"翁古查图"，"翁古查"和"翁德斯"音非常近，"图"是词缀，和"台"的用法一样，因此笔者觉得旺兀察都就是肇基之地的意思。

海山崇尚武功，尤其敬仰先祖成吉思汗"以武功定天下"，也为自己"抚军朔方，殆将十年，亲御甲胄，力战敌者屡矣"欣然自诩。大德十一年春，成宗驾崩。海山与胞弟爱育黎拔力八达争帝位，亲率大军3万分三道南下，以武力作后盾，海山所部走西道，进至旺古察（即旺兀察都）驻留。海山遣康里脱脱回大都"往察事机"，以观京城动向。康里脱脱回大都将武宗志在必得的决心告给爱育黎拔力八达及其支持者母亲答己。答己大惊，命康里脱脱"速归，为我弥缝阙失，使我骨肉无间，相见怡愉"。康里脱脱奉玉玺北迎海山，"行至旺古察，武宗在焉。马轿中望见其来，趣使疾驰，与之共载"。玉玺乃皇权的象征，《元史·康里脱脱传》里描述的上述情景可以让我们想象到海山拿到玉玺时欣喜若狂的样子。五月，海山至上都，在忽里台大会上就任新汗。

元人姚燧有文集《牧庵集》，内有《皇帝尊号玉册文》，说：武宗由上都而南，"还跸龙兴（隆兴路），徘徊太祖龙旗九斿，瓒金于斯，肇基帝业，为城中都"。"肇基帝业"句，一可能是说武宗回大都驻跸隆兴路时，伫立在太祖高高飘舞的军旗下，遥想当年成吉思汗率军在野狐岭破灭金军，开创了蒙元帝业；二也可能是在说自己在这里夺得皇权，"肇基帝业"是建城中都的直接原因。在他们看来，张北县这儿是块风水宝地，成吉思汗树龙旗九斿，忽必烈升抚州为隆兴路，武宗在不远处的旺兀察都建中都，其意义都在于彰显"肇基王迹于此"。

有人将旺兀察都解释为"有船的地方"，是因为"旺兀察都"和蒙古语"船"的发音很近。旺兀察都一带是广袤无垠的草原，哪里有船可驶？虽有一个大淖——安固里淖，离这里有几十里之遥！这个解释有点风马牛不相及。

# 北魏"御夷故城"地理位置管见[*]

赵永春

北魏时，为防止柔然人南下，在东起濡源（滦河源）西至五原（今内蒙古五原）的地带修筑长城1000多公里，并在沿边要地自东向西依次设立御夷、怀荒（今张北县）、柔玄（今尚义县西）、抚冥（今内蒙古武川东北）、武川（今内蒙古武川）、怀朔（今内蒙古固阳北）、沃野（今内蒙古境）、薄骨律（今宁夏灵武南）、高平（今宁夏固原）等军镇。当时的军镇，不单纯是军事布防，而是军政合一的地方防御机构，其目的是捍卫首都平城（现山西大同），监视和控制长城以南的"蠕蠕人""铁勒人"，同时还防止长城以北的柔然人的骚扰。

大凡说到历史上的沽源，总要提及"这里曾是北魏御夷镇，也是辽、金、元三代帝王的避暑胜地"这句话，元忽必烈察罕淖尔行宫（小红城）、元代的明安驿（马神庙）、牛头群驿（石头城），这些定论几乎得到了史家的普遍认可。唯御夷镇在什么地方，一直都没有准确的说法，1985年《文物春秋》第4期刊登的郭郛先生撰写的《元察罕脑儿行宫实地考辨》中提到，御夷镇是大红城子古城遗址。从地面建筑遗址和地表遗存看，作为汉魏古城应该无疑，于是有人把此城定性为"御夷故城"，甚至有一些权威学术杂志也做了这样的认定。御夷镇有新、旧二城，暨南大学王颋先生在《一陉川

---

\* 原载张北县历史文化研究会《研究动态》总第21期，2018。

近——辽、金的凉陉和金莲川》一文中说:"而'御夷镇'也有'新'、'故'二城,后者在北,前者在南。"① 从郦道元《水经注》所云"濡水出御夷镇东南,其水两源双引,夹山西北流,出山合成一川,又西北迳御夷故城东,镇北百四十里……"看却也如此。

实地考察,总感觉大红城的规模不能承起御夷镇的"重担",即便是旧城。笔者以为,大红城古城遗址起码在规模和地貌上不符合"御夷镇"应当具备的特征。

该城规模太小。史籍多处记载,当时北魏政府曾俘获"赤勒人"有十万之众,分到各军镇看管,想必分到御夷镇的也不是小数目。但从目前大红城的建筑规模看,放得下并管理这一干人众是不可能的事情。

大红城南 500 米就是历史上著名的"白海子",现在叫囫囵淖,以当时的气候和水文,水域面积要比现在大得多,而郦道元《水经注》中提及"濡水"流经"御夷故城",对"白海"只字不提,偌大的白海在御夷故城边上,这么明显的地理标志,不可能在这位大地理学家眼底下而无片言描述。虽说濡水也在大红城东南,但是根本不流经且距离较远,站在大红城上也看不见滦河。故此判断御夷故城不在囫囵淖边上。

照上述《水经注》所云滦河上源流经与流向的描述,这个"御夷故城"应该就在囫囵淖(以此为地标)这一带,笔者实地考察,沽源县闪电河乡岗子村南一处普查时没有登记的古城遗址似乎与此相关。该古城遗址位在岗子村南 700 米一个二阶台地上,北距小红城子遗址约 1.5 公里,海拔约 1450 米。遗址东西距离 1000 多米,南北距离 1200 多米。由于多年垦殖已无法辨认城墙。

该遗址上的陶片规格级别之高是"大红城"无法比拟的,且城内有一处"官署"遗迹,东西、南北距离长约 200 米,围墙的基本轮廓还可以看出,署内遍布砖瓦,是典型的汉魏小薄砖和麻布纹大瓦。走访当地村民证实,20 世

① 中国元史研究会、南开大学历史学院、张北县人民政府主办"元代国家与社会国际学术研讨会"会议文件(上),2012。

纪八九十年代搞农田基本建设时，该遗址曾出土大量生活器皿残陶片，与大红城出土数量相比较，二者也不可同日而语。

从地理位置看，该古城遗址更符合郦道元《水经注》上所说的"西北迳御夷故城东"，滦河在御夷故城东面向西北流去，且离城很近，我们现在看到的闪电河（滦河上源）正是从该古城遗址所处的二阶台地东边底下北流，河床距古城遗址不足百米。

从防守角度看，该古城遗址处在一个海拔不高的二阶台地上，可以作为天然屏障，有利于防御，这一地形与柔玄镇（有学者考证即今河北尚义县三工地古城遗址，若这一考证不错的话）一致，不同的是后者有河水从台地的北面底下流过。

该古城遗址占地面积大，估算约是大红城遗址的 60 倍。御夷镇作为军政合一的地方防御机构，应当有大量驻军，以及廨署、民居等，该古城遗址符合所需建筑面积。

综上所述，笔者认为北魏最初的御夷镇即"御夷故城"，极大可能是这座新发现的鲜为人知的荒城。作为个人看法，亟待专家学者到这里实地考察，得出一个正确的结论。

《水经注》作者郦道元，身处当世，是一位非常严谨的地理学家，他坚决反对"虚构地理学"。《水经注》作为中国古代地理名著，对濡水与御夷镇新旧城的判定是有绝对权威性的。新御夷镇，应是后来因为某种政治或军事原因而由旧御夷镇迁移而来，现在普遍认为在今河北赤城县猫峪。按《水经注》记"濡水"（滦河）流向是以御夷镇为地标的，滦河源头既然"出御夷镇东南"，这个御夷镇就不应该在滦河源头西南面的猫峪，这里提出以期引起大家的关注。

# 哈拉罕考略[*]

李殿光

清朝年间，现康保县境内的哈咇嘎乡、丹清河乡、闫油坊乡，土城子镇、张纪镇、康保镇的一部分，屯垦镇蒙古营、姚家营村，共约 700 平方公里的土地面积，属漠北（今外蒙古）喀尔喀策棱家族的私人牧场，其属众编为苏鲁克三个佐领在此驻牧从事畜牧业生产，供给策棱王府生活所需，策棱后裔称之察哈尔喀尔喀旗（"察哈尔喀尔喀旗"系民间俗称，实际上清代并无此旗。——编者注），俗称哈拉罕（喀尔喀异写，即外蒙古）。从康熙年间至 1940 年左右，历经策棱、成衮扎布、拉旺多尔济、巴彦济尔噶勒、车登巴咱尔、达尔玛、那彦图共七代蒙古王爷，有 200 余年的历史。迄今，由于时间久远，人们已不知哈拉罕的由来与相关史实。本文就哈拉罕的相关历史考证如下。

## 一 哈拉罕的由来

康熙二十七年（1688），漠西蒙古准噶尔部首领噶尔丹入侵漠北喀尔喀蒙古（17 世纪 30 年代，漠北喀尔喀蒙古形成了扎萨克图汗、土谢图汗、车臣汗三大部落，首领都是达延汗的后裔）。策棱逃难到北京，后随康熙皇帝

---

\* 原载《张家口历史文化研究》第 14 期，2019。

北征，因作战英勇立有战功。康熙皇帝为嘉奖策棱，专门在京城赏赐府第，并将十女纯悫公主许配给策棱（有清一代，满族统治集团与蒙古王公之间保持着长期的联姻活动，是清王朝的基本国策），当时，策棱只是一个有贵族后裔身份的台吉。康熙皇帝还将张家口外（现康保地域）7000 顷胭脂地（公主出嫁，皇帝拨给一定数量的土地，其收益用作购买私房化妆品，此类土地称作胭脂地）赐予公主，并授予策棱额驸名号。[①]

"雍正三年（1725），上以所部系出赛因诺颜（赛因诺颜部为雍正九年置，此系作者误读史料。——编者注），较三汗裔繁衍，而额附策凌自简任副将军，劳绩懋著，命率近族亲王达什敦多布……诺尔布扎布凡十九扎萨克，别为一部，以其祖赛因诺颜号冠之，称喀尔喀中路，不复隶土谢图汗，喀尔喀有四部自此始。"[②]据《清史稿·策棱传》记载，赛因诺颜部在鄂尔坤河西北乌里雅苏河游牧，为三部屏蔽。综上所述，策棱家族原属土谢图汗部，雍正皇帝为有效牵制并统领外蒙古，成立赛因诺颜部。

清朝政府为笼络归顺的蒙古各部，政治上始终给予蒙古王公特殊的礼遇，根据其家世地位、属众多寡、功劳大小等，分别授予亲王、郡王、贝勒、贝子、公、台吉、塔布囊等爵位，并钦拨牧场划定领属地域。有的安置在原地，有的赐予新的领地，开辟为私人牧场。"雍正十年，策凌在清与厄鲁特准格尔部的战争中，取得光显寺大捷，雍正帝嘉奖他，特命在塔密尔筑城，并按京城建筑风格为其建王府。另外，还将厄鲁特降众拔出一部分人编为三佐领，令策凌领辖，赐其私家役使，不服公役，这部分蒙古人驻牧于张家口外，为策凌家族畜牧，称之为'苏鲁克'。该地有牧场，也建置府第，策凌的后裔在京皇家额驸、家属，乾隆以后主要是在京城及张家口外牧场这两处府第居住，驻京额驸在夏天在此避暑。"[③]张家口外的牧场属钦赐，牧场苏鲁克三佐领，策棱后裔称之为察哈尔喀尔喀旗，俗称哈拉罕。所谓察哈尔喀尔喀旗是策棱后

---

① 杜家骥：《清朝满蒙联姻研究》，人民出版社，2004，第 293、319 页。

② 包文汉：《蒙古回部王公表传》第 1 部，内蒙古大学出版社，1998，第 474 页。

③ 杜家骥：《清朝满蒙联姻研究》，第 293 页。

裔对本家族这部分属众的称呼，清朝官方没有这一蒙古旗。[①]

清朝皇帝为什么信任并重用漠北赛因诺颜部策棱家族？从策棱自身来说，他年幼时就在清朝宫廷内生活，接受了良好的教育，很有才能，耳濡目染与优越的生活，使其对清廷有着较深的感情，政治上、生活上的依赖性，某种程度上与清廷的命运休戚相关，是彻底满族化的喀尔喀蒙古贵族，必然作为首选人物。"康熙以后，对蒙古王公子弟中的部分人采取'教养内廷'的办法。被教养者自幼年进京，在宫中长大，待其成年后又纳为额附。"[②]康熙皇帝将十女纯悫公主许配给策棱，策棱成为皇家女婿，属"自家人"，也增强了信赖感。从漠北的客观情况看，各部落头领相互争霸，难以选拔统领各部的合适人选。策棱的曾祖图蒙肯，信仰喇嘛教，被西藏达赖喇嘛看重，授予"赛因诺颜"称号。达赖喇嘛是蒙古人最崇信的活佛，这一称号是很神圣并有影响力的。策棱是赛因诺颜部的酋长，扶植策棱便于统领漠北各部，对于稳定清王朝的统治，有着重要的作用。[③]

雍正十一年（1733）清政府在喀尔喀蒙古置定边左副将军，作为常设八旗驻防将军，直接管理喀尔喀蒙古的最高军政事务。定边左副将军的驻地在乌里雅苏台，人们亦称乌里雅苏台将军。从雍正十一年到乾隆十九年（1754），皆由策棱和他的儿子成衮扎布担任将军职务。两任将军，父子相承，时间长达22年。[④]乾隆三十六年（1771）八月，成衮扎布患病，乾隆皇帝一方面派御医诊治成衮扎布的疾病，一方面又令成衮扎布的弟弟车布登扎布立即赴乌里雅苏台协理帮办军务。成衮扎布当月病故，就由车布登扎布继任定边左副将军一职。[⑤]"故定边左副将军节制四汗八十二旗"，[⑥]拥有统率喀尔喀蒙古各部的最高权力。至乾隆三十八年（1773），策棱父子三人连任定

---

① 杜家骥:《清朝满蒙联姻研究》，第300页。
② 华立:《清代的满蒙联姻》，《中国蒙古史学会论文选集》，内蒙古人民出版社，1981，第300页。
③ 杜家骥:《清朝满蒙联姻研究》。
④ 季泽琦:《从定边左副将军的设置看清政府对外蒙古的统治》，硕士学位论文，内蒙古师范大学，2007，第7页。
⑤ 杜家骥:《清朝满蒙联姻研究》，第411页。
⑥ 魏源:《圣武记》，世界书局，1936，第70页。

边左副将军，统领漠北四部之兵，镇戍漠北地区，抵御准部，建立了卓越的历史功勋。[①] "清帝所以如此重用这父子三人，而不是别人，主要是看中了他们的忠和勇，尤其是'忠'。"[②] 魏源《圣武记》评价，"父子兄弟三为定边左副将军，节制漠北千里，阀阅威名，二百年未有也……世长朔漠，世翰西陲，功名追卫、霍，忠贞符日碑，本朝外藩勋戚之盛，内蒙古推科尔沁部，外蒙古推赛因诺颜部"。另据记载，"冬十月，以厄鲁特降众居张家口者编三佐领，赐策凌辖之。复以策凌转战不得归牧，戚属为小策凌教多卜所掠，牧产多失，上悯之，谕给马二千、牛千、羊五千、银五万，并察赈所属失业者。寻命筑塔密尔城，建瓦屋居之"。[③] 策棱家族的财产遭受损失，清廷还要补偿。这足以说明清廷对策棱家族的关心。清廷信任并重用策棱家族，赛因诺颜部也不生二心，忠诚于清廷，为维护清王朝的统治起到了重要作用。

## 二　哈拉罕诸王（扎萨克亲王）的基本情况

第一代或创始人策棱，博尔济吉特氏，喀尔喀王公，赛因诺颜部始祖，蒙古喀尔喀部人。成吉思汗二十一世孙，"策棱先世是成吉思汗第四子拖雷的后裔"，[④] 祖丹津，父纳木札勒。策棱自康熙三十一年（1692），从漠北塔米尔随母归属清朝，幼年"入内廷教养"，在北京居住长达23年。[⑤] "康熙三十一年，授三等轻车都尉。四十五年，赐贝子品级。六十年，授扎萨克。雍正元年，特封多罗郡王。九年，晋和硕亲王，授喀尔喀大扎萨克。十年，赐号超勇。"[⑥] 康熙皇帝还将十女纯悫公主许配给策棱，并授予额驸名号。雍正年间噶尔丹策零

---

① 杜家骥：《清朝满蒙联姻研究》。

② 杜家骥：《清朝满蒙联姻研究》，第412页。

③ 包文汉：《蒙古回部王公表传》第1部，第482页。

④ 孟克布音：《蒙古那王府邸历史生活纪实》，《内蒙古大学学报》（哲学社会科学版）1991年第4期，第52页。

⑤ 季泽琦：《从定边左副将军的设置看清政府对外蒙古的统治》，内蒙古师范大学，硕士学位论文，2007，第7页。

⑥ 包文汉：《蒙古回部王公表传》第1部。

入侵喀尔喀蒙古，策棱奉命率兵征讨获胜，成为有功之臣，诏封和硕亲王，后追封为固伦额驸（此时纯悫公主已卒，追赠为固伦长公主。妃子所生及皇后的养女，称"和硕公主"，皇后所生称"固伦公主"，纯悫公主不是皇后所生，故封为和硕亲王，追封固伦额驸则提升了额驸的品位）。同时，令策棱及其子孙世袭赛因诺颜汗的札萨克。① 据有关史料记载，策棱很有军事才干，在保卫喀尔喀蒙古疆域的战争中，不负朝廷所望，战功卓著，曾被封为定边左副将军、盟长等职，尽职尽责，固守一方，为维护北疆的安定做出了重要贡献。乾隆十五年（1750），策棱卒于漠北，谥襄，配享太庙入贤良祠。"创蒙古诸藩未有之典。"② 乾隆曾御制七言诗悼之，有"不必读书知大意，每于临阵冠三军"之句。策棱与纯悫公主合窆于京城安定门外固伦纯悫公主园寝。

第二代成衮扎布，策棱长子。"康熙五十八年，其母请析多尔济阿喇布坦人入户，别为一旗，令成衮扎布辖之，诏允其请，授扎萨克一等台吉。"③ "乾隆元年，封固山贝子。四年，封世子。"④ 策棱去世后，于乾隆十五年（1750）七月初四日世袭扎萨克亲王，继任盟长及定边左副将军。乾隆十九年（1754）四月十一日革职，二十一年（1756）八月初九日复任定边左副将军，直至乾隆三十六年（1771）八月十一日去世。成衮扎布曾两任定边左副将军，可见清政府对其信任。乾隆二十一年（1756），成衮扎布受命平叛青滚杂卜之乱。这一年乾隆皇帝与成衮扎布结为儿女亲家，将第七女许配成衮扎布之子拉旺多尔济。据史料记载，成衮扎布身边经常带有元臣木华黎所著《兵法》，闲暇细心研读，精通兵法，善用兵，亲自镇压了阿睦尔撒纳及青恭咱卜。执掌军印约40年，未曾杀一偏卒。"乾隆三十六年（1771）卒，葬于察哈尔喀尔喀旗"，⑤ 即现康保县闫油坊乡王子坟村域内。

---

① 杜家骥：《清朝满蒙联姻研究》。
② 魏源：《圣武记》，世界书局，1936，第72页。
③ 包文汉：《蒙古回部王公表传》第1部，第378页。
④ 包文汉：《蒙古回部王公表传》第1部，第88页。
⑤ 孟克布音：《蒙古那王府邸历史生活纪实》，《内蒙古大学学报》（哲学社会科学版）1991年第4期，第53页。

第三代拉旺多尔济，成衮扎布之子。乾隆三十五年（1770），拉旺多尔济与乾隆第七女完婚，公主封为固伦和静公主，拉旺多尔济封为固伦额附，驻京城。拉旺多尔济与公主婚后不久，就被封为世子，任御前行走（接近皇帝的荣誉性职衔，无实权）。次年袭扎萨克和硕亲王，扎萨克职由其兄辅国公伊什扎木楚在漠北代理行使职权。"拉王掌御前宿卫前后达40年之久。"①嘉庆二十一年（1816）病逝。

第四代巴彦济尔噶勒。拉旺多尔济无子，领养族人巴彦济尔噶勒为嗣子。嘉庆八年（1803）拉旺多尔济因护驾有功，清廷封巴彦济尔噶勒为辅国公，后又任御前行走。嘉庆二十一年（1816），拉旺多尔济病逝，巴彦济尔噶勒袭扎萨克亲王，次年卒。其妻临产，逾月生子，名车登巴咱尔，由其祖母即拉旺多尔济之妻抚养。②

第五代车登巴咱尔，拉王嗣子巴彦济尔噶勒之子，那彦图亲王之祖父。褪褓中车登巴咱尔袭扎萨克亲王。车登巴咱尔曾任京城八旗都统及宫中、御前多种职务，卒于咸丰二年（1852）。③

第六代达尔玛，系车王嗣子，那彦图父亲。袭扎萨克亲王。同治元年（1862）十二月任御前行走，娶原怡亲王载垣女，卒于同治十三年六月④。

第七代那彦图（1867~1938），字矩甫，喀尔喀扎萨克和硕亲王策棱的第七代孙，达尔玛之子。那彦图幼年曾做过光绪皇帝的侍读。12岁，承袭扎萨克亲王。"庚子之乱"西太后西逃，那彦图追随左右，回京后封为御前大臣，赏紫禁城骑马、赏代素貂挂，食亲王双俸，委任崇文门监督、领侍卫内大臣等职。1893年后历任镶白旗、正红旗、镶黄旗都统，以"御前大臣"驻京当差。⑤1910年选为资政院议员，参与创办北京殖边学堂、蒙古实业公司。辛

---

① 孟克布音：《蒙古那王府邸历史生活纪实》，《内蒙古大学学报》（哲学社会科学版）1991年第4期，第53页。

② 杜家骥：《清朝满蒙联姻研究》。

③ 杜家骥：《清朝满蒙联姻研究》，第147页。

④ 杜家骥：《清朝满蒙联姻研究》，第147页。

⑤ 杜家骥：《清朝满蒙联姻研究》。

亥革命后曾当选为北京临时参议院议员，参与组织蒙古王公联合会。1913 年选为政治会议议员。袁世凯封那彦图为绥威上将军，一等大授宝光嘉乐章，月俸二千元。黎元洪任大总统时，委以乌里雅苏台将军（因外蒙古形势紧张，未赴任）。冯国璋任总统时，那彦图为参议院副议长。1924 年孙中山在广州召开国民党第一次全国代表大会时，那彦图为外蒙古选举监督。1938 年 4 月，那彦图因患心脏病去世，卒年 72 岁。[①]

## 三　哈拉罕相关史实

《雍正朝满文朱批奏折全译》译有雍正十一年（1733）四月十一日策棱所上一折："雍正十一年四月十一日臣策凌谨奏，为奏闻事：臣出京城时，经我牧场，办理我母亲往京城物品，欲往兵营，等因具奏……四月十六日启程，前往牧场，抵达看望臣之母亲，向京城启程，即来兵营。朱批：已知谢恩具奏，前往牧场探看，著尔母向京城启程甚是。知道了。"[②] 此奏折告诉我们，策棱领兵驻漠北军营时，其母亲曾在张家口外牧场（即哈拉罕）居住，雍正年间哈拉罕已建有府第。祺克泰、孟允生记述："喀尔喀亲王旗俗呼哈拉罕，当时还没有康保县。民国建立以后逐渐向北发展开垦，设立康保县，原在此处居住的喀尔喀旗蒙古人移居镶白旗西界借住。所以现在的康保县包括原来喀尔喀旗土地约六七千顷，其土地权仍属喀尔喀旗。"[③] 孟克布音《蒙古那王府邸历史生活纪实》又曰："察哈尔喀尔喀旗（俗呼哈拉罕）是康熙帝赐给公主的胭脂地，面积约 7000 顷，蒙民千余人以游牧为生。民国建立以后，逐渐向北开垦，以此地为康保县的一部分，原来居住的蒙古人移到镶白旗西界居住仍以游牧为生。当时与官方商定在康保县境内原来哈拉罕地权仍属那王府所有。"[④] 祺克泰是那

---

① 孟允生：《北京的蒙古王府》，《满族研究》1989 年第 3 期，第 53 页。

② 《雍正朝满文朱批奏折全译》下册，第 4265 号折，第 2199 页。

③ 祺克泰、孟允生：《蒙古亲王那彦图的政治活动及生活纪略》，《文史资料选辑》合订本第 34 册，总第 99~100 册，中国文史出版社，第 189 页。

④ 孟克布音：《蒙古那王府邸历史生活纪实》，《内蒙古大学学报》（哲学社会科学版）1991 年第 4 期，第 55 页。

彦图亲王的五子，孟允生原名孟克布音，系那彦图亲王之孙。[①]

现康保县丹清河乡后大兴德村南约 1 公里处，有王府府第遗址，人们习惯称那王府，那彦图亲王派遣管理人员居住此地管理牧场。生活在此地的蒙民初始以畜牧业为生，每年向王府缴纳赋役。后来牧场逐渐被汉民垦种，兼以改朝换代局势混乱，那王府缺少经济来源，府第逐渐废弃。府第北约 500 米有一村落，原为王府的佣人居住，称王子府（现称南营子，有五六户人家）。1958 年成立人民公社，后大兴德与王子府合并为一个生产队，称后大兴德村。王子府又改称南营子。据后大兴德村老人们介绍，蒙民北移后，20 世纪 30 年代左右，王府府第被张油坊（现康保县丹清河乡新庙子村）一张姓人拆毁，盖了自家的房舍。现王府府第遗址已毁为农田，遗址长宽各 150 米，面积为 22500 平方米，堆积高 0.5 米左右，地面有碎砖、瓦片、瓷片、石材等物件，现状破坏严重。

康保县闫油坊乡王子坟村有一蒙古族王爷墓。《清朝满蒙联姻研究》一书记述："自拉旺多尔济以后，该家族各代亲王死后都葬于北京东直门外大成各庄（今酒仙桥）的和静公主墓地。"据孟克布音著《蒙古那王府邸历史生活纪实》一文记述，成衮扎布于"乾隆三十六年（1771）卒，葬于察哈尔喀尔喀旗（俗呼哈拉罕）"。学者金启孮著《清代蒙古史札记》（卷 1，第 1 页）记载，"成衮扎布则葬于张家口外康宝县哈拉哈渠"。康宝县即康保县，哈拉哈渠即哈拉罕。据当地老人们介绍，有个叫张珍的人（绰号"大背锅"，祖籍怀安县，曾走西口，后又迁到张北县西大淖村居住，经常跑草地做生意），于 1918 年从那王府买了近 1000 顷的草场（据说东西约 20 里、南北约 15 里，大体包括现闫油坊乡的东伙坊、西伙坊、西营盘村，屯垦镇的蒙古营、姚家营，康保镇的淖卜子等 6 个村庄的地域），设立东、西两个伙坊，雇人开荒种田或出租土地，这一带曾称张油坊。1937 年左右，张珍组织佃户给蒙古族王爷墓拉石头，修筑围墙。康保镇淖卜子村村民李明（男，85 岁）介绍，

---

① 孟允生：《北京的蒙古王府》，《满族研究》1989 年第 3 期，第 51 页。

其父（李存进，张珍的佃户）当年就听从张珍安排，给这座王爷墓用牛车拉了一天石头。据说新中国成立后还有人修缮王爷墓，到 20 世纪六七十年代，王爷墓周围还有约 1.5 米高的石头围墙，近些年墙垣已毁。综合以上史料结合当地人口述，判断这个蒙古族王爷墓的主人就是哈拉罕的第二代王爷成衮扎布。

## 四　哈拉罕土地及开发

前面已述，雍正十年（1732），雍正皇帝将额鲁特准噶尔部的降众约1000 余人，编为三个佐领，在张家口外划定牧场，为策棱家族饲养牲畜，称为"苏鲁克"。"苏鲁克"是由清廷钦拨、为宗室亲王贵族所拥有、作为私家财产的畜牧社群（包括牧丁、牲畜和牧场），区别于其他形式的官办牧场。[①]佐领是清代八旗组织基本单位，掌管所属户口、田宅、兵籍、诉讼等。一个佐领的人丁数历朝没有严格规定，初始时 300 丁，皇太极时 200 丁，康熙时为 130~140 丁。蒙古语佐领又称苏木，哈拉罕编为三个佐领，也可以理解为有 3 个苏木的编制。

孟克布音《蒙古那王府邸历史生活纪实》一文记载："察哈尔喀尔喀旗（俗呼哈拉罕）是康熙皇帝赐给公主的胭脂地，面积约有 7000 顷，蒙民千余人以游牧为生。"[②]哈拉罕牧场是指这 7000 顷胭脂地，还是在原面积基础上扩建的，史料所限难以界定。7000 顷土地按中华人民共和国法定计量单位可换算为 467 平方公里。"凡蒙古地，以 5 尺为弓，240 弓为亩，百亩为顷，顷编为号。察哈尔两翼，则亩以 360 弓，编号以 50 顷。"[③]清末放垦，有"大亩""小亩"之说，"大亩"360 弓为亩，"小亩"240 弓为亩，察哈尔两翼地

①　罗丽达：《清代在察哈尔部设置宗室"苏鲁克"制的满文史料及关于"苏鲁克"制论述》，《满族研究》1991 年第 3 期，第 19 页。

②　孟克布音：《蒙古那王府邸历史生活纪实》，《内蒙古大学学报》（哲学社会科学版）1991 年第 4 期，第 55 页。

③　李海清：《察哈尔纪事特辑（1675—1952 年）》，《张家口文史资料》第 23 辑，1993，第 31 页。

方 1 大顷合 150 亩（当地老年人们也介绍，垦荒时期有 1 顷大地为 150 亩之说）。7000 顷当是 7000 大顷，如果这样就有 1050000 亩土地，换算为 700 平方公里。《张北县志》"民国五年张北县地图"图示，哈拉罕东邻太仆寺左翼牧场，北接察哈尔镶黄旗，西与商都牧场（康保地域所指的大马群）交界。[①]走访当地老人结合与哈拉罕相关的村落考证，哈拉罕四至大致为：东界为哈咇嘎乡境、闫油坊乡境与沽源县、太仆寺旗交界处；南界至哈咇嘎乡、土城子镇与张北县接壤处；西界由土城子镇田家营、郝家营、小南营子（又统称东壕堑，垦荒初期，哈拉罕与大马群分界线）向南延伸到张北县地界处，由田家营一直向北延伸到张纪镇赵顺村西侧，再北经丹清河乡前十八顷、后十八顷，又北到康保镇刘板头、二十三顷、三十八顷一带，再到闫油坊乡西营盘、西伙坊村一带；北界至康保镇淖卜子、屯垦镇蒙古营、姚家营一带，大体面积为 700 多平方公里。

光绪二十八年（1902），清廷推行"移民实边"政策，察哈尔地区所在的私人牧场悉数放垦，但哈拉罕似乎不在其列。1914 年，北洋政府颁布了《奖励垦辟蒙荒办法七条》，批准了《察哈尔垦务章程》。1915 年，在张家口设垦务总局，清丈招垦。张北县垦务局呈请总局将那王牧场归公家丈放，呈文曰："今察属哈拉罕地方，那王自行开放，于垦务有碍，敢为我总办明晰陈之。……那王虽属亲王，现国体变更，与各王公并无亲疏之别，……请总办鉴核，俯赐转呈，将那王牧地一律仍归公家丈放，以符定章，实为公便。"[②]可见当时哈拉罕牧场也已开始放垦，属那王府自行放垦。

据祺克泰、孟允升记述，1921 年后，那王府派李云桥、李云成在张家口设立地亩局向垦民收取地租，每年征收二万元左右（实际送到那王处，只有约半数）。那王后派其子祺克胜联系官府和地头蛇，每年收入四五千元。"但地租收入逐年减少，有时更因地方不靖，无法征收，那王还自己编练了 12 名

---

① 尹自先主编《张北县志》，中国社会科学出版社，1994，第 35 页。

② 《张北县垦务局呈那王牧场请归公家丈放以昭公允请鉴核转呈文》民国 5 年 1 月 25 日，尹自先主编《张北县志》，第 143~144 页。

武装警察，保护收租人员前往征收，结果被土匪打死 5 人，以后再不敢去收了。"① 据考证那王府专门在哈拉罕当地雇人收取地租，当年还设有排头、班头，征收租银地（汉民租种蒙古族人的土地，交一定地租，这类地称租银地）地租。现闫油坊乡王家营原称王排头营，张纪镇宇家营原称李排头营，就是由专门为那王府收地租的王排头、李排头立村的。现康保镇刘板头村原称刘班头村，是刘姓班头立村，据说那王府还专门赏赐了刘班头 18 顷土地。据《察哈尔口北六县调查记》② 记载，民国年间，佃农不仅要交王府地租，政府还征收哈拉罕补助费、哈拉罕保卫费，用于政府的各项开支。1935 年 12 月 28 日，日本关东军协同伪军李守信侵占康保县。那彦图去世后，收取地租"每况愈下，又加上日本人的干扰，没过两年，就无法收租了"。③

因改朝换代，哈拉罕的归属也成为焦点。"民国以后，北京政府几次向那王交涉收回，那王没有答应。……1937 年，德王在张家口成立伪蒙疆政府，向那王收地；那王托肃亲王善耆的儿子金壁东说情，没有交出。"④

综上所述，哈拉罕是外蒙古喀尔喀策棱家族的私人牧场，是喀尔喀蒙古族人在康保地域生产生活的历史见证。发掘整理哈拉罕的有关史实，对于研究有清一代坝上地区蒙古族人的生产生活史有着重要的历史价值。

---

① 曹宽述、张炳如记：《那王府四十年的沧桑回忆》，中国人民政治协商会议全国委员会文史资料委员会编《晚清宫廷生活见闻》，中国文史出版社，2000，第 286 页。

② 杨溥著《察哈尔口北六县调查记》，京城印书局，1933。

③ 孟克布音：《蒙古那王府邸历史生活纪实》，《内蒙古大学学报》（哲学社会科学版）1991 年第 4 期，第 55 页。

④ 曹宽述、张炳如记：《那王府四十年的沧桑回忆》，中国人民政治协商会议全国委员会文史资料委员会编《晚清宫廷生活见闻》，第 286~287 页。

# 史迹考论

# 英宗北狩的地理（节录）＊

和田清 著　潘世宪 译

下面考察一下英宗北狩的地理。阐明这一问题，会给当时一团漆黑的蒙古内情投射几分光明。英宗北狩是明朝历史上最大事件之一，有关记录很多。其中最根本的，除《明实录》外，有袁彬的《北征事迹》、杨铭的《正统临戎录》、李实的《北使录》三种，其次则是刘定之的《否泰录》和把《正统临戎录》剪裁、润色一番写成的《正统北狩事迹》。①

---

＊　原载《满鲜地理历史研究报告》第十二册，昭和七年。录自〔日〕和田清著、潘世宪译《兀良哈三卫之研究（下）》"3. 也先太师（上）·乙. 英宗狩的地理"，《明代蒙古史论集》，内蒙古人民出版社，2017。

①　明代蒙古事迹记录最多的，是前此的永乐亲征，后此的俺答封贡和中期的正统临戎三者。正统临戎的记录中最重要的，第一是袁彬的《北征事迹》。著者在土木之变时和英宗同时陷房，始终随侍英宗，直到回来。这书是后来在成化元年纂修英宗实录时应征奉献的回忆录。书末有史臣尹直的题跋，《四库总目》有题解，现在已收入《金声玉振集》、《纪录汇编》、《借月山房汇钞》（泽古堂丛钞）、《明人小史八种》等丛书里。

第二是杨铭的《正统临戎录》。杨铭是回族人，曾多次出使瓦剌。十四年二月，又和他父亲杨只随同指挥使吴良来到瓦剌。开战后，被拘留。英宗北狩后，便扈从英宗。这书是用俗话详细叙述经过的情形。这书是弘治四年三月奏进的，因过于俚俗，稍欠雅驯，不知是谁把此书加以剪裁润色，改成文言，另写成了《正统北狩事迹》一卷，一并被收入《纪录汇编》。前书《四库总目》里有题解。后书还收入《广四十家小说》《今献汇言》《胜朝遗〔遗〕事》等。还传有杨都御史的《使房记》和赵荣的《使房录》，今不传。

同一类的书，只有李实的《北使录》（一名《出使录》），见于《纪录汇编》、《五朝小说》和《胜朝遗事》等书里。李实是景泰元年六月，和大理寺丞罗绮一起派往被拘留在瓦剌的英宗跟前的人。这本书就是他的纪行，书末附有有关奏议。另外还有所谓："记英宗北狩事，塞外无楮，以牛皮书之，故曰革书"的刘济写的《革书》，近来发现北京图书馆有一册，似乎是伪书。

刘定之的《否泰录》是当时大官刘定之的耳闻目睹的记录，并参考杨善、李实的《奉使录》、钱溥的《袁彬传》等，汇集成的，因为是一种汇编，叙述最为概括而得要领，一般读者很多，收入《纪录汇编》《顾氏四十家小说》《续说郛》《再续百川学海》《历代小史》《胜朝遗事》《今献遗言》《明人小史》等书中，流传颇广。

现在依据这些书来考察英宗北狩的路线。英宗于八月十五日在土木被捕后，十六日在雷家站即今新保安城遇到了校尉袁彬。十七日，被也先带到宣府城，守将杨洪、罗亨信等坚守不准入，便又向西走，二十日到大同的东塘坡，遣使晓谕大同城的守将郭登等。二十二日得到金帛，当晚驻跸在城西二十里处。当时，郭登派人通知一个计划，打算袭夺圣驾，但英宗生怕危险，不准。直到这里还是内地，随从英宗的袁彬手记的《北征事迹》，以及据此编纂的《明实录》的记述，都几乎一样，但以后就有些不同了。袁彬手记说：

> 二十三日，也先等说：我每到猫儿庄外会议，拟送皇帝南归。是日晚到水尽头，指挥盛广等送至银三千两。二十四日送衣服。二十六日，送彩缎羊酒蜜食。二十七日到九十九个海子。二十八日下柳源县。二十九日到黑河。三十日到八宝山。

然《明实录》却说："辛未（二十四日）次威宁海子，壬申（二十五日）次九十九个海子，癸酉（二十六日）次柳源县，甲戌（二十七日）次黑河，丙子（二十九日）次八宝山。"日期不同。关于这点，《明实录》不会是根据别的什么新的资料订正了前者的错误，这恐怕是《明实录》采录这些资料时算错了日期。[①]《正统临戎录》的著者杨铭是当时被瓦剌俘虏的人，是月二十六日到金山哨马处，也先因为掳获了大明皇帝，一高兴就给他解开了束缚。于是，"次日在金山，我父子二人与原看守达子，取马乳一皮袋，寻看爷爷（即英宗），朝见"。后所述，金山就是官山，可能是九十九个海子的别名。由此也可以证明《北征事迹》的记述是正确的。

---

① 《明实录》的日期没按顺序，搞错了。这种说法虽属大胆了些，但拿《明实录》和《北征事迹》仔细对照一下，就不得不这样想。后来到断头山的日期，《北征事迹》里明明记载是"本月十七日，到断头山，住五日，也先每日进诸般熟野味"，而《明实录》却写作十六日，说："车驾次断头山，也先进诸品熟野味。"《北征事迹》里没有见到的威宁海子这个地名，却出现在《明实录》里，这可能是从《北征事迹》的"水尽头"这句话，自然联想到了海子。

　　日期问题并不重要，就谈这些。下面考察一下地理情况。大同猫儿庄是战役初期参将吴浩战死的地方，《读史方舆纪要》卷44《大同府》载："府北百二十里，正统十四年，乜（也字之误，下同）先寇大同，至猫儿庄，偏将吴法（浩字之误）战死。既而乜先挟上皇出宣府（大同之误）塞，过猫儿庄。九十（九）海子，历苏武庙、李陵碑，至黑松林，入乜先营，是也。"《大清一统志》卷109《大同府》载："在高阳县北一百里。明永乐初筑。周二百四十步，高一丈五尺。其北二十里有口子，墙高一丈五尺。"①在当时大边墙口子内，约在今大同边外隆盛庄附近。威宁海子在它北面。《读史方舆纪要》卷44《大同府》载："在府北塞下，属部驻牧处也。天顺中，石彪镇大同，请置城于威宁海，不果。成化十六年，王越袭败蒙古于此。"《大清一统志》卷411《正黄旗察哈尔》载："在旗南八十里，蒙古名希尔池，纳林河、七金河并注其中。旧有威宁城，在其西南，榆林城在其东南。"就是今希尔泊（KirNaghur）。《明实录》作威宁海子，而《北征事迹》却只作水尽头。水尽头可能是指威宁海子的水的尽头。当时人可能只说水尽头，就会理解为威宁海子沿岸的某一地点。

　　九十九个海子，《大清一统志》作九十九泉泊。在它的《正红旗察哈尔》卷412条载："在旗西北五十里，蒙古伊伦伊孙泊。"正如箭内博士曾经论证过的，就是金、元以来闻名的官山。②明洪武年间，置官山卫；正统初年，曾在这里建立汉蒙界碑。③《大明一统志》卷21《大同府·山川》载："官山，在府城西北五百余里。古丰州境，山上有九十九泉，流为黑河。"《大清一统志》卷414也沿袭此文，但清钱良择的《出塞纪略》记载得最确切。《出塞纪略》是作者钱良择随奉使内大臣索额图等赴外蒙古时的纪行。其中一十五日

---

① 顾炎武《天下郡国利病书》卷49引《大同府志》说："猫儿庄堡在阳和卫城北一百里。永乐元年筑，周围二里四十步，高一丈八尺。其北二十里有口子，墙高一丈五尺。本卫哨马营。"《大清一统志》的记述，无疑是依据这本书的。但为什么把"城高一丈八尺"，改成了一丈五尺不详。或许是和墙高一丈五尺混淆而误解了。

② 〔日〕箭内亘：《元代的东蒙古》，《蒙古史研究》，第653页。

③ 参看〔日〕和田清《明初的蒙古经略》（原载《满鲜地理历史研究报告》第十三册，昭和七年六月）和《明实录》正统三年五月庚子条。

丙戌条载：

> 一山名和硕走，华言肺也。对山名诸勒克，华言心也。盖皆状山之形。山巅有九十九泉，伏流而下，湿为长河，直达归化城。按魏书，天赐二年登武要北源，观九十九泉，武要定襄郡属县，在大同西北。宋白曰：九十九泉在幽州西北千余里。又辽志亦载盐泺、九十九泉，意即是也。[①]

试前后参照阅读，钱良择是这月八日从张家口出发，在塞外道上往西走，八天走了五百五十多里，十五日到达这里；又走两天多，约一百六十里，同月十八日到达归化城。《出塞纪略》记述这一带古城遗址很多。据说西距九十九泉十六七里，"有土城，基址仅存，城门四向，雉堞宛然，土冈横亘城中，若十字，瓦砾布地，空无居民，围十里许"。又一百数十里，靠近归化城之东，"复见空城，基址颓坏甚于前，而大则相仿，一浮图高矗半天。云云"。并详细叙述这座塔的特点。后者就是今归化城东四十多里的白塔尔镇，也就是古丰州、辽金时代的丰州天德军的遗址，我已详细叙述过了。[②]据何斟的《亲征录》所引《元一统志》载："官山在废丰州东北一百五十里，上有九十九泉，流为黑河。"从方位、距离来说，废丰州东北百数十里的和硕走的九十九泉，毫无疑问就是著名的官山九十九泉，也就是这里提到的九十九个海子。我心想它西面十余里的土城址可能是当年官山县的治所。按今地图来揣摩，九十九个海子必定在大黑河上源附近，即今平地泉西面马盖图、西营子附近。

其次，英宗所到的黑河，当然是以水而得名，想必在今归化城东南十余华里的大小黑河一带。因此，两者中间的柳源县，与其说是在它东边的

---

① 按《出塞纪略》小方壶斋舆地传抄本第三帙第四册、第 276 页，"湿为长河"作"汇为长河"。——译者注

② 〔日〕和田清：《关于丰州天德军的位置》，《史林》第 16 卷、第二号，昭和六年四月号，第 185~202 页。

九十九泉的附近，莫如说在它的西边的今土城子附近。《出塞纪略》里所以没有见到土城子，不过是因为偶然他的路线没有碰到这个地区而已。最后，八宝山究竟在黑河的哪一边不详，但据《大清一统志》卷124《归化城·六厅山川》载："七宝山，在归化城东八十里。《明统志》在大同府城北四百余里，山下有金屯兵城，或曰：即汉五原郡。"[①] 想来八宝山或许就是这个七宝山，而山下的金代屯兵城一带或许就是也先驻屯的地方。所谓七宝出自佛教的说法，指金、银、琉璃、颇梨等七种宝物，再加一宝，就成了八宝，因此，七宝山这名字，有时或称作八宝山，也未必不可以。至少在杨铭的《正统临戎录》里，曾常常把八宝山、大青山名连起来写。表示八宝山在归化城北大青山附近，从当时驻兵的情形来说，也可知八宝山离丰州方面不远。

再回头来看袁彬的《北征事迹》。八月二十九日到黑河、三十日到八宝山的也先军，带着英宗驻在这里。九月十六日，明廷使臣季铎到这里。季铎是来报告本月六日郕王（景泰帝）即位、把英宗尊为上皇的事，带着赏赉到房营来的明廷使臣。也先想以好的条件送还英宗，希望使他复位，因而接受使者，仿佛一度决心北还，于十七日到断头山，更向北进，但又突然推翻前议，转而南下，进逼明廷内地。《北征事迹》的原文如下：

> 本月十七日到断头山，住五日。也先每日进诸般熟野味。二十二日，又往北行二日。也先会议，复往南行一日。也先号令，着厮杀马，五更时分起营，至暮驻札。二十八日到大同。

《明实录》正统十四年九月辛丑条载宣府总兵官杨洪的话，说："得奉使瓦剌都指挥季铎报言：也先嗔赏赉物薄。又云：自送至尊赴京正位，要五府六部官出迎，约在四、五日后，即至大同。"又冬十月戊申朔包围大同条载：敌

---

① 《明统志》就是《大明一统志》，该书卷21《大同府·山川》说："七宝山在府城北四百余里，古丰州境山下有古城，相传即汉五原郡，或云金筑此以屯兵。"但汉代的五原郡在今包头西边五原方面，因而把这个东边地区说成是"汉五原郡"显然是误传。

"今送上皇回京，若不得正位，虽五年十年，务要仇杀"。由此可见也先想威胁明廷，使英宗得以复位。断头山是以前洪武五年秋七月丙辰，中山侯汤和的军队防御敌人，曾在这里战败，丧失了他的将领章存道等的地方。《明实录》记述存道战死事说："至是，从和守北征哈敦不剌营，遂力战死。"而这个哈敦不剌，正像我在另一篇文章里所说的，①是永乐二年九月壬寅条所说来投大同的鞑靼知院马剌沙等部落驻牧的地方。另据《明实录》永乐十年春正月丙午、秋七月丁未等记录载：断头山在离宁夏边外不远的地方。②现据景泰元年三月戊辰条所载总兵官武清侯石亨说："闻虏贼将犯大同，其巢穴在断头山，去宁夏不远。请调延安官军及洮岷等卫土军，往宁夏堤防。敕宁夏总兵等官，遣人觇探虚实，量率轻骑，直捣巢穴，则贼自遁。"现据《读史方舆纪要》卷62《宁夏镇》载："断头山，镇东北三百里。明初汤和北征，败绩于此。又景泰间，石亨言：贼将犯大同，其巢穴在断头山，去宁夏不远。是也。"似乎还应该在宁夏东北、今河套套内去寻找。

然而《明实录》景泰元年春正月己亥条载镇守大同左少监陈公报告也先在断头山时，兵部复议说："请令署都指挥佥事石彪领军往雁门关巡哨，探贼势多寡，相机出奇剿贼。"断头山不仅可以推测是在大同边外，而且《少保于公奏议》卷5叙述大同边外斥候时，有"东路哨至断头山，西路哨至七宝山"③的话。断头山显然是在前述七宝山的东边。然彼此综合起来，也不能排斥尹耕的《两镇三关通志》卷9《大同纪》和严从简的《殊域周咨录》卷16《鞑靼》注脚里所说："断头山在阳和北境外。"至少，从阳和战败的记载看来，这里确是北虏南下的要冲,《读史方舆纪要》的说法，只能认为是顾祖禹的臆断。因此，笔者认为这个地方应在大同、宁夏之间的边外、通漠北的要道上，在今归化城北边的山隘。《图书编·边类·北虏边防考》载："说者多谓：东胜州即古东受降城

① 参见前引《明初的蒙古经略》。
② 《明实录》永乐十年春正月丙午条只说：宁夏中护卫都指挥毛哈喇等逃往塔滩山察罕恼儿等地。但同年秋七月丁未条却说："敕宁夏总兵官安远侯柳升，闻叛虏毛哈剌等今在断头山，虏穷寇无食，或来扰边。云云。"
③ 《少保于公奏议》卷5《兵部为声息事》。

所在。其地今有断头山，云云。"即断定断头山在东胜州方面，即今归化城地方。这样看来才能符合本文所说该地正在也先北归道路线上的说法。

也先经过断头山往北走了两天，又折回来向南走。折回的也先带着英宗，蹂躏了明廷的内地，最终围攻北京城。《北征事迹》的记述是：九月二十八日到达大同城下，十月一日到众乐店即今聚乐堡，三日威胁阳和（阳高）；又转锋向东南，九日攻破紫荆关，十日过易州，到良乡，十一日经过卢沟桥，进逼北京。也先要挟明廷大臣订城下之盟，本想送回英宗。十二日，明使王复、赵荣出城，到北郊的土城面谒上皇（英宗），和议不成。包围北京四天以后，十五日，瓦剌军折回良乡。第二天再经过易州，十七日过紫荆关，十九日过蔚州，二十一日过顺圣川，二十三日从阳和后口回到大同猫儿庄。① 北房围攻北京城实是开国以来的大变故，明廷为此征调辽东、宣府兵勤王，还要求朝鲜、女真来援。② 这些事从略。

现在要研究的是英宗在塞外的行踪。探索行踪，就可以弄清房酋也先等的根据地。问题再回到英宗出阳和以后在蒙古地方的行程。《北征事迹》对此只简单叙述说：

> 二十四日北行。十一月十六日到老营。得知院妻宰羊，迎上递毕。十七日，宰马做筵席。在苏武庙驻札，凡四十日。

而一向没有用处的杨铭的《正统临戎录》由此叙述极为精细些。他说：

---

① 《明实录》和《明史本纪》所记，除到达大同的日期是十月一日外，和袁彬的《北征事迹》没有多大差别。但据杨铭的《正统临戎录》却说：十月五日起营，七日到大同，九日由广昌从紫荆关外，十日未明由紫荆关出发，过易州，次日到达北京。袁彬的《北征事迹》说：九月二十五日前后，由断头山附近出发，二十八日到大同，十月十一日已逼近北京，未免疑太急，而杨铭所记十月五日起营，七日到大同，十日过易州，十一日就到了北京，很难使人相信。此外，《否泰录》把十二日的土城集会竟说成是十七日，当然是误传。关于这类事，现在就不详细论述了。

② 《明实录》正统十四年冬十月丁巳（十日）条载有听从史科给事中姚夔的话，召集辽东精锐三万、宣府兵二万人援；又庚申（十三日）条载："遣使赍敕，往调朝鲜及野人女真卫分军马，与辽东兵会合杀贼。"同月乙亥（二十八日）条载："敕止所调朝鲜及野人女真各卫军马。"

次日，西北出阳和后口，夜晚下雪，铭等将雪拨开，搭帐房，歇了一夜。次日往北行，猫儿庄里边歇一夜，出大边墙。次日往即宁海子东岸。往①二日，至达子营。夜晚铭等搭帐房了……且过一夜起营。往西北行，至地名小黄河东，到于伯颜帖木儿家小营内……住了几日。那营往西行住札。后十一月十一日过圣节……后起营往西行，到于地名牛头山，后又那营到地名闸上……又行营到于八宝山、大青山、沈塔处。

但后者把出阳和的日期写作十月十七日，当然是错误。我想：袁彬、杨铭都是扈从英宗，各自写出了他们的亲身经历，不过，袁彬的《北征事迹》是事变十五年后的成化元年写成的，而杨铭的《正统临戎录》则更晚，是四十多年以后弘治四年的奏进。在这期间肯定记忆有许多差错。

然而，纵令《正统临戎录》的日期不足凭信，其大致的路程，对照实际情况，似乎大体还没有错。即出阳和后口的第二天，驻宿在猫儿庄边内。次日出大边墙，过即宁海子东岸，走了两天，到达达子营。即宁（Chining）海子，从发音来说，正是集宁（Chi-ning）海子，就是今昂古里泊（AnghuliNaghur）。②要说是在猫儿庄即今隆盛庄附近，位置全然不符合，因此，必定是今威宁海子即希尔泊的误记。过这个海子的东岸再走两天路程的地方，就是也先一个叫作达子营的根据地，后来也出现过，它的位置大概是今商都（七台）南边附近。

从这里更往西北走，到达小黄河东的伯颜帖木儿家小营内。从它的方位来推测，小黄河必定是今归化城北面、四子部落内的锡拉穆伦河。所谓锡拉穆伦（ShiraMüren），按蒙古语就是黄河的意思，为了区别于大黄河，所以叫作小黄河。这条河在《大清一统志》卷541《四子部落·山川》里也载有："黄水河在旗西北五十里，蒙古名西喇木伦，自喀尔喀右翼流入境，东北流出喀

① 按《正统临戎录》丛书集成影印纪录汇编本第21~22页，"次日往即宁海子东岸，往二日"，作"行二日"。

② 《大清一统志》卷548《正黄等四旗牧厂》说："集宁海子，在牧厂东六十里，土人名昂古里淖尔，哈柳台河、喀喇乌苏数水注其中。元置集宁路于此，旧有集宁城，在其西。"

伦边。"其流域是这方面首屈一指的水草地，元代曾在这里设置净州路天山县和砂井总管府等。[①] 后来又向西走，到牛头山。又转到闸上、八宝山、大青山、沈塔等处。牛头山好像就是今归化城西、萨拉齐西北九十华里的著名的牛头朝那山，但从当时兵部尚书于谦奏议里反复说"小黄河牛头山一带"这句话看来，仍然必定在小黄河附近，[②] 或许就是《大清一统志》的同一条所说"独牛山，在旗西北五十里，蒙古名乌克尔禄图"的独牛山。

闸上的方位不详。这个地名想是水边的意思，因此，或许是归化城南黑河河边，也未可知。至少，如上所述，八宝山、大青山是今归化城北边的山。沈塔并不是塔名，可能是《明实录》正统九年十二月戊辰条记述当时也先入侵形势时所说的"瓦剌也先分遣人马于沈塔罕等处驻扎，欲俟我大同官军送彼使臣出境，谋为劫掠。云云"的沈塔罕，但我不敢肯定。《北征事迹》所说的苏武庙，也是这方面一个可疑的遗迹。《大清一统志》卷124《归化城·六厅》载："苏武庙在归化城南，明正统末，额森挟上皇至小黄河、苏武庙，旧志在平鲁卫西北，额森旧作也先，今译改。"由此可知闸上以下各地，大概都在今归化城方面。

以上考证，如果没有太大错误的话，那么，英宗第一次是从阳高（阳和）、隆盛庄（猫儿庄）方面，经过希尔泊（威宁海子）湖畔，出平地泉西方（九十九个海子），由这里大致沿今平绥铁路线到归化城方面。第二次是从隆盛庄过希尔泊东岸后，一直向北走，又由今商都南面（达子营）向西北走，出锡拉穆伦（小黄河）流域，再南下到归化城方面的苏武庙等处。刘定之的《否泰录》把这些都写在第一次，说：是年九月二十三日后，"过猫儿庄，九十九海子，又行，见苏武庙、李陵碑。二十八日至黑松

---

① 〔日〕箭内亘：《元代的东蒙古》，《蒙古史研究》，第644~647、第652~653页。

② 《于肃愍公奏议》卷2《兵部为边务事》。若是牛头朝那山的话，那么《唐书》卷111《张仁愿传》里也说：仁愿筑三受降城，大固扎塞，"又于牛头朝那山北，置烽候千三百所：自是突厥不敢逾山牧马，朔方益无寇。云云"。《大清一统志》卷542《乌喇特山川》说："牛头朝那山在旗东北九十里，蒙古名鸡蓝拖罗海。"《中国古今地名大辞典》说："牛头朝那山在绥远萨拉齐县西北九十里。云云。"叙述它的沿革颇详。

林。也先营在焉"。这是拿前引《读史方舆纪要·猫儿庄》那项作为典据的，恐怕是把两次行程混而为一的错误。但刘定之曾参考并使用过现在很难见到的资料，因此，不见于其他记录的李陵碑、黑松林等，或许有几分值得考虑的价值。关于李陵碑，《大清一统志》卷124《归化城·六厅》载："苏武城在归化城西北，《明一统志》在大同府城西北五百余里。相传汉武帝时，武出使，被留居此，城西有李陵碑。"还是在归化城附近。关于黑松林，《明实录》景泰二年八月己卯条所传虏中消息说："也先在黑松林，造牛车三千余辆，云云。"但它的位置不详。或者就是下面所说的瓦剌老营，也未可知。因为上引《北征事迹》载："十一月十六日，到老营。"《明实录》和《明史本纪》都据此说，是日"上皇至瓦剌"等。看来像是被领到漠北瓦剌的根据地去了。其实，仍然在归化城附近，这从以上所述看来很明确。

丙、同明朝议和

后来，《北征事迹》还记载："至十二月初二、三，在老营起，往来驻扎……正月初一日，上自将白纸写表，宰羊一只，祝告天地，行十六拜礼"等，地点全然不详。但据《正统临戎录》记述这次景泰初元正旦的祭祀是在断头山，说：

> 至正月初一日，爷爷（英宗）烧表告天，烧表已毕，有也先差人来，请圣驾，到于地名断头山营里做年，同妻并大小头目递皮条庆。

后面还载："二月内，在于地名东胜地方。"这时，还详细记载了明叛臣太监喜宁在野狐岭被捕杀；三月中，也先的弟弟赛刊王袭击明廷巡边总兵石亨，没有成功；四月，又"在于丰州地方"，在那里，英宗的御帐有怪光，增加了虏人对他的敬重等情形。

太监喜宁，原来是个投降的蕃族，土木之变陷敌，从此便专为也先策划，使明廷和英宗苦于应付。因此，英宗密谋让明边将杀掉了他。<sup>①</sup>《北征事迹》把这事错记在四月下旬，其实照《明实录》看来，显然是二月十五日的事。又三月八日，明廷巡边总兵官武清侯石亨打败达贼的事，《明实录》记在同月壬戌（十八日）条里。此外，《明实录》到处都可看到当时也先是驻在离山西大同边外不远的地方。关于这事，杨铭的记载，应该说是可信的。如果是这样，那么结论就是：英宗第二次北移后，即自正统十四年末到第二年景泰元年春夏之交，即直到返回明廷为止，并没有到漠北去，应该认为大体上没有离开今归化城方面、断头山（北方）、东胜州（东南）、丰州（东方）等地。在这期间，也先也大约在附近驻牧。

看来也先早有恢复元朝宏业的志愿，当起首生擒英宗时就高兴地说："我常告天，求大元一统天下，今果有此胜。"<sup>②</sup>但这毕竟是一场梦幻，明朝的势力还颇强大，蒙古方面除也先外，还有脱脱不花王、阿剌知院等的势力，动辄想脱离也先、结合明朝。因而也先的统一事业也很不容易。土木一战擒获了英宗，诚属偶然的侥幸。最初，也先对如何处理英宗也不知所措，突然部众议决，便居为奇货，希望用来在有利的条件下，对明重开交往。因此，屡次以此同明廷进行交涉，退居边外要地，也是为了姑且观望明廷的态度，所以他的驻地当然离边境不远。果然，双方不久就开始议和了。

不，和议起首就没有断绝，也先所以率领大军围攻北京城，也确是促和的一种手段，其间不断地相互交换了试探敌方意向的使节。景泰元年五月，时机终于成熟，阿剌知院亲自派出了正式媾和使臣。阿剌知院起头就不太同意侵犯明朝，据《明实录》正统十四年八月乙亥（二十八日）条载，当时已派使臣来说："我是个大头目，已年老了。如何留一个恶名。我与你讲和了罢。"于是，景泰元年五月辛未（二十八日）就派来参政完者脱劝（欢？）等正式提议媾和，六月己未（二十三日）又来督促议和。于是，明朝廷也决意响应，首先派礼部右侍郎李实、大理寺右少卿罗绮等来到蒙古。在这以前，

---

① 参看《明实录》景泰元年二月壬辰条。
② 见《明史纪事本末》卷33《土木之变》。

也先也一再急于议和，令致书《北征事迹》的作者袁彬，还两次派《正统临戎录》的作者杨铭来到大同，进行试探性的交涉。景泰元年六月，终于亲自带着英宗逼近大同城下。但明廷守将郭登又想用诡计夺取英宗，因而协议不成，又北返了。①总之，在这期间，单方面的和议仍在积极进行。到七月一日，明廷使臣李实等，便从北京出发了。《北征事迹》把李实之行写在五月里，显然是错误。派遣使臣的经过，充当使臣的本人李实的《北使录》的记述最为翔实可靠。

现在可以再通过研究使臣的行程来探求当时虏酋的驻地。据《北使录》载：一行七月一日辞别北京，取道马营、独石，六日经过独石卫，驻宿在城北五里的荒地里。以后在塞北地方的路程如下：

> 初七日，毡帽山二十里宿荒……初八日，宿兴和卫东珂边。初九日，宿昂褪冈儿即海子。初十日，宿失剌失薄秃，即也先边塞。营中送下程羊二只。十一日，至也先营中，地名失八儿秃。

毡帽山就是洪武十四年，明将丁忠破虏之处。②《大清一统志》（卷二十四《宣化府》）载："毡帽山在赤城县北，独石城西北十里，圆耸卓立，远望如帽，因名。一名簪缨山。"肯定就是这座山。"兴和卫东珂边"恐怕是"兴和卫的东河一带"。兴和卫是万全边外的地方，③因此，这条东河可能是从这里流出而注入西北昂古里泊的黑河上游。其次，"昂棍冈儿即海子"，必定是"昂褪

---

① 这事，《明实录》景泰元年六月丙戌（十四日）条载："上皇（英宗）车驾至大同。先是，虏北入既深，又议选战马，奉上皇南归，是日至大同。虏声言：送驾还。守将郭登等设计，于城月门里，具朝服以俟，潜令人伏城上，俟上皇人，即下月城闸板。既及门虏觉之。遂拥上皇退去。"《明史》卷173《郭登传》也采取了这种说法。然《否泰录》和《北征事迹》都没有记载这事。《北征事迹》却把此事写在去年九月二十八日英宗首次来到大同城。总之，景泰元年六月，英宗确曾来到大同城。也先以前已经吃过苦头，绝没有再来的道理，这大概完全是《北征事迹》的著者记错了。

② 《两镇三关通志》卷3《宣府纪》载：洪武"十四年夏四月，北虏寇开平，指挥使丁忠击败之。"注说："战于毡帽山，斩获数百。毡帽山，在独石北。"

③ 参见〔日〕箭内亘《蒙古史研究》，第636~637页。其实这时兴和卫已经退居宣府城内，李实所指显然是旧兴和，即元代的兴和路地方。

闹儿（Ang-kun-nao-êrh 即海子"的讹误，不外是这方面的大海子昂古里泊
（Ang-ghuluiNaghur）的异译。路程大体是向西走，因而可以想象此后两天路
程能够到达的也先大营地失八儿秃的位置，可能是今库依斯泊以西、商都以
南附近地方。

商都（七台）南方就是前述英宗在（也先——译者）围攻北京后折回
来，第二次北迁时的行程"次日往北行，猫儿庄里歇一夜，出大边墙，次
日往即宁海子东岸，行二日，至达子营"的达子营地方。我想达子营这个
地名，肯定来自这里原来是也先的一个根据地。再者，杨铭的《正统临戎
录》叙述当时情况说："六月内，也先哨马于分岭墩，捉获夜不收李贵，到
于金山也先处。"后来又说也先移至"关山东北失把儿秃"。这个失把儿秃
无疑就是上述的失八儿秃（Shibartu），也就是达子营。因此，我想它西南方
的关山（Kuan-shan），从方位和发音来说，必定是前述九十九个海子的官山
（Kuan-shan）。更进一步看来，如前所述，正统十四年八月二十七日,《北征
事迹》说英宗住九十九个海子，而《正统临戎录》却说"住金山"。由此可
见，九十九个海子就是金山，而金山可能是关山或官山的音讹。《正统临戎
录》这类史料，到处都可以看到译错的字，并不奇怪。如果真是这样，那么
过去一向著名的官山地方，也曾是也先作为金山哨马处的一个根据地。

回过头来再说明使李实等于景泰元年七月十一日，平安到达也先营地，
完成了他的使命。第二天谒见英宗。《北使录》原文说：

> 十二日，差头目人等，贵达达可汗并瓦剌知院敕书赏赐，分头前
> 去。同日差平章人等，引实等去三十里，朝见上皇。

达达可汗脱脱不花、瓦剌知院阿剌等，远在别处，因而遣使送去明朝皇帝的
敕书和赏赐。上皇英宗就驻在附近三十里的地方，可能立即派平章做向导。
不过，李实等进谒英宗时，"惟见校尉袁彬、余丁刘浦儿、僧人夏福等三人侍
左右"。可知《北征事迹》的作者当时曾侍立在侧，《正统临戎录》的作者并

没有在场。于是，李实等约定八月五日以前派奉迎接驾的人员前来，十四日就起程回国了。《北使录》载：

> （十四日）起行，至二十里宿荒，送下程羊二只。十五日至中途过午，送下程羊一只，宰之，宿失剌失薄秃，送下程羊一只，当夜三更起行。十六日过绩麻岭，山下宿荒。十七日从酉阳口入关。至万全左卫中饭，宿宣府。

从失八儿秃驻营地走一天的路程，到失剌失薄秃，径直南下，只要两天的路程，就从酉阳口进入明廷边界，到了宣府。由此可以推测，也先的本营距离很近。从内地来，竟这么近，而李实等去的时候，所以要出马营、独石，长途跋涉，宿于塞外荒野，想必因为独石、马营方面是媾和媒介人阿剌知院的势力范围。

与李实等出使也先相左，脱脱不花王的使臣皮儿马黑麻也奉使明廷，专为劝说赶快议和而来。[①] 于是明廷又派都察院右都御史杨善、工部右侍郎赵荣等前去瓦剌那里。杨善等于七月十八日从北京出发，十九日在怀来遇见回来的前次使臣李实等。又向前进，二十九日进入也先营地。八月初三谒见英宗。八日，奉英宗起行，十一日过野狐岭，十六日返抵北京。现只听说有杨善的《使虏记》和赵荣的《使虏录》，无从见到，只好依照刘定之根据这些书编纂的《否泰录》来考证。它记述如下：

> 二十九日，善等至也先营。也先方出猎。八月初二日，回营，与善等相见。太上（英宗）遣袁彬来会……初三日，善等见太上于伯颜帖木儿营。初四日，也先请太上至其营饯行……初八日，太上驾行，伯颜帖木儿护送。十一日，驻跸野狐岭。伯颜帖木儿等数百骑，皆恸哭良久，

---

① 参见《明实录》景泰元年秋七月癸卯朔、戊申（六日）、壬子（十日）等条。

既别去。

这样，英宗被拘留在虏营满一年的生活，便以戏剧式的场面收场；明朝和蒙古的关系也恢复了正常。瓦剌好不容易获得绝好的人质，开始了交涉，而明朝国运未衰，兼有像于谦这样的大政治家，主张"社稷为重，君为轻"，始终不渝，因而蒙古终未能获得大利。

以上不厌烦冗一再论证，究竟解决了什么问题呢？这里不仅明确了当时内蒙古的地理，了解了英宗北狩的路程，并弄清了也先的地位和他的态度。最大的收获是，由此可以推测当时内蒙古势力的配备情况。那就是：也先当时已经南下，确实占据了西起归化城，东迄阳和、宣府边外的地区；他部下唯一的大酋、时常侵寇独石宣府方面的阿剌知院的根据地，肯定还在它的东面，今多伦、经棚方面。如果这些方面都已被也先、阿剌所占据，那么，他们的主子脱脱不花王的驻地，当然在这些地区以外，即只能看作是在今乌珠穆沁到呼伦贝尔一带地方。其他史料对此也给以不少补充证明，通过了解这些形势，就可以进行下面的论述了。

# 明初的蒙古经略

## ——特别是它的地理研究（节录）[*]

和田清 著　潘世宪 译

# 前　言

　　明朝兴起取代元朝，这不只是汉族反抗北方游牧民族压迫的势力恢复了南宋时代所丧失的中原地方，而是扭转了唐末以来汉族的被动地位，完全夺回了汉唐最盛时代直到北疆的一次巨大运动。当时各将领都充分体会了这种意义，进行了奋斗。这在明朝高岱撰述北伐事迹的《鸿猷录》等书中有明确记载。[①] 这样，现在的河北、山西北部，所谓燕云十六州故土，固不待言；更深入到内蒙古，完全占领其南部地方，东起辽东，西抵甘肃，南到安南、缅甸，全都划入了自己的版图。不仅这样，其威力所及，竟使东北从黑龙江口，西南到非洲东海岸、波斯湾各国，东南从朝鲜、日本、琉球、吕宋，西北到中亚北方的阿速（Asud）、卜里牙（Bulgar）、乞儿吉思（Kirghiz）各国，都遣使来贡。

　　明初国势如此强盛，其经略颇为雄伟，其中关于如何控制北邻劲敌元朝的残余势力，却是国初各代皇帝最处心积虑的。太祖、太宗（成祖）的方略是：从东、西、南三面进行包围、压制。即首先经略东方的满洲女真族地

---

　　* 原载《满鲜地理历史研究报告》第十三册，昭和七年。录自〔日〕和田清著、潘世宪译《明代蒙古史论集》，内蒙古人民出版社，2017。

　　① 《鸿猷录》卷5《北伐中原》、《克取元都》。

区，更进而收服东蒙古地方，在这里设置泰宁、福余、朵颜各卫，[①]以切断敌方左翼，隔绝它同朝鲜、女真联系的通路。同时，在西方，招抚现在的西藏各族，在青海地方设置罕东、安定、阿端、曲先四卫，[②]更进而羁縻北方通往西域孔道上的各部族，在那里设置赤斤蒙古、沙州、哈密等各卫，以切断敌方右翼，消除沟通西藏方面的祸患；从左右两翼加以压迫，迫使陷于困蹙。然后大明劲旅从中路出击，反复数次扫荡大漠南北。关于东西两边各卫，容待专文论述，这里只想就中路明军出击蒙古地方的行动，特别是关于它所蹂躏的地区范围，逐步加以探讨，因为这是探索明代蒙古形势的一个关键。

# 上篇　洪武朝的经略

## 1. 洪武三年战役

洪武元年八月，明军攻陷大都，赶走元顺帝。二年六月，大举平定现在热河地方，进而攻陷现今滦河上游多伦县西北的元上都开平，再逼顺帝北走。这是明军的第一次出征蒙古。关于这次战役，前曾有所论述，[③]最近还想另写一篇订正其中若干论点的文章，这里暂且从略。顺帝逃出上都后，心里还留恋中原，没有立即跑到更远的外蒙古根据地和林方面去，仍驻在现在内蒙古阿巴哈纳尔（Abaghanar）部的达里泊（Dal Naghur）西南岸附近的应昌府。洪武三年四月病死，他的儿子昭宗爱猷识理达腊（Ayu Sridara）嗣帝位。明将李文忠攻陷应昌时，正是这两个皇帝交替的时期。

---

①　〔日〕和田清:《关于兀良哈三卫的根据地》(《史学杂志》第四十编第六号 )，原书第 107~149 页。

②　岑仲勉:《明初曲先、阿端、安定、罕东四卫考》,《金陵学报》第 6 卷第 2 期，第 151~172 页。
〔德〕W. 弗兰克:《明初原畏吾儿安定、阿端、曲先、罕东四卫的形势》,《新闻科学研究所二十五周年纪念刊》,京都大学，京都，1959，第 121~128 页。

③　〔日〕和田清:《兀良哈三卫的研究》上 (《满鲜地理历史研究报告》第十二册 )，原书第 173~174 页。

据《明实录》载：洪武三年春正月癸巳（三日），明太祖担心元将王保保还要顽强扰乱西北边疆，便命令大将军徐达从潼关出西安，捣定西，以取王保保；并命左副将军李文忠出居庸，入沙漠，追击元主。采取了使敌人彼此自保、无暇应援的方略。王保保就是肩负支持残余元室命运的好汉扩廓帖木儿（Kökö Temür）的别名，当时正在进攻明将张温据守的兰州城，听说明援军大举来攻，便进而固守兰州东面的定西。四月，常胜将军徐达的部队在定西县北沈儿峪，全歼王保保军。王保保仅以身免，得流木渡黄河，遂由宁夏奔至和林。但《明实录》等记述此事说，"保保至和林，爱猷识理达腊复任以事"，[①] 其实，这是稍后的事。这时，元帝还在应昌。

这且不提。指向蒙古的左副将军李文忠军，二月，由兴和出察罕恼儿；五月，到开平，接着就攻陷了应昌。《明实录》洪武三年二月条末尾载：

> 是月，左副将军李文忠率师至兴和，元守将举城降。复进兵察罕恼儿，遂擒元平章竹贞。

又五月丁酉（九日）条载：

> 左副将军李文忠、左丞赵庸败元太尉蛮子、平章沙不丁、朵儿只八剌等于白海子之骆驼山。遂进次开平，元平章上都罕等降。

兴和是现在万全边外的兴和城。[②] 察罕恼儿（Chaghan Naghur）按蒙古语是白海子的意思，可能是指北边小咸湖一带。[③] "白海子（即察罕恼儿）之骆

---

① 参见《明实录》洪武三年丙寅条。

② 参见〔日〕箭内亘《元代的东蒙古》，《蒙古史研究》，第 636~637 页。

③ 参见〔日〕箭内亘《察罕恼儿考》（同上，第 752~768 页及附图）。又《读史方舆纪要》卷 18《开平故卫》载："白海子在卫西南大青山之北，亦曰长水海子，土人因其四望白沙，呼为插汉恼儿；插汉译言白，恼儿译言海子；又西即骆驼山也。明初李文忠自万全出师，北至察罕恼儿地，进败元兵于白海子之骆驼山，即此。"

驼山"必定也在附近。骆驼山这个名字，也出现在后来金幼孜的《北征录》里。相传永乐八年随成祖北征的金幼孜曾在这山里迷了路。金志章的《口北三厅志》卷2《山川》曾引证这项记载，断言："当是察哈尔正白旗境内，土人呼博索特门山者是也。"

总之，如果肯定白海子的骆驼山就在察罕恼儿附近的话，上述进攻察罕恼儿是在二月间，那么，攻克骆驼山是否需要迟到五月里，颇值得怀疑。我想上述《明实录》五月丁酉条是军队进到开平的日期，在那以前的记载是否是追叙以前发生的事情呢？至少，清谷应泰的《明史纪事本末》卷10《故元遗兵》载："五月丁酉，左副将军李文忠、左丞赵庸师出野狐岭，擒元平章祝真，进败元太尉蛮子、平章沙不丁、朵儿只八剌等于白海子之骆驼山。遂次开平，元平章上都罕等降。"把这些都写在五月丁酉条里，当然完全是杜撰。谷应泰肯定是依据明陈建的《皇明资治通纪》（或者是因袭它的沈国元的《皇明从信录》）等。① 明尹耕的《两镇三关通志》卷3《宣府纪》的记载稍有不同，叙述此事如下：

> 文忠与大将军达，分道北征，率诸将赵庸、廖美、孙恭、武慰、肖
> 寿、韩政、李荣，出野狐岭，进师察罕恼儿，禽元平章祝真，追败太尉

---

① 《明史纪事本末》，除《明实录》外，专从《皇明通纪》一类书籍中取材，这是明显的事实。本条在《通纪》卷2洪武三年条下，没有写明月日，叙述此事说："文忠等师出野狐岭。降其守将。至察罕恼儿，擒其平章祝真。次白海子之骆驼山，元太尉蛮子、平章沙不丁、朵儿只八剌等拒战败溃。进攻红罗山，杨思祖等一万余人皆请降。遂进次开平，获元平章上都罕等，云云"。沿袭《皇明通纪》的《皇明实录》卷2和《从信录》卷5等的记载几乎完全相同。后者除两三处文句不同外，唯一差别就是把它写在四月条下面。平章祝真就是《明实录》的平章竹贞。上年正月在大同，遭明猛将常遇春驱逐。从《明实录》里没有看到的祝真和野狐岭等字样来看，《纪事本末》确是根据《通纪》编写的。唯据《明实录》所载，上述"红罗山，杨思祖等一万余人皆请降"（孙世芳的《嘉靖宣府镇志》卷26《征战考》等，也犯了这样的错误）。实是这次战役归途中的事，是远在这以后的事；所以，参考了《明实录》的《纪事本末》的著者，特意删除了此事，而又依照《明实录》在开头随便添上了"五月丁酉"四个字。至于脱漏兴和、察罕恼儿等地名，与其说是故意篡改，不如说必定是出于疏忽遗漏。再者《资治通纪》等的原始根据，恐怕必定是下面所引的董伦的《李文忠神道碑》之类。这个《李文忠神道碑》已载入焦竑所辑的《国朝献征录》卷5。有关的一条是："三年春正月，授征虏左副将军，总兵北伐。二月，出野狐岭，降其守将。进师察罕恼儿，擒其平章祝贞。夏五月，克应昌。"

> 蛮子、平章沙不丁、朵儿只（八）剌等于骆驼山。遂次开平，获平章上
> 都罕，以五月至应昌，攻城克之。

把五月说成是攻克应昌的日期是正确的。平章祝真（Chu-chên）就是平章竹贞。其余除《明实录》里没有见到的野狐岭地名以外，还列举了随征各将领的姓名，应该看作是它的一个特点。

总之，单凭上述资料记载，可见当时明军是越过野狐岭直指上都的，而且所费时间是从二月到五月。至于李文忠从兴和进到开平，为何竟费时几个月呢？这是个一时难以解决的问题，我想可能是因为当时还忙于击败附近的余贼吧。《两镇三关通志》卷3《宣府志〔纪〕》洪武三年春二月条载："参政华云龙来取云州。"注释说：

> 云龙率诸将廖美、孙恭取云州。万户谭济出居庸，夹击之，克其
> 城，获元平章火儿忽答、右丞哈海。

还载："平章汤和来取宣德。"注里说："追元兵至察罕恼儿，获其将虎陈。"《明实录》也在同年二月乙酉（二十五日）条载："指挥金朝兴取东胜州，获元平章荆麟等十八人。"《明史纪事本末》卷10《故元遗兵》条，简略记载这几件事，说：

> 二月，北平守御华云龙克云州，获元平章火儿忽答、右丞哈海等。
> 大同指挥金朝兴克东胜州，获元平章荆麟等。大同都督同知汪兴祖克武
> 州、朔州，获元知院马广等。

云州是现在独石口南面的云州堡地方，[1]宣德就是河北省宣化县，[2]东胜州在现

---

[1]　《大清一统志》卷24《宣化府古迹·云州故城》。
[2]　《大清一统志》卷24《宣化府建置沿革·宣化县》。

在山西省朔平（右玉）边外的托克托县附近，①武州和朔州分别是现在山西北部的五寨县和朔县。②当时各军几乎完全肃清了边境一带地区。廖美、孙恭是李文忠的直属部下，华云龙、金朝兴、汪兴祖等也应该看作是受他节制的将领。

李文忠的部队不仅扫荡了沿边附近地区，还分路直捣贼巢。《明实录》洪武三年五月丁酉条里，在上述引文之后，接着说：

> 都督孙兴祖及燕山右卫指挥平定、大兴左卫指挥庞祖等兵次三不剌川，遇胡兵力战，皆殁于五郎口。海宁卫指挥副使孙虎率兵至落马河，与元太尉买驴战，死之。

此外，《皇明资治通纪》卷2在结束这次战役的纪事时说：

> 又至苦脱孙，追太尉蛮子军，擒元平章伯答儿，获马驼无算。大军所至，朔庭遂空。是役也，指挥孙虎率兵至落马河，与元太尉买骡战，死之。事闻，进封安乐郡伯。③

关于三不剌川、五郎口，《读史方舆纪要》卷62《陕西·靖远卫》条载：“三不剌川在卫北境，其西为五郎口。明初，孙兴祖战死于此。”《明实录》洪武九年五月条末尾也载有宁夏边外的三不剌，④这显然是同名异地。这里所说的三不剌川当然应该在上都开平方面，绝不会在陕西边外。关于开平方面的三不剌川，《读史方舆纪要》卷18《开平故卫》条却说：“三不剌川在卫境，

---

① 《大清一统志》卷124《归化城六厅古迹》。
② 《大清一统志》卷108《宁武府五寨县》、卷111《朔平府·朔州》。
③ “指挥孙虎”据《皇明资治通纪》（卷2，明万历余仙源刻本，第41页）作“指挥孙倪”，又“进封安乐郡伯”作“追封安乐郡伯”。——译者注
④ 《明实录》洪武九年五月条末尾说：“是月，故元国公九住，寇陕塔滩之地，陕西都指挥司发兵击之，追及于三不剌，获九住及平章不答失里等四十人，余众遁去。”塔滩在宁夏边外。

元主铁木耳立于上都，狩于三不剌川之地，以董文周谏，遂还大都。"① 仅这条记载，还颇不得要领。《口北三厅志》卷3《古迹》特别记载卅不剌川即散不剌川事说：

> 卅不剌川，在上都西北七百里外，见元王恽《秋涧集》诗。案卅音撒。吴莱《渊颖集》中有：得大人书，喜闻秋末自散不剌复回大都诗，今并载艺文。

该书卷15《艺文》条收载了元吴莱、王恽等的诗。王恽七言绝句自序里说："卅不剌川在上都西北七百里外，云云"。② 上都西北七百里外，大约相当于现在库尔察罕泊（Kür Chaghan Naghur）北方阿巴嘎札萨克府方面。看来该地风景非常优美，元时曾是帝王游幸的处所。如后所述，明初，洪武七八年间，该地曾屡遭侵伐。又落马河，正像已经说过的那样，就是现在热河省赤峰北面的伯尔克河。③ 由此可见，当时明军曾大张左右两翼，同时并进。关于苦脱孙，《读史方舆纪要》卷18《开平故卫》载："苦脱孙，地在应昌东北，李文忠败元处也。"我想可能是攻陷应昌以后的战场。

出边后，迟迟进抵开平的李文忠军，自开平很快到达了应昌。五月丁酉（九日）到开平，几天以后，就进逼应昌，很快就攻克该城，获得了如下的大捷。《明实录》在前述引文之后，接着说：

> 辛丑（十三日），左副将军李文忠师趋应昌，未至百余里，获一胡骑。问之，曰："四月二十八日，元主已殂，今日（自）应昌往开平，报国丧。"文忠即督兵，兼程以进。癸卯（十五日），复遇元兵，与战，大

---

① "董文周"，据《元史》卷148，应作"董文用"。——译者注
② 四部丛刊本、王恽《秋涧先生大全集》卷32里，也见到这首诗，其中，把"卅不剌川"误作"甘不剌川"。
③ 《大清一统志》卷27《承德府·山川·伯尔克河》。

败之，追至应昌，遂围其城。明日克之，获元主嫡孙买的里八剌并后妃宫人暨诸王省院达官士卒等，并获宋元玉玺金宝一十五、宣和殿玉图书一、玉册二、镇圭大圭玉带玉斧各一，及驼马牛羊无算，遣人俱送京师。惟太子爱猷识理达腊与数十骑遁去。文忠亲率精骑追之，至北庆州，不及而还。

在这以前，开平曾经遭受红巾贼蹂躏而荒废，应昌还算顽固，因此，元人据守在这里，明军包围、攻陷了它。至于新帝爱猷识理达腊不逃往和林方面而向北庆州即今巴林（Bagharin）的察罕城方面逃去，使人有些难以理解；以及李文忠胜利归来，在今热河地方收容余贼数万等，已有另文论述。[①] 此外上述本文，再没有需要解说的地方了。

## 2. 洪武五年战役（略）

## 3. 其后的经略（节录）

总之，洪武五年的大举远征可以说没有获得战果而告终，向来以破竹之势进攻的明朝常胜军，这时初次受到一次挫折。谨慎的明太祖由此吸取教训，完全改变方针，从此以后尺进寸取，专事经营沿边地区，向辽东和青海方面延伸，而暂时避免孤军长趋朔北地方。此后蒙古方面，在洪武八年八月，丧失了大将王保保，十一年四月，元主昭宗又逝世，但明军还不敢乘机大举。洪武四年以后，连年经略辽东，在定辽都卫（后改辽东都司）之下，增设了卫所州县。六年正月，设西宁卫于甘肃；七年二月，设立大同前卫和歧宁卫；六月，在今青海地方设立撒里畏兀儿四卫。在这期间，不断枚平边寇，五年十一月，击退入寇辽东牛家庄的纳哈出；六年五六月间，又击退进犯武、朔、雁门等地的王保保军；六年八月，大将陈德、郭子兴等进军答剌海口即现今达里泊畔，打败元兵；十月，副将军李文忠出塞打败北虏；都指挥宋晟从凉州追敌到亦集乃地方；十一月，又击溃进犯大同的王保保军、入

---

① 参见前引《兀良哈三卫的研究》上，原书第175、182页。昭宗不往漠北根据地逃，先逃往巴林地方，我想一则由于李文忠追击很紧，二则远渡大漠有困难。

寇辽阳的纳哈出等；七年四月，都督兰玉攻取兴和；左副将军李文忠也四路出兵讨伐元余党，一军到三不剌，掳获元平章陈安礼、木屑飞等，另一军到黑城子等处，擒获故元太尉卢伯颜不花等。尤其是七年七八月间，李文忠曾亲自带兵经略今热河省赤峰、乌丹城方面和绥远省归化城方面。第二年（八年）正月，大将军冯胜平定了大同边外散不剌地方。①散不剌就是三不剌，在今阿巴嘎札萨克府方面。上年李文忠军别部也曾讨伐这个地区，就是明将孙兴祖战殁的地方。

七年七月所置察罕脑儿卫、②十年所设凉州卫和八年升格的官山卫等，也都是这次经略的结果。察罕脑儿就是以前李文忠擒元平章竹贞（祝真）的地方，在今张家口边外小咸湖附近；官山是前几年设立官山千户所的地方，相当于今大同边外的平地泉西面。凉州卫在今武威县，后来曾为明朝经略西北的根据地。又西边的东胜卫，如前所述，是洪武四年正月设立的。当时实际上把这些地方都看作和内地一样，这从《明实录》洪武五年八月甲辰条载，胡兵入侵云内城，被击退；洪武六年十月，为躲避房寇入侵，把东胜、丰州、云内等州的人民都迁到安徽去；洪武七年五月，大同都卫的兵肃清了丰

---

① 以上完全依据《明实录》，并参看《两镇三关通志》《纪事本末》《明史》等书。六年十月宋晟进讨亦集乃是根据《纪事本末》的。六年六月武朔州之寇和第二年四月李文忠部下去征讨三不剌，《两镇三关通志》和《纪事本末》分别记在四月和正月，但现在根据《明实录》加以订正。大将郭子兴的名字，《纪事本末》等作郭兴，实际是同一个人，后来改名的。郭兴是武定侯郭英之兄（参看《国史考异》卷5第10条），他和太祖初期的保护者滁阳王郭子兴是同名的两个人。又关于洪武七年七八月李文忠的出征，已经另written文章叙述并考证过了。关于八年正月冯胜的出征是根据《殊域周咨录》卷16《鞑靼》条所说："八年春正月，征房大将军冯胜出大同塞击房，定末下散不剌地，逾月还。"又关于这事，在《两镇三关通志》卷9《大同纪》和王世贞《弇州史料》前集卷23《冯宋公传》等书里，也有记述。

② 邹逸麟在《明清时期北部农牧过渡带的推移与气候寒暖变化》一文中提出："永乐初年将今内蒙古和林格尔北的云川、浑河北岸的玉林卫、镇房卫，凉城东北岱海附近的宣德卫以及商都东南的察罕脑儿卫（今插汉脑儿）都迁入今长城以内大同地区。"（《复旦学报》（社会科学版）1995年第1期）周松在《明初察汗脑儿卫置废考》中则提出："察罕脑儿卫是明初设立的蒙古军卫，应位于鄂尔多斯高原南缘的旧察罕脑儿城（即今陕西靖边县北与内蒙交界处的白城子——统万城遗址）。它是洪武朝为安置降明的蒙古人而设立的羁縻军卫。"（《中国历史地理论丛》2009年第2期）可见，对察罕脑儿卫地望的认识包括今河北尚义、内蒙古商都交界察汗淖尔一带和陕西靖边统万城等说。——编者注

州、云内等地区从这些事实都可以了解。[①] 丰州在今归化城东白塔尔镇，云内州在它西边的萨拉齐附近。[②]

### 4. 洪武二十年和二十一年战役（略）

### 5. 洪武二十三年以后的五次战役（节录）

洪武二十年纳哈出的投降和后来二十一年捕鱼儿海、哈剌哈河的鏖战，是决定元、明对立命运的事件。满蒙天地为之震撼。从此以后，北元根本不能和大明对抗了。残败的元主脱古思帖木儿仅以身免，心想逃往和林，奔往土剌河畔，遭到逆臣也速迭儿袭击，和太子天保奴一起被害。也速迭儿是世祖忽必烈的叛弟阿里不哥的后裔，这时正纠结西北蒙古新兴的斡亦剌惕（Oirad，瓦剌），想杀害败残的元帝，自己取而代之。[③] 于是，东蒙古势力完全瓦解，脱古思帖木儿的亲信知院捏怯来、丞相失烈门等都失掉依靠，仓皇投明；元室东藩辽王阿札失里等也不得不相继和明通好。明乃于洪武二十二年四月在现今巴林地方设立全宁卫，安置捏怯来等。又于五月在今洮南附近设立泰宁卫，以辽王阿札失里为指挥使；在今齐齐哈尔方面设立福余卫，以海撒男答奚为指挥同知；在今洮儿河上游设立朵颜卫，以脱鲁忽察儿为指挥同知。更于七月在今达里泊湖畔设置应昌卫，安插失烈门等。这时正当也速迭儿的金院安答纳哈出的势力逐渐向东北伸展，竟扩张到了敖嫩、克鲁伦两河下游地方，于是失烈门立即附和他，八月间背叛明朝，杀了全宁卫指挥使捏怯来等，掳掠而去。因此，全宁、应昌两卫的设置，只是一个很短的时期，而泰宁、福余、朵颜三卫，却在这以后还继续存在，在整个明代都左右着兴安岭以东的形势。这就是著名的兀良哈

---

① 《明实录》洪武五年八月甲辰条说："胡兵侵云内，突入州城，同知黄里与其弟得亨率兵民与战，里死之，得亨亦被重伤。会应州同知王长贤率众来援，胡兵遂解去。"六年十月丙子条说："上以山西弘州、蔚州、安定、武朔、天城、白登、东胜、丰州、云内等州县，北边沙漠，屡为胡虏寇掠，乃命指挥江文，徙其民居于中立府（安徽凤阳），凡八千二百三十八户，计口三万九千三百四十九，官给驴牛车辆，户赐钱三千六百及盐布衣衾有差。"七年五月辛未条说："大同都卫遣兵出丰州、云内等处，捕获鞑靼六百九十五户，计一千九百九十三人。"

② 参见〔日〕和田清的《关于丰州天德军的位置》（《史林》第16卷第2期，第194、196页）。

③ 参见前引《兀良哈三卫的研究》上，原书第183页。

三卫。①

这时候，叛去的不仅是失烈门等，他的同伙还相当多，明于是再兴讨伐之师。《明实录》洪武二十三年春正月丁卯（三日）条载：

> 上以故元丞相咬住、太尉乃儿不花、知院阿鲁帖木儿等将为边患，诏晋王、今上，各帅师往征之。

丞相咬住在捕鱼儿海战役时，曾留守和林，因来迎败走的脱古思帖木儿，被也速迭儿赶跑了，曾一度投降明朝；太尉乃儿不花也曾投降明朝，任官山卫指挥；而都当时窥伺形势，又改变了态度。明先派使臣诏谕，不听，就派兵进行讨伐。晋王是太祖第三子，名棡，洪武三年封为晋王，十一年以后就藩，居太原。② 今上是指他的弟弟，也就是后来的成祖永乐帝，当时称燕王棣，就藩北平。关于这次征伐的经过，《明实录》洪武二十三年三月条载：

> 乙丑（二日），今上率师出古北口，征虏。前将军颖国公傅友德、左副将军南雄侯赵庸、右副将军怀庆侯曹兴等，各以所部从……癸巳（三十日），今上率师至迤都，故元太尉乃儿不花、丞相咬住、忽哥赤、知院阿鲁帖木儿等皆降。

还详述燕王的英明和主张沙漠行军应该远派哨骑以及立即发现迤都敌营，在大雪中进攻，以谋略招降敌方全体部众的经过以后，结尾说："遣人报捷京师。晋王出塞，不见虏而还。"迤都是后述的禽胡山，位于今多伦到库伦的大道上、近

---

① 以上的概述和一般通说颇有不同，参看拙稿《关于兀良哈三卫的根据地》（原书第 118~136 页）和《兀良哈三卫的研究》（原书第 184~185 页）。又前稿里说三卫的根据地是在北边，除代表了这种卓见明末陈组绥的《皇明职方地图》外，只举出清乾隆敕撰的《热河志》，其实，上述卓见的最详细的论证却在清初顾炎武的密友潘柽章、吴炎所撰《国史考异》卷 4 第 7 条里（依据陈组绥说），这里特别提出，以表彰前人的功绩。

② 参见《明史》卷 116 卷《太祖诸子传》。

内外蒙古交界的地方。[①] 当时燕王三十一岁，第一次出征塞北就来到这么远的地方，并运用谋略收服了倔强的大酋咬住、乃儿不花等。太祖得到捷报后，高兴地说："清沙漠，燕王也。朕无北顾之忧矣。"[②] 据《国朝献征录》卷7所载杨士奇的《永康侯追封蔡国公谥忠烈徐忠神道铭》记述当时情形说："庚午（洪武二十三年）运兵饷数十万解赴温口、遂从征乃儿不花，大败虏众，俘获其人口万余，总兵遣公护送入关，公悉心抚邮，俘如为归。"《明实录》洪武二十三年二月甲辰（十四日）条里也载有当时往口温和上都运输粮饷事。上述温口，肯定是口温两字颠倒了。当时大军出古北口，是经过了上都和口温的。（后略）

# 下篇　永乐朝的经略

## 1. 初年的绥抚时代（节录）

当时蒙古的情形究竟怎样呢？洪武二十一年，脱古思帖木儿死后，叛王也速迭儿等一时曾在东方逞威，但不久似乎就被瓦剌势力打倒了，结果，瓦剌的实力者便在和林拥立了元室嫡统脱古思帖木儿的遗孤。《蒙古源流》卷5载：特克斯特穆尔（脱古思帖木儿）之后，他的两个儿子恩克卓里克图（Enzke Joriktu）、额勒伯克（Elbek）两汗相继嗣立；建文初，后者被弑，他的长子琨特穆尔（Gün Temür）嗣汗位。琨特穆尔就是成祖最初与之通好的坤帖木儿。但这坤帖木儿似乎不久也灭亡了，永乐元年二月，成祖即位后通问的鞑靼可汗，已不是坤帖木儿，而是鬼力赤了。所谓鞑靼可汗鬼力赤其实并不是东方鞑靼部酋，而是西方瓦剌即卫拉特（Oirad）的别酋——乌格齐哈什哈（Ugechi Khashagha），是驻牧在蒙古西部的；而后来威震东北蒙古的却是阿鲁台，即阿苏特（Asud）部的阿鲁克台（Aruktai），这事已另行论证过

---

[①]　参见前引《兀良哈三卫的研究》上，原书第184页。

[②]　捷报到达京师是同年闰四月癸亥朔。《明实录》在该日条下说："今上平乃儿不花捷奏至，上喜，谓群臣曰：清沙漠者燕王也，朕无北顾之忧矣。"

了。① 不仅东方鞑靼部是这样，西北的瓦剌部部长猛哥帖木儿，也不知何时死了，代之而起的是大酋马哈木、太平、把秃孛罗等三人。

## 2. 永乐七年战役前后（节录）

当时，蒙古失去了首领，鞑靼、瓦剌两部酋长相互激烈斗争。北虏相继投降明朝。永乐六年，故元嫡裔坤帖木儿的亲弟本雅失里从撒马儿罕（Samarkand）回来继承汗位以后，鞑靼对明的态度立刻强硬起来。这或许是因为本雅失里以自己是大元嫡统而自负，加上在驸马帖木儿跟前彻底养成了对明的反感。②《明实录》永乐七年春正月戊午（十五日）条载："时，虏人多来归者，言本雅失里立，众情不附。"这是当时的实情，本雅失里、阿鲁台等也连年苦于瓦剌的侵扰。尽管如此，自负是元室嫡脉，不能立即屈服于明朝，因而断然拒绝成祖一再的温和诏谕。《明实录》永乐七年闰四月辛未（二十九日）条所载成祖给皇太子的敕书说："近得北虏二千余人，遣使送还本雅失里，与之讲好，云云。"③ 成祖竟把敌人遣送回去，可见用尽一切手段来招致本雅失里。然而本雅失里竟把他的使臣杀了。反之，瓦剌大酋马哈木等却对明廷颇有好感。六年十月，三酋使臣联袂来朝。七年五月，成祖有意做给本雅失里和阿鲁台看，分别册封为顺宁王（马哈木）、贤义王（太平）、安乐王（把秃孛罗）。而当明朝在七年四月，派遣最后的招抚使都指挥金塔卜歹、给事中郭骥等使虏庭，六月得报被杀，便又出现了断绝已久的明军进讨漠北的事。④

---

① 以上都参见前引《兀良哈三卫的研究》（上），第 201~211 页。

② 关于本雅失里曾在帖木儿那里和帖木儿特别憎恶明朝这点，参见前引《兀良哈三卫的研究》（上），第 214 页。

③ 按《明实录》影印国学图书馆传抄本第四十三册，《永乐实录》卷 62，第 121 页，"近得北虏二千余人"作"近得北虏二十余人"。——译者注

④ 参见《明实录》永乐六年冬十月丙子、七年夏四月丁丑、五月乙未等条，和《明史》卷 6《成祖本纪》。《明实录》永乐七年六月辛亥条说："百户李咬住及鞑靼伯兰等归自虏中言，给事中郭骥、金塔卜歹奉使至虏中，骥为本雅失里所杀。伯兰复言：本雅失里、阿鲁台为瓦剌所败，今在胪朐河，欲驱败散之卒，掩袭兀良哈诸卫，遂袭边境。上怒曰：朕以至诚待之，遣使还其部属，乃执杀使臣，欲肆剽掠，敢肆志如是耶？逆命者必尔除之耳。命边将整肃卒兵士，敕泰宁、朵颜、福余、兀者诸卫，皆严备之。"（影印国学图书馆传抄本第四十四册，《永乐实录》卷 64，第 5 页。"骥为本雅失里所杀，伯兰复言，本雅失里、阿鲁台为瓦剌所败"句，影印本作"骥为本雅失里、阿鲁台为瓦剌所败"。——译者注）在这以前，郭骥曾出使到帖木儿那里，被拘留很久。郭骥可能早就和本雅失里相识。

成祖本意想乘这时鞑靼的汗位还没有稳定、蒙古内部正在动摇的机会，一举立威定霸，同时也想以此来抚慰国内乱后的不平。这一年三月，已从南京来到北京，积极备战。现在摘引记述简明的《明史·本纪》所载：永乐七年三月，"壬戌（十九日）至北京，癸亥（二十日）大赉官吏军民，丙寅（二十三日）诏起兵。时，将士及北京效力人民，杂犯死罪咸宥之。充军者，官复职，军民还籍伍……五月乙未（二十四日），封瓦剌马哈木为顺宁王、太平为贤义王、把秃孛罗为安乐王"。在这期间，四月，所以派郭骥等出使蒙古，如果不是为了冀求万一侥幸诏抚收效，也只是为了获得出兵的借口。六月十日得到死讯，七月三日，便派遣大将军丘福等，发出大军十余万北征。

《明史·本纪》载："秋七月癸酉（三日），淇国公邱福为征虏大将军，武成（城）侯王聪、同安侯火真副之，靖安侯王忠、安平侯李远为左右参将，讨本雅失里。八月甲寅（十五日）邱福败绩于胪朐河，福及聪、真、忠、远皆战死。"[①] 说的就是这次北征。据《明实录》载，当时，本雅失里、阿鲁台等方被瓦剌打败，逃窜到胪朐河即克鲁伦河河畔据守。而西南鬼力赤的故地、河西、西套的余众都相率投降明朝，这已另文阐述。[②] 丘福侮敌轻进，不纳各将领的谏阻，深入胪朐河以北，陷伏，全军覆没。丘福战败的经过情形，《明实录》等有详细记录，但关于覆没地点相当于今什么地方，还不清楚。朝鲜《李朝实录》里传，当时明朝发动二十万大军北征，遭到蒙古军抵抗而战败，"鞑靼皇帝将重兵屯关中口子外，总兵官沂国公、武城侯御之，败绩，全师被掳"。这种传说未必确实，且关中口子的位置也不详。[③] 然据《明

---

① 邱福应该是丘福，因为清朝避孔子讳，把丘字都改成邱字。《明史》里凡丘姓都改成了姓邱。武成侯王聪，在《明史·鞑靼传》里写作武城侯，是正确的。但该传误把安平侯李远写成了李达，可能是依据叶氏《四夷考》，显然是错误。又，关于这次战役，《明实录》《通纪》《明史》等都出自一传，全是传闻的集成，偏于琐碎末节，重要问题反而不详，这里就不详论了。

② 参见《兀良哈三卫的研究》（上），第222~223页。

③ 《李朝实录》太宗九年（永乐七年）冬十月庚戌（十二日）条。八月壬戌条载："沂国公丘胜将兵二十万北征，云云。"这里所说的沂国公丘胜，实是淇国公丘福，兵也没有二十万，不过约十万。《明史·鞑靼传》说："将精骑十万北讨。"又，丘福因为这次战役惨败，身负污名，竟失专传，其实是当时第一流的名将。《国史考异》卷5第3条曾为他辩解。

实录》永乐七年七月癸酉（三日）条载成祖戒饬出师的丘福的话来看，可以想象，军队通过了开平即上都，从后来《北征录》的记述可以推断，他的覆灭地点，大约在克鲁伦河下游，即今鄂努呼西方附近。

正因为预期必胜而得到明军战败的报告后，成祖非常愤懑，立即决定第二年二月亲征，大修战备。《明史·本纪》也说：这年九月"甲戌（五日），赠北征死事李远莒国公、王聪漳国公。遂决意亲征。丙子（七日），武安侯郑亨率师巡边。壬午（十三日），成安侯郭亮备御开平。冬十月丁未（九日），削丘福封爵，徙其家于海南。"又说："八年春正月辛未（四日），召宁阳侯陈懋，随征漠北。"九月甲戌，丘福麾下的败残将士逃回来，才传来这次战败的战报。当时成祖立即决意亲征。献策未被采纳而死难的各将领李远、王聪，受到追赠，丘福是个刚愎自用误事丧师的大将，因而死后予以追罚。宁阳侯陈懋当时是宁夏总兵官，是成祖亲信的第一宠将。《明实录》永乐七年秋七月癸酉，成祖在戒饬出征的丘福的同时，在给敌酋本雅失里的信里说："今命征虏大将军，率师往问杀使者之故。朕明年必亲率大军，往正尔罪。云云。"那当然是行军的先声，故作恫吓，并非真正的决意。到这时候，他才不得不认真实践说过的话。

看来，倾国十万大军一旦消失沙场，对明朝这样大国来说，的确也是相当沉重的打击，为战胜者鞑靼带来了不得了的生气。明人的记录里几乎隐讳了这件事，但邻国朝鲜的记录，却记述得极为详尽。据《李朝实录》太宗九年（永乐七年）十一月甲戌（六日）条载：

> 时通事孔明义回自北京言：鞑靼军去京不远，皇都危窘。西北面都巡问使亦上言：人有自辽东来者言：王师畏鞑靼，尽入城堡。（略）

### 3. 永乐八年战役

在这以前，太祖在洪武五年战败以后，不得不隐忍十余年。成祖在永乐七年明军覆灭以后，立即决意第二年亲征，这当然要有相当的准备。清魏源的《圣武记》卷11载："出塞之师，首重运饷，永乐亲征，初至斡难河乏食，再次清水源班师。盖荒外之地，不能因粮于敌，而筹运之事，则视乎其人。云云。"但这一半并非事实。当时成祖怎样煞费苦心地征发运饷，《明实录》记载最详。这里只举一例。永乐七年九月己丑（二十日）条叙述征发近畿以外地方兵员说：

> 敕永康侯徐忠等选练南京各卫及睢阳、归德、武平、镇江等二十五卫步骑三万。宁阳伯陈懋选练陕西属卫及庆、秦二王府护卫步骑万九千。江阴侯吴高选练山西及晋王府护卫步骑万五千。仍命中都留守司、河南、湖广、山东三都司，周、楚二王府护卫，选步骑四万五千，临洮、河州、岷州、西宁、平凉诸卫，选善战士兵五千。各赐钞、给行粮。皆以来年二月至北京随征。

又冬十月己亥朔条记述议定北征方略之后，提到运饷事说：

> 于是，夏原吉等议，自北京至宣府，则于北京在城及口北各卫仓，逐程支给。宣府以北，则用武刚车三万辆，约运粮二十五石，踵军而行。遇十日程，筑一城，再十日程，又筑一城。每城斟酌贮粮，以俟回军，仍留军守之。如虏觉而遁，即蹑其后，亦如前法，筑城贮粮。上然之。名所筑之城，曰平胡、杀胡。

这就是例证。这次出征作战完全是按预定方略进行的，非仅征发大江以北的全国兵丁，除上引各条记述以外，从《明实录》永乐八年八月乙卯等条所记载的赏建州卫夷酋等从军之功的事实来看，也可以知道西边征调到洮岷的西藏士兵，东边发动到满洲的女真军。[1] 还不只是满洲，甚至曾大量征发朝鲜

---

[1] 《明实录》永乐八年八月乙卯载："升建州卫指挥释家奴为都指挥佥事，赐姓名李显忠，千户咎卜为指挥佥事，赐姓名张志义，赐百户阿剌失姓名李从善，可捏姓郭以诚，俱为正千户。释家奴者，指挥阿哈出之子，皆以从征有功也。"还可参见〔日〕池内宏的《鲜初的东北境与女真的关系》，《满鲜地理历史研究报告》第五册，第317~318页。

军马，还想征召朝鲜士兵。前述《李朝实录》太宗九年冬十月庚戌条所载明军败绩的报告下面接着说："皇帝征兵诸路，将以明年二月北征。时国家闻黄俨出来，未知其故。或传言：请兵十万、将帅二人，由东北面，挟攻鞑靼。故有是命。"同月己未、十一月戊寅、十年二月庚戌、三月癸酉等条载，将一万军马，分成十九运输纳。可见已征发军马，但征兵却是虚传。文中所称国家是朝鲜自称，黄俨则是明廷使臣的名字。

起初，成祖得到丘福覆灭报告后，立即派遣使臣去瓦剌，告诫他们不要堕入本雅失里的奸计。[①]完成出征准备以后，永乐八年春正月己卯（十二日），向天地宗庙社稷祭告亲征胡虏事，二月丁未（十日），祭太岁旗纛，由北京出发。同月壬戌（二十五日）过德胜关，来到兴和。兴和可能是这次远征的出发点，成祖在这里决定了各军的部署。《明实录》永乐八年三月丁卯朔条载：

> 命清远侯王友督中军，安远伯柳升副之。宁远侯何福督左哨，武安侯郑亨督右哨，宁阳侯陈懋督左掖，都督曹得、都指挥胡原副之。广恩伯刘才督右掖，都督马荣、朱荣副之。

第二天戊辰条又载：

> 命都督刘江等，充游击将军，督前哨。都督薛禄、冀中等充骠骑将军，都指挥侯镛、陈贤等充神机将军，都督金玉等充膺扬将军，都指挥李文等充轻车将军。

于是，三月七日从兴和出发，午间到达鸣銮戍。第二天，在这里接待瓦剌的

---

① 《明实录》永乐七年九月壬午条载："遣使谕瓦剌顺宁王马哈木等，以丘福败绩之故，且戒之曰：或本雅失里得福军旗帜衣甲，诈以攻王，慎勿堕彼奸计。来春，朕亲率兵征之。因赐马哈木等彩币等物。"

贡使。又过了一天（九日）举行大检阅，显示军威。《明实录》载："乙亥，上大阅誓师，时军阵东西绵亘数十里，师徒甚盛，戈甲旗旄，辉耀蔽日，铁骑腾跃，钲鼓钧震。瓦剌使者望之骇愕，曰：天兵如此，孰敢婴其锋者。云云。"第二天，派指挥保保等送瓦剌使臣回去，还厚赐顺宁、贤义、安乐三王。瓦剌使臣后来又在四月壬子（十六日），来禽胡山谒见成祖。当时，他们非常关心明军的出征，当是事实，但并没有另派一支军队和明军呼应的情况。

三月十日，明军从鸣銮戍出发。四月十六日，经过禽胡山，十九日，驻宿广武镇，然后渡过大漠。五月初一，才到达饮马河上的平漠镇。饮马河是当时成祖赐给胪朐河即克鲁伦河的雅名。《明实录》里也记载了这次进军的路线。当时扈从随征的金幼孜的《北征录》记述最详。这几十处地名，大半都是当时所用的雅称，现在颇难考证，①这里只探讨以下各问题。关于从北京到兴和之间的驿站名，兴和城和其附近的沙城等，已详见箭内（亘）博士的研究论文，这里从略。②关于其余的驿程，《北征录》记述如下：

> 初七日早发兴和，行数里，过封王陀，今名凤凰山。山西南有故城，名沙城，西北有海子……过此海子，又度数山冈，午次鸣銮戍。上指示山，谓幼孜三人曰：此大伯颜山，共西北有小伯颜山。指其东北曰：此去开平……初十日早发鸣銮戍……行数里，平山渐尽，东北有山颇高，如诸山。上曰：此即大伯颜山。西北有山甚长，隐隐如云雾，间如海波层叠。上曰：此即小伯颜山，望之若高，少焉至其下，则又卑矣。由是地平旷……又行十余里，过凌霄峰，即小伯颜山也。

《口北三厅志》卷2《山川》载："大伯颜山，镶黄旗牧厂境内，昂吉立

---

① 现在还不能勉强求得解释。金幼孜的《北征前后录》版本很多。其中，明沈节甫的《纪录汇编》本和罗振玉新刊的东方学会本是足本。查《皇明经世文编》卷19，有胡俨所作《金谕德·北征诗集序》，可知《北征录》的作者还另有《北征诗集》。

② 参见〔日〕箭内亘《蒙古史研究》，第636~640页。

泺东北十余里。"照现在的地图来看，<sup>①</sup>离兴和半日路程的地方是鸣銮戍，可能就是现今的后义合滩一带，它的东北有标高 1370 米的山，恐怕就是大伯颜山；它的西北标高 1430 米的哈西兰特鄂博，当是小伯颜山。据《明实录》正统三年春正月丙申条载："游击将军都指挥佥事杨洪奏：比因达贼犯边，臣率兵剿捕，至伯颜山遇贼，奋击，生擒贼首指挥也陵台等四人，余贼悉溃。既而追至宝昌州。"又正统六年十一月乙未条载："左参将都督佥事黄真等率兵巡哨，至伯颜山，遇虏骑百余，击走之，获其马八匹。明日至闵安山，复与兀良哈三百余骑遇。"据箭内博士研究：这个宝昌州是今白城子，明安即闵安，在今上都河上店附近。<sup>②</sup>由此可知，这里的伯颜山自然就是今后义合滩的北山。

越过伯颜山以后的地名多不详。关于广武镇，仅见"有土城基，问人云：国初征和林时所筑，屯粮于此"。金幼孜的《后北征录》说："即哈剌莽来。"所谓"国初征和林时"是指洪武五年李文忠远征漠北的时候。当时曾看到哈剌莽来的名字，从应昌进军胪朐河的明军，过口温以后，曾在这里宿营。其后，《明实录》永乐十一年十一月甲申、正统四年十一月辛酉、景泰三年九月辛亥等条，都看到这个地名。这些都是瓦剌大酋从克鲁伦河以北往内蒙古时，途中驻屯放牧的地方。其中，景泰三年十一月丙戌条载：前军右都督杨俊叙述瓦剌太师也先的事，"闻其妻孥辎重俱在哈剌莽来，去宣府才数百里，其精壮屯于沙窝，尤为至近。云云"。明确记载哈剌莽来距宣府边外仅数百里。<sup>③</sup>

再查《大清一统志》，其中《喀尔喀蒙古·古迹》卷 41 条题为《度漠驿

---

① 现在的地图，只能依据陆地测量部发行的《东亚舆地图》和《东亚大陆图》等。以下同。新版《东亚舆地图》图形正确，但地名每每旧版好，尤其是历史地名是如此。

② 参见〔日〕箭内亘《蒙古史研究》（第 638~639、第 760 页）和〔日〕池内博士《鲜初东北境与女真的关系》（《满鲜地理历史研究报告》第五册第 358 页注 11）。按宝昌州即今河北沽源县九连城遗址，白城子为元代中都故址。——编者注

③ 杨俊这句话，亦见于《国朝献征录》卷 10 所载他父亲《昌平伯赠颖国公洪传》后面所附的《杨俊传》。这里依据年月记录清楚的《明实录》，不过《明实录》里有"闻其子孥辎重"一句，意思很难理解，兹依《献征录》改正。

站》，说明了这次永乐帝北征的路程；并叙述清康熙三十五年圣祖兴师亲征厄鲁特的噶尔丹，三月丁卯（十一日），出独石口，兼程北进。说：

> 四月戊戌（十三日），出喀伦边，次苏德图。己亥（十四日），次呼鲁苏台插汉脑儿。辛丑（十六日），次喀喇芒鼐哈必尔汉。癸卯（十八日），次席喇布里图。丙午（二十一日），次西巴尔台。壬子（二十七日），次察罕布喇。五月丙辰朔，次拖陵布剌克。庚申（五日），次阿敦齐陆阿鲁布剌克。辛酉（六日），次枯库车尔。壬戌（七日），次西巴尔台。癸亥（八日），抵克鲁伦河。

喀伦是满洲语 Karun，意思是卡哨，这里是指内外蒙古的边界线。时期也是四五月时候。在当时缩印的实测图——著名的安维利（D'anville）地图上，也记有这次康熙帝的北征路线。参照该地图，上述各地名都分别标出来了。像 Soudetou chery（苏德图——Südetü）；Houloussoutaitchahan Omo（呼鲁苏台插汉脑儿——Khu-lusutai Chaghan Naghur）；Kara-manni abirhan chery（喀喇芒鼐哈必尔汉——Khara Mangnai Khabirghan）；Sira-pouritou Omo（席喇布里图——Shira Büridü）；Chibartai Chery（西巴尔台——Shibartai）；Tchahan Poulac（察罕布喇——Chaghan Bulak）；Tourin Chery（拖陵布剌克——Töng Bulak）；Aduntsilo arou Poulac（阿敦齐陆阿鲁布剌克——Adughun Chilaghu Aru Bulak）；Coucoutchol Omo（枯库车尔——Kököchel）等，位置完全没有疑问。上述哈喇芒鼐哈必尔汉就是这里提到的哈剌莽来，几乎没有疑问。因为哈剌莽来（Khaha Mangnai）就是黑额（山头）的意思，蒙古有许多这样的地名。这里提到的地方，正是在从多伦到库伦的大道上，是内外蒙古交界附近的一个大草原，最符合上面所说的哈剌莽来的条件。①

---

① 这个哈剌莽来地方或者就是今达里冈崖牧厂地区。再查安维利（D'Anvile）地图，在这地方记有 "Inscriotion Chinoise sur L'expedition de L'Empereur Yong-lo contre les Mongous（关于永乐帝远征蒙古的中国人记载）"。塞北的路程受水脉限制，明永乐帝和清康熙帝都是由这同一路线前进的。

广武镇就是哈剌莽来，在今多伦诺尔到库伦大道上、外蒙古南边、内外蒙古接壤的地方。禽胡山在往前走一天路程的地方，它的位置也就可以大致推测出来。据《明实录》永乐十二年五月乙亥条载："驻跸禽胡山，上念在潜邸时，尝禽虏寇乃儿不花于此，遣礼部尚书吕震，祭其山川之神。"这里就是从前洪武二十三年成祖还是燕王的时候，第一次出征塞外到这里收降虏酋咬住、乃儿不花等的迤都。因此，改名叫禽胡山。《北征录》载："十六日午，次禽胡山，营东北山顶，有巨白石，上命光大（胡广），往书禽胡山灵济泉大（六）字，及御制铭纪行刻石。"《明实录》载："壬子，车驾次禽胡山，上制铭刻石曰：瀚海为镡，天山为锷，一扫胡尘，永清沙漠，赐其泉名灵济。"又，"甲寅，车驾次广武镇，赐其泉名清流，上制铭刻石曰：于铄六师，用歼丑虏，山高水清，永彰我武"。成祖的得意可以想见。这些碑铭到今天或许还保存着，也未可知。①

成祖大约是沿着现在的多伦—库伦大道进军的，所经过的饮马河畔平漠镇的位置，也大致可以推测出来，可能和后来清圣祖进军的路线大体相同，

① 但广武镇铭刻，据《北征录》说，因受风雨所阻，未能完全刻成。当时刻铭的地方是禽胡山，禽胡山前面有清水源和玄石坡，广武镇后面有捷胜冈等。关于清水源，《明实录》永乐八年三月戊子（二十二日）条说："车驾次金刚阜，敕游击将军都督刘江曰：清水源虏所往来之处，恐彼有伏，汝等乘夜速往掩捕之。如不见虏，即先据山顶泉源以俟。"又闻月丙申（三十日）遂次清水源，会有甘泉涌出，赐名神应泉。《北征录》有四月二日进《神应泉铭》的记述。据《后北征录》说：它的蒙古名叫马塔马。玄石坡在清水源以北两天路程、禽胡山前面两天半路程的地方。《北征录》详细记述了纪行刻石的情况如下："次玄石坡，见山桃花数丛盛开，草莽中忽睹此，亦甚奇特，上登山顶，制铭，书岁月，纪行，刻于石，命光大书之。并书'玄石坡立马峰'六大字，刻于石。时无大笔，用小羊毫笔，钩上石，勒成，甚壮伟可观。晚，有泉跃出于地，如神应，泉足饮人马，名曰天赐泉。"时间是四月七日。这座山似乎就是所谓赛罕山。据《明实录》说：其铭文曰："维日月明，维天地寿，玄石勒铭，与之悠久。"如本文所述，永乐帝刻铭的清水源，在兴安岭西侧还有一处，但两处都不是皇帝粮尽退兵的地点。本文所引魏源的《圣武记》的话，肯定有什么误解。按《北征录》纪程计算，清水源大致在兴和与广武镇中间。捷胜冈在广武镇以北两天路程的地方，这里是人大漠的要道。《北征录》载刻石的经过说：四月二十一日，"次捷胜冈，有泉涌出，名曰神献泉，上令光大书捷胜冈三大字于石。山多云母石，并书云石山三字刻于石"。这里所说的光大是和金幼孜同时随军扈从的胡广的别号。《明史·胡广传》说："广善书，每勒石，皆命书之。"这块刻石其实还保存。据柯萨凯维奇报告"禽胡山"的刻石上说："维永乐八年，岁次庚寅，四月丁酉朔，十六日壬寅，大明皇帝征讨胡寇，将六军过此。"题为"御制铭"的铭文，是"瀚海为镡，云云"。

肯定是今塔尔集尔集（Targilji）河汇流处附近。[①] 这就是说，成祖是先出鞑靼部西边，确是由这条路一直沿河东进了。据《明实录》及《北征录》载：五月三日，从平漠镇出发，由这里向东走两天，抵苍山峡，首次捕获敌谍；五月八日，来到环翠阜，侦知敌军内讧。传说敌众分为二部，阿鲁台向东奔跑，本雅失里向西跑到兀古儿札地方去，想投靠瓦剌。《明实录》记述如下：

> 甲戌（八日），车驾次环翠阜，指挥款台等获虏人询之。言：本雅失里闻大军出塞，甚恐，欲同阿鲁台西走，阿鲁台不从，众遂乱，互相贼杀。本雅失里已西奔，阿鲁台东奔，余部落亦离散。今本雅失里至兀古儿札之地，将奔瓦剌矣。时日已暮，上令诸将，悉渡饮马河驻营，议分兵追本雅失里。

成祖于是就在克鲁伦河畔筑杀胡城，驻屯留下的兵。五月九日，亲自挑选精锐骑兵北进。十二日，到达兀古儿札地方，敌人已远遁无踪。把兀古儿札河改名清尘河，当夜倍道追赶敌人。（略）

### 4. 永乐十二年战役

永乐八年一役，粉碎了东方鞑靼部的势力，但由此得到实际利益的并不是明军，乘两虎相争筋力疲惫而占俭夫之利的却是西蒙古的瓦剌部。本来就显示出兴旺的瓦剌势力，趁鞑靼蹉跌的机会，突然猖獗起来，占领和林，杀了残败的本雅失里，拥立他的儿子答里巴，称霸于蒙古，动辄显示看不起明廷的气势。尤其永乐十一年七月，阿鲁台被封为和宁王以后，特别抗拒明廷

---

① 《北征录》记述饮马河前面两天路程的地方，过元氏诸王坟墓的古梵场以后，又记述了饮马河畔的情形，说："度一冈，遥见胪朐河，又过一冈，上揽辔，登其顶，四望而下。又行数里，临胪朐河，立马久之。赐名曰饮马河。河水东北流，水迅疾，两岸多山，甚秀拔，岸旁多榆柳，水中有洲，多芦苇、青草，长尺余，传云不可饲马，马食多疾。水多鱼，顷有以来进者，驻营河上，地名曰平漠镇。"（按古今说海本、第 20 页，"登其顶，四望而下"作"登其顶，四望如下"；又按《豫章丛书》本，作"登其顶，四望始下"。按豫章丛书所刊《明人小史总目》称：《北征录》是据古今说海本付刊，用《历代小史》复校，但在《北征录校勘记》里说：十三叶"四望如下"。两本皆作"如"，似以作"而"为长。——译者注）

命令。这时成祖迫切感到必须膺惩瓦剌了。永乐十一年四月，成祖从南京来到北京，七月，册封阿鲁台。十一月，听说瓦剌的马哈木等率兵渡过饮马河，驻军哈剌莽来，有南窥的趋势。于是，便再次征调全国大军。到十二年三月，又踏上亲征之途。①

《明实录》永乐十一年十一月甲申（八日）条载：命令各将领巡行边境，简练士马。并集陕西、山西和潼关等兵于宣府，会中都（安徽、凤阳）、辽东、河南三都司及武平、归德、睢阳、淮安各卫兵于北京。十二年春正月条还叙述运饷问题说：

> 庚子（二十五日），命北京、山东、山西、河南、中都、直隶、徐州等卫，不分屯守，各选军士，以指挥千百户率领，都指挥总率，随军运粮。辛丑（二十六日），发山东、山西、河南及凤阳、淮安、徐、邳民丁十五万，运粮赴宣府。其运粮民丁悉给行粮及道里费，仍免差徭一年。

同年二月庚戌（六日）条记述部署各军如下：

> 命安远侯柳升领大营，都督马旺、陈翼、程宽、全玉副之。武安侯郑亨领中军，兴安伯徐亨、都督马瑛、章安副之。宁阳侯陈懋领左哨，襄城伯李隆、都督朱崇副之。丰城侯李彬领右哨，遂安伯陈瑛、都督费瓛、胡原副之。成山侯王通领左掖，保定侯孟瑛、都督曹得副之。都督谭青领右掖，新宁伯谭忠、都督马聚副之。都督刘江、朱荣等为前锋。会和宁王阿鲁台使至，言马哈木今遣乞塔歹率骑卒至兴和，侦朝廷动静。于是，命刘江等先往兴和，营于城之西，出兵哨瞭。又命谭青率右

---

① 以上，参见《明史·本纪》和前引《兀良哈三卫的研究》（原书第218页）。关于瓦剌的罪，《明实录》永乐十三年春正月丁未，记述瓦剌三王谢罪辞说："数年以来，仰载皇上大恩，如天罔极，前者不能约束部属，致犯边境，且拘留使臣舍里撒哈尔等，实非本心，皆为左右所误，致负大恩。云云。"

掇兵，往兴和操备。

在这以前，和宁王阿鲁台一再遣使报告瓦剌的动静，请求明军出动。于是，成祖便在前一天（五日）举行大检阅，在他使臣面前夸耀明军武威。十一日，送还使臣。

这样，三月十七日，成祖便亲率步马官军五十余万从北京出发。二十九日，过野狐岭到兴和。《明实录》和金幼孜的《后北征录》都详细记述了行军的经过。四月甲辰朔，明军在兴和举行大检阅。五日，由这里出发，所经之路几乎和上次相同，路上收服降虏，五月二日，到禽胡山，八日，到广武镇。二十三日，到饮马河，沿河西行，六月三日到达双泉海。① 以上所记的宿营地都曾驻军数日。（略）

### 5. 永乐二十年战役

忽兰忽失温战后，瓦剌畏惧，归附了明朝。永乐十三年正月，三王同时遣使入朝谢罪。此后，与鞑靼和宁王阿鲁台竞迭入贡，顺事明廷。十四年春，阿鲁台乘势打败马哈木，不久，马哈木死了，瓦剌的势力顿时衰落。十五年年中，似乎曾在兀古者河（乌里杂河）河畔，一度打败阿鲁台。但十七年再度被阿鲁台打败。从那以后，瓦剌受阻于阿鲁台，似乎未能照例向明廷朝贡。这样，逐渐恢复了势力的阿鲁台，便对明廷显出骄蹇的态度。到十九、二十年，竟至威胁起明边来了。② 其中，明人的记录里只说到二十年三月阿鲁台侵犯兴和，守将都指挥王唤〔焕〕阵殁。③ 其实，被侵犯的地方不止兴和，北边一带都遭到了侵扰，特别是阿鲁台属部三卫侵掠辽东的惨状，尤其厉害。（后略）

---

① 但到广武镇以前，和上次行程大致相同，以后就转向东北，不出塔尔集尔集河口方面，径向西北进发，直出托诺山下。这不仅是往土剌河方面的当然路线，即就前后出现在《北征录》的宿次地名来看，也可以推测这里完全不同。安维利（D'Anville）地图里详载了这条分往东西的路线。

② 参见《兀良哈三卫的研究》上，原书第219~220页。

③ 陈建《皇明通纪》卷5记这次入侵事说："三月，阿鲁台寇兴和，杀守将都指挥王焕。"郑晓的《皇明北虏考》说："二十年三月，虏攻围兴和，守御都指挥王祥战殁。"《明史纪事本末》卷21也写作王祥，然《明史·本纪》却说：三月"乙亥，阿鲁台犯兴和，都指挥王焕战死"。据《明实录》永乐二十年三月辛巳（二十四日）条载，应作王焕。王祥是后来出名的他的嗣子。

总之，这时，成祖又感到必须讨伐阿鲁台了。于是，永乐十九年六七月间，就不断征调辽东、山东、河南、山西各卫的兵马。命令襄城伯李隆督运粮秣二十万石到口外，部署将领，并准备亲巡北边。适值阿鲁台听到消息就逃跑了，退到遥远的北方去了，成祖因而也就中止了这次讨伐。① 阿鲁台虽暂时北迁，但绝非由于势挫而屈服于明廷，因而，成祖终于决定再次大举亲征。把一度动员的兵士暂时遣回，改定第二年二月，大举征集天下兵马。《明实录》永乐十九年秋七月庚寅（三十日）条载：

> 敕山西行都司都指挥李谦、盛全，率所领军还大同。俟明年二月，至万全。

又八月各条所载，即属此事：

> 癸巳（三日），敕辽东总兵官都督朱荣，山东都指挥王真、河南都指挥张祯、山西都指挥朱铭等，率所领军马还卫，俟明年二月至北京。
>
> 庚子（十日），敕后军都督佥事章安，罢遣所领官军还各卫，候明年二月赴宣府。
>
> 甲寅（二十四日），敕西宁、庄浪、平凉、巩昌、岷州、河州、临洮、洮州诸卫，选精锐土军，不限名数，令土官都指挥李英、指挥鲁失加、刘芳、赵安、千户哈剌苦出、董暹、张永等领之。以明年三月至北京。
>
> 丙辰（二十六），敕镇守宁夏宁阳侯陈懋，选步骑六千五百，以明年春，率兵至北京。
>
> 丁巳（二十七日），敕陕西都司，中都留守司、直隶徐、扬、邳、宿、沂、淮安、武平、归德、睢阳九卫，西安三护卫，通选步骑

---

① 参见《明实录》永乐十九年六月丁巳、戊午、庚申，又秋七月癸亥、乙丑、己巳、戊子等条。

一万四千三百，都司各委能干指挥，各卫委能干指挥率领，以明年春，至北京。

前三条是一度征调而又遣还的，后三条则完全是新征发的。

这样，成祖拒绝了各大臣的谏阻，大兴馈运。二十年三月乙亥（十八日），听说阿鲁台兵又犯兴和，即于戊寅（二十一日），急急忙忙由北京出发，辛巳（二十四日）到达今保安西北的鸡鸣山，听到敌人已经逃遁，就说："虏非有他计能，譬诸狼贪，一得所欲，即走。追之徒劳。少俟草青马肥，道开平，逾应昌，出其不意，直抵窟穴，破之未晚。"便暂在宣府、独石等地巡边。夏四月初，命武安侯郑亨带领兵卒一万人修筑龙门道路。辛丑（十五日），到龙门。乙卯（二十九日），驻跸云州，举行大检阅。五月辛酉（五日）端午节，经过独石，严格操练营阵之法。乙酉（二十九日），到开平。六月己丑（四日），经过通川甸。壬辰（七日），经过清平镇。这时曾听说虏侵犯万全，也不去理睬，一路北进。七月己未（四日），到达阔滦海即呼伦泊以北的杀胡原。① 然阿鲁台已把他的全部马驼牛羊辎重弃在阔滦海这边，带着家属逃遁了。于是，成祖便召回前锋都督朱荣、吴成等，派兵收集虏所弃的牛羊驼马，焚其辎重，说："朕非欲穷兵黩武也。虏为边患，驱之足矣，将士远来，亦宜休息。"遂命旋师。但是，就这样回去，可能觉得不够万里远征的意思。当夜又召集各将领，说："所以羽翼阿鲁台为悖逆者，兀良哈之寇。今阿鲁台狼狈远遁，而兀良哈之寇尚在，当还师剪之。"便掉转马头指向东南，先选步骑二万人，分五路进发，迂回捣毁敌人的根据地，亲自率领精锐数万人，跟在后面，命武安侯郑亨、成山侯王通、阳武侯薛禄率领大营各军走在最后。成祖军辛酉（六日）到清水泊，庚午（十五日）到达

---

① 《北征前后录》八年、十二年，《北征记》二十二年各处都没有这次战役的记录。以上所说都是依据《明实录》。关于当时的营阵法，《明实录》永乐二十年五月癸酉（十七日）条说："下令军中，牧放樵采，皆不得出长围之外，时营阵，大营居中，营外分驻五军，建左哨、右哨、左掖、右掖以总之。步卒居内，骑卒居外，神机营在骑卒之外，神机营外有长围，各周二十里，云云。"由此可知行军用心周密的情形。

兴安岭东的屈裂儿河畔。在这里遇到根据地已被捣毁而西走的兀良哈的大部队，予以歼灭，并在这个月月末以前，平定屈裂儿河南北地方，俘获数千人，颁赐军士们牛羊马驼十余万只，复又回到兴安岭西边。八月辛丑（十七日），过开平，由独石、云中入关，九月八日返抵北京。①

清水泊可能是今贝尔泊（Buir Naghur），屈裂儿河不外是洮儿河上游的一个支流归勒里（Guiler）河。②关于这次战役的经过情形，池内博士已有研究，我也曾有过论述，③这里从略。据《明实录》宣德二年九月乙未（十日）条所载安远侯柳升的简历，说："扈从北征，至苍崖峡，鬼力儿河、庆州，皆与有劳，云云。"苍崖峡是十二年忽兰忽失温战役时的地方。鬼力儿河肯定是屈裂儿河的异译，庆州也可能这次去征讨过。明朝经略庆州即今巴林的察罕城方面，洪武年间曾屡次见到，唯在永乐年间记录绝没看到。但据《明史稿》卷136、《明史》卷154的列传说：柳升起自燕王麾下燕山护卫的百户，成祖出塞时每次随从立功，但洪武年间似并没有北征。所以，《宣德实录》里所见到的庆州，必定是这次征讨屈裂儿河时到过的地方。④

再者，这虽不是柳升的事，但当时分别派遣的那些将领之中，似乎确有没到兴安岭西成祖麾下，而直接从东路回北京的。《明实录》永乐二十年八月戊戌（十四日）条载：

> 诸将先受命征兀良哈者奏云：已入寇穴，寇悉众来敌，大败之，

---

① 这条亦皆依据《明实录》，故日期都用《明实录》的干支表示。
② 〔日〕箭内亘：《蒙古史研究》，第592页。
③ 参见〔日〕池内宏《鲜初的东境与女真的关系》；拙稿《关于兀良哈三卫的根据地》，原书第147~148页。
④ 据焦竑的《国朝献征录》卷9所载归有光的《兴安伯徐祥世家》叙述这时徐祥之子徐亨从征的事，说："二十年，至渠列儿河、天城等地。"天城的地位不详，渠列儿河是屈裂儿河、鬼力儿河的异译。《明实录》宣德四年六月乙酉条载，左军都金事吴守义，永乐时"复从征至鬼垒列儿及拾教之地，皆有功"。这个鬼垒列儿也是同一条河。又，元代把这条河也写作贵烈河、贵列儿河、龟剌儿河、曲列儿河等（参见箭内亘《蒙古史研究》，第592页；和田清《内蒙古各部落的起源》，第268页）。

斩首数千级，余众溃而西走，尽收其人口孳畜。先道大宁，入喜峰口侯驾。

又九月壬午（二十八日）条载："监察御史王纲等劾奏都督吴成等随征之时，奉命往征兀良哈，不赴行在复命，径从东路还京。云云。"[1]从屈裂儿河方面分路经大宁入喜峰口的军队，毫无疑问，这时候曾去征讨庆州，因为兀良哈寇当时已进到这方面。因此，成祖的本部军马，下一步是先出独石口，沿着兴安岭西坡向北进军，一直进到呼伦泊以北，从这里转锋东南，从喀尔喀河上游到达洮儿河，在那里平定了岭东的余寇，又折回岭西，由开平入独石。另一部分军队则沿着兴安岭东坡南下，由庆州、大宁入喜峰口返回。本部军马之所以从岭西返回，必定和前次一样，有必要和留在后方的辎重等取得联络。《明实录》七月甲申（二十九日）条载："敕开平备御成安侯郭亮，发官军馈运赴行营。"八月乙酉朔条载："命新宁伯谭忠等，往开平趣馈运。"

试看当时输送辎重的部分情形。《明实录》永乐十九年十一月甲申（二十五日）条叙述国内馈运的情形说：

> 上将亲征阿鲁台。于是，命侍郎张本、都御史王彰等，分往山西、山东、河南三布政司，直隶应天、镇江、庐州、扬州、淮安、顺天、保定、顺德、广平、真定、大名、永平、河间十三府，滁、和、徐三州，督有司造车，发丁壮挽运，期明年二月，至宣府馈运。

又，二十年二月乙巳（十八日）条，说明塞北输送的情形最详，记述如下：

> 命英国公张辅等，同六部官，议北征馈运。辅等议分为前后运，前运

---

[1] 《明实录》在这段文字下面，接着说："及上飨从征将士，成等以有过，不与上列，径自趋出，无人臣礼，不治之，无以警众。上曰：御史言当，然成等功过相等，姑宥之。"《明史》卷156、《明史稿》卷144有《吴成传》，说他原是辽阳房人买驴之后，可能不习中国礼仪。

随大军行，后运稍后。前运合用总督官三人，隆平侯张信、尚书李庆、侍郎李昶。车运驴运各分官领之。领车运者二十六人。泰宁侯陈瑜、都督张远、吴顯、都御史王影、侍郎张本、伏伯安，指挥十人，郎中、员外郎、主事五人，监察御史五人。领驴运者二十五人，镇远侯顾兴祖、都督章安、尚书赵犯、侍郎崔衍、都指挥李得，指挥十人，郎中、员外郎、主事五人，监察御史五人。后运惟车辆，合用总督官二人，保定侯孟瑛，遂安伯陈英。为之副者二十七人，侍郎郭敦、都指挥陈景先，指挥十人，监察御史五人，郎中、员外郎、主事十人。仍命孟瑛、陈英，率领马军一千，步军五千护送。前后运共用驴三十四万头，车十一万七千五百七十三辆，挽车民丁二十三万五千一百四十六人，运粮凡三十七万石。从之。①

《明史纪事本末》卷21《亲征漠北》也简述此事，并说："运粮三十七万石，并出塞分贮。"②又据《李朝实录》和《明实录》载称：这次和前次及上前次一样，也曾征发朝鲜的马匹，并命建州毛怜等女真的兵从军。③

这样反复花去繁难的准备和耗费巨大的军费，纵令那样的明朝一定也要感到疲敝，明代军民也和唐代诗人一样深感征戍的痛苦。《李朝实录》太宗十二年（永乐十年）冬十月戊辰条载：因为"困于骹鞁之戍"，辽东人李哲、金禾等，率父母妻子弟侄逃到了朝鲜国昌城境内。又十四年（永乐十二年）九月己丑条载从明朝京师（南京）回来的通事元闵生的报告说：

> 帝还京，将赴征时，逃军及从征军士之妻妾奸他夫者，每日亲决，

---

① 按《明实录》影印国学图书馆传抄本第五十二册《永乐实录》卷122第3页，"吴顯"作"吴顆"，又"章安"作"张安"，"遂安伯陈英"作"遂安伯陈瑛"，"为之副者二十七人，侍郎郭敦、都指挥陈景先，指挥十人"作"为付者二十七人"，无"侍郎郭敦"等十四字。——译者注

② 《明实录》和《纪事本末》，往往文字不同。其中，如《纪事本末》里，保定侯孟瑛写作孟谟，又如车十一万七千七辆，写作车一十七万七千余辆，必定是错误。其他，想是《明实录》抄本误写的地方，也相当多。那些显然错误的，这里都订正了。

③ 《李朝实录》太宗十年（永乐八年）三月癸酉，又十三年（永乐十一年）秋七月乙未，又世宗四年（永乐二十年）春正月辛未等条，以及《明实录》永乐八年八月乙卯，又十六年春正月己未，又二十年夏四月庚寅等条。

斩首于阙门外，数至百余。

由此可见，成祖该是多么憎恶逃军，反之，又是多么同情忠实从军的士卒。同时，不也可以由此推测厌战的男女为数相当之多吗？明人的史料里几乎没有这类的记载，不过，当这二十年的出征时，所有当朝大臣都曾一起表示反对，却是最引人注意的史实。现据简明的《明史纪事本末》卷21《亲征漠北》，略举如下：

> 上命大臣集议。户部尚书夏原吉等共议："宜且休养兵民，严敕边将备御。"未奏，会上召兵部尚书方宾。宾言："今粮储不足，未可兴师。"遂召原吉，问边储多寡。对曰："仅给将士备御之用，不足以给大军。"且言："频年出师无功，戎马资储，十丧八九。灾眚间作，内外俱疲。况圣躬少安，尚须调护，勿烦六师。"上不怿。令原吉往视开平粮储。既而刑部尚书吴中入对，与方宾同。上益怒，宾惧，自缢。命锦衣官，取原吉还……及至，上问亲征得失，具对如初。上令同中系于披庭狱。

这是永乐十九年十一二月间的事。夏原吉是当时知名的大臣，方宾、吴中都因才干取得成祖的信任，而且都是上年扈从北征参与机密的宠臣。这时竟获忤旨之罪。方宾自缢后还把尸体的头割下来，夏原吉、吴中也长期被关在狱里，直到下一代仁宗时期才获赦。[①]成祖这次出征，在边塞梭巡很久，没有轻率长驱，原因之一恐怕也是由于经济的情况吧。

6.永乐二十一年战役（略）

7.永乐二十二年战役

成祖恐怕因匮粮不继，没能深入漠北，永乐二十年、二十一年两次都白白地让敌酋逃脱了，没能达到目的。因此，二十二年，又勉强率领亲征大军

---

① 《明史》卷149《夏原吉传》、卷151《方宾、吴中传》等。

出发，在路上“犯二竖”，崩于蒙古沙漠之中。《明实录》和杨荣的《北征记》等书都详细记述了经过情形。但《明实录》唯有有关各条，只是割裂分录了当时扈从随征的大学士杨荣所著《北征记》的文句，并无突出的价值。[①]现在为了方便，参考两者，简略叙述这次战役的概况。最初，由于忠勇王金忠等的劝诱，决定再度北征的成祖，得到这年正月阿鲁台来犯的报告，立即征发山西、山东、河南、陕西、辽东五都司的兵，三月二日举行大检阅，决定各将领的部署。四月四日从北京出发。二十五日出独石，到隰宁，捕获敌方间谍，得知阿鲁台等在答兰纳木儿河附近。《北征记》的记述如下：

> 庚午（二十五日）发独石，次隰宁。忠勇王所部指挥同知把里秃等获虏谍者言：“虏去秋闻朝廷出兵，挟其属以遁。及冬，大雪丈余，孳畜多死，部曲离散。比闻大军且至，复遁往答兰纳木儿河，趋荒漠以避。所以遣谍者，虑闻之不实耳。”上曰：“然则寇去此不远。”遂命诸将速进。[②]

隰宁距离独石口北三十七华里，在今石头城子左近。[③]答兰纳木儿河是现在的喀尔喀（Khalkha）河的支流纳墨尔根（Nemergen）河。[④]

于是，明军于五月五日到达开平。十三日从开平出发，十六日到威信戍，十七日过通川甸，二十二日过清平镇，六月十七日到达目的地答兰纳木儿河。但敌人早已逃走，只看到荒尘野草，并没有北虏的踪影。因此，成祖在附近梭巡几天，便分派各将领搜索山谷。周围三百里内，并无一人一骑的

---

① 《明实录》和《北征记》互为母子关系，是一目了然的。但哪个是初本？哪个是模本？一时颇难肯定。但如后所述，《北征记》的文句稍长而详尽，《明实录》的文句简赅而有缺漏。这就是我所以记录内容虽像《明实录》那样，但以《北征记》为蓝本，而以《明实录》为摘抄本。我想记述这些塞外事情，可能缺乏资料，所以《明实录》的编者就暂借大学士杨荣的笔记，加以补充了。正统临戎时期，也有这类事例。

② 这条，《明实录》和《北征记》间，除两三处文字不同外，无太大差别。不过，《明实录》说“复度答兰纳木儿河，趣荒漠以避”却不如本文所说“复遁往”，前后较能呼应。

③ 参见〔日〕池内宏《鲜初的东北境与女真的关系》，《满鲜地理历史研究报告》第五册，第358页。

④ 参见《关于兀良哈三卫的根据地》，原书第144~146页。又，叶氏的《四夷考》等，把答兰纳木儿河写作答口兰纳木儿河，显然是衍误。

踪迹。远到白邛山的前锋宁阳侯陈懋、忠勇王金忠等也空手回来。二十一日，便决意班师。杨荣的《北征记》叙述经过情形如下。《明实录》的文句也只是把这段文字精减了一些而已。

庚申（十七日），次天马峰，上以大军继进，行数十里。懋等遣人奏言："臣等已至答兰纳木儿河，弥望惟荒尘野草，虏只影不见，车辙马迹亦多漫灭，疑其遁已久。"上遣英国公张辅、成山侯王通等，分兵山谷大索，仍命宁阳侯陈懋、忠勇王金忠，前行觇贼。车驾进驻河上以俟。壬戌（十九日），发河上，次苍石冈。英国公张辅等相继引兵还。奏曰："臣等分索山谷，周回三百余里，一人一骑之迹无睹，必其遁久矣。"癸亥（二十日），次连秀坡，宁阳侯陈懋、忠勇王金忠还。奏曰："臣等引兵抵白邛山，咸无所遇，以粮尽故还"。于是，英国公张辅等奏曰："愿假臣等一月粮，率骑深入，罪人必得。"上曰："今出塞已久，人马俱劳，虏地早寒，一旦有风雪之变，归途尚远，不可不虑。卿等且休矣。朕更思之。"甲子（二十一日），次翠云屯，召英国公张辅等谕曰："昨日之言，朕思之，不可易也。古王者制夷狄之道，驱之而已，不穷追也。且今孽虏所存无几，茫茫广漠之地，譬如求一粟于苍海，可必得耶？吾宁失有罪，诚不欲重劳将士。朕志定矣。其旋师。"①

---

①　这条《明实录》记述如下：(加·号的是《明实录》有，《北征记》没有，带［］号的是《北征记》有，而《明实录》缺的字。)

"庚申，车驾次天马峰，［上以大军继进］，复行数十里，守阳侯陈懋等遣人奏［言］：臣等已至答兰纳木儿河，弥望［惟］荒尘野草，虏只影不见，车辙马迹［亦多］皆漫灭，疑其遁已久。上遣英国公张辅、成山侯王通等，分兵山谷大索，仍命［宁阳侯陈］懋及忠勇王金忠，前行觇贼。车驾驻［进驻］河上［以俟］。壬戌，车驾［发河上］次苍石冈，英国公张辅等［相继引兵还，奏曰：臣等］分索山谷，周回三百余里，无一人一骑之迹［迹无睹，必其遁久矣］。癸亥，车驾次连秀坡，宁阳侯陈懋、忠勇王金忠［还奏曰：臣等］引兵抵白邛山，咸无所遇，以粮尽［故］还。(下略）"

《明实录》的文句，有很多脱落，而《北征记》文字前后连贯。《明实录》还有把每天的记述独立起来的倾向。如果《北征记》是抄袭《明实录》的，那么，就应该有这种文字上的不同了。

白邛山，《李朝实录》写作白邙山。这里是照《明实录》和《北征记》写的。

可见明军从答兰纳木儿河上出发，更向苍石冈、连秀坡、翠云屯等地移动。但这些地方究竟在哪里现在还弄不清楚。《李朝实录》世宗六年（永乐二十二年）九月乙未（二十三日）条所载当时成祖的班师诏里曾说：

> 进兵至答兰纳木儿河，穷搜极索，直抵白邛山，四望肖条，旷无人迹。遂移师东行，逾屈裂儿河，复涉涛温河，擣贼孽党，阅其巢穴，悉以倾荡，耕牧之地，尽为荒墟。是用班师还京。①

这时也和二十年战役时一样，移师东行，扫荡了敌人的同党兀良哈的巢穴屈裂儿河、涛温河流域，破坏了他们的耕牧地就走了。《明实录》宣德四年二月甲午条说：亦马刺、兀者、弗提、屯河等女真各卫，遣使来朝，说："昨大军至兀良哈，诸卫皆恐怖，虑不自保。"明宣宗答复说，"兀良哈有罪，则朝廷讨之，岂肯滥及无罪。尔等但安分守法，即长享安乐，何用恐怖"，就是这次的事。②屈裂儿河当然就是归勒里（Güiller）河，涛温（Taghun）河必定是它的本流洮儿（Taghur）河。北魏时代曾出现过太鲁水（洮儿河）的名字，是这一带有名的大河。③

六月二十一日，明军遂决定班师。把军队分成两路，成祖亲自率领骑兵往东走，武安侯郑亨等率领步卒往西走，决定会于开平。二十三日，成祖从翠云屯出发，到苍玉涧，第二天过清流峡，七月七日，驻扎在清水源，磨数十丈石崖勒功，云："使万世后，知朕亲征过此也。"④十六日到苍崖戍，突然

---

① 《明实录》永乐二十二年秋七月戊子条也有这次北征班师的诏书。诏曰："朕亲率兵至答兰纳木儿河，穷搜极索，直抵白邛山。四望萧条，旷无人迹。因念王者之伐夷狄，驱之而已，遂用班师。"

② 这也可解释为或许是宣德三年秋宣宗亲征，在会州宽河讨伐兀良哈。但亦马刺、兀者、弗提、屯河等各卫是松花江中流以下的部族，所以不会对会州宽河的讨伐战有戒心。还是应该把它理解为永乐二十二年的征伐战。宣德四年是永乐二十二年后五年。

③ 《魏书》卷100《勿吉传》作鲁太水，《元史》等也作塔儿儿河。涛温水这个名字，也作为今松花江的支流屯河出现过（参见《满州历史地理》二册，第408~409页）。这里的涛温河当然不是屯河。

④ 《北征录》说："庚辰（七日）次清水源。道旁有石崖数十丈，命大学士杨荣、金幼孜，刻石纪行，曰：使万世后，知朕亲征过此也。"《明实录》里，"庚辰"后加"车驾"二字，"石崖"后面加了个高字，"万世后"三字作后世二字。

患病，十七日移至榆木川，十八日就死了。① 关于这件事，明人的记录里别无秘闻。朝鲜《李朝实录》世宗六年（永乐二十二年）九月癸酉朔条，记述辽东传来的皇帝讣报以后，载有种种传说，有的说："皇帝与鞑靼相遇交兵，阿录大战死。"有的则说：

> 忠勇王（金忠）自请招安鞑靼，扈驾而行，未知去向。皇帝行在所雨冰如瓦，军人或打臂，或碎头而死，马亦多折项而死，皇帝以此劳心而崩。

阿录大可能就是阿鲁台。传说他被打死了，和皇帝与鞑靼交兵，这些都是虚构。然说行军途中遭到大雨雹、皇帝劳心而死，或者有几分属实。《李朝实录》世宗七年二月丁巳（十七日）条，还载有明廷使臣内官尹凤传告朝鲜总制元闵生的话，说：

> 其时，事不可说。北京距榆木川不迩，自榆木川以北，奚止八九倍，銮舆入幸逐中山王，阿禄太王使人曰："予自昔受赏与爵，不可以拒大军。自东逐我，则我乃西走；自西逐我，则我乃东走。"终不与战。不幸皇帝病亟，还而至榆木川而崩。崩后大军与三卫兀良哈再战，我军被虏不知其几千人也。

"銮舆入幸逐中山王"一句，颇难理解。阿禄太王就是和宁王阿鲁台，中山王也许是和宁王的讹误，文意必定是"銮舆入漠，逐和宁王"。② 总之，阿鲁台东奔西走躲避战争，确是事实。最后所说"崩后大军与三卫兀良哈再战，我军被虏不知其几千人也"，或许有些影子，也未可知。

---

① 榆木川，《明实录》和罗本《北征记》写作榆林川。两者都是有榆树原野的雅名，今取文义通顺者，按通行本作榆林川。《李朝实录》叙述当时事件，也作榆木川，如以后所引证那样。

② 所谓中山王，实是徐达的王号，但这里不应该出现徐达。

在明人的记录里当然见不到这类事。成祖崩后，大学士杨荣、内臣马云等秘丧急驰。二十七日，过通川甸，二十九日到武平镇，和先前分别前进的武安侯郑亨等所领步军会合，八月一日过开平，入隰宁、云州，十日到达北京。据《明实录》永乐二十二年三月壬辰等条说：这次战役也曾有女真毛怜卫酋从军。总之，成祖的远征到此结束，同时明初对蒙古的积极经略，也到此告终了。

现在考察一下上述地名。这次征伐的路线和二十年时的路线几乎相同。关于开平以南的地名，已有箭内、池田两博士的研究，①大概没有什么问题。反之，开平以北，在沙漠地带的宿次，却完全不清楚，并没有考证的余地。只是答兰纳木儿河以东，成祖所经过的苍石冈、连秀坡、翠云屯等处，无疑就是今洮儿河、归勒里河上游地方。从翠云屯折回时，途经苍玉涧、清流峡，从这些地名来看，可以设想是在兴安岭里面。其次到了富平川、长清戍，才走出兴安岭以西，沿岭西坡南下。清水源的磨崖碑应该在这方面寻找。成祖崩殂的地方——榆木川，必定也在这方面。从所说"由开平北行十一日程"来看，想来必定是今乌珠穆沁部东南一带。据《北征记》所述来计算，②从翠云屯到开平大约是二十四五天路程，因此，开平往北走11天路程的榆木川，应当在它南面的1/3路程的地方，而由翠云屯大约12天路程的清水源，必定在它北面的2/3路程的地方。

还有一个问题就是通川甸和清平镇的位置问题。这是因为据金幼孜的《北征录》载："通川甸，即应昌东二海子间，云云。"应昌的遗址在今达里泊西南岸，因此，所说其东二海子间，正应当在它东面并列的达里泊和汪牛泡子之间，但据《明实录》和杨荣的《北征记》载，"清平镇即元之应昌路"，而且通川甸和清平镇之间，还隔着长乐镇、香泉泊、环翠冈、永宁戍等几处宿营地。应昌，明初也常有往来，至今还留有遗迹，所以当时成祖

---

① 〔日〕箭内亘：《蒙古史研究》，第752~768页。〔日〕池内宏：《鲜初东北境与女真的关系》，《满鲜地理历史研究报告》第五册，第30~308、第358~390页。

② 因为时常在某地停留，所以进军旅程同单凭日数计算就不一致了。

一行绝对不会弄错了。而且二十二年班师诏书里也有"师驻应昌，前锋获虏声息，云云"。①往征途次，驻于应昌无疑，因而，首先必须相信《明实录》和《北征记》的"清平镇即元之应昌路"这句话。反之，《北征录》所说"通川甸即应昌东二海子间"，并不是说到过应昌，只不过是听到的说明。而且这还是在永乐初次亲征的时候，对漠北情形还不十分清楚。因此，可能是传闻之误，完全不足凭信。据《北征记》载，通川甸距开平北只有急行一天多的路程。《李朝实录》世宗六年（永乐二十二年）六月丁卯条所载奏闻使总制元闵生的信也说："五月十六日，臣及到开平迤北一百余里行在所，皇帝引见，云云。"所说"开平迤北一百余里行在所"，是指通川甸正南的威信戍，通川甸大约在开平以北不到二百里的地方，这样就太近了，绝不会到达里泊湖畔应昌以东。又据《北征记》载，这次征伐往返都曾经经过通川甸，而清平镇却只有去时经过，回程并没有路过该地。这是因为清平镇就是应昌，位置偏西，所以归途急驰的成祖军队没有经过这里，再和永乐八年从兴安岭以东回来的军队只经过通川甸而没有经过清平镇合起来看，这种推测就可得到证实。因此，我在这里采取"清平镇即元之应昌路"的说法，觉得理应舍弃《北征录》所说"通川甸即应昌东二海子间"的说法。②

在这以前，永乐十六年，瓦剌马哈木之子脱欢承袭父位任顺宁王，然同贤义王太平和安乐王把秃孛罗都衰微不振，在这几次战役中，可能都采取了远离旁观的态度。到永乐末年以后，才又逐渐继续向明廷朝贡。阿鲁台也在成祖死后立即与明通款，获得赦罪后经常通贡了，但逐渐被瓦剌所压倒。洪熙、宣德以后，明朝也只是尽力招抚而已，不久就放弃开平卫，筑长城以自守，再也没有主动地出军去经略它了。

---

① 《明实录》永乐二十二年秋七月戊子条。《李朝实录》世宗六年九月乙未条，也载有此诏书，并说"师驻应昌"，云云。

② 我尝根据《北征录》的脚注立论（原书第145~146页），这次改正说法，多少有些需要更正。然全都是考证战场上不著名的地方，也无关宏旨，现在为了避免麻烦，暂且不论及这事。

## 结束语

明初的蒙古经略，看来是有一定方针的。这从反复用兵所经的路线就可以看得很清楚。太祖、成祖二帝的兵马，虽曾几次征伐兀良哈，但绝不从蓟北直接北上，而必迂回独石、宣府，出兴安岭西，从西方向虏进攻。这确是为了防止败窜的敌人逃往西方与大虏会合。在明初整个北方经略里，始终贯彻执行了这种方针。这样，最初经略满洲时，就直抵长白山北麓，首先切断朝鲜和北元、女真的联系；接着，逐渐从辽河流域进到松花江流域，努力把满洲同蒙古分开。征伐纳哈出时也是由西方大宁迂回逼近，后来便极力经略满蒙边境上的呼兰地方，然后切断三卫和鞑靼边界；进而征伐本雅失里、阿鲁台时，也是出鞑靼部的西境，防止它和瓦剌联合。至于从今安西、敦煌经略哈密方面，当然是为了截断蒙古和西藏的联系。这是太祖、成祖两代一贯奉行的大方针。

二帝之间，方针上显著不同的是：太祖采取稳步前进主义，踏踏实实地开拓边境；而成祖则专喜远征，徒然多设羁縻卫，并不努力维持边卫。那珂博士尝称赞成祖的功业说："昔汉武、唐宗等，虽屡破北狄，但均系遣大将而非亲征。汉人天子远渡沙漠者，唯成祖一人。"[1] 诚然是这样，不仅是汉人天子，就是北狄出身的天子，一旦入主中原而实行这类亲征的，也只有此前的魏太武帝和此后的清圣祖而已。所以，明人盛赞成祖的五出（沙漠）、三犁（虏庭）。成祖之所以这样不惮艰险，固然是由于身为燕王时代的锻炼，但也由于他那种好大喜功的性格所使然。在他的亲征途中屡次刻石勒功的铭文词句里，也表现出来他的这种意图。因而他的行动豪华，也正因此却多无益的奢费，感到太祖没有体会到的馈运辎重的困难。

二帝用兵的数目，太祖洪武五年是 15 万，二十年是 20 万，二十一年又是

---

[1] 〔日〕那珂通世：《东洋小史》，第 215 页。

15万，这是最大限度，其余多次是用少数奇兵，袭敌之虚。然而成祖，永乐七年就给丘福兵10余万；八年和十二年亲征时，号称各50余万，朝鲜记录里竟传说是100万。二十年、二十一年和二十二年亲征，因为兵缺饷乏，似乎没有达到这样的数目，但还是超过了几十万。纵使这些数字一时难以凭信，但把这样的大军派到沙漠地方去，不能不说是汉、唐以来罕见的用兵了。

再者，成祖征伐的特点是，倾注全力专门讨灭东方的鞑靼阿鲁台。永乐七八年鞑靼、瓦剌对抗时，所以先伐鞑靼是因为它威胁着明的北边，且自负是元室后裔，轻易也不屈服。但此所产生的结果，却是瓦剌的跳梁。于是，十二年就又征伐瓦剌。结果，阿鲁台的势力又复兴起来了。所以，永乐二十年，不听各大臣的劝阻，再次讨伐阿鲁台，并不是没有理由的。阿鲁台开始就有些受瓦剌的压制，二十年以后尤其衰弱，根本无力和明军对抗，然皇帝一定要灭掉他。二十一年、二十二年接连两次逼迫他，究竟为什么宁愿兴无名之师而窘逼如此的弱者呢？用意不外是要除掉他，安定东蒙古地区，置东部内蒙古地方于完全受他支配之下。成祖放弃大宁、东胜地域，置之度外，我想也是出于这种远略的缘故。成祖的名言说"今灭此残虏，惟守开平、兴和、宁夏、甘肃、大宁、辽东，则边境可永无事矣"[①]大概就是这种意思。然而倾注毕生精力的宏伟事业，即将垂成而身先死，雄图大略再也无法实现了，儿孙庸劣不能继承遗志。煞费苦心经略的结果，反使渔人得利。瓦剌就乘它疲敝的机会，突然兴起，不仅奴役了鞑靼、三卫，不久竟控制了皇帝的儿孙。

昭和七年三月三十一日稿

---

① 见《北征录》永乐八年二月二十一日条。

# 补　记

德国 W. 弗兰克的《永乐朝的蒙古远征》(《Yunglos Mongolei Eeldzüge》刊载《汉学杂志》第Ⅲ期，第1~54页，北京，1945）和《15世纪初期中国人对蒙古的出击》(《Chinessische Feldztüge durch die Mongolei im fiühen 15 Jahrhundert》，刊载《汉学》第Ⅲ期，第81~88页，巴塞尔，1952）等所研究的题目和本篇几乎相同。

佐口透曾为作者还历纪念论文集寄来一篇论文——《河西蒙古的封建王公》(载在《和田博士还历纪念东洋史论丛》)，补充了作者论文中不足之处。

又，本篇论述永乐帝的进攻路线，后来经苏联卡萨凯维奇实地调查结果，大致证明了我的考证是正确的。卡萨凯维奇:《中国远征蒙古的历史资料》(B. A. Каэакевич: Материалы кисториикитайских военныхэкспедипий в Монлию)，刊载在《苏联科学院东方学研究所纪要》第2卷第3期 (Записки ИнститутаВостоковедения Академии Наук СССР. Ⅱ—3，1933)。原书卷头所附照片，就是那时拍摄的。

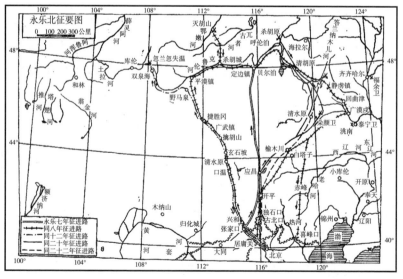

（按原图译制）

# 元代黑谷路探<sup>*</sup>

## ——兼谈张家口地区古道

尹自先

黑谷路，是元代大都至上都之间一条驿道。关于它的走向，中外历史地理界曾做过一些探讨，受资料限制，特别是缺乏实地考察，至目前仍无可意的解答。弄清此路，对研究元代政治、军事、经济特别是北方地区与中原的联系大有裨益，对我们了解张家口地区古代交通状况也不无意义。为此笔者对该路可能经行的地域踏查，结合有关资料考证，不揣浅陋作探，并就教于行家。

至正十二年（1352），监察御史周伯琦扈从元顺帝北巡上都，留有纪行诗二十四首并序，该序的"前序"（以下简作《前序》）记了去程，"后序"（以下简作《后序》）记了回程。《前序》云："两都相望不满千里，往来者有四道：曰驿路，曰东路二，曰西路。东路二者，一由黑谷，一由古北口路，东路，御史按行处也。"谓东西方向是相对驿路而言的，黑谷东路经黑谷口，故名黑谷路，元帝北巡常走此路，又叫辇路。

"驿路"，即"望云道"，又是元代腹里通往和林帖里干（蒙语"车"）站道的第一段（大都至上都）。有元一代，许多官员奔波其上，留下大量记行诗文，各站位置比较明确。据《析津志》"天下站名"其路线是："大都（今北京市），正北微西昌平（北京市昌平），西北八十（里）榆林（延庆县榆林堡），西行至统幕（怀来县土木）分二路（一路经雷家站即今怀来县新保安、

---

\* 原载《张家口师专学报》（社会科学版）1993 年第 3 期。

宣德即今宣化西去大同方向），一路北行至上都：正北八十（里）洪赞（怀来县洪站），正北转东八十（里）雕窝（赤城县雕鹗），正北偏东八十（里）赤城（赤城县），八十（里）独石（独石口），东北八十（里）牛群头（沽源县石头城子），六十（里）明安（沽源县马神庙），六十（里）李陵台（正蓝旗老黑城），桓州（正蓝旗四郎城），至上都（正蓝旗昭苏乃木城）。"中统初，该路出居庸关后经缙山县（延庆县旧县①）径直北入雕鹗，这可从《经世大典·站赤》知：中统元年（1260 年）五月，忽必烈在开平府即位后，设缙山、望云二驿，令中书省于缙山至望云取径道立海青站，传递急速军情公事，只许持有海青牌者走望云道，其余人员一律由大站（即西路）乘驿。中统三年再次规定："今后但有骑坐铺马使臣人等，仰照依已降圣旨，不得于望云取直道上经行，……止令经由抚州（张北）、宣德府（宣化）正站（即大站）。若有军情急速公事海青使臣，径直望云、雕窝路上经行。"因当时道上立有望云驿（赤城县云州②），故称"望云道"。查其路线，出居庸关至岔道转北，自旧县入黄峪口（按：旧县以北为一带高山隔阻，非此口不能北上），溯白河、红河至雕鹗，即《赤城县续志》所谓"县城至京僻路"，③以北不变。开平府升号上都后，整顿上都至燕京（后升大都）站赤，设立上都西路与上都南路诸驿站，"上都以西隆兴府（张北）道立孛老站，上都以南望云道立车站并马站"，④自此，望云道列为正式驿路。然该路缙山至雕窝段交通不便，至元中几次"治缙山道"终不能畅。后来除急递，一般使臣多绕榆林、统幕、洪赞达雕窝，即前述"驿路"上经行。

辽代，望云道是幽州（今北京市）至炭山（沽源县、丰宁县闪电河流域，是辽代著名游幸场所、帝后四季纳钵之一）驿路，北宋兵书《武经总

---

① 缙山县时治旧县，元延祐三年（1316）始迁治今延庆县城
② 本望云县，元中统四年（1263 年）升为云州，至元二年（1265）州存县废。至元二十八年升龙关镇（今赤城县龙关镇）为望云县，隶云州。可见中统初望云在云州，不在龙关。
③ 光绪《赤城县续志》"疆域"："县城至京有正僻二路（正路沿'驿路'至），僻路：八十四里至黄峪口，又二十里至旧县，又四十五里至岔道，岔道以南与正路同，计共二百八十九里。"
④ 《经世大典·站赤》，《永乐大典》卷 19416，第 12 页。转引自陈得芝《元察罕脑儿行宫今地考》《历史研究》1980 年第 1 期。

要》记：炭山"本匈奴避暑之处……今辽中目为炭山。自幽州西北路清河（北京市郊清河）馆，即居庸关、雕巢（雕鹗）馆、赤城口（赤城县），始有居人。又望云县（云州）、受赐州（独石口），凡十日程至炭山"。金代，此路又是中都（今北京市）至金莲川（凉陉，辽之炭山地）道路，金帝北幸金莲川多经此道。

西路，又称"野狐岭路"，周氏回程走此。据《后序》其路线是：上都、桓州、李陵台至察罕脑儿（沽源县小红城子，位在"驿路"上，忽必烈设行宫于此）转西，历怀秃脑儿（太仆寺旗南部巴彦察干淖。民国《张北县志》认为即张北县西大淖，误）、鸳鸯泺（张北县安固里淖）、兴和路（张北），过野狐岭后，经宣平县（万全县宣平堡）、沙岭（张家口市沙岭子）、顺宁府（即宣德府，因地震改名）、鸡鸣山（下花园鸡鸣山）、统幕，以南与"驿路"合辙。

中统以前，该路出野狐岭后北通和林，公元1247年张德辉等奉召北上即行此线。据张德辉《岭北纪行》其路线是：扼胡岭（即野狐岭）、抚州（张北）、昌州（沽源县九连城古城），北入和林。此路习惯称"野狐岭路"，又以"扼胡岭，下有驿曰孛落"称"孛老站道"，为"正站"。中统元年忽必烈在开平即位，遂自该路宣德州至开平取径路设驿，中统二年王恽奉召自燕京至开平即行此线。据王恽《中堂事记》其路线是：宣德州、青麓（宣化县青边口）、定（静）边城（崇礼县西湾子附近）、黑崖甸（赤城、沽源、崇礼三县交界地带）、小河（沽源县小河子附近）、察罕脑儿，以北与"驿路"合辙。中统四年整顿上都至燕京站赤，"上都以西隆兴府道立孛老站"，正式设立"西路"驿道，但据《经世大典·站赤》到后来"西路"也逐渐被驿路取代，变成"专一搬运段匹、杂造、皮货等物"的运输路，不过元朝皇帝每年秋初从上都回大都，常走此线，故又称作"纳钵西路"。

古北口路，大都东北行，出古北口，经宜兴州（河北滦平县北兴州村小城子）、东凉亭（内蒙古多伦县白城子），西至上都。

黑谷路，周氏去程经此。据《前序》其路线大体是：自大都沿"驿路"

行，出居庸关抵榆林后分叉，到驿路上的牛群头合辙。问题是其间不相合的那一段（本文探讨的也专指这一段）到底如何走法，众说分歧。

日人箭内亘在《元朝斡耳朵考》附"察罕脑儿考"（《东洋学报》第10卷第2期）中说：到缙山县后便折向西，与王恽所走路线相合。按《中堂事记》，中统二年王恽奉召自燕京至开平行经的路线是：过宣德州（即宣德府）后，历青麓（宣化县青边口）、定（静）边城（崇礼县西湾子附近）、黑崖甸（赤城、沽源、崇礼三县交界地带）、小河（沽源县小河子附近），至察罕脑儿与"驿路"合辙。关于这条路线贾敬颜先生在《王恽〈开平纪行〉疏证稿》（《元史论丛》第五辑）里也说得明白。黑谷路明言是东路，王恽所行完全在"驿路"西侧，且《前序》所列纳钵在《中堂事纪》中不见半个。郑绍宗在《考古学上所见之元察罕脑儿行宫》（《历史地理》第三辑）中说的人，跟王恽所行有异有同，并说望云路即黑谷路，经过望云川（今赤城县龙关一带）。王恽并未曾在望云道上行走，望云路与黑谷路是两条截然不同的驿道，此说显然不当。南京大学陈得芝先生在《元岭北行省诸驿道考》（《元史及北方民族史研究集刊》第1期）中说，至龙门与西路分叉，转北行出黑谷，至牛群头站与驿路合辙，然察"西路"上并无龙门。

《前序》是目前所能见到的有关黑谷路记载的最详史料，里面提到"龙门"这一纳钵驿站。上述专家学者的考证无不受此左右，近年，陈高华、史卫民在其《元上都》里绘制《元朝皇帝两都巡行路线示意图》，也据此将该路牵向赤城县的龙门所。

《前序》云："……五月一日，过居庸关而北，遂自东路至瓮山。明日至车坊，在缙山县之东，沃衍宜粟，岁供内膳。又明日入黑谷，过色泽岭，高峻曲折凡十八盘。遂历龙门及黑石头，过黄土岭至程子头，又过磨儿岭至颉家营，历白塔儿至沙岭。自车坊黑谷至此凡三百一十里，皆深林复谷，村坞僻处。山路将尽，两山高耸如洞门，尤多巨石，近沙岭，则土石连亘，地皆白砂，深没马足。过此则朔漠，平川如掌，天气陡凉，风物大不同矣。遂历黑嘴至失八儿秃，又名牛群头，意'有泥淖'，其地有驿……驿道自此相合。……"这段文字引自中华书局出版的《元诗选·初集·庚集·伯温近光集·纪行诗二十四首》，文字内容较四库全书收录的周伯琦《近光集·扈从诗》少些。笔者就此结合踏查，试对其中几个重要地名做考释，对黑谷路走向做一大致的勾勒。

黑谷路出居庸关后第一站在瓮山，从《前序》看它在居庸关北，距关不足一日程，地当今北京市延庆县南界。察该县大榆树乡红门村有一红山，状如倒瓮，地处通衢，居庸关直北 30 余里，地望相当，据延庆县地名办公室同仁介绍也就是古之瓮山。

车坊，《前序》说"在缙山县之东，沃衍宜粟"。缙山县，原治今延庆县旧县，延祐三年（1316）以元仁宗诞于境内香水园（即香营），升县为龙庆州，州、县迁治今延庆县城；明改龙庆州为隆庆州，复改延庆州；清沿袭不久又改延庆县，历民国至今仍称。察延庆县城东北 30 余里有一车坊村，此村名在嘉靖《隆庆州志》、乾隆《延庆县志》中均有记载，可以判断，此车坊村即元之车坊，村名沿袭至今未变。另，该地作为延（庆）怀（来）盆地一角，平畴沃野，地貌也相当。

黑谷，《前序》说大驾在车坊驻跸后，"明日入黑谷，过色泽岭"。就是说从车坊启程，当日进入黑谷，并翻越一座色泽岭。色泽岭，光绪《延庆州志》说"在永宁（今延庆县永宁镇）东北，后人讹为涩石塞石"，《察哈尔省通志·延庆县·疆舆》说："涩石岭（即色泽岭）在县东北六十里。"车坊在县（延庆县城）东北 30 里，涩石岭又在县东北 60 里，这两条资料告诉我们，大驾出车坊所行方向是东北。据此，黑谷应在这一方向且距车坊不远。察车坊北、东 10 余里即为山地，群山起伏，重岭叠嶂，从车坊进入山地唯口二：一是前面提到的黄峪口（车坊直北 10 里），一是黑峪口（车坊北稍东 9 里，赤城—延庆公路穿过此口）。元时，黑谷又名黑峪，黑峪口也就是黑谷之口，当是辇路所经。《口北三厅志·艺文》载元人虞集《题滦阳胡氏雪溪卷序》："去年予与侍御史马公同被召出居庸关，未尽，东折入马家瓮，望缙山，度龙门百折之水，登色泽岭，过黑谷至沙岭乃还。道中奇峰秀石，杂以嘉树香草，辇道行其中……"虞集与马祖常此行走的正是黑谷路，缙山（古称缙阳山，主峰今俗呼佛爷顶）位在赤延公路侧，主峰在黑峪口东北 3 里许，"望缙山"而行则必由黑峪口入。

黑峪口前行，必走白河川谷，白河北岸有一白河堡，为通衢，西南距黑峪口 25 里。白河堡前行，道路只有两条，或溯流北上，或顺流东下。何去何从？一些学者认为溯流而上，主要依据了《前序》中那个"龙门"，他们将它认定在白河上游的赤城县境内，谭其骧《中国历史地图集》就将赤城县龙关一地标记为龙门站，这就势必使黑谷路溯流北上西就，从而导致前面提到的种种错误判断。龙门是个重要地名，我们有必要先弄清它。

察居庸关北有"龙门"之称见诸经传者有五：龙门关、龙门县、龙门山、龙门所和龙门洲。

龙门关，在赤城县西南边界之剪子岭（古称龙门山）上（今遗迹尚存）。明清时一般称"隆门关"，有时也作"龙门关"，今称"锁阳关"，原始名称也就是"锁阳关"，这从关额明白镌有"锁阳"二字可见。[①]从锁阳关位于明长城侧看，当筑于明代，也就是说元时龙门山上不存在此关。退一步说，即使元时有关，此地为交通要隘也可能设有龙门站，那跟《前序》所涉及的"龙门"也无干。《前序》表明，从车坊启程当天进入黑谷口并翻越色泽岭，过此"遂历龙门及黑石头，过黄土岭至程子头，又过磨儿岭至颉家营，历白塔儿至沙岭"。龙门离色泽岭不过一日程，距车坊、黑谷也不过一二日。权且以车坊、黑谷论，它们至龙门关直线距离 220 里，若曲折迂绕则在 350 多里，按纳钵间距十数里或数十里，这么长的间距是不可能的，而《前序》明言从车坊黑谷至沙岭才 310 里。假设黑谷路过龙门关，该路溯白河而上行至此只能西出锁阳关，然后至宣化青边口走王恽路线方可就近趋牛群头，但《前序》所列若干纳钵地名在《中堂事纪》中一个也没出现，反之亦然。

龙门县，元初为龙门镇，至元二十八年（1291）升望云县，明宣德六年

---

① 《察哈尔省通志》"龙关县·山川"："锁阳关，在县西南二十里龙门山，上有关，额曰'锁阳'。"

（1431）置龙门卫，清康熙三十二年（1693）改龙门县，民国改龙关县，今称龙关镇，属赤城县，在龙门关东北20余里。该地虽有"龙门"旧称，但也不是《前序》所提之"龙门"。且不说纳钵间距仍遥远，单从地貌就可见，它并无周伯琦纪行诗《龙门》一诗中描绘的"千严万壑，峭壁渚纤"的胜状，而是地处平旷（今称"龙关盆地"），远隔高山，红河水流经其南里许，水势微弱，大旱则涸。

龙门山（与龙门关所在的龙门山无涉），在赤城县云州东北5里。白河穿流山间，今称"舍身崖"。《水经注》称该山为"独固门"，《辽史·地理志》说"石壁对峙，高数百尺，望之若门，徼外诸河及沙漠潦水皆于此趣海"。元时此山迳称"龙门"，因其地当"驿路"孔道，又是险胜之处，元人诗文中常常提到它，但与黑谷路上的龙门无关。龙门山地处"驿路"孔道，由车坊黑谷赴此非溯河走一段"驿路"不可，途经雕鹗、赤城、云州等著名驿站，可《前序》中都不见。另《前序》明言黑谷路到牛群头才与"驿路"合辙，怎会在此汇合？更何况此地距车坊、黑谷路程之遥也不亚于龙门关。

龙门所，在赤城县东。此地元时叫李家庄，明代在庄东筑长城，遂在此置龙门守御千户所，这才有了龙门所之名。而李家庄之称仍存，明时这里有个诗社，就叫"李家庄诗社"。陈高华、史卫民两位先生绘制的《元朝皇帝两都巡行路线示意图》中，黑谷路走向是：出居庸关道车坊，入黑谷口后抵白河川；溯白河北上，20多里后舍白河转而东北到龙门所；再东入黑河川，然后沿黑河北出上坝，到沽源县石头城（牛群头）与驿路会合。走向的前一句正确，后一句沿黑河到牛群头也正确，但让黑谷路走龙门所进黑河川，则不妥。造成原因是将龙门所误作"龙门"了。《前序》说："……又明日入黑谷，过色泽岭，高峻曲折凡十八盘。遂历龙门及黑石头……"黑谷路入黑谷过色泽岭后就到龙门，黑谷与龙门中间只有一个纳钵——色泽岭，该岭如前述离黑谷很近，也就是说从黑谷到龙门顶多二日程，事实上两地地图直线距离不下160里。《前序》明言自车坊黑谷到沙岭"凡三百一十里"，可经龙门所而达其里程不过200多里！龙门形势险胜，可是龙门所地处一道平川，十数里内地势平坦，其东虽近山，但无河，2012 年夏笔者随同南京大学特木勒先生实地考察，没发现有河，当地人说有一条季节河，平时没水。

龙门洲，今名已湮，从一些诗文看，以往有此地名。乾隆《延庆县志·艺文》存有明人罗存礼纪行诗《千家店》，诗云："驻日边庭莫厌频，古人遗迹尚堪论。醉乡旧说千家店，秦域今开百老村。马邑路遥通零岭，龙门洲近接河滨。丹心不受居庸阻，飞梦时能觐至尊。"诗中提到的龙门洲，位于千家店至居庸关之间某河畔。千家店，即今延庆县东部白河北岸之千家店，百老村即今车坊西南六里之大柏老，由千家店赴大柏老，溯白河西行，过黑峪口可达。走别的路也行，但没河。而大柏老至居庸关之间无河，可见诗中所言之河是白河，那龙门洲应在白河堡和千家店之间。有意义的是，罗氏惯行的此道正是黑谷路段，且看他的另一首《千家店》："杖履乘间塞外行，客乡此日慰飘零．壶觞乳酪千家店，车驻毡裘十里亭．白庙雨余秋涧碧，红门日落暮山青。雁飞好向江南去，为报平安在永宁。"白庙即今车坊东数里之东白庙，红门即前述之瓮山所在地红门。初步判断，《前序》中的龙门与这个龙门洲有关联。周伯琦《纪行诗二十四首》之《龙门》诗曰："踰险梦频悸，循夷气始愉。千巖奇互献，万壑势争趋。峭壁剑门壮，重梁皇渚纡。凡鳞期变化，雷雨在斯须。""重梁皇渚纡"一句是说，水流曲折地在几个狭长的黄白色洲渚间盘桓萦绕，水中小洲曰渚，这应该是对龙门洲的描写。

还有一种判断：龙门指的是白河。白河自塞外南下，流经龙门山（赤城县云州北舍身崖），故元代迳称"龙门水"，明时叫"龙门川"。前面提到的虞集《题滦阳胡氏雪溪卷序》中说："……望缙山，度龙门百折之水……"虞集朝着缙山方向度"龙门百折之水"，这个"龙门百折之水"只能是白河。

要说的是，无论龙门指白河还是指龙门洲，都告诉我们黑谷路到白河堡后的走向是顺流东下（当然不是说沿着河边），进入了今天北京延庆县的东部。有几个资料还可以佐证：嘉靖《隆庆州志·艺文》载有元人胡庆云撰写的《天成观碑文》，其中云："……其观门前临通道，车驾岁幸上都，咸瞻敬之。西有香水园，为花圃，即纳钵之所止也……"据此，辇路过天成观。考天成观，《隆庆州志·山川》说"天成观在永宁城东北二十里"，即今延庆县永宁镇东偏北 20 余里观头村（今遗址无存）。延庆县尽东头有个四海，旧称四海冶，古来为交通枢纽。乾隆《延庆县志·城池》："四海冶，元时入上都通衢。"《大清一统志·宣化府》也云："四海冶堡，在延庆州东，永宁城东六十里。……元时往来上都，恒取此道。"我们从天成观位置看，黑谷路出居庸关，到红门转东，经永宁镇而东，即顾炎武《昌平山水记》所说的"北路"。[①] 可能有人置疑，这岂不与前面所考路经相悖？其实并不矛盾，元帝巡幸，或游山玩水，或体恤民情，局部辇路无常规，即一条道上路段也有变化，从《天成观碑文》"西有香水园，为花圃，即纳钵之所止也"一句话看，黑谷辇道有时又是从车坊东南趋香营（香水园）到天成观而东的。

黑谷路东去，又在何处北上呢？判断是在四海、千家店一带。四海北通塞外，明人许纶在《防守要害论》中说："四海冶，上通开平，下连横岭。"[②] 千家店在四海北不远处，地当孔道，这一点，乾隆《延庆县志·边防》也有论："四海冶，北接边城，出口即千家店，地面辽阔，永宁旧志云，元时入京庄逈。"

黑谷路从千家店一带折上，迤北怎样走向？察这一带有一条自塞外来的黑河（在千家店东 20 里处之黑龙潭与白河汇合），从各种情况分析，黑谷路当循此北上。

按古代山川道路，除不得已外皆傍水而行（今天也基本如此），一则水流穿山切峡形成天然通衢，不必斧斤劳作；二则水草丰盈，便利牧饮乘畜。千家店北崇山峻岭，连亘崎岖，此去非傍水沿川谷而行不可；元帝北幸，千车万骑，不寻水也不行。白河东去，先后有黑河、汤河、潮河自北来汇，后二河绕远，黑河则颇为合适，而从四海、千家店一线北趋坝上的石头城（牛群头），也只能走黑河川谷。

黑河畔上古迹较多，据《口北三厅志》记载，从南而北如卯镇山"上有

---

① （清）顾炎武著《昌平山水记·卷上》：出八达岭，"口外地稍平衍，五里至岔道，乃有二路，一自怀来卫、保安州，历榆河、土木、鸡鸣三驿至宣府，为西路。一至延庆州、永宁卫、四海冶为北路"。

② 见乾隆《延庆县志·艺文》。

古寺遗址，铁釜犹存"；汤泉"遗瓦古础，耕者往往于地中得之"；喜峰嵯
"其下有城，遗址犹存"。笔者踏查大志营（靫子营）村后之小孤山，上有古
建筑遗迹，基址呈正六边形，很像塔或凉亭废址；王木匠沟至鹿叫沟二村之
间有一段石板砌筑古道（当地也称"古道"，并将这一段川谷叫"古道沟"），
宽一丈五六尺，至今可辨。上述古迹，虽不能——明白它们的确切年代，但
它们喻示，早先黑河川上人行来往，并不寂寞。

元人袁桷《送王继学修撰马伯庸应奉分院上都》诗中有"黑河旧乐催
填谱，白海名花拟进词"句，黑河，即此黑河，自辽代及今皆称；白海，即
"驿路"上的察罕脑儿。从诗句看，当年这些有资格的元人曾沿黑河赴上都，
这就表明，黑河川在元代已是通道。1981年冬，大志营出土元代铜印一颗，①
上铸八思巴文"云需总管府经历司中书礼部造延祐二年七月日"。考大志营
所在之黑河川一带不隶云需总管府（治察罕脑儿），此印显系持印者走黑河
川所弃，这又为确定黑河川元时为通道提供了实物佐证。

察黑河川谷狭窄，最窄处不足30米，两侧山峰高耸，峥嵘嶙峋，煞是
壮观。据《口北三厅志》记载，自北而南如喜峰嵯"危峰十二，耸峭争高"；
天桥洞"山有石桥，桥下一洞，水流潺缓，自洞中出"；由路口"峰峦峭丽，
林木丛蔚，上多落叶松，怪石清流，为塞外佳境"；龙潭"双崖对束，四潭
叠注，惊浪雷奔，飞湍急射"。黑河川上如此胜景，不但吻合周伯琦对黑谷
辇道"皆山路崎岖，两岸悬崖峭壁，深林复谷，中则乱石縈确，涧水合流，
淙淙终日"的描绘，而且显示择它作元帝巡幸路线自是理所当然。

最有说服力的还是黑河川上有沙岭、白塔儿这两个地名。

《前序》云："又明日入黑谷……历白塔儿至沙岭。自车坊黑谷至此凡
三百一十余里，皆深林复谷，村坞僻处。山路将近，两山高耸如洞门，尤多
巨石。近沙岭，则土石连亘，地皆白沙，深没马足。过此则朔漠，平川如
掌，天气陡凉，风物大不同矣。遂历黑嘴至失八儿秃，又名牛群头，意为

---

① 参见《文物天地》1982年第4期。此印现存赤城县文保所。

'有泥淖'，其地有驿……"这段文字表明：沙岭一地有砂土质山岭，近岭处道路皆白沙；地处内蒙古高原南边沿的坝头（清代俗称"大坝"，又作"达坂""打八""大巴"，蒙语"山岭"意），这是中原与大漠的天然分界；前一大站是牛群头（沽源县石头城），相距顶多二日程，另周伯琦《纪行诗二十六首》中的《牛群头》诗，开首一句承沙岭而言"岭西通驿传"，这又告诉我们沙岭在石头城的东面。

察溯黑河北上，川谷尽处两侧山势高耸对立（当地称之"沟门"，这一地形跟《前序》"山路将近，两山高耸如洞门"的描述相近），再行百多米过沟门村（因沟门得名）后地势升高，前行（俗谓"上坝"）3 里，即至位于坝头的外韭菜沟口。该沟两厢是白色砂土质岭，岭表除极少部分草木覆盖，余皆裸露在外，远望斑驳。受风雨侵蚀作用，裸露白砂不断流到沟底，沙丘起伏连亘。再由风及黑河水（源于沟内）吹冲而出，在沟口外形成沙滩，朔漠北来风沙回旋于此，又扩大了它的面积。目测，面积约 4~5 平方公里，如果加上随黑河水进入川谷部分，可达 10 平方公里，沙层一两米厚。据当地老人讲，早先更广。该沙滩地当经黑河川谷南北往来孔道，严重阻塞交通，行旅苦之，笔者骑车踏查也不无艰难之感。上述沙沟、沙滩当地俗称"大沙窝"，或"大沙洼"。关于它，《口北三厅志·山川》也有记："大沙洼，在独石口东北七十里。"从地貌看，《前序》中的沙岭与这个大沙窝相当。《前序》中的沙岭地处朔漠边沿，为黑谷路出塞首站，元帝北幸，"上京守土官远迎至此"，[1] 地理位置显赫重要。大沙窝地处坝头，是经黑河川谷南、北往来孔道，明洪武二十九年（1396）曾在此（时称"沙峪"）立开平中屯卫，[2] 从地理形势看，二者也相当。大沙窝西北距石头城 50 余里，地望也符合。需要补充一点：今河北省崇礼县东北也有一"沙岭"，地处坝头，地貌也有相似之处，故有人将它误作黑谷路之沙岭，这也是导致他们做出那种种错误判断的根源。崇礼

---

[1] 周伯琦《纪行诗二十六首》之《沙岭》诗序。

[2] 《口北三厅志·地舆志·疆域》："开平中屯卫，洪武二十九年置沙峪（原注：沙峪即大沙洼，在独石口东北七十五里）。"

县沙岭位在石头城西南 100 多里，地望不符；另黑谷路出居庸关东至四海、千家店一带，无论如何也不会绕到这里的。

再看白塔儿。《历史档案》（1982 年第 2 期）公布的一批中国第一历史档案馆藏明代档案中，有崇祯七年兵部为后金入扰关内事所呈的数件"题行稿本"，其中《兵部呈为王坤题捉获奸细并探知金将攻宣府事本》里引有宣府上东路参将张某为哨探事呈给上级的"塘报"，报曰：周四沟堡守备属下长哨张让等人"从本边黄土岭出口，哨至境外地名白塔儿、帽子山等处，离边约远一百八十余里，哨见骑牵马夷人三五成群，从东往西行走……"这段塘报表明：白塔儿在边（长城）外，距黄土岭最多 180 里，未及坝外。按，周四沟堡即今延庆县刘斌堡乡周四沟村，黄土岭今仍称，在周四沟堡正北 20 多里千家店西数里的白河上，张让等从周四沟到黄土岭，哨行方向是正北。另"题行稿本"载明，后金这次入扰是"由大漠之北，分兵突入"，除一部分攻大同方面得胜堡，主要兵力"从山后黑河一带突犯宣镇，列几大营分路环攻"，黑河川以东无兵锋。这样看来，张让等哨行区域是黄土岭以北，坝头以南，黑河川（含）以西，独石口至龙门所一线长城以东，这地方正是今天的黑河川谷，那张让所哨白塔儿也应在黑河川谷上。

关于这个白塔儿，《赤城县续志·艺文》所载储大安《独石长城形制》中也提及："城（独石口）北东有永安墩，又东（应是东南，下同）有砖墩，又东有镇冲墩，三墩外长城垣北直大沙窝，即古鸳鸯泊东界也。垣又东为白塔儿墩，又东为连垣，垣内有护冲墩，北（应是东）直白塔……"储文不免笼统，所列墩名的位置今天也难一一鞭正，但有一点是清楚的，即白塔在独石口东南、独石口至龙门所一线长城外东面，位置仍在黑河川上。

明清的这个白塔儿就是元之白塔儿。《前序》表明白塔儿前一站是沙岭，沙岭既位在朔漠边沿坝头上，那白塔儿必在其南即坝下，若沙岭即今大沙窝这一判断不错的话，取道大沙窝出塞必经黑河川，那白塔儿就只能在川上，而明清的白塔儿也正在这川上。察赤城县东万口乡孤石村附近、黑河西岸畔有一白塔沟，南到黄土岭 140 多里，北到大沙窝 65 里，早先沟口有白塔（今无存），又有村叫白塔儿村（今湮，按民国时此村名尚存,《察哈尔省通志》"沽源县·户籍篇"中有记，其时这一带隶属沽源县），可以肯定这个地方就是元之白塔儿。

综合以上，黑谷路走向应是：出居庸关，北行30里至红门，北稍西30里至车坊，北稍东9里入黑峪口，东北25里至白河堡，顺白河东向曲行60里至千家店一带，北溯黑河140里①至白塔沟，再65里至大沙窝出塞，西北50里趋石头城与"驿路"合（见图1）。从黑峪口到大沙窝290里，与《前序》所记"自车坊、黑谷至沙岭凡310余里"的里程基本相合。

**图1　元代两都道路示意图（尹自先绘）**

---

① 千家店与黄土岭相去不远，暂按黄土岭至白塔沟里程。

# 元代的兴和路与中都*

叶新民　宝音德力根　赵　琦　白晓霞

## 一

今河北省张北县，金代为抚州，属西京路。蒙金战争时期，抚州地区是重要的战略要地。

1211年秋，成吉思汗率大军攻金。当时，金朝平章政事独吉思忠（千家奴）与参知政事完颜承裕（胡沙）将兵屯驻抚州，筑乌沙堡。蒙古军先锋哲别攻克乌沙堡，取乌月营。接着，蒙古军又攻克抚州。独吉思忠退守宣平（今河北省张家口市西南）。独吉思忠失于边备，被金廷解职，改由完颜承裕主军事。金将定薛以30万大军守野狐岭（今河北省万全县膳房堡北），蒙古军与定薛军激战，金军大败，"其人马蹂躏死者，不可胜计"。蒙古军连夜追击，翌日追至浍河堡（今河北省怀安县东），金军"死者蔽野塞川"，"金人精锐尽没于此"。[①]波斯史学家拉施特写道："这是一次很大的仗，很出名，直到如今，成吉思汗野狐岭之战还为蒙古人所知，并引以为荣。"[②]

1214年夏，金宣宗迁都汴京（今河南开封），漠南地区全部被蒙古占领。成吉思汗重新调整左路诸王封地时，将札剌亦儿等五部迁到漠南地区。日后

---

　　*　原载《文物春秋》1998年第3期。

① 《元史》卷1《太祖纪》；贾敬颜点校本《圣武亲征录》，第166页；《史集》第1卷第2分册，第229~230页；《元朝秘史》第247节。野狐岭，蒙古语称"忽捏坚答巴"（hunegen-daba）。

② 《史集》第1卷第2分册，第231页。

的上都路及其相邻的兴和路地区应是札剌亦儿、兀鲁部的封地。[①] 延祐四年（1317），木华黎后人别里哥帖穆尔死在辽阳。"公先茔在兴和，辽阳道远，弗克以昭穆序葬，遂……奉枢葬檀州仁丰乡。"[②] 碑文中的"兴和"，即元代的兴和路，由此可证，兴和路是札剌亦儿部木华黎家族的墓地。元太宗窝阔台十一年（1239），木华黎的孙子速浑察袭位为国王，遂"即上京之西阿儿查秃置营"，[③] 据姚大力先生考证，阿儿查秃地属兴和路境，紧靠张家口边墙之外。[④]

蒙古国时期，抚州地区是中原汉地通向漠北的交通要道。元太祖十五年（1220），全真道首领邱处机去西域参见成吉思汗，曾途经抚州地区，他的弟子李志常在《长春真人西游记》中，记述了这里的荒芜景象。[⑤] 元定宗二年（1247），山西交城人张德辉北上漠北见忽必烈，也途经抚州地区，他写道："……寻过抚州，惟荒城在焉。北入昌州，居民仅百家……。"[⑥] 可见蒙古国时期，抚州是人烟稀少的地区。

1251年，蒙哥即蒙古大汗位，命忽必烈总领漠南汉地军国庶事。忽必烈驻帐于桓州（今内蒙古正蓝旗四郎古城）、抚州之间的金莲川，征召汉地文武人士60多人，建立了著名的"金莲川幕府"。元宪宗四年（1254）八月，忽必烈"复立抚州"，以惠州滦阳人赵炳为抚州长官，"城邑规制，为之一新"。[⑦] 从此，抚州成为金莲川幕府人员的居地。

## 二

元代的兴和路，由中书省直接管辖，是"腹里"辖路之一。

中统三年（1262）十一月，"升抚州为隆兴府，以昔剌斡脱为总管，割宣

---

① 《元史》卷58《地理志一》，上都路，"元初为札剌儿部、兀鲁郡王营幕地"。
② 黄溍:《别里哥帖穆尔神道碑》，《黄金华集》卷25，《四部丛刊》本。
③ 《元史》卷119《速浑察传》。
④ 参见姚大力《关于元朝"东诸侯"的几个考释》，《中国史论集》，天津古籍出版社，1994。
⑤ 李志常:《长春真人西游记》卷上，《王国维遗书》第13册。
⑥ 张德辉:《纪行》，《秋涧集》卷100。
⑦ 《元史》卷4《世祖纪一》，卷163《赵炳传》。

德之怀安、天成、威宁、高原隶焉"。① 十二月，忽必烈在隆兴府建行宫。②
中统四年（1263）五月，开平府升为上都路，隆兴府归上都路管辖。至元四
年（1267）正月，"析上都隆兴府自为一路，行总管府事"。③ 武宗至大元年
（1308）七月，旺兀察都行宫建成，立中都留守司兼开宁路都总管府。十二
月，中都立开宁县，降隆兴路为源州。④ 至大四年（1311）三月，仁宗即位；
四月，罢中都留守司，复置隆兴路总管府。⑤ 皇庆元年（1312）十月，改隆
兴路为兴和路。⑥ 兴和路东北与上都路相邻，东南紧靠大都路，西连集宁路，
西南为大同路。据《元史》记载，兴和路人口有 8973 户、39495 口，辖宝昌
州（今河北省沽源县九连城）和高原（兴和路治所）、怀安（今河北怀安县
南怀安城）、威宁（今内蒙古兴和县西台基庙古城）、天成（今山西天镇县）
四县。⑦ 元初，畏兀儿人八丹曾任隆兴府达鲁花赤。八丹"事世祖为宝儿赤，
鹰房万户，……改隆兴府达鲁花赤，遥授中书右丞，谕之曰：'是朕旧所居，
汝往居之'。八丹又辞，帝不允。居三年"。⑧ 顺帝至正十八年（1358），博尔
术四世孙中书左丞相纽的该，曾处理兴和路的刑事案件，"兴和路富民调戏子
妇，系狱，车载楮币至京师行赂，以故刑部官持其事久不决。纽的该乃除刑
部侍郎为兴和路达鲁花赤，俾决其事，富民遂自缢死"。⑨ 兴和路有许多民户
从事农业生产。"郊圻地陂陀，宠隩便种艺"。⑩"入谷石田狭，攒崖土屋稠"，⑪
这是对农家生活的真实写照。这里是著名的塞北草原，盛产良马，牧民过着
逐水草而居的游牧生活。

---

① 《元史》卷 5《世祖纪二》。
② 《元史》卷 58《地理志一》。
③ 《元史》卷 6《世祖纪三》。
④ 《元史》卷 22《武宗纪一》。
⑤ 《元史》卷 24《仁宗纪一》。
⑥ 《元史》卷 24《仁宗纪一》。
⑦ 《元史》卷 58《地理志一》。
⑧ 《元史》卷 134《八丹传》。
⑨ 《元史》卷 139《纽的该传》。
⑩ 周伯琦：《近光集》附《扈从诗后序》，内蒙古大学图书馆抄本。
⑪ 刘敏中：《宣德、隆兴道中三首》，《中庵集》卷 17，元刻本。

在兴和路境内专门为皇室设立了鹰房，有许多专门捕鹰、养鹰的鹰房户，蒙古语称作昔宝赤。忽必烈时，康里人阿沙不花管领兴和路鹰房，"阿沙不花以大同、兴和两郡车驾所经有帷台岭者，数十里无居民，请诏有司作室岭中，徙邑民百户居之，割境内昔宝赤牧地使耕种以自养，从之。阿沙不花既领昔宝赤，帝复欲尽徙兴和桃山数十村之民，以其地为昔宝赤牧地。阿沙不花固请存三千户以给鹰食，帝皆听纳"。① 兴和路设有打捕鹰房提领所。② 文宗时期，还专门在兴和路为权臣燕铁木儿和御史大夫玥璐不花修建鹰房。③ 至顺二年（1331）九月，"发粟五千石赈兴和路鹰房"；④ 十一月，"兴和路鹰坊及蒙古民万一千一百余户，大雪畜牧冻死，赈米五千石"。⑤

为了满足军队用粮和支援漠北地区，兴和路建有粮仓，大量收购粮食。中统元年（1260）六月，"诏燕京、西京、北京三路宣抚司运米十万石，输开平府及抚州、沙井、净州、鱼儿泺，以备军储"；⑥ 至元元年（1264）正月，"敕北京、西京宣慰司、隆兴总管府和籴以备粮饷"；⑦ 至元十九年（1282）九月，"发钞三万锭，于隆兴、德兴府、宣德府和籴粮九万石"；⑧ 至元二十三年（1286）正月，"发钞五千锭籴粮于沙、净、隆兴"。⑨ 成宗、武宗、仁宗时期，经常将兴和路的储备粮运往漠北。大德元年（1299）六月，"令各部宿卫士输上都、隆兴粮各万五千石于北地"；⑩ 至大元年（1308）二月，"和林贫民北来者众，以钞十万锭济之，仍于大同、隆兴等处籴粮以赈，就令屯田"；⑪ 延祐四年（1317）十二月，"遣官即兴和路及净州发廪赈给北方流民"；⑫ 延祐六年

---

① 《元史》卷 136《阿沙不花传》。
② 虞集：《威宁井氏墓志铭》，《口北三厅志》卷 13。
③ 《元史》卷 35《文宗纪四》。
④ 《元史》卷 35《文宗纪四》。
⑤ 《元史》卷 35《文宗纪四》。
⑥ 《元史》卷 4《世祖纪一》。
⑦ 《元史》卷 5《世祖纪二》。
⑧ 《元史》卷 12《世祖纪九》、《元史》卷 96《食货志·市籴》。
⑨ 《元史》卷 14《世祖纪十一》、《元史》卷 96《食货志·市籴》。
⑩ 《元史》卷 19《成宗纪二》。
⑪ 《元史》卷 22《武宗纪一》。
⑫ 《元史》卷 26《仁宗纪三》。

（1318）八月，"增置兴和路既备仓，秩正八品"。①

兴和路设有手工业作坊，有匠户从事手工业生产。例如，设隆兴毡局，置大使一员、副使一员，管领人匠一百户。②至元二十三年（1286），设立上都、隆兴等路杂造鞍子局。③在荨麻林（今张家口市西洗马林），设有兴和路荨麻林人匠提举司，设提举、同提举、副提举等官员。④元太宗时期，有"阿儿浑军并回回人匠三千户驻于荨麻林"。⑤据波斯史学家拉施特记载，荨麻林城内"大多数居民为撒麻耳干人，他们按撒麻耳干的习俗，建起了很多花园"。⑥这些撒麻耳干人，就是来自中亚的阿儿浑人和回回人。兴和路城内的居民，有许多来自山西太原的商人。至元十年（1273）四月，"免隆兴路榷课三年"。⑦天历元年兴和路的商税额为七百七十锭一十七两一钱。⑧

元代皇帝每年巡幸上都，由东道辇路（又称黑谷道）赴上都，经西路返回大都。兴和路是西路上的重要驿站。中统四年（1263）十月，初置隆兴路驿。⑨扈从顺帝巡幸上都的周伯琦在《兴和郡》一诗中写道："……兴和号上郡，陂陀具城郭。滦阳界东履，汾晋直西略。提封广以遐，编氓半土著。连薨结贾区，层楼瞰寥廓。要会称雄丽，势压诸部落。"⑩可以看出，元代的兴和路是北方草原上的一座繁华的城镇。

在兴和路附近地区，设有许多纳钵。纳钵，契丹语，意为"行营""行帐"，指皇帝及其扈从人员"行幸宿顿之所"。例如，宝昌州境内的盖里泊纳钵（今内蒙古锡林郭勒盟太仆寺南巴彦查干诺尔），它附近有狗泊（今九连城诺尔）。盖里泊又称怀秃脑儿，汉意为后海。遮里哈剌纳钵（意为"远望

---

① 《元史》卷26《仁宗纪三》。今张北县文物陈列室展品中有八思巴文兴和路广储仓的印章。

② 《元史》卷85《百官志一》。

③ 《经世大典·诸局》，《永乐大典》。

④ 《元史》卷85《百官志一》。

⑤ 《元史》卷122《哈散纳传》。

⑥ 《史集》第2卷，第324页。

⑦ 《元史》卷8《世祖纪五》。

⑧ 《元史》卷94《食货志·商税》。

⑨ 《元史》卷5《世祖纪二》。

⑩ 周伯琦：《近光集》附《扈从诗后序》，内蒙古大学图书馆抄本。

则黑"），又称鸳鸯泊（蒙古语称作"昂兀脑儿"，即今河北张北县西北的安固里淖）。"其地南北皆水泊，势如湖海，水禽集育其中。以其两水（一名平陀儿，一名石顶河儿），故名曰鸳鸯；或云水禽惟鸳鸯最多。……两水之间，壤土隆阜，广袤百余里，居者三百余家，区脱相比，诸部与汉人杂处，颇类市井，因商而致富者甚多。"① 从遮里哈剌南行，至苦水河儿纳钵；再南行，至回回柴纳钵，蒙古语名为"忽鲁秃"，意为"有水泊"。在兴和路北20里有忽察秃纳钵，意为"有山羊处"，其地水草丰美，"野兽兔最多，鹰人善捕，岁资为食"。② 在兴和路30里处的野狐岭，也设有纳钵。

兴和路及辖境的部分地区是木邻驿路必经之地。木邻，蒙古语，意为"马"。木邻驿路是从上都通往岭北行省和林（今蒙古国哈尔和林）的重要交通道路。由上都西行至李陵台（今内蒙古正蓝旗黑城子），再从李陵台出发，"正西三十六站入和林"。③ 在兴和路设有脱脱禾孙（蒙古语，意为"查验者"，盘查往来使臣、防止诈伪的官员），管辖苦盐泊至燕只·哥斤等四站、阿察火都至宽迭怜不剌等五站。④ 由此可见，兴和路在北方驿站交通上占有重要地位。

延祐元年（1314）二月，元政府公布科举乡试的考试地点，直隶中书省的有真定路、东平路、大都路、上都路、兴和路。⑤ 早在中统初年，翰林侍制王利用曾"奉旨程试上都、隆兴等路儒士"。⑥

兴和路建有佛教寺院。延祐七年（1320）四月十六日，"诸色府总管朵儿只等奏：八思吉、明里董阿二人传旨，于兴和路寺西南角楼内塑马哈哥剌佛及伴绕神、圣画、护神，全期至秋成，塑工命刘学士之徒张提举，画工命尚提举二人率诸工以往，所需及饭膳皆令即烈提举应付，秋间朕至时作庆赞，

---

① 《扈从诗后序》，《元史》卷23《武宗纪二》，八月甲子"猎于昂兀脑儿"。

② 《扈从诗后序》，《元史》卷23《武宗纪二》，八月甲子"猎于昂兀脑儿"。

③ 《析津志辑佚》，北京古籍出版社，1983，第124页。

④ 《经世大典·站赤》，《永乐大典》卷19420。

⑤ 《元典章》卷31《礼部·学校·儒学·科学程式条目》。

⑥ 《元史》卷170《王利用传》。

毋误也"。① 马哈哥剌，来自梵文 Mahakala，即蒙古人对藏传佛教萨迦派护法神的称谓，汉地寺庙称它为"大黑天"。元统二年（1334）三月，"中书省臣言：'兴和路起建佛事，一路所费，为钞万三千五百三十余锭，请依上都、大都例，给膳僧钱，节其冗费。'从之"。②

## 三

元武宗在旺兀察都建中都，是他执政后的重大举措。从大德十一年（1307）六月下令动工到行宫建成，仅用一年时间，可见工程施工速度是很快的。③ 八月，"以中都行宫成，赏官吏有劳者，工部尚书黑马而下并升二等，赐塔剌儿银二百五十两，同知察乃、通政使塔剌赤、同知留守萧珍、工部侍郎答失蛮金二百两、银一千四百两，军人金二百两、银八百两，死于木石及病没者给钞有差"。④

中都行宫建成后，元政府又调拨大批军人和民工修建中都城。至大元年（1308）十一月，"中书省臣言：'今铨选、钱粮之法尽坏，廪藏空虚。中都建城，大都建寺，及为诸贵人营私第，军民不得休息。迩者用度愈广，每赐一人，辄至万锭，惟陛下矜察。'"⑤ 同月，武宗下诏："开宁路及宣德、云州工役供亿浩繁，其赋税除前诏已免三年外，更免一年。"⑥ 至大二年（1309）四月，武宗不顾"蝗蝻遍野，百姓艰食"，"诏中都创皇城角楼"。⑦ 至大三年（1310）十月，"敕谕中外，民户托名诸王妃主、贵近臣僚，规避差徭，已尝禁止。自

---

① 《元代画塑记》，《广仓睿丛书》本。
② 《元史》卷28《顺帝纪一》。
③ 《元史》卷22《武宗纪一》。旺兀察都中都古城城址，位于河北省张北县馒头营乡白城子村西南约400米处，详见刘建华《河北省张北县白城子古城址调查简报》，《辽海文物学刊》1995年第2期。1993年，元中都古城遗址由河北省人民政府公布为省级重点文物保护单位。
④ 《元史》卷22《武宗纪一》。
⑤ 《元史》卷22《武宗纪一》。
⑥ 《元史》卷22《武宗纪一》。
⑦ 《元史》卷23《武宗纪一》。

今违者，俾充军役及筑城中都。郡县官不觉察者，罢职。"① 十一月，"敕城中都，以牛车运土，令各部卫士助之，限以来岁四月十五日毕集，失期者罪其部长，自愿以车牛输送者别赏之"。② 这些史实表明，修建中都城是在国库空虚、百姓艰食的情况下进行的，繁重的劳役使广大民众苦不堪言。

中都行宫建成以后，元政府便仿照大都、上都的模式建立管理都城的官署。为了维持行宫的日常生活和满足中都建城的需要，还建立了其他相应的行政管理机构，如户部属下管理宝钞、玉器、缎匹、丝绵、布帛等各种财物的万亿库，保卫中都安全的虎贲司，掌领宫廷饮食供应的光禄寺等。至大三年六月，"立上都、中都等处银冶提举司，秩正四品"。③ 十一月，"尚书省臣又言：'上都、中都银冶提举司达鲁花赤别都鲁思，去岁输银四千二百五十两，今秋复输三千五百两，且言复得新矿，银当增办，乞加授嘉议大夫。'"④

从元代文献来看，元中都的修建尽管没有完工，但实际上它已成为与大都、上都并列的第三都城。至大三年十月，"以皇太后受尊号，赦天下。大都、上都、中都比之他郡，供给烦扰，与免至大三年秋税"。⑤ 元代的官修政书《经世大典》的"宫苑"和"城郭"条目中也都把中都与大都、上都并列。⑥ 建中都宫殿的祭文说："……伏愿万国来朝，共仰京都之壮丽。"⑦

武宗海山"捍御边陲，勤劳十年"，他登基做皇帝后，任用的官员多是他在漠北从征的蒙古、色目将领。可以说，武宗的统治集团带有较浓厚的草原贵族的色彩。武宗上台伊始，便用滥赏滥封拉拢蒙古诸王贵族，以巩固自己的统治。为了更加密切与北方蒙古诸王贵族的联系，建立一座新的都城就成了他推行新政中的一项重要措施。旺兀察都之地，地处大都、上都之间，北可通往漠北，南可控制中原汉地，是理想的建都之地。同时，这里水草丰

---

① 《元史》卷 23《武宗纪一》。
② 《元史》卷 23《武宗纪一》。
③ 《元史》卷 23《武宗纪二》。
④ 《元史》卷 23《武宗纪二》。
⑤ 《元史》卷 23《武宗纪二》。
⑥ 《元文类》卷 42。
⑦ 程钜夫：《黄兀察都建宫殿祭文四首》，《雪楼集》卷 1，洪武景印本。"黄兀察都"即"旺兀察都"。

美，气候凉爽，禽兽较多，也是避暑和狩猎的好地方。

至大元年（1308），玄教嗣师吴全节护从武宗"至中都，中秋赐宴，上顾其貂裘弊，改赐黑貂三百以为衣"。①

武宗在修建中都的同时，还在大都和五台山修建佛寺，这些工程浩大，耗费了大量人力、物力，造成国库空虚、财政枯竭，民不聊生。至大三年（1310），监察御史张养浩在《上时政书》中列举了十大弊政，对兴建中都等劳民伤财的做法提出非议，他说："五曰土木太盛。……今闻创城中都，崇建南寺，外则有五台增修之扰，内则有养老宫展造之劳。括匠调军，旁午州郡；或渡辽伐木，或济江取材，或陶甓攻石，督责百出，蒙犯毒瘴，崩沦压溺而死者，无日无之；粮不实腹，衣不覆体，万目睊睊，无所控告，以致道上物故者，在所不免。……彼董役者惟知鞭扑趣成，邀功觊赏，因而盗匿公费，奚暇间国家之财诎，生民之力殚哉？"②他又说："微至优伶、屠沽、僧道，有授左丞、平章、参政者。其他因修造而进秩，以披艺而得官，曰国公、曰司徒、曰丞相者，相望于朝。自有国以来，名器之轻，无甚今日。"③张养浩因"言皆切直，当国者不能容"，遂被罢官。④

# 四

至大四年（1311）正月初八日，武宗去世，其弟爱育黎拔力八达以武宗册立的储君身份，开始主持朝政。他为了缓和社会矛盾，巩固自己的统治，立即着手整顿吏治。正月初十日，他就下令罢尚书省，"百司庶政，悉归中书"。十四日，以"变乱旧章，流毒百姓"的罪名，将尚书省的主要官员脱虎脱、三宝奴、乐实等人处死。二十日，下令"罢城中都"。二月十二日，"司徒萧珍以城中都徼功毒民，命追夺其符印，令百司禁锢之。还中都所占

① 虞集：《河图仙坛之碑》，《道园学古录》卷25，四部丛刊本。
② 《归田类稿》卷2，乾隆五十五年周氏刻本。
③ 《归田类稿》卷2。
④ 《元史》卷175《张养浩传》。

民田。"①三月，仁宗即位于大都，"请召文武老臣，咨以朝政"，仁宗亲信大臣野讷，"又请以中都苑囿还诸民"。②从此，停止修建中都，又恢复了原来隆兴路的建制。皇庆元年（1312）十月，改隆兴路为兴和路。③

泰定帝曾两次到过旺兀察都中都之地。至治三年（1323）九月，泰定帝在漠北即位后，即起程前往大都。十一月己丑，"车驾次于中都，修佛事于昆刚殿"。④泰定三年（1326）八月，泰定帝"次中都，畋于汪火察秃之地"。⑤天历二年（1329年）正月，和世㻋在和林之北即皇位，然后起程南行。八月一日，和世㻋抵达旺兀察都。次日，图帖睦尔入见长兄和世㻋，明宗在行宫内设宴招待图帖睦尔及诸王、大臣。八月六日，明宗和世㻋"暴崩"。"帝入临哭尽哀。燕铁木儿以明宗后之命，奉皇帝宝授于帝。"⑥文宗图帖睦尔和权臣燕铁木儿一行，"疾驱而还，昼则率宿卫士以扈从，夜则躬擐甲胄绕幄殿巡护"，⑦八月初九日抵达上都。十五日，文宗复即位于上都。明宗暴死的真相，元惠宗妥懽帖睦尔在至元六年（1340）的诏书里揭示于天下："文宗稔恶不悛，当躬迓之际，乃与其臣月鲁不花、也里牙、明里董阿等谋为不轨，使我皇考饮恨上宾。……"⑧文宗与燕铁木儿、月鲁不花等一伙谋杀明宗和世㻋，这就是震惊世人的旺兀察都事件。

明宗在旺兀察都被害之后，中都城遂逐渐变成一座荒芜的废城。至正二十八年（1368）八月，元惠宗从大都北走上都，"初九日，车驾至中都，以李仲时为兵部尚书，征兵于高丽。十五日，车驾至上都"。⑨明代，称中都故城为"沙城"。永乐八年（1410），明成祖朱棣出征蒙古，据随从官员金幼孜记载，三月"初七日，早发兴和，行数里，过封王陀，今名凤凰山。山西南

---

① 《元史》卷24《仁宗纪一》。
② 《元史》卷23《阿礼海牙传》。
③ 《元史》卷24《仁宗纪一》。
④ 《元史》卷30《泰定帝纪二》。
⑤ 《元史》卷30《泰定帝纪二》。
⑥ 《元史》卷33《文宗纪二》。
⑦ 《元史》卷138《燕铁木儿传》。
⑧ 《元史》卷40《顺帝纪三》。
⑨ 刘佶:《北巡私记》，云窗丛刻本。

有故城，名沙城，西北有海子，驾鹅鸿雁之类满其中。……上又曰：'适所过沙城，即元之中都，此处最宜牧马。'语久始退"。[①] 清代，旺兀察都地区为察哈尔部镶黄旗牧地。据《大清一统志》"镶黄等四旗牧厂"载："沙城，……按此地土人名插汉巴尔哈逊城，周七里，门四，故址犹存。"插汉巴尔哈逊，蒙古语意为白城子，即今张北县北 30 里的白城子古城。

最后应指出的是，日本蒙古史学者箭内亘于 1919 年发表《元代的东蒙古》一文，对元中都遗址进行了考证。他首次正确地指出，元中都就是《大清一统志》所载沙城——插汉巴尔哈逊城，今址为古兴和城北馒头营子附近的白城子废城。[②]

---

① 《北征录》,《纪录汇编》本。
② 〔日〕箭内亘:《蒙古史研究》, 刀江书院, 1930, 第 636~643 页。

# 略论金抚州地区在蒙金战争期间的战略
# 地位及元武宗在抚州建元中都的军事原因*

韩志远

抚州（今河北张北），在金代与相邻的昌州（今内蒙古太仆寺旗西南九连城）、桓州（今内蒙古正蓝旗北四郎城），被称作"素号富实，人皆勇健"的重镇。[①]尤其是蒙金战争期间，抚州的战略地位十分重要，甚至起了关系到整个战局成败的重要作用，且对以后元中都的建立也有影响。然而，对这方面的研究较为薄弱，至今尚未见有专题论文面世。笔者就此问题，谈点粗浅看法，不妥之处，请诸位专家指正。

## 一　金蒙战前态势

探讨金抚州之地在蒙金战争期间的战略地位，首先要对金蒙战前双方实力状况做些说明。

金蒙战争爆发之前，即13世纪初期，此时金立国已近百年，日趋衰败；而蒙古刚刚建国，正生机勃勃。但是，金朝毕竟是大国，幅员辽阔，北达今外兴安岭，南抵淮河，东临于海，西至陕西。金人口有4470多万，[②]有充足的兵源，一次签军少则几十万，多则上百万。与金相比，蒙古立国较晚，起

---

* 原载《文物春秋》1998年第3期。
① 《金史》卷99《徒单镒传》。
② 《金史》卷46《食货志》。大定二十七年统计为"口四千四百七十万五千八十六"。

于漠北草原，其资源并不丰盛，兵力也不充足，初期不过十余万。

此外，当时全国范围内除金、蒙之外，还有南宋、西夏等国。金蒙交兵，不能不考虑宋、夏的态度。南宋占有号称"财利之渊"的东南和四川经济富庶之地，①拥兵百万，更具有火器和水师的优势。西夏版图"东尽黄河，西界玉门，南极萧关，北控大漠"；②极盛时期，地域包括今宁夏、陕北、甘肃北部、青海东北部、内蒙古西南部以及新疆部分地区，总兵力有五六十万之众。③

金要对抗蒙古，首先要正确处理与夏、宋的关系。此时，金宋已订立和约，进一步联合南宋，避免两面作战，可以解除后顾之忧，全力对付蒙古。夏已附于金，继续团结西夏可以从西面牵制蒙古军南下。成吉思汗于建国后即对金"乃定议致讨"，然"未敢轻动"，④其重要原因就是担心攻金时，西夏可能构成侧面威胁。然而，金朝统治者却错误地选择了绝夏、攻宋、抗蒙的战略。

金卫绍王大安元年（1209），当蒙古军大举攻夏时，金并没有觉察到这是攻金的准备步骤。蒙古军进围西夏都城中兴府（今宁夏银川）时，西夏遣使向金朝告急，请求金发兵援救。金臣提出联合抗蒙的主张，却遭到金帝卫绍王的反对。卫绍王说："敌人相攻，吾国之福，何患焉！"⑤自此金夏联盟裂，夏转而依附蒙古攻金。结果金夏战争"十年不解，一胜一负，精锐皆尽，而两国俱敝"。⑥

金对宋的做法更为糟糕，采取弃北图南的战略，企图挹彼注兹，失之于蒙而获利于宋，遂与宋结怨，战争不断。于是金落入西、北、南三面作战的不利境况。《金史》评论金朝败亡，认为其重要原因是与夏宋关系破裂，"南

---

① 《水心别集》卷10。
② 《宋史》卷486《夏国传下》。
③ 《宋史》卷485《夏国传上》。
④ 《元史》卷1《太祖纪》。
⑤ 《西夏节事》卷40。
⑥ 《金史》卷134《夏国传》。

开宋衅，西启夏侮，兵力既分，功不补患"，① 这是很有道理的。

蒙古从国力来看，并不强盛，但是，蒙古统治者战略指导十分正确。蒙古采取的先北后南、先弱后强的战略，先出兵攻夏，拆散金夏联盟，进而逼夏联手攻金，迫使金战略南移，与宋交兵。于是一举灭夏，再联宋灭金。

总之，从战前双方态势来看，金兵力数量和物质条件优于蒙古，但是战略指导方面金逊于蒙古。

## 二 抚州的地理形势

抚州，在金代隶属于西京路大同府。据《金史·地理志》载："抚州，下，镇宁军节度使。辽秦国大长公主建为州，章宗明昌三年复置刺史，为桓州支郡，治柔远。明昌四年置司候司。承安二年升为节镇，军名镇宁，拨西北路招讨司所管梅坚必剌、王敦必剌、拿怜术花速、宁葛斜忒浑四猛以隶之。户一万一千三百八十。"② 随后还记述抚州所辖柔远等四县概况。《金史·地理志》对抚州的记述颇为简略，但我们仍可以从中窥见其建置沿革及发展概貌。

抚州作为州的建置，当开始于辽代，到金朝章宗时，遂发展到一定的规模。此后，州的地位也在不断提高，从桓州的支郡，即刺史郡，而升为独控一方的节镇。抚州的军事作用也越来越大。抚州北面是防御蒙古等北方部族南下的边堡界壕（边墙，亦称金长城）。金边堡界壕大规模修筑于金章宗时期，尤以担任枢密使兼平章政事的完颜襄出力最多。为加强金北边的防御能力，他提出"穿壕筑障"的建议，认为"功一成则边防固而成兵减半，岁省三百万贯，且宽民转输之力，实为永利"。③ 在金章宗的支持下，完颜襄亲督军卒、民夫，历时 50 日，修筑了临潢府路的界壕。接着，西北、西南等路

① 《金史》卷 16《宣宗纪下》。
② 《金史》卷 24《地理志上》。
③ 《金史》卷 94《完颜襄传》。

也相继修筑了界壕。[①] 于是，金朝形成了一道东北起自今内蒙古莫力达瓦达斡尔族自治旗，经科尔沁右翼中旗东北、巴林左旗北、达来诸尔，西南到今四子王旗、呼和浩特西北，全长 1500 公里的军事防线。界壕一般是掘壕取土筑堤，形成深沟长墙；有的地段砌以石堤，沿堤要地修筑壕堡和边堡等设施，派兵守御。[②] 今张北附近称堑、堡、营的地名很多，如"南壕堑""镇宁堡""明太堡""平定堡""蒙古营""馒头营"等，大约均为当年蒙金战争时的遗存。

抚州的南面是野狐岭山脉。过了野狐岭，基本上是一马平川。元人周伯琦扈驾过野狐岭时说："岭界南北甚寒，南下平地则暄矣。"[③] 他在《野狐岭》诗中生动地描绘了野狐岭南北地貌情况，其诗云："高岭出云表，白昼生虚寒。冰霜四时凛，星斗只尺攀。其阴控朔部，其阳接燕关。洞谷深叵测，梯磴纡百盘……"[④] 野狐岭在蒙金战争期间以其地略形势闻名遐迩，对此，《元史》《金史》《圣武亲征录》《史集》等史籍多有记载。《元朝秘史》第 247 节有"忽捏坚答巴"之地名，旁译作"野狐岭"。今野狐岭称李太山。据 1994年 5 月中国社会科学出版社出版的《张北县志》载："李太山（野狐岭），县城正南 16.5 公里之坝沿处。呈东西走向，长约 2.5 公里，海拔 1644.9 米。多石质，不能耕种，可牧畜。地势险要，为历代兵家必争之地。"笔者曾登临此山，以观其形胜。

抚州辖有柔远（今河北张北）、集宁（今内蒙古集宁东）、丰利（今河北沽源西）、威宁（今内蒙古兴和北）四县；其地水源丰富，有昂吉泺（鸳鸯泊）、盖里泊、白水泊等众多湖泊，且牧草繁茂，正是当时人所谓"牛羊多蕃息，土沃农事专"的好地方。[⑤]

抚州的地理形势，反映出其所具备的战略地位。抚州北控界壕，南倚野

---

① 《金史》卷二十四《地理志上》。
② 参见王国维《观堂集林》卷 15《金界壕考》。
③ 周伯琦：《近光集·扈从集》。
④ 周伯琦：《近光集·扈从集》。
⑤ 周伯琦：《近光集·扈从集》。

狐岭，是金纵深防御蒙古势力南下的三道防线中心环节。蒙古军要南下攻中都（今北京）和西京（今山西大同），必须先突破金界壕，夺取抚州城；尔后，越野狐岭南下。抚州特殊的地理形势，使其成为蒙金战争期间双方必争之地。以后的战争实践表明，金先失界壕，再失抚州，三失野狐岭，从而无力阻止蒙古军南攻中、西两都，最终导致灭亡。因此，抚州的得失，甚至关系到蒙金战争的成败。

## 三 蒙金在抚州地区的军事部署

蒙古建国前，金长期对蒙古民族采取分化、压榨和屠杀的政策，使蒙古人对金"怨入骨髓"。[①]蒙古国建立后，成吉思汗就决定伐金，但感到条件尚未成熟。为此，成吉思汗做了一系列攻金前的准备部署。

为了巩固后方统治，成吉思汗派大将哲别追击和消灭乃蛮部和蔑里乞部的残余势力，遣长子术赤领兵出征蒙古草原北面的"林中百姓"。随后，又招降西北的畏兀儿部，派蒙古官员进驻其地，控制了西北畏兀儿地区。

成吉思汗为解除攻金时来自西夏的西侧威胁，几次发兵攻夏，迫使西夏与金绝交，与己结盟，对金形成夹攻之势。为了能顺利接近金抚州西北重要卫所乌沙堡、乌月营等地，成吉思汗招降为金守卫界壕的汪古部。经过五年的准备，成吉思汗完成了攻金的军事部署。从成吉思汗后来一系列的作战行动表明，其选择金西北面抚州地区作为主要进攻方向。

金卫绍王大安三年（元太祖六年，1211）二月，成吉思汗亲统蒙古大军从漠北出发；三月，主力到达金朝北境的汪古部，以汪古部为向导，兵临金西北部界壕，准备伺机向金发起进攻，突破金边防线，夺取抚州。

对于蒙古伺机南下的战略意图，金边地守将已有察觉。金将纳合买住曾向卫绍王奏报：蒙古将要发兵南下攻金。但是，卫绍王认为蒙古军不敢进

---

① 《蒙鞑备录》。

攻，斥责纳合买住擅生事端，将其囚禁。大安三年四月，卫绍王得到蒙古军南攻的确切消息，立即派遣西北路招讨使粘合合打前去求和，遭到拒绝。随后，金做出御敌对策。卫绍王派平章政事独吉思忠、参知政事完颜承裕领兵进驻抚州，分别负责指挥西北和西南军兵准备抵挡蒙古军南下。同时，卫绍王命西京留守胡沙虎注意加强西京防御。

金帅独吉思忠领兵到达抚州后，立即组织军兵，对西北面的界壕重新加固。"用工七十五万"，重点是修缮"虽有墙隍，无女墙副堤"的地段和重要边堡乌沙堡等。[1]经过独吉思忠的努力，金仓促完成了以抚州为中心凭借险隘阻击蒙古军南进的部署。

## 四 抚州地区的争夺及对整个战局的影响

金大安三年七月间，蒙古军分两路向金发动进攻。成吉思汗亲领一路大军，由达里泊向金境推进，另派先锋哲别领兵攻击乌沙堡（今河北张北县西北旧兴和西）。金帅独吉思忠过分相信边堡防线的防御能力，轻视蒙古军的进攻能力，从而对抚州地区缺乏整体部署。当蒙古军突然攻击乌沙堡之时，金军失于戒备，很快被蒙古军击败。蒙古军乘胜再取乌月营（今山西大同东北、内蒙古兴和附近）。金失乌沙堡、乌月营之后，蒙古军越过西北路界壕防线，继续逼近抚州。驻军抚州的独吉思忠、完颜承裕不敢应战，放弃抚州，"自抚州退军，驻于宣平"。[2]据拉施特《史集》记载：成吉思汗亲统大军进攻抚州，"成吉思汗驻军于抚州城下，将城围攻下来"。[3]尔后，蒙古军分兵占领昌州、桓州。抚州为重镇，军需储备丰厚。成吉思汗"破抚州，以所获分赐军中，马牧于野"。[4]蒙古军队进行了短期修整之后，随即向野狐岭发起进攻。

八月间，金卫绍王以"乌沙堡之役不为备"，解除独吉思忠的兵权，改

① 《金史》卷93《独吉思忠传》。
② 《金史》卷13《卫绍王纪》。
③ 拉施特：《史集》第1卷第2分册，商务印书馆，第229页。
④ 《圣武亲征录》。

由完颜承裕主持军事。[①] 完颜承裕率金军退守野狐岭，以四十万之众据守险要。[②] 成吉思汗率军从抚州城直逼野狐岭，从獾儿嘴通道进击，金军大败，"死者蔽野塞川"。[③] 完颜承裕率残部逃至浍河堡（今河北怀安东），又被蒙古军追及，金军再次遭到重创，史称"金精锐尽没于此"。[④]

抚州地区的争夺战，对蒙金战争的全局产生了巨大影响。金失抚州后，北部防线土崩瓦解，中都和西京失去屏障，难以守御。不仅如此，对金君臣心理上的打击更是巨大的。随后发生的卫绍王被杀、宣宗迁都汴京等事件，或多或少都能从抚州的失陷找到一些联系。蒙古军占领抚州之后，不仅获得大量的"人畜货财"，以益兵势，更重要的是，从而掌握了战争的主动权。此后，以抚州为攻金基地，下西京，围中都，进退自如，为取得整个战局的胜利奠定了雄厚的基础。

综上所述，抚州在蒙金战争期间是具有战略地位的重镇。当时，不但颇具雄才大略的蒙古统治者成吉思汗看出这一点，就连被成吉思汗斥为"庸儒"的金卫绍王也看到了它的重要性。蒙古军攻抚州等地前，金尚书右丞相徒单镒曾向卫绍王建议说："昌、桓、抚三州素号富实，人皆勇健，可以内徙，益我兵势，人畜货财，不至失之。"[⑤] 徒单镒的弃昌、桓、抚三州之策，立即遭到卫绍王的斥责，并命独吉思忠加强抚州防务，这就很能说明问题。金的边堡、抚州、野狐岭三道设防之策并没有错，防线崩溃的责任，应记在独吉思忠、完颜承裕等统兵元帅的账上。他们平时失于戒备，战时身先遁逃，是导致北部防线失败的主要原因。

## 五　武宗在抚州地区建元中都的军事原因

自成吉思汗攻占抚州 90 多年之后，一座都城在此地拔地而起，这就是

---

① 《金史》卷 93《完颜承裕传》。
② 《元史》卷 119《木华黎传》载："金兵号四十万，阵野狐岭北。"
③ 《大金国志》卷 22《东海郡侯上》。
④ 《圣武亲征录》。
⑤ 《金史》卷 99《徒单镒传》。

元武宗下令兴建于旺兀察都的元中都。此地原为金抚州辖区，元世祖忽必烈中统三年（1262），升抚州为隆兴府，[①]旺兀察都乃隶属隆兴府。武宗下令在此地建中都，仅一年时间宫阙就基本建成。但是，整体都城建设一直到至大四年（1311）春正月武宗死后，才被仁宗下令停建。以后，中都旧址成为元朝皇帝巡幸之所。今中都遗址被列为河北省重点文物保护单位。

武宗在元朝已有上都和大都两都的情况下，又何以再兴建一个中都？笔者认为，在很大程度上是出于军事因素的考量。

武宗名海山，曾祖是元世祖忽必烈，其父答剌麻八剌，叔父为元成宗铁穆耳。元成宗大德三年（1299），海山以宗王的名分出镇漠北。他在漠北总兵八年多，先后多次与叛王海都、察八儿父子的部众激战，并取得胜利。海山崇尚武功，尤其敬仰先祖成吉思汗的赫赫武功。他在即位诏书中云："昔我太祖皇帝（成吉思汗）以武功定天下，……朕自先朝，肃将天威，抚军朔方，殆将十年，亲御甲胄，力战敌者屡矣。"[②]可见其对军事上的功绩颇为自诩。

从海山的思想轨迹来分析，建中都与他炫耀军事功绩当有一定的关系。姚燧的《牧庵集·皇帝尊号玉册文》给我们提供了证据。据《皇帝尊号玉册文》说：武宗由上都而南，"还跸龙兴（按：即隆兴），徘徊太祖龙旗九斿，赞金于斯，肇基帝业，为城中都。"[③]由此来看，武宗建中都，既有纪念成吉思汗的武功之意，又有标榜自己军事成就的内涵。

重视有战略意义的首战之地，这在历史上很常见。以金朝为例，天庆四年（1114）女真族首领完颜阿骨打（即金太祖完颜旻）起兵反辽，在出河店（今黑龙江肇源西南）与辽军遭遇，双方激战，最后女真军获胜。出河店之战的胜利，为阿骨打称帝、建立金朝，奠定了基础。以后，金朝历代皇帝对出河店之地都很重视。天会八年（1130），金太宗完颜晟因出河店为"肇基王迹于此"，[④]遂建肇州，以为纪念。金熙宗完颜亶天眷元年（1138）置防

① 《元史》卷58《地理志一》。
② 《元史》卷22《武宗纪一》。
③ 《牧庵集》卷1，丛书集成本。
④ 《金史》卷24《地理志上》。

·202·

御使。承安三年（1198）金章宗完颜璟又以"太祖神武隆兴之地"，升肇州防御使为节度一级的重镇，并建立武兴军。金朝对出河店的规格设置是逐步升级的。元武宗建中都，很有可能是效仿金朝。既然忽必烈已升抚州为隆兴府，他索性建都，以显示元朝的军威。

# 四世达赖喇嘛云丹嘉措出生地考*

曹永年

**摘　要：**根据肖大亨《北虏风俗》附《北虏世系》，笔者认为，松木儿台吉的领地在今商都境内察罕淖地区，而四世达赖云丹嘉措就出身于他父亲的这块领地之上，并在这里生活了 3 年。

**关键词：**四世达赖　出生地　内蒙古　商都　察罕淖尔

《蒙古源流》卷 7 记达赖喇嘛圆寂以后，接叙曰："圣识一切以慈悲的眼睛观视蒙古人众，化入都龙合罕第四子松木儿·歹成的（夫人）答喇哈屯腹中，过了整九个月，临近十月的时候，于己丑年（万历十七年，1589）奇妙地再次降生。"[①] 此人即四世达赖云丹嘉措。

关于云丹嘉措的出生，明朝方面有更详细的记载。刊行于万历二十二年之肖大亨《北虏风俗·崇佛》条云：

俺答时往西迎佛，得达赖喇嘛归，事之甚谨。达赖每指今松木台吉所居曰："此地数年后有佛出焉。"后达赖卒。不一年，至万历十六年，松木之妻孕矣。孕尝祖，腹中有声，众僧曰："此当生佛。"比产时，儿

---

\*　原载《内蒙古师范大学学报》（哲学社会科学版）2005 年第 5 期。
①　乌兰：《〈蒙古源流〉研究》，辽宁民族出版社，2000，第 439 页。

果自言曰："我前达赖喇嘛也。"众佛曰："此真向者达赖复生矣。"达赖生时乘马念珠及经一册，顺义西还，以此数者示儿，儿果曰："此我之马也。"于诸品物中，独取念珠与经，曰："此我之故物也。"且时时作西方语，惟僧能解之。甫三四岁时，言祸福亦辄应。夷人闻之，于是千里赢粮而走谒之者，日相望于门也。咸号曰小活佛。上其事以闻。万历二十年，奉旨升松木之子为朵儿只昌，异其事也……松木儿台吉常居上谷西北，今顺义王亲弟，其子曰虎督度。年可七八龄云。①

肖大亨云：顺义王家族"上其事以问"，并"奉旨升松木之子为朵儿只昌"。以上所记转引自那一件奏章。这应该是现存最完备的权威记载，史料价值极高。

蒙汉文史料一致肯定四世达赖是松木儿台吉之子、俺答之重孙，这是没有问题的。但是四世达赖的出生地在哪里，却没有任何直接记载留下来。

据《四世达赖传》载，云丹嘉措三岁时离开父亲住地，前往库库和屯（呼和浩特）。② 显然他生于其父松木儿台吉的领地之内，而关于松木儿台吉的领地，明代汉文文献则有明确记载。肖大亨《北虏风俗》附有《北虏世系》一表。此表于大同丰州滩顺义王部落栏下，叙俺答哈之子辛克都隆哈即黄台吉有十四子，其五子为松木儿台吉，表云：

> 松木儿台吉，授指挥金事。见在。子四，的力盖儿台吉、跌力波儿台吉、万思儿台吉、虎督度。在宣府下西路正北边外擦哈猱儿驻牧，离边约二百余里。新平互市。（松木儿台吉第四子）虎督度，即小活佛。万历二十年题升朵儿只唱。年有六七岁。盖西方僧之前身也。

---

① 乌兰《〈蒙古源流〉研究》认为，松木儿台吉牧地宣府下西路正北边外擦哈揉儿即"元上都地区一带"（第459页），这显然是接受了塞瑞斯的意见。

② 达赖喇嘛：《达赖喇嘛三世、四世传》，陈庆英、马连龙译注，全国图书馆文献缩微复制中心，1992。

《北虏世系》关于顺义王后裔部分，亦见于万历后期成书之王士琦《三云筹俎考》。[①]二者略有差异，如俺答与三娘子所生子沙苏星台吉，《北虏世系》云"见在"，《三云筹俎考》则曰"故绝"；《三云筹俎考》又于松木儿台吉条下，紧接"新平互市"句谓其"极穷为盗，即开市之虏亦多苦之，名其部曰贼达子"，对《北虏世系》做了补充。二者盖同源于一份不断增添某些新情况、新内容的官方文件。其叙右翼贡市诸部世系住地等特别准确，有极高之史料价值。

关于松木儿台吉领地，这是唯一的一条史料。塞瑞斯作《达延汗后裔世系表笺注》据此做考订云：

> "擦哈揉儿"的"揉"字一定错了。蒙语中没有这样的字音，但是究竟它代替了哪个字，却无法说出。此外如《三云表》也是同样的写法。也许正确的读音为"脑"。那就是独石口和开平（有名的元上都）途中的擦哈脑儿或 eaghan. na'ur 但《北虏风俗》告诉我们说，松木儿住在宣府西北（原注：松木儿被说成住在宣府地区下西路外。该路位于张家口和宣府以西柴沟堡周围）。不过，开平和擦哈脑儿都位于东北。可是，松木儿的住地与开平之间距离不会太大，看来松木儿经常侵入开平地区。我们在《三云表》上确实找到了有关他的附注："极穷，为盗。即开平（原注：原文作开市，但'市'字一定是'平'字之讹）之虏亦多苦之，名其部曰贼达子。"[②]

塞瑞斯的上述考订影响很大，[③]但颇多可商议者。

"擦哈揉儿"的"揉"字，作者判断"一定错了"，"也许正确的读音为'脑'"。作者的判断是对的。其实问题出在《北虏风俗》版本上。塞氏在为

---

① 王士琦：《三云筹俎考》，国立北平图书馆善本丛书本。

② 塞瑞斯：《达延汗后裔世系表笺注》，余大钧译，《北方民族史与蒙古史译文集》，云南人民出版社，2003，第725~866页。

③ 乌兰《〈蒙古源流〉研究》认为，松木儿台吉牧地宣府下西路正北边外擦哈揉儿即"元上都地区一带"（第459页）。这显然是接受了塞瑞斯的意见。

译本作序时，提到"我们翻译的原文是 1936 年北京文殿根据一部古代稿本出版的"，此本作"擦哈揉儿"，而《北虏风俗》明万历二十二年自刻本① 则写作"擦哈猱儿"。按"猱"字奴刀切，平，豪韵，泥。正读"脑"字。

在对"擦哈揉儿"的"揉"字做了说明之后，塞瑞斯立即判定此地"就是独石和开平途中的擦哈脑儿"。出独石赴上都开平，途中确有个察罕脑儿（白海），位于张北县沽源（今属沽源县）东北、闪电河西岸的小红城西南，名囫囵诺尔，元时曾于湖畔小红城建行宫，即著名的察罕脑儿行宫。陈得芝先生《察罕脑儿行宫今地考》有详细论说。②《明太祖实录》载，洪武三年二月"左副将军李文忠率师至兴和，元守将举城降。复进兵至察罕脑儿，遂擒元平章竹贞"，③ 也是指这个地方。在蒙古高原上，称"察罕脑儿""察汗诺尔""察汉淖"，或汉语直译为"白海""白海子"的湖泊比比皆是，为什么松木儿台吉领地之"擦哈猱儿"，就一定是独石赴上都路上那个著名察罕脑儿？塞瑞斯没有做任何说明。

在这里，一贯重视史料、非常审慎的塞瑞斯出现了失误，他竟然没有认真地审视记载本身所给出的条件。事实上，《北虏世系》对松木儿台吉领地所在的擦哈揉儿有明确界定。第一，它在"宣府下西路正北边外"；第二，"离边约二百余里"。按，明万历间宣府镇所辖北部边界，东自昌镇界火焰山起，西至大同镇平远堡止，延袤一千三百余里，分别由怀隆道辖南山、东路，宣府巡道辖下北路、上北路、中路和宣府守道辖上西路、下西路守备。宣府守道辖下西路参将驻扎柴沟堡，"分边东自上西路新河口界起，西至大同平远界止，沿长一百一十五里有奇……本路当西北之要害，为东西之重障"。④ 自下西路边外向北延伸二百里左右恰恰有一湖泊，至今仍被称作"察罕淖"，其地在今乌兰察布市商都县南部境内。换句话说，今商都县察罕淖地区完全符

---

① 薄音湖、王雄编辑校注《明代蒙古汉籍史料汇编》（第二辑）所收之肖大亨《北虏风俗》附《北虏世系》，即据自刻本排印。
② 陈得芝：《蒙元史研究丛稿》，人民出版社，2005，第 45~55 页。
③ 《明太祖实录》，洪武三年二月，台湾影印本。
④ 以上皆据杨时宁《宣大山西三镇图说》卷 1《宣镇图说》，见玄览堂丛书本。

合《北虏世系》所规定的两个条件，其为松木儿台吉的领地是没有问题的。

塞瑞斯的失误还在于，他先验地认为，宣镇边外只有独石、开平之间那一个察罕脑儿。事实上，该地区名为"察罕脑儿"或"白海"的湖泊，远不止一个。商都境内的"察罕淖"其名称自明以来始终未变。

金志章原本、黄可润增修、清乾隆二十三年成书之《口北三厅志》卷7《藩卫》引《宣镇图说》（原注：万历三十年后）云：

> 下西路泺洗（洗）马林堡边外，地名白海子、西堰。离边二百余里，七庆台吉部落散夷驻牧，约五千余骑。①

万历二十九年宣大山西总督杨时宁"檄三镇文武将吏各绘图条说，集其成而载核之"，成《宣大山西三镇图说》，呈报中央。其万历三十一年刻本，今影印收于《玄览堂丛书》，卷1为《宣镇图说》。是书所记，止于万历二十九年，不会涉及万历三十年后的事情，且书中未叙及蒙古诸部的驻牧地，故《口北三厅志》所引《宣镇图说》是与杨时宁书不同的另一部书。其书不见于《中国地方志综录》和《中国地方志联合目录》，已佚。据《宣镇图说》，下西路边外200余里的白海子正是商都的察罕淖。四世达赖生于万历十七年，3岁前往库库和屯，14岁赴藏，松木儿台吉似乎也因为儿子的飞黄腾达而离开这极穷的地方，这里于是成了"七庆台吉"即黄台吉系的"散夷"驻牧之地。

《口北三厅志》卷2《山川·白泺》还提到了另一本书《续宣镇志》。金志章、黄可润引述《辽史》《金史》及元周伯琦关于上都地区察罕脑儿的记载以后，又引金幼孜《北征前录》："过大伯颜山行数里，远望如水，进则如积雪，乃是碱地，又行十余里过凌霄峰。"《译语》："凌霄峰东北达开平。"然后考证云：

---

① 金志章、黄可润：《口北三厅志》，中国地方志丛书本。

案：白添即白海、金曰勺赤勒，元曰察军脑儿，各因国语异名。按其方位，实非有二。《续宣镇志》以为在洗马林及膳房堡口外者，误也。惟是《北征录》所在碱池，稽其道里，似属相近……其是与非不敢拟决，姑备存之以俟博考。

这一段考证文字问题不少，我们不去管它，《续宣镇志》的记载其实并不错。该书提到有白海"在洗马林及膳房堡口外"，此白海正是松木儿台吉的牧地。《续宣镇志》一书，亦不见于《中国地方志综录》和《中国地方志联合目录》，已经散佚，其部分内容保存在《口北三厅志》中。[①]

嘉庆重修《大清一统志》卷548《牧场》云：正黄旗等四旗牧场，"在张家口西北二百里诺莫博罗山"；牧场东60里有湖"土人名昂古里淖尔"；牧场北40里为"查喜尔图插汉池"。[②]昂古里淖尔，今同名。从昂古里淖尔向西延伸60里，再向北40里是今商都县的察罕淖。所以嘉庆重修《大清一统志》正黄旗等四旗牧场之查喜尔图插汉池（意谓"长席草的白池"），就是明代松木儿台吉的牧地擦哈猺儿、今天的察罕淖。

塞端斯由于自己的失误，将松本儿台吉牧地擦哈猺儿定为独石与上都之间的察罕脑儿，结果这位严肃的学者不得不面临一系列难题。

《北虏世系》"崇佛"条提到，松木儿台吉"常居上谷之西北"。上谷即指宣府。倘按塞瑞斯的说法，张北（沽源——编者注）之擦哈猺儿，在宣府上北路之正北，是宣府之东北。如此矛盾，塞瑞斯是清楚的。他于是设法弥缝说："开平和察罕脑儿都位于东北面，可是松木儿台吉的住地与开平之间距离不会太大，看来松木儿台吉经常入侵该地区。"根据在哪里呢？他引《三云筹俎考》附表关于松木儿台吉"极穷为盗，即开市之虏亦多苦之，名其

---

① 吴廷华修、王者辅纂《宣化府志》（乾隆八年修，二十二年订补重刊）卷29《人物志下》："胡以温，字公娇峤，号东欧，一号号集……年二十三举顺治丙戌（顺治三年）进士，除江西乐安县……后部议罢职，年方二十有八，家居四十年，绝意干进。所著……又有《续宣镇志》，前明嘉隆后边事，赖以考云。"又同书卷37《艺文志三》收有胡以温《续宣府镇志序》叙此书撰写经过。

② 嘉庆重修《大清一统志》，四部丛刊续编本。

部曰贼达子"的记载予以论说：开市之虏"原文作'开市'，但'市'定是'平'之讹"。既然，"开平之虏"亦多苦之，松木儿台吉经常入侵该地区就顺理成章了。然而，"开市"一词怎么一定是"开平"之讹，他却拿不出任何根据。这是擅改文字的武断做法。其实，从宣府下西路边外正北300里去寻找得到的今商都察罕淖，正在宣府西北，也根本用不着擅改文字，将"开市"改为"开平"，为误说作证了。

难题还不仅这一点。据《北虏世系》，俺答同母弟弟老把都儿台吉，即昆都力哈，"在宣府张家口东北至独石、开平一带驻牧，张家口互市"。《万历武功录》卷9《昆都力哈传》指出昆都力哈"逐插汉根脑及大沙窝、三间房水草，旁近三卫"。其子青把都牧地"所居住在大沙窝、三间房，旁近赤城"。《宣大山西三镇图说》卷1《独石镇图说》称："本城上谷北路绝塞之地，宣德五年移旧开平卫于此。依边为界，外直抗青酋大部。"青酋即青把都儿。所以，万历中独石至开平一带是哈喇嗔昆都力哈子青把都儿的领地，根本不可能有土默特俺答系子孙插足其间。

如果按《北虏世系》的界定，将松木儿台吉的牧地定位于今商都之察罕淖，则矛盾冰释。《北虏世系》载俺答的领地"西至河套，东至洗马林一带"。黄台吉袭顺义王封以前"先在宣府边外兴和所、小白海、马肺山一带驻牧"，显然俺答将领地的东边封给了长子黄台吉。黄台吉亦分割牧地，六子段奈台吉"在宣府膳房堡迤北马肺山一带驻牧，离边二百余里"。膳房堡属宣府守道上西路管辖，此殆是俺答、黄台吉领地的极东边。松木儿台吉牧地住于下西路正北，则处于段奈台吉之西，在土默特领地界内。

《三云考》补充说：松木儿台吉"极穷，为盗。即开市之虏亦多苦之"。在古代，生产力越低，对环境的依赖越重。松木儿台吉部之穷困自与环境恶劣分不开。今天的商都生态状况依然严峻，仍是贫困地区。

我们断定，松木儿台吉的领地在今商都境内察罕淖地区，与史料给出的条件丝丝入扣，完全吻合；而四世达赖云丹嘉措就出生于他父亲的这块领地上，并在这里生活了3年。

# 元《宝昌州创建接官厅记》杂考*

胡海帆

**摘　要：**1925 年在河北沽源九连城发现的石碑《宝昌州创建接官厅记》，碑额以八思巴字题写，碑文记载了元至正年间宝昌州官员捐资兴建接官厅的起因和经过，内容涉及兴和路宝昌州设置、州境巡检司的设立、官员捐资现象、两都之间往返路线以及驻跸地点等史实，提供了不少有价值的历史信息。

**关键词：**八思巴蒙古字　兴和路　宝昌州　巡检司　公廨　驻跸　驿道

北京大学图书馆藏有元代《宝昌州创建接官厅记》石碑拓片一份。碑额题八思巴蒙古字，碑文记述元至正年间宝昌州众官员在州官的倡导下，捐资为驻跸随行诸王百官修建接官厅署之事。检有关文献，是碑见于《察哈尔省通志》①《太仆寺旗志》②记载，但碑文内容未曾刊布。

## 一　碑石基本情况

碑首题"宝昌州创建接官厅记"，元顺帝至正十六年（1356）夏立石。碑长方形，圭首平顶，正反两面刻，拓片高 101 厘米、广 62 厘米。额题八

---

*　原载《内蒙古大学学报》（哲学社会科学版）2008 年第 3 期。
①　宋哲元监修、梁建章纂《察哈尔省通志》，察哈尔省通志馆印本，1935。
②　太仆寺旗志编纂委员会编《太仆寺旗志》，内蒙古文化出版社，2000。

思巴字，碑文汉字正书 17 行，行 33 字，尾官吏题名 6 行，碑阴亦官吏题名，行款错乱。碑文剥蚀漫漶不清，两面可辨约 702 字。

此碑 1925 年在九连城废址（今河北省沽源县城西南约 60 公里处）出土，[①]后被移置宝昌县城（今内蒙古太仆寺旗宝昌镇），现存内蒙古自治区太仆寺旗文化馆。

《察哈尔省通志》卷 21《金石》载："《元宝昌州初（按：应为创）建接官厅记碑》，字迹剥落，尚可辨识者计二十三行，四百七十七字，民国十四年在九连城废址发现。"《太仆寺旗志》也记载了此碑，还附有一张很小的照片。

20 世纪 50 年代初，北大图书馆购入此碑拓片，薄黄皮纸，民国年间拓，有鼠啮洞伤及多处文字。年款"至正丙申■夏"之"夏"前一字啮缺，按一般规律，此"■夏"当是孟、仲、季夏三者之一，可推知立碑时间在四至六月之间；又啮缺年款后若干字，按位置可能是人名落款。

碑文（额除外）如下（碑文漫漶甚，勉为标点，模糊不能确认之字，后加"？"，■为啮洞缺 1 字）：

【碑阳】"宝昌州创建接官厅记。/昌州者，古昌州也，我/皇元初置巡检司治焉。隶/兴和路。始自延祐六年，创立宝昌州□选官□之。是郡也，地连边□土（？）□民庆（？）实（？）□□/故□□□□未冷（？）。至正甲午，监郡公和尚、同知□丁□夫、节判李嘉奴，相□□□□□/人抚□为心，强者抑之，□者扶之，民感斯德，有如阳春暖律，咸被□泽（？）其词讼（？）□□/谈笑，而使人皆服其正。一日，公事暇，同知公□监郡公曰：听讼有□□馆宾无位，遇春/诸王百官驻跸，或承/皇（下模糊似无字）待（？）/诏官吏俱于泡野俟，每值风雨□□□□他郡则□□，若众官各捐□俸，创建接官厅/一座，不亦□乎！是岁将春农，未（？）作矣。经之营之，□其□矣（？）盖勉旋（？）公□善□公遂（？）□□/诹于□□□□宾王□□诸□属□土□□□□。于是购材募工，缔（？）大□于城南□其/□□其□□□□□匪□□□经始落成，不踰月□就，何其速乎！此公□之验也，意□/□以□□□□以公勤□意□□哉，夫爱人□□□□者智也，仁且智

① 此碑收入胡海帆撰《北京大学图书馆藏八思巴字碑拓目录并序》（《国学研究》2002 年第 9 期），出土地误作内蒙古太仆寺旗，在此更正。

岂□，于是异／日致／君，泽民济时仝道（？），焉可量哉！征■·■文，纪其愿末，以告□□□□□□□□之记尔。／岁至正丙申■夏。■□■□。／

司吏：白守忠、曹恩、□□祖、董德辉、付伯庸、王士廉；／吏目：王羽、雷军或、刘敬祖、孙鸣翼、王思诚；／从仕郎兴和路宝昌州判官李嘉奴；／承务郎兴和路同知宝昌州事□□于□夫；／州（下似无字）／承务郎兴和路宝昌州达鲁花赤兼管本州诸军奥鲁劝农事和尚。"

【碑阴】"兴和路宝昌州□□□□□□善；兴和路宝昌州税使司□□李秀；兴和路宝昌州税使司□□□颜帖木儿；□□头目：闫伯、王□□、□□先、王□□；首领：刘□成、闫得成、杨甫谦、□□甫；□□：□成、□□卿；司（？）吏：■■■、□□□、■■夆、潘忠、李仁、白公弼、石□□；□士：（第一截）周□□、贾□文、雷□使、刘得全、□福才、□才卿，（第二截）□□□、周□□、□□□、段福□、□义卿、□□□，（第三截）李□才、窦□敬、张□亨、段从周、刘仲□、杨□□，（第四截）王子中、陈志道、刘敬先、李贵□、贺敬臣、□大用，（第五截）刘义卿、□士□、雷良文、班得成、谢□卿、张□□，（第六截）董金、刘文夆、□□文、刘□成、李茂□、苏伯□，（第七截）韩君瑞、孙伯□、郭□才、苏□□、□□甫、□□□。"

## 二 碑额八思巴字考释

此碑额八思巴字，横题 1 行 5 字（见图 1）。

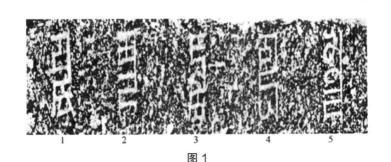

图 1

　　八思巴字是元世祖忽必烈命国师八思巴喇嘛依据藏文字母创制的一种拼音文字，至元六年（1269）颁行使用。因自身及推行过程中的各种局限而未能普及，元亡以后成为死文字。八思巴字可译写多种语言文字，一般常见译写蒙语和汉语，此碑即是译写汉语。

　　此碑额特别之处在于八思巴字横题，这不符合该文字的书写规则。八思巴字行文规定从上至下竖写，从左至右回行。而此碑额是从左至右横排。这种"不守规矩"的做法，在存世八思巴字碑刻中较少见，国内现存八思巴字石刻约90余种，其中近20种有八思巴字碑额，横题碑额仅见此一例。然而八思巴字书写方向不合惯例并非没有例外，比如立于山西芮城的《河东延祚寺圣旨碑》[①]八思巴字竖写，回行从右至左；刻于河南浚县大伾山的八思巴字《六字真言》[②]也是从左至右横写。此类反常做法究其原因，可能是书写镌刻者不清楚八思巴字书写习惯，也可能是考虑文字布局或一些实用因素造成的。接官厅记碑额横题明显是在模仿汉字碑额横题形式。

　　此碑额没有汉字译文，我们要了解其内容，需利用八思巴字与汉字对照的《蒙古字韵》《蒙古字百家姓》等文献，找出与碑额对译的汉字。笔者按5字从左至右排序，将其对应汉字进行了排列比对（见表1）。

表1　《宝昌州创建接官厅记》碑额八思巴字与汉字对照表

| 碑额八思巴字 | 拉丁字母转写 | 《蒙古字韵》[a]对应汉字（极生僻字略） | 字汇[③]集《蒙古字百家姓》对应汉字 | 字汇[④]集碑文对应汉字 | 厘定字 |
|---|---|---|---|---|---|
| 1 | Baw | 褒襃包苞宝保堡褓葆鸹饱綵报豹爆愽搏镖簿馎膊剥驳（第149页下） | 包鲍（第226页左） | 襃宝保葆报（第226页左） | 宝 |
| 2 | Č 'aч | 猖伥昌倡闾菖昶氅敞厂怅鹵场唱畅（第133页上） | 昌（第241页左） | 昌（第241页左） | 昌 |

① 照那斯图：《八思巴字和蒙古语文献》（Ⅱ文献汇集），东京外国语大学亚非语言文化研究所，1990。
② 浚县文物旅游局：《大伾文化》（一），文物出版社，2004。
③ 罗常培、蔡美彪：《八思巴字与元代汉语第二编蒙古字韵》。
④ 罗常培、蔡美彪：《八思巴字与元代汉语第二编蒙古字韵》。

| 碑额八思巴字 | 拉丁字母转写 | 《蒙古字韵》对应汉字（极生僻字略） | 字汇集《蒙古字百家姓》对应汉字 | 字汇集碑文对应汉字 | 厘定字 |
|---|---|---|---|---|---|
| 3 | ȝiw | 辀侜舟周州鹙赒诪调輖洲肘帚箒昼咮呪祝（第152页上） | 周（第243页左） | 州（第243页左） | 州 |
| 4 | gej | 佳街皆偕堦秸嗜階湝解懈繲廨诫戒界介疥玠阶鮯价芥届憾格骼隔鬲革荙（第142页下） | | 皆懈戒格（第250页左） | 廨 |
| 5 | miч | 觌明盟鸣名洺冥铭螟蓂暝皿茗酩命（第131页下） | 明（第227页右） | 明名命（第227页右） | 铭 |

注：a. 罗常培、蔡美彪编著《八思巴字与元代汉语》第二编"蒙古字韵"，中国社会科学出版社，2004。

在参照原碑题名的基础上，笔者以为额题八思巴字厘定为"宝昌州廨铭"比较妥当。首先，《蒙古字韵》对应汉字中含此五字，有发音相同的前提；其次，将前三字释为"宝昌州"与碑文首题相合，挑选后两字则是从碑文内容考虑的。

"廨"，指官署，是官吏办公处的通称：如郡廨、公廨（官廨）。接官厅属官廨，碑记中不乏记载官廨之例，如河北定兴《大元国保定路易州定兴县创立尉司公廨记》。[①]"铭"，是文体的一种。自古以来称碑文为"铭""铭记"甚普遍。此文是一篇记述宝昌州兴建廨署的碑铭，题为"宝昌州廨铭"恰如其分。

# 三 若干问题的探讨

此碑述官员集资兴建接官厅事，属功德之碑。碑文虽剥蚀不清，但文意大致可知。文中提供了不少有价值的历史信息，值得探讨。

## （一）立碑所在地

碑文曰："昌州者，古昌州也，我皇元初置巡检司治焉。隶兴和路。始自

---

① 《定兴县志》，清光绪十六年刊本。

延祐六年，创立宝昌州……。"还指明接官厅建于宝昌州城"城南"。

兴和路，元皇庆元年（1312）以隆兴路改名置，治所在高原县（今河北张北县），隶中书省。据《元史》（卷58志10地理1）载，"兴和路，唐属新州，金置柔远镇，后升为县，又升抚州，属西京。元中统三年，以郡为内辅，升隆兴路总管府，建行宫。……领县四、州一。县四：高原……怀安……天成……咸宁……。州一：宝昌州"。[①] 宝昌州，元延祐六年（1319）以昌州改名置，州治所在今河北沽源县西南的九连城，隶兴和路。《元史》（卷58志10地理1）载，"金置昌州。元初隶宣德府，中统三年隶本路（兴和路），置盐使司。延祐六年，改宝昌州"。

碑文所记兴和路宝昌州情况与《元史》所载完全吻合，碑记其所在地也与《察哈尔省通志·金石志》所记石碑出土地"九连城废址"丝毫不差。此地金代称昌州，元延祐六年改为宝昌州，州疆域在兴和路北境（今河北张北县、沽源县、康保县、内蒙古太仆寺旗一带），州治所在九连城址，明废。

1925年国民政府设置宝昌县，九连城址属宝昌县辖，而宝昌县隶属察哈尔特别行政区（后改名为察哈尔省），所以《察哈尔省通志》记载此碑时将其置于宝昌县之下。九连城旧址位于今内蒙古太仆寺旗和河北沽源县交界处，在沽源县九连城乡境内，城址北面属太仆寺旗管辖。

在此，顺便谈一下《察哈尔省通志》和《太仆寺旗志》的误记问题。

《察哈尔省通志》卷21《金石》宝昌县条目下共有两碑，除《宝昌州创建接官厅记》外，还记有另一碑。记云："《元重修广国禅寺佛殿碑》在左翼牧场西，镶黄旗牧场界庆国禅寺[②]废址内，共字二十一行，上刻至和元年兴和路宝昌州等字样，字迹漫漶，不易辨识。能识者计一百二十四字。现在镶黄旗牧场内。"

《察哈尔省通志》（卷4宝昌县古迹）记载古迹时也提到碑刻："九连城，

---

① 宋濂：《元史》，中华书局，1976。

② 笔者以为《察哈尔省通志》所记载的"元重修广国禅寺佛殿碑"之"广"字，与"庆国禅寺废址内"之"庆"字，可能为同一字，误记作不同字。

在县西南，距城六十五里……内有残碑一块，洗净露出元至和元年兴和路宝昌州字样。已将此碑运至县城。"

我们将《宝昌州创建接官厅记》内容与《察哈尔省通志》两处记载对照，就不难发现，《察哈尔省通志》卷21《金石》的记述是正确的，而在《察哈尔省通志》卷4《宝昌县古迹》中，作者却错将出土于镶黄旗牧场庆国禅寺废址内的《元重修广国禅寺佛殿碑》碑文内容，误记到九连城出土、移置宝昌县城的《宝昌州创建接官厅记》头上，而后者铭文中并无"至和元年"的记载。

《太仆寺旗志》第14篇第5章《馆藏文物古迹》记载《宝昌州石碑》（即《宝昌州创建接官厅记》）："1918年，在太仆寺左翼牧场镶黄旗境庆国禅寺基址挖掘出石碑一块，高105.5厘米，宽64.5厘米，厚12厘米，以石凿刻而成。石碑正面刻有八思巴文和汉文两种文字，可辨认的汉字为'元至和元年'和'兴和路宝昌州'等字样。石碑背面也刻有汉字，字迹难以辨认。石碑现保存在文化馆。"很明显，《太仆寺旗志》记载也有张冠李戴的问题，所载石碑出土地和可辨认的汉字内容皆属于庆国禅寺基址出土的《元重修广国禅寺佛殿碑》，而非藏于文化馆的《宝昌州创建接官厅记》。推测此谬可能是转引《察哈尔省通志》时，混淆两碑产生的。

## （二）昌州巡检司的设置

巡检司为官署名，始于五代，盛于两宋，金代亦置之，其职责是巡逻州县、擒捕盗贼。宋金巡检司多设于各府州县关津险要地区或距城较远之处。元朝沿袭此制，《元史》（卷91志41百官7）载，巡检司设于县境，由县指挥，置巡检一人。"诸县……巡检司（秩）从九品巡检一员。"本碑中巡检设于州境的记录，是对《元史》记载的补充，也证实了元代巡检司不仅设于县境，还设于部分无属县散州的情况确实存在[①]。碑文"昌州者……我皇元初置巡检

---

① 李治安：《元代巡检司考述》，南开大学地方文献研究室编《来新夏教授学术研讨会纪念集》，新疆大学出版社，2002。

司治焉"表明元初即在昌州（后改宝昌州）设有巡检司，这与《元史》等文献中元代巡检司设置最早见于元初世祖时的记载相互印证。昌州是蒙元时期联系上都乃至漠北地区与大都乃至中原地区的交通要塞，州境内有蒙元时期较早的驿路，还曾是两都之间的主要驿路，地位相当重要，专门设置巡检司是为了确保当地平安。

### （三）监郡公和尚及官员捐资现象

监郡公和尚是本碑记载中的主要人物，是监治宝昌州事务的最高行政长官。"和尚"当是人名，而非僧人称呼，在元代，蒙古、色目人名译作汉字和尚较普遍，《元史》记载名为和尚的宗王、大臣、将领就有多人。同知公丁□夫是监郡公和尚的副手，二人闲暇时谈起宝昌州"听讼有□□馆宾无位，遇春诸王百官驻跸，或承皇□，待诏官吏俱于泡野俟。每值风雨（饱受辛苦）"，由此提议"众官各捐□俸，创建接官厅一座"，众官吏响应，于是购材募工，在城南建起接官厅，不逾月而就，时间"何其速乎"！从"人抚□为心，强者抑之，□者扶之，民感斯德，有如阳春暖律，……使人皆服其正"记载看，监郡公等州官在当地口碑不错，在官员中威信颇高。这大概是捐俸提议能一呼百应的原因之一。

接官厅属公共设施，本应由官府出资承办，最终却靠官员个人捐资兴建，很明显反映出当地财政的困难。有研究指出：由于财富向中央的集中和地方财政的困境，元代的驿站、道路、桥梁等地方工程普遍遇到了资金不足的问题，为使工程能顺利完工，地方长官不得不率先捐款，并号召官吏及地方士绅出资赞助。地方公共建设也常要依赖地方官员的责任心和民间的赞助才能完成。[1]宝昌州接官厅就是元代晚期一个因政府财力不足而由地方官员捐款兴建的事例。我们注意到在其他地方也有类似的公廨靠筹集私费兴建的状况。[2]

---

① 党宝海：《蒙元驿站交通研究》，昆仑出版社，2006。

② 李治安：《元代巡检司考述》，南开大学地方文献研究室编《来新夏教授学术研讨会纪念集》。

### （四）元帝往来两都之间的西路

宝昌州接官厅主要为驻跸随行官员遮风避雨而建，建于该地是因宝昌州地处两都来往的路上。碑文为研究元帝出行制度、路线和两都驿道交通提供了新证。

公元 1251 年蒙哥汗即位，命其弟忽必烈"总管漠南军国庶事"。这位后来成为元朝开国皇帝的蒙古宗王，在其领地兴建了新城开平（今内蒙古正蓝旗上都镇），并于 1260 年在开平即位称帝，是为元世祖，始设年号中统。中统四年（1263）升发祥地开平为上都，至元元年（1264）下诏以燕京（今北京）为中都，九年后又改中都为大都，并将元廷从上都迁于此。从此元朝实行两都制度，以大都为首都，上都为夏都。

从忽必烈时期开始，出于监控中原汉地与蒙古宗亲的政治需要和对传统游牧徙行风俗的继承，元帝每年都要在上都至大都之间往来和驻跸。夏初元帝率蒙古诸王、文武百官从大都出发赴上都，深秋再返回大都。每年皇帝在上都的居留时间近半年，朝廷诸衙也随之转到上都，那里作为国家政治中心之一，决定和经历了很多重大政治事件，如新皇继位的忽里台仪式多在上都举行。

从上都至大都共有 4 条路，一是西路；二是驿路（望云道）；三是辇路（黑谷东道）；四是东路。据记载，元朝皇帝赴上都多走辇路，再由西路返回大都。西路是蒙元时期较早的驿路，在望云道开通之前它是两都之间的主要驿路。[①]

至正十二年（1352）元臣周伯琦扈从顺帝至上都又返大都，所著《扈从集》记载了两都间辇路、西路的地名和行程[②]。西路所经地域为：

上都（今内蒙古正蓝旗上都镇）—六十里店（北距上都 60 里）—桓州（今内蒙古正蓝旗西南）—李陵台驿双庙儿（今内蒙古正蓝旗西南）—察汗诺尔（今河北沽源县小红城）—遮里哈剌（今河北张北县西北安固里淖）—回回柴（即和尔图汗，当时隶属宝昌州）—呼察图（今河北张北县西）—兴和路（今

---

① 党宝海：《蒙元驿站交通研究》。

② （元）周伯琦：《扈从集》，影印文渊阁四库全书本，台湾商务印书馆发行，1983。

河北张北县）—野狐岭（今河北张家口市西北）—得胜口（当时在宣德府宣平县境内）——沙岭（今河北张家口沙岭子）—宣德府（今河北宣化）—鸡鸣山（今河北宣化下花园南）—丰乐（今河北怀来新保安附近）—怀来县（今河北怀来东）—妫头（即棒槌店，今北京延庆县东口）—居庸关（今北京延庆县）—昌平龙虎台（今北京昌平县西北）—大口（今北京海淀北）—大都（今北京）。

兴和路位于西路上，《扈从集》载："兴和路者，世皇所创置也，岁北巡东出西还，故置有司为供亿之所。"《元史》（卷27本纪27《英宗一》）记载了元帝在兴和路驻跸："壬戌（至治二年）……车驾驻跸兴和，左右以寒甚请还京师，帝曰：'兵以牛马为重，民以稼穑为本，朕迟留盖欲马得刍、牧民得刈获，一举两得，何计乎寒。'"《扈从集》所记西路虽没有提及宝昌州，但接官厅记碑"遇春诸王百官驻跸"的记载，说明宝昌州城也在西路上，或元晚期西线有变动后位于西路上，元帝曾驻跸宝昌州城。此外，碑记表明元帝春天出行除辇路外亦可能走西路，至少元代晚期有了这方面的例子。

### （五）地方官吏的配置

由于捐资是州长官提议的，同僚、属下无论内心赞成与否，碍于情面都不得不出资，因此碑上题名开列了大小官员70余人（或有工匠），从州官至底层吏员不仅齐全且各有衔职（见表2）

表2 《宝昌州创建接官厅记》碑开列官员姓名及官职

| 官职 | 人名 | 官职释义 [a] |
| --- | --- | --- |
| 承务郎兴和路宝昌州达鲁花赤兼管本州诸军奥鲁劝农事 | 和尚 | 承务郎：文散官名。元为四十二阶之第三十四，秩从六品。敕授，服绯<br>达鲁花赤：蒙古语意为镇守官，汉译宣差。为所在地方、军队和官衙最高的监治长官。由蒙古人或出身高贵的色目人担任<br>奥鲁：奥鲁本为军队组织名，奥鲁官为管理奥鲁的军官。以后逐渐改由地方官长兼领诸军奥鲁，管理军户<br>劝农事：即主管和督察农业生产的劝农官 |

| 官职 | 人名 | 官职释义 |
|---|---|---|
| 承务郎兴和路同知宝昌州事□□ | 丁□夫 | 承务郎：（见上）<br>同知：衙署之佐官。地方有同知州事、府事。同知品秩不等，随所属衙署而定。州长官下设同知、判官等 |
| 从仕郎兴和路宝昌州判官 | 李嘉奴 | 从仕郎：文散官名。元为四十二阶之第三十八，秩从八品下，元晚期也有秩升从七品者。敕授，服绯<br>判官：官名。设于中央及各类总管府、散府及州，别设判和州判。秩自正五品至正八品不等。州判品秩因州而异，宝昌州以户计属下州，为正八品。职责协助州尹或知州处理政务，或分判刑案，抓捕盗贼等。（碑文中又有"节判李嘉奴"之称。节判是节度判官之简称。主掌纪纲节镇众务、金判兵马之事，兼判兵、刑、工案事。此处节判、判官同一涵义） |
| 兴和路宝昌州□□□□□ | □□善 | 官职不详 |
| 兴和路宝昌州税使司□□ | 李秀 | 官职不详<br>税使司：官署名，地方征税机构。州县均有设置 |
| 兴和路宝昌州税使司□□ | □颜帖木儿 | 官职不详<br>税使司：（见上） |
| 吏目 | 王羽等五人 | 吏目：州属官。或为从九品，或未入流。掌官署文书案牍，办理具体事务并管辖吏员 |
| 司吏 | 白守忠等六人 | 司吏：官府衙门吏员。主办文牍、书写、文移等事 |
| 司（？）吏 | 潘忠等七人 | 官职不详 |
| □士 | 刘得全等四十二人 | 官职不详（或为工匠） |
| □□头目 | 闫伯等四人 | 官职不详（或为工匠） |
| 首领 | 闫得成等四人 | 官职不详（或为工匠） |
| □□ | □成等二人 | 官职不详（或为工匠） |

说明：a.邱树森：《元史词典》，山东教育出版社，2002。

　　上述题名显示的元代州级公职人员配备以及官员衔职，对我们了解元代地方职官设置有所帮助，反映的地方官署设置也值得关注。遗憾的是碑刻过于漫漶，文字模糊，很多官职名称已不完整，人名也只能分辨出部分，以至失去了很多有价值的信息。

# 忽必烈的两处塞上行宫*

党宝海

元世祖忽必烈在塞上草原曾建有多处行宫，其中包括隆兴行宫和察罕脑儿行宫。了解这两处行宫的建立过程和发展情况，可以增进我们对忽必烈的政治活动、两都巡幸生活的认识。故掇拾史料，做一简单考述。

## 一　隆兴行宫

忽必烈在塞上较早建立的一处行宫是隆兴府行宫。隆兴府在金代为抚州（治所位于今河北张北县），属西京路。这里地处草原游牧地区和农耕定居地区的交错带，有连接中原汉地和漠北的交通要道，由此可北通大漠，南控中原，是一处战略要冲。①

1214 年夏，金宣宗迁都汴京（今河南开封），漠南地区全被蒙古占领。蒙哥汗时期，桓州（今内蒙古正蓝旗四郎古城）、抚州一带是忽必烈的驻牧地。②1251 年，蒙哥即蒙古大汗位，命忽必烈总领漠南汉地军国庶事。忽必

---

\*　"元世祖忽必烈与隆兴路"研讨会，天津，2009 年 11 月。

①　韩志远：《略论金抚州地区在蒙金战争期间的战略地位及元武宗在抚州建元中都的军事原因》,《文物春秋》1998 年第 3 期；叶新民、宝音德力根、赵琦、白晓霞：《元代的兴和路与中都》,《文物春秋》1998 年第 3 期。

②　张养浩《张文忠公文集》卷 18《晋宁张氏先茔碑铭》中记载："隆兴，世皇汤沐邑也。"此处的隆兴指隆兴路，治所在河北张北县。由原来的抚州发展而来。这段记载说明，抚州地区在蒙哥汗时期，是大蒙古国划分给忽必烈的驻牧地（即文中的"汤沐邑"）。这段史料承葛仁考先生教示，谨此致谢！

烈驻帐于桓州、抚州之间的金莲川。"岁壬子（1252），帝驻桓、抚间。"甲寅（1254）八月，"至自大理，驻桓、抚间，复立抚州"。以惠州滦阳人赵炳为抚州长官，"城邑规制，为之一新"。① 丙辰（1256）三月，"命僧子聪卜地于桓州东、滦水北，城开平府，经营宫室"。②

抚州在忽必烈的早期活动中非常重要。对此，《史集》有这样的记载："有三条道路从驻冬地通往该处［开平城］，［中略］另一条是向 XWJW/ČWČW 去的路，顺着 TBKYN/SNKYN 河岸前往该处，该处多葡萄和水果。在此城附近有另一城，名为荨麻林；此城大多数居民为撒马尔罕人，他们按撒马尔罕的习俗，建起了很多花园。［中略］早先过夏经常是在上述的 XWJW/ČWČW 城之境，而后，以开平城之境做了夏营地。"③ 根据距离荨麻林很近这一点，我们不难论定，此处的 XWJW 必为抚州无疑。《史集》另一波斯文较晚期抄本中 ČWČW 的写法是音点错置的结果。由《史集》我们了解到，在世祖忽必烈的早期，抚州地区是他重要的度夏地，"早先过夏经常是在上述的抚州城之境"。后来，开平才变得越来越重要。

由于抚州在世祖前期的重要战略地位，尽管有了开平城，抚州的重要性并没有迅速下降。中统元年（1260）六月，忽必烈"诏燕京、西京、北京三路宣抚司运米十万石，输开平府及抚州、沙井、净州、鱼儿泺，以备军储"。④ 中统三年十一月，"升抚州为隆兴府，以昔剌斡脱为总管，割宣德之怀安、天成、威宁、高原隶焉"。同年十二月，忽必烈在隆兴府建行宫。此处的行宫，应是有别于草原宫帐的固定宫室建筑。⑤

后代文献很少提到这处隆兴行宫。到清光绪年间，千总石琳在张北县"皇城"（遗址位于今张北二中校园内）立石碑一通，名为"兴和城碑"。当

---

① 《元史》卷 163《赵炳传》。
② 《元史》卷 4《世祖纪一》。
③ （波斯）拉施特主编《史集》第 2 卷，余大钧、周建奇汉译本，商务印书馆，1985，第 324~325 页。汉译将 XWJW 译为涿州，不确。详正文考订。
④ 《元史》卷 4《世祖纪一》。
⑤ 《元史》卷 5《世祖纪二》。

地儒生李运壬撰写了碑文，其中写道："金置柔远镇，后升县，又升抚州，建行宫为枢光殿。元中统三年又升隆兴总管府，割宣德四县、怀安、天成、咸宁、高原、宝昌州，又建行宫为清暑殿。皇庆元年改为兴和路。"① 这段文字明确提到张北"皇城"在金元时期的行宫名称，似乎作者有一定的史料依据，但文中对此并未提及。民国时期刊印的《张北县志》写道："张北县城建筑始于辽金元三朝，名为燕子城，并于东北城角内建筑皇城，内有行宫，均系砖石砌成。"② 如果清人和民国《张北县志》的记载确有根据，那么，隆兴行宫应是在张北县"皇城"一带，是一处砖石建筑。

中统四年（1263）五月，开平府升为上都路，隆兴府归上都路管辖。十月，置隆兴路驿。至元元年（1264）正月，"敕北京、西京宣慰司、隆兴总管府和籴以备粮饷。至元四年正月，"析上都隆兴府自为一路，行总管府事"。皇庆元年十月，改隆兴路为兴和路，赐银印。③

隆兴路东北与上都路相邻，东南紧靠大都路，西连集宁路，西南为大同路。辖昌州（延祐六年改名宝昌州，今河北省沽源县九连城）和高原（隆兴路治所，今河北张北）、怀安（今河北怀安县南怀安城）、威宁（今内蒙古兴和县西台基庙古城）、天成（今山西天镇县）四县。④

畏兀儿人八丹曾任隆兴路达鲁花赤。他"事世祖为宝儿赤、鹰房万户，……以鹰房万户从裕宗北征，至镇海你里温，赐银椅及钞一万五千贯，命归守真定。未几，命行省扬州，八丹辞曰：'臣自幼未尝去陛下，愿留侍左右。'改隆兴府达鲁花赤，遥授中书右丞，谕之曰：'是朕旧所居，汝往居之'。八丹又辞，帝不允。居三年，海都叛，奉旨从甘麻剌太子往征之"。⑤

---

① 参见1936年许闻诗主编《张北县志》卷8《艺文志》"金石"部分之"兴和城碑"。
② 参见1936年许闻诗主编《张北县志》卷3《建置志》"城池围堡"。
③ 《元史》卷58《地理志一》。
④ 《元史》卷58《地理志一》。
⑤ 《元史》卷184《小云石脱忽怜传附八丹传》写为"隆兴府达鲁花赤"。严格说来当为"隆兴路达鲁花赤"。根据传文"未几，命行省扬州"等语句，事当在至元四年隆兴府改为隆兴路之后。又，《永乐大典》卷11598引《经世大典·市籴粮草》有这样的记载：至元二十三年正月，"八耽遣人来言：隆兴府粮储缺少，宜给钞三千锭"。此处的八耽当为《元史》所记之八丹。他始任隆兴路达鲁花赤当在至元二十三年前后。《永乐大典》的这条记载承默书民先生教示，谨此致谢！

忽必烈提到的"朕旧所居",指的就是自己当年的驻牧地,抑或与隆兴行宫有关。

在两都巡幸制度确立之后,隆兴府成为元朝帝王巡幸活动的必经之地。

所谓两都巡幸的方式是东出西归,以两都为主要居住地,沿途设纳钵。[①]赴上都时,经东路北上,设 18 个纳钵,经官山(延庆县独山)、沙岭(沽源县丰元店)、失八儿秃(即牛群头,沽源县南)、郑谷店、泥河儿(以上两地均在察罕脑儿附近)、双庙儿(李陵台附近)、六十里店(在桓州,北距上都60 里)等地到达上都。

南归时走西路,共 24 个纳钵,经南坡店、六十里店、双庙儿、泥河儿、郑谷店、盖里泊(内蒙古锡林郭勒盟太仆寺旗南巴彦查干诺尔)、遮里哈剌(河北张北西北安固里淖)、苦水河儿、回回柴、忽察秃(张北县西)、兴和路(张北县)、野狐岭(张家口市西北)、得胜口、沙岭(张家口沙岭子)、宣德府(宣化)、鸡鸣山(宣化下花园南)、丰乐(怀来新保安附近)、阻车、统墓店、怀来县、妫头(即棒槌店,延庆县东口),至此与东道合,过龙虎台、皂角、黄堠店、大口,到达大都。

上面提到的西路经过隆兴路,在隆兴路辖区内设有多处纳钵。[②]

中统二年忽必烈在隆兴府设置行宫,应是主要出于战略的考虑。由于隆兴府优越的地理位置,隆兴行宫除往来驻跸之外,还为忽必烈就近指挥对漠北作战提供了便利。不过,当全国政治局势趋于稳定,特别是忽必烈战胜阿里不哥、平定漠北之后,这种战略意义就大为削弱。隆兴府由靠近军事斗争的前沿,因而变成元朝统治的内地。

在确定两都巡幸的路线时,军事和政治上的战略考虑并不是很重要;沿途的自然风光、居住和交通条件是重要的因素。除此之外,由于蒙古权贵酷爱打猎,途中的行猎条件也是不容忽视的方面。

---

① 纳钵,当为契丹语,意为"行营""行帐",指皇帝及其扈从人员"行幸宿顿之所"。目前尚未在契丹字中发现该词。

② 参见陈高华、史卫民《元上都》,吉林教育出版社,1988,第 32~57 页;叶新民《元上都的驿站》,《蒙古史研究》第 3 辑,1989,第 80~87 页。

隆兴路北部水草丰美，气候凉爽，禽兽较多，是避暑和狩猎的极佳场所。那里遍布湖泊塘泽，有大量禽鸟。例如，宝昌州境内的盖里泊纳钵（今内蒙古锡林郭勒盟太仆寺旗南巴彦查干诺尔）附近有狗泊（今九连城诺尔）。盖里泊又称怀秃脑儿，汉意为后海。遮里哈剌纳钵（意为"远望则黑"），附近有鸳鸯泊（蒙古语称作"昂兀脑儿"，即今河北张北县西北的安固里淖），"其地南北皆水泊，势如湖海，水禽集育其中。以其两水（一名平陀儿，一名石顶河儿），故名曰鸳鸯；或云水禽惟鸳鸯最多。……两水之间，壤土隆阜，广袤百余里，居者三百余家，区脱相比，诸部与汉人杂处，颇类市井，因商而致富者甚多"。从遮里哈剌纳钵南行，至苦水河儿纳钵。再南行，至回回柴纳钵，蒙古语名为"忽鲁秃"，意为"有水泊"。[①] 直到明朝前期，隆兴路的湖泊地带仍栖息繁衍着大量鸟类。永乐八年（1410），明成祖朱棣出征蒙古，随从官员金幼孜记载，二月"初七日，早发兴和，行数里，过封王陀，今名凤凰山。山西南有故城，名沙城，西北有海子，驾鹅鸿雁之类满其中"。[②]

此外，在这里还可以用飞鹰猎取野兔。不过，野兔不被蒙古贵族看重，这类猎物多归打捕人户食用。例如，在兴和路北 20 里有忽察秃纳钵，意为"有山羊处"，其地水草丰美，"野兽兔最多，鹰人善捕，岁资为食"。[③]

在隆兴路境内专门为皇室设立鹰房，[④] 有许多专门捕鹰、养鹰的鹰户，蒙古语称作昔宝赤（sibaɣuči）。曾任隆兴路达鲁花赤的畏兀儿人八丹便是一位鹰房万户。此外，康里人阿沙不花曾管领这里的鹰房，"阿沙不花既领昔宝赤，帝复欲尽徙兴和桃山数十村之民，以其地为昔宝赤牧地。阿沙不花固请存三千户以给鹰食，帝皆听纳"。[⑤] 元朝在这里设置管领兴和等处打捕鹰房纳

① 周伯琦：《扈从集》，四库全书本，"扈从集后序"。
② 金幼孜：《北征录》，《纪录汇编》本。
③ 周伯琦：《扈从集》，"扈从集后序"。
④ 《元史》卷 34《文宗纪三》，至顺二年（1331）九月，"发粟五千石赈兴和路鹰房"。十一月，"兴和路鹰坊及蒙古民万一千一百余户，大雪畜牧冻死，赈米五千石"。
⑤ 《元史》卷 136《阿沙不花传》。

绵等户提领所。① 文宗至顺二年（1331），元朝曾在这里为权臣燕铁木儿和御史大夫玥璐不花修建鹰棚。②

隆兴路的鹰户，除要按时向蒙古贵族供应猎物之外，还要在两都巡幸之时，为皇帝及其随行人员提供猎鹰。每当忽必烈由上都南返大都，必定会在隆兴一带放鹰行猎。

## 二　察罕脑儿行宫

上文提到，中统三年（1262），忽必烈在隆兴建立行宫，但元代文献极少提到这处行宫，而另一处行宫——察罕脑儿行宫（河北沽源县北小红城）则多次见于史料，似乎地位更为重要。"察罕脑儿"为蒙语 Čaɣannaɣur，意为白色湖泊，在元代，察罕脑儿又称"白海"，是和蒙语相对应的汉语名称。因此，察罕脑儿行宫，又名白海行宫。

察罕脑儿行宫的建设早于隆兴行宫。王恽《中堂事记》记载中统二年（1261）二月，他由燕京去开平，曾在察罕脑儿行宫逗留，然后经桓州故城、新桓州，到达开平。由王恽的行程可知，察罕脑儿行宫建成颇早，时间在隆兴行宫之前。但学者推测，这处行宫并非固定建筑，而是"毳车毡帐"。③ 忽必烈曾在这里召见臣下，处理政务。

至元十七年（1280），元朝在察罕脑儿大建行宫。五月甲辰，"作行宫于察罕脑儿"。④ 随着行宫的建设，其工程不断扩大，最后建成的不只是一处行宫，而是一座皇城。至元十九年七月壬申，"发察罕脑儿军千人治缮山道。[中略] 戊寅，议筑阿失答不速皇城，枢密院言：'用木十二万，地远难致，

---

① 《元史》卷89《百官志五》。
② 《元史》卷35《文宗纪四》至顺二年正月、二月。
③ 贾敬颜：《五代宋金元人边疆行记十三种疏证稿》，中华书局，2004，第321页。
④ 《元史》卷11《世祖纪八》。《元史》卷166《蔡珍传》记载：至元十七年，白海初建行营，命忠武校尉、后卫亲军总把蔡珍督役，"卒事，民不知扰，虽草木无纤介损。帝临幸，问其故，近臣以蔡珍号令严肃为对，帝嘉之，赏以钞若干"。

依察罕脑儿筑土为墙便。'从之"。① 此处的"阿失答不速皇城"其蒙文名称可构拟为 Asiɣdabusu。Asiɣ 意为利益、好处，dabusu 意为盐，两词组合的含意应为"有利之盐"。② 在这座阿失答不速皇城之内，建有著名的察罕脑儿行宫（白海行宫）。

至元二十年，察罕脑儿一带的建造工程仍在继续，当年一月，"发钞三千锭粮于察罕脑儿，以给军匠"。③ 一些参与大都营造的著名工匠，也参加了阿失答不速皇城的建造，"杨琼，世为石工，取二玉石，一狮一鼎，世祖许为绝艺。董工玉泉，得寿龟以献。生平所营建，如两都及察罕脑儿宫殿、凉亭、石浴室等工，不可枚举"。④

尽管如此，这个阿失答不速皇城，毕竟不是正式的都城。从本质上，它只是忽必烈在两都巡幸途中的驻跸之处，我们可以把它看作两都巡幸道路上的巨大纳钵。这里的宫殿不及上都的规模。《元史》卷136《拜住传》："至治元年（1321）三月，从幸上都，次察罕脑儿，帝以行宫亨 {丽}［嘉］殿制度卑隘，欲更广之。"亨嘉殿应是察罕脑儿行宫中的主要殿堂之一。从英宗嫌其"制度卑隘，欲更广之"来看，它的规模与上都宫殿相比较为逊色。顺帝朝大臣周伯琦写道："至察罕脑儿，云然者犹汉言白海也，其地有水泆……有行在，宫有亨嘉，阙庭如上京而杀焉。"⑤

阿失答不速皇城是大型纳钵。根据郑绍宗先生的调查，该城位于沽源县平安堡东北约 12 里处，海拔在 1300 米以上，附近地势开阔，西、北两面都

---

① 《元史》卷12《世祖纪九》。考古学者郑绍宗先生考察了察罕脑儿行宫的情况，其考察报告见郑绍宗《考古学上所见之元察罕脑儿行宫》（《历史地理》第三辑，1983）。从考察报告来看，小红城的规模已经远非"行宫"可以准确描述，实际上是一座小型古城，有城壕、城墙、城门，在城中心十字路偏北的位置，有大型宫殿遗址。从这些方面来看，用元代的称谓"阿失答不速皇城"更为贴切。这处遗址的城墙内为夯土，外砌红石，皆为就地取材。与《元史》的记载完全一致。

② 笔者最初将该词拟为 Asida Bosɣu，意为"永远屹立"。参见内蒙古大学蒙古学研究院蒙古语文研究所《蒙汉词典》，内蒙古大学出版社，1999，第 66、478 页。但是，元代地名大多依据当地的地形地貌或标志性地物。所以，笔者放弃了这一构拟方案。

③ 《元史》卷12《世祖纪九》。

④ 《光绪曲阳县志》卷13《金石录下》所收姚燧著《元朝列大夫骑都尉弘农伯杨公神道碑铭》。

⑤ 周伯琦：《扈从集》，四库全书本，"扈从集前序"。

是一望无际的草原。白海（察罕脑儿）附近山势低矮，与草原延绵成丘陵状态，较高山峰多分布在东南面。这里自然条件良好，水草丰美，适于放牧。[①]这处古城同时还是两都巡幸东线、西线的交汇之处，[②]这在众多纳钵中显得相当独特，反映出忽必烈对这里格外青睐。

## 三 昔宝赤八剌哈孙与只哈赤八剌哈孙

在察罕脑儿小红城遗址的东北方向5里，有一座小型古城遗址。[③]郑绍宗先生认为这就是元代文献中记载的昔宝赤八剌哈孙（SibaγučiBalaγasun），即"鹰人之城"。[④]据城名可知，在这里聚居着很多为元朝皇室驯养猎鹰的民户。此城位于上都城西南，距离约为150里。

元代文献中还记载了另一个类似的城名，"只哈赤八剌哈孙"（JiγačiBalaγasun），意为"渔人之城"。从名称来看，这座城应位于河湖岸边，负责给元朝皇室捕鱼。从《元史》的记载来看，该城还承担为元朝皇室酿酒的职责。《元史》卷24《仁宗纪一》至大四年六月丁卯，"罢只合赤八剌合孙所造上供酒"。

元朝在此二城设有总管府，任命达鲁花赤、副达鲁花赤、经历、知事、令史等官吏进行管理。由于品秩相同，职能近似，这两个总管府在《元典章》《元史》中常同时出现。

至元十三年，只哈赤八剌哈孙设达鲁花赤。[⑤]延祐二年只哈赤八剌哈孙

---

① 郑绍宗：《考古学上所见之元察罕脑儿行宫》，《历史地理》第三辑，1983。
② 周伯琦《扈从集》所收《怀秃脑儿》诗曰："侵晨离白海，辇道转西迈。"此处的白海即察罕脑儿。
③ 郑绍宗：《考古学上所见之元察罕脑儿行宫》，《历史地理》第三辑，1983。尹自先《元代察罕脑儿行宫及明安驿故址辨》也提到了这座古城，但把它和小红城遗址的距离写为13里，远远多于郑绍宗文中的5里。尹自先文见《河北师范学院学报》1984年第4期。根据上引郑绍宗文所绘"察罕脑儿行宫位置示意图"测量，两城的距离约为5里。本文不取尹说。
④ 也写作昔保失八剌哈孙、昔博赤八剌哈孙、昔保赤八剌合孙。分见驿站官印"昔保失八剌哈孙站之印"、《元史》、《元典章》。站印的资料见前引郑绍宗《考古学上所见之元察罕脑儿行宫》，《历史地理》第三辑。
⑤ 《元史》卷90《百官志六》。

总管府改为尚供总管府，秩正三品。掌守护东凉亭行宫及游猎供需之事。设有达鲁花赤、总管、同知、副总管、判官、经历、知事、提控案牍、令史、译史、知印、奏差等官吏。[①] 据此，我们可以推断，只哈赤八剌哈孙应在东凉亭行宫附近。

同样在延祐二年，在察罕脑儿一带，元朝设云需总管府，秩正三品，"掌守护察罕脑儿行宫，及行营供办之事"。[②] 所设官员与尚供总管府相同。《元史》虽然没有明确记载云需总管府的来历，我们根据只哈赤八剌哈孙改尚供总管府来推测，云需总管府应是昔宝赤八剌哈孙总管府改设而成。云需府负责守护察罕脑儿行宫，也说明其位置在察罕脑儿附近，与今昔宝赤八剌哈孙古城遗址的方位相合。

只哈赤八剌哈孙在上都城东，昔宝赤八剌哈孙在上都城西。它们仿佛是上都城东西两侧的双子星。一个在滦河岸边，是"渔人之城"；另一个在湖泊附近，是"鹰人之城"。它们都是为了服务元朝宫廷而建设起来的草原小城。

据文献记载，在上都东、西有东、西凉亭。周伯琦有诗："凉亭千里外，相望列东西。秋狝声容备，时巡典礼稽。鸧凫随矢落，麂鹿应弦迷。乾豆归时荐，康庄烦耄倪。"诗注云："上京之东五十里有东凉亭，西百五十里有西凉亭，其地皆饶水草，有禽鱼山兽，置离宫，巡守至此，岁必猎较焉。"[③]

"凉亭"是蒙古皇帝的行宫，并用来指称凉亭所在的地域。西凉亭通常被比定为察罕脑儿行宫。东凉亭据学者考证，遗址即今内蒙古多伦县上都河乡白城子。古城规模、建置接近察罕脑儿的阿失答不速皇城遗址。在这座古城遗址的东北方向1里有一座小城，规模比察罕脑儿昔宝赤八剌哈孙古城小。1958年在这里发掘出排列整齐的两行残碎缸片二十多牛车。[④] 笔者推测，它们可能与酿酒有关。上文提到，只合赤八剌哈孙城负责为元朝皇室酿酒，总

---

① 《元史》卷25《仁宗纪二》"延祐二年七月甲寅"；《元史》卷90《百官志六》。
② 《元史》卷90《百官志六》。
③ 周伯琦《近光集》卷2《立秋日书事诗》。
④ 尹自先：《元代察罕脑儿行宫及明安驿故址辨》，《河北师范学院学报》1984年第4期，第37页。

管府品秩与昔宝赤八剌哈孙相当，那么，这座小型古城应当就是元代的只合赤八剌哈孙城。

我们需要进一步讨论的问题是，为什么到世祖忽必烈统治的中后期，察罕脑儿地区变得如此重要，拥有察罕脑儿行宫（或称白海行宫，又名西凉亭）、昔宝赤八剌哈孙（设有总管府，后成为云需总管府的驻地）等重要行在所。在这个问题上，《马可波罗行纪》提供了珍贵的线索：

> 兹从此州首途，远行三日。三日后，至一城，名曰察罕脑儿（Tchagannor）。中有大宫一所，属于大汗。周围有湖川甚多，内有天鹅，故大汗极愿居此。其地亦有种种禽鸟不少，周围平原颇有白鹤、鹧鸪、野鸡等禽，所以君主极愿居此以求畋猎之乐，在此驯养鹰隼、海青，是即其乐为之艺也。
>
> 此地有鹤五种，一种躯甚大，身黑如乌。第二种全白，其翼甚美，其圆眼上呈金色，此鹤为诸类中之最大者。第三种与我辈地方所产者同。第四种较小，耳旁有长羽甚美，下垂作红黑色。第五种甚大，全身灰色，头呈红黑色。此城附近有一山谷，君主建小屋于其中，蓄养鹧鸪无数，命数人守之，大汗至时，取之惟意所欲。①

关于察罕脑儿一带的自然状况，郑绍宗先生指出，这一带有水泉淖、公鸡淖，最大的是囫囵淖（即察罕脑儿），属于咸水。周为白沙，当水位下降时，四周泛起盐沙状晶体如白云浮空，故有"白海"之称。这里在金代称"白泺"，清初尚称白海。囫囵淖直径约 10 里，雨季时范围扩大，周围可达 40 里左右。②

湖川广布使察罕脑儿一带成为禽鸟的理想栖息地，各种鸟类经过天然

---

① 《马可波罗行纪》第 73 章"天德州及长老约翰之后裔"，冯承钧译，河北人民出版社，1999，第 259~260 页。

② 参见郑绍宗《考古学上所见之元察罕脑儿行宫》，《历史地理》第三辑，1983。

繁殖与人工蓄养，变成忽必烈纵鹰擒拿的极佳猎物。昔宝赤八剌哈孙设在这里，从这个角度来看，绝非偶然。既然这里是优良的猎场，集湖光山色的塞上美景和鹰击长空的逐猎野趣于一体，就难怪在统一全国之后，忽必烈把他的巨大纳钵——察罕脑儿行宫建在这里了。

从隆兴行宫到察罕脑儿行宫，我们依稀看到随着国家统一和政治局面的稳定，两都巡幸活动已经带上越来越多的享乐色彩。

# 北魏柔玄镇兴废探研*

张智海　李瑞杰

**摘　要：** 本文结合北北魏六镇研究的现状，从历史文献入手，考证了柔玄镇为六镇之一毋庸置疑，探研了柔玄军镇建置和废置的诸因素，认为气候变化常常触发社会动荡，是导致柔玄镇废置的原因之一。我们还认为，柔玄军镇承载的历史太过沉重，其兴废存亡给后世留下了诸多宝贵遗产，至今仍不失其现实意义。

**关键词：** 北魏柔玄镇　六镇建置废置　气候变化

北魏柔玄军镇故址经考证其位于河北省尚义县三工地镇土城子村的"土城子城址"，地处冀蒙交界，约在东经 113° 57′、北纬 41° 15′，其西、东与内蒙古兴和县接壤。①2006 年，"土城子城址"被国务院公布为第六批全国重点文物保护单位，时代为南北朝。柔玄军镇是北魏六镇之一，在北魏中后期与怀朔军镇东西并峙，为东部核心重镇。柔玄军镇的兴废不仅关涉北魏的历史命运，也深刻影响了东魏、北齐乃至隋唐的王朝变迁，对其兴废的探研更具有启迪当代的现实意义。

---

＊　原载《张家口历史文化研究》总第 11 期，2011。

① 魏隽如、张智海：《北魏柔玄镇地望考述》，《北方文物》2009 年第 1 期，第 85~90 页。

## 一 六镇与柔玄军镇

镇是北魏时期在边境地区设立的军事重镇，从河西地区到北边均有设置。军镇属于州一级的军事机构，史籍中常州镇并称，如《魏书》卷4下《世祖纪下》载太平真君元年（440），"州镇十五民饥"。"六镇"为北魏时代设于北边的重要建置，最早见于《魏书》卷30《来大千传》："延和初（注：公元432年），车驾北伐，大千为前锋，大破虏军。世祖以其壮勇，数有战功，兼悉北境险要，诏大千巡抚六镇，以防寇虏。经略布置，甚得事宜。"谷霁光、[①] 严耕望先生 [②] 认为六镇最早出现于史籍是《魏书》卷30《高宗纪》：太安五年（459）十二月戊申，诏曰"六镇、云中、高平、二雍、秦州，偏遇灾旱，年谷不收"。从时间看显然有误。

六镇究竟指何？始置于何时？当时诸如《魏书》等史籍上记载很不清楚，致使后人对六镇的认识很难达成一致。对六镇名称的确定，笔者所见古籍中《资治通鉴》卷136《齐纪》胡三省注为较早："魏世祖破蠕蠕，列置降人于漠南，东至濡源，西暨五原阴山，竟三千里，分为六镇，今武川、抚冥、怀朔、怀荒、柔玄、御夷也。"近人张穆沿袭了胡三省说。[③] 清代沈垚认为："后魏六镇，沃野最西，怀荒最东。沃野、怀朔、武川三镇详《元和郡县图志》，柔元镇（按：即柔玄镇）见《水经注·漯水篇》，怀荒镇见《太平寰宇记》云川下。独抚冥镇，地志家皆不言耳……诏六镇及御夷城年老孤贫废疾者赐粟、宥罪各有差，则御夷在六镇外矣。"[④] 俞大纲、[⑤] 岑仲勉先生 [⑥] 亦持此说。谭其骧先生为俞大纲《北魏六镇考》一文所做按语中指出"清代沈垚之六镇释最为

---

① 谷霁光：《北魏六镇的名称和地域》，《禹贡》第1卷第8期。
② 严耕望：《北魏军镇制度考》，故院长胡适先生纪念论文集，台北：中研院历史语言研究所，1962，第202页。
③ 张穆、何秋涛：《蒙古游牧记》，清嘉庆吴氏听彝堂刻艺海珠尘本。
④ 谭其骧：《清人文集·地理类汇编（一）》，浙江人民出版社，1986，第676页。
⑤ 俞大纲：《北魏六镇考》，《禹贡》第1卷第12期。
⑥ 岑仲勉：《北魏国防的六镇》，《中外史地考证》（外一种）上，中华书局，2004，第190页。

精密"，① 严耕望于《北魏军镇制度考》中也提出沈垚六镇释最能得起大要，②
显然谭、严两位史地大家是认同沈说的。谷霁光却认为北魏六镇从西到东分
别为薄骨律、沃野、怀朔、武川、抚冥、柔元。③ 近来，景爱重申《资治通
鉴·齐纪》胡三省注说，并提出如下理由："御夷镇初设于今沽源县大宏城古
城，由于远垂塞外，故而后来内迁到今赤城县猫峪，仍称御夷镇，而原先的
御夷镇则降为军城，改称御夷城。太和十八年高祖诏中的六镇包括御夷镇，
同时又别提御夷城，是一点也不矛盾的。其次，胡注所列武川、抚冥、怀朔、
怀荒、柔玄、御夷六镇均在阴山以北，东西横列一线，从军事防御角度来看
是很有道理的。然而沃野镇却在阴山以南（今乌拉特前旗根子场古城），难
以与阴山以北的军镇连线，显然是没有道理的。"④ 陈寅恪先生更提出"用'六
镇'这个名词，应注意它的时代性，不然，便不能了解它的含义。六镇原指
怀朔、武川、抚冥、柔玄、怀荒、沃野，后来变为北方边镇的总称，'六镇'
应该是六镇及其他"。⑤ 综上所说，不管诸家持何观点，一般都认为六镇应包
括柔玄军镇，柔玄军镇为六镇之一毋庸置疑。

对六镇今天之所在，尽管目前还有一些不同的看法，但六镇东西一线、
布局在阴山山脉以北是可以肯定的。传世史籍对柔玄军镇的记载却几于失
载，近现代史学家对此也少有专文论述，即使有所涉及也极为简略，且多与
六镇一并提出，或只是征引文献。郦道元在《水经注·灅水》中为后人提供
了柔玄镇地望最可靠的原始资料："灅水又东，左得于延水口，水出塞外柔
玄镇西长川城南小山。"朱师辙先生在《北魏六镇考辨》中引用诸说并考证：
"胡三省云，柔玄镇在汉且如县西北塞外；顾祖禹纪要四四，大同府下，柔
玄城在府东北塞外，于延水东；沈垚云柔玄镇城在正黄旗察哈尔东南；师辙

① 俞大纲：《北魏六镇考》，《禹贡》第 1 卷第 12 期。
② 严耕望：《北魏军镇制度考》，故院长胡适先生纪念论文集，台北：中研院历史语言研究所，1962，
   第 201 页。
③ 谷霁光：《北魏六镇的名称和地域》，《禹贡》第 1 卷第 8 期。
④ 景爱：《中国长城史》，上海人民出版社，2006，第 220 页。
⑤ 万绳楠：《陈寅恪魏晋南北朝史演讲录》，黄山书社，1987，第 268 页。

按柔玄沈氏得之，当在今察哈尔特区之张北（笔者按：今尚义县大部在当时隶属于察哈尔张北县）。"[1] 严耕望推断"则柔玄镇当在今兴和县或稍北，约E113°52′·N41°地区也。"[2] 李逸友先生认为："其中遗物与沽源县大宏城相同，大宏城为北魏御夷城遗址，因此亦疑尚义县哈拉沟古城乃是柔玄镇遗址，有待于河北省文物部门证实。"[3] 郭建中在《北魏泰常八年长城寻踪》中提及柔玄镇括注为河北省尚义县哈拉沟古城；[4] 景爱在《中国长城史》中明确指出，"北魏的柔玄镇，在今尚义县西部哈拉沟古城"，并强调土城子古城"规模比较大，城内多北魏遗物，作为柔玄镇址是没有什么问题的"，[5] 却并未作论证。其中所谓哈拉沟古城因乡镇沿革变迁也就是位于尚义县三工地镇土城子村的"土城子城址"。

## 二 柔玄军镇之兴

史书对六镇及柔玄军镇的建置时间，虽然没有很明确的记载，但《魏书》中仍然能够找出有价值的线索。《魏书》卷 106《地形志上》朔州条注曰："本汉五原郡，延和二年（433）置为镇，后改为怀朔镇。"怀朔镇是六镇中建置年代唯一可确考者。那么，柔玄镇又建置于何时？《魏书》卷 44《罗结传》：子斤，从太武平凉州，"除长安镇都大将。会蠕蠕侵境，驰驿征还，除柔玄镇都大将"。可见世祖太武帝时已有柔玄镇。延和是太武帝的年号，联系六镇东西并列的史实，柔玄军镇可能与怀朔镇及其他四镇同时建置，当为延和二年始置。鲍桐也持这样的观点，"作者细检史籍，认为六镇设置年代，实应在延和中，即公元 433 年"。[6] 北魏太武时先后平服了夏、北燕、北凉，

---

① 朱师辙：《北魏六镇考辨》，《辅仁学志》第 12 卷第 1、2 期。
② 严耕望：《唐代交通图考·河东河北区》，台北：中研院历史语言研究所，1986，第 1774 页
③ 李逸友：《中国北方长城考述》，《内蒙古文物考古》2001 年第 1 期，第 40 页。
④ 郭建中：《北魏泰常八年长城寻踪》，《内蒙古文物考古》2006 年第 1 期，第 47 页。
⑤ 景爱：《中国长城史》，上海人民出版社，2006，第 214 页、第 222 页。
⑥ 鲍桐：《北魏北疆几个历史地理问题的探索》，《中国历史地理论丛》1999 年第 3 期，第 64 页。

基本控制了整个华北地区，十六国分立时期至此终于结束。柔玄军镇就是在这一背景下设立的，考其建置原因，可从以下几方面考察。

首先，柔玄军镇的建置，是由其特殊地理位置决定的。《水经注》卷13《灅水》记载：柔玄军镇在长川城东，相关地理标志有于延水、南小山。于延水为今东洋河，发源于尚义县与兴和县之间的大青山，其主峰海拔1919米，在尚义境，系阴山余脉；南小山，即大青山一小山。长川又称牛川，胡三省在《资治通鉴》卷106"拓跋大会于牛川"之下注曰："牛川以北皆大漠也，据《魏记》，窟咄之来寇也，硅乞师于燕，自弩山至牛川屯于延水，南出代谷以会燕师。又据《水经注》，于延水出长川城南，则长川即牛川也。"据此可知，长川是出塞入塞即南北出入阴山的主要通道，也是柔然南下的必经之地，具有重要的军事地位。位于长川之东的柔玄军镇亦紧扼这一咽喉要道，其建置就是为了控制南北交通。同时柔玄军镇所在区域，亦处于我国北方"草原丝绸之路"由和林格尔（时称盛乐）经大同（时称平城）到张北（时称怀荒镇）、赤城（时称赤城镇）的中心节点上。

其次，柔玄军镇的建置，是出于安置羁縻归附之少数民族。如《魏书》卷105之一《天象志一》云，神䴥二年，北征蠕蠕，"遂降高车，以实漠南，辟地数千里"。又《魏书》卷4下《世祖纪下》于该年下记载："冬十月，振旅凯旋于京师，告于宗庙。列置新民于漠南，东至濡源，西暨五原阴山，竟三千里。"西至五原阴山，东至濡源，正是六镇地带，柔玄军镇即在其中。可见建置柔玄军镇，是为应对大批高车等"新民"的到来，出于安置归降少数民族尤其是东部高车的考虑，以便管理，并防止其叛逃。《魏书》卷7上《高祖纪上》记载：延兴三年（473），"壬子，蠕蠕犯边，柔玄镇二部敕勒叛应之"；四年（474）冬，"十有二月，诏西征吐谷浑兵在句律城初叛军者斩，次分配柔玄、武川二镇"。二部敕勒即东西两部高车人，这两则史料进一步印证了柔玄军镇的建置是将镇守高车及其他降附少数民族作为主要任务之一。

最后，柔玄军镇之建置，更是基于外防柔然、巩固北边国防的需要。北魏道武帝天兴五年（402），活跃于大漠南北的柔然族首领社仑自称丘豆伐可汗，建立了草原帝国，《魏书》卷103《蠕蠕传》记载，"其西则焉耆之地，东则朝鲜之地，北则渡沙漠，穷瀚海，南则临大碛。其常所会庭则敦煌、张掖之北。小国皆苦其寇抄，羁縻附之"。是年七月，道武帝对后秦大举用兵，社仑"闻太祖征姚兴，遂犯塞，入参合陂，南至豺山及善无北泽"，道武帝"虑蠕蠕为难"，只好放弃即将到手的胜利而回师。从此，柔然成为北魏心腹之患。据梁伟基统计，明元帝神瑞元年（414）十二月、泰常八年（423）正月、太武帝始光元年（424）八月、四年（427）七月，均有蠕蠕扰边的记载。[①] 尽管北魏常能以大军驱逐其出边，但师劳疲敝，非长久之计，遂沿边分置北边六镇，以为御边之策，柔玄军镇即为此而建置。《魏书》卷73《奚康生传》所记太和十一年（487），时平城大旱，"蠕蠕频来寇边，柔玄镇都将李兜讨击之"即为明证。

史念海先生指出："六镇的设置乃在筑长城之后，也是用以补长城之不足的。"[②] 包括柔玄军镇在内的六镇，作为长城防线的支撑点和战略依托，与北魏诸长城形成一条点面结合的坚固防御体系，一度有效遏制了柔然的侵扰，为北魏在孝文帝时达到鼎盛提供了相对稳定的北边环境，也为后来北魏迁都洛阳创设了有利条件。也确如李凤山先生所言："在中国古代社会条件下，长城的修建动因是为保护中原地区先进的农业经济、文化的中心地位和正常发展的需要，防止游牧民族对农业生产的破坏和对农业区的掠扰，保证农、牧业经济的有序发展。"[③]

## 三　柔玄军镇之废

探研柔玄军镇的废置，必然要追溯六镇起义和河北起义所引发的魏末大规模社会动乱。由《魏书》卷14《神元平文诸帝子孙传》所记"是时，北

① 梁伟基：《北魏军镇制度探析》，《中央民族大学学报》1998年第2期，第55页。
② 史念海：《西北地区诸长城的分布及其历史军事地理》，《河山集》（七），陕西师范大学出版社，1999，第324页。
③ 李凤山：《论长城带在中国民族关系发展中的地位》，《中国史研究》1998年第2期。

镇纷乱，所在蜂起，六镇荡然"，以及"孝昌之际，乱离尤甚，恒、代之北，尽为丘墟"的记载，① 可知柔玄军镇废于六镇起义后，是无可争辩的凿凿史实。

关于六镇起义的原因，历代史家多有探讨，归纳起来大致有以下几点：

一是汉化胡化冲突说。以陈寅恪"边塞六镇之鲜卑及胡化之汉族，则仍保留其本来之胡化，而不为洛都汉化之所浸染，故中央政权所在之洛阳其汉化愈深，则边塞六镇胡化民族对于汉化之反动亦愈甚，卒酿成六镇之叛乱"的观点最具代表，② 先生在《六镇问题（附魏齐之兵）》中亦提出"六镇之叛，就基本性质来说，是对孝文帝汉化政策的一大反动"；③ 钱穆先生也有类似的观点："南中文治派与北边武人之冲突，其后面不啻即是汉化与鲜卑故俗之冲突也。"④ 劳干、吕思勉先生亦认为：中央与六镇不仅在政治上有不平待遇，经济上有贫富差别，而且文化上有显著距离，洛阳汉化愈来愈深，六镇却仍保持胡化，此种现象必然不可久持，因此，六镇叛变推翻洛阳政府只是时间问题。⑤

二是社会矛盾说。陈寅恪指出："六镇之叛也有其他原因，但魏兰根等所说军卒中的强宗子弟、国之肺腑、高门子弟、良家酋附在孝文帝迁都洛阳后，被当作弃儿，社会地位降低，变成低下阶级府户，却是最重要的原因。"⑥ 张帆亦指出："孝文帝汉化改革后，朝廷南迁，且重文轻武，六镇地位下降，当地鲜卑子弟受到歧视，仕途艰难，与迁洛并汉化的鲜卑人相差悬殊……加上镇民内部贫富分化、将官欺压军士等原因，遂使六镇成为当时社会矛盾的焦点。"⑦

三是心理隔阂说。孔毅在《北魏后期六镇鲜卑群体心态的演变》中分析

① 李吉甫：《元和郡县图志》，中华书局，1983，第409页。
② 陈寅恪：《唐代政治史述论稿》，上海古籍出版社，1997，第13~14页。
③ 万绳楠：《陈寅恪魏晋南北朝史演讲录》。
④ 钱穆：《国史大纲》，商务印书馆，1941，第208页。
⑤ 王寿南：《中国历代创业帝王》，广西师范大学出版社，2007，第20页。
⑥ 万绳楠：《陈寅恪魏晋南北朝史演讲录》，第236页。
⑦ 张帆：《中国古代简史》，北京大学出版社，2001，第142页。

孝文帝实行一系列汉化政策后，造成了六镇地位的下降，并导致六镇鲜卑与迁洛鲜卑心理隔阂日益增大，从而形成六镇鲜卑独特的群体心态——守旧、迁怒。这种心态作为一种传统惯性力量势必与汉文化发生冲突。[①]

四是腐败说。钱穆力主此说，诸如"朝政渐次腐败，遂激起边镇之变乱"、"孝文帝卒后，鲜卑并不能继续改进，并急速腐化，岂得以将来之反动，追难孝文！"等。[②]

五是综合原因说。如陈寅恪提出："谓魏末六镇之乱虽有诸原因，如饥馑虐政及府户待遇不平之类，但亦由于胡族对汉化之表示。"[③]张帆指出："汉化措施也给北魏王朝带来一些消极影响，激化了鲜卑族的内部矛盾。这些消极影响与政治腐败和其他社会矛盾相结合，终于引发了大规模的动乱，导致了北魏的灭亡。"[④]

传统史学观点一般从政治、文化等因素分析北魏六镇起义及六镇废置的原因，而很少从气候变迁与农牧过渡带乃至北魏社会变化之间相互联系的角度进行研究。有识于此，笔者从这一角度提一些浅显的看法，以就教方家。

魏晋南北朝时期，我国正值一个气候异常期，基本特征是寒冷干旱，其间的自然灾害频繁而且严重。据气候史专家张家诚在20世纪90年代考证，自公元初气温就开始下降，在4世纪和5世纪达到最低点，气温约下降了2.5~3℃，平均气温较现在低1.5℃左右。有的学者甚至认为那时候的年平均气温比现在要偏低2~3℃。[⑤]

有关六镇气候异常的史料不少，而且其提供的时间、地点和特征等要素比较准确和具体。如《魏书》卷112上《灵征志上》记载：世宗正始元年（504）五月壬戌，武川镇出现大雨雪和陨霜的极端天气；同年六月，辛卯怀朔镇陨霜；肃宗正光二年四月（521），柔玄镇大雪。边镇尚且如此，漠北草

---

① 孔毅：《北魏后期六镇鲜卑群体心态的演变》，《重庆师范学院学报》1999年第2期。

② 钱穆：《国史大纲》，商务印书馆，1941，第208页

③ 陈寅恪：《隋唐制度渊源略论稿》，生活·读书·新知三联书店，2001，第45页。

④ 张帆：《中国古代简史》，北京大学出版社，2001，第142页。

⑤ 张家诚：《中国气候总论》，气象出版社，1991，第316页。

原北部严寒和暴风雪灾害对柔然等游牧民族的打击更是毁灭性的。

旱灾是古代北方草原地带最常见、最主要的一种灾害形式，其发展初期并不致灾，但随着时间的持续，危害逐渐加重。因此，其后果多是灾难性的。《魏书》卷41《源贺传》记载："景明（500）以来，北蕃连年灾旱，高原陆野，不任营殖，唯有水田，少可菑亩。然主将参僚，专擅腴美，瘠土荒畴给百姓，因此困弊，日月滋甚。"《魏书》卷8《世宗纪》记载：世宗延昌元年（512）春正月乙巳，"以频水旱，百姓饥弊，分遣使者开仓赈恤。夏四月，诏以旱故，食粟之畜皆断之。辛未，诏饥民就谷六镇"。延昌二年（513）春正月甲戌，"以六镇大饥，开仓赈赡"。可见，当时干旱引发的饥馑不仅加剧了六镇内部矛盾，而且流民问题也影响到六镇社会的稳定。更为严重的是，如果环境异常变化，导致灾害频繁发生，游牧民族就无法在原地继续生活下去，而被迫要向别处迁徙。5世纪后期，柔然又频频寇边。《魏书》卷8《高祖记》载：太和三年（479）十一月"蠕蠕率骑十余万南寇，至塞而还"，十年（486年）"十有二月壬申，蠕蠕犯塞"。这应该与气候变化有一定关联。据《魏书》卷18《太武五王传》载：肃宗正光四年（523）柔然大饥，由首领阿那瓌率领，相率入塞。北魏王朝派皇族元孚慰劳阿那瓌于柔玄、怀荒二镇间。柔然扣留元孚，后放归。同年，阿那瓌部进攻北魏，抢掠怀荒镇，"驱掠良口两千并公私驿马，牛羊数十万"。怀荒镇民请求开仓放粮，以便抗敌，遭镇将于景拒绝，兵民愤而杀死镇将，举行起义。这掀开了六镇起义的序幕，并间接敲响了北魏帝国的丧钟。次年，饥馑的柔玄镇亦卷入六镇起义的洪流中。

这一系列史实充分说明当农耕民族与游牧民族在农牧过渡带对峙时，气候向寒冷干旱方向的变化常常成为社会动荡的触发因素，极端情况下可以产生很严重的后果。这种后果不仅牵涉某一区域的变迁，而且影响帝国的死生存亡。

柔玄镇废置前，是否改镇为州？查阅《魏书》卷18《太武五王传》可知，肃宗时，遣兼黄门侍郎郦道元为大使，"欲复销为州，以顺人望。会六镇尽叛，不得施行"。答案已昭然若揭。那么，废置后的情况如何呢？《魏书》卷106《地形志上》蔚州注云："永安（529）中，改怀荒御夷二镇置。"由此可推测，柔玄镇即使改镇为州，也已不再原境，或已侨置，或已合并，或以彻底废置。从柔玄镇名后来在史籍中消失的情况来看，彻底废置的可能性更大。因柔玄镇民被迁往上谷（今怀来大古城）一带，《南史》卷79《北狄传》载：柔玄镇故地被柔然阿那瑰部占据。

柔玄镇人是否也消失在历史的星空中？陈寅恪在探讨六镇起源时曾指出："吾人研究六镇，不仅应注意防边，而且应注意六镇对南北朝乃至隋唐历史的影响。六镇起兵最大的现实问题，在改变了北朝的历史。"[1]孝昌元年（525），柔玄镇兵杜洛周在上谷再次率众发动导致北魏分裂的河北起义，高欢一度追随杜洛周征战，柔玄镇兵终成为高氏代东魏而建北齐的军事工具，后成为北齐的创业者和统治者，六镇军人及其后裔成为此后百余年间中国北方乃至全国历史舞台上的主角，北朝也成为南北朝的历史出口，直至隋帝国重新统一中国。

往事越千年，柔玄军镇承载的历史太过沉重，其兴废存亡给后世留下了诸多宝贵遗产，至今仍不失其现实意义。我们认为：

首先，北魏中后期政策偏失及政治腐败是导致魏末社会动乱的政治原因，这对当今中国治理具有极强的反面启示意义。在利益多元化的今天，研究这段兴废历史，对今天的执政党"顶层设计"有诸多良益。钱穆在谈到南中文治派与北边武人的冲突时说，"一个国家，同时拥有两个绝不相同的社会，势必酿乱"，[2]先生的警示不能不引起我们的注意。

其次，气候变化是触发六镇起义、导致柔玄军镇废置的关键因素，探究其中关联具有重大现实意义。当前全球气候变化在国家安全（包括粮食安全）、生产、金融与贸易、能源、知识与技术等国家最为核心的利益方面的影响越来越大，并将逐渐引起制度、经济以及技术的变迁，而这种变迁又会对国家、企业和个人构成巨大的挑战。将气候变化与疾病、饥荒、人口迁徙、动乱、战争等社会现象联系起来进行跨学科研究是一条新径，将有助于更好地了解人类社会的变化进程。柔玄军镇废置与气候变化的关系研究正当其时，更合时宜。

---

① 万绳楠：《陈寅恪魏晋南北朝史演讲录》。

② 钱穆：《国史大纲》，商务印书馆，1941，第209页。

# 从坝上"灰坑"看辽金元"烧饭"习俗[*]

尹自先

辽金元三代的契丹、女真、蒙古人中有"烧饭"祭祀之俗。对此,国学大师王国维和当代诸多学者都曾撰文论及。由于史料缺乏及此俗的流传演变等方面的原因,其中有些问题还没有得到很好的解释。本文拟就坝上发现的一些"灰坑"遗址,试对这一习俗谈点粗浅看法,并就教于行家。

"烧饭"一词最早见于辽代。《辽史·礼志·蒸节仪》:"及帝崩……,穹庐中置小毡殿,帝及后妃皆铸金象纳焉。节辰、忌日、朔、望,皆致祭于穹庐之前。又筑土为台,高丈余,置大盘于上,祭酒食撒于其中,焚之,国俗谓之蒸节。"国俗即传统的古老习俗,出自萨满教;蒸,烧也。李焘《续资治通鉴长编》天圣九年(1031)六月条记载同一件事:"(辽圣宗)既死,则设大穹庐,铸金为像,朔、望、节辰、忌日并致祭。筑台高逾丈,以盆焚酒食,谓之烧饭。"金朝亦有此俗,文惟简《虏廷事实》言:"尝见女真贵人初亡之时,其亲戚、部曲、奴婢设牲牢、酒馔以为祭奠,名曰烧饭"。叶子奇《草木子》卷三记元朝蒙古人习俗时说:"元朝人死致祭曰烧饭,其大祭则烧马。"

"烧饭"一词显然是一个白话汉语词汇,是汉语里一个动宾词组,中心词是"饭",它是采用北方汉语约定俗成、前后相袭的,这一点,大家已成共识。北京大学刘浦江先生据一些史料推断:该词最初应是出自辽朝汉人之

* 原载张北县历史文化研究会《研究动态》总第 5 期,2012。

口，后为金元两朝所沿用。所谓"饭"，指祭祀之酒食，可能因为烧饭所烧的对象以祭奠之物为主，故辽金元时期的汉人俗称为"烧饭"。至于"爇节仪"一名，因仅见于《辽史·礼志》，显然并非当时的习称，可能是汉人史官觉得"烧饭"之名不雅，故特意采用这样一个文言雅称。

> 最早探讨烧饭内涵的是王国维，他在《蒙古札记·烧饭》一文中指出："烧饭"本契丹、女真旧俗，亦辽金时通语。……《三朝北盟会编》卷三："女真死者，埋之而无棺椁。贵者生焚所宠奴婢、所乘鞍马以殉之。所有祭祀饮食等物尽焚之，谓之烧饭。"此俗亦不自辽金始。王沈《魏书》言乌桓"葬则歌舞相送，肥养一犬，以彩绳婴（牵），并取死者所乘马、衣服，皆烧而送之"。然"烧饭"之名，则自辽金始。……满洲初入关时，犹有此俗。……后乃以纸制车马代之，今日送三之俗，即辽金烧饭之遗也。（《观堂集林》卷一六）

按照王国维的理解，辽金元之所谓"烧饭"，既包括祭祀之礼，也包括殉葬之俗。贾敬颜先生亦持有类似的观点，他在《"烧饭"之俗小议》中说："杀马（甚至杀奴婢）殉葬与'烧饭'祭祀是一回事，'殉'之与'祭'并无绝对的差别。"[1]蔡志纯先生在《元代烧饭之礼研究》中分析，"殉葬与烧饭两者的性质是相同的，不过发展阶段不同，先有殉葬，后有烧饭。在蒙古社会中两者又长期并存，烧饭祭祀并不排除殉葬祭祀，两者常常结合在一起"，从而也得出了殉葬与烧饭性质相同的结论。[2]

陈述先生则认为，"烧饭是祭祀，不是殉葬"。刘浦江先生在 2012 年《文史》第 2 辑撰文，基本支持陈先生的观点，指出烧饭与殉葬的目的不同，烧饭是一种祭祀之礼，是以祭祀亡者为目的的行为。他引用了《经世大典序录》里面所记的元朝郊庙之制："祀，国之大事也，故有国者，必先立郊庙，

---

① 贾敬颜：《"烧饭"之俗小议》，《中央民族学院学报》1982 年第 1 期。
② 蔡志纯：《元代烧饭之礼研究》，《史学月刊》1984 年第 1 期。

而社稷继之。我朝既遵古制,而又有影堂焉,有烧饭之院焉,所以致其孝诚也。"这一条资料很有力度,将烧饭院列入郊庙之制,可见烧饭的性质属于祭祀之礼。刘先生同时批判前人观点并强调:烧饭与殉葬所焚烧的内容不同;烧饭与殉葬行焚烧之礼的时间不同。陈、贾、蔡诸先生的文章发表近30年,作为后生,刘先生鉴戒、发散、吸取、总结,这一批判理应正确。笔者赞同刘先生的主张,并结合坝上烧饭遗址做一些补正。

辽金元时,坝上是他们活动频繁的地方,不少地方发现了焚烧场遗址,当地人称"灰包"。河北沽源县小红城是元代西凉亭故址,周围发现三处"灰包"。一号址位于小红城东北约80米,二号址在一号址东稍偏北50米处,另在小红城南约400米处还有一址(三号址)。三址均呈坑状,一号址最小,深3.5米,周长近百米。由于一、二号址距小红城极近且混在一大片房舍遗址群中,明显系辽、金所遗。1958年大搞积肥运动,三址被当地村民全部发掘。1981年笔者进行实地调查,当年挖掘人介绍,坑内填土为草木灰为主的灰土,灰土内夹有大量牲骨,少量陶瓷器、匕、筯等饮食器具和铜钱等,三号址中还有几件铜、铁质饮器。值得一提的是,三址中牲骨大都有火烧痕迹,器具大多未经火;陶瓷器残片一般都聚集一起,个别尚完整;有的筯、碗、碟、盏、铜钱出土时还排列齐整,成束成摞以至粘连一起。由于群众盲目刨挖,灰层及遗物分布状况已被破坏。笔者在一、二号址观察到:坑壁附着余灰,灰层分明,一般在0.5厘米,数十层甚至更多;坑口附近乱散大量牲骨和陶瓷残片。村民告之笔者,有几件完整品存留户家(后损坏),另有铜质饰有云龙纹斗状器等几件器物被张家口市博物馆征集。上述情况表明:这是一个以焚烧为主要形式的祭祀场所,应该就是辽、金、元三代盛行的"烧饭"场所。如果这一判定不错的话,三址的发现,为研究"烧饭"的形式和内容提供了重要线索和史实。

上述现象首先表明这是官祭场,即公共祭祀场所,且多年使用。殉葬或殉葬焚烧应当在埋葬地,在公共场所不合常理,村民的反映中也没提到三址中有殉葬或殉葬焚烧应该留下的迹象。殉葬所焚之物具有一个最明显的特征,即均为死者生前所用之物,包括马匹和奴仆。据《辽史·兴宗纪》和

《辽史·礼志二》"凶仪·丧葬仪"记载，圣宗死后，包括"先帝所御弓矢"、"大行皇帝服御、玩好"以及"弧矢、鞍勒、马驼、仪卫等物皆燔之"。三址属民间祭祀场所，自不会有皇家那些物品，但贵人们殉葬焚烧的物件尤其是颇为耐火的玉石玩好也没发现过。

我们在正式发掘的张北县泉子沟遗址也没有发现殉葬或殉葬焚烧的痕迹。张北县泉子沟遗址位于县城西南约 3 公里处，2004 年 9 月，河北省文物研究所联合考古队对其发掘，考古报告发表在张北县元中都历史文化研究会主办的《研究动态》2012 年第 2 期上。考古报告称，"本次发掘共布 3×3 米探方 20 个，揭露面积 500 平方米，清理金、元时期灰坑 67 座"。"遗迹大多数为灰坑（即灰包——自注）分长方形、不规则形和圆形直壁平底、圜底等。""坑内出土大量生活用品残留物，计有残碎瓷碗、盘、盏，残泥质灰陶罐、缸；大量动物骨骼，可辨的多为马、牛、羊等动物；少量铁制生产工具残片；少量铜钱；被火烧过的石块。""少量灰坑有重复使用的痕迹。"在 20 个探方揭露面积 500 平方米内就发出 67 个灰坑，未做探方以外地方应当还有存在，这表明泉子沟遗址也是一处官祭场。与小红城遗址不同的是，大家没有共用一坑，而是一家一处，相隔很近，有的坑与坑呈品字形布局，甚至在一个探方里就能看到。报告里提到多数坑"填土为深灰黑土，夹杂草木灰、炭粒"，且坑内有"被火烧过的石块"，可知这些灰坑也是焚烧场所，应该就是辽之燕子城、金之抚州、元之兴和路治——张北那个时代居民烧饭祭祀的地方。要强调的是，这 67 个灰坑里都没发现殉葬或殉葬焚烧的痕迹。"烧饭是祭祀，不是殉葬"，此说是对的。

烧饭烧什么？前面提到的几条有关烧饭的史料，或云"以盆焚酒食，谓之烧饭"，或云"其亲戚、部曲、奴婢设牲牢、酒馔以为祭奠，名曰烧饭"，或云"大祭则烧马"。王国维先生引用的《三朝北盟会编》更曰："女真死者，埋之而无棺椁。贵者生焚所宠奴婢、所乘鞍马以殉之。所有祭祀饮食等物尽焚之，谓之烧饭。"不足的是他将"生焚所宠奴婢、所乘鞍马以殉之"这一殉葬焚烧形式也当成烧饭了。《析津志辑佚·古迹》记元朝设在大都蓬莱坊南面南园（苑）红门的烧饭园："……有烧饭红门者，乃十一室之神门，来往烧饭之所由，无人敢行，往有军人把守。每祭，则自内庭骑从酒物，呵从携持祭物于内。烧饭师婆以国语祝祈，徧沥湩酩酒物。以火烧所祭之肉，而祝语甚详。"据以上资料看，烧饭焚烧的对象是祭祀饮食之物，以酒和肉为大宗。刘浦江先生在《大金集礼》卷20《原庙上·奉安》里又寻找到一条史料："天会四年十月，命勃堇胡剌姑、秘少扬丘忠充使副，送御容赴燕京奉安于庙，沿路每日三时烧餙（餙，通"饭"），用羊、豕、兔、雁、鱼、米、面等。"天会四年（1126），金朝已攻占燕京，故派人将太祖御容护送到燕京寺庙中安置，途中每日行烧饭之礼，这条史料对烧饭所烧的内容记述得非常具体。我们还注意到《元史·祭祀志》"国俗旧礼"关于烧饭的内容："每岁，九月内及十二月十六日以后，于烧饭院（园）中，用马一，羊三，马湩，酒醴，红织金币及里绢各三匹，命蒙古达官一员，偕蒙古巫觋，掘地为坎以燎肉，仍以酒醴、马湩杂烧之。巫觋以国语呼累朝御名而祭焉。"所烧之物除通常的酒食之外，还有"红织金币及里绢各三匹"等，但这不影响焚烧的对象是以祭祀饮食之物为主这一结论，何况这些祭仪都是皇家做法。

　　除沽源小红城遗址出土大量经火烧过的牲骨外，近年考古还发掘出一些过火的石条，泉子沟遗址发掘报告里也提到了"被火烧过的石块"。烧石块显然没有意义，判断当是供桌之类，牲骨放在石头上烧但被火过轻没留太大痕迹，发掘者忽视了。笔者认为，焚骨应当是烧饭焚烧的主要内容，至少元代是这样。1245年意大利人柏朗嘉宾奉英诺森四世教皇旨令出使蒙古，他在《柏朗嘉宾蒙古行纪》里记述蒙古人的丧葬风俗时写道："当病人死后，如果他官居上品，便把他秘密地埋葬于田野中人们所乐意的地方。届时还要用他的幕帐之一陪葬，使死者端坐幕帐中央，在他面前摆一张桌子，一大盆肉和一杯马奶。同时还要用一匹母马及其马驹、一匹带缰绳和备鞍的牡马等陪葬。当把另一匹马的马肉吃完之后便用稻草把其皮填塞起来，然后再竖于两块或四块木头之上。这样一来，死者在另一世界也可以有一幕帐作栖身之地，有一匹母马以挤奶喝和饲养牲畜，同时也有可供作坐骑使用的公马。已被吃掉其肉的马匹的骨头为祭其灵魂而焚烧骨头，正如我们在那里亲眼看见和亲耳所闻的那样。"文中特别提及焚骨祭祀，与《普兰·边尔宾和鲁布鲁克东方国家行记》所记"他们用火将宰食的马骨烧掉，妇女们也常聚在一起，焚烧骨头，奠祭死者"如出一辙。

《草木子》云："元朝人死致祭曰烧饭，其大祭则烧马。"前引的《元史·祭祀志》"国俗旧礼"说在烧饭院祭祀累朝皇帝，"用马一，羊三"，这无疑属"大祭"。致祭一般死者，尤其在民间不能算作大祭。沽源小红城遗址出土的大量牲骨中，马骨比例较大，他们祭祀的什么？笔者以为应该是祖宗、鬼神等。叶隆礼《契丹国志·道宗纪》云："帝（宋真宗、仁宗）以御容于庆州崇奉。每宫人理衣衾，朔日、月半上食，食气尽，登台而燎之，曰烧饭。惟祭天与祖宗则然。"因而，"烧饭"习俗的内涵要广，不仅用于亡者，也用于祭祀人祖，更多的是敬鬼神。沽源小红城遗址规模之大也从一个侧面说明在这里祭祀的不单单是亡者。宋德金先生在《"烧饭"琐议》中坚持"烧饭只用于祭祀死者而不用于祭天"的观点，值得商榷。①

另外，遗址中没有发现完整的马骨架，这证明"烧马"形式是宰杀、食肉、焚骨，去除了史学界"烧马如何烧法"的疑惑。

烧饭习俗源远流长。王国维作《蒙古札记·烧饭》并首引王沈《魏书》称：烧饭之名虽仅见于辽金元三朝，这种现象至少可以追溯到乌桓；贾敬颜先生也持同样观点，说"'烧饭'之名虽起于辽、金、元三朝，但'烧饭'之俗则是许多北方古民族所共有的"。按王沈《魏书》记乌桓葬俗："始死则哭，葬则歌舞相送。肥养犬以采绳婴牵，并取亡者所乘马、衣物、生时服饰，皆烧以送之。……敬鬼神，祠天地、日月、星辰、山川，及先大人有健名者，亦同祠以牛羊，祠毕皆烧之。"很显然，"取亡者所乘马、衣物、生时服饰，皆烧以送之"的行为属殉葬所行焚烧之礼，为了祭祀鬼神、天地、日月、星辰、山川以及祖先的目的而举行的焚烧之礼，与烧饭并无二致。

---

① 宋德金：《"烧饭"琐议》，《中国史研究》1983 年第 2 期。

　　刘浦江先生在郝经《续后汉书·北狄传》里检录到一条资料，据此认为可能在比乌桓时代更早的阿尔泰民族中就已经出现烧饭。《续后汉书·北狄传》记匈奴葬俗："始死，号哭，众以酒酪饮之，谓之'添泪'。杀马、牛、羊祭而食之，焚其骨，谓之'烧饭'。所幸臣妾从死者多至数十百人。"郝经是元代人，熟知烧饭制度，他借用蒙元时期习用的"烧饭"一词来表述匈奴习俗，将匈奴人"杀马、牛、羊祭而食之，焚其骨"的习俗视同于蒙古烧饭之礼，自然要比今人的纯理性判断更有说服力。

　　元以后，烧饭习俗广泛存在于蒙古社会中，直至今天。张北县油篓沟乡大红沟村背靠的小山阴坡下也有一座焚烧场，利用天然洼坑而就，属官祭场，1975年笔者实地调查时尚存大量牲骨和陶瓷残片。明时，这一带是鞑靼青把都部落的居地，清时察哈尔蒙古镶黄旗的某佐也在此驻牧过。额尔登泰《〈蒙古秘史〉词汇选释》又介绍，现在的鄂尔多斯地区有一种旧俗，于每年腊月二十九日夜，在成吉思汗陵庙附近掘地三穴，烧马奶酒、羊肉、面粉等物进行祭祀，并谓"此当为13世纪遗俗"。另外，在鄂尔多斯传统的成吉思汗祭奠中，每年3月20日要举行祭祀成吉思汗及其后妃的焚食祭仪，被称之为"嘎利鲁祭"。这一祭仪仍保存有焚烧祭牲骨头的习俗。按照惯例，要从作为牺牲的马、牛、羊中，各取前脖一块、后脖一块、跟骨一块、尾骨一块、腰侧三块，以及脊骨、桡骨、尺骨、膝骨各一根，用于嘎利鲁祭的焚烧祭祀。显而易见，这与《柏朗嘉宾蒙古行纪》描述的13世纪蒙古人的烧饭之俗是一脉相承的。2012年8月在张北县召开的蒙元国际学术研讨会上，蒙古族学者那木吉拉介绍：蒙古人的这种祭祀仪式一般都在传统节日或祖先忌日进行。当夜幕降临时他们在家族坟茔地，或选择一块平坦的地，燃起篝火，将烤肉、酒饭、布缕之类东西，丢入火里烧掉。同时，主祭者以韵文体语言诵念祭祀的日期、目的以及祭物名称数量等，请求祖先之灵享用祭物，并保佑活着的每个后代。萨满教的基本宗旨，是万物有灵、灵魂不灭，认为自己的祖先虽然去世，但仍然在彼世继续活着，需要供奉死者的灵魂。蒙古人便以烧饭形式祭祀，其意义是为死者在彼世供食用，又祈求保佑。蒙古民族的这一习俗对北方汉人也小有影响，现在，大年初一五更"接神""抢旺火"，有人家就在火里丢些点心之类的食物，其行为应视为烧饭范畴。

综上所述，辽金元时所行之烧饭制度，属祭祀而不是殉葬，目的是祭祀亡者，亦祭祖宗，更多的是敬鬼神。祭祀焚烧的对象以祭祀饮食之物为主、焚烧骨头为主要形式。此俗是许多信奉萨满教义的北方古民族所共有的，发展到现在，尽管时代变化，形式不尽相同，但意义明确，即为死者在彼世供奉食用，祈求保佑。

# 试论内蒙古自治运动联合会
# 察哈尔盟分会的历史贡献[*]

李玉伟　王星晨

**摘　要：** 抗战胜利后，中国共产党发动了具有深远历史意义的内蒙古自治运动。内蒙古自治运动联合会是内蒙古自治运动的领导机关，基层工作在联合会成立之初即受到乌兰夫等领导人的重视。联合会察哈尔盟分会作为内蒙古自治运动联合会在察哈尔盟的基层组织，受联合会的直接领导，是在察哈尔盟开展自治运动的革命群众团体，是一个团结察哈尔盟各族各阶层的统一战线性质的组织。察哈尔盟分会在土地工作、群众运动、经济和社会工作、武装斗争、组织建设等方面开展了大量卓有成效的工作，推动了内蒙古自治运动的发展，使察哈尔盟发展为巩固的革命根据地，有力地支援了人民解放战争。

**关键词：** 中国共产党　内蒙古自治运动联合会　乌兰夫　察哈尔盟分会

1945 年 11 月 26 日，内蒙古自治运动联合会成立大会在张家口举行，包括察哈尔盟在内的 8 个盟、36 个旗的代表共 79 人参加了大会。内蒙古自治运动联合会是在中国共产党领导下开展内蒙古自治运动的革命群众团体，同时又是一个团结内蒙古各族各阶层的统一战线性质的组织。在内蒙古自治政

---

　\*　原载《中央民族大学学报》（哲学社会科学版）2013 年第 1 期。

府成立以前，还代行政权职能，是一个半群众团体半政权性质的组织，实际是当时内蒙古民族解放斗争的组织和领导机构，是过渡到内蒙古自治政府的一个桥梁。

11 月 27 日，乌兰夫发表了联合会对目前工作方针的意见。他指出：联合会在政治上，应当广泛发动和组织各盟旗的群众，改选并帮助建立各盟旗民主政府和区、乡基层政权。这种政权是在民族平等和民主自由原则下的区域性自治政权，分别接受热、察、绥蒙民主省政府的领导，在各省政府的帮助下发展内蒙古各盟旗的政治、经济、军事、文化等事业。[①] 次日，大会选举产生了内蒙古自治运动联合会执行委员会委员。在临时动议时，察哈尔盟的解委会[②] 代表主动提出取消原有组织，直接受内蒙古自治运动联合会的领导。[③] 同日，在内蒙古自治运动联合会成立大会闭幕式上，联合会主席乌兰夫在致辞中对与会代表提出了两点要求：一是希望各位代表回到各旗后，将大会的决定切实落实，以期"唤醒和组织广大人民群众"，并且将各旗的实际情况经常反映到联合会；二是"将大会民主与团结的精神带到各旗"，以团结各旗人民群众。[④] 可见，乌兰夫等联合会领导人非常重视联合会分支机构的工作。

## 一　察哈尔盟民主政府和盟分会的成立

抗战胜利后，察哈尔盟在行政建制上共分为明安、镶黄、镶白、上都、多伦、太左、太右、正兰、正白等 9 个旗。这时，察哈尔盟"蒙古（族）同胞约 50000 人，租银地汉人约 30000 人，草地以牧畜为主，租银地以农

---

① 内蒙古自治区档案馆编《内蒙古自治运动联合会档案史料选编》，档案出版社，1989，第 25 页。
② 1945 年 8 月 20 日，在晋察冀军区驻察哈尔盟办事处的支持下，蒙古族青年知识分子苏博达、乌恩奇等人发起成立了蒙古民族解放委员会。参见曹永年《内蒙古通史》第四卷，内蒙古大学出版社，2007，第 330 页。
③ 内蒙古自治区档案馆编《内蒙古自治运动联合会档案史料选编》，第 43 页。
④ 内蒙古自治区档案馆编《内蒙古自治运动联合会档案史料选编》，第 37 页。

业为主"。① 1945 年底，内蒙古自治运动联合会派出大批干部赴察哈尔盟，开展自治运动，积极宣传联合会的各项方针、政策；拟在察哈尔盟各旗设立支会；在各支会成立后，再自下而上成立察哈尔盟分会，同时筹备成立察哈尔盟、旗政府。② 1946 年初，苏剑啸和陈炳宇带领参加内蒙古自治运动联合会成立大会的察哈尔盟代表，赴察哈尔盟开展自治运动并建立联合会基层组织。代表们在察哈尔盟租银地③哈巴嘎，召集全盟各旗旗长和部分青年知识分子举行了会议，经过民主协商成立了内蒙古自治运动联合会察哈尔盟分会筹备委员会。会后，各旗代表回到当地调查了解地方情况，宣传内蒙古自治运动联合会的各项主张，发展会员，筹备建立各旗、苏木支会。1946 年 2 月中旬，察哈尔盟已成立 9 个旗支会，67 个苏木支会和 437 个小组，发展会员 4091 名，其中女会员 439 名，喇嘛 536 名。④ 从 3 月 10 日开始，察哈尔盟各旗蒙汉人民先后进行了自下而上的普选，于 3 月下旬选举产生了各旗政府委员和旗长，并选举产生了出席全盟人民代表大会的代表。人民代表的选举，采用无记名投票方式，每 200 人选举代表 1 名，共选出代表 156 名。⑤

1946 年 3 月 27 日，察哈尔盟人民代表大会在明安旗多恩海拉罕开幕，共有 156 名代表出席。全体代表选举索德那木却儿、桑济尼玛、苏剑啸、伊德欣诺尔布、索德那木扎木绰等组成主席团。索德那木却儿在开幕词中分析了察哈尔盟的阶级关系和民族问题，也指出了当时的革命任务。随后，由萨木丕勒诺尔布报告了察哈尔盟各旗支会及各旗政府成立过程。在会议期间，代表们讨论并通过了地方自治、财政经济、文化教育、政府工作方针、迁移

---

① 内蒙古自治区档案馆编《内蒙古自治运动联合会档案史料选编》，第 96 页。
② 内蒙古自治区档案馆编《内蒙古自治运动联合会档案史料选编》，第 45 页。
③ 租银地，即指出租佃种以收取租银的土地。内蒙古察哈尔草原从清朝中期开始放垦，出现商都、镶黄旗、正白旗、镶白旗、明安旗、太仆寺右旗和左旗、多伦旗等出租佃种的地区。这些租银地多为旗地、庙地、学田地、私人地、随缺地。租地的农民只有耕种使用权，交纳固定的租额。（参见高文德主编《中国少数民族史大辞典》，吉林教育出版社，1995，第 1881 页）
④ 内蒙古自治区档案馆编《内蒙古自治运动联合会档案史料选编》，第 66 页。
⑤ 内蒙古自治区档案馆编《内蒙古自治运动联合会档案史料选编》，第 55 页。

自由等四十余件提案。太仆寺左旗、镶白旗、镶黄旗代表联合提出了开展生产、创办小型工厂、奖励打猎等提案，大会均一致通过。大会进行了盟政府委员和候补委员的选举，陈炳宇、苏剑啸、索德那木扎木绰、哈斯瓦其尔、色伯克扎布、拉木扎布、劳布森、伊德玛扎布、布彦当选为察哈尔盟政府委员，军仲山、额尔和赛音当选为候补委员。大会宣告察哈尔盟政府正式成立，陈炳宇当选为察哈尔盟盟长，色伯克扎布和哈斯瓦其尔当选为副盟长。与此同时，内蒙古自治运动联合会察哈尔盟分会也宣布成立，苏剑啸任主任，拉木扎布任副主任。[①] 察哈尔盟政府在行政上归察哈尔省领导，实际工作由联合会常务委员会负责。内蒙古自治运动联合会察哈尔盟分会直属内蒙古自治运动联合会总会领导。它在察哈尔盟的工作职责是"掌握政策、贯彻方针、发动群众"，[②] 与盟政府的关系是领导与被领导关系。盟政府的方针、政策，特别是干部的任用、调动或有关的其他重要问题，须经盟分会研究、讨论或经盟分会做出指示后，予以执行。

## 二 土地工作和群众运动

察哈尔盟各级民主政府产生后，为了解决当时干部短缺的问题，盟政府立即成立了军、政、会（军队、政府和联合会）等相关人员的轮流培训班。[③] 这些干部经过短期学习，初步掌握了中国共产党的民族理论和民族政策，为进一步开展工作奠定了基础。1947 年 7 月，乌兰夫指示，察哈尔盟的中心工作是发动群众、整训部队、发放救济物品；分会、支会要深入基层，切实了解群众的要求，组织清算斗争，从而激发群众对蒙奸、恶霸进行斗争，使农民、牧民翻身。[④] 察哈尔盟的土地，主要分为随缺、公役、香火、生计搬

---

① 郝维民主编《内蒙古革命史》，内蒙古大学出版社，1997，第 487 页。

② 内蒙古自治区档案馆编《内蒙古自治运动联合会档案史料选编》，第 76 页。

③ 内蒙古自治区档案馆编《内蒙古自治运动联合会档案史料选编》，第 218 页。

④ 内蒙古自治区档案馆编《内蒙古自治运动联合会档案史料选编》，第 76 页。

家、租粮①几类。②这些土地一般由汉族耕种，每年要交一定租粮。盟民主政府建立前，大多是二八分收③交租粮。因蒙古族对种地不习惯，出租时大都经过转租人。这些转租人都是汉族，俗称"二地主"。汉族农民承租蒙地时，一般是二八分收或交一小部分租粮给蒙古族出租人。"二地主"通常将二八分收"暗增"为三七分收，从中取一分收成。有时"二地主"欺骗蒙古族出租人，借口收成不好而承租人交不齐二分收成，只给蒙古族出租人一分收成。这样"二地主"又从中剥削了一分收成。察哈尔盟民主政府建立后，经过实地调查，针对实际情况，采取了两项措施。其一，减租减息。规定除私地或香火地外，其他带有公共性质的土地一律免除租粮或二八分收，农民每年只向政府交一次公粮。其二，取缔"二地主"。察哈尔盟自治政府建立后，决定取缔"二地主"，将土地平均分给无地和少地的农民，地权归旗政府所有。察哈尔盟实行减租减息后，减轻了农民负担，提高了农民的生产积极性。

在清算斗争中，政府要求曾经借敌伪势力欺压过群众的恶霸进行"自新坦白"，例如正蓝旗的色朗木栋鲁补主动向群众坦白，将大部分财产分给群众。④在租粮地，政府发动当地群众同"二地主"进行了清算斗争。"二地主"进行两方面的剥削，是蒙汉人民共同反对的对象。

察哈尔盟作为内蒙古自治运动联合会总会所在地，与其他盟相比，开展的土地工作和群众运动成效更大。广大农牧民群众从联合会开展的土地工作中受益，同时联合会及民主政府在蒙古族农牧民中间进一步扩大了群众基础，也便利了土地改革工作的开展。察哈尔盟分会在联合会总会的直接领导下，在开展土地工作期间积累了丰富的经验，并在实践中有所发展，为此后联合会以及自治政府开展土地工作奠定了基础。

---

① 随缺地，也称差役地，是旗府分给蒙旗官员或府上差役的土地，使其在任职期间使用、收益。初始时，这种土地具有职田的性质，退职时应归还。但后来发生了一些变化，如果任职七八年以上，就承认为承领。（参见杨强《清代蒙古族盟旗制度》，民族出版社，2004，第198页）
② 内蒙古自治区档案馆编《内蒙古自治运动联合会档案史料选编》，第218页。
③ 二八分收，即给地主20%的收成，自己得到80%的收成。
④ 内蒙古自治区档案馆编《内蒙古自治运动联合会档案史料选编》，第218页。

## 三 经济和社会工作

广大人民群众，特别是蒙古族群众深受日军侵华战争创伤，生产生活十分困难。日军曾在察哈尔盟劫掠牛、羊、马等牲畜作为战争物资，"八年来察哈尔盟共损失 30664 匹马、28514 头牛、46257 只羊、420 峰骆驼，造成了 32000 人缺衣（其中蒙古族 20000 人），占察哈尔盟人口的十分之四；40000 人缺食（其中蒙古族 25000 人），占察哈尔盟人口的十分之五；共 24000 人缺衣又缺食者（其中蒙古族 15000 人），占察哈尔盟人口的十分之三"。[①] 1946 年 9 月，内蒙古自治运动联合会针对察哈尔盟经济形势，提出察哈尔盟分会和政府在经济领域的中心工作是着重改善群众的生活。在商业上，应以照顾人民的生活为前提，反对奸商超经济剥削，决定创办合作社，扶助私营或公私合营商业。在工业上，创办小规模工厂（如毛织厂、皮革厂等），提倡小型手工业。在农业上，发动群众开垦土地，奖励耕种。在牧畜上，发展牧畜业，改良饲养方法，奖励选种，训练兽医，减少牲畜的死亡率，普遍进行冬天储草、打狼运动。[②] 在财政上，建立统筹统支的财经制度，实行合理负担；搜集敌伪物资，对主动交出者予以奖励。

同一时期，察哈尔盟分会开展了一系列社会工作，宣传和贯彻了中国共产党有关宗教、文化等方面的政策。在宗教工作上，本着信教自由的原则，以说服教育的办法，争取让喇嘛受教育，并使其参加生产；在盟政府内部设立喇嘛事务处，专管喇嘛事项。在八格喜格日哥活佛领导下，在正蓝旗开办了喇嘛学校，倡导小喇嘛学习蒙文，还集股创办了合作社，从事生产。[③] 在卫生工作上，提倡清洁卫生，减少疾病流行，设立小型医院，培养医务人才，并招聘与动员了一些对旧医有研究的喇嘛医生，使他们对医术进行短期

---

① 内蒙古自治区档案馆编《内蒙古自治运动联合会档案史料选编》，第 97 页。
② 内蒙古自治区档案馆编《内蒙古自治运动联合会档案史料选编》，第 125 页。
③ 内蒙古自治区档案馆编《内蒙古自治运动联合会档案史料选编》，第 218 页。

的研究后，在各旗利用土著药材开展医疗工作。同时训练兽医。在教育工作上，开展大众教育，提高群众文化水平，以肃清敌伪封建的奴化思想；恢复当地原有的中小学校，开办地方性军政训练班，培养干部人才，并广泛开办巡回识字班、夜校等。在妇女工作上，提倡女子在政治上、经济上、教育上、社会地位上与男子完全平等，女子有财产继承权，婚姻自由，严禁买卖婚姻，"厉行一夫一妻制，取缔早婚及男女间不正确关系"。[①]

内蒙古自治运动联合会在察哈尔盟建立了民主政权，开展了自治运动，广泛深入地宣传了中国共产党的民族政策，同时通过积极发动群众在农区进行锄奸反霸和减租减息，在牧区削弱封建特权，鼓励发展畜牧业，打击奸商的不等价交换等措施，逐步解决了群众的生产与生活困难，使察哈尔盟成为巩固的根据地。

## 四 人民武装队伍的建设

1946年6月，解放战争爆发。7月，内蒙古人民自卫军骑兵旅派骑兵一连驻防察哈尔盟，协助政府开展工作，维持地方治安，训练、整编各旗保安队。骑兵一连随后对各旗保安队进行了整训，按所在旗的规模大小，编成了35~50人的中队。各旗中队组成察哈尔盟支队，属盟分会领导；1946年7月，改名为"内蒙古人民自卫军察哈尔盟支队"，[②] 由苏剑啸任支队长。各旗中队直接受支队领导，同时又属本旗支会领导。察哈尔盟支队也直接领导盟政府警卫队。察哈尔盟支队在自卫反击战、剿匪等社会治安工作中发挥了重大作用。在武装建立方面，当地牧民积极响应察哈尔盟政府"拿出武器，保卫地方"的号召，主动参军，壮大了革命武装的力量。在社会治安方面，对待土匪的政策有很大成效。当时规定，土匪若将武器交公，一律宽大处理。受到

---

① 内蒙古自治区档案馆编《内蒙古自治运动联合会档案史料选编》，第125页。
② 内蒙古自治区档案馆编《内蒙古自治运动联合会档案史料选编》，第76页。

该政策的影响，自动放下武器的土匪有几十人。[1]

1946 年 8 月初，察哈尔盟分会按照联合会总会的指示，开始进行自卫解放战争的准备工作。首先召开了旗长、主任联席会议，决定召开全民反内战动员大会，同时决定建立战时通信驿站，建立军、政、会联席会议，处理各种战时事项。随着察北形势的变化，察哈尔盟边境的匪患也日趋严重。一些上层人士，如多伦旗的毕力哥勒和正蓝旗的格喜投靠了国民党军队，带领土匪武装抢掠明安、正蓝、太右、多伦旗的牧民。[2]针对当时的形势，察哈尔盟政府实行了如下战时政策："（1）由军、政、会联席会议进一步组织了一元化的战时委员会，所有察哈尔盟军、政、会在战时统一服从作战委员会的领导，察盟支队因此亦统归骑兵旅领导；（2）所有会、政干部立即武装起来，编成武工队，下乡发动群众坚持工作；（3）建立联防，因草地人口分散，边境延长，队伍又少，防守不易，因此决定将几个旗的队伍编为一个大队，遇到战事时统一指挥；（4）实行边境封锁，禁止皮、毛、牲畜的出售，使敌打算到草地来解决皮衣的目的成为泡影。"[3]

1946 年底，内蒙古自治运动联合会决定以原内蒙古人民自卫军骑兵旅为基础，组成内蒙古人民自卫军第 16 师，以察、锡两盟为其防区，任命李秀山为师长，王铎为政治委员，刘景平为副政治委员，寒峰为政治部主任，执行在察锡两盟坚持自卫战争的任务。[4]

## 五　组织建设及其发展

1946 年 9 月，在全面内战爆发的形势下，为了加强对内蒙古工作的领导，经晋察冀中央局建议，中共中央批准建立了内蒙古党委，由乌兰夫任书记。内蒙古党委开展工作的区域"暂定为察哈尔之察哈尔盟锡林郭勒盟及绥远之乌兰

---

① 　内蒙古自治区档案馆编《内蒙古自治运动联合会档案史料选编》，第 220 页。

② 　内蒙古自治区档案馆编《内蒙古自治运动联合会档案史料选编》，第 218 页。

③ 　内蒙古自治区档案馆编《内蒙古自治运动联合会档案史料选编》，第 222 页。

④ 　内蒙古自治区档案馆编《内蒙古自治运动联合会档案史料选编》，第 410 页。

察布盟及巴彦塔拉盟"。① 经晋察冀中央局批准，内蒙古党委拟设立察哈尔盟工委，受内蒙古党委领导。11 月 7 日，在内蒙古党委领导下，中共察锡工委成立，王铎任书记兼组织部部长，刘景平任宣传部部长，杨平任社会部部长。②中共察锡工委成立后，随即召开会议，讨论了当地的工作，决定成立中共察哈尔盟工委。中共察哈尔盟工委接受察锡工委的领导，由刘景平出任书记。

察哈尔盟分会的主要工作人员参加了察锡行政委员会的筹建，并在其中担任相关职务。为适应自卫战争的形势，1946 年 11 月 7 日，内蒙古自治运动联合会第六次常务会议决定在察、锡两盟设立联合会察锡地方行政委员会。11 月 25 日，察锡行政委员会在贝子庙召开成立大会，宣告察锡行政委员会正式成立。会议决定，由王宗洛、松津旺楚克、王铎、李秀山、刘景平、苏剑啸、奇俊山、寒峰、陈炳宇任察锡行政委员会执委兼常委，凡在察锡地区工作的联合会总会执委及候补执委均为委员，并由王宗洛任主任，松津旺楚克、王铎任副主任。察锡行政委员会是内蒙古自治运动联合会总会的代表机关，同时也是地方行政机关。乌兰夫在成立大会上指出，察锡行政委员会的主要任务是"贯彻联合会工作方针，管理地方行政工作，组织人民生产，搞好地方治安，做好物资供应，支援军队对敌作战"。他强调："内蒙古各族各阶层必须团结一致，坚决拥护中国共产党的民族政策，拥护内蒙古自治的主张，反对国民党蒋介石的内战，积极动员各方面力量支援内蒙古人民自卫军和中国人民解放军进行反美反蒋和剿灭地方叛匪的斗争，配合全国解放战争解放内蒙古。"③

内蒙古自治运动联合会察哈尔盟分会在群众工作、政权改造、军队建设、对敌斗争、经济发展等方面都取得了较大成就，深入推进了内蒙古自治运动的发展。在此基础上，中国共产党领导的内蒙古自治运动实现了统一，即召开了具有深远影响的"四三会议"。1947 年 4 月 3 日至 21 日，内蒙古自

---

① 晋察冀中央局：《关于建立内蒙古党委的提议》，内蒙古自治区档案馆，档案号：10—2—253。
② 郝维民主编《内蒙古革命史》，第 541 页。
③ 王铎：《五十春秋——我做民族工作的经历》，内蒙古人民出版社，1997，第 218 页。

治运动联合会在兴安盟王爷庙召开了执委扩大会议。陈炳宇在执委扩大会上做了关于察哈尔盟的工作报告。他指出，察哈尔盟在群众工作、军队建设等方面都获得了巨大发展。1947 年 4 月 23 日，内蒙古人民代表会议在王爷庙召开，通过了《内蒙古自治政府施政纲领》和《内蒙古自治政府组织大纲》，并选举了内蒙古自治政府的组成人员。5 月 1 日，内蒙古自治政府在王爷庙（今乌兰浩特）宣告成立。内蒙古人民代表会议的召开和内蒙古自治政府的成立，标志着内蒙古自治运动联合会完成了其历史任务。内蒙古自治运动联合会察哈尔盟分会，作为内蒙古自治运动联合会的重要组成部分，在一年多的内蒙古自治运动中，开展了大量卓有成效的工作。察哈尔盟分会广泛发展了会员，动员了广大人民群众，在各旗进行了反奸清算、减租减息等为主要内容的民主改革，使察哈尔盟各旗人民实现了政治地位的平等。还提倡生产互助、开办工厂，改善了当地贫苦农牧民的生活状况。在自卫解放战争中，察哈尔盟分会的绝大多数会员经受了考验，对反动势力进行坚决回击，巩固了自治运动的革命成果，使察哈尔盟成为巩固的革命根据地，有力地支援了人民解放战争。

# 兴和弃守与明朝的北边战略[*]

杨润平

张北县地处内蒙古高原南缘，是华北平原与北方草原交通的咽喉地段。

秦朝统一中国之前，赵武灵王胡服骑射，燕昭王秦开扫北，都曾在张北县一带用兵。"无穷之门"记载，秦朝以前长城遗迹，就是当年民族交往与融合的见证。秦汉之际，蒙古草原兴起强悍的匈奴民族政权，统一北方草原，并挑战中原王朝。秦朝、汉朝虽然在对匈奴战争中取得胜利，但其有效统治只能局限在阴山—燕山以南。沿山脊修筑的古长城就是中原王朝的实际军事控制线。

两汉王朝通过战争手段实现了对北疆的开拓。囿于社会发展制约，"和亲"与"互市"是实现宽舒统治的必要手段。汉武帝时就开上谷郡互市，东汉"宁城互市"影响深远。从三国到北魏，上谷一带的互市活动仍延续存留。据黎虎著《汉唐外交制度史》，上谷地区的互市活动一直延续直到唐朝。[①]从上谷郡出发，经今怀来—宣化—张家口一线的洋河流域，通往内蒙古草原，最便捷的道路就在今张北县狼窝沟。

张北县境内有明确记载的古城聚落，最早的是北魏怀荒镇。在社会经济发展落后、战乱动荡时期，内蒙古草原上很难存在稳定的城池。唐朝中后期，中原藩镇割据，北方草原民族结构重组。契丹民族的统一与崛起是影响

---

\* 原载张北县历史文化研究会《研究动态》总第 12 期，2015。

① 黎虎：《汉唐外交制度史》，兰州大学出版社，1998。

中国政治进程的大事件。907 年，耶律阿保机成为契丹首领，916 年称皇帝，国号契丹。"自代北至河曲逾阴山，尽有其地"，并收编了在居庸关外设置的"山后八军"。可以判断，草原边缘的张北县一带为契丹占领。契丹建都上京临潢府，后来才设置南京析津府（947 年）和西京大同府（1044 年）。因此，包括燕子城（宴赐城）在内的内蒙古草原南缘区域，本应属于"本族之制治契丹"。

契丹—辽朝强盛时疆域广阔，东到大海，西至阿尔泰山，北到蒙古大漠南北、黑龙江流域，南接河北、山西广大地区，经济政治发展的不平衡性与多民族共存，只有"因俗而治"才能巩固统治。初期是契丹、东丹和幽云十六州三大块，既而构建了以五京为核心的区域管辖。上京（临潢府）、中京（大定府）、南京（析津府）、东京（辽阳府）、西京（大同府）均设为道，道以下各辖州、县，或投下军州。

南京析津府即今天的北京市，是辽朝经济文化最繁荣的城市。史家公认，这标志着"北方草原游牧民族突破古长城的阻隔，揭开了大举南下，加速民族融合和南北统一，建立多民族统一国家，并奠都北京的序幕"。[①] 以后，金中都、元大都、明清北京，中国统一国家的政治军事中心就基本稳定在北京。

今张北县境在唐末属新州地，实际已经为少数民族控制。辽朝初年就建有燕子城，11 世纪中期划属西京道归化州，辽朝末年改为抚州；金朝设柔远镇，后设柔远县，复设抚州，归属西京路；蒙古帝国时延续抚州，元初升为隆兴路，亦曰兴和路，属宣政院辖地"腹里"。另置高原县与路同城。[②] 地方政区设置规格的不断提升，说明了本区域政治军事地位的重要性。在1307~1311 年，元武宗海山建中都于旺兀察都，即张北县境内的白城子。中都是继上都（开平府，今正蓝旗）、大都（汗八里，今北京市）之后的第三个都城。元朝大都至上都间有三条道路，以经过兴和路城的西路最通畅，是

---

① 韩光辉:《从幽燕都会到中华国都》第六章，商务印书馆，2011。
② 《明史·地理志》。参考《辽史》《金史》《元史》地理志部分。

为官民共用的驿路。辽金元 450 多年间，北方民族建立的政权都把包括张北县在内的草原边缘区域视为国家存亡的生命线。

1368 年，明朝建立，年号洪武。当年大军北伐一举攻克元大都，宣告元朝在全国统治的结束。根据太祖朱元璋的谕令，明军本次进军行动暂停在居庸关下。而元顺帝脱欢贴睦尔一行人仓皇北逃，驻留的第一站就是兴和路旺兀察都，妄图组织力量反攻复辟。

明朝的国土疆域规划随着军事斗争的进展而发展。洪武二年，常遇春、李文忠率明军突袭上都开平，转而兵锋指向宣德府，配合攻克宣德城。此次征讨行军路径不详，也没有留下占领兴和的记载。洪武三年，徐达率军北征，李文忠为先锋兵出野狐岭，攻占兴和城。已经占有的开平、兴和、应昌等城堡，构筑为前沿，朱元璋与他的将领们增强了消灭北元拓展北疆的信心，遂制定了"肃清沙漠"战略部署，企图一举消灭北元政权。洪武五年（1372），徐达率明军分三路北征。大军深入草原，自然环境恶劣，军粮供应不济，侧翼配合受阻，反而遭北元军伏击，损失惨重，不得不退出战场撤兵。直到 15 年后的洪武二十年（1387）明军才积蓄实力攻占辽东，第二年出兵至捕鱼儿海（贝加尔湖），北元皇帝坤帖睦儿兵败被杀，北元政权瓦解。此前此后，兴和一直是明军北征进攻与战略防御的重要据点。

洪武三年（1370），明政府"改置兴和府，属行省"，一年以后废兴和府。洪武七年（1374），蓝玉率军败北元军于兴和，"改为兴和守御千户所，以重兵驻守"。[1]"洪武中废倚郭高原县。洪武三十年（1397）置兴和守御千户所，属北平行都司。"[2]明太祖朱元璋在北疆采纳"屯守备边"长策，沿占领线驻重兵把守，修茸城池，扼守险要。据后世研究归纳，当时有 3 道防线，第一道，从辽河至阴山，数千里堡塞相望，以为前哨；第二道，在大宁（今宁城市）、开平（今正蓝旗）、兴和、大同、东胜（今鄂尔多斯市）等处，组建卫所屯军，是声势贯通的防御地带；第三道是北平（今北京市）、宣府

---

① 顾祖禹：《读史方舆纪要》卷18《直隶九》。《明史·地理志一》："三十年置兴和守御千户所。"

② 《明史·地理志一·万全都司》。

（今宣化区）等后防军事据点，一般是封藩王镇守，以卫国安民。[1]在第二道防线上的大宁、大同也有藩王镇守。都司、行都司是中央政府管辖的省区级军政单位。"设山西行都司于甘州（今张掖），山西行都司于大同，万全都司于宣府，又于庆峰口北古惠州（今宁城）地设大宁都司，并辽东都司，为五边。""藩篱甚固，而备御此虏者为严。"[2]辽东—大宁—开平—兴和—东胜—甘肃，大体是在北纬42°至40°间由东偏北向西偏南的军事地带。"自辽以西数千里声势联络。"[3]兴和守御千户所是其中联络东与西的重要节点。

明朝的卫所军队兼具生产功能，有实土与非实土之分。北边防线上的各卫所多属于实土卫所，进占之初"塞外夷民皆令迁入内地"，卫、所等机构就是国土管辖单位。兴和守御千户所控制着周边百里区域，"十分之七屯田，十分之三守城，务尽力开垦，以足军食"。[4]这是在一段时间内稳定守成的基础。明朝卫所军驻守边地，实行坚壁清野等措施，限制草原民族与内地的经济文化联系。其原则是"威德兼施"，以军事优势为前提。策略还包括"因俗而治"，在少数民族区域建立羁縻卫所；经济上有条件开放贡市和互市，实现政治笼络和经济控制；文化上推行教育和教化，实现统治思想的统一。明初确定的边疆民族政策是成功的，在一段时间内维护了国家北边的安全。

太祖朱元璋的失策在于封藩，大大小小的藩王随时可能成为国家分裂势力。

朱元璋刚刚逝去，就发生了建文帝"削藩"与燕王"靖难"的斗争，国家陷入严重内战。国家因内战消耗而煎熬，北边大批卫所军队调往前线作战，实际防御能力丧失。而内蒙古草原上的蒙古各部则得到喘息恢复机遇，形成鞑靼、瓦剌等军事政治集团，恢复大元朝的信念重新滋生。他们相互争夺逐步蚕食明朝北疆的土地，成为明朝在北方的重要敌手。

---

① 张显清、林金树：《明代政治史》第八章，"明代的民族政策"，广西师范大学出版社，2004。

② 高岱：《鸿猷录·北征沙漠》。

③ 《明史·兵志三》。

④ 《明太祖实录》卷21。《明史》食货志、兵志有类似记载。

内战的胜利者朱棣即位当皇帝，是为明成祖（文皇帝）。他较全面地继承太祖朱元璋"威德兼施"的国策，成功解决了藩王问题，维护了国家的统一。迁都北京，天子自将守边，为就近解决北边蒙古问题创造了条件。他采用分化、招抚等政策，恢复明朝对蒙古各部的统治联系。还采取扶弱抑强策略，亲自率军北征蒙古，以积极的军事防御巩固北边安全。然而时过境迁，太祖构建的北边军事防御布局已经发生了不可逆转的变化。

成祖朱棣知道："今守开平、兴和、大宁，边境可永无事。""守开平、兴和、大宁、辽东、宁夏、甘肃，边境永无事矣。"[①] 为稳定北边，他从 1409 年起，先派丘福北征，既而御驾亲征，却始终未能实现彻底征服蒙古各部，稳定北部边境的难题。1422 年，蒙古鞑靼"阿鲁台寇兴和，杀守将王焕"。明成祖朱棣震怒，随即带兵第三次北征。阿鲁台远逃以逸待劳，明军无功而返。转年第四次北征，阿鲁台又退避捉迷藏，明军依旧毫无收获。兴和守御千户被迫迁至宣府城，恢复驻守兴和城越发难以实现。

一些历史文献指责兴和守将王焕的贪杯、轻信或无能。公允地讲，千户所满员战斗人员不过一千挂零，守御几百里广袤草原，确是无法抵御蒙古族动辄几千上万骑的奔袭。更深层的原因是，蒙古势力复兴与明朝征服力量的对比发生变化，致使双方的战略对峙出现新局面。草原上蒙古族对兴和等草原边缘要地势在必夺，而中原明朝却缺少继续控制草原边缘的实力。明成祖朱棣的北边守御部署实施也存在缺陷。首先，靖难战争期间这一带的卫所已经开始调离。大宁都司迁保定，是卫所整建制的后撤内迁。兴和城以南，主要是宣府三卫和万全二卫。宣府左卫迁保定，右卫迁定州，仅留下前卫；万全左卫与右卫，均迁蔚州，再迁通州。兴和守御千户所早已处于孤悬无援状态。其次，明朝实土卫所本意是就地屯田，兴和一带虽有广阔土地但自然环境恶劣，当时条件下生产开发困难，农业生产不足以开发自给，而遥远昂贵的军粮供应是明军沉重的负担。第三，兴和守御千户所额定兵员有限，需要

---

① 　杨守谦：《大宁考》。

有后防军队的援助援救。宣府到兴和，两天路程；北平到兴和，至少 7 天。军情传递和援军到达都鞭长莫及。兴和城王焕兵败有不可抗拒因素。明成祖朱棣没有及时恢复对兴和的守御，自有其中的无奈抉择。

兴和失守和放弃，宣府北边前线则后撤数百里，退至阴山余脉的野狐岭，连带着东边的开平卫防线、西面的大同北部卫所防线，都处于更加不利状态。而开平以西的大宁，早在靖难战争初期已经空虚，又"畀地（蒙古）兀良哈"。"自是，宣（府）大（同）声援阻绝"，"东胜孤远难守"。[①]明朝北边防线不得不进行全面调整。1424 年，明成祖朱棣带着无限遗憾死于第五次北征归途中。面对连年战争造成的经济困窘，继承皇位的儿孙仁宗朱高炽和宣宗朱瞻基，不得不调整政策，只能着眼于恢复国力休养生息，在北边防线上以长城为防线收缩固守。明朝有远见的军政人士认为："既而大宁内徙，兴和复废，开平孤悬绝塞，左右无援，遂弃其地。寻致宣（府）、蓟（州）艰危，关门浅露，而窥伺及于畿辅矣。"[②]

明长城"东起鸭绿，西抵嘉峪，绵亘万里，分地守御。初设辽东、宣府、大同、延绥四镇，继设宁夏、甘肃、蓟州三镇，而太原总兵治偏头，三边制府驻固原，亦称二镇，是为九边"。[③]首都北京"三面近塞"，长城一线"敌患日多""边防甚重"，则是不得不面对的现实问题。"志云：兴和与开平之通道，宣府之外藩也。""明初置戍漠南，以兴和、开平为两大镇，故宣（府）、蓟（州）之患寡。"[④]明朝在以后的防御作战中，宣府与大同始终是整个防线的最重要环节。宣府镇长城在张家口堡以北（今崇礼县境）向南弯曲塌陷，不全是地貌山川走势所决定的，兴和城失守是其人为的原因。

明朝长城防御是一整套战略战术。烽堠相接，瞭望并传递军情。巡边、走阵、哨探、焚荒等，军事防御区在边墙以外百里甚至更远。兴和仍旧在明军的防御之内。明朝中期以后，国家实力和军事力量一再衰落。内蒙古草原

① 《明史·兵志三》。
② 转引自顾祖禹《读史方舆纪要》卷 18《直隶九》。
③ 顾祖禹：《读史方舆纪要》卷 18《直隶九》。
④ 顾祖禹：《读史方舆纪要》卷 18《直隶九》。

上的蒙古族，则有瓦剌部也先、鞑靼部达延汗、俺答汗等杰出人物出现，实现短期的强盛和局部统一，对长城为界的明朝形成巨大压力。1449 年，瓦剌部也先组织各部南下，明英宗在土木堡兵败被俘，是为"土木之变"；1505年，鞑靼部达延汗率军进犯宣府，在野狐岭以南的虞台岭围困明军，杀伤8000 余人；1550 年，俺答汗率军直逼北京，在京郊焚杀抢劫 8 日，是为"庚戌之变"。从达延汗到俺答汗，是明朝与蒙古势力军事斗争最剧烈时期。历次蒙古军队南下，多次经由兴和一线南下突入宣府镇。明军只有防守之力，难免一些城堡失陷，百姓惨遭抢劫杀害。

明朝人对兴和弃守的反思是深刻的。仁宗洪熙年曾有人提出恢复兴和等要塞，提出："朔州、大同、开平、宣府、大宁，皆籓篱要地，其土可耕，宜遣将率兵，修城堡，广屯种。"[①] 毕竟无法改变业已形成的军事格局，只能成为空谈。此后再也没有人提出此类问题。

明朝军队的兴和城失守、北疆防线的后退，不全是消极作用。

1571 年，俺达封贡，明朝与蒙古各部有长达半世纪的稳定和平。宣府镇驿路向北延伸，新设张家口驿，从万全右卫或张家口出发，均可到达兴和故城，进入草原。这是对中国北方发展起过主要作用的交通线，为清朝形成的张家口至库伦商路奠定基础。

长城是伟大的军事防御工程。如果明太祖、明成祖当年的战略构想得以实现，草原上的屯守备边未必需要坚固长城，即使修也不过是金堑壕的再版。可以说是兴和城弃守和一系列后撤是修筑宏伟的明长城的诱因，历时200 多年，耗尽国家财力物力，才成就了这人类最伟大的建筑工程。长城分南北，又影响着中原汉族和北方蒙古族的发展。

---

① 《明史·兵志三》。

# 从驿站交通看元中都地区[*]

党宝海

## 一 张北的交通优势及制约因素

张北的地理位置非常重要。从元朝的交通线来看，两条非常重要的道路经过张北地区，一条是帖里干道，一条是木怜道。当地交通之所以重要首先是因为它的地理位置。张北位于内蒙古高原边缘，俗称"坝头"，海拔1600~1800 米，处于华北内地连接内蒙的咽喉地段，为坝上第一县，1913年设县，因地处张家口以北而得名。北依内蒙，南邻京津，"北方丝绸之路"——张家口至库伦的张库商道贯穿县境。另一个原因是政治形势。在统一的时候，张北所发挥的作用比分裂时期要大得多。我们从历史中可以看出张北的交通线只有在国家大统一时才能充分发挥作用。

张北处在农牧交错带上，很多北方的游牧民族在张北留下了他们的足迹：商周时有鬼方，春秋时有山戎，春秋后期有东胡。燕国袭破东胡，逼迫其退却千余里，隶上谷郡。汉初，跟匈奴和亲，划分疆界，这里改属匈奴，后为乌桓居地。北魏初，为了拱卫首都平城，在北部沿边设六个军事据点以防柔然，称六镇。520 年，张北置怀荒镇。六镇起义后，北魏政权土崩瓦解，分裂成东、西二魏，不久它们分别被北齐、北周取代。贞观四年归唐，后又归契丹。到了

---

* 本文根据张北县元中都博物馆举办的"元中都论坛"（2016）上的讲话整理而成，作者已审核。

辽金时期，张北地区的重要性凸显。作为边镇，它具有国防上的战略意义，因为辽金对控制北方蒙古高原上的游牧民族非常重视，而张北正是一个前沿。辽代，这里属西京道归化州，称燕子城或燕赐城。燕赐城的来源可能是"宴赐城"。每年北方的少数民族，特别是鞑靼人，会来辽朝进贡，辽朝的皇帝派使者或高官在边境接见这些使者，并设宴招待，对他们进行赏赐。所以当地叫宴赐城。这个名字后来逐渐发生变化，变成了燕赐城、燕子城。金朝的时候这里仍是边防前哨，我们从柔远县这个名字就可以看出来。所谓"柔远"，就是怀柔远人的意思，实际上也是金朝边防的一个目标。

到元代，张北获得了它在中国历史上的最高地位。它属"腹里"地区，治所在隆兴路高原县。1307 年，元武宗海山建中都于张北境内的旺兀察都（白城子），同大都、上都并称。皇庆元年（1312），废中都，改隆兴路为兴和路。从历史发展来看，张北地区在元朝时非常重要。

但是这个重要地位没有持续多长时间，到明代，这里再次成为汉地王朝的边境。明洪武三年（1370）置兴和府，四年后为元所据，府废。七年，明将蓝玉再拔兴和。洪武三十年（1397）置兴和守御千户所，永乐二十年（1422）被蒙古攻破，成为鞑靼势力范围。张北的黄金时代就此结束。

清顺治时，这里属于官牧地及官荒地。康熙十四年（1675），大部分属察哈尔镶黄旗游牧地。雍正二年（1724），归新设的张家口理事同知厅管辖，土地渐次垦辟。

中华民国初年改厅设县，张北县成立，号称坝上首县，因地处张家口以北而得名"张北"。

回溯历史，我们可以看出这里地处草原游牧地区和农耕定居地区的交错带，有连接中原汉地和漠北的交通要道，由此可北通大漠，南控中原，是一处战略要冲。

在张北地区发生过一些大的战役。比如野狐岭之战，1211 年八月，金西京留守行枢密院兼安抚使纥石烈执中（胡沙虎）从西京率领劲兵七千与蒙古军大战于野狐岭。激战到黄昏时，纥石烈执中带着少数人逃走，金军遂被击溃。同月，完颜承裕因金军在野狐岭战败，不敢率领十余万边防大军与蒙古军作战，率军退至宣平（今河北怀安东，在张家口西南），蒙古军跟踪追击。当金军退至会河川（今河北宣化西）时，在蒙古军的打击下大部溃败，主力部队被大量歼灭。这次败仗给金军士气以沉重打击，造成金军对蒙古军的畏缩心理。金朝有识之士认为，金之亡实决定于此役。此役之后，金军与蒙古军作战，屡战屡败，在军事上失去了主动权。很多元代文献提到这次战役。如《国朝名臣事略·木华黎传》说："辛未，大举南入，击云中、九原诸郡，皆下之，进围抚州。时金军号四十万，陈于野狐岭之北。王［木华黎］抗言曰：'今敌众我寡，弗致死力未易破也。'即策马横戈，大呼陷阵。上麾诸军齐进，日未午，大破之。乘胜追至浍河堡，僵尸百余里，金兵之精锐者咸尽。"此次战役反映了张北在军事上的重要性。

张北在分裂时期是一个边镇，地位比较低。明代降至最低点，张家口兴起。统一时，它的地理位置和交通优势明显，地位升高，在元代达到顶点。

张家口的崛起是由于明朝实行边境贸易。明朝在边境上建长城。宣德四年（1429），指挥使张文筑城堡，名张家堡。张家堡高三丈三尺，方四里十三步，东南各开一门，东曰"永镇门"，南曰"承恩门"。嘉靖八年（1529），守备张珍在北城墙开一小门，曰"小北门"，因门小如口，又由张珍开筑，所以称"张家口"。蒙古和明朝要在长城沿线互市，张家口因为这个特殊的政治、经济原因繁荣起来，一直延续到现在。

张北的地位在元朝达到最高点。这不是偶然的，是由大一统的政治形势造就的。

## 二 交通和区域发展

交通的作用可以分为三个方面。

首先，交通可以直接影响人员的往来，因为人都是沿着非常便利的路线通行的，有了人就有了所谓的人气，人气一旺就会带动商业、农业、手工业等的发展。

其次，交通可以直接推动物资的集散。有道路肯定会有物流。各地的商品会在这个地方囤积，然后再运往各地。

最后，交通可以影响生产和加工。因为有了人员的往来，有了物资的集散，自然会产生对原材料进行加工的需求。

河北省省会石家庄、河南省省会郑州的发展都是靠铁路，靠交通线。

张北地区的交通线在古代很重要。它的命运和交通线的兴废密不可分。比如在国家统一时期，这个交通线可以发挥非常好的作用的时候，张北的地位就很突出；而在国家分裂的时候，这里的交通线就会中断，或者说这个交通线不能发挥正常的功能，张北的地位会大幅下降。

## 三　驿站名称的来源

由于张北地区在元代驿站交通非常发达，我有必要讲讲驿站名称的问题。

我们现在说汽车站、火车站，"站"这个词用得很多。实际上"站"是蒙古语词 jam 的音译。汉字"站"的本意为"独立、立、久立"或"坐立不动"，没有驿传的含义。汉文原来的词是"驿"。驿站实际上是个混合语词，驿为汉语词，站为蒙古语词。蒙文文献关于蒙古早期驿站的记述主要见于《蒙古秘史》第 279、280、281 节。文中表示驿站的蒙古语词用"站"音写，实际对应的蒙古文为 jam。为了准确写音，在《蒙古秘史》中"站户"写为"札木臣"（jamučin），"站依着"写为"札米牙舌儿"（jam-iyar），"站每"写为"札木惕"（jamud），"站每自的行"写为"札木的颜"（jamud-iyan）。jam 进入汉语时，先是用"蘸"来音写，窝阔台汗时期到过蒙古地区的南宋使臣就将蒙古的 jam 写为"蘸"。

比如，宋使彭大雅说，蒙古地区"置蘸之法，则听诸酋头项自定差使之久近"。另一位宋使徐霆描述了各蘸物资支出和劳役负担的情况："所过沙漠，其地自轃主、伪后、太子、公主、亲族而下，各有疆界。其民户皆出牛马、车仗、人夫、羊肉、马奶为差发。盖轃人分管草地，各出差发，贵贱无有一人得免。又有一项，各出差发为各地分醮中之需，上下亦一体，此乃草地差发也。"

蒙古的驿传 jam，在当时的汉文中写为"醮"，宋人使用了这个既有的译名。元朝初年汉文驿站官印的正式印文一直使用"醮"字作为对 jam 的译写。"醮"字在汉语中本意是"以物没水""以物淬水"，并不表示驿传。用这个字来指称蒙古的驿传系统，显然是对蒙古语词 jam 的记音。比"醮"字稍晚，汉人也用另一个汉字"站"来记写 jam。关于两字使用的先后，《经世大典》"站赤"讲得很清楚："站赤者，国朝驿传之名也""站，旧书作'醮'。""醮""站"在元代汉语中的发音均为 jam，可以和蒙语 jam 完全对应。

由于"醮"字使用的时间久，笔画繁复，更适合在汉文印文中使用，所以元初站印的印文仍沿用该字。目前已知最早的一方元朝驿站官印是中统五年（1264）四月中书礼部所造。印为方形，直纽，印文为汉字篆体"清水县/醮之印"（录文用/表示另起一行）。印背阴刻楷体汉字两行，右侧是对篆体印文的释文——"清水县醮之印"，左侧是铸造机构的名称——"中书礼部"。在印的左侧边缘，刻有该印的铸造时间："中统五年四月日"。印纽顶部阴刻"上"字。该印曾由收藏家刘体智收藏并刊布。

此外，还有至元二年"宁昌醮印"。1973 年由文物工作者从辽宁铁岭熔炼厂金属废品中拣选，据说出自阜新地区，现藏辽宁省博物馆。铜铸，正方形，边长 5.8 厘米，厚 1.4 厘米。梯形板状柄，柄高 3.6 厘米，重 250 克。印文为凿刻阳文叠篆"宁昌/醮印"。印背右侧阴刻"宁昌站印"，左侧阴刻"中书礼部造/至元二年十月日"，印柄顶部阴刻"上"。研究者已经指出，宁昌站为元代懿州境内重要驿站，在阜新西北。《经世大典·站赤》记宁昌站属辽阳行省辽阳路，有马 50 匹、车 5 辆、牛 50 只。

第三方"醮印"实物是至元四年"凤鸣驿醮之印"，20 世纪 80 年代由陕西凤翔县博物馆征集。铜质，矩形纽，印面正方形，边长5.1厘米，厚1.5厘米，通高5.1厘米，印面为阳文篆体"凤鸣驿/蘸之印"。印背右侧刻"行中书省发/至元四年十月日"，左侧刻"监造官王斌/铸印匠武诠"。据《经世大典·站赤》，凤鸣站属陕西行省凤翔府，有马200匹，是一个规模很大的驿站。据赵丛仓考证，凤鸣驿位于凤翔县治东，是凤翔的在城驿，自唐宋以来一直是当地重要驿站。

第四方"蘸印"实物是至元五年"渔关蘸提领印"，1980年夏于甘肃徽县发现，现藏徽县文化馆。铜质，正方形，边长5.5厘米，厚1.6厘米，直角长形，板式钮，高4.3厘米，重575克。印文为阳文九叠篆"渔关蘸/提领印"。印背有阴刻行书款，左为"行中书省发"，右为"至元五年闰正月□[日]/监造官□□□"。查《经世大典·站赤》等元代驿站资料，未见渔关站。据熊国尧研究，渔关站在今甘肃徽县城南25公里铁山西南麓的呼虞关，旧称"老虞关"。这里自古为入蜀要隘，常置驿站。

第五方"蘸印"实物是至元五年"长宁蘸印"，为传世品，现藏天津市艺术博物馆。方形，板纽，印文为汉文篆体"长宁/蘸印"。印背右侧阴刻"长宁站印"；左侧第一行字迹模糊，只能看清"造"字，应为"中书礼部造"；左侧第二行为"至元五年十月日"。

第六方"蘸印"实物是至元五年"常乐蘸印"，1953年于内蒙古乌兰察布盟凉城县马家圐圙乡三泉村出土。正方形，长宽各5.6厘米，扁长形纽，印文为九叠篆"常乐/蘸印"。背款右侧刻"常乐站印"，左侧刻"中书礼部造/至元五年十月日"。据《经世大典·站赤》，常乐站属大同路，有马30匹。李逸友推测蘸印的发现地凉城县三泉村就是常乐蘸所在地。

第七方"蘸印"实物是至元五年"黄妃蘸印"，为传世品，曾由罗振玉收藏。在《贞松堂唐宋以来官印集存》中收有印摹。印文为九叠篆"黄妃/蘸印"。印背阴刻背款，右侧为"黄妃站印"，左侧为"中书礼部造/至元五年"。据《经世大典·站赤》，辽阳行省大宁路有黄妃站，配置马50匹、车7辆、牛33只。该站的确切地点待考。

第八方"醮印"实物是至元七年"沈州醮印"，1970年于辽宁新民县张家屯乡出土。铜质，正方形，厚1.5厘米，边长5.6厘米，长方形板钮，钮高3.6厘米。印面阳文篆字"沈州/醮印"。印背右阴刻"沈州站印"，左阴刻"尚书礼部造/至元七年二月日"。钮顶阴刻"上"字。至元七年正月，元朝设尚书省，总领六部，因此，该印铸造机构为尚书省礼部。元代沈州属辽阳行省，在今辽宁沈阳老城区。查《经世大典·站赤》，沈州站辖站户40户、马40匹。

今天活跃在我们生活当中的表示车站的这个"站"，实际上来自蒙古语，借入汉语的时间是在蒙古帝国和元朝时期。

## 四　蒙古帝国驿站交通的组织形式

下面简单介绍一下蒙古帝国（1206~1259）驿站的概况。

由于蒙古帝国疆域辽阔，治理起来很困难，对驿站系统的依赖非常强。政府的人员要去办事，国家的物资要运输，都靠驿站。所以在成吉思汗时期，蒙古帝国就建立了简单的驿站系统。它的正式建立是在成吉思汗的儿子窝阔台时期。《蒙古秘史》对此有详尽记述："我们的使臣来往，使得百姓也沿途奔驰，来往的使臣其行程迟延，百姓也劳累受苦。如今朕颁布定制，由各处千户，派出札木臣〔即驿站长官〕和兀剌阿臣〔即马夫〕，在各处设置驿站。使臣们无紧要事，不得沿着百姓处来往，而要沿着驿站来往。……这些事是察乃、孛勒合答儿两人想到，向朕提议的。朕似觉可行，请察阿歹〔即察合台〕兄长裁决。"察合台完全赞同窝阔台的想法，认为这是窝阔台一系列政策中"最好的"。他派人报告窝阔台："我从这里相迎，把驿站相接通。我再从这里派使者去到巴秃〔即拔都〕那里，让巴秃也把他那里的驿站相迎着接通起来。"这样，蒙古帝国各地的道路被连到一起。

窝阔台创建驿站制度的最初用意主要是减轻百姓负担，方便使臣往来，使"众百姓安宁，使臣来往也方便了"。他试图在草原地区建立比较严格的驿站管理体制，规定各处的千户"派出管驿站人、马夫。斟酌设置各处驿站，命阿剌浅、脱乎察儿两人掌管整治此事。每个驿站设马夫二十名"。为了贯彻这项政策，窝阔台下达了严厉的命令："驿站备用的骟马、[给使臣的]分例的羊、挤奶的母马、驾车的牛、车辆等，若比朕所规定的缺了一根短绳就没收其家产之半入官，若缺少了一小段车轴，也没收其家产之半入官。"

窝阔台把驿站制度在草原地区推广开来。新政立足于千户制，使建立和维持驿站成为草原地区的普遍义务。

驿站制度不仅在草原推行，在新占据的农耕地区也不例外，"每一百户站，置汉车一十具。各站俱起米仓，站户每年一牌内纳米一石。专令百户一人，用车牛送与。……如各驿马牛缺少，本百户规措"。和草原地区置备的马牛、羊肉、马奶不同，农耕地区主要以百户为单位，置车纳米。此处的"牌"是蒙元时期常用的编制单位，一牌为十户或十人。

窝阔台汗对自己创立驿站制度有很高的评价，他认为自己继位之后做了四件大事，其中第二重要的就是"为使我们的使臣在路上疾驰，以及搬运所需用的东西，设置了驿站"。


## 五　蒙古帝国时期张北的驿道

道路的功能除了人员往来、物资运输，还有就是它的拉动效应。

张北地区的道路类型可以分为两种：一种是驿道；另一种是帝王的巡幸道路。

蒙古通向南方（包括西南、东南方向）的两条主要道路和张北有关。

一条是帖里干道（"帖里干"是蒙古语，意为"车"）。由鄂儿浑河上游的和林，经土拉河，转东行，折向东南到克鲁伦河上游，经鱼儿泊（今内蒙古自治区克什克腾旗达赉诺尔）、昌州（今内蒙古自治区太仆寺旗西南九连城）、抚州（今河北张北）、野狐岭（今河北张北县南）、宣德州（今河北宣化）、德兴府（今河北涿鹿），经居庸关，到燕京。

另一条是木怜道（"木邻"是蒙古语，意思是马）。由和林南行经汪吉河上游、砂井（内蒙古自治区四子王旗红格尔乡大庙西南）、净州（四子王旗西城卜子村）、天山（大青山）、丰州（呼和浩特市东白塔村），到西京（山西大同）。元朝时期，由于上都的重要地位，木怜道又向东延伸，连接了西京和上都。

帖里干道上最早、最有名的旅行者是丘处机。成吉思汗年龄越来越大，死亡离他越来越近，他想长生不老。他听说在汉族地区有一个很有道行的道士叫丘处机，已经活了两百多岁，依然非常健康，所以就派人邀请丘处机为他讲道。丘处机接到成吉思汗的邀请后，离开家乡山东，去成吉思汗在中亚的行军驻地。

根据《长春真人西游记》，丘处机在张北一带的行程如下："二月十日宿翠骅口（今河北省万全县翠屏山山口）。明日北度野狐岭，登高南望，俯视太行诸山，晴岚可爱。北顾但寒烟衰草，中原之风，自此隔绝矣。道人之心，无所不可。宋德芳辈指战场白骨曰：'我归，当荐以金箓，此亦余北行中因缘一端耳。'北过抚州。十五日，东北过盖里泊（太仆寺旗东克勒湖），尽丘垤咸卤地，始见人烟二十余家。南有盐池，迤逦北去。自此无河，多凿沙井以汲。南北数千里，亦无大山。马行五日，出明昌界。以诗纪实云：'坡陀折叠路弯环，到处盐场死水湾。尽日不逢人过往，经年时有马回环。地无木植惟荒草，天产丘陵没大山。五谷不成资乳酪，皮裘毡帐亦开颜。'"

南宋派去蒙古的使臣徐霆写道："霆出居庸关，过野狐岭更千余里，入草地，曰界里泺，其水暮沃而夜成盐。"这里的"界里泺"即抚州盖里泊，今内蒙古太仆寺旗克勒湖。徐霆归途仍取道野狐岭，"自草地回程，宿野狐岭下"。可见，徐霆出使蒙古，走的也是帖里干道。

北方士人张德辉去蒙古经过了张北地区。贵由汗二年（1247），时任真定总管府参佐的张德辉奉忽必烈的征召赴和林。从镇阳（河北正定）出发，先到燕京。稍做停留后继续北行。他从燕京到怀来，经德兴府、宣德州、沙岭子口（张家口东南）、宣平县驿（张家口西北宣平堡）、得胜口（张家口北），抵扼胡岭（即野狐岭）。从扼胡岭开始，张德辉开始使用蒙古驿站："［扼胡岭］下有驿曰孛落，自是以北，诸驿皆蒙古部族所分主也，每驿各以主者之名名之。由岭而上，则东北行，始见毳幕毡车，逐水草畜牧而已，非复中原之风土也。"关于孛落驿，札奇斯钦认为"孛落"似为蒙古语Boro 的译音，Boro 是黄黑而没有光泽的颜色，近似于褐色，通常这个词也用作褐色土地的地名。接着，张德辉写道："寻过抚州，惟荒城在焉。北入昌州，居民仅百家，中有廨舍，乃国王所建也，亦有仓廪，为州之盐司。州之东有盐池，周广可百里，土人谓之狗泊，以其形似故也。州之北行百余里，有故垒隐然，连亘山谷；垒南有小废城，问之居者云：'此前朝所筑堡障也。'城有戍者之所居。自堡障行四驿，始入沙陀。际陀所及，无块石寸壤，远而望之，若冈陵丘阜然，既至则皆积沙也，所宜之木，榆、柳而已，又皆樗散而丛生，其水尽盐卤也。凡经六驿而出陀，复西北行一驿，过鱼儿泊。"

蒙古帝国时期，抚州城或者说张北地区经济非常衰败。经济类型是单一的畜牧业。到了元代，当地经济发生了巨大变化，这个变化与忽必烈关系密切，或者说抚州地位的上升与忽必烈直接有关——始于忽必烈的封地和行宫。

忽必烈在塞上较早建立的一处行宫是隆兴行宫。隆兴府在金代为抚州（治所位于今河北省张北县），属西京路。1214 年夏，金宣宗迁都汴京（今河南开封），漠南地区全被蒙古占领。蒙哥汗时期，桓州（今内蒙古自治区正蓝旗四郎古城）、抚州一带是忽必烈的驻牧地。1251 年，蒙哥即蒙古大汗位，命忽必烈总领漠南汉地军国庶事。忽必烈驻帐于桓州、抚州之间的金莲川。"岁壬子（1252），帝驻桓、抚间"。甲寅（1254）八月，"至自大理，驻桓、抚间，复立抚州"。他任命一个名叫赵炳的汉人做抚州的地方长官。赵炳对这个一片荒芜的城市进行了规划，"城邑规制，为之一新"。赵炳是我们现在所知的抚州地区最早的地方长官。

根据元代史料，我们知道张北这个地方是元世祖的汤沐邑，实际就是他的封地。抚州在忽必烈早期的活动中很重要。著名波斯文史书——《史集》

记载："有三条道路从驻冬地通往该处，……另一条是向涿州去的路，顺着河岸前往该处，该处多葡萄和水果。在此城附近有另一城，名为荨麻林；此城大多数居民为撒麻耳干人，他们按撒麻耳干的习俗，建起了很多花园。……早先过夏经常是在上述的涿州城之境，而后，[合罕]以开平城之境作了[夏营地]。"根据距离荨麻林很近这一点，我们不难论定，此处的涿州必为抚州。在忽必烈的青年时期，抚州地区是他重要的度夏地，"早先过夏经常是在上述的抚州城之境"。后来，开平才变得越来越重要。

由于抚州在元世祖前期的重要战略地位，尽管后来有了开平城，抚州的重要性并没有迅速下降。中统元年（1260）六月，忽必烈"诏燕京、西京、北京三路宣抚司运米十万石，输开平府及抚州、沙井、净州、鱼儿泺，以备军储"。中统三年十一月，"升抚州为隆兴府，以昔剌斡脱为总管，割宣德之怀安、天成、威宁、高原隶焉"。同年十二月，忽必烈在隆兴府建行宫。此处的行宫，应是有别于草原宫帐的固定宫室建筑。

## 六　元代的隆兴府、隆兴路、兴和路

光绪年间，千总石琳在张北县"皇城"（今张北二中校园内）立石碑一通，名为"兴和城碑"。当地儒生李运壬撰写了碑文："金置柔远镇，后升县，又升抚州，建行宫为枢光殿。元中统三年又升隆兴总管府，割宣德四县、怀安、天成、咸宁、高原、宝昌州，又建行宫为清暑殿。皇庆元年改为兴和路。"这里明确提到张北"皇城"在金元时期的行宫名称，似乎作者有一定的史料依据，但文中对此并未提及。民国《张北县志》写道："张北县城建筑始于辽金元三朝，名为燕子城，并于东北城角内建筑皇城，内有行宫，均系砖石砌成。"如果清人和民国《张北县志》中的记载确有根据，那么，隆兴行宫应是在张北县"皇城"一带，是一处砖石建筑。

中统四年（1263）五月，开平府升为上都路，隆兴府归上都路管辖。十月，置隆兴路驿。至元元年（1264）正月，"敕北京、西京宣慰司、隆兴总管府和籴以备粮饷"。至元四年正月，"析上都隆兴府自为一路，行总管府事"。皇庆元年十月，改隆兴路为兴和路，赐银印。

隆兴路东北与上都路相邻，东南紧靠大都路，西连集宁路，西南为大同路。辖昌州（延祐六年，改名宝昌州，今河北省沽源县九连城）和高原（隆兴路治所，今河北省张北县）、怀安（今河北省怀安县南怀安城）、威宁（今内蒙古自治区兴和县西台基庙古城）、天成（今山西省天镇县）四县。

忽必烈的亲信畏兀儿人八丹曾任隆兴路达鲁花赤，他"事世祖为宝儿赤、鹰房万户，……以鹰房万户从裕宗北征，至镇海你里温，赐银椅及钞一万五千贯，命归守真定。未几，命行省扬州，八丹辞曰：'臣自幼未尝去陛下，愿留侍左右。'改隆兴府达鲁花赤，遥授中书右丞，谕之曰：'是朕旧所居，汝往居之。'八丹又辞，帝不允。居三年，海都叛，奉旨从甘麻剌太子往征之"。忽必烈提到的"朕旧所居"，指的就是自己当年的驻牧地，抑或与隆兴行宫有关。这说明忽必烈对张北地区的重视程度，所派的地方官都是自己的亲信之人。

中统二年忽必烈在隆兴府设置行宫，主要应是出于战略上的考虑。由于优越的地理位置，隆兴行宫除了往来驻跸之外，还为忽必烈就近指挥对漠北作战提供了便利。不过，当全国政治局势趋于稳定，特别是忽必烈战胜阿里不哥、平定漠北之后，这种战略意义就大为削弱了。隆兴府由靠近军事斗争的前沿，变成元朝统治的内地。

在确定两都巡幸的路线时，军事和政治上的战略考虑并不重要。沿途的自然风光、居住和交通条件是重要的因素。

随着隆兴路地位的变化，当地的职能出现了一些改变。元朝时，张北地区有以下几个重要的职能。

首先，这里是物资征集地。据《大元马政记》，成宗大德五年三月，兵部承奉中书省札付：三月二十六日奏：山后城池内所有马匹，尽数和买。奉旨：准。钦此。都省议得："拟于上都、大同、隆兴三处和买马匹，每处拨降中统钞一万锭，差官驰驿管押前去。除已札付隆兴路，委本路总管也里忽里；河东宣慰司，委本道宣慰使法忽鲁丁；上都留守司，委本司副达鲁花赤撒哈秃。不妨本职提调，钦依和买十岁已下，四岁之上，堪中肥壮骟马、曳剌马、小马。每匹价钱，通滚不过中统钞五锭。将所买马匹印烙，差人趁善水草牧养听候，无致瘦弱损失。"泰定元年，浑丹等奏：各爱麻马多耗损，请市马一万以实之。准奏，"以钞一万锭付浑丹，约牝马带驹一，其直十锭，先于兴和路市一千匹，令哈赤等掌之。既而本寺又奏取乳牝马不敷，续买九千匹"。

元代，张北地区不仅是政府抽分羊马、收取牲畜税的地点，还是市籴粮草（购买粮草）的重要场所。据元代史料，中统五年正月，谕北京、西京等路市籴军粮。圣旨宣谕北京、西京、隆兴宣慰司、转运司、总管府、管鹰房子打捕官、诸投下官员人等："据中书省奏告，即日西北诸王率领民人前来归降，其间多有合赡济人口及本路合支诸色人口粮，除系官税粮内应付外，宜预为计置和籴事。准奏，今教中书省拨降交钞，差人于本路并不以是何投下诸色人户内，依彼中市直收籴粮斛。"

其次，这里是重要的物资中转站，特别是粮食和马匹。《大元马政记》记载：延祐七年七月六日，中书右丞相铁木迭儿、知枢密院事也先铁木儿等奏：怯薛觯用马，若不预备，至时拘刷，恐耽公事。今乞于大同、兴和、冀宁三路，依春闲例，差人拘刷。奉旨：准。总计马一万二千四百五十二匹。兴和路四百六匹，大同路三千八百八十六匹，冀宁路八千一百六十匹。堪中起运兴和路作数收马九千四百八十六匹，支拨讫七千五百二十五匹。

最后，这里的手工业发达。相关记载很多。如《元史·世祖纪》载：至元二十年五月，减隆兴府昌州盖里泊管盐官员九十九人，以其事隶隆兴府。据《永乐大典》，在张北附近设有储政院、随路诸色人匠都总管府，在上都大都设有貂鼠软皮等局提领所、上都隆兴等路杂造鞍子局，在弘州、荨麻林设有纳失失局。至元十五年二月，隆兴路总管府别都鲁丁奉皇太子令旨，招收析居放良等户，教习人匠织造纳失失，于弘州、荨麻林二处置局。其匠户则以杨提领管领荨麻林，以忽三乌丁大师管领弘州。至元十六年十二月，奉旨，因为荨麻林人匠数少，以小就大，并弘州局。至元三十一年，以弘州去荨麻林二百余里，轮番管办织造未便，两局各设大使、副使一员，仍令忽三乌丁总为提调。大德元年三月，给从七品印，授荨麻林局。

除上述三个方面外，由于蒙古权贵酷爱打猎，途中的行猎条件也是不容忽视的方面。

# 七　经过张北的元代驿道

通常，如果道路交通发展起来，当地的经济就会日趋活跃，政治地位也会获得提升。

从大都北行的道路主要通往上都，由上都可以进一步到达更北的蒙古地区。两都之间共有四条道路，其中只有一条是名副其实的驿道，其他三条道路都比较特殊。正式驿道因途经云州（旧望云县，治今赤城县北云州），又称"望云道"。另外三条大路中的两条专供皇帝每年到上都巡幸，分别称作东道和西道。

皇帝去上都一般走东道，俗称"辇路"，因途经黑谷（今北京延庆区西北），又称"黑谷东道"。皇帝一行由上都返回大都走西道，经过南坡店、盖里泊、兴和路、野狐岭、宣德府、鸡鸣山（今宣化下花园南）、丰乐（今怀来新保安附近）、统墓店、怀来县等，与东道合，过龙虎台、皂角、黄堠店、大口，到达大都。

在蒙古帝国时期，这条道路是两都间的主要驿道，设有大量驿站。望云道开通后它的重要性下降，驿站数量大减。除供皇帝返回大都外，主要用来运输物资。隆兴路辖马站三处，马二百四十七匹，车三十辆，牛一百二十只。车马的分布状况是：本府站，元设马七十匹，车三十辆，牛一百二十只，续添马四十五匹；天城站，马五十二匹；怀安站，马八十匹。

元代史料对张北地区驿站的建立过程有记载。《元史·世祖纪》记载：中统四年十月，初置隆兴路驿。《经世大典·站赤》记载："中统四年五月十七日，圣旨谕随路宣慰司节该：上都以西隆兴府道立亭老站，上都以南望云道立车站并马站。隆兴府以南，望云道偏岭以南至燕京汉地，合设站赤，令汉人站户应当。西路隆兴府以北及南路偏岭以上至上都，令达达站户应当，汉民津贴。据偏岭以南，隆兴府以南，起移前来立站户三千七百户，今差断事官阿昔铁木儿、宣使纪忙兀觯前去，与宣慰司一同，于随路马站内，验中书省坐去均定。"同年十月，圣旨谕中书省："据随路到隆兴府、云州道上迤南立站人户，今起盖房舍，准备来年当站。除依例应付站铺头口、首思外，仰经过使臣军马人等毋得于站户处非理骚扰，取要饮食，及夺要一切对象。"

由于非常偶然的原因，我们得以了解到张北驿站一位驿卒——佟锁柱的曲折人生。根据张养浩《驿卒佟锁住传》的记载，佟锁住本来是江西人，七岁的时候和伙伴一起做游戏，被人贩子抢走，带到了兴和（张北），卖给了当地一个开饭店的人。店主又把他卖给了蒙古人。他跟随这个蒙古人到了草原，蒙古人给他起名察罕（蒙古语，意思是"白"），给了他一群羊，让他放羊。他就跟随蒙古人一直放羊。他非常想念自己的家乡，但是草原离家太远了。有一天佟锁住在放羊的时候遇到了要到溪流喝水的牛群。牛奔跑速度很快，一下子踩死了十几只羊。他估计主人肯定饶不了他，决定逃走，当年他十六岁。他一直朝着南方逃跑，一天差不多走一百多里。有一天他遇到了一位好心人，那人问他："你从哪来？"佟锁住将自己的情况讲了一遍。那个人非常同情他的遭遇，就给了他一匹马。佟锁住没地方可去，又回到了兴和，在驿站里做了一名驿卒。张养浩到兴和为政府买粮食的时候，住在驿站。他和佟锁住聊天，了解到他的经历。张养浩问他："你想不想回家啊？"佟锁住说："想啊。"张养浩就命令人给了他衣服和粮食，送他回江西。

元朝最有名的驿卒就在张北。只要提起元代驿站，学元史的人很少有不知道佟锁住的。

## 八　巡幸路上的狩猎活动和沿途风物

张北是元朝皇帝春秋巡幸的必经之地。帝王巡行途中设置的行宫，称为纳钵。很多纳钵设在张北地区。

皇帝一行由上都返回大都走西道，经南坡店、六十里店、双庙儿、泥河儿、郑谷店、盖里泊、遮里哈剌（今河北省张北县西北安固里淖）、苦水河儿、回回柴、忽察秃（今张北县西）、兴和路、野狐岭、得胜口、沙岭、宣德府、鸡鸣山、丰乐、阻车、统墓店、怀来县、妫头（即棒槌店），过龙虎台、皂角、黄堠店、大口，到达大都。

元朝的皇帝离开上都后，会来到兴和，通常要在这里打猎。当地有优良的猎场。直到明朝前期，隆兴路的湖泊地带仍栖息繁衍着大量鸟类。永乐八年（1410），明成祖朱棣出征蒙古，随从官员金幼孜记载，二月"初七日，早发兴和，行数里，过封王陀，今名凤凰山。山西南有故城，名沙城，西北有海子，驾鹅鸿雁之类满其中"。

此外，在这里还可以用飞鹰猎取野兔。不过，野兔不被蒙古权贵看重，这类猎物多归打捕人户食用。例如，在兴和路北二十里有忽察秃纳钵（张北县西），意为"有山羊处"，其地水草丰美，"野兽兔最多，鹰人善捕，岁资为食"。

在张北地区有专门为皇室设立的鹰房，有许多专门捕鹰、养鹰的昔宝赤（sibaɣuči）。这个词是名词 sibaɣu（意为"鸟"）加名词后缀 či 形成的新名词，意为"养鸟之人"。其实，大多数情况下，昔宝赤是指专门为蒙古皇帝、诸王等权贵捕鹰、养鹰的人户。

世祖时期，任隆兴路达鲁花赤的畏兀儿人八丹就是一位鹰房万户。至元中期，康里人阿沙不花管领这里的鹰房，"以西手千户领昔宝赤"，"阿沙不花以大同、兴和两郡当车驾所经有帷台岭者，数十里无居民，请诏有司作室岭中，徙邑民百户居之，割境内昔宝赤牧地使耕种以自养"。忽必烈"欲尽徙兴和桃山数十村之民，以其地为昔宝赤牧地。阿沙不花固请存三千户以给鹰食，帝皆听纳"。

据《虞台岭观音堂记》，"兴和西南五十里曰桃山，桃山之东五里曰虞台岭，供奉尚鹰，每夏居焉。岁丁丑，有旨造鹰室，刻二石鼓以纪岁月"，"其地乃草漠之冲，毂觳交错，繇秦、晋、燕、齐而北者，繇滦京、辽东而西者，道必出焉"。由此可知，桃山附近为地理要冲，而且是昔宝赤"供奉尚鹰"之所。阿沙不花家族世代为怯薛中的昔宝赤，所以每年夏天都要为皇帝的鹰猎做好准备，故"每夏居焉"。阿沙不花的侄子、中书丞相铁木儿达识曾任昔宝赤右手万户，铁木儿达识的长子拔都儿又"袭领昔宝赤"。

元朝还设置了管理领兴和等处打捕鹰房纳绵等户提领所。至顺二年，元文宗在兴和为权臣燕铁木儿和御史大夫月鲁不花修建了鹰棚。同年八月，文宗命邠王不颜帖木儿围猎于抚州。

蒙古权贵特别喜欢用鹰隼狩猎，因为这种狩猎方式有很强的观赏性。黄溍《金华黄先生文集》卷二十四《宣徽使太保定国忠亮公神道第二碑》记载："泰定中，〔买奴〕参议中书省事。有旨，于抚州北安火车秃之地建殿，以观飞放。引古之人君穷奢极侈而取败者为喻，以力谏而止。"

当时张北地区比较繁荣，据周伯琦记载："兴和路者，世皇所创置也。岁北巡，东出西还，故置有司为供亿之所。城郭周完，阛阓丛多，可三千家。市中佛阁颇雄伟。盖河东宪司所按部也。西抵太原千余里，郡多太原人，郊圻地陂陀宆隩，便种菽。路置二监一守，余同他上郡。东界则宣德府境，上都属郡也。"元代这里出现了很多汉人，他们与蒙古人杂居，主要从事农耕。当地商业很繁华，因商业致富的人比较多，甚至有和当地官员结亲的汉人。

当地有规模很大的寺院。《大元画塑记》中提到了当地的佛寺："延祐七年四月十六日，诸色府总管朵儿只等奏：八思吉、明里董阿二人传旨：于兴和路寺西南角楼内塑马哈哥剌佛及伴绕神圣画十护神，全期至秋成。塑工命刘学士之徒张提举，画工命尚提举，二人率诸工。以往所需及饭膳，皆令即烈提举应付。秋间，朕至时作庆赞，毋误也。马哈哥剌一，左右佛母二，伴绕神一十二圣，画三扇，高一丈五尺，阔一丈六尺。"

到元朝末年，武宗时没有建完的中都城已经荒废："府之西南名新城，武宗筑行宫其地，故又名曰中都。栋宇今多颓圮，盖大驾久不临矣。"

从这里南行，地势越来越低，"由兴和行三十里，过野狐岭，岭上为纳钵，地甚高，风寒凛栗不可留，山石荦确，中央深涧。夏秋多水，东南盘折而下平地，则天气即暄。至此，无不减衣者"。

周伯琦提到沿途出产苹果，"前至得胜口，宣德宣平县境也。地宜树木，园林连属，宛然燕南，有御花园，杂植诸果，中置行宫。果有名平坡者，似来禽而大，红如朱砂，甘酸。又有名忽剌八者，比平坡又大，味甘松，相传种自西域来，故又名之曰回回果，皆殊品也"。

这里提到的平坡果就是苹果。明人朱有燉《元宫词》第十首写到了张北地区的苹果："兴和西路献时新，猩血平波颗颗匀。捧入内庭分品第，一时宣赐与功臣。"该诗以猩血喻深红色，将苹果写成平波。张昱《辇下曲》曰："西番僧果依时供，小笼黄旗带露装。满马尘沙兼日夜，平坡红艳露犹香。"元太医忽思慧《饮膳正要》曰："平波味甘，无毒，止渴生津，置衣服箧笥中，香气可爱。"该书胪列一切果品，独无苹果，故平波即苹果之对音。此物以高加索以南之东南欧与西南亚为原产地。传入中国后，为元朝人所珍视。

# 结　语

元朝皇室每年在大都、上都之间巡行度夏，兴和路为必经之地。

元末红巾军迅速崛起，建立"宋"政权，并三路北伐。至正十八年（1358）九月，由关先生、破头潘、沙刘二等率领的中路红巾军，"掠大同、兴和塞外诸郡"。十二月，攻占上都，"焚宫阙，留七日，转略往辽阳"。由于上都被严重破坏，元顺帝被迫终止了两都巡幸，"因上都宫阙尽废，大驾不复时巡"。

兴和路的地位大为削弱。到明朝前期，遂重为鞑靼占有。

# 历史时期坝上及内蒙古锡盟地区
# 蒙盐产地浅述<sup>*</sup>

李惠生　尹自先

《察哈尔省通志·蒙古》云："所谓蒙盐者，即口北区，包有绥察两区。然在绥之部分小，而在察之部分极大，且运销远。"占原察哈尔省绝大部分面积的今坝上及内蒙古锡林郭勒盟地区是习惯上所称"口北"的主体。盐有海盐、池盐、井盐之分，口北所产全属池盐。蒙盐大抵分三种：青盐（口北俗称"大青盐"）、白盐（口北俗称"小白盐"）、土盐。口北的青盐、白盐产量大，人畜足用，远销东北三省及京津一带。其产量最大的是位于锡林郭勒盟东乌珠穆沁旗的额吉淖尔盐池，目前仍在进行大规模生产。本文参考相关论著，就历史时期坝上及内蒙古锡盟地区蒙盐产区的分布做一综述，以飨读者。

## 一　青盐

青盐色白带青者，为优等盐，"亦称新货"。其色灰青而杂黄土者，为劣等盐。青盐盐质坚硬，"既不易溶，又不易潮解"。口北食户，常用其来腌菜，能历二十余年而不腐败。当时闻名全国的保定府酱菜，就是用蒙古大青盐腌制的。

---

＊　原载张北县历史文化研究会《研究动态》总第 19 期，2017。

## 1. 额吉淖尔

原名"达布苏淖尔","达布苏"是蒙语"盐"的意思,"诺尔"为"湖水"之意。额吉淖尔位于今内蒙古自治区锡林郭勒盟东乌珠穆沁旗额吉淖尔苏木境内,是一个四面环山的盆地,地理坐标为:东经116°30′,北纬45°14′。盐池距东乌珠穆沁旗政府所在地45公里,距锡林浩特市165公里,距河北省张家口市512公里。

《蒙古鉴·农商》载盐池曰:"蒙古产盐区域最多,约而言之计有二处:一在乌珠穆沁旗地方,凝结成块,随采随结。闻在地售卖盐斤者皆为王府中人,出量甚富,多运销东三省、京津一带,谓之蒙盐。……"[①]额吉淖尔俗呼青盐淖,"青盐产地在察哈尔西北乌珠穆沁旗境,有池曰青盐诺,产盐带青色,因名青盐。"[②]"额吉淖尔"一名始于20世纪50年代末,因有取之不尽的盐而得名。[③]额吉淖尔盐池盐湖面积25平方公里,食盐储量2430余万吨,芒硝储量3700多万吨。[④]池中有泉水涌出,湖水终年不冻。《蒙盐纪要》记载:"答漠苏诺(达布苏淖尔)泉水悉为卤质,涌出诺面,渐自凝结成广片,中多小孔,厚或数寸或数尺,上部为日光所映成二三分、三四分之结晶,极为美观,盐色青,盐味苦咸,人民先以草覆诺面,俟时凿而取之,融为食饮之用,无羡乎煮海焉?最异者则此诺不至结冰,四季皆可采取,不过冬季日光薄弱,春令雨水稍多,不克充分结晶,惟夏季所产最为富美。"

据彭一林《蒙盐访问记》、牧寒《内蒙古盐业史》等[⑤]史料,该湖"形如卧蛙,西南为头,东北为尾,东西约为二十余里,南北约为五里至八里,周围尚不足百里",当地蒙人称之为"百里湖"。湖水深度在1~2尺,全湖产盐之区多在东南部浅滩与西部湖中两处。东南部浅滩与湖边沙地相接,

---

① 卓宏谋:《蒙古鉴》,《近代中国史料丛刊》第3编,台北:文海出版社,1988。
② 曾仰丰:《中国盐政史》,商务印书馆,1998。
③ 《内蒙古地理》,内蒙古教育出版社,1986.
④ 牧人编著《锡林郭勒盟盐务史》,内蒙古人民出版社,2006,第1页。
⑤ 彭一林:《蒙盐访问记》,《交行通信》第4期,1936年;牧寒:《内蒙古盐业史》,内蒙古人民出版社,1987。

"为无数圆形之凹地"，直径数丈，中间有盐泉数孔。最大的泉眼直径在二尺以上，普通的泉眼直径在一尺左右。湖中所有泉眼源源不断地喷涌盐水，盐水结晶之后凝结于湖底，渐次在泉眼周围形成盐层。"产额丰时，盐层厚七、八寸；次者仅一、二寸。往往陈者尚未尽量采取，新者又继续凝集。"清末蒙务大员姚锡光调查该盐池，称赞其盐"随取随结，取无尽而用无竭。色泽鲜明如若水晶，味道鲜美，远胜海盐。"现为内蒙古第三大盐场。

辽、金、元时，额吉淖尔称"广济湖"、"大盐泊"或"大盐泺"。

《辽史·奸臣上·张孝杰传》载："（太康）六年，既出乙辛，上亦悟孝杰奸佞，寻出为武定军节度使。坐私贩广济湖盐及擅改诏旨，削爵，贬安肃州，数年乃归。"《辽史》说张孝杰因私贩广济湖盐和擅改诏旨被贬，可见当时广济湖是一处池盐产地。广济湖位于辽西京道，宋人曾公亮曰："大盐泊，周围三百里，东至上京一千五百里，契丹中更名广济湖，虏中呼为糜到斯衮（契丹语，意为盐湖——引者注）。"①广济湖（大盐泊）即今锡盟东乌珠穆沁旗的额吉淖尔。关于额吉淖尔盐池较为可靠的记载最早见于《辽史·食货志》，太宗时，"产盐之地如渤海、镇城、海阳、丰州、阳洛城、广济湖等处。五京计司各以地领之。其煎取之制岁出之额不可得而详矣"。《中国历史地图册》第六册在辽上京道临潢府西北，大约位于今锡林郭勒盟东乌珠穆沁旗西南的位置标有"大盐泊"广济湖。广济湖即额吉淖尔盐湖，虽然对广济湖的经营状况"不得其详"，但是从侧面可以了解，朝廷控制着广济湖的生产管理。可见，额吉淖尔盐池至少在辽代就已被开发利用。

《金史》中也有相关记载。《金史》卷49《食货四》提到"临潢之北有大盐泺，乌古里石垒部有盐池，皆足食境内之民，尝征其税"，并记载大定十三年（1173）"大盐泺设官榷盐"。《金史》卷92《曹望之传》也记载大定初"大盐泺设官榷盐"。吉成名先生认为，大盐泺很可能就是辽代的广济湖，

---

① （宋）曾公亮:《武经总要前集》卷16下《番界有名山川》。

即今东乌珠穆沁旗额吉淖尔。[①]

《元史》卷94《食货二》载辽阳之盐："太宗丁酉年（1237），始命北京路征收课税所，以大盐泊硬盐立随车随引载盐之法，每盐一石，价银七钱半，带纳匠人米五升。"陈高华先生认为，大盐泊即金代大盐泺，位于今东乌珠穆沁旗境内[②]。

清代，额吉淖尔称古尔板泊（又作固尔班泊）。《清东华录》曰："青盐在东乌珠穆沁旗境内，池名古尔板，居察哈尔北。北距蒙古车臣汉界八十里，东南距本旗王府约三百里，距张家口一千五百里。诸东西约六十里，南北约十五里。"《嘉庆重修一统志》卷540《乌珠穆沁》载："古尔板泊，在左翼西南三十三里，产盐。"《清史稿》卷519《藩部传二·乌珠穆沁部传》载："是部左翼有固尔班泊，产盐，由巴林桥乌丹城运售内地，西出围场，分销承德、丰、滦各属；东出建平，分销建昌、朝阳各属；远者更销至奉天突泉诸县，西南可由多伦至山西丰镇、宁远诸厅。"1893年3~10月，俄国旅行家阿·马波兹德涅耶夫考察我国内蒙古地区，也曾对额吉淖尔盐进行考察。他在《蒙古及蒙古人》第2卷中介绍说："这座盐湖当地人称做达布苏诺尔，也称额吉达布苏诺尔。它的形状是东西长，据我看方圆不超过五俄里。据说，额吉达布诺的盐在全蒙古是最好的。""关于运出的盐的总数，当地达玛勒（蒙语，意为官员）说，每年运出湖盐的纳税车辆达二十二万辆，而免税车辆的数目没人注意，因此根本不知道有多少。"[③]

《内蒙古纪要》第2编"地文地理"载内蒙古湖沼曰："星布于锡林郭勒盟各旗，其数殆难枚举，中有二三之盐湖，其产额最大者在于乌珠穆沁旗之达布苏图泊。"[④]"达布苏图泊"就是达布苏淖尔，即额吉淖尔，可见民国时期该池依然为重要盐池，盐产甚旺。

① 吉成名：《论金代食盐产地》，《盐业史研究》2008年第3期。
② 参见郭正忠《国盐业史·古代编》，人民出版社，1997。
③ 〔俄〕阿·马·波兹德涅耶夫：《蒙古及蒙古人》第2卷，刘汉明等译，内蒙古人民出版社，1983，第489~490页。
④ 花楞：《内蒙古纪要》，经纬书局，1916。

### 2. 冲戈尔泊

即上引《内蒙古纪要》所言"二三之盐湖"中的一个。《嘉庆重修一统志》卷540《浩齐特》记："冲戈尔泊,在左翼北九十五里,产盐。"《盐务地理》第三节"河流"曰："漠南盐泽最多,因水少,径流量不大,其最著名为古尔板泊,在乌珠穆沁旗西南境。冲戈尔泊在浩齐特左翼旗北境,两泊相连,通称青盐池。四周多系沙渍,池之东北有芦河入沙而涸。"①

据牧人《锡林郭勒盟盐务史》,今东乌珠穆沁旗内有个巴嘎额吉淖尔,北距额吉淖尔35公里,盐湖面积5平方公里,此湖可能就是冲戈尔泊。《盐务地理》称"冲戈尔泊在浩齐特左翼旗北境",按该旗于1949年和乌珠穆沁左翼旗、乌珠穆沁右翼旗合并为东部联合旗,1956年东部联合旗分设为东、西乌珠穆沁旗至今,冲戈尔泊所在的浩齐特左翼旗北境划在东乌珠穆沁旗界内。

### 3. 吐盐池

《魏书》卷二《太祖本纪》曰："(天赐三年)九月甲戌朔,幸漠南盐池。壬午,至漠中,观天盐池;度漠,北至吐盐池。"《北史》卷一《魏本纪》中有相同记载。据此可知,漠南、漠北、漠中有池盐产地。有学者认为吐盐池很可能就是位于今锡林郭勒盟阿巴嘎旗查干淖尔苏木境内的呼日查干淖尔。②笔者以为将吐盐池定为额吉淖尔更妥。

## 二　白盐

白盐又称蒙古白盐,也是天然结晶品,但不结片,呈颗粒状,如散沙,色洁白,"味道稍苦涩,盐质较青盐为次"。白盐生成受天气影响较大,雨量过多即不能成盐,所以产地虽多,产量却少且不固定。《察哈尔省通志》说

---

① 《盐务地理》系左树珍于民国年间为《北京盐务学校》撰写的讲义。
② 参见吉成名《论清代池盐产地》,《盐业史研究》2011年第2期。

口北白盐产区最大者有三：一曰二连诺，二曰马塔拉诺，三曰阿腾达格苏之布尔敦诺。此外，小诺有四：一曰文贡诺，二曰普尔登诺，三曰固拉班古岭之筲门诺，四曰大小盐诺。

## 1. 二连诺

原名额仁达布淖尔，俗称二连淖尔。原属苏尼特右旗，后隶二连浩特市，在市东数里，地理坐标为 E 112° 03′，N 43° 44′，现在盐湖面积 11.5 平方公里。二连淖尔开发利用较早，最晚在清代就有记载。嘉庆十三年（1808），山西巡抚成龄疏言："鄂尔多斯、苏尼特两部蒙盐、吉盐、北路土盐并行销售。"苏尼特部蒙盐即指二连淖尔所产白盐。《清史稿》卷519《藩部传二·乌珠穆沁部传》曰："是部左翼有固尔班泊，产盐……光绪三十二年，都统廷杰奏定试办蒙盐章程。宣统二年，度支部尚书载泽奏定山西蒙盐办法，谓东路以乌珠穆沁蒙盐为主，以苏尼特部盐附之。"清末内蒙古东部以乌珠穆沁蒙盐（额吉淖尔盐）为主，以苏尼特部盐（二连淖尔）为辅。可见清末二连淖尔盐池地位十分重要。周庆云撰《盐法通志》卷2《疆域二》引《山西财政说明书》曰："大青盐产于（锡林郭勒）盟之乌珠穆沁阿霸垓蒿沁忒三部之公地。白盐产于（锡林郭勒）盟之西苏尼特部。"可见民国时期，二连淖尔仍然占据重要地位。

## 2. 马塔拉诺

在锡盟苏尼特左旗境内，由德尔玛塔拉诺（俗称上马塔拉）、敦德图玛塔拉诺（俗称中马塔拉）、道尔玛塔拉诺（俗称下马塔拉）组成，有"玛塔勒三湖"之称。

## 3. 布尔敦诺

在今正镶白旗阿拉腾嘎达苏木境内，盐湖面积3.2平方公里。

## 4. 文贡诺

又称"翁翁泊"、"翁贡淖尔"，位于镶黄旗翁贡诺尔苏木与翁贡乌拉苏木交界处。《嘉庆重修一统志》卷549《察哈尔》载正白旗察哈尔曰："翁翁泊，在旗西北一百四十里，此池出盐。"《盐务地理》第三节《河流》曰："翁贡淖在正白旗牧厂西北一百四十里，淖附近还有黑水泺，蒙古名为哈喇乌素，亦系盐泽。"当时的正白旗后来部分行政区并入镶黄旗。

### 5. 普尔登诺

《察哈尔省通志》说此诺"西距文贡诺三十里",<sup>①</sup>地当在镶黄旗境内。

### 6. 衙门诺

位于锡盟正镶白旗伊和淖尔苏木境内,盐湖面积 1.5 平方公里。《察哈尔省通志》说在"察省镶白旗,即宝昌县之北,约百里",<sup>②</sup>宝昌县即今锡盟太仆寺旗,宝昌县(治宝昌镇)之北百里,地当今锡盟正镶白旗之南境。

### 7. 大盐诺、小盐诺

《察哈尔省通志》载,在"康保县城东南,约八十里……两诺相距里许"。<sup>③</sup>可能就是今张北县的对口淖。

《察哈尔省通志》统计不够详尽,以下诸淖泊皆产白盐,产地不比上述四小诺小。

### 8. 九连城淖尔

辽、金、元称"狗泊"。因该湖在九连城遗址(金元时昌州故址)旁,俗称"九连城淖尔",清代称"乌日图淖尔",又有"克伊勒泊"之名,位于太仆寺旗贡宝拉格苏木与河北省沽源县交界处。《金史·食货四》曰:"(大定)十一年正月,用西京盐判宋侯言,更定狗泊盐场作六品使司,以侯为使,顺圣县令白仲通为副,以是岁入钱为定额。"狗泊是金朝重要的池盐产地,《金史·食货志四》又曰:"(大定)二十五年,更狗泊为西京盐司。"金代这一时期共设七个盐使司,说明金代昌州之地盐业生产是很发达的。

元代仍之。元人张德辉在其《岭北纪行》里记载了丁未年(1247)经过狗泊时所看到的情景:"寻过抚州(今张北——作者注)……北入昌州,居民仅百家,中有廨舍,亦有仓廪,隶州之盐司。州之东有盐池,周广可百里,土人谓之狗泊,以其形似故也。"<sup>④</sup>《元史》卷 58《地理一》载兴和路宝昌州

---

① 《察哈尔省通志·蒙古编之四蒙盐》。

② 《察哈尔省通志·蒙古编之四蒙盐》。

③ 《察哈尔省通志·蒙古编之四蒙盐》。

④ "张德辉征行",(元)王恽:《玉堂嘉话》卷八,元明史料笔征丛刊,中华书局,2006。

（治九连城遗址）："金置昌州。元初隶宣德府，中统三年隶本路，置盐使司。延祐六年改宝昌州。"元代狗泊继续生产，两朝都在这里设置了盐使司。《嘉庆重修一统志》卷548《牧厂》载镶黄等四旗牧厂："盐池，在牧厂北四十里。"镶黄等四旗牧厂治今河北省张北县东北的波罗素庙，所说盐池很可能就指九连城淖尔。

### 9. 安固里淖

在河北省张北县城西北70里，是张北县地势最低点。有黑水河、三台河、哈柳河等十数条河注于淖中，是华北地区最大的高原内陆湖泊，辽金元时又名鸳鸯泺，是三朝帝后巡幸纳钵之地。《盐务地理》载："鸳鸯泺，又名集宁海子，蒙古名昂吉里淖尔，今张家口西北、兴和县北、正黄旗牧厂东境。……其水停积不流，周八十里，□□盐池。"《蒙古游牧纪》云："鸳鸯泺水味咸产盐，如陕西花马池自能凝结。"《张北县志》曰："所产盐质有二连盐之称，虽不如大青盐盐质之佳，较其他诺（淖）所产为优良，产量丰富，销量亦广。"[①]

### 10. 盐淖

在河北省张北县、尚义县、康保县和内蒙古商都县四县交界处。《嘉庆重修一统志》卷548《牧厂》记正黄等四旗牧厂（驻诺莫浑博罗山，今河北省尚义县老虎山）曰："盐池，在牧厂东四十里。"据《康熙朝满文朱批奏折全译》，康熙三十五年（1696）九月，康熙北巡时曾到过这里。他在写给皇子的信中说："（九月）三十日，驻跸于昂古里湖池（即安固里淖）。是日，阅右翼达卜孙脑尔之马群。""达卜孙脑尔"是蒙语"盐池"的意思。右翼指太仆寺右翼牧厂，周清澍《内蒙古历史地理》说："达布逊牧厂大约在察哈尔镶黄、正白二旗南，正黄、镶黄二牧厂北，约今商都、化德、张北和康保交接地带，厂内有盐池，蒙古名达布逊。"所指即盐淖。按，尚义县与商都县之间有一察汗淖，又称五台海子，也产盐。

---

① 《张北县志·物产志·矿物·土盐》，1934。

### 11. 巴彦查干淖尔

位于锡盟太仆寺旗贡宝拉格苏木境内，距九连城淖尔东约9公里。李志常《长春真人西游记》卷上记载了辛巳年（1221）二月丘处机师徒北上觐见成吉思汗，"北度野狐岭"，"北过抚州"，三天后"东北过盖里泊，尽丘垤咸卤地，始见人烟二十余家。南有盐池，迤逦东北去……"按里程和方位，盖里泊就是今天的巴彦查干淖尔。据太仆寺旗方志学者考察，巴彦查干淖尔与九连城淖尔实为一个水系，李志常所见也许是九连城淖尔。

### 12. 乌兰淖尔

蒙语意为"红色的湖"，清代称其为"红盐池"，位于今锡盟正镶白旗乌兰察布苏木驻地西南。《嘉庆重修一统志》卷549《察哈尔》载镶白旗察哈尔："红盐池，在旗西北七十五里，蒙古名五蓝池。"《清史稿》卷81《地理二十八》载镶白旗察哈尔："西北：红盐池，蒙名乌兰池。"乌兰池即五蓝池。清代文献所说的镶白旗后来跟正白旗合称正镶白旗，吉成名先生在《论清代池盐产地》里说今内蒙古自治区正蓝旗西北宝绍代苏木西北有一个盐池，生产红盐，[①]可能指的就是今乌兰淖尔。

### 13. 占木土盐泊、呼尔泊、泥泺、黑水泺　占木土盐泊

位于今锡林郭勒盟苏尼特左旗境内，《嘉庆重修一统志》卷540《苏尼特》载"苏尼特山川"曰："占木土盐泊，在右翼东南七十里。"该书同卷又记："呼尔泊，在左翼东南六十五里。……泥泺，在右翼南六十里，蒙古名西巴尔台。黑水泺，在右翼西南一百二十里，蒙古名喀喇乌素。"左树珍《盐务地理》第三节"河流"里也提到这几个盐湖："苏尼特右翼在张家口北五百五、六十里，已居大漠之中，产盐之地非止一处。又有哈喇乌苏，一曰黑泺；西巴尔台，一曰泥泺，皆小池。其最大者察罕淖尔，亦曰呼尔泊，在沙漠内，横长数十里，其源有二：一出正蓝察哈尔山谷，曰努克里特河，北流入泊；一出右翼和尔合山，曰乌尔吐河，西南流入泊。以泊之南为大碛，北为大

---

① 吉成名：《论金代食盐产地》，《盐业史研究》2008年第3期。

漠，故附近多碱滩。"

此外，二连淖尔南部巴拉嘎斯、奔巴图盐湖等七八个淖尔，漠南各旗县如张北县大考营小盐淖，沽源县的公鸡淖、单木淖等等历史上也都是小有规模的白盐产地。还有零星小盐淖多处，名不著称，不赘述。

按，上述白盐产地受自然环境变迁以及其他因素影响，近世纪以来渐次萎枯，九连城淖、安固里淖这等大淖泊早已没水，就连二连诺（淖）也已干涸。

### 14. 炭山盐池

炭山盐池是契丹建国前后最早开发的食盐产地，契丹八部曾仰以为食，在契丹人兴起的过程中，曾发挥重要的历史作用。辽太祖耶律阿保机在"化家为国"之初，采取其妻述律平之策，以盐主人的身份邀请诸部大人来盐池聚会，趁机设伏兵于盐池旁，尽杀诸部大人，进而建立耶律氏政权，史称"盐池宴"，或"盐池之会"。中国古代盐史研究学者吉成名说："当时契丹部落所食之盐都来自炭山盐池，控制了炭山盐池就等于控制了契丹各部落的生命线，阿保机利用诸部大人到炭山盐池聚会这个时机发动了政变，杀死了诸部大人，消灭了反对势力，统一了契丹各部，使契丹完成了由氏族社会向阶级社会转化的过程。"[①]

关于"盐池宴"所在地，目前无定论。辽代食盐产地甚多，其中包括镇城。《辽史·食货志》载："盐策之法，则自太祖以所得汉民数多，即八部中分古汉城别为一部治之。城在炭山南，有盐池之利，即后魏滑盐县也，八部皆取食之。及征幽、蓟还，次于鹤刺泺，命取盐给军。自后泺中盐益多，上下足用。会同初，太宗有大造于晋，晋献十六州地，而瀛、莫在焉，始得河间煮海之利，置榷盐院于香河县，于是燕、云迤北暂食沧盐。一时产盐之地如渤海、镇城、海阳、丰州、洛阳城、广济湖等处，五京计司各以地领之。"从中可知，"镇城"乃辽重要池盐产地。关于镇城，《皇华四达记》载："妫州（今河北怀来县东南）北一百四十里至广边城，一名白城；又东北五十里至赤城，又百七十里至镇城。

---

①　吉成名：《论金代食盐产地》，《盐业史研究》2008 年第 3 期。

陉山在镇城西北，即奚、契丹避暑之处，今曰炭山。"[①] 炭山即今绵延于河北省丰宁、沽源、赤城三县交界一带的坝头山地，此说基本无异议，如此则镇城离炭山不远。郭正忠《中国盐业史》说："辽代镇城位于河北赤城县北，丰宁县西北，沽源县东南。"[②] 刘熹民在《契丹大辽九帝》里进一步说："炭山古汉城是后魏滑盐县旧址，原为西部奚所有，耶律阿保机征服西部奚得之。经过几年的发展，已经成为具有一个规模的市易城市。"[③] 认为汉城即镇城。这样看来，炭山池盐在河北沽源县境内，《察哈尔省通志·蒙古编之四蒙盐》也持此议，退一步说，炭山池盐位在坝上应该没多大争议。

也有史学家将其考证为广济湖（大盐泺）。[④]

# 三　土盐

土盐含有硝质及碱性，味道较白盐更苦。据《张北县志·工业·附土盐业》，1953 年 7 月 29 日中央人民政府轻工业部盐务总局张家口办事处就张北县大考营盐淖的盐质以"全字第 390 号"文件发布《塘沽盐场管理处化验室分析报告》，报告如下：水分，7.10%；不溶物：1.42%；硫酸钙：0.97%；硫酸镁，1.93%；碳酸钠：1.20%；氯化钠：83.65%；硫酸钠，3.62%。[⑤]

按："1953 年 4 月上旬，大考营盐淖天气突变，气温增高，淖内无水之泥经强烈日光蒸晒，浮起二三厘米厚盐层……"[⑥] 大考营盐淖"浮起二三厘米厚盐层"，盐质似乎接近白盐。土盐，"其开采办法，春季扫积淖内之土，过数日俟盐潮出再扫，轮流遍扫，至大雨施行时始行停止。然后将扫起之土用锅熬之，加以石灰过滤后注入石灰池，晒之即成盐"。[⑦]

① （宋）曾公亮：《武经总要前集》卷 16 下《北番地理》。
② 郭正忠：《中国盐业史·古代篇》，人民出版社，1997，第 374 页。
③ 刘熹民：《契丹大辽九帝》，内蒙古人民出版社，2011。
④ 参见肖爱民《耶律阿保机"盐池宴"考辨》，《北方文物》2003 年第 4 期。
⑤ 尹自先主编《张北县志·工业·附土盐业》，中国科学出版社，1994。
⑥ 尹自先主编《张北县志·工业·附土盐业》，中国科学出版社，1994。
⑦ 民国《张北县志·物产志·矿物·土盐》。

口北土盐产地甚多，大都集中在南部旗县，淖泊面积较小，且零星分散，产量不多，不能一一尽数。仅以张北县为例，观其大概。

民国23年《张北县志》对本县淖尔做过统计，称"本县诺尔计有三十余处"。[1]张家口市委组织部编《契丹兴迁　捺钵张垣——漫谈辽朝与张家口的关系》中有相关表述，如表1所示。

**表1　张北县盐池分布**

| 湖名 | 位置 | 长宽及面积 | 深度 | 产盐情况 |
|---|---|---|---|---|
| 对口诺尔 | 县城东北20里 | 长各60丈，宽各20丈 | 深约8尺 | 每年可出白盐10万余斤 |
| 巴汗红果诺尔 | 县城东北20里 | 长约180丈，宽约380丈，面积4亩余 | 深三四尺 | 每年产白盐二三万斤 |
| 韩青坝诺尔 | 县城东北20余里 | 长约20丈，宽约18丈，面积3亩余 | 深约3尺 | 每年可产白盐两万斤 |
| 东、西大诺尔 | 县城北30里，白城子东10里 | 长1680号，宽493号，面积2顷余 | | 现不出盐 |
| | | （东诺尔）长约3里，宽10丈 | | |
| 三台诺尔 | 县城西北70里 | 面积约10亩 | 深约3尺 | 近年来产土盐，虽不多，但销路尚佳 |
| 黑玛湖诺尔 | 县城西北30里 | 面积约10顷 | 深约8尺 | 近年来产土盐，质量尚佳 |
| 海子洼诺尔 | 县城西10余里 | 面积3顷 | 深约5尺 | 近年来产土盐，虽属无多，但销路尚佳 |
| 安固里诺尔 | 县城西北80里 | 东西长约30里，南北宽约30里 | 深约10丈 | 近年来产白盐，产量尚属丰富 |
| 大考营子诺尔（小水诺尔） | 县城西北50里 | 面积有3顷 | 深二三尺 | 近年产土盐，出产尚佳 |
| 河西诺尔 | 县城西北70里 | 面积约1顷 | 深二三尺 | 近年产土盐，出产尚佳 |
| 马章盖营子诺尔 | 县城北70里 | 面积约1顷 | 深约2尺 | 近年产土盐，出产尚佳 |
| 三张飞诺尔 | 县城北40余里 | 面积约60余亩 | | 可熬盐 |
| 满克图诺尔 | 县城北60里 | 面积约1顷 | | 土人有熬盐者 |
| 富公诺尔 | 县城北60里 | 面积约2顷 | | 土人有熬盐者 |
| 宝英图诺尔 | 县城西北80里 | 面积约1顷 | | 可以熬盐 |

注：本文对原表做了改动，凡不产盐之诺尔全数删除。

---

① 时含今尚义、崇礼二县。1980年张北县资源普查办公室调查，仅张北县境内就有淖泊51处。

# 察哈尔三次西迁新疆起程地考辨[*]

松岱扎布　尹自先

**摘　要：** 18世纪60年代，察哈尔蒙古八旗部分丁壮西迁新疆。西迁者分两批携眷迁入，不久第三批察哈尔蒙古八旗义婚妇女入疆。三次西迁的起程地均在今张家口外坝上地区，本文就起程地作考辨。

**关键词：** 扎噶苏坦　达兰特鲁　济尔噶朗图塔拉　哈勒卓泰　察汉托洛盖

1761年，清政府为保卫边防，屯垦戍边，决定从张家口外察哈尔八旗左右两翼中选"得力精壮、堪以为兵者"携眷属前往新疆伊犁屯垦戍边。察哈尔西迁蒙古官兵为2000余人，分两批入疆。第一批于乾隆二十七年（1762）三月下旬起程，次年四月十五日到伊犁。第二批又分两队，前队于乾隆二十八年（1763）四月初起程，次年（1764）三月初二进抵博尔塔拉。后队于乾隆二十八年四月下旬起程，次年三月二十日抵达博尔塔拉。察哈尔兵驻防博尔塔拉、塔尔巴哈台等地，平时防守边卡、屯垦放牧、巡查边界，战时则冲锋陷阵，他们的到来，大大缓解了新疆西北边境的紧张局势，使新疆地区的军事实力得到加强，客观上安定了新疆局面，对国家的统一和长治久安、开发和建设西北边疆做出了贡献。

---

\*　原载《张北县历史文化研究动态》总第20期，2018。

但是关于察哈尔蒙古西迁这一举世瞩目的壮举，尤其是出发地当时人马喧腾的场景，至今尚未形成完整的文字，就连起程地在哪里也一直未能明确，不能不说是一件憾事。本文试图补阙，主要对出发地作考辨。

## 一 第一批携眷西迁与扎噶苏坦、达兰图鲁

第一批携眷西迁准确地说是从乾隆二十七年三月十五日开始的。这一天，"一千名携眷移驻察哈尔兵丁"来"到地处察哈尔八旗中心位置之达兰图鲁地方集合"。①察哈尔官兵携眷西迁，行程上万里，其消耗与艰辛不言而喻，而且是永久驻防人员，因此清政府很重视，对西迁官兵的待遇、盘费、交通工具——乘骑都提出了具体要求和较高的待遇标准，所有支出均由国家负担。察哈尔各旗也为西迁者捐了大量牲畜和物品。三月二十日，督军钦派大臣、暂署察哈尔都统、印务总管巴尔品与察哈尔副都统常青，督军钦派军机大臣、管理多伦诺尔税务给事中七十五等朝廷官员来到西迁集中地，"在达兰图鲁地方集合兵丁，将应给官兵之所赏银两、口粮、马匹、骆驼等项，共同督发，照料起程。于众人集聚处，除查看伊等所带旗纛、帐房、锅、兵器外，查锡林郭勒盟送来驼七百峰，均属肥壮，遂如数接收，并从奴才巴尔品所辖牧厂马驼内，选取膘壮驼三百零七峰、马二千九百六十匹，概行分发。其八旗捐助之驼一千峰、马四千余匹，一一查看分给兵丁。圣主恩赏整装银两、口粮，均妥办赏给后，总管齐勒克特依、那旺率众官兵望阙叩谢天恩。……"②据巴尔品、七十五事后向朝廷所作的奏报，本次携眷移驻伊犁、乌鲁木齐1000名察哈尔、厄鲁特内，有前锋、领催、护军、披甲533名，闲散468名，合计1001人（其中厄鲁特200人），加上家口共计1385人；驮载用驼两千余峰

---

① 《察哈尔总管齐勒克特依等奏移驻伊犁等处察哈尔官兵陆续起程折》（乾隆二十七年四月月初一日），吴元丰等主编《清代西迁新疆察哈尔蒙古满文档案全译》（以下简称《满文档案全译》，下同），新疆人民出版社，2004，第18页。

② 《暂署察哈尔都统印务总管巴尔品等为携眷移驻伊犁乌鲁木齐官兵分队起程呈军机处大臣文》（乾隆二十七年四月初一日），《满文档案全译》，第19页。

（其中八旗捐助一千峰），乘马七千余匹（其中八旗捐助四千余匹）；共用银 47436 两 5 钱，米 1344 石 6 斗。[①]

乾隆二十七年三月二十六日，四队（每二旗编为一队）西迁官兵的头队，在总管齐勒克特依率领下，背负战箭，腰挎战刀，骑着战马，携带妻儿，告别家乡，踏上了西迁的路程。随后每日起程一队，三月二十九日，总管那旺率领第四队起程。

第一批携眷西迁的出发地是一个叫作"达兰图鲁"的地方，关于它，总管巴尔品等人曾就移驻官兵出发所需口粮由何处仓粮内支给一事请示军机大臣时提到："（乾隆二十七年）三月十五日，移驻兵丁于扎噶苏坦驿站附近达兰图鲁地方集合，分发所赏银两、马匹、骆驼，于三月内起程。此项裹带前往之两月口粮，由何处支给之处，部文内并未指明。故我等二人业已联名咨呈，询问由何处支领米石。等情前来。卑职巴尔品窃思，此项兵丁自原起程处裹带前往之两月口粮，理应就近由口北道所辖张家口同知衙门，或万全县衙门仓内拨给……"[②]据此，这个"达兰图鲁"应当在扎噶苏坦驿站附近，且地近张家口、万全县。20 世纪 90 年代初，日本著名蒙古史学家冈田英弘先生在《察哈尔蒙古的起源》中指出："（察哈尔）八旗的分布自西南向东北依次为镶蓝旗、镶红旗、正红旗、正黄旗、镶黄旗、正白旗、镶白旗、正蓝旗，根据《全译》说明的当时西迁第一批千人察哈尔官兵集中地方是"察哈尔中心位置"的方位来寻找，这个地方应该是在正黄旗和镶黄旗之间的化德（在今内蒙古自治区锡林郭勒盟境内）东南，今河北省张家口市张北境内的蒙古营或大营盘一带的地方。而且"扎噶苏坦"在蒙古语中意为"有鱼的地方"。而上述两地的大营盘有一名为"察汗淖"的湖泊；蒙古营有一处"安固里淖"的湖泊。因此，在这些有湖泊、有鱼的地方建有驿站，因而得名"扎噶苏坦驿站"的可能性是存在的，由此可以推断，"达兰图鲁"一

---

① 《暂署察哈尔都统印务总管巴尔品等为携眷移驻伊犁乌鲁木齐官兵分队起程呈军机处大臣文》（乾隆二十七年四月初一日），《满文档案全译》，第 19 页。

② 《总管巴尔品为移驻伊犁等处察哈尔官兵所需口粮由何处仓粮内支给事呈军机大臣文》（乾隆二十七年正月三十日），《满文档案全译》，第 15 页。

地应该在此处。"① 冈田先生所言大体是对的，因为他把握住了一个关键的词语——驿站。

察哈尔地区安设驿站，始于康熙三十年（1691）多伦诺尔会盟后，当时清廷做出从内蒙古地区到北京设五路贡道的决定，五路贡道叫作口外五路驿站或边外五路驿站，简称蒙古台站，均以从内蒙古地区到北京所经过的长城关口命名，即喜峰口驿站、古北口驿站、独石口驿站、张家口驿站、杀虎口驿站，辐射整个内蒙古。独石口驿站虽在察哈尔境内，但位置偏东，且安设的六个驿站里并无扎噶苏坦驿站。张家口驿站，出张家口上坝（张北县境内）后分开两路，一路向西到归化城（今呼和浩特市），一路向西北到四子部落（大体为今内蒙古四子王旗。当时札萨克驻乌兰额尔济坡，现址不详），达内蒙古乌兰察布、锡林郭勒二盟的四子部落旗、苏尼特右翼旗、苏尼特左翼旗、喀尔喀右翼旗、茂明安旗等五旗。雍正六年，由于准噶尔战争形势的变化，清政府下令裁撤张家口到归化城一路，"一切文移交军台（指杀虎口外原阿尔泰军台②）递送"。四子部落一路后来随着军运粮道由杀虎口改行张家口，该路调整驿站间距并随形势朝北延伸，逐渐形成清代著名的阿尔泰军台。阿尔泰军台穿过察哈尔中部，道里适中。其第六台名"扎哈苏③"（《口北三厅志》作"扎哈苏泰"），"扎哈苏"蒙语谓鱼，"苏"后当有"台"字，合作"有鱼的意思"。有清一代，许多南北往来使臣、文人墨客留下的诗文大都提及它。很明显，这个"扎噶苏坦驿站"就是阿尔泰军台驿道上的第六台

① 纳森主编《察哈尔绥远历史沿革考录》，内蒙古出版集团、远方出版社，2010（见后记）。此文原载《蒙古学研究会集刊》纪念杭锦专号，XIV 卷，第 155~179 页，1991 年 9 月，题目作《察哈尔蒙古溯源》。笔者在引用《察哈尔蒙古的起源》时，发现文中多处出现 2004 年 5 月出版的《清代西迁新疆察哈尔蒙古满文档案全译》的相关内容，嫁接后的《察哈尔蒙古的起源》可能与原文有出入。

② 阿尔泰军台最初是在清军进击噶尔丹时沿进军路线设置的，它经过杀虎口到科布多地区，后几经改动，到康熙五十八年（1719）共设 47 个台站。雍正二年（1724），因沿途自然条件不够好，把它从杀虎口外移设在张家口外（见夏之璜《夏湘人出塞日记》）。直到乾隆二十年（1755）以后，清朝统一了外蒙古西部和准噶尔的中心地区——新疆以后，整个阿尔泰军台才终于安设并稳定下来。

③ 《嘉庆会典事例》卷九八二《理藩院·边务、驿站》。

站"扎哈苏",现在乌兰察布市商都县小海子镇宋家村附近的脑包营子[《中国分省地图》(1962)标为六台,位于宋家村东八华里处省道304附近]。

但近年来学界颇有争议,不少人认同今内蒙古自治区锡林郭勒盟正蓝旗之扎格苏台,如加·奥其尔巴特等著《察哈尔蒙古西迁新疆史》。内蒙古锡林郭勒盟正蓝旗学者巴·乌云达来著文《清代西迁新疆的察哈尔蒙古集中启程地考》质疑:"一是正蓝旗位置在察哈尔八旗最东端,为何西迁者集中于东部然后再向西行,舍近求远,多行几百里呢?二是正蓝旗下扎格苏台在浑善达克沙漠南面,相对封闭,集中一千多户人、几万牲畜以及车乘行装准备万里之行,为何不选择水草丰盛、地域开阔的草原,反而寻找缺水无草的沙原荒漠?三是西迁是由清王朝决策组织的重大行动,为何不依靠朝廷驿站的主道和机构,反而到遥远僻壤的浑善达克沙漠集中呢?"[1]他在申明正蓝旗境内并无任何驿站后指出:扎格苏台驿站即清代阿尔泰军台的第六驿站"扎格苏台"。巴·乌云达来先生的这一看法无疑是正确的。

"达兰图鲁"明确在扎噶苏坦附近,但半径有多大,在以马代步的那个时代,可能距离扎噶苏坦不近。笔者做实地调查,与当地人士交流探询,对扎格苏台50公里范围内的所有地名逐一推敲排查。乌兰察布市察右后旗教育局毕力格先生是五台蒙古营(阿尔泰军台第五驿站原址)人,他说乌兰察布市商都县扎格斯太(小海子)附近确有一个叫"达兰特(图)鲁"的地方,是牧场,小时候随父母走"敖特尔"(倒场放牧)时还到过那里。村委会会计拉木扎布(62岁)也证实:该地域涵盖商都县小海子镇宋家村东南约10公里的刘家村、东北10多公里的大五号一带及东北约20公里的小庙子(属商都县十八顷镇)一带,就在察汗诺尔[2]西、北两面的滩边,可谓地域辽阔,水草丰美。至于"达兰特鲁"这一蒙古语的含义,拉木扎布和商都县原民族宗教局局长钢普日布(66岁)解释是一种叫狼毒草的植物,该地盛产此物,

---

① 《中国蒙古学》(蒙古文)2015年第43卷第2期。

② 《商都县主要自然淖一览表》载:察汗诺尔,水面积30000亩,水深2~4米。见《商都县志·水文·地表水·湖淖》,内蒙古文化出版社,2007。

故名。只是年深日久，这里早已不叫"达兰特鲁"了。据《民国四年商都设治局辖域图》，[①]在六台东北大约9公里处，明确标记"达拉（兰）图鲁"，布登（不冻）河贴北侧注入附近察汗诺尔，据图中所绘等高线以及当地史学爱好者介绍，达拉图鲁是一处孤立的东西走向的山丘。

## 二 第二批携眷西迁与济尔噶朗图塔拉

第二批携眷西迁察哈尔蒙古官兵分两拨走。"头队单身兵丁五百名""携带四万只羊"于乾隆二十八年四月初九日起程；"第二队起程之五百名兵丁及一千名兵丁之家眷"，"于四月十五日"启程。"此两队起程官兵共用赏银四万八千八百九十六两五钱，米一千三百九十六石一斗四升三合，皆由口北道库银、张家口同知仓米内支取。"两队西迁察哈尔蒙古官兵皆"自济尔噶朗图塔拉起程"。（以上皆录自《满文档案全译》）

"济尔噶朗图塔拉"系蒙古语，"济尔噶朗图"意为"幸福吉祥"，"塔拉"是"草原"的意思，合为"幸福吉祥的草原"。"济尔噶朗图塔拉"在哪里？加·奥其尔巴特等著《察哈尔蒙古西迁新疆史》认为："此地可能位于今正蓝旗赛音呼都噶牧场的吉尔嘎朗图村。"乌云达来《清代西迁新疆的察哈尔蒙古集中启程地考》则认为济尔噶朗图草原"是七台（阿尔泰军台）明安拜兴、八台其其尔图、九台青岱周边百十多里范围内的草场无疑"。关于济尔噶朗图塔拉这一地名，在锡林郭勒大草原上有多个，但不会是正蓝旗的赛音呼都噶牧场的吉尔嘎朗图村，察哈尔八旗东西近千里，集中地不会设在尽东头的正蓝旗。乌云达来先生的说法要准确些，毕竟七台、八台、九台周边百十多里范围内的草场地理位置适中些。

乾隆二十八年二月底，察哈尔都统巴尔品等奉旨奖赏察哈尔八旗两次资助派往移驻之兵丁时，就曾拟"于初次兵丁集合起程之地颁赏，以示皇上奖

---

① 参见内蒙古自治区档案馆编《清末内蒙古档案垦务汇编》，内蒙古人民出版社，1999。

励众臣仆之恩"。① 这个初次兵丁集合起程之地，即前面提到的"察哈尔八旗中心位置之达兰图鲁地方"，无疑这也是第二次西迁预定的集合地。但为什么后来改在济尔噶朗图塔拉？笔者以为这跟清廷要求将预备分给西迁官兵人户的四万只立业羊交付西迁察哈尔兵解往一事有关。

据《满文档案全译》，乾隆二十八年正月初六日，大学士傅恒等遵旨议奏续派一千名察哈尔兵丁携眷移驻伊犁。正月初八日，总统察哈尔八旗、张家口官兵都统巴尔品接到军机大臣等遵旨议奏咨文后即刻张罗此事，并按照要求，计划"先期起程前往之五百名兵丁，俟春草茂生时，由总管达克塔纳管带，于三月二十日起程；后期起程前往之五百名兵丁及一千名兵丁之家眷，由总管成果管带，于四月二十日起程"。乾隆二十八年二月初八日，大学士傅恒等就续迁伊犁后携眷察哈尔人户应给的口粮孳生牲畜（即立业羊）等项事宜议奏："请令巴尔品、奇成额，从牧厂牛群内拣选堪以孳生牛四千只，交给携眷前去之察哈尔等解往。再，此二千名索伦、察哈尔兵陆续抵达伊犁后，彼处现有羊只不足以分给伊等，若将牧厂羊一并解往数万只，则益加有利。故请令巴尔品、奇成额，从牧厂羊内择优挑选二万只，一并交给伊等解往。"② 要求他们押解的 4 万只羊（孳生牛 4000 头因不适宜远途行走折合成 2 万只羊），来自三旗达里冈爱羊群，该牧群时在今蒙古国境内，与我国内蒙古自治区锡林郭勒盟的苏尼特左旗和阿巴嘎旗接壤。我们注意到，头队从济尔噶朗图塔拉起程时应解的 4 万只羊已在现场，这从《察哈尔都统巴尔品等奏头队移驻伊犁察哈尔兵丁起程情形折》中可见："兵丁于济尔噶朗图塔拉地方集合起程时，……各旗备给伊等应带往之旗纛、帐房、锅、兵器等项，奴才等皆已详细查看。由商都达布逊诺尔、达里冈爱等处牧群选取之马驼内，此次先拨给驼二百零二峰，马五百九十七匹。由各旗捐助马匹内，拨给五百匹。由三旗达里冈爱羊群选送羊四万只，经查看，编为四十群十队，

---

① 《察哈尔都统巴尔品等奏遵旨奖赏捐助携眷兵丁迁移之各旗官兵事宜折》（乾隆二十八年三月初三日），《满文档案全译》，第 38 页。

② 《大学士傅恒等遵旨议奏续迁伊犁携眷察哈尔兵筹办得给口粮孳生牲畜等项事宜折》（乾隆二十八年二月初八日），《满文档案全译》，第 32 页。

每队以派驻之官员、委官等一人为首领,并令总管达克塔纳妥善管带官兵,牧放羊只,徐徐前往。于四月初九日,由奴才等共同照看起程。此外,后队将于本月二十五六日起程。"① 这些羊是如何自达里冈爱牧厂解送到济尔噶朗图的?从《满文档案全译》里还看不出端倪,但这不重要,重要的是它为我们判断济尔噶朗图的大致位置提供了参照。自达里冈爱牧厂解送 4 万只羊到原定地址即达兰图鲁显然途远不便,所改集合地济尔噶朗图理应相对靠近达里冈爱牧厂,这就可以断定济尔噶朗图在达兰图鲁以北,因汇聚羊群水草要肥美,为解送、传递、往来方便,这个地方还应该像达兰图鲁那样靠近阿尔泰军台。

再从第二队西迁路线入手,"总管成果我亲率察哈尔八旗此次移驻伊犁之第二队五百名兵及一千户家眷,于本年四月二十五日,自济尔噶朗图塔拉起程,两旗编为一队,八旗编为四队,寻觅水草,有河水地方,则两队合驻一处,缺水地方,则一队分驻一处,自乌兰察布盟之路行走,经过四子王阿拉布坦多尔济扎萨克旗游牧、察罕鄂布等地,又经过喀尔喀达尔罕贝勒拉旺多尔济游牧称为爱必噶之穆伦等地,行抵乌拉特公龚额拉布坦扎萨克游牧翁衮特克地方。……"② 第二队自济尔噶朗图塔拉起程,沿乌兰察布盟之路行走,初期路线在我国内蒙古境内。四子王阿拉布坦多尔济札萨克旗游牧察罕鄂布,即今内蒙古达尔罕茂明安联合旗东南角的查干敖包③,曾是四子部落的属地;爱必噶河即今达尔罕茂明安联合旗爱不盖河,达尔罕茂明安联合旗在清代称喀尔喀右翼旗;从路线走向西行判断,乌拉特公龚额拉布坦札萨克游牧的翁衮特克应在今内蒙古自治区乌拉特中旗境内,不会在乌拉特前旗或后旗。第一队和第二队起程在同一地方,而且其行走方向也是一致的(但未必行走同一线路),这从上引《护送第二队移驻伊犁察哈尔兵丁之总管成果为

---

① 《察哈尔都统巴尔品等奏头队移驻伊犁察哈尔兵丁起程情形折》(乾隆二十八年四月十一日),《满文档案全译》,第 45 页。

② 《护送第二队移驻伊犁察哈尔兵丁之总管成果为呈报沿途行走情形事呈军机处文》(乾隆二十八年六月二十五日),《满文档案全译》,第 52 页。

③ 冈田英弘《察哈尔蒙古溯源》一文认为在今内蒙古自治区包头市安联一带,错将四子王阿拉布坦多尔济札萨克旗当作四子王、阿拉布坦多尔济两个札萨克旗,又由于断句失当,把察罕鄂布从四子王阿拉布坦多尔济札萨克旗分开另作一个地方。

呈报沿途行走情形事呈军机处文》中可知。①

济尔噶朗图塔拉在达兰图鲁以北靠近阿尔泰军台处，能就近接收达里冈爱牧场来羊，西面靠近达尔罕茂明安联合旗的查干敖包，这个地点无疑在察哈尔地界的阿尔泰军台九台或者再往北的今四子王旗南部一带。当地古迹文物研究爱好者格日勒先生在其《西迁新疆察哈尔人起程地点考证》（待发表）认为，其地在今四子王旗中部济尔噶朗图苏木（乡、镇）境内，阿尔泰军台第十四台鄂伦胡都克（今四子王旗阿莫乌苏噶扎所在）就位于苏木政府旁。此地水草丰美，志锐《鄂伦琥图克第十四台》诗注曰："自十三台西北行，沙平如掌，水草枯焦，谓之戈壁。然数十里外有专生草处，有积水成湖处，牛马皆能牧放，与伊犁一带戈壁不同，即圣祖仁皇帝征廓尔噶时，谕皇子曰：'朕所经瀚海，非大瀚海'者也。"②我们从《四子王旗志》所附"四子王旗图"验证时还注意到，上述济尔噶朗图苏木政府南偏东12公里处有一"格根塔拉草原"，属四子王旗红格尔苏木，为当地旅游景点，与济尔噶朗图苏木同属一个大草原。"格根塔拉草原"距今察哈尔右翼中旗（清代察哈尔镶红旗驻牧地）不足2.5公里，西迁的济尔噶朗图塔拉应该不是一个点，似乎把"格根塔拉草原"作为这个面上的中心更妥些，这个面自然还包括相邻的察哈尔镶红旗北部。

这里必须提及一个问题，第一队五百名兵起程时，巴尔品"于济尔噶朗图塔拉地方相会时，招集察哈尔八旗两次捐助马驼之官兵，晓以圣主特颁奖赏之恩，并将所备银两、布匹、茶叶分赏"。③两次捐给移驻伊犁兵丁马驼的

---

① 《护送第二队移驻伊犁察哈尔兵丁之总管成果为呈报沿途行走情形事呈军机处文》："总管成果我亲率察哈尔八旗此次移驻伊犁五百名兵丁及一千户家眷，于本年四月二十五日，自济尔噶朗图塔拉起程，……惟镶黄旗总管达克塔纳等率领头队解送四万只羊之五百名兵丁，由锡林郭勒路行走，鄙职等曾两次行文头队总管，询问何月抵达乌里雅苏台台，或在阿济比济越冬，或在巴里坤越冬之处，然至今尚无回问。……"

② 志锐：《张家口至乌里雅苏台竹枝词》，毕奥南整理《清代蒙古游记选辑三十四种》，东方出版社，2015。

③ 《察哈尔都统巴尔品等奏奖赏捐助携眷兵丁移驻伊犁之八旗官兵情形折》（乾隆二十八年四月十七日），《满文档案全译》，第47页。

官员多达"五百九十员","兵丁七千六百九十二名"，[①] 虽不必尽数前来，但也不在少数，何况西迁者一去不返，为之送行告别自当人马多多。察哈尔八个旗这么多人来到并非道里适中的这个地方领赏送行，似乎不合情理。这里提出问题，供专家学者进一步探讨。

## 三　义婚妇女西迁与哈勒卓泰、察汉托洛盖

乾隆二十九年（1764）五月二十五日，军机处奉旨行文察哈尔都统巴尔品，同时"着派柏堃、留保住赴察哈尔地方，会同巴尔品买取蒙古寡妇、女孩，由巴尔品酌情派人乘便陆续解送伊犁嫁给厄鲁特单身男丁"。[②] 六月十三日，巴尔品抵达兰图鲁地方与柏堃、留保住会合。巴尔品提议："于六月二十日始，将此项寡妇、女子送至查看牛羊之哈勒卓泰地方……"[③] "继而，察哈尔旗、牧厂陆续将官兵愿卖包衣寡妇、女孩及自愿前去之旗下寡妇、女孩解送前来后，奴才等会同挑取堪嫁厄鲁特者，其中十五岁以上包衣女孩一百七十四名、四十岁以下包衣寡妇八十四名，自愿前去之旗下女孩八十名、寡妇八十二名。经奴才等会商，除旗下寡妇、女子不支给身价银外，所有买取包衣女孩每人身价银定为十两、寡妇每人身价银定为八两。将此项妇女均移到第一驿站附近察汉托洛盖地方居住，委派总管逊木保、乌林泰等管束。"[④] 由各旗和牧场送来的妇女先集中于哈勒卓泰地方，从中挑选 420 名，移到第一驿站附近察汉托洛盖地方待发。她们中每 42 人编为一队，共 10 队。

乾隆二十九年六月二十七日，义婚妇女第一队启程，其余各队每隔一日

---

① 《察哈尔都统巴尔品等奏奖赏捐助携眷兵丁移驻伊犁之八旗官兵情形折》（乾隆二十八年四月十七日），《满文档案全译》，第 47 页。

② 《察哈尔都统巴尔品奏遵旨备办买取察哈尔妇女送往伊犁事宜折》（乾隆二十九年六月初六日），《满文档案全译》，第 68 页。

③ 《察哈尔都统巴尔品奏遵旨备办买取察哈尔妇女送往伊犁事宜折》（乾隆二十九年六月初六日），《满文档案全译》，第 68 页。

④ 《察哈尔都统巴尔品等奏买获察哈尔妇女数目并分队解送伊犁折》（乾隆二十九年六月二十七日），《满文档案全译》，第 70 页。

起程一队。"经阿尔泰路驿站解送……直送到乌里雅苏台……由将军成衮扎布等酌情派人,并拨给寡妇、女子等口粮,解送至乌鲁木齐或巴里坤……"这年七月二十八日始,"此项妇女等陆续抵达,除途中病故二人外,余四百一十八人"。①

"哈勒卓泰"在什么地方? 从以上奏折分析,"哈勒卓泰"与巴尔品曾到过的达兰图鲁相近,离第一驿站附近察汉托洛盖不远,在两者之间。奏折显示,"哈勒卓泰"是"查看牛羊之哈勒卓泰地方",这里的"牛羊"指的是清廷内务府庆丰司所属镶黄、正黄、正白三旗官牛羊群牧厂的两个分支,即正黄旗牛群和正黄旗羊群。据《张诚神父第六次随扈旅行日记》,1696 年(康熙三十五年)10 月 26 日,"我们从 Tchontcoulam(昂古里湖,即今安固里诺尔——编者注)向正西偏北一点的方向行进了三十五里,我们在走过了这个草原的四分之三,皇帝去视察牛群、羊群。过了奶牛牛群就是羊群,他们的范围已经超出了我们的营地,这里叫鄂罗音布拉克。……""鄂罗音布拉克"即清代阿尔泰军台第四台,今尚义县后石庄井乡四台蒙古营子。②康熙帝在这里阅视牛羊群一事在《亲征平定朔漠方略》里也有记载:康熙三十五年九月"癸未,上驻跸海柳图……十月甲申朔……上阅牛羊群……丙戌,驾至胡虎额尔奇……(这一天)上谕皇太子曰:朕于二十九日度察罕拖罗防岭,驻跸于喀喇巴尔哈孙之地,是日阅镶黄旗牛群,其数至一万六千头,毛色甚佳。三十日驻跸于昂古里湖地,是日阅右翼达卜孙脑尔之马群,其数至二万匹,整齐肥壮不可言喻。初一日(甲申朔)驻跸于俄罗特布拉克之地,是日阅正黄旗牛群,其数一万六千头羊七万只……"③俄罗特布拉克即鄂罗音布拉克。

"顺治年定例,各牧群牛羊定有孳生数目,每三年一次考校,蕃息者有赏,虚耗者有罚。"康熙四十年定"每一年一次查核孳生"。④清中叶以后牧

---

① 《乌里雅苏台将军成衮扎布等奏派官兵护送察哈尔妇女起赴乌鲁木齐折》(乾隆二十九年八月十七日),《满文档案全译》,第 77 页。
② 参见尹自先《阿尔泰军台及张北县境台站杂考》,张北县历史文化研究会《研究动态》第 18 期。
③ 《亲征平定朔漠方略》卷 30、卷 31。
④ 《口北三厅志·考牧志》。

政日废，改为隔年一查，而且大都是在出口考验察哈尔八旗各属官员军政并校阅兵丁时顺便进行，连同阿尔泰军台一起，所谓"其军台官兵驼马，亦于该都统等每届考验官员军政之便，认真抽查，毋任草率"。[①]考校查看一般在秋令，特殊情况也有提前的，如道光十一年察哈尔都统武忠额是"于七月十八日业经起程查看牧群"[②]的。巴尔品提议的"将此项寡妇、女子送至查看牛羊之哈勒卓泰地方"，正是清廷届年查看正黄旗牛羊群生产效绩的地方。

有清一代，正黄旗牛群大抵始终驻牧现在以炕炉为中心的尚义县北部数乡以及周边张北县、兴和县毗邻的边缘地带，炕炉乡至今还有人称之为牛群地，该乡东与张北县单晶河、海流图二乡接壤，界山至今仍称牛群梁。查民国《张北县志·户籍志》，当时张北县设有"正黄牛群乡"，所属的50个村落全在今张北县单晶河、海流图二乡境内，这是正黄牛群在此活动的踪迹。

关于正黄旗羊群，民国《张北县志》记张家口理事抚民厅（民国初改厅设县为张北县）光绪八年时的"四至八到"：西北界"原界至云头坝，后经开垦至五台（阿尔泰军台第五台——作者注）之大青沟。于民国6年商都成立设治局，将张北县所属之四台黄芪岔羊群、三海子洼马群、商都牧群三处共计地二千一百五十八顷五十八亩二分，划拨商都设治局管辖"。[③]四台黄芪岔在今尚义县四台蒙古营子以南至黄芪岔水库南一带，该处羊群是正黄旗羊群的一部分，据《民国四年商都设治局辖域图》标志，四台南侧列布四个排（乡下属的行政区划），即羊群头排、羊群二排、羊群三排、羊群四排，正是这部分羊群当年的牧地。该图还标示羊群五至九排在五台附近（上述一至九排绝大部分于1935年又划拨尚义设治局）。另贻谷《垦务奏议》里有"查得牛群之北羊群之东北均与商都牧群接壤迁移较为近便"[④]等语，说明正黄旗牛

---

① 《清季蒙古实录》（上辑），道光二十七年十一月己卯，内蒙古社会科学院蒙古史研究所，1981，第359页。
② 《清季蒙古实录》（上辑），道光十一年七月壬申，内蒙古社会科学院蒙古史研究所，1981，第186页。
③ 民国《张北县志·地理志·沿革》。
④ 贻谷：《垦务奏议》，《近代中国史料丛刊续辑》第11辑，台北：文海出版社，1974，第268页。

羊群在光绪二十八年开垦移牧前确在尚义县、张北县一带驻牧。

据《口北三厅志·卷六·考牧志》，正黄旗牛群当时（乾隆二十三年）"在康湖等地方驻牧"，正黄旗羊群"在乌兰苏木等处驻牧"，二群牧地都是"周围一百余里"。这个"康湖"是否就是炕楞？另当地人说炕楞村坡梁上有片片火山岩裸露，斑斑驳驳，这与蒙语"哈勒晋图"（haljntu）（"花斑之地"）的含义一致，"哈勒晋图"极有可能是"哈勒卓泰"的变音，如果判断成立，"哈勒卓泰"指的就是炕楞。抛砖引玉，提出供学者参考。

关于察汉托洛盖，这里是义婚妇女最后集结出发的地方。这次运送义婚妇女往新疆"经阿尔泰路驿站解送"，"将此项妇女均移到第一驿站附近察汉托洛盖地方居住"，为便利乘驿，察汉托洛盖在阿尔泰军台第一站附近，这从上面引用的奏折里看得非常清楚。阿尔泰军台第一站在哪里？雍正十一年（1733），方观承随平郡王、定边大将军福彭出征准噶尔时写有《从军杂记》，云："出口（张家口）九十里至大坝为第一台。"乾隆五年，扬州人夏之璜陪同被革职发配军台效力的两淮盐运使卢见曾就配乌里雅苏台时留有《夏湘人出塞日记》，载："至五十家，入第一台笔帖式何君处，茶坐片刻。"五十家子村在今河北省崇礼县察汗陀罗村附近。察汗陀罗是蒙语"察汉托洛盖"的谐音，"察汉"谓"白"，"托洛盖"是"头"，合作"白头岭"的意思，清代乘驿南北往来者在其纪行诗文中无不提及，不过写作"察汉托洛盖"的少，多作"察汗托罗海"，如志锐《张家口至乌里雅苏台竹枝词》里的《察罕拖罗海（一）第一台》，诗云："察罕拖罗海得名，白头岭上赋长征。居民慕化犹中俗，半畜牛羊半事耕。"自注（一）译言白头岭也。汉文《钦定理藩院则例》卷32"张家口驿站"和《嘉庆会典事例》卷982作"察汉托罗盖"，蒙文《钦定理藩院则例》作charan—tolorai，佚名《驿站路程》（作于嘉庆年间）作"察汉托罗"。察汗托罗海是阿尔泰军台第一站，同时也是阿尔泰军台第一段（共分四段）主台人——参领的治所，俗呼"头台"。大约在光绪末头段治所迁今张北县东营盘，初仍名，后来逐渐改称"头台"。

考证过程中，我们体会到实地调查的重要性。《察哈尔蒙古西迁新疆史》

一书，将察哈尔蒙古第一批西迁集中地"察哈尔八旗中心扎噶苏坦驿站附近达兰特鲁地方"认定在"今锡林郭勒盟南部正蓝旗境内的扎克苏台一带"，甚至解释说"正蓝旗地界正好位于察哈尔八旗中心……"把第二批西迁集中和出发地"济尔噶朗图草原"认作"今锡林郭勒盟正蓝旗赛音呼都嘎牧场的济尔噶朗图村"，把第三批西迁的出发地察汉托洛盖安在"乌兰察布盟化德县东面白头山"。冈田英弘《察哈尔蒙古的起源》将"济尔噶朗图塔拉"放在"约今内蒙古多伦市和河北省沽源市中间"，第三批西迁"从达兰图鲁附近的哈勒卓泰牧场起程"，把集中地哈勒卓泰当成出发地，更忽略了沿阿尔泰军台驿道行走这一事实。

我们看到，三批西迁都利用了阿尔泰军台，集结出发地都选择在台站附近，除去道里适中，还考虑到从口北道（治今宣化）往送物资、粮食、银两以及官员往来的便利。但西迁并非如一些学者说，沿阿尔泰军台行走（不算第三批义婚妇女西迁），或者沿军台行走，这从第二批西迁行经线路可见，《察哈尔蒙古的起源》等著作对此的说法多处失当。因与本文主题没有太大关联，这里不便展开论说，期望研究者关注纠正。

# 穆荣嘎史事钩沉<sup>*</sup>

忒莫勒

1913 年（旧历癸丑年），已宣布"独立"的外蒙古政府派遣数路军队南下，与中华民国政府争夺对内蒙古的控制权。这场战争在内蒙古地区造成巨大的混乱，因而被当地蒙古人称作"丑年之乱"。在锡林郭勒盟和察哈尔地方征战的外蒙古中路军队中，有一位名叫穆荣嘎的将领。关于其身世、作为，人们所知甚少，且多来自传闻，颇有歧误。本文根据有限的零散资料，梳理并考证相关史实，钩稽其人史事，以廓清谬误。

## 一　穆荣嘎的身世

穆荣嘎，系满语"murungga"，意为"举动言行可观者"。<sup>①</sup>汉文记载或汉文译作中，又音译写作穆凌阿、穆隆阿、穆凌生、穆凌嘎、穆荣阿、牟楞嘎、穆仍嘎、穆龙加等。由于其名译写纷歧多样，且满蒙人中亦有重名者，人们很难将相关记载联系起来，甚至莫辨彼此，张冠李戴。

1986 年，高吉木彦先生根据"丑年之乱"亲历者的讲述，用蒙古文撰写《丑年之乱》一文，内中称：进入锡林郭勒盟和察哈尔地方的外蒙古中路

---

　　\* 　原载张北县历史文化研究会《研究动态》总第 22 期，2018。
　　① 　《清文总汇》卷九，第二十二叶，转引自〔日〕河内良弘编著《满洲语辞典》，松香堂书店，2014，第 820 页。

军队中，最东面是忠勇公——巴布扎布将军所部，驻扎于乌珠穆沁南部边境。"在那儿还有巴布扎布的亲随，自称为'奉有博格多法旨的将军'叫作穆荣嘎者。""1984年，据原阿都沁旗①的80岁老翁善吉密都博说，他见过穆荣嘎，穆荣嘎操东部蒙古语。可是另据阿巴嘎王旗名叫托音海都博的人说，穆荣嘎是克什克腾旗管旗章京乐景涛之子。"

丹巴拉布吉先生根据"丑年之乱"亲历者孙巴鲁、特穆尔排长、达赖呼、巴颜察干、官布·巴德玛旺沁等耆老生前所述，用蒙古文撰写的《关于丑年之乱》一文则称："据说，又有穆凌嘎将军、色仍宝、桑杰、巴特尔、特古斯巴特尔等17人来阿穆拜哈番处，弄出收置的枪弹，从镶黄旗、商都马群、正黄牛羊群征兵，与原来的当地士兵合编为400人的队伍。来的这17个人不是喀尔喀军，是东蒙古的，随陶克陶胡台吉抗垦起义的郭尔罗斯人，并到库伦居住，同喀尔喀军队一起来的。"

两文都肯定穆荣嘎是东蒙古人，但所谓"穆荣嘎是克什克腾旗管旗章京乐景涛之子"则大误。首先，"穆荣嘎"是乐景涛（1884~1944）的满语名字（汉文写作慕荣嘎），而非其子之名。其次，乐景涛之父乐山（1868~？）是克什克腾旗管旗章京，而乐景涛少年时即在北京读书，以后办学、从事政党活动等，②未参与外蒙古军队南下的军事活动。

丹巴拉布吉先生的记述称穆荣嘎等人是"随陶克陶胡台吉抗垦起义的郭尔罗斯人"，这为我们查考穆荣嘎的身世提供了极有价值的线索。笔者在有关陶克陶胡（又作"陶克陶"）台吉抗垦运动的零散资料中，果然找到了穆荣嘎的踪迹。

光绪三十三年十二月，黑龙江巡抚程德全在致东三省总督徐世昌的函件中论及"蒙匪抢掠情形"，内称："近复闻奉天宾图王连界著名之蒙匪苏禄克荒（即养息牧场，蒙古语苏禄克即牧场）伯音达赖穆隆阿（系蒙古珍旗梅伦）二名，又前郭尔罗斯旗台吉陶克陶一名，各带匪党共六十余名，潜匿札

---

① 阿都沁旗，即商都牧群，亦称商都马群，1935年以后改称商都旗，蒙古语作"阿都沁旗"。

② 《蒙古学百科全书·近现代史》，内蒙古人民出版社，2017，第553页。

萨克图，声言拟赴绰尔河新开木植公司地方开荒。此其号召多人，无论是否包藏祸心，即其无端聚众，亦属目无法纪，即请就近派人查拿，以消祸萌为祷。"①

伯音达赖，又作白音大赉、白音大来等，是苏鲁克（即"苏禄克"）官牧厂的蒙古牧丁，因牧厂被放垦殆尽，难以生存，约从1904年起，即招聚破产的蒙古贫民武装抗垦，在彰武、靖安、洮南一带流动作战，打击地方官府、富商大户，至1907年，已形成很大声势。②

至于穆荣嘎（穆隆阿），程德全明确指出他原系蒙古珍旗即内蒙古卓索图盟土默特左旗梅伦（即管旗副章京），其说应来自地方官厅的报告，颇可凭信。东蒙民间关于陶克陶胡台吉的传说中亦有相同的说法，可作佐证。穆荣嘎身为本旗梅伦，已属社会上层，生活当不至于贫苦。其举事恐因忿于旗地被垦，旗权被侵蚀。在白音大赉的抗垦武装中，他是声望仅次于白音大赉的首领。因经常与白音大赉共进退，以致民间有"穆荣嘎就是白音大赉"的误传。③他与陶克陶胡台吉（郭尔罗斯旗人）既非同乡，亦不从属于陶克陶胡台吉的抗垦武装。

## 二　穆荣嘎的经历

因史料的限制，关于穆荣嘎的经历我们知之甚少，尤其是其早年和投向外蒙古后的经历。目前略有所知者如下。

光绪三十三年（1907）十一月初七日（12月11日），白音大赉"与巨匪谟凌（河）〔阿〕等四十余人窜扰〔洮南〕府境水泉地方"。经洮南知府孙葆瑨"督饬巡警分局巡长杨得胜前往追击，枪毙该伙巨匪一名"。嗣经奉军前

---

① 程德全：《赐福楼启事》卷二《致徐菊人督部论蒙匪抢掠情形》，《程德全守江奏稿（外十九种）》（《黑水丛书》之七），黑龙江人民出版社，1999，第984页。

② 白拉都格其等撰《蒙古民族通史》第5卷上，内蒙古大学出版社，2002，第183页。

③ 义都合西格整理《陶克陶事迹》，转引自卢明辉编《陶克陶胡史料集》，内蒙古自治区历史学会印，1965，第162页。

路统领张作霖"统兵抵洮,及中路马队包抄痛击,该匪(即白音大赉)穷无所归,投降后路,乃乘隙复叛"。[①]十四日(12月18日),穆荣嘎、白音大赉等三十余骑为躲避官军的追剿,来到索伦山,住在绰尔河木植税局旁边的旅店。木植税务委员张天泽前来探问情况时,他们伪称系祥裕木植公司总董阜得胜(喀喇沁旗人)的同乡,来投奔阜得胜。时值阜得胜进黑龙江省城办事,不在索伦,穆荣嘎、白音大赉等人遂于十六日(12月20日)北进山里,在哈玛地方的一家木匠铺内逗留。[②]据官方消息,他们"借避祸为名,声称不敢滋扰"。[③]

黑龙江省方得知消息后,"当派吴金泰带马队两哨往景〔星〕镇驻扎,(籍)〔藉〕观动静"。[④]光绪三十四年(1908)正月间,黑龙江省方又接到索伦山木植公司呈称:"客腊念二日(1908年1月25日),陶克陶余匪六十余名亦入山盘踞。至正月初三(2月4日),穆凌阿复率匪入山,与陶匪合为一股。现在虽未滋扰,而东道木植已不敢入山。"[⑤]据说陶克陶胡部和穆荣嘎、白音大赉等人是在哈海屯会合的。阜得胜返回公司后(确切时间不详)一边"再三开导,驱之令去",一边向黑龙江省报告并呈请"派队星驰来剿"。可是,奉天后路统领瑞禄带部队开到景星镇驻扎,观察"马贼"动静,"并不乘势剿捕"。十二日(2月13日)凌晨三点,奉天中路前营管带马龙潭率马队抵哈海屯。但陶克陶胡等众已于前一天(2月12日)晚八点"向北纷纷窜去"。阜

---

① 《洮南府知府孙保瑨等上奉天行省公署擒斩白音大来呈文》(光绪三十四年七月),朱启钤编《东三省蒙务公牍汇编》(《近代中国史料丛刊》第一编,影印本)卷2,台北:文海出版社,1966。此"谟凌河"当即"谟凌阿"之误,系"穆荣嘎"的不同译写。
② 参见包德强《近代索伦山地区移民社会史研究》,博士学位论文,内蒙古大学,2018,第32页。其所据史料为《关于绰尔河税局禀为索伦山匪众盘旋呈请卷》(光绪三十四年),黑龙江省档案馆藏,档号:21-4-171。
③ 《洮南府知府孙保瑨禀报股匪陶克陶等进山现经密为布署堵剿等情形由》,东北档案馆藏洮南县公署卷宗第227捆第14575号,转引自卢明辉编《陶克陶胡史料集》,第52~53页。
④ 《洮南府知府孙保瑨禀报股匪陶克陶等进山现经密为布署堵剿等情形由》,东北档案馆藏洮南县公署卷宗第227捆第14575号,转引自卢明辉编《陶克陶胡史料集》,第52~53页。
⑤ 《洮南府知府孙保瑨禀报股匪陶克陶等进山现经密为布署堵剿等情形由》,东北档案馆藏洮南县公署卷宗第227捆第14575号,转引自卢明辉编《陶克陶胡史料集》,第52~53页。

得胜报告，"该匪等"到山后并没有抢掠，"而食去公司所存小米十余石"。①

在民间记忆中，穆荣嘎与陶克陶胡相识是在 1907 年底到索伦山之前，在科尔沁右翼前旗（俗称札萨克图旗）乌兰苏鲁克一带。义都合西格先生整理的《陶克陶事迹》称：陶克陶"回过头来复向索伦山进军。他们路过札萨克图旗乌兰苏鲁克地方时，遇见了一支队伍，带队的人是卓索图盟蒙古镇旗（今辽宁省阜新蒙古族自治县）的人民英雄穆荣嘎。他一见陶克陶非常高兴，要求和陶克陶联合起来，陶克陶同意了。他们合起来共 60 余人，不久到达索伦山南麓一带蒙古村落，在那里驻屯了一个时期"。②"1908 年冬季，张作霖的队伍百余名到索伦山里来了。……虽然陶克陶的部下增至 60 余人，但是和敌人兵力比较起来还是很悬殊。敌人的火力非常猛烈，穆荣嘎的部下有两个牺牲了，陶克陶的部下也有两人受伤。他们当时已处于被动的局面，如果继续抵抗，则对自己不利，因而决定无论如何要冲出去。陶克陶便命令一部分人继续抵抗，掩护主力撤退。他们很快地全部撤退出来，向西南方向驰去。穆荣嘎是位英勇顽强的英雄好汉，但是他对自己的部下管束不严。他的部下经常抢老乡的东西，穆荣嘎也制止不了。陶克陶对此非常不满，对穆荣嘎也提出不少次意见，但始终得不到纠正，所以陶克陶只好向穆荣嘎提出分离散伙。穆荣嘎从那里分离出去以后，奔宾图旗（今辽宁省康平县）去了。"③

蒙古国学者嘎·那旺那木吉尔著《蒙古英雄陶克图格》中有相似记述，称陶克陶"在经过札萨克图旗乌兰苏鲁克一带的几家蒙古人家时，遇到卓索图盟蒙古镇旗（今辽西省锦州附近的土默特右旗）的英雄牟楞嘎的军队。交谈以后，他们互相认识，也互相了解了彼此的目的是为反抗残暴的敌人而合作。这

---

① 参见包德强《近代索伦山地区移民社会史研究》，博士学位论文，内蒙古大学，2018，第 32 页，所据史料为《关于绰尔河税局禀为索伦山匪众盘旋呈请卷》（光绪三十四年），黑龙江省档案馆藏，档号：21-4-171。

② 转引自卢明辉编《陶克陶胡史料集》，第 162 页。

③ 转引自卢明辉编《陶克陶胡史料集》，第 162、165 页。

样，共六十余人，不久到达了索伦山南半坡最险要的套胡木图①的几个蒙古人家宿营。这时，已经是1907年年底了"。"1908年春，雪开化的时候，陶克图格的军队出动到……扎赉特旗策格穆仁②一带。……以后，又向南走，其同行者牟楞嘎分别他去。牟楞嘎虽为人悍泼，但其部下没有出息，他们不分蒙汉人和好坏人就想夺劫，牟楞嘎也管不了而任其下去。陶克图格对这点很不畅快。假若和他们长期合作下去，就破坏坏名誉。他虽然几次劝说了牟楞嘎，但是没有效果。现在他们分开了，陶克图格部下仍保持着三十余人。"③

1908年7月26日（旧历六月二十八日），牙什、白音大赉在七十户地方抗拒官军失败。8月初，白音大赉在逃亡中受伤而亡。在有关此役的官方文档中，提到牙什、白音大赉的同伙多名，但没有穆荣嘎。④他很可能未与白音大赉一同行动，遂侥幸逃脱，最终逃到外蒙古。至于他是否成为"巴布扎布的亲随"⑤，目前尚无法确定。

## 三　穆荣嘎的性情和弱点

据1913年夏与穆荣嘎见面并接洽公务的民国政府顾问瑞典人拉尔森（又作拉尔逊、拉逊等，汉名作"蓝里训"）记述，"穆荣嘎是一名喇嘛教教徒，

---

① 中共扎赉特旗委员会、扎赉特旗人民政府编《扎赉特地名》（内蒙古人民出版社，2010）第56页称：套胡木台系蒙古语，意为"有马鞍垫"。中共扎赉特旗委员会、扎赉特旗人民政府编《古今扎赉特》第105页作"陶核木台"，在今阿尔本格勒镇白辛嘎查境内。

② 中共扎赉特旗委员会、扎赉特旗人民政府编《扎赉特地名》（内蒙古人民出版社，2010）第82页称，查干木仁系蒙古语，意为"白江"。因1932年浩道都（大肚）喇嘛在此定居，大小牲畜漫山遍野，远望如同波涛翻滚的江水，故而命名（其中牧主金巴养有1000多匹白马。据中共扎赉特旗委员会、扎赉特旗人民政府编《古今扎赉特》第105页载，即今扎赉特旗胡尔勒镇境内之查干木仁嘎查。

③ 〔蒙古国〕嘎·那旺那木吉尔：《蒙古英雄陶克图格》，色觉尔吉汉译，转引自卢明辉编《陶克陶胡史料集》，内蒙古自治区历史学会印，1965，第132、133页。

④ 参见《东三省总督奏剿办西北蒙边悍匪获胜情形并出力员弁请奖折》《洮南府知府孙保珺上奉天行省公署剿获蒙匪牙什并搜获白音大来呈文》《洮南府知府孙保珺上奉天行省公署擒斩白音大来呈文》，朱启钤编《东三省蒙务公牍汇编》（《近代中国史料丛刊》第一编，影印本）卷2。

⑤ 中国人民政治协商会议锡林郭勒盟委员会文史资料研究办公室编《锡林郭勒文史资料》第2辑，1986，第79页。

在 1913 年抵抗中国的战争中英勇地为蒙古人而战。他在所有的外在形式方面，是一名非常虔诚的宗教徒——一名信徒，花费了生平中更多的时间在他的蒙古包内诵读经文，数着他的念珠。然而，从他的蒙古包，他指引着士兵们的作战活动，他们视其为自身的领袖。他在自己周围汇聚了一帮冷血无情、满腔怒火的男人，这些人无论在战斗中间抑或平时的遭遇，在取人性命方面，眼睛都不眨一下。他们的人生格言就是公然仇恨中国人"。①

丹巴拉布吉先生所撰《关于丑年之乱》一文称：穆荣嘎虽然长于战术，但性情贪暴，和部下色仍宝沆瀣一气，极力搜括民众。民众因色仍宝呵斥说"博格多②军队要啥就得给啥"，便给他起了个绰号叫"傲慢的喀喇沁人色仍宝"。他们俩后来以借的名义从富户那里搜括银子。③

从以上记述看，穆荣嘎虽然是位虔诚的喇嘛教徒，但性情勇悍，脾气暴躁，贪财好物。所谓对部下"管束不严""制止不了"部下的抢劫行为等，怕是有所粉饰。

## 四　穆荣嘎之死及死因

关于穆荣嘎之死及死因，有以下不同说法。

（1）民间记忆称：与陶克陶"分离后不久，穆荣嘎被张作霖擒杀。"④

（2）丹巴拉布吉先生所撰《关于丑年之乱》一文称：1913 年秋，"据说袁世凯方面通过蓝先生⑤做工作争取穆凌嘎'内附'。此事被〔库伦任命的〕'察哈尔大臣'绰尔济喇嘛察觉，报告给喀尔喀蒙古军，喀尔喀蒙古军诺颜

---

① 〔瑞典〕拉尔森:《蒙古公爵拉尔森》，张建军汉译（未刊稿）。

② 博格多，系蒙古语，意为"圣"。在宗教界，用以称呼活佛中之最高者。此处指"外蒙古政府"的"皇帝"博格多格根，即哲布尊丹巴呼图克图。

③ 参见中国人民政治协商会议锡林郭勒盟委员会文史资料研究办公室编《锡林郭勒文史资料》第 2 辑，第 95~96 页。

④ 义都合西格整理《陶克陶事迹》，转引自卢明辉编《陶克陶胡史料集》，第 165 页。

⑤ 蓝先生，即瑞典人拉尔森（又作"拉尔逊""拉逊"等，汉名作"蓝理训"）。

苏米亚公来拉拜①处，将穆凌嘎叫走抓起来，在翁衮敖包②的阿鲁宝勒陶勒盖的军营枪毙了"。③

相似的说法又见于俄国官方的记载，俄罗斯科学院东方学研究所资深研究员 E. A. 别洛夫教授在所著《俄国与蒙古（1911~1919）》一书中，依据俄罗斯帝国对外政策档案馆藏档称："内蒙古一些王公意识到不可能战胜中国人，便产生了失败主义情绪，促使他们变节。1913 年 9 月，阿尔花贝子④投降中国军队。同他一起投降的还有贴心的指挥官和普通士兵一百人。晚些时候察哈尔的一名军事长官穆荣嘎（Мурунгакнязь）叛变。察哈尔的另一名指挥官罗布桑敖其尔扎木察（Лубсан-Осор-Джамца）奉库伦密令将穆荣嘎杀害。"⑤

拉尔森称穆荣嘎是因为杀害了一名英国人而为外蒙古库伦政府所杀，他对此有颇为详尽的记载：

> 穆荣嘎因为一直怀揣着对于中国人的憎恶，杀死了一位名叫格兰特先生的英国人，他为此丢了性命。格兰特先生是中国电报局（Chinese Telegraph Service）的一名雇员，和几个中国人一起，正在从滂江（Pang King）——蒙古地区最南端的电报站——向前行进，这些足以信赖的中国人可以将格兰特一路照顾送到张家口。当他们仍在蒙古高原的时候，格兰特和他的伙伴遇到了三个骑马的人，对方强迫他们离开马路，进入他们的营地。穆荣嘎的司令部就设在这处营地。他对这个英国人喊着话，告诉他说，他可以悄无声息地前往张家口，什么东西都不想要他的，但是他必须把他的这些中国同伴留在蒙古营地。格兰特一旦骑马离

---

① 拉拜，大约系指拉拜庙，原址在今锡林郭勒盟镶黄旗宝格达音高勒苏木宝格达音高勒嘎查境内。
② 翁衮敖包，大约即今锡林郭勒盟镶黄旗文贡敖包。
③ 中国人民政治协商会议锡林郭勒盟委员会文史资料研究办公室编《锡林郭勒文史资料》第 2 辑，第 95~96 页。
④ 阿尔花贝子，即原内蒙古科尔沁左翼后旗辅国公那逊阿尔毕吉呼，投降民国后，被封为郡王。
⑤ 转引自中国蒙古史学会编《蒙古史研究》第 8 辑，内蒙古大学出版社，2005，第 346 页，其所据为俄罗斯帝国对外政策档案馆，驻北京公使馆全宗，案卷号 7916，第 129 页。

开，这些人马上就会被杀。

格兰特回答说，如果这些蒙古人要杀死这些中国人的话，就请先杀死他本人，因为他曾经答应护送这些中国人安全回到张家口。

蒙古人把格兰特的话当了真——他首先遭到枪杀，然后所有的中国人也被杀。在我的蒙古朋友的帮助下，我去拜见了穆荣嘎，从他那里接收了格兰特先生的遗物，我把它们带到了北京。

蒙古当局要求穆荣嘎前往库伦，但穆荣嘎拒绝前往。于是一位来自漠北蒙古的将军带着几名士兵来到了这里，逮捕了穆荣嘎。按照蒙古习惯法——原本的规范之一，从成吉思汗时代沿袭下来，蒙古人不可以让蒙古贵族或信徒流血。所以穆荣嘎被缝在一个毡子里，驮在一匹骆驼背上。他还没有到达库伦，就在骆驼背上经过长期的颠簸，死掉了。①

以上三说中，第一说明显错误。既然1913年穆荣嘎还在内蒙古锡林郭勒盟和察哈尔一带与民国军队作战，又岂能死于与陶克陶"分离后不久"（1908年或1909年）！第二说虽有俄方档案记载支持，但也不大可信，因为穆荣嘎及其部下"冷血无情"，"仇恨中国人"，尽管与民国的战争已胜利无望，但还有定居外蒙古这条退路，故不可能"背叛""内附"。何况他与身为王公的阿尔花贝子不同，在中国没有什么值得留恋的特权和财产，只有血债。之所以有这种传闻，不外是阿尔花贝子"叛变内附"一事与穆荣嘎之死前后相衔，引发人们的揣测联想而已。

拉尔森的第三说应当是可信的。首先，拉尔森是外国人，又是民国政府聘用的蒙事顾问和料理死者格兰特后事的当事人，还面见过穆荣嘎，有从中外各方面了解事实真相的条件。其次，他在内外蒙古生活多年，在蒙古僧俗上层中有很多朋友，连外蒙古"皇帝"哲布尊丹巴活佛和一干政府大员都与之有交往，不难获得相关信息。何况他当时就住在商都马群境内塔奔乌拉

---

① 〔瑞典〕拉尔森：《蒙古公爵拉尔森》，张建军译（未刊稿）。

（Tabunaγula）的家中，能就近得到真实消息。最后，"阿尔花贝子"的叛变内附就是拉尔森策动的，他从未言及穆荣嘎有"内附"倾向。

　　关于穆荣嘎的死期，未见有明确记载，目前只能根据民国大总统袁世凯的顾问莫理循的一封信札（1914年1月24日）来推测。该信内称："蒙古局势已大见改善。中国撤退军队深受人民欢迎。接着发生的是蒙古人当中自己打起仗来。穆龙加和布楞布两人和他们从东蒙带来的手下随从，同库伦派来的蒙古人发生冲突之后都已被俘，现在囚禁在塔布尔以北库伦蒙古人营盘里。拉森先生现在张家口，他将调查全部详情随后报告。"①信中之"穆龙加"即穆荣嘎，"塔布尔"即商都马群境内塔奔乌拉，拉森即拉尔森。倘若莫理循的信息较为迅捷，则他写信时穆荣嘎尚在囚禁中，其死亡很可能在1914年1月底或2月。

①　〔澳大利亚〕骆惠敏编《清末民初政情内幕》下册，刘桂梁等译，知识出版社，1986，第299页。

# 刍牧垦殖

# 张家口外开垦纪要[*]

何光澄

张家口一名东口，即万里长城东方行口之谓也，位在北京之北约二百五十里之地，铁道通焉（京张铁路）。再北四十余里，出万里长城，为头台地，此外二、三台以至库伦，共分四十六台，所向地势平坦，一望沃野数千里，最宜于种植及牧畜。曩昔为满洲之王公禁地，乃我汉民族足迹所不能到者。民国以降，财政部始开放之，测绘既定，因分别地位之肥瘠，分为上中下三等，定其地价，招人承垦牧，设察哈尔垦务局以主之。民国三年，顷闻有惠丰、丰裕等公司集股开垦，均获厚利，前曾发成绩册报告一切。其开办沿革甚浅，且种植均用旧法，亦能获巨利，世之有志于农业者，盍兴起而追迹之，于国计民生上，其裨益岂浅鲜哉。亟将领地及开办手续等，一切情况，介绍之如左（下）。

# 第一章

（一）此项官荒地区系归北京财政部管辖，凡有欲承领之者，可赴财政部或直接到张家口察哈尔垦务总局，披阅荒地详图，指定面积，禀准承垦。

---

\* 原载《农商公报》《选载门·专件》,《广东农林月报》第 2 卷第 10 期，1919。

（最少额在一项以上）

（二）领地之法，无论何人（但以本国人为限）皆得请领，依照垦务总局章程内开，凡有一次欲领地至四十顷以上，得有确实殷商保证者则地价分三次交清，领照之月先交四成，翌年再交纳三成以上，第三年内尽数清结。若三年内不能将全价交清者则由官将全地没收，并追所得利益。

（三）凡禀准领地者，自领照之日起，无论上中下等地，在三年期间内，准免升科。

（四）此项开放招垦地点，系在正红旗、厢红旗、正白旗、厢白旗、正黄旗、厢黄旗、正蓝旗、厢蓝旗及各王公牧厂马厂，并及五台、六台、七台、八台、九台、十台、十一台、十二台等处，以上均系内蒙古，约在数万顷以上。

（五）如领地人能将地价一次缴足，则即日由财政部发出执照，派员带往指领地点，永远管业。此款可交至北京兴业、中国交通银行核收。

前列各项领地手续，均属简而易行，吾辈南方人欲前往口外开垦者，可先到北京财政部查阅荒地明细全图，择其适宜垦牧而未经他人领去者，自行指定地数，禀请财政部给照，前赴目的地查勘明确，乃可着手办理领地手续，由京赴总局须半日路程，有火车通行，自张家口以外，另设有多数分局，局设委员司之。凡持有部照前赴查察者，则沿途分局人员皆叮咛指导，若由上海或汉口径赴张家口总局所在地，约须三日行程，此外各开垦地离总局一二百里或三四百里不等，由张家口出关一小时许，可到土井子（在口外三十里），有轿可乘，每日二元，从此至头、二、三以至各台之区域，沿途均有民家可以借宿搭食，无须多备糗粮。

# 第二章　地价

北五省之田献订算法，大抵征收地租，以三百六十号为一亩，百亩为一顷。但一般之土地买卖习惯，则以二百四十弓为一亩，一弓地为五尺平方，十亩为一坰（或名一天地），十坰为一顷。四十五坰为一方子，即中国一平里方。据财政部订定领地章程，内分荒地为三等，其价格亦各有等差。

（甲）上则地（黑土深二尺），每亩价银七钱；

（乙）中则地（黑土深一尺），每亩价银五钱；

（丙）下则地（黄土砂质），每亩价银三钱。

除上记正规地价之外，更须另纳部照费一元，注册费一一角，丈费照章按价加收千分之一，以外不取分文杂费。

# 第三章　稼穑物种类及耕作时间

本篇所说开垦地域，乃在寒带（北温带）范围之内，年中耕种时期颇短，自不能不择适当之植物。大抵以麦豆胡麻粟黍为主，傍及稷菽油菜山药荞麦等。播种期在谷雨立夏节始，而以立秋节为收割之终期。一经收割竣事，则办事人可谋返北京或天津，仅留少数农夫头及一二管理员监理可矣。试将该处通行之种植法列表明之如左（下）。

**播种时期表**

| 稻类 | 每亩种子用量 | 播种期 | 收获期 |
|:---:|:---:|:---:|:---:|
| 菜 | 三合 | 立夏节（不得过小满） | 处暑 |
| 大牛尾 | 三合 | 谷雨至立夏 | 处暑 |
| 二牛尾 | 三合 | 立夏至小满 | 处暑 |
| 三牛尾 | 三合 | 小满至芒种 | 处暑 |
| 胡麻 | 升半 | 立夏 | 白露 |
| 稷 | 五合 | 谷雨 | 白露 |
| 菽 | 一升 | 谷雨 | 白露 |
| 大日期（黍） | 一升 | 谷雨 | 白露 |

续表

| 稻类 | 每亩种子用量 | 播种期 | 收获期 |
|---|---|---|---|
| 小日期（黍） | 一升 | 小满 | 种后八十日 |
| 荞麦 | 二升半 | 芒种 | 处暑 |
| 山药 | 八十斤（一口袋） | 立夏 | 秋分 |
| 莜麦 | 四升半 | 立夏后五日至十日 | 白露 |
| 小麦 | 四升 | 谷雨 | 立秋 |
| 蚕豆 | 五升 | 小满 | 处暑 |
| 豌豆 | 六升 | 小满 | 处暑 |

# 第四章　整地及播种

目今口外之耕作通法，仍依素来习惯农法，用人力间及牛马力者，所用农具无非犁耙锹镰之类，因其易得而价廉也。（所用农具另表列之）整地之法，若系生地（即未经垦过者）当用牛马力锄去草根，（或用火烧法）然后划分为各小区，然后再依照熟地办理。熟地之整地法，以犁耙各耕起一次，细碎其拳土，及播种之先，更用耙一次，口外名曰抄种。若因特别事由，为时太促，不得施行第二回耙转之时，即权宜下种亦无不可。口外人种油菜时，相沿一种陋法，名曰撒菜籽，不先整地除草而径行撒播者，此种野佬农法，偶值天时顺利，亦可望有收成，然在吾辈则不宜轻试也。胡麻种不能撒种，非先抄种不得收成。稷亦如之。菽则抄种、撒种均可。山药亦须抄种，务必深耕，乃可望丰收。施肥一项，该处地味肥沃，首一二年之内，似可无需补助，是在临事者之应机处置而已。

# 第五章　开办费

此项开办费系以百顷计算，地价约须七千，伸大洋一万〇五百元前后，若系在百顷以下，则仿照酌量缩减可也。兹分条列之如左（下）。

（一）地价（百顷地计）七千吊

（二）房舍类 房舍三十间，每间二十吊，共六百吊钱，井二口，每口五十吊，共一百吊，（计）七百吊。按马牛群及台站与诺尔甚多地方开井易而水源深。

（三）农具类

| 种类 | 单价 | 需用个数 | 总价 | 用途 |
|---|---|---|---|---|
| 犁 | 五吊 | 三十副 | 一〇五吊 | 耕地用 |
| 耙 | 七吊 | 十五张 | 一〇五吊 | 耕地用 |
| 适用车 | 三吊 | 四十辆 | 一二〇吊 | 场中使用 |
| 大车 | 八十吊 | 二辆 | 一六〇吊 | 运搬用 |
| 镂连磙子 | 三吊 | 十副 | 三十吊 | 播种用 |
| 石谷轮 | 二吊 | 六副 | 一二吊 | 碎土用 |
| 石碌碡 | 二吊 | 十副 | 二十吊 | 镇土用 |
| 锹锄镰等件 | 无定 | 五十吊 | | |
| 家具 | | 无定 | 二〇〇吊 | |

（四）牲畜类

（甲）耕牛六〇头（每头四十吊），计二四〇〇吊。

（乙）耕马四〇头（每头六十吊），计二四〇〇吊。

# 第六章　岁入预算表（百顷计）

| 粮类 | 每项收入 | 价银 | 百顷总收入额（吊） |
|---|---|---|---|
| 菜子 | 六十担 | 每担八吊 | 四八〇〇〇 |
| 胡麻 | 五十担 | 每担十一吊 | 五四〇〇〇 |
| 稷子 | 八十担 | 每担六吊 | 四八〇〇〇 |

续表

| 粮类 | 每项收入 | 价银 | 百项总收入额（吊） |
|---|---|---|---|
| 菽子 | 八十担 | 每担六吊 | 四八〇〇〇 |
| 黍 | 八十担 | 每担六吊 | 四八〇〇〇 |
| 荞麦 | 九十担 | 每担四吊 | 三六〇〇〇 |
| 山药 | 二千袋 | 每袋二百文 | 四〇〇〇〇 |
| 莜麦 | 八十石 | 每石六吊 | 四八〇〇〇 |
| 小麦 | 四十石 | 每石十二吊 | 四八〇〇〇 |
| 蚕豆 | 七十石 | 每石五吊 | 三五〇〇〇 |
| 豌豆 | 五十石 | 每石五吊 | 二五〇〇〇 |

# 第七章　岁出预算（百顷计）

此项岁出以场内职工人役之薪金最占多数，种子费次之，其他饲料膳费及杂费须得三千余吊。兹表列之如左（下）。

（一）场员薪金表

| 名目 | 人数 | 薪金 | 一年合计 | 职司 |
|---|---|---|---|---|
| 经理 | 一 | 月给八吊 | 九六〇吊 | 总理开垦事务 |
| 司帐 | 一 | 月给三十吊 | 三六〇吊 | 管理一切出支 |
| 长工 | 三十 | 年给四十吊 | 一二〇〇吊 | 专司开垦 |
| 火夫 | 四 | 年给四十吊 | 一六〇吊 | 管厨及杂务 |
| 临时雇人 | 六〇 | 日给三百四十文 | 一四四〇吊 | 耕种收获 |
| 合计 | 四一二〇吊 | | | |

（二）杂支费用表

| 种类 | 用款（一年计） | 摘要 |
|---|---|---|
| 种子 | 一三〇〇吊 | 此表之价额以菜子种计算，若即用他种则另计 |
| 膳费杂用 | 二〇〇〇吊，每人每日百文计 | |
| 饲料 | 二六〇吊 | 只冬季期内需用 |
| 预备费 | 一〇〇〇吊 | 为预备添加器具及临时摘入之用 |
| 合计 | 四五六〇吊 | |

# 第八章　收支总计算

（一）常年收入平均计算：四万余吊

（二）常年支出：八千六百余吊

（三）开办费补偿金额：六百三十余吊

（四）地价资本利息：一千二百吊

据上表而观察之，年中种植物，不问其为麻为麦为黍，共平均收入总逾四万余吊之外，以之与常年经贵及资本利息固定资本补偿额等之三柱数比对外，尚能溢利二万八千余吊。（每大洋一元约得钱一吊二三百文）此为第一年收成后之计算。若在第二年度，则获利三万吊以上矣。核其投资总计，初着手时仅备足三万吊钱之资本额，便能获如许之巨利，世界上舍侥幸之投机事业外，奚复有能与之比肩哉。纵或因应投机事业一举而得十万金，亦未可知，然其性质甚险恶，偶不慎即招败，匪独无溢利可言，即资本亦将化归无何有之乡矣。垦荒事业则不然，就令购地之后，不幸而遭天灾水旱，粒米不收，亦仅失去当年之利息及少额之常年费耳。其基础之土地仍未损失也，苟有毅力以持之，一年不获则继之以二年而三年，岂有连年荒灾者乎。按查口外历来天气，罕有连年失收之例，是则前往开垦者可以安心矣。

余去秋归国之后，曾约友集资数万，前往开垦，孰意卒遭复辟之乱，致事败于垂成。目今大局虽渐底定，然同志者已散诸四方，弗可复聚，徒有心志已耳，岂不惜哉，岂不惜哉。

本篇所叙多得自北方友人口述，兼参考口外某垦牧公司周年报告及财政部招垦章程，其中错漏之处，在所不免。阅者幸有以指正之。

# 调查察哈尔垦牧情形记[*]

## ——以所至之商都为较详

陈贞瑞[**]

西欧各列强，于十六世纪以来，即竞行殖民政策。盖以国内之人口日增，地利将尽，不得不另觅新领土于海外也。我国则不然，腹地人口，麋集鳞萃，安土重迁，不图进取。若边地则广大荒而不治，大有平沙万里绝人烟之观，边政不修，于斯可见。至于海外殖民，尤为梦想所未及。民国成立以来，政府稍知注重移民实边政策。然所定口外放荒规章，领地须费，纯取收入主义。故虽设官招垦，成效未弘。加之国内频年多故，亦为垦务障碍之一大原因。余屡与友人陈君贞瑞谈及口外垦牧，实为绝大利源。又觅得察哈尔全区垦务总局开放官荒蒙荒情形，及领地承垦章程，与察哈尔垦务总局所翻印之赵世荣调查口外垦务日记，并张泽夫所著之垦务岁出岁入预算书，读之愈知其利益碻（通确）实，逐决计于察地组成公司，从事垦牧。爰函商湘中

---

　*　原载《经济汇刊》（北京）第 1 期，1919 年。

　**　陈贞瑞（1869—1960），字墨西，号潜斋。湖南衡阳市人。1890 年乡试授廪贡生。1903 年考入两
　　　江优级师范学堂。1909 年留学日本，结识黄兴、孙中山，加入同盟会，矢志追随孙中山，历任甘
　　　肃军政府秘书长兼教育厅厅长，湖南南路师范学堂舆地讲习，孙中山广州革命政府大元帅府咨议，
　　　广东惠县、湖南宁远县县长，北伐军总司令部政治顾问等职。后多年从事教育，先后在湖南省立
　　　高中、省立衡阳女中、衡山南岳女中等校任教。曾任湖南省第一、二届人大代表。与王克家合撰
　　　《对于湖南自治之研究》意见书，推动湖南自治和宪政运动。推崇王船山学术思想，著有《王夫
　　　之学术思想之探讨》。擅长诗文，撰有《潜斋文集》六卷、《诗存六卷》、《随笔》二卷、《大学新义》
　　　一卷等著述。次子陈致平，著名历史学家，著有《中华通史》十卷等，琼瑶为陈致平女儿、墨西
　　　之孙女。

旧友葛柱寰①、欧阳岳峻②、唐廷秩③诸君，咸赞同此举，来京共策进行，遂公推余与陈君贞瑞赴口外实地调查。余以病不果，陈君乃偕葛君于前月六日出口，凡二十余日而返。陈君遂著此篇，余读之喜其详明精确，钜细靡遗。（葛君著有拟办察哈尔商都县羊群地方垦牧预算书，亦最精确，附载于后）。想亦海内言垦牧者之所乐闻也夫。

八年七月　王克家④附识

## 一　察区建置及垦牧之沿革

察哈尔之设都统在前清初年，本以控制内蒙左翼四旗右翼四旗及锡林郭勒盟之十旗地，计其幅员，实大于内地之一行省。然游牧之区，向不知耕稼为何事。康熙季年，渐由汉民出口私垦。雍正初都统弘升（《清史稿》卷二〇六《疆臣年表十　各边将军都统大臣》卷第四十六："乾隆二十六年（1761）辛巳，是年设察哈尔都统。"）乃奉设理事厅，以治垦民，是为察区有汉官之始。乾嘉以后，垦地渐多，次第于左翼设三厅，曰张家口，曰独石，曰多伦诺尔，隶直隶布政司；右翼设四厅，曰兴和，曰丰镇，曰陶林，曰宁远，隶山西布政司。民国初元，左翼三厅犹隶直隶口北道，右翼四厅犹隶山西归绥道，惟均改厅为县，张家口改张北，独石口称独石，多伦诺尔称多伦，宁远改凉城。自定察哈尔为特别区域，于是上七县皆改隶兴和道，而以兴和道为察都统所辖，是都统兼理民政矣。惟都统所驻之张家口，（兴和道尹

---

①　葛柱寰，湖南湘乡人。早年留学日本医学专业。先后任教于湖南优级师范学堂、高等师范学校。后长期在军中从事军医工作，曾任国民革命军第十八路军军医处处长。译有日人杉宽一郎订正的《近世内科全书》。

②　梁启超曾评价："欧阳岳峻其人者，此人亦尝见之，盖鲠直士也。"梁启超：《致江庸书札五十通》，《上海文史资料选辑》第58辑，上海人民出版社，1988）

③　唐廷秩，湖南衡阳市人。1917年任湖南省立第一中学校长，后任衡阳县林务专员。创办长沙"一大蜂场"，1928年出版《唐氏养蜂学讲义》。与人合著《湘东吟集初集》、《别集》各一卷。

④　王克家（1876—？），字赐余。湖南衡阳市人。著名法学家。日本早稻田大学毕业。历任热河省司法厅厅长，湖南长沙地方审判庭庭长，湖南公立政法学校、国立北京法政专门学校教授，山西大学法学院政治系主任、教授，湖南省参议会议长。著有《政治学概论》。

亦驻之）本直隶万全县地，前都统张氏（芝怀）议划万全入察区，而直隶长官争之，直隶议会更争之，于事遂无效。今都统田氏（玉中）又两次请政府割划，亦皆无成，则前说已无讨论之余地矣。夫借他省之县治，为本区之会垣，事既既不相宜，于势尤不能久，都统为全区长官，似宜急择相当地点，筑署迁移，庶天君泰而百体从也。近有请都统移驻商都者，然商都犹偏于西南，欲为远大之谋，尚须另择适中之地，以便易于控驭耳。

察区垦务，在前清光绪中年，已由直隶总督设局办理，然不立规条，毫无效果。庚子以后。贻谷督办内蒙开垦事宜放荒渐多，虽办理不良，日滋流弊，然今日右翼四县之阡陌相望者，犹是贻氏昔年之成绩也。入民国后，初犹因仍。迨四年五月政府申令改组，以孝感龙骧总办其事，规画整顿，不遗余力，于各县并设行局，于蒙民特议优恤，由是遐迩响风，垦户踵至。其丈出可放之地，不下十万顷，由局放出之地，亦不下数万顷，商都、宝昌之能设县者，固非龙氏不为功也。其余各厢黄旗、厢白旗、马连滩皆为预备设治之所，屯垦队之成立，亦垦局之决定。迩岁经营，约略如此。现垦务总局，已改为实业厅，垦务责任，全分之各行局，其局长大概由知事兼领。龙氏既为实业厅长，遂不能专力于垦务矣。故察区虽得九县，而已垦之地，尚不及全面积十分之一。倘令左右翼与一盟之地而尽辟之，当可增县六七十也。惟此种筹边大计，在政府当以国力进行，在长官当以全神贯注，若尽恃区区领荒之费为边政收入之大宗，噫抑末矣！

## 二　张家口至商都之程途

出张家口大境门，迤北行两山间之沙沟中，约三十余里，至汗诺坝。坝者即平原中之高地，察区本蒙古高原，然皆迤斜而上，逐渐增高，虽间有起伏，率觉平坦，故自张家口至商都，已渐高至五百丈。（据垦务局测量）而行者并未尝感其斗峻，但觉去时为上坡地，回时为下坡地耳。惟汗诺一坝，突然凸起，乱石纵横，故平行稍困。近日公家徇各垦务公司之请，由张北县设局收费，平治此途。每过车一辆，收铜元四枚，然须修治者，不过数里，已逾一年，尚未竣工，殊不可解。坝之北二十里曰黄花坪，又北六十里为张北县治。其地旧有废堡，曰兴和城，客岁即其址建行政公署，并监狱、警察署等，知事因于张家口移驻焉。（知事旧侨治张家口）城内现有商店三十余家，居民七十余户，略具县治规模矣。县北十里为庙滩，察陆军第二旅（中央陆军第一师步兵第二旅。第一师，原清陆军第一镇。何宗莲为首任师长，旅长于有富，1911 年 8 月—1924 年 8 月驻察哈尔。）第一营驻此，大成等汽车公司，以此为出发地点，避汉诺坝之险也。汽车由此至库伦，往返约八九日，现边防筹备处之汽车，则径由张家口出发，然绕道过万全坝以达张北为一日程，较过汗诺坝路约远二三十里，不过地势略平耳。赴库赴商，由庙滩分道，赴库则北行稍西，赴商则西行稍北。惟过庙滩四十里曰平地老堡（今张北县海流图乡平地脑包），有农民数十户，旅店仅一家，设置殊秽恶。又六十里曰大青沟，虽有旅店数家，尤秽恶难住。惟有一缸房。（口外称酒店曰缸房，即贸易中之最大者）亦可借宿，其陈设颇雅静，有内地气象，不过给资宜稍优耳。店主申姓，为一老财。（口外称富室曰老财）[亦可借宿]，有地二十余顷，商店数处。缸房之后，察巡防队第一营（察哈尔巡防第三路骑兵第一营）驻焉。过大青沟，即无旅店，行者餐宿，必借民宿。然居民见乘车马者过，恐被骚扰，往往拒绝，非再三强之，不肯结纳，亦足见前此乘车马之人，恒足为该地居民所疑畏也。大青沟西三十里曰五台，又西四十里曰六台，又西四十里即至商都。此百余里间，地平如砥。一由张家口出发，所行皆依台道，如黄花坪，则近一台，庙滩则近二台，平地老堡则近三台，大青沟则近四台，过此则直在台道（阿尔泰军台）中行矣。商都地恰当七台，人民亦悉以七台称之，称商都则知者犹少。一路所经，率已开辟。然未耕之土，犹居大半，大约非领地者力所未及，即为不可耕之下地。商都新筑有土城，周十三里，城内有县署，制颇崇宏。察陆军第一旅（中央陆军第一师步兵第一旅，时李焕章任旅长）第二营驻商，犹借居署内，现已修造营舍，亦由县署主持。署左为县学校，右为警察署，虽犹虚设，然大辂坚冰，固赖锥轮积水也。署北有苗圃一所，试种树苗，悉就萎毙。外则商店约十家，民房十余处，稍大者为孝感人张泽夫（前为垦务总局丈量委员，现充宝丰各公司垦务经理，商地由放荒而成县，皆张平日所经营也）之住房，余则一片荒草。然以人事地势征之，则数年之后，断增繁盛。商都北五十里曰八台，察屯垦第一队在焉。队长由都统委任，受知事监督。该队已经营三年，所垦之地，约六七十顷，队前后左右有各垦务公司环之。予拟在队东五里曰哈达胡同（蒙语岩石井、石头井），辟一畜牧公司，兼营垦务，取该队尚有保卫能力，又与各公司附近也。凡予此次足迹所经如此。

## 三　河流湖沼之状况

由口至商，绝无河流，虽间有沟渠，亦无流水。其著者曰大洪沟，（在张北县治附近）大青沟（大清河，注入察汗淖，《大清一统志》称其为他尔郎泉。）不过能浸马蹄而已。湖之大者曰安固林诺尔（在平地老堡西北十余里处，属张北县），曰察汗诺尔（在五台西北十余里，属商都县），均系碱湖，可以治盐。人民取卤地泥土，以水渗入，用芦席滤下，晒以成盐。从前官税，每盐百斤，纳税百文。去岁察汗诺尔一处，地方官增收土捐，每土一车，取洋二角。今年更易税监，每车增至六角，如漏捐者，必罚至数十百倍。又有取水煮盐者，去岁仅收锅捐，每月六元，今年又增有水捐，每月三十元，如用锅而不领照，或虽领照而开锅时不预报明，亦苛罚无贷。该处治盐者，以山西人为最多，偶询此辈以治盐之利益，则曰从前尚有利图，近则捐款既烦且重，每于无意之中，即得漏捐之罪，亦殊不胜其苦。故吾等小民，只有歇业而已，如去岁煮盐者，本有八十余锅，现只余六十锅，预计阴历六月以后，必只二十余锅云云。其余无名小沼，亦时有所见，大约皆咸不可饮，欲取饮水，则必凿井，惟向地开凿，水味尚甘。至于灌溉，纯赖天雨，故该处水利，绝无可言矣。

## 四 口外之土质

张、商二县之地，大率皆系沙土，间有土面，皆粗沙细石，入地仍为细土者。其土分黑黄赤三色，黑土较多，含腐植（殖）质，故皆可开垦。然土最深者，不过二三尺，浅者尺余，最浅者仅数寸，土以下则皆石质矣。垦局放垦，定黑土深二尺者为上则地，深一尺者为中则地，黄土沙碱者为下则地。实则上地绝少，中地稍多，下地与中地参半。商都西者，未放出之地，土质含沙更多，不易垦治。若东北羊群地之犹未放出者，则土润草深，垦牧均宜。予拟在哈达胡同地有所经营，以其适当羊群也。

## 五 口外之土宜

（甲）种植之宜。种植如谷类，则黍、稷、糜、麦均宜。开荒之第一年，最宜种菜子，第二年则宜种胡麻，第三年则宜种黍稷糜麦等。逐年轮作，方适土性，否则无甚利益。蔬菜之类，以白菜、蔓菁、山药为最宜，次则胡萝葡（胡萝卜）葱、薤（可能指韭）等亦可种。树木则咸不宜，以土质皆浅，根不能深入也。故出张家口大境门外，初则或一里或数里犹见一树，过汉诺坝后，则有树之地不过两三处。（如张北县附近庙滩附近及大青沟等地）每处之树，不过十数株，发育之难，可以概见。各种果物，皆所不产。所可栽者，惟小叶杨树而已。花卉亦所不见，大约夏季能花之种类犹可栽植。此口外植物生产长之大略也。

（乙）畜牧之宜。蒙古为数千年游牧之区，以广大平原，处处皆草地也。虽黄土沙碱，亦草密如茵，故有不可耕之土，断无不可牧之土。查蒙地畜牧，羊利最多，而牛马为次。约略计之，其利有六：孳生甚繁一也，牧人易雇二也，饲养简便三也，场所单纯四也，毛可剪售五也，销路甚畅六也。然已由游牧变为耕稼，若仍牧而不垦，殊背土地进化之程。惟以畜牧为主，兼营垦务，庶顺世界变迁之大势，又收土地本来之利源。予此次出口调查垦牧，与湘乡葛君少芭相偕，葛君于调查所得，撰有垦牧并进之预算书，最为核实，附录于后。

葛君柱寰拟办察哈尔商都县羊群地方垦牧预算书

一查口外畜牧之利，较垦利尤大。拟领荒地百顷，（每顷计一百亩）以牧为主，兼办垦务。每年自行垦荒十顷，招佃垦荒二十顷，计四年可垦毕。凡自垦熟地亩，播种一年，即发佃耕种。其所以一面自垦，一面招垦者，免多费资力，而荒地得以从速垦熟也。

一查口外土宜，须用轮种法。新垦之地，第一年播种菜子，获利最大。第二年换种胡麻，第三年胡麻、莜麦均可种。自后多种黍、稷、菽、麦、山药、荞麦等类，获利渐少，故宜垦地，第二年宜招佃耕种。口外规例，招佃垦荒，第一年一九分收，第二年二八分收，第三年三七分收，以后准此。惟自垦熟之地发佃，头年即三七分收。

一查畜牧以羊利为最大，尤赖附近荒地为牧场，故领地时，以附近多山者为上。如牧羊一千头，内山羊占一百头，余系绵羊。又每百羊中牡羊五头，牝羊九十五头。查山羊每年二胎，每胎间有二羔，绵羊每年一胎一羔，凡羔满二岁，又可产子。若照产生计算，羊一千头，每年可产羔一千头以上，虽或有夭殇及意外之虞，然最少亦可存羔八百头。

一查商都宝丰垦牧公司经理张泽夫君著有垦牧支出预算书，尚称详尽。然讫今已历数年，时移事易，目前实际，难以尽符。此预算内容，系予出口采访于沿途老农及商邑各垦牧公司经理，并屯垦队队长，知事公署人员，又详加研究，始编此表，以为组织公司之准备据。

一此预算暂定五年，系以领地百顷牧羊千头为范围。计第一年宜准备用银九千元，第二年又准备用银四千元，自后以本年收入作为翌年开支，有余无绌。所列物价并物产量，概以民国七年度为标准。

计开

第一年

支出：

地价：计银二千四百元（口外荒地下地多，中上地少，领地一百顷，每顷平均银六十元，计银六千元，分三年缴清，本年缴十分之四）

羊：一千头，计银二千元（内牡羊五百头［二岁以上］，次牡羊五百头［一岁以上］，每头年均三元）

垦工：十人，计银五百元（每人每年工食银五十元，本年自垦荒十顷，外招佃垦荒二十顷）

牧工：六人，计银三百元（千羊分三群，每群二人，每人每年工食银五十元）

房屋：计银五百元（暂造十间，又造牛牢二间，羊圈三个）

农具：十付，计银一百元（每付约银十元，如犁耙等类）

杂具：计银三百元（如大车及各种器具）

草料：计银三百元（本年冬季牧草不足尚须添购饲草，第二年起自有农作草料，则不须购）

经理：一人，计银六百元（每月薪金五十元）

雇工：三人，计银一百五十元（一作火夫，一服杂事，一牧牛，每人每年工食银五十元）

共支出银八千九百五十元。

收入：

农作物：无（新垦之地须放置一年，使受风雨浸化，故本年不能下种）

羊毛：计银六百元（每年每羊剪毛二次，共约银六毛）

共收入银六百元

第二年

支出：

地价：计银一千八百元（本年缴十分之三）

垦工：十人，计银五百元（本年再自垦新荒十顷，又招佃垦荒二十顷）

种子：十石，计银七十元（用菜子即种第一年自垦之地）

短工：四百个，计银一百二十元（播种、收割用，每个工食铜元四十枚左右）

牧工：十人，计银五百元（第一年产羊八百头，至本年处连原有羊共计一千八百头，加分二群，共计五群，按原羊千头历年不免倒毙，因新产不止前数，故混合计算仍有千头）

杂费：计银三百元（修理房屋，添购器具，加造羊圈，添雇临时火夫及一切杂用）

经理：一人，计银六百元

雇工：三人，计银一百五十元

共支出银四千零四十元。

收入：

菜子：三百六十石，计银二千四百元（第一年自垦地十顷，本年自种每亩收三斗，共收三百石；又第一年招佃垦地二十顷，至本年一九分收可收六十石，每石约银六七元）

羊毛：计银九百十八元（第一年产羊至本年可剪毛，但除本年须售出者不剪外，计本年可剪毛之羊共一千五百三十头）

牡羊：二百七十头，计银八百元（第一年产羊八百头中，约有牡羊三百头，牝羊五百头，在本年终可售出二百七十头，每头约三元）

草料：无（有牛羊粪足供炊薪，此草料除冬季饲养牛羊外，尚可售出得资以购买莜麦、麻饼等添饲牛羊，可免冻馁之虞，故不列作收入）

共收入银四千一百十八元

第三年

支出：

地价：计银一千八百元（本年缴十分之三）

垦工：十人，计银五百元（本年再自垦新荒十顷，又招佃垦地二十顷）

种子：十石，计银七十元（用菜子即种第二年自垦之地，第一年自垦熟地从本年起发佃耕种分收）

短工：四百个，计银一百二十元

牧工：十六人，计银八百元（原购羊一千头，第一年产羊除售外存羊五百三十头，又第二年产羊八百头，故本年初共有羊二千三百三十头，加分三群，共计八群）

杂费：计银四百元（垦牧既渐发展，此项必逐年增加）

经理：一人，计银六百元

雇工：五人，计银二百五十元（牛有孳生，加牧牛工一人，又工人增多，加伙夫一人）

共支出银四千五百四十元。

收入：

菜子：三百六十石，计银二千四百元（第二年自垦地十顷至本年自种可收三百石，第二年招佃垦地二十顷至本年一九分收可收六十石）

杂粮：计银七百元（第一年自垦地在本年发佃种胡麻可收一百五十石，售洋一千元，三七分收可分得银三百元；又第一年招佃垦地二十顷亦以种胡麻计算，至本年二八分收可分得银四百元）

羊毛：计银一千二百三十六元（本年可剪毛之羊除须售出时不剪外，共有二千零六十头）

牡羊：二百七十头，计银八百元（第二年产羊八百头中约牡羊三百头，本年终又可售出二百七十头，每头约三元）

共收入银五千一百三十六元。

第四年

支出：

地价：无（在第三年已缴讫）

垦工：十人，计银五百元（本年再自垦新荒十顷）

种子：十石，计银七十元（用菜子即种第三年自垦之地，第二年自垦熟地从本年起发佃耕种分收）

短工：四百个，计银一百二十元

牧工：二十二人，计银一千一百元（原购羊千头第一年产羊实存五百三十头，第二年产羊实存五百三十头，第三年新产羊八百头，又第一年所产之羊在第三年产羊四百头，故本年初共有羊三千二百六十头，宜加分三群，共计十一群）

税金：计银二百元（垦熟之地照章三年升科，凡第一年所垦之地至本年应行升科，计有三十顷，每顷约银六元）

经理：一人，计银六百元

雇工：六人，计银三百元（本年加一人助理杂事）

杂费：计银四百元

共支出银三千二百九十元。

收入：

菜子：三百六十石，计银二千四百元（第三年自垦地十顷至本年自种可收三百石，第三年招佃垦地二十顷至本年一九分收可收六十石）

杂粮：计银一千四百二十八元（第一年招佃垦地二十顷如种莜麦可收六百石，每石约银二元七角，至本年三七分收可得银三百元）

羊毛：计银一千七百十六元（本年可剪毛之羊除须售出者不剪外，共有羊二千八百六十头）

牡羊：四百头，计银一千二百元（第三年产羊一千二百头中约牡羊四百五十头，至本年终可售出四百头，每头三元）

共收入银六千七百四十元。

第五年

支出：

垦工：无（在第四年已垦讫）

种子：十石，计银七十元（用菜子即种第四年自垦之地）

短工：四百个，计银一百二十元

牧工：三十人，计银一千五百元（原购羊一千头第一年产羊实存羊五百三十头，第二年产羊实存羊五百三十头，第三年产羊实存八百头，第四年新产羊八百头，又第一年所产羊在第四年产羊四百头，第二年所产羊在第四年产羊四百头，故至本年初共有羊四千四百六十头，宜加分四群，共计十五群）

税金：计银四百元（凡第二年所垦之地至本年亦应升科，连前共计六十顷）

杂费：计银七百元

经理：一人，计银六百元

雇工：六人，计银三百元

共支出银三千六百九十元。

收入：

菜子：三百石，计银二千元（第四年自垦地之收入）

杂粮：计银二千一百五十二元（第一年招佃垦地二十顷如种莜麦三七分收，可得银四百八十四元；第二年招佃垦地二十顷种莜麦至本年三七分收，又可得银四百八十四元；第三年招佃垦地二十顷种胡麻至本年二八分收，可得银四百元；第一年自垦地十顷发佃种莜麦三七分收，可得银二百四十二元；第二年自垦地十顷发佃种莜麦三七分收，又可得银二百四十二元；第三年自垦地十顷发佃种胡麻三七分收，可得银三百元）

羊毛：计银二千三百七十六元（本年可剪毛之羊除须售出者不剪外，共有羊三千九百六十头）

牡羊：五百头，计银一千五百元（第四年产羊一千六百头中，约牡羊六百头，至本年终可售出五百头，每头三元）

共收入银八千零二十八元。

统计五年后期满，共支出银二万四千四百八十元，共收入银二万四千六百二十六元，收支相抵，尚余存银一百四十六元。总计存留各项如左：

熟地：一百顷，计银二万五千元（每顷平均值银二百五十元）

牛：六十头，计银二千一百元（五年约共产牛四十头，每头平均值银

三十五元）

羊：六千一百六十头，计银二万四千六百四十元（第五年终除售出外共有牡羊及次牡羊三千九百六十头，又原有羊在第五年产羊八百头，第一年所产羊在第五年产羊四百头，第二年所产羊在第五年产羊四百头，第三年所产羊在第五年产羊六百头，故共有上数，每头约银四元）

房屋

农具

杂具

计银四百元（以上三项，逐年添造增购，工费银在一千元以上，但住用年久，不免废坏，故作价约以四成计算）

现银：计银一百四十六元

以上存留各项，共值银五万二千二百八十六元。本预算于第一二年动用成本，共银一万二千三百九十元。以后渐次收回，其积年利息，尚须陆续支付，以一分计算，约银六千元，前表中未载，此应从存项中减去银六千元，实获纯利四万六千二百八十六元。若第六年继续办去，则获利更可准此增加也。

# 六　口外之气候

（甲）气温：蒙古本高原，而察区又高于外蒙各处，故温度亦较各处为特低。（如库伦又在商都北一千数百里，而温度乃与北京相似，实因察地以北海拔渐低之故耳）以商都言，温度最高时，不过华氏八十度，极低时可至十五六度（即冰点下十六七度），然极低时亦少，大约每年甚寒之候，普通亦不过二十四五度左右。若商都以北，则温度又以次而低。予常宿八台（在商都北五十里），其温度较低于商都六度，再北可以推知矣。蒙地凤称多风，盖风有大小之时，断无无风之时。尝有大风至二三十日不止者，广袤之区，尘土常随风卷去，如行云飞扬，亦一奇观。倘大风不止，则尘土卷尽，仅留沙石，故广袤之区，[其西北方面]无山屏障者（西北有山，可以障风），甚不利耕种，亦言垦务者所宜知也。

（乙）雨量：蒙地雨量甚少，然农家既无水利可言，故以雨量之多寡，卜年岁之丰歉。每岁雨量较多之时，在阴历五六两月，大约每月降雨最多，不过五六次，每次不过一二小时。若霪雨终日，则绝对无之。春秋虽亦有降雨之时，要为偶然之。苟五六月无雨，则农民束手坐困，幸亦不恒见耳。降雨[雪]时期，普通在阴历九月初或八月中，最多仍在冬季，甚或六月飞雪，亦不足奇。至三月下旬，则积水全解。故耕作须以四月至八月为起讫，过不及均所不宜。又六月偶有雨雹之时，其害稼为甚烈，惟间岁不必一遇，所雨区域，亦不必广耳。至于迩年天气，则较前转温，据久寓商都者言，去岁温度最高时，较两年前增加四五度。严寒之时，约迟十余日。即雨量亦似逐年增多，所以客岁收获之丰，为向来所未有。今年雨量之足，又较去年有过之无不及云云。盖土地开辟，地表可以藏热，作物蕃殖，水分赖其含蓄，故气温高而雨量富，人事实足以转移气候也。

# 七　住民之种族及习惯（附教育卫生宗教）

以种族言，口外本蒙人旧居，开垦以后，蒙人渐向西北徙去，惟各台站则尚有之，然每台亦不过二三户，若一台、二台，已无此辈踪迹。留居之蒙民，又渐知耕稼，故有佃田与人而分收租粮者，亦有受公家所给之土而自行垦种者，然耕者似不如汉民之素习，故生计犹困。汉民之徙居者，以山西大同一带为最多，山东人次之，万全宣化又次之。现在商都一带，大约蒙民不过百分之一。张北一带，则犹不逮，亦足见地方之变迁也。以性情言，汉民最愚直，畏官府如鬼神，官府有命，但知奉行，无敢违抗。蒙民则稍狡悍，然亦知畏官府，其稍远未垦之地，则但知为都统所辖，都统之外，不知国内更有何官矣。以习惯言，衣则普通之民皆有无面老羊裘一件，羊皮裤则不必人人皆有。若棉裤一条，则天暑或不更易。男妇服棉夹之时，皆不着里衣，不知浣濯也。妇人均缠足，极纤细。耳连穿二孔，着重环。在夏季或仅着单半臂，裸露两手，不以为异。男子或禁裸露，谓为罗汉体，亦风俗之特殊也。食则普通，皆饭莜麦（莜，该地土音读若由，按字画莜惟掉挑钩三音，无由音。待考），菜则盐渍葫萝葡一品，如非富民，尽无肉食之时。居室则皆背北向南，避朔风也，泥土筑墙，泥土盖屋，制极简陋。亦能制砖瓦，然非公署不用，富室用之亦少。木料必取诸二道河、隆盛庄等处，远或三百里，近亦百七八十里，故转运极难。屯垦队之筑室，则取材木于多伦属地，已远在五百里外矣。室内之布置，如普通民居，并无椅桌等具，有炕几者亦不多。食灶与寝坑相连，就灶内之火通于炕下以取暖，盖无冬无夏，皆寝热炕，故臭虫最多，惟富室则灶炕尚有隔别。业旅舍者，大概中为爨室，两旁则全室皆炕，各宽广数丈，铺以芦席，犹有古人席地之风，过客杂处，至为秽恶。自张家口至商都，惟张北有旅馆，一日〔曰〕同行〔心〕居，略仿内地旅店规模，取费尚廉，较其他旅店，判若霄壤矣。蒙民留者，亦有居室，与汉人同，然必多一蒙古帐以别之，取其便于徙居，其帐俗曰蒙古包，以毛毡与木料构造，形如覆瓮。若无此包而但有住房者，则为蒙民中细微之人，尽已渐变从前之习尚矣。以贫富言，则商都一带，有大户七八家，管地多者至三百余顷，其少者亦达百顷。普通民户，亦大约有地四五十亩，佃耕者至少，亦有此数。盖口外之土，生产力尚薄弱，每数口之家，非有五十亩以上，不足以言赡养。其力不能耕此数者，决不能居留口外，故赤贫之民，亦竟无之。至于教育一项，则张商县署，虽带收学校经费，然尚未十分进行。民间除富室子弟偶读旧书外，普通之民，殆无一识字者矣。卫生事业，人民尤无所知。出张口外，既无官私常设之医院，亦无个人或为医药之业。如有疾病，痊危惟听其自然。且习为不洁，故病痢者多，间有传染，至于全家死亡，是以行政者所宜注意也。宗教一项，旧教如回佛均有之，新教则庙滩北数里及商都县东北十余里二十号地，各有天主教堂一所，高乌苏地方（商都东北数十里），则教民甚多。荒寒之区，无远弗届，亦足见外人传教心之坚忍也。

## 八　交通与市场

从前台站之路，每台称六十里，商都地当七台，然距张家口实不足四百二十里。由口乘骡车往商，约三日半可达，返口则三日可达，以下坡地稍易行也。车价每辆每日约二元，惟商都新辟，故无车马行，随车往返，方为妥便，否则须藉官署之力，强拉民车矣。旅客如此，殊非所宜。闻京绥铁路，现已续修，计本年八月可由丰镇至平地泉。其地距商都约百余里，商都官绅，拟俟平地泉通车后，即于平商之间驶行汽车。其地平坦，每日可往返两次，是八月以后由京至商，不过十余小时。（由北京至丰镇约十小时，由丰镇至平地泉约三小时，由平地泉至商约二小时）亦至便也。商都前无邮局，通信者暂于张北属之南壕堑邮柜转寄，稽延殊甚。现由邮务局专员考察情形，已借定商都城内瑞增泉商号为代办处，七八月间可以实行矣。电报则商都尚不通，数年后商都如增繁盛，亦所必设，此交通之大略也。

张商之间，惟张北县有商店数十，以外并无市镇。如庙滩虽有汽车公司办事处，大青沟虽有一缸房，然两处精华，既尽在此，亦不可谓之市镇也。惟各大村庄内，多设有贩卖处，以售油酒粮食。商都一县，大约购寻常物品，无不赴兴和县。（在商都西南一百八十里，民间皆称二道河，知为兴和县者则程度稍高矣）购紧要物品，必须赴张家口，间有赴隆盛庄（丰镇属地）陶林丰镇二县，惟至少须往返四五日，均不甚便。商城之内，以瑞增泉为最大商号（张泽夫所开设），业缸房与粮店，大陆公司经理方君引之杂货店次之，此市镇与贸易之大略也。

## 九　物产与物价

商地动物。除六畜皆有外，野兽则豺狼最盛，余如狐、兔、黄羊，亦随处可见。鸟类则无畜鸭、鹅者，以非水地也。最多者为白鸽，其余小鸟，如

雀、燕与鸧，大鸟如雕、鹰与雁，均所在有之。植物门见前第五条。矿物之
已发见者，有羊群花贺秀[①]之铅矿，已由宝丰公司取质到京试验，因目前铅
不销行，故未开采。马群有水晶矿，亦经张泽夫由县领照派人探获其质归
商，正拟筹款采取。车连沟（在商都东北九十里）一带，则煤苗颇旺，尚无
议及开采者。案以价值言，则煤远不如水晶，以应用言，则水晶又远不如
煤，况蒙地燃料缺乏，此种物品，尤为需要，资本家之所急，宜在此而不在
彼耳。

迩来农作物之价格，惟菜子稍涨，余皆跌落。如黍稷及菽子等，向来
每大担（口外一担合口内二担）约值洋三元五六，现则不足三元矣。菜子一
大担，则已由五元涨至六七元。他如胡麻，每大担价约六七元，莜麦每大担
价约三元，则与从前无甚出入。牲畜之价格，大约牛则上者五十元，次者
三四十元，下者二十元。马则上者二百元，次者六七十元，下者二三十元。
羊则上者五元，中者三元，下者二元。购牛马以阴历二三月为便，购羊以
八九月为宜。此项牲畜价格，亦近年之情形，约较从前已涨矣。至农作物之
销售，大约菜子、胡麻及蒮葫、麦子，均须自运至张家口出售，每大斗需运
费三角。菜子、胡麻两种，间有洋商自赴商都各地收买者，此物价与销售之
大概也。

## 十　通货与金融

蒙地向来皆用现银与制钱，近渐以银元、铜元为本位，用现银与制钱者
渐少。纸币则兴业银行（察哈尔兴业银行，1917 年创办，在张家口设立总
行。）之铜元票，二道河之制钱票（二道河之制钱称二百四十文为一吊），亦
可使用。惟二道河票，兑换皆系小钱，故已降为八折。现商都瑞增泉，亦发

---

① 查《察哈尔商都招垦设治局所管区域图》，羊群花贺秀有两处：一处在小马王庙（今商都县小庙
子）与板升吐（今商都县板升图村）间略偏西，另一处在设治局东北与那王府界处。按图第一处
近宝丰公司垦牧处，当为此处。花贺秀，与花合少近，蒙语意为"黄色山咀"。

行铜元票，因兑换甚便，颇能畅行。至外国货币，则均无之，不若吉黑等省纯用俄帖也。

金融方面，如个人借贷，向来只借贷粮食，年利五分，少至四分。近日亦稍有借贷银钱者，年利三分或二分五厘，亦地利渐兴之一证也。至口外既无商场，故无银行放款之事。如在张家口银行借款，则月利由一分二至一分四五，有存款者，亦须交张家口银行。尽凡口外之各公司之金银交涉，大抵皆在张家口之交通、兴业两行耳。典当一项，现虽无之，计商务发达时，亦必有业此者矣。

## 十一　各垦务公司之状况

蒙地自开垦以来，投资者争先恐后，各公司遂逐年增加。商都一带，大公司二十九家，小者四五十，合资领地，不以公司名者，更不可胜记。各公司股东，类皆在职之要人，或休职之显宦，及有声之富商巨室，而以在北京者为大多数。若提拨公款办理者，则无所闻。商邑最大之公司，曰立本，曰宝丰。立本领地约六七万亩，开办三四年，已垦熟者约二万亩。宝丰领地四五万亩，开办四五年，已垦熟者，约万余亩。以外公司，虽有领地较多者，然或未缴价，或未开办，除立本、宝丰外，各公司中并未有垦成熟地至一万亩者。从前各公司之办法，皆带有衙署性质，用人甚多，开支甚繁（有某地办事处某处总经理某处副经理并会计文杂录事护兵等名义），故皆未获利。近年如宝丰力行撙节，裁汰繁冗，至去岁又复丰收，始将从前亏空，尽行弥补。其立本与大陆顺成两公司（在商都北三四十里）去岁收获，均获利益，但资本均变成地皮，一时不能取出，今年各公司变计，皆欲兼事牧羊，亦阅历之所得耳。

## 十二　领荒之手续（附荒熟地转卖之价格）

察地各处垦务，均由知事兼领，惟商都东北羊群地方，另有专员，驻张家口办理。以商都知事为会办，初拟羊群之地，增设治局，现以该处领荒者尚不踊跃，犹未实行。领荒之时，由各户先赴垦务局呈明地点，承领若干顷，批定后即缴价若干（大约十分之一），由局派丈地委员随同前往，指定地点，勘丈明确，定立等则，一面由局发给通知书，依限备带荒价到局领照，即行管业。若照旧章承领证书，则荒价分三年缴清，第一年缴十分之四，第二、三年各缴十分之三，缴足地价，方能换照以取得土地所有权。近日丰镇垦务局，则变更旧章，领地之时，取地价半数，满三月即全数取足。商都亦拟仿照办理，惟丰镇本无大段荒地，零星夹荒，固可如此收价。若商都则未放出之地，大段尚多，两期取价之法，似不易行也。商都所以亦欲改章者，因前此恒有并无资本之人，贸然领大段荒地，其数动至数万亩，甚有逾十万亩者，乃仅得一通知书，即行将地转卖，而该地不识字之愚民，最畏与官交涉，每喜从地贩之手转买零星荒地，而贩卖者取得地价，即以转缴押荒，又以得价之赢余，为所留地开垦之费，盖有未出己囊一钱，而安然作地主者。或转售之地为数无多，因之无钱续缴地价，而地亦未能开垦，所以商都荒地，所在皆是。而所欠之地价，不下二三十万元。现因追缴地价，拘留县署者已十余人，并有领户避匿不知去向者。照章地价未缴，期限已过者，即应取销归公，然此类地贩，又有地已转买，而荒价仍不缴出者，若一例取销，则转买之愚民，又已出价而不得地，常以生命与人交涉，若厅操之太蹙，足酿祸阶，此亦行政最窘手之事也。所以致此，实由前此放荒者之宽大，然以国家移民实边言之，正宜取宽大之手续，彼列强中如英之于坎拿大，荷之于爪哇，且不惮举全国之财力兵力悉挹注于殖民政策中。今我之人民，于国内之边地，既不资政府之补助，自行出口开荒，政府且有不赀之收入，是与列强之用意适得其反，况可操切边事乎。惟地贩因欺彼愚民，其罪殊不可逭耳。至荒地转卖之价格，每亩上则地约一元六，中则地约一元一二，下则地约八九角，熟地转卖之价格，每亩上则地约二元至三元，中则地约二元，下则地约一元五六。此以商都行情言之，他处有贵于此甚多者，或亦有贱于此者。

## 十三　开垦之方法（附建筑房屋及燃料取给）

口外垦荒，领地可多。而一年之中，自行开垦过多，则费本甚钜，经理殊难。宜一面招佃开垦，不费己赀，而地仍能早日垦熟，分收利益。又口外每年之气温，高时迟而低时早。本年所开之地，本年不能下种，因开荒地须在阴历四五六月，而播种至迟，亦不能过五月，是地开毕而播种之时已过，且新垦之地，非使饱受风雨，则土质亦难使疏松。如望德公司（在商都屯垦第一队之北），于去岁开地二十余顷，其股东不谙口外情形，训令经理即行下种，其经理为股东所迫，勉强奉行，乃苗方长成，即全数冻死，直至今年，犹不能翻耕，尽枯苗未刈，盘根甚深，人牛之力，皆难施用，反不若荒地之犹易施治也。故各公司之积累，惟望德尤为不资，此实足为鉴戒。开荒器具，多需定购，其地点不外隆盛庄、二道口、张家口诸处，以正二月办齐为妥。牛马虽须并用，然开地宜用牛，荒地甚紧，宜徐徐行动也。翻耕时牛马均可用，因土已开成，不妨驰行也。雇工宜用本地人为工头，其余各工，由其转雇，则彼此之情易通，不然则工人常不肯至，盖本地人最畏官府，若公司中人，亦视为与官府无异，谓官府用人，例派差而不给钱也。工人性情，以本地人为最驯，然不甚易雇，以自有田可耕也。外来之工人，则山西为最多，虽甚易雇，然不甚可倚用，性情不必驯也。雇工价目，大约最好工头，年约六十元，长工年约三四十元，散工每日铜元约三十枚，但火食未计，然每工每日铜元六七枚足矣，此雇工之大略也。招佃之法，亦可由雇工头招徕乡人承佃，普通须取保立约，以五年为期，期满双方再续。如在期内不纳分收，或耕作不良，即一年后亦可声明退佃。佃户房屋，大概由其自构，如退佃时，惟须将木料移去。荒地发出，第一年不能下种，田主即无收。如下种者，第一年一九分收（东一佃九），第二年二八分收，第三年三七分收，以后准此分收之法。或（纳捆子），于粮食收获成捆之时，第一年田主百捆取十，第三年则百捆取三十。或（分颗子），亦于粮食成捆时，于每捆中任取一捆，揉下颗子，以升量之，为应取他捆之标准。或（分钱），则第一年每亩约分钱六十文，二年约八十文，三年以后，永远分洋一角，合铜元十四枚。又有所谓大（打）分收，则佃人对于房屋农具牛种，皆取诸田主，并须田主垫出工食，收获后东佃各分粮食一半，惟须于佃人之半数内扣除东人垫出之工食，其发卖粮食之权，仍由田东操之。此则立本公司一家之办法，据该公司人，谓此种办法，较自垦与分收均为优胜云云。建筑之法，购买材料，以丰镇之价较廉，然距商都三百里，则路稍远矣。泥木匠工，亦须雇自隆盛庄与二道河，建筑兴工，以清明后三日为最妥，但材木各项宜在清明前办齐，过阴历八月，则不能建屋。建筑费用，计工人住房，每间约需银元二十，办事人住室，每间最少需银五十元，开井每口约三十元，此其大略也。

燃料之取给，大概开荒时，皆用牛羊马粪，地开熟后，可用各种粮（秸）草，亦北方普通之情形也。

## 十四　畜牧之办法

畜牧以羊利为最厚，农家类能言之。牧羊方法，本甚简单，然亦有宜研究者。一曰择种，羊之种子，以美利路种为最佳，然蒙地不宜得，且价值亦太高。畜大群之羊，亦只能就地所有加以选择而已。二曰牧人，蒙地凤以畜牧为生活，故牧人宜雇，有谓宜用蒙人者，以其有专门之识也。然蒙人性情，究有不相容之点，且蒙人不知变通，若欲牧业逐渐改良，不如仍用汉人，况蒙地汉人之业牧工者亦甚多，其薪赀约每月四元而已。三曰牧场，羊之牧场，宜在山地，亦不必定在所有地畜牧也。大约百顷之地，可养四五群，群之大者五百头，小者三百头，每一群须以二牧工掌之。四曰春冬之饲养法，蒙地春冬皆寒，草已不生，其饲养之法，不能不预为储备。大约在秋季时，即须割除草料，以春冬用。而春冬晴明之日，仍可放出，使食枯草，如有不足，则参以莜麦饲之，而羊必肥腯矣。五曰预防羊病法，医治羊病，本地牧工，大约知之。而预防之法，总以使不食不洁水草为宜，是在经理者之时时考察耳。六曰羊圈之构造，蒙人养羊，大抵以木圈环之，制极简朴，上无所覆，雪天亦听之。谓羊身有毛，不必畏雪，其冷者惟四蹄，卫其四蹄，即属无害，故圈上并不必有所覆盖，以致蔽其日光云云。然稍加研究，则圈有覆盖，以蔽雪霜，于羊身究属相宜，惟四周只筑半墙，上段宜空，以便流通空气耳。七曰剪毛之时期，每年羊毛，大约可剪二次，头次宜在春季将暖之时，二次宜在秋季似寒非寒之时。八曰羊之配置与防御，羊之牝牡配置，大约每羊百头，有五六牡羊即足。惟十绵羊之中，须有一山羊，盖山羊性灵于绵羊，群羊之选择水草。皆须山羊为之引导，若领队然。又蒙地常有狼患，惟蒙狗足以制之，故一群羊中，须养大狗数头，可以为羊之防御。凡此皆牧羊浅近之法，至于因时变通，则在经理者参照中西畜牧学理，斟酌行之可矣。

## 十五　官厅及军队之情形（就商都言）

商都初为设治局，继改为招垦设治局，七年冬改为县治，局长改知事。前局长郭成均颇勇于任事，如商都放垦之多，以及建筑衙署局所城垣城壕，皆郭所经营，业经呈请任命为商都知事，去年未及正式就知事职，已调署凉城矣。今知事刘汝棣，人甚稳练，本张北垦务局长，故对于垦务，至为熟悉。佐治者曰陆震，亦直隶候补知事，于商都行政，深资得力，甚为刘所倚赖。署内有警备队五六十人，尚无警察。军队有三项，一曰陆军，驻商城者一营，驻商境者二营；二曰巡防队，驻大青沟一营，驻他处者二营；（此二营与其他陆军二营所驻之地偶未详询）三曰屯垦队[1]，其办法预定十年计划，分

---

[1] 据北京农业专门学校农林科三年级暨教员养成班国内旅行团《调查口外农业记要》载："屯垦队乃去岁（1916）由察哈尔都统暨垦务局呈明政府试办者。今春出发，前往商都屯垦队。职兼兵农，旨在垦辟荒地，保障垦民，实行移民实边，寓兵于农之政策，法至善也。闻创办之初，当局筹画，煞费苦心。他日功成效著，殊于边防政务农业财政等，有莫大之利益也。"《教育公报》第4卷第15期，1917年。

别筹备，渐次扩充。每年由公家支出基本金一万八千余元，设立一队，递至十年为止，所有十年间之收入，除开支，余款均作扩充屯垦队之基本。全区拟练成四十队，计每队队长一员，队副一员，正目十名，兵丁九十名，共一百零二人。其授亩之法，凡建筑房屋之地基名曰宅地，全队共授三百六十亩，公家预备留给他项之地亩曰公地，全队共留八百亩。授与目兵之地曰屯地，每名授地百亩，全队共授一万亩。每队又加附属地一千八百亩，为树植森林及开辟道路之用，内分二百亩为葬埋义地。各屯地第一年之粮产，全由公家收入支配。第二年以后，由目兵佃种，公家收租。各队自成立之第三年至第十年，按年各拨公地三百亩之粮产，作小学校经费，其余每队公地五百亩之粮产，由公家完全收入。屯垦队退伍之时，（定十年退伍）队长授垦熟公地三百亩，副授垦熟公地二百亩，兵每名给予原种地屯地百亩，学校拨给垦熟公地三百亩，分别颁发部照，各自管理，宅地部照，则由队长保存，全队公共管理。退伍后所有地亩，一律照章升科，惟地价正杂各款，均免缴纳。队长、队副退伍后，改为村正、村副，目兵改为屯户，每户出庄丁一名以为庄兵，此编制之大略也。民国六年，就商都西北八台附近编练第一队，最近则除每兵授地百亩外，又准每兵领地四百亩，陆续缴价。以各兵赡养家室，百亩之地，尚不敷也。然该队附近，已无地可给，因八台附近山地，向为匪穴，自该队开办，而匪已潜踪，故各公司业已林立，（顺成、大陆、望德、保大、丁统领[1]等公司均在该队附近）而领地者尚前后不绝也。惟边地屯垦事业，贵在推广，此项人给五百亩之办法，亦殊难以为继。该队成立以后，固未能尽如定章，亦办事之困难，有必不能符预筹之计划者耳。其屯队第二队，亦于去岁在商境成立。（在商都东北地）然为地方所筹办，并未支公家之款，故公家犹未发给枪支，但已得都统之承认而已。计察区全境，本有泱泱大国之风，而所谓屯垦队者，犹只此数，不觉有太仓梯米之感矣！

---

① 丁长发，时任巡防第二路统领，曾任察东镇守使兼察哈尔第二骑兵旅旅长。

## 十六　近年之匪患

察地匪徒，蒙人较多，以生计较难，遂易走险也。六年间有张源洞[1]者（混名二张飞），本蒙匪魁首，招抚后，都统授以五营统领。适阴历五月下旬，都门（张勋）复辟之事，传播察区。张匪复变，以复清为名，扰乱张北、商都、兴和各处，商都治所，被患稍深，各公司与人民之受祸者，虽轻重不一，大概无幸免者。至于七月由官军格毙，所有匪目，亦悉就诛逮。及十月卢占魁又率四五千人窜入商邑，其支党某则率千人至于八台。时屯垦队成立未久，开出者多。乃以四十余人与之抵御二日。官军闻信往援，遂得合力驱之出境。七年之内，商都幸无匪患，而兴和县则有匪徒约百人，滋扰一年终未就捕。本年春间，该匪则大半就抚，余亦窜匿，现在各处表面均已安宁矣。据厪（寓）商都者言，该邑军队既多，屯垦队亦御匪有效，此后该邑可以无匪云。惟商都自垦务大兴以来已成察区重镇，非有长官驻之，不足以言镇摄。前此官绅，曾请都统移驻，大约不能成为事实。至以察西镇守使移驻商（现驻丰镇）则去岁早已规定。商邑已预备公署，而现镇守乔氏（乔建才，山东曲阜人，1913年始任多伦镇守使，1917年始任察西镇守使），年已就衰（已七十余），惮于迁移，尚未成行。而商地官绅，固不达其希望不止也。是商邑将来军队，其必多于今日，可以断言。然军队日多，有利亦复有害。予宿五台时，闻该处人民言，渠家鸡豚，亦不敢畜，鸡卵亦所不具，因苦军队时时往来，见即取食，例不给赀。并谓军队之骚扰，或有甚于匪患，然匪究不常来，来则对于无可索取之家，亦遂相率而去。兵来则例必强人供给，并于人家所无者，亦强索之。如无以应，动以捶楚从事，每每竭力承奉，而结果则以马捶数十报之。以后通衢之旁，人民决不敢居云云。此种状况，亦惟望治军者之能体察耳。

---

[1]　张源洞，原察哈尔巡防第三路第二营（右翼巡防队第五营）管带，二张飞应为穆特贵阿，汉名朱成章，镶黄旗人，曾任察哈尔都统署少将军事咨议官，张即追随其反叛。

# 坝上牧业考略*

尹自先

坝上（张北高原俗称）位于内蒙古高原东南陲，大马群山、苏克斜鲁山（二山为阴山余脉，清时俗名大坝）一线北侧，包括今河北省尚义、康保、张北、沽源四县和崇礼、丰宁、围场县各一部分，内蒙古商都、多伦、太仆寺、正兰四县旗，以及辽宁省克什克腾旗的一部分。民国时称"坝上六县"，大体即上述地域。坝上世称"天然牧场"，历史时期牧业状况如何？目前地方史研究界述及尚少。本文试图就此塞漏补阙，敬祈专家教正。

## 一　优越的畜牧条件

古代，大凡优良牧场一般有三个自然条件，即水肥、草美、少酷热。由于后者，蚊蝇不宜孳生，疫气不宜流行，牲畜得以健壮成长。《金史·兵志·马政》记载，辽金时就把"美水草、无蚊蚋"作为国家牧地的标准。坝上水源主要有河流、湖泊（诺尔）、水泉及雨雪。水泉大多分布在坝上南缘一线，受地形影响，泉水汇集各处冰融雪水或雨水北流成河。这些河水除闪电河、沽河、哈尔哈河流出境外，其余都汇入低洼处或渗入地下形成内陆河，列于坝上中部一带。湖泊由内陆河汇聚而成，有的则因雨水无处泻泄而

*　原载《河北学刊》1984 年第 4 期。

成，大多散处在中部及北部一带。坝上水源分布均匀，而且河流数量众多，《张北县志》记载，仅该县就拥有河流 30 条、湖泊 30 处、水泉 130 个。民国时坝上有六县，那么粗略估计当时全区水源数约为上列数字五倍多。更早时候的数量怎样呢？查史籍，北魏以来坝上没有发生过足以使源泉阻塞、河流改道的地震或其他自然灾异，清中叶以前草木茂盛，风沙也不成灾。相对而言，这些水源古今变化不会太大（个别时候因旱暂时干涸除外）。《水经注》记濡源（今滦河上游闪电河）曰："其水二源，双引夹山西北流，出山后合为一川，西北流经御夷故城。"笔者考察闪电河今也是二源，一在丰宁县骆驼沟南，一在沽源县韭菜沟南，二水循丰宁、沽源二县界山向西北流，在山尾处今沽源县赵家营会合，又西北流经沽源县小红城。看来闪电河从北魏至今无论是源头还是流向一直不变。闪电河是大河，我们看小河。王恽《中堂事纪》记载，元中统二年他从燕京（今北京市）经宣德（今河北省宣化市）赴开平（今正蓝旗治南滦河北岸），途中曾"露宿双城北十里小河之东南"。按《中国历史地图集》标记，双城在今沽源县小河子村南，现在村北数里处有一条叫乌克河的小河，显然此河即王恽所记之"小河"。乌克河元时是小河，至今未消失，仍然保持其水少流短的河貌，可见小河也无大变化。再看湖泊，《马可波罗行纪》（冯承钧译）描绘元代察罕脑儿行宫（在今沽源县小石城侧）周围环境："四周湖川甚多。"这与今日"四湖一河"环屏小红城的景况也相仿。从以上看出，坝上水源状况古（至少说北魏以来）今大体一样。自然，民国时拥有的水源数量基本可以反映早时的情况。再看蓄水量，克什克腾旗的达尔诺尔（古称达里泊）辽时"幅员三百里"（《乘轺录》，《皇宋事宝类苑》卷 77），到清中叶时"周广二百里"（《口北三厅志·山川》），水量减损 1/3。沽源县九连城诺尔（古称狗泊），元时"周可百里"（张德辉《岭北纪行》），到民国时"宽十余里，长二十余里"（《察哈尔省通志·宝昌县·山川》），周不足 70 里，水量也减损 1/3。差不多的时间内都减损 1/3 的水量，不是巧合，说明坝上水源蓄水量愈古愈大。古代坝上水源丰富，最难得的是所有湖泊及部分河流内含有少量盐质，"牲畜饮此含有少量盐质之水，既助消化又能杀菌，秋深马肥，牛羊茁壮，实基于此"（《张北县志·地理志》）。清康熙四十四年（1705），蒙古草原"疫气盛行，蒙古马匹多倒毙"，而清置于坝上的官牧却"毫无损伤"（《口北三厅志·制敕志》）。幸免原因康熙帝没讲，可能与饮此含盐之水有关。

古代坝上水美。野草也应运而生。西汉侯应在《论匈奴保塞疏》中说："北边至辽东外有阴山，东西千余里，草木茂盛。"古人咏坝上诗也多提及，金人赵秉文咏燕子城（今张北）："燕子城边春草深"（《燕子城》，见《口北三厅志·艺文》，下面所引诗歌出处同此）；元人陈孚咏金莲川（今闪电河上游一带）："深草卧羊马。"（《金莲川》）著名的北朝民歌《敕勒歌》更有"风吹草低见牛羊"句。以草为意境，当是畅茂惹人注目。从野兽之多可见，《北史·世祖纪》记，神䴥四年（431）十一月丙辰，居住在坝上一带的敕勒人"数万骑驱鹿兽数百万诣行在所，帝因大狩"；《金史·章宗纪》说金章宗在金莲川一天"获鹿二百二十二"，第四天"上亲射，获黄羊四百七十二"；清代著名的哨鹿之所——木兰围场（今围场县）更是鹿兽无数，清帝先后在此围猎百余次之多。坝上草品类繁多，其中寸草、芨芨草、披碱草最为上乘。寸草发芽早，《张北县志》说"春天放牧牲畜最宜"。芨芨草发芽也较早，而且营养成分较高。化验分析，它含粗蛋白质 9.5%、粗脂肪 2.8%、粗纤维 29.1%。最称道的是它分蘖多，草茎高，根须发达，生命力强，虽枯死草茎不倒。大雪时节，一般牧草被雪吞没，而它依然挺立在雪野上供牲畜啃食。古代坝上芨芨草不少，元人许有壬过中都（今张北县白城子）时有"风吹白草天无际"（《摸鱼儿·中都饯苟平叔都事赴大都》，见《全金元词》）的词句，这白草即芨芨草。最多的是生长在盐碱地的披碱草，这种"盐碱性之草不特牲畜喜食，较他处所长之草能杀菌，亦能上膘"（《张北县志·地理志·牧场》）。

坝上位于内蒙古高原东南陲，海拔在 1500~1750 米，受此地理位置、地形特点、季风环流等影响，无明显夏季（平均温度在 22℃以上），少酷热。清直隶总督孙嘉淦在《请于开平、兴和添驻满兵奏札》中说他出独石口北巡，"三月十四日至红城子（今沽源小红城），青草长大一寸"。据观察，现在当地青草长高一寸的时间为阴历三月初十前后。物候现象表明，清代与今气温差异不大。《元史·拜住传》记：元英宗以察罕脑儿行宫"制度卑陋，欲更广之"，拜住谏曰："此地苦寒，入夏始种粟黍。"这与现在当地立夏开始种莜麦、谷黍的节气一样。《马可·波罗游记》（陈开俊等译）说元上都（开平）"这地方气候温和，适于人体健康，所以大汗（指忽必烈）选择这里作为其游息的场所，每年五、六、七月在此，八月二十八返回"。《金史·董师中传》记世宗将幸金莲川，董师中等谏阻，世宗解释道："朕幸山后无他，不禁暑热故也。"据此看，金代也无酷热或少酷热。金以前也如此，辽在炭山（今沽源县东部之大马群山）"建凉殿，纳凉于此"（《辽史·地理志》），北魏帝王也常来游幸，无非相中坝上凉爽。

综上所述，古代坝上美水草，少酷热，古人说它"极利畜牧"（王恽《中堂事纪》）。康熙帝更乐得说"牧马唯口外最善"（《口北三厅志·制敕志》），就连见惯草原的蒙古人也夸它是"天闲刍牧之场"（玄烨《多伦汇宗寺碑文》）。

## 二　牧业生产概况

自古以来我国北方游牧民族先后在坝上地区生息，形成古代坝上以牧为主的经济形态。纵观战国至民国两千多年，坝上牧业生产大体经历了三个阶段，即北魏前波浪式发展阶段、北魏后稳固上升阶段和清中叶后的衰败阶段。坝上地处长城外侧漠南前哨，为大漠与中原交通要冲，受民族关系特别是与中原关系的影响，北魏以前这里战事不断，民族政权更替频繁，居民迁徙无常，牧业生产因之时盛时衰。战国时期，坝上匈奴人不少，生产规模较大。但匈奴奴隶主贵族不断率兵骚扰邻近汉地，结果赵国在代郡北（今坝上西部）"大破杀匈奴十余万骑"（《史记·李牧列传》），当时牧业生产受到很大损失。秦初蒙恬北逐匈奴，匈奴人裹畜徙逃。十数年后，匈奴人大批南下争逐水草。到汉武帝时，汉军连连出击，造成"长城以北千里之外，不见匈奴一人"(《史记·匈奴列传》），坝上牧业生产又陷入低潮。再如汉魏之隙，整族入居高柳（今山西阳高）以东，代郡、上谷郡北塞外即今坝上一带的小种鲜卑族的牧业生产达到历史高峰，《三国志·魏志·乌丸鲜卑东夷传》说他们"拥众十余万骑"，与曹魏一次就"驱牛马七万余口交市"，创造了我国历史上游牧民族与中原交易史上的奇迹。但不久随着其首领被魏人刺杀，部众也东零西散，于是坝上牧业生产数十年一片空白。

北魏以后，虽然也有过突厥与隋唐、鞑靼与明对峙以及更朝换代引起的动荡，但更多的时间是游牧民族相继建立强大政权并入主中原，坝上作为后方，相对稳定时期较长，加之得中原农业、手工业、商业的直接援助，牧业生产得以稳固迅速发展。下面以北魏、金、清三朝为代表，重点对这一阶段生产水平做一管窥。

早在魏先世时，坝上牧业就很兴旺。《魏书·序纪》说，昭帝拓跋禄官分国为三部，"自率一部居上谷北，濡源西"，他们'百姓乂安，财畜富实，控弦骑士四十余万"。入主中原后，坝上作为北魏处置游牧民族的地方，牧业更加发达。据《北史.高车传》记载，神䴥二年（429），北魏大破高车（敕勒），"降者数十万落，马牛羊亦百余万"。北魏将这些降人及畜皆列置"于漠南，东至濡源，西暨五原、阴山，竟三千里，分为六镇"（《资治通鉴》卷136《齐纪》"永明二年九月胡注"）。北魏时坝上为柔玄（治今尚义附近）、怀荒（治今张北）、御夷（原治今沽源北，后徙今赤城北）三镇辖地，按胡三省"分为六镇"的说法，当时徙置在坝上的敕勒降人最少在十万落（户）。其后的百余年间，辛勤的敕勒人在这里乘高车，逐水草，畜牧蕃息，当时流传下来的《敕勒歌》为我们逼真地描绘了当时草丰畜壮、牧业繁盛的景象：敕勒川，阴山下，天似穹庐，笼盖四野。天苍苍，野茫茫，风吹草低见牛羊。

这时期坝上有多少牲畜呢？据《张北县志·蒙古风俗》记载，察哈尔蒙古"以牲畜为生，富者牛马数百头，羊千只，贫者亦必需牛数头，羊十数只，以所挤奶子以为食"。察哈尔蒙古的风俗对以牲畜为生的敕勒人是适用的，就是说，每一户牧民最少需二十只牛羊才能维持最低的生活水平。若贫富平均以三十只计算，十万户敕勒人赖以度命的牛羊就达三百万只。这里，供他们骑乘的马匹没有计算，而十万户，四十余万人（以每户四口计）从事畜牧生产，所创造的生产价值远不止维持生存，《北史·高车传》记载，敕勒人每年向朝廷交纳畜产品，"以至国家马及牛羊遂至于贱，毡皮委积"。上面所述仅敕勒一族情况，实际上当时居住坝上的还有大量的镇民及其他游牧民族。魏孝明帝正光四年（523），降附北魏的柔然（蠕蠕）王阿那瑰自洛阳返漠北，途经怀荒镇时"顺手牵羊"，驱走"公私驿马、牛羊数十万"（《北史·蠕蠕传》），怀荒一地就有如此众多的牲畜，可以想见当时整个坝上畜牧的盛况。

金代，坝上属西北路桓（治今正蓝旗四郎城）、抚（治今张北）、昌（治今沽源县九连城）三州。这一时期的牧业生产又有了一个新的特色，即官牧跻身坝上。据《金史·兵志·马政》记载，金初有九个群牧所，其中八个在西北路，《口北三厅志·考牧》说"金立群牧使皆在昌、桓、抚三州境"，大概指的就是这一时期的情况。金正隆六年（1161），西北路爆发契丹牧民起义，起义后，九个群牧所的牲畜大部分为义军所得，所存马牛羊驼统共仅剩两千多。大定七年（1167），金在此基础又建七个群牧所，其中两个在坝上。由于金世宗制定采取了一系列保护牲畜、鼓励生产的措施，各群牧迅速恢复发展，二十年后七所繁殖"马至四十七万，牛十三万，羊八十七万，驼四千"（《金史·兵志·马政》），每所平均二十一万多。之后坝上群牧发展更快，成吉思汗侵金时，仅桓州一地就"得其监马几百万匹"（《元史·槊直腯鲁华传》）。

此外，民间牧业也很发达。契丹牧民起义不久，海陵王侵宋兵败，天下马匹奇缺。世宗即位后不得不规定，"诸官员年老者许存马一、二匹，余并括卖入官"，连祭祀祖宗也"以鹿代牛"（《金史·世宗纪上》）。而西北路招讨司（治抚州）民人竟一次卖给官府六千余匹马（参见《金史·白彦敬传》）。大定以后，三州牧民增至13199户，公私牧地毗连，以至于"西北路地隘，猛安人户无处围猎"（《金史·世宗纪下》），也诚如金人赵秉文在《抚州》诗中描绘的那样，"沙平草远望不尽，日暮唯有牛羊声"。

清康雍乾间，坝上牧业生产进入全盛时期。清太宗平察哈尔，"以独石口至张家口山北一带水草肥饶，指为牧放之地"（《清朝野史大观》卷2）。清军入关后，官牧随即进入坝上。这些牧场"马有属内务上驷院者，有属太仆寺者；牛羊有属内务府庆丰司者"（查慎行《塞外观牧》诗序）。康熙十四年（1675），清政府将察哈尔蒙古东西两翼游牧八旗迁到宣化、大同塞外，把"张家口官牧余地分授八旗放牧，各据一方"（高士奇《从湖滩河朔至三岔》诗序），坝上为东翼四旗、西翼正黄半旗驻牧地。康熙二十六年（1687），又"令八旗拳马，春夏驱赴察哈尔放牧"（《清史稿·兵志·马政》），据《口北三厅志·考牧》记，八旗军用牧场除镶红旗外，皆在坝上。一些王公、大臣也纷纷在此请地建场。高士奇《塞外观牧》诗序云："张家口外皆国家畜牧之场，马牛羊不下数千百万，望若云锦。……蕃息之盛，自古无比。"

清初牧业高度发达，除政治原因外，与其行之有效的生产方式、经营管理手段也分不开。坝上畜牧，"马食水草"，即使冬季也能以原野之枯草萎叶为食。这种"不费丝毫之饷而马畜自然挛息"的办法，直到清代仍是主要畜牧方式。但冬季草木枯朽，草质低劣，牲畜一般不能饱食。《魏书·刘洁传》说：被迁到漠南的敕勒人"以将吏侵夺，咸出怨言、期牛马饱食，当赴漠北"，"期牛马饱食"正反映当时冬季牲畜不能饱食的情形。至于大雪寒天，肚中少食，更难免"畜多饥寒死"（《史记·匈奴列传》）。自官牧入居坝上，牧民开始注意储备草料，逐渐采取"以干刍配之"的圈饲辅助放牧的生产方式。清代，这方式运用更为广泛。《清史稿·兵志·马政》说清政府每三年配给官牧"饲秣所需木槽、璇、镢、镩、杓，每群各二"。民间也如此，《张北县志·物产》记载，当地蒙民秋季割草，晒干盘垛以备，如春种秋收一样，已成为一项季节性的生产活动，有人还以卖干草为业。

建立冬营地。游牧民族"逐水草迁徙，无常处"（《史记·匈奴列传》），北魏以前大体如此。但坝上高寒，阴历九月下旬便封地进入冬季，畜群远游，易遭风雪袭击。随着圈饲方法出现，冬季营地开始建立。《元史·兵志·马政》说：元时群牧所"自夏及冬，随地之宜行逐水草，十月各至本场"。清代，不但官牧"每年春夏放青，九月归场"（《清朝野史大观》卷2），就连包括王公在内的民间畜群也多固定冬营地。考今坝上湖畔多有用石块、草坯砌成的营盘遗迹，表明当时建立冬营地已很普遍。

固定牧地。划分放牧范围，历代皆有措施。清时，坝上牧场颇多，为了充分利用草场，提高单位面积畜产量，清政府明确各场界线及牧地范围，并从律令上规定"牧界毋许侵越"（《清史稿·兵志·马政》）。据孙嘉淦《请于开平、兴和添驻满兵奏札》及《口北三厅志·考牧》所记，当时牧地分配布局是：靠大坝处为各王公大人牧地，再外是太仆寺、上驷院牧地，更外是察哈尔蒙古游牧八旗地。大范围内又具体划分如下：王公牧地一般以周围十里为限，八旗军用牧地一般以百里为限，太仆寺、上驷院、察哈尔八旗牧地较大，但也"彼此隔远无由滋扰"。

积极预防疾病。游牧民族很早就懂得"以盐啖之，则马健无病"的科学道理。《元史·文宗纪》记载，元代国马"岁给盐，每月上寅日以盐啖之"。清代，各场除配备马医官外，也沿用这种啖盐技术预防疾病，并延用于其他牲畜。《口北三厅志·物产》说坝上诺尔多产土盐，"啖马、羊、骆驼最好"，说明当时这种啖盐技术应用广泛。

合理编群，科学管理。元以前官牧畜群大小无定例，如马，有的多至千匹，有的不过三四十匹。清代以四百为额，既便于管理，又节省物力。骒马、骟马、马驹分群，每群以毛色为别，五匹骒马配备一匹儿马，做到"嘶饮适其性"（玄烨《阅马牛羊群》）。

建立奖惩制度。《口北三厅志·考牧》记清代官牧，马和羊三年一次定议赏罚，牛六年一次。如马，规定三匹骒马三年内必须孳生一匹，余生者按数量多寡立头、二、三等奖，多生160匹以上者为头等奖，给牧长（牧群负责人）毛青布60匹，牧副40匹。不足定额者按少孳生数量定头、二、三等罪，少100匹以上者为头等罪，罚牧长牲畜19头，牧副鞭责六十。此外，群内缺少原额数、倒毙超过十分之一、瘦瘠超过十分之三以及牧丁减克草料，以及盗卖、让人骑乘，一律按数量多少、情节轻重，或补或罚。这就比元代只罚不奖、辽金奖罚典牧官不涉及牧人的做法较为合理进步，从而调动了牧丁的生产积极性。

清中叶以后，坝上牧业转入衰败阶段。据《清史稿·兵志·马政》记载，乾隆以前，清帝每行动，"扈从马匹辄二万余"，"悉取察哈尔牧场马应之"。嘉庆时，上驷院牧场"物力渐耗"，只好将"扈从额马减少一半"，并停止了木兰秋狝活动。道光时，谒祖陵的"仗马"也得靠蒙古各盟长所进马匹充数。太仆寺马匹也明显减少，乾隆时骒、骟马有 176 群，到光绪九年时只剩 114 群。马匹疲瘠，更不如前，僧格林沁与捻军作战，"檄取察哈尔战马六百匹"，皆"不堪乘用"。民间也不景气，清初满族王公及察哈尔蒙古王公"每征伐，争先输马驼"。多罗平郡王福彭曾慷慨表态："军中马驼最关紧要……臣等宗室皆有马厂，滋生马匹。臣家马五百匹，情愿自送军前备用。"（蒋良骐《东华录》卷 32）嘉庆以后，这种自愿争捐现象很少见，为了镇压农民起义，清统治阶级不得不派人到各地劝捐战马。《张北县志·人物志·名宦》记当地蒙人毓玉秀的祖父在同治二年奔波于察哈尔"劝捐八旗"，由于得马不多，"旋奉旨前往内蒙各旗劝捐战马"。察哈尔蒙民特别是那些世受国恩的满蒙王公不肯主动捐马效忠清室，无非是马少，力不从心。口外牧衰曾引起统治者的重视，咸丰、同治二帝都严谕"牧场大臣应妥实整饬，差功罪以挽颓风"（《清史稿·兵志·马政》），但并未见效。随着清王朝日趋衰落，到光绪末年已是"牧政益废"（《清史稿·兵志·马政》），不可收拾。民国年间，不但官牧消失，就连察哈尔蒙古人也"多迁往后草地"（《张北县志·蒙古人之礼俗》）。

## 三　衰败的主要原因

坝上牧业衰败，原因种种，最根本的一点是盲目垦荒。早在康熙时，中原土地兼并就已加剧，嘉道以后，兼并更甚。农民大批破产，而人口急剧增长，全国性的人多地少矛盾又使少田无业者大量出现。这些少田无业者及破产农民为了生计，不顾清政府的禁令，涌入靠近内地的察哈尔等蒙古地区开荒谋生。据《清圣祖实录》卷 250 记载，康熙五十一年（1712）就有"山东民人往来口外垦地者多至十余万"。对此,清政府多次严申禁令,但无济于事。雍正时,统治阶级为了缓和阶级矛盾,便睁一眼闭一眼。雍正二年(1724),理藩院转呈都统弘昇对口外垦荒人处理意见的奏疏中说:"若将现种地之民尽行驱逐入口,则伊等俱系无籍穷人,入口无耕种之地,至于度命艰难,不无作乱为非之事。……臣查自张家口外至镶兰旗察哈尔西界各处山谷僻隅所居者万余……若将此地交与伊等耕种,每亩令交纳钱粮七分,一年可得十九万两。……侯秋收之后约令入口,每年种地之时再行出口耕种。其出入行走之处着令照验同知关防文书,准其行走。"对此奏,雍正帝十分满意,旨曰:"尔等此议得好,依议。钦此钦遵。"(《口北三厅志·地舆》附录)到乾隆时,则干脆密令各关口:"如有贫民出口者,门上不必拦阻,即时放出。"(《清高宗实录》卷195)嘉道以后,往来口外垦荒者与日俱增,到光绪二十八年(1902),统治阶级为了摆脱内外交困的窘境,推行以"练兵、筹饷"为中心的所谓"新政",公开颁发开垦蒙荒令。《清史稿·贻谷传》记,开垦蒙荒最先从察哈尔右翼(西翼)开始,继放察哈尔左翼(即今坝上),然后推广到内蒙古各旗。清政府成立垦务局,招徕内地人特别是商人投资包揽开垦,"除酌留蒙员随缺地亩及公共牧场,其余乃悉开放之"。一时间,垦民如潮水般涌向坝上。到民国初,这一趋势愈演愈烈,虽王公旗人牧地也不得免。据《张北县志·户籍志》统计,雍正时该县男女共30360人,到民国2年猛增到132104人,民国17年增到208896人。众多加入开垦行列的人中,办地商人不算,一般垦地都在数十亩甚至数顷。有个叫张汉的人,"原垦田亩二顷",以后又"在哈拉汗一带提倡垦荒,嗣后籍以谋生者何以数千家"《张北县志·乡贤》》。据《张北县志·田赋》记载:仅光绪二十八、二十九年及宣统三年三年的时间,该县被垦地亩竟达3251882亩3分5厘。该县土地面积约为10875000亩(《张北县志·农业志》所列数字),也就是说,当时全县三分之一的土地已被开垦。张北县如此,其他县也不在少数。盲目垦荒造成草源枯竭、牧地缩小、牧群减损,牧民也因不适宜畜牧生活,只好多迁往后草地。牧业衰败势所必然。

# 清代太仆寺左右翼牧厂初探[*]

陈安丽

清朝是从马上得天下的，故入关以后尤重马政。"马政之得失，首视乎牧场。"[①] 清政府先后在沿边口外设置了诸多官马厂，主要有太仆寺左右翼牧厂、上驷骒各牧厂等。本文拟对太仆寺左右翼牧厂的规制、盛衰和作用进行探讨，以期有助于研究清代的牧厂与马政。

## 一

入关前，后金、清统治者主要靠畜养、俘获、贡献等途径，解决马匹的来源问题。其时已经有了马厂。[②] 入关后，又沿袭明制设御马监、太仆寺等衙门掌马政。建立最早的马厂是兵部大库口外种马厂，该厂最迟也当在顺治八年（1651）以前设置。[③] 康熙十二年（1673），正式改名为"太仆寺马厂"[④]。

＊　原载《内蒙古大学学报》（哲学社会科学版）1988 年第 2 期。

①　《清朝文献通考》卷 193《兵考》15。

②　《清太宗实录》卷 25，天聪九年十月辛卯。

③　《雍正会典》卷 242，"国初，马政止设大库口外骒骟二群"。该会典"凡例"载："其有康熙二十五年旧会典不载年分者，除考正添载外，无可考者，仍其原文。"可知该厂设立最早且建立时间无考。又《清史稿》卷 141，志 116，兵 12，《马政》作"顺治初，大库口外设种马厂"。中国第一历史档案馆藏（以后均省略收藏单位）《朱批奏折·军务类·马政》卷 92，大凌河牧厂于顺治八年设立。兵部大库口外种马厂应早于大凌河等牧厂。

④　《雍正会典》卷 242。

光绪三十二年（1906），归陆军部管理。①

太仆寺左翼牧厂在张家口东北 140 里喀喇尼墩井，今内蒙古锡林郭勒盟太仆寺旗南部，右翼牧厂原在张家口西北 310 里的齐齐尔汉河，今内蒙古自治区乌兰察布盟丰镇县北。②乾隆初年，左翼牧厂面积约 6500 平方里，右翼牧厂面积约 9750 平方里，③乾隆中叶④，右翼牧厂东移，分为骒、骟两马厂。以后骒马厂再次东移。嘉庆年间，骒马厂在独石口外商都河南，今内蒙古自治区锡林郭勒盟正蓝旗南部；骟马厂在张家口外布尔噶苏台河西北，今河北省安固里淖西北。左翼牧厂面积约 34000 平方里，右翼骒马厂约 9600 平方里，骟马厂约 3500 平方里。⑤太仆寺左右翼牧厂设统辖两翼牧厂总管一人，由察哈尔副都统等兼理。两翼各设总管一人，正四品；各设骒马群翼领一人，骟马群翼领一人，正六品；各设骒马群协领四人，骟马群协领一人，八品；每群设牧厂、牧副各一人；骒马群每群设牧丁十人（雍正八年以后改为八人），骟马群每群设牧丁十二人（康熙三十三年后为十四人）。两翼共设副管一人，正五品；各设防御一人，正五品；共设骁骑校三人，护军校八人，护军三百一十四人。牧长、护军以上为官，牧长、护军、牧副、牧丁等为兵。各官员缺依递均由以下员缺内拣选。除"统辖总管而外，官兵皆用察哈尔"⑥。统辖总管率领副管、防御、骁骑校、护军校、护军在厂内侦捕。总管、翼领、协领各在该适中之地居住，以便就近约束牧长等牧放。牧长、护军⑦、牧副、牧丁直接从事放牧、训练等劳动。⑧雍正三年（1725），定"在厂之马以

---

① 《清德宗实录》卷 564，光绪二十二年九月甲寅。

② 据内蒙古自治区锡盟正蓝旗党史地方志办公室根敦同志对 k 地老人的采访，右翼厂在今乌兰察布市凉城县岱海一带。

③ 《大清一统志》卷 343，乾隆九年刻本。

④ 《清朝文献通考》卷 12《田赋考》12，乾隆三十年，察哈尔都统巴尔品奏言："太仆寺右翼迁移牧场废弃空地。"

⑤ 《嘉庆会典》卷 57。

⑥ 《光绪会典》卷 72。

⑦ 《嘉庆会典事例》卷 818，雍正元年奏准："每翼各以护军五十人专司捕盗，其余入于牧长等内当差。"又《清高宗实录》卷 22，乾隆元年七月壬寅，"牧养之人不敷，请于撤回牧场官兵内，将护军等分拨各场，牧养马匹，仍着查缉盗贼"。

⑧ 《光绪会典事例》卷 1088。

四万匹为止"。乾隆三十一年（1766）额定"每群不得过四百匹之数"①。厂马最多时，骒马 160 群，36512 匹；骟马 32 群，10712 匹。② 通常两翼、各旗马群群数相同，骟、骒马群马匹大致相埒。厂马一年四季常川牧放。③ 两翼牧厂各有定界，"彼此不得侵越"。④

马匹主要靠厂内牧养孳生。此外，还有这样几个途径。（1）买补口马。厂马缺额过多，即向蒙古各部买补。如嘉庆年间右翼牧厂一带接连遭灾，以致骒马倒毙，孳生短少，亏缺甚多。于是，嘉庆十四年（1809）"买补马二千九百八十一匹"，十八年"买补骟马一千匹"，"买补骒马五千匹"，买马用款均系借用口北道库贮闲款、库贮右翼牧厂开垦租银、存贮庆丰司生息银等。这些银两要从牧厂官兵俸饷内逐年扣还，因此也可以说是赔补。⑤（2）蒙古各旗捐输马。清廷需用马匹之际，蒙古王公台吉等捐送好马，清廷据数予以记录、加级、加衔、翎支等。⑥ 如咸丰七年（1857），上驷院所属商都和太仆寺各牧厂所收各札萨克捐输马，除节次调用外，实存新捐输马 2398 匹。（3）八旗牧青马。京师八旗官马除留京若干外，其余例于每年四月至八月出口到八旗牧厂牧放，名曰牧青马。自乾隆二十八年起交察哈尔官兵管理牧厂牧放马匹，规定倒毙多者要赔。⑦ 咸丰元年由于察哈尔八旗官兵重受赔马之累，奕訢下谕将八旗牧青马"准其分归商都、两翼太仆寺骟马群内牧放"。（4）朝廷拨补马。同治元年（1862），由于厂内骟马和捐输马不多，兵部议定对察哈尔都统所辖太仆寺左右翼牧厂、上驷院、商都、达布逊诺尔和达里冈爱牧厂 274 群骒马群"拟于本年先拨给骒马五百匹，带马驹五百匹"；同治二年至六年，"每年专拨骒马二百匹"。⑧（5）蒙古王公台吉贡马。将蒙古王

---

① 《嘉庆会典事例》卷 818。
② 见本文第二部分所制"清代太仆寺左右翼牧厂马群、马匹数字表"。
③ 《朱批奏折·军务类·马政》卷 94 载："蒙古地方常川牧放。"又太仆寺档卷 8 载："秋夏两季牧放不甚狭窄，冬春二季尤为艰难。"
④ 《乾隆会典》卷 85。
⑤ 《朱批奏折·军务类·马政》卷 96。
⑥ 《理藩院则例》卷 64。
⑦ 《嘉庆会典事例》卷 842。
⑧ 《光绪会典事例》卷 649。

公台吉贡马交太仆寺牧厂放牧，同治、光绪年间屡有发生。① 如同治十二年，将卓索图、昭乌达两盟贡马 2000 匹，由大凌河牧厂"改归商都、太仆寺等群牧放"。② 此外还有一些个别来源，略而不述。

太仆寺左右翼牧厂的主要任务是繁殖和训练马匹，以备朝廷军用和差用。骒马群兵丁经管马匹孳生，以备补耗和骟过分出。骟马群兵丁主要是训练马匹，使马匹纯熟堪骑，以备调用。牧厂要择取马驹送进御厩供皇帝备用。③ 此外主要调用骟马，有时也调马驹和骒马。④

太仆寺牧厂在不断完善中，也逐步形成了一整套制度。今择其要者分述如下。分群制度，即牧厂内骒、骟马分群牧养。骒马群以骒马五配儿马一，三岁以下马驹随群牧养。骒马所生马驹三岁时割势拨入骟马群。巡察制度，即两翼副管以下的防御、骁骑校、护军校、护军各在本翼本旗牧地轮流巡察。有盗窃、私卖、私与人骑厂马和擅垦牧地者，均拿报。查拿多者，官记录兵记名。失职者，官罚俸三月，护军鞭四十。均齐制度，即每三年对两翼各牧群马匹平均划一，并对官兵赏罚一次。骒马群每三匹马三年要孳生马驹一匹。应孳生额数外，多孳生者议赏；额数内少孳生、未孳生且在原给之数内缺少者议罚。骟马群以在厂马数为十分，一年准倒毙一分。根据训习生熟和倒毙多寡定赏议罚。⑤ 太仆寺左右翼牧厂是按照八旗制度建置的国家牧厂，太仆寺主要承办均齐赏罚等事宜。调用厂马则要通过兵部。⑥ 户部发放牧厂官兵的月饷、出差口粮、应赏布匹等。工部发给牧厂饲秣所需工具、鞍辔、应赏皮袍端罩等。上驷院配给马匹生癞之药。张家口监督负责收领倒毙马匹。

从上述太仆寺两翼牧厂的概况来看，清朝统治者吸取了明朝在马政方面的经验教训，在牧养形式、牧丁来源、课驹数额、牧厂规模等方面较明代的

---

① 太仆寺档卷 10。

② 《朱批奏折·军务类·马政》卷 104。

③ 《光绪会典事例》卷 1088。

④ 《清圣祖实录》卷 264，康熙五十四年六月庚辰："命发打布孙诺尔及太仆寺马厂所有马驹骒马，各二千匹，往甘州。"

⑤ 《光绪会典事例》卷 1088。

⑥ 《乾隆会典》卷 72。

苑监官牧均有变化和发展。现根据《明史》卷 92《兵志四》，并参阅南炳文先生《明代的苑监官牧》一文，将太仆寺两翼牧厂与明代苑监官牧做如下比较（见表 1）。

**表 1　清代太仆寺两翼牧厂与明代苑监官牧比较**

| 明代苑监官牧 | 清代太仆寺左右翼牧厂 |
| --- | --- |
| 冬季入厩圈养，春季放马入苑 | 一年四季常川牧放 |
| 由恩军、队军等担任养马军丁 | 拣选察哈尔八旗蒙古牧民为牧丁 |
| 陕西苑马寺骒马一匹三年征孳生驹二匹，辽东苑马寺种马一匹两年征孳生驹一匹 | 骒马群每三匹马三年征孳生驹一匹 |
| 陕西、辽东苑马寺每寺畜马二三万匹 | 牧厂额定厂马四万匹 |

常川牧放可以节省马料，任用蒙古牧丁娴于牧放，课驹数额稍低[①]有助于调动牧丁的生产积极性，因此清代太仆寺牧厂见长于明代的苑监官牧，牧马最多时达 47212 匹，超过了明代苑监官牧的最大规模。

二

通常，判断一个种马厂的兴衰，可以从该厂繁殖马匹数量的多少、草场面积的大小、牧厂人员的众寡、制度的张弛、管理的强弱诸方面来考察。依据这些条件分析有关史料，可知太仆寺两翼牧厂曾有一个前期兴盛、中期萎缩、后期衰落的发展演变过程。

为便于分析该厂马匹孳生状况，现依据《光绪会典事例》，佐以有关实录、档案，制成清代太仆寺左、右翼牧厂马群、马匹数字表（见表 2）。

---

① 　指与明代陕西苑马寺相比。

## 表 2 清代太仆寺左、右翼牧厂马群、马匹

单位：匹

| 时间 | | 马群群数 | | | | | 马匹匹数 | | | | | | 备注 |
|---|---|---|---|---|---|---|---|---|---|---|---|---|---|
| 干支纪年 | 公元纪年 | 骒马 | 骟马 | 孳生马 | 捐输马 | 共计 | 骒马 | 骡马 | 牧青马 | 捐输马 | 亏缺倒毙马 | 共计 | |
| 康熙二十三年 | 1684 | 40 | 8 | | | 48 | | | | | | | 《光绪会典事例》卷 1088 |
| 康熙三十三年 | 1694 | 64 | 8 | | | 72 | | | | | | | |
| 康熙三十六年 | 1697 | 80 | 8 | | | 88 | | | | | | | 同上 |
| 康熙三十九年 | 1700 | 84 | 16 | | | 100 | | | | | | | 同上 |
| 康熙四十五年 | 1706 | 87 | 16 | | | 103 | | | | | | | 同上 |
| 康熙四十八年 | 1709 | 93 | 16 | | | 109 | | | | | | | 同上 |
| 康熙四十九年 | 1710 | 120 | 16 | | | 136 | | | | | | | 同上 |
| | | 128 | 16 | | | 144 | | | | | | | 同上 |
| 雍正元年 | 1723 | 152 | 16 | | | 168 | | | | | | | 同上 |
| 雍正三年 | 1725 | 152 | 16 | | | 168 | 35000 | 5000 | | | | 40000 | 同上。议定在厂马以四万匹为止 |
| 乾隆五年 | 1740 | 160 | 32 | | | 192 | 36518 | 10712 | | | | 47224 | 《光绪会典事例》卷 1088 |
| 乾隆二十六年 | 1761 | 160 | 32 | | | 192 | | | | | | | 同上 |
| 乾隆二十九年 | 1764 | 94 | 16 | | | 110 | | | | | | | 同上 |
| 乾隆三十一年 | 1766 | 94 | 16 | | | 110 | | | | | | 36848 | 《清高宗实录》卷 769 |

续表

| 时间 | | 马群群数 | | | | | 马匹匹数 | | | | | | 备注 |
|---|---|---|---|---|---|---|---|---|---|---|---|---|---|
| 公元纪年 | 干支纪年 | 骒马 | 骟马 | 孳生马 | 捐输马 | 共计 | 骒马 | 骗马 | 牧青马 | 捐输马 | 亏缺倒毙马 | 共计 | |
| 1770 | 乾隆三十五年 | 94 | 22 | | | 116 | | | | | | | 《光绪会典事例》卷1088 |
| 1773 | 乾隆三十八年 | 104 | 30 | | | 134 | | | | | | | 同上 |
| 1776 | 乾隆四十一年 | 108 | 30 | | | 138 | | | | | | | 同上 |
| 1779 | 乾隆四十四年 | 116 | 30 | | | 146 | | | | | | | 同上 |
| 1785 | 乾隆五十年 | 116 | 24 | | | 140 | | | | | | | 同上 |
| 1794 | 乾隆五十九年 | 120 | 26 | | | 146 | | | | | 16164 | | 同上 |
| 1813 | 嘉庆十八年 | 122 | 28 | | | 150 | | | | | 11288 | | 《朱批奏折·军务·马政》卷96 |
| 1814 | 嘉庆十九年 | 98 | 20 | | | 118 | | | | | | | |
| 1818/1819 | 嘉庆二十三/二十四年 | | | | 20 | | | | | | | | |
| 1843 | 道光二十三年 | | | | | | | | | 2865 | | | 同上，卷98 |
| 1883 | 光绪九年 | 114 | | 5 | | 119 | | 38031 | 324 | 124 | | 38479 | 《光绪会典事例》卷649 |
| 1902 | 光绪二十八年 | 103 | 11 | | | 114 | 35003 | 3010 | | | | 38013 | 同上，卷1088；太仆寺档卷10 |
| 1904 | 光绪三十年 | 114 | | 5 | | 119 | 39534 | | 324 | 994 | | 40852 | 同上 |

由表 2 可知，太仆寺牧厂建立到乾隆二十六年（1761），孳生马匹数呈上升趋势。从乾隆二十九年裁减骟骒马群开始，虽然局部有回升，但总的趋势是下降。

再看牧厂制度和管辖情况。乾隆中叶以前，逐渐新设或增设了牧厂官兵，在健全和执行侍卫稽查①、查验均齐诸项制度的同时，太仆寺对牧厂加强了管理。乾隆中叶之后则不然。乾隆三十一年，"将值年查看马厂侍卫裁汰，每年于张家口都统、副都统内，轮派一人查看"，②侍卫稽查制被废除。接着查验均齐制度也有所松弛。乾隆四十八年，太仆寺"停止每年派本寺堂官查验"③。从道光十一年（1831）开始，只令察哈尔都统在"均齐外其空闲年分，每隔一年密派妥员分往周查"。④到咸丰四年（1854），由于各路军营调用战马甚多，经太仆寺奏准展缓均齐，以后该厂"仅于年终咨报兵部，并未照均齐例案分析载明"。⑤此外，兵部、太仆寺将管理权下移给察哈尔都统。牧厂原归太仆寺直辖，嘉庆年间由察哈尔都统"就近统辖"，遇事咨明太仆寺办理。⑥自道光十八年始，察哈尔总管侍卫不用兵部奏派，由察哈尔都统"自行遴选"，只"将衔名豫咨兵部"即可。⑦随着这些管理制度的废弛，牧厂的萎缩和衰落也就不可避免了。

综上所述，笔者将乾隆二十九年裁减马群作为区分太仆寺牧厂兴盛期和萎缩、衰落期的标志。鉴于牧厂的衰落，清朝统治者着手进行整顿。同治元年，兵部《条拟整顿马政章程疏》六条中就有三条是针对牧厂而发的，提出"牧官宜严考核"，"责成宜杜推诿"，"孳生宜备册案"。⑧同年，载淳下

① 《光绪会典事例》卷 1088，乾隆二十四年奏准："本寺两翼牧厂，添派察哈尔侍卫一员，大门上侍卫一员，上驷院侍卫一员，专司稽查。"
② 《清高宗实录》卷 770，乾隆三十一年十月丁酉。
③ 《嘉庆会典事例》卷 818。
④ 太仆寺档卷 10。
⑤ 《光绪会典事例》卷 649、卷 1088。
⑥ 太仆寺档卷 8。
⑦ 《光绪会典事例》卷 1088。
⑧ 《皇朝经世文续编》卷 79。

谕，要求太仆寺等各牧厂大臣"务当力求整顿，俾马政日有起色"。[①] 同治三年，又谕令察哈尔都统等力加整顿，革除"一切积弊"，总管、翼长等要"认真牧放，随时查验"。[②] 光绪三十一年（1905），太仆寺曾对牧厂官兵进行赏罚[③]。然而，颓势已成，积重难返，虽经力挽整顿，但效果甚微。咸丰末年，太仆寺牧厂有骒马103群[④]，光绪年间依然如故，此间马群群数虽较乾隆二十九年、三十一年稍高，但仍不及乾隆后期，且有蒙古捐输马、八旗牧青马、朝廷拨补马和蒙古王公台吉贡马充数其中。[⑤] 牧厂面积也因蒙古王公、其他各牧群占据，尤其是附近汉人越垦和清廷推广垦务而锐减。光绪三十二年，"牧马已有名无实"，届"冬春二季尤为艰难"。左翼"剩牧场地亩周围将及五百里"，面积最多[⑥] 也不到嘉庆年间的一半。右翼"只剩牧地长七十里、宽四十里"[⑦]，仅相当于嘉庆年间牧厂面积的五分之一略多。难怪有人认为清代"咸丰以后，遂无马政可言"。[⑧] 咸丰以降，太仆寺牧厂处于衰落期。

乾隆中叶以后，太仆寺牧厂为什么日趋衰微呢？笔者认为主要有以下两大原因。

第一，清朝国力衰弱，导致牧厂各项制度遭破坏。

由于政府财力不足，为了不致"多滋糜费"，道光十一年（1831），将太仆寺每年派员查验牧厂，改为由察哈尔都统派员周查。[⑨]

吏治腐败，经牧官员屡屡受贿失职。嘉庆年间，牧厂总管对孳生骟割数

---

① 《清穆宗实录》卷40，同治元年闰八月己亥。

② 《清穆宗实录》卷122，同治三年十一月庚申。

③ 太仆寺档卷10。

④ 察哈尔都统所属官牧厂骒马群有太仆寺、商都、达布逊诺尔、达里冈爱。据《光绪会典事例》卷649，同治元年上述牧厂骒马群共有274群，又据上驷院档2912号，咸丰年间商都骒马群有48群；上驷院档2914号，咸丰年间达布逊诺尔马群有49群；上驷院档2915号，达里冈爱右翼骒马群有37群，左翼应与右翼同，故亦有37群。同治元年群数当与咸丰末年无异，故可得出咸丰末年太仆寺牧厂骒马群有103群。

⑤ 见本文第二部分所制"清代太仆寺左右翼牧厂马群、马匹数字表"。

⑥ 按周长500里的正方形计算，面积最大。牧厂一般多为长方形。

⑦ 太仆寺档卷8。

⑧ 罗尔纲：《绿营兵志》，商务印书馆，2011，第407页，

⑨ 太仆寺档卷10。

每每"空报"，逢查验则"向各处通融"；察哈尔都统、副都统和太仆寺均齐巡查各大臣又"失察"，以致嘉庆十八年右翼牧厂骟马亏缺 1746 匹，骒马亏缺 10086 匹，一下子就裁减骟马 8 群、骒马 24 群。[①] 同治年间，"钦差到口，及部院各衙门，向来均有陋规"。[②] 查群大臣、察哈尔都统等均有收受牧厂总管银两等情事。

为了镇压此起彼伏的反清起义，清廷频繁调用马匹，以致无法均齐。咸丰四年（1854），清军疲于与太平军、捻军、上海小刀会作战。由于"各路军营调用甚多，碍难均齐"。[③] 经太仆寺奏准展缓均齐。后经同治年间整顿马政，曾一度恢复查验均齐。但从光绪七年（1881）到三十一年，又因"屡经各处纷纷调拨，诚恐碍难齐群"而"暂缓查验"。[④] 均齐制度是推动牧厂蕃息、牧放、训练最重要的制度，这一制度的被破坏，加速了太仆寺牧厂的衰落。

第二，牧马兵丁劳苦穷困，导致牧厂衰落。

其一，牧丁和护军劳务很重，通常人均牧养马数在 20 匹左右[⑤]，而每月仅食一两、饷银二两，[⑥] 收入甚微。与满八旗地位较低的甲兵相比，牧丁的饷银仅相当于甲兵的三分之一，护军也只相当于甲兵的三分之二。[⑦] 其二，他们经常受到苛重的惩罚。骒马群孳生马驹少，牧长受罚牲畜五、七、九、十八匹（头）[⑧] 不等，牧长、牧副、牧丁要受到少则四十、多则八十的鞭责。骟马群训练马匹不熟、不堪骑用二十匹以上，牧长受鞭责一百，降为牧丁，牧副、牧丁受鞭责一百；如马匹倒毙过多，牧长罚牲畜二十七匹（头），降为牧丁，牧副、牧丁各鞭一百。[⑨] 据中国历史第一档案馆藏太仆寺档卷 10 所

---

① 《朱批奏折·军务类·马政》卷 96。
② 《清穆宗实录》卷 120，同治三年十一月癸卯。
③ 《光绪会典事例》卷 649。
④ 太仆寺档卷 10。
⑤ 据本文第二部分所制清代太仆寺左右翼牧厂马群、马匹数字表计算而得。
⑥ 《光绪会典事例》卷 1088；太仆寺档卷 7。
⑦ 《清高宗实录》卷 736，乾隆二十年五月辛丑。
⑧ 《朱批奏折·军务类·马政》。
⑨ 《八旗通志》初集卷 29，《兵制志四》，在京八旗甲兵康熙二十二年起月给饷银三两。此注可能位置有误，似乎应在④处。——编者注

载，光绪三十一年太仆寺牧厂共有骟骒马114群，其中受到三等赏的有21群，占总群数的18.4%；无赏无罚免议的有3群，占总群数的2.6%；受到三等罚的有6群，占总群数的5.3%；受到二等罚的有35群，占总群数的30.7%；受到头等罚的有49群，占总群数的43.0%。受到三等、二等、头等罚的比例呈递增趋势，说明较多的牧马兵丁受到较重的惩罚。以上总计受罚的有90群，占总群数的78.9%，足见受罚面之广。其三，他们尚有分赔之苦。厂内常川牧放，一遇天旱霜雪等自然灾害，马无以为食，有时还流行瘟疫，不仅厂马倒毙过多，孳生短少，自有牲畜也受灾伤。均齐时无畜可罚，只好连年空报。空马也要课驹，如此越亏越多。一经查出，即要赔补。私畜已无，就扣发月饷。嘉庆十四年，右翼牧厂被灾马匹倒毙，所扣兵丁月饷要到嘉庆二十年方能扣清。而嘉庆十八年马又亏缺，又以嘉庆二十一年为始，"分作十年扣完以清款项"。[1] 此外，他们还受到商人的盘剥。牧马兵丁日常所需茶布等，常年到张家口铺户用口粮赊购。"预赊至数年之后，该铺户于货则增价，于米则减值，辗转盘剥，无所底止"。[2] 牧马兵丁劳苦已极，清朝统治者也承认不讳。察哈尔都统松筠上任后不久，发出"牧厂蒙古苦累年复一年，实有难支之势"的慨叹。[3] 牧马兵丁年复一年辛苦放牧，到头来，要牲畜无牲畜，要钱粮无钱粮，忍饥挨冻还要受鞭责，生产的积极性、主动性荡然无存。

有清一代，各地设有八旗驻防和绿营军队，历朝均有战事，皇帝巡行南北、讲武行围，均需马匹。太仆寺两翼牧厂建立以来，孳生、牧放了大量马匹，为清朝在全国统治的巩固做出了贡献。

平时调用太仆寺牧厂马匹主要有两个去向，一是调给拱卫京师的八旗各营。见于记载的有八旗两翼、火器营、健锐营、前锋营、护军营等。[4] 二是拨给清帝行围扈从官兵。木兰行围用马，按常例调用直隶绿营喂养的

---

[1] 据《光绪会典事例》卷1088，雍正三年议准，"马厂蒙古有犯罪应罚马者，改为罚牛"。此注可能有误。——编者注

[2] 《光绪会典事例》卷1088。

[3] 《朱批奏折·军务类·马政》卷96。

[4] 上驷院档3071号；太仆寺档卷11。

八旗官马，不足则轮班调拨太仆寺和上驷院所属牧厂马匹。乾隆四十八年，乾隆帝巡幸热河，一次即调太仆寺厂马4000匹。[①]行围制度在一定程度上有助于提高八旗官兵的军事素质，从而加强了清朝的武备。有时，也价拨给绿营官兵骑用。[②]在统一战争中，太仆寺牧厂则源源不断地为八旗官兵提供战马。[③]

太仆寺牧厂位于水草丰美的张家口、独石口外，厂马常川牧放，为朝廷节约了巨额草料开支，减轻了朝廷的经济负担。

大凌河牧厂位于盛京边外，原属上驷院，乾隆年间改隶盛京将军。该厂马匹每年冬春入圈喂养。仅以康熙五十一年为例，每群骟马岁给豆914石4斗、谷草30000束、羊草75000束；骒马给豆453石6斗、谷草11000束、羊草60000束。太仆寺牧厂则不需要这些草料。[④]

在京牧养的八旗官马，也需耗费草豆。乾隆十六年以前，八旗牧养官马，"每匹月给马乾银三两"。[⑤]若按此制计算，乾隆五年太仆寺牧厂有骟马10712匹，仅骟马群一个月就可为朝廷节省马乾银32136两。

清朝统治者对口外牧厂节约马乾银两的作用是十分清楚的。康熙四十四年，吉林乌喇将军杨福上疏，请求在乌喇、白都纳等处买马给兵丁牧养。康熙帝不准行，认为："牧马惟口外为最善。今口外马厂孳生已及十万，牛有六万，羊至二十余万，若将如许马与牛羊，驱至内地牧养，即日费万金不足。口外水草肥美，不费饷而马畜自然孳息。"[⑥]

清政府重视太仆寺、上驷院等官牧厂的孳生作用，以官养马为马匹的主要来源。为了防止人民的反抗，在很长一段时期内限制内地汉人养马。顺治元年（1644），在明朝推行民养官马的两畿鲁豫地区，额征马价钱粮。康熙

---

① 《嘉庆会典事例》卷818；《光绪会典事例》卷648。
② 《清高宗实录》卷697，乾隆二十八年十月壬寅。
③ 《光绪会典事例》卷1088，乾隆五年奏说太仆寺两翼马厂，"从前因用兵动用八旗官马，即将孳生多余者照数拨补"。
④ 《光绪会典事例》卷1206。
⑤ 《嘉庆会典事例》卷846。
⑥ 《清圣祖实录》卷220，康熙四十四年四月乙未。

三年，又将马价钱粮等编入条银征收。这样，直隶、江南、河南、山东四省的汉人只需缴纳赋税即可。这里的人民不用"一马在家，朝夕喂养，至束缚其身，不得奔走衣食"。[①] 太仆寺等牧厂的存在，减少了内地大多数地区汉族人民直接养马之苦累。

太仆寺等官牧厂孳生、牧放的大量马匹，主要用于清廷巡行讲武，用于发展札萨克蒙古地区畜牧业生产的微乎其微，但对上述地区的经济也起过一促进作用。官牧厂有国家经济做后盾，通常和在自然灾害情况下，比札萨克蒙古地区畜牧业经济有较强的发展、抵御、复苏能力。借此清朝统治者将官牧厂的马匹或赏赐或借贷给蒙古王公贵族。如康熙三十九年，翁牛特多罗杜楞郡王颁第旗分马匹短少，康熙帝命太仆寺卿喇锡等将厂马800匹赐给鄂尔齐台吉。[②] 清朝前期，对太仆寺牧厂一直实行禁垦政策，直到乾隆三十年才因右翼牧厂迁移而招民开垦，[③] 放垦时间比沿边蒙古其他游牧地区要晚。东部喀喇沁地区和西部伊克昭盟地区在康熙年间，察哈尔八旗地方和归化城土默特地区在雍正年间，禁垦令事实上已经松弛。[④] 太仆寺牧厂到光绪末年，虽因附近汉人越垦和清廷推广垦务，右翼骟马群移至骒马群牧地，两翼牧厂面积也大为缩小，但它毕竟作为民国17年（1928）察哈尔省第三模范牧畜场的前身保存下来。[⑤] 在汉族农民纷纷出口垦牧的趋势下，太仆寺牧厂的存在，多少延缓了这一地区由牧区转化为农区的进程。

评估太仆寺左右翼牧厂的作用，应当看到，清政府把牧厂设在蒙古游牧地区，依靠察哈尔蒙古牧民养马，并借助各札萨克蒙古的分牧[⑥]和捐输，这是蒙古族人民在清代历史上对国家做出的贡献。

太仆寺等官牧厂也起过消极作用。清廷曾调拨该厂马匹，用于镇压太平

---

① 　嘉靖《海州志》卷3。

② 　《清圣祖实录》卷204，康熙四十年六月甲子。

③ 　《清朝文献通考》卷12《田赋考》12。

④ 　周清澍《试论清代内蒙古农业的发展》，《内蒙古大学学报》（社会科学版）1964年第2期。

⑤ 　《察哈尔省通志》卷27。

⑥ 　太仆寺档卷10。

军、捻军、回民等起义。[①] 清政府倚重太仆寺等官牧厂的孳生马匹,对内地则较长时间推行禁止汉人养马的政策,这就给内地汉族人民的生产造成诸多不便。[②]

---

① 《朱批奏拆·军务类·马政》卷 102、卷 104。
② 《清朝文献通考》卷 193《兵考》15。

# 清代察哈尔蒙地开发*

尹自先

清代的察哈尔居地，东起热河围场，西抵归化城土默特，长千余里；北邻锡林郭勒盟、王子部落，南至界外长城，宽八九百里。开发前，除极少量分布在张家口至独石口一线外长城侧的满、蒙八旗少数佐领官兵占产地外，余皆莽莽。散居察哈尔蒙民约5万人，[①] 地旷人稀。

对这片草原，大致有以下四种占有形式：察哈尔蒙古八旗的游牧地，分左右（东西）两翼，是主要的大量占有形式；清廷内务府、太仆寺、礼部等下属的官方牧群的牧放地；王公大臣请赏的马厂地；台站、庙仓的养息地。不论哪种形式，清初都明确规定，不得私越，严禁招垦，与内蒙古一样历行以阻蒙汉交通为主旨的蒙地封禁政策。康熙中叶以后，随着流民大量涌入，由于内地农业经济影响以及各王公马厂、旗、群、台站内部诸因素的作用，渐次开垦，光绪末移民实边，全面开禁，千里臻莽多成阡陌，面貌发生巨大变化。

本文拟就清代察哈尔蒙地漫长的垦殖历史进程做一简述，并揭示促成这一进程的原因。

---

\* 原载《张家口师专学报》1993年第1期。

① 清初，各牧群、王公马厂及台站人员皆自察哈尔八旗抽佣，庙仓喇嘛也几乎全部来自八旗，八旗人口可视作察哈尔全部人口。关于八旗人口，据安双成《顺康雍三朝八旗丁额浅析》（《历史档案》1983年第2期）统计，康熙五十九年察哈尔八旗丁额共计12353名，以每户4口计，当有49412人；另，贺扬灵《察绥蒙民人口衰减原因之研究》（《边疆半月刊》第1卷第2期，1936）分析，清初察哈尔八旗共62个佐领，计46500人。两数相去不大，本文故按5万人估计。

一

康熙中叶以后，中原内地土地兼并愈演愈烈，人口大幅度增长，耕地严重不足，失业流民大批涌现，尤当发生自然灾害时，更是成群结伙四出谋生。川、滇、黔、辽、吉等边远地区尤其是沿边蒙地成了他们的理想去处。早在康熙二十七年（1688），察哈尔东翼镶黄旗界哈拉特岭（今河北省崇礼县察汗陀罗白头岭）下就见流民搭棚，"开垦他们能找到的最好土地"。<sup>①</sup>到康熙末，流民"自张家口外至镶蓝旗察哈尔西界各处山谷僻隅所居万余"。<sup>②</sup>对于流民冒禁走边（外长城及东北柳条边），清政府曾多次予以驱逐究办，但流民大量涌现，有的为了生存甚至"索取州县口粮，劫掠商贾财物"，<sup>③</sup>带来社会动荡和不安，迫使统治者不得不重视这一严峻现实。康熙五十一年，康熙帝"命有司稽查口外流民徙边种地者"后说："山东民人往来口外垦地者多至十余万，伊等皆朕黎庶，既到口外种田生理，若不容留，令伊等何往？"<sup>④</sup>这反映了当时统治者无可奈何的心理。终康熙一朝，清政府一度对古北等口外开禁，但对察哈尔蒙地并无明令。

雍正即位，在积极发展农业生产的同时注意解决流民问题。雍正元年（1723），"敕督抚以下各官加以劝督民人开垦旷土，听其相度地亩，自垦自报"。<sup>⑤</sup>同时，准各边外开禁，招民垦获，并设总理大臣专司口外报粮编审。这一政令正式揭开察哈尔蒙地开发的帷幕。

雍正二年，察哈尔都统差人丈量西翼四旗官荒空闲地亩，设官编户，并制定了对来垦民人的管理办法："设满州同知一员，驻扎于四旗之中正红旗口西边北新庄，督管农民事务，将人民姓名缮造清册移送户部，每五十家设里

---

① 张宝剑等译《张诚日记》。
② 《口北三厅志·地舆》附录"察哈尔都统洪升奏疏"。
③ 蒋良骐纂修《东华录》卷21。
④ 《清圣祖实录》卷250。
⑤ 《清朝通典》卷1。

长一名，十家设十家长一名，督催钱粮……除情愿在口外过冬人等外，余者俟秋收之后约令入口，每年种地之时再引出口耕种……其出入行走之处，着令照验关防文书，准其行走。"①这一年，以"居民既多"设张家口理事同知厅，管理口外东西两翼八旗地方，经征西四旗入官地租银两。雍正四年，清丈张家口外地亩，并颁布"限年招种"条例："分地亩为十等，限年招种。如招种至八分以上，题请议叙，不及五分，题请议处。"②是为督官加紧招民垦种。雍正七年，再清丈东翼独石口外地亩。雍正十年，以张家口厅地界太宽，鞭长莫及，在东翼析置多伦诺尔理事同知厅，雍正十二年又析置独石口理事同知厅。同年，在西翼置丰川、宁朔二卫及镇宁、怀远二所，管理区内官地及蒙古人与民人交涉事务，各厅、卫、所统隶于直隶。

是期垦务大兴，如王庆云《石渠余纪》所言："雍正间劝农之诏屡下，各边外皆以次招垦。"谓"边外"，不过沿边空闲官荒而已，以远并未招垦，在察哈尔则限于大马群山、阴山一线山脉（俗称"大坝"）以南之官荒空闲地。

乾隆初，继承雍正政策。乾隆四年（1739），直隶总督孙嘉淦出独石口巡视，查得东翼坝外空闲官荒可耕之田"不下数万顷"，遂以"坝内荒旷无多"③奏请在坝外招垦，未果。乾隆十五年，以西翼开垦成效，田增户加，并丰川、镇宁二卫所为丰镇理事通判厅，宁朔、怀远二卫所为宁远理事通判厅，拨属山西省。据《口北三厅志·地粮志》，到乾隆二十年，张家口厅招民垦种地已达243003亩，连同满蒙旗佐官兵入官地亩，共计垦熟地349480亩，独石口厅共计垦熟地121316.94亩（以上均为额征数，已垦而未升科及抛荒地不在其内），多伦诺尔厅以地处坝外，未垦。时东翼坝内可耕荒旷（当时标准）大部分已得到开垦。西翼坝内地域较宽，但流民来垦络绎不绝，日久自是供不应求，私垦牧地情事屡屡发生。乾隆二十九年，驻牧殷子川（今内蒙古自治区丰镇县东南）的太仆寺右翼牧群以私垦扰牧北徙马蓝渠（今河

---

① 《口北三厅志·地舆》附录"察哈尔都统洪升奏疏"。
② 《清朝文献通考》卷3。
③ 《口北三厅志·艺文》，《孙嘉淦请于开平、兴和添驻满兵奏札》。

北省张北县马莲渠）一带，乾隆三十一年，废弃地23000余顷招民垦种。这一时期，流民不仅违禁私垦坝内牧地，而且蚕食坝外官荒，内蒙古其他沿边游牧地方也多发生私垦事。对此清廷多次谕令禁止进入蒙地及蒙人私留民人开荒，最显著者为乾隆三十七年所令，即"口内居住旗民人等，不准出边在蒙古地方开垦地亩，违者照例治罪"，[①]实行全面封禁。但势难阻止，乾隆三十九年太仆寺右翼牧群弃地复准招民垦种。这一年，丰镇、宁远二厅报垦21550顷。[②]

以上是察哈尔蒙地开发的第一阶段。该阶段虽在乾隆中后期时有封禁，但主导思想为垦不在禁。而官为组织开垦，不仅加速了察哈尔坝内的开发进程，也意味了蒙地封禁的松弛，为后来流民继续涌进开辟了道路。

二

对于旗、群、台站、王公马厂集中的坝外，历来封禁甚严，就是雍正督垦时也不忘严谕："断无容其向外占垦游牧之地。"[③]乾隆后期，流民蚕食坝外活动不停，王公马厂追求地利，率先违例私募出佃留民垦种。乾隆四十六年，坝外和硕庄亲王马厂报垦，户部议："口外牧场辽阔，近来王公牧放渐稀，流寓小民渐渐聚成村落，势难禁其私垦，不若准其耕种升科，作为有牧之土，惟实与游牧毗者仍禁私垦。地利渐兴，耕与牧固不相妨也。"[④]统治阶级这一暧昧态度，对王公马厂乃至沿边蒙地王公甚至一般蒙人私募留垦的行为无疑是一契认。

嘉、道以后流民急剧增多，察哈尔坝外及内蒙沿边各盟旗均见流民私垦或蒙人私募出佃开垦。嘉庆初，统治者曾多次谕令各该管将军、都统："一民不准容留，一亩不准开垦。"嘉庆十一年（1806），清廷颁布《禁止出边开垦

① 《大清会典事例》卷978。
② 《清朝通典》卷3。
③ 《口北三厅志·地舆》"附录察哈尔都统洪升奏疏"。
④ （清）王庆云：《石渠余纪》。

地亩令》，再次全面厉行蒙地封禁。嘉庆十五年，廷臣奏稽查察哈尔东翼坝外垦况："张家口地方偏僻，关外东口两沟虽有山坡垦种，地亩无多。数十里外即系游牧草地，并无可垦，亦无村落。"①其实不然。河北省沽源县大二号村（又称头二号）有道光七年所立九宫庙残碑，云："地字头二号有神庙，历有余年，其地自乾隆四十二年系口王爷恩赏招来四方人民，后乡人因连年丰稔，欲酬神而创立也。迨其后，人民臻集，商贾成伙，至嘉庆年间已非创始之厅焕……"这段碑文不但说明这一点，而且反映出嘉庆年间所行封禁政策至少说并没有完全奏效。到嘉庆后期，东翼满旗子爵俊璋马厂地毛金坝（今河北张北、崇礼二县交界之毛金坝）一带已俾流民开垦 7800 余亩，东西两翼 25 处王公马厂也大都私募出佃留民垦种，并与毗邻旗地换地开垦。道光八年（1828），察哈尔镶红旗总管擅自将本旗察罕苏巴尔地方换给礼亲王，"俾令开垦"，首开八旗牧地开垦之先河。对此清政府以"止于未经呈报该管都统，尚无朦混丈勘"，"免其严处"。②自此，各旗佐少数官兵趁势将属下牧地互相串卖，各便身图，西翼尤甚。道光以来各处蒙地私垦严重，道光十九年清廷严申禁令，颁布《私垦开垦地亩已未得受押荒银钱及称名揽头分别治罪条例》《蒙古民人写立租契影射出典地亩分别治罪》等一系列政令，但若同具文。道光二十年，宗室公奕兴的赛尔（今河北省尚义县赛尔台）一带马厂地被家奴募民私垦 300 余顷。道光三十年，多伦诺尔厅地界归睿亲王所有的 10466.7431 亩马厂地全部报垦。

咸丰年间，清政府经费支绌，筹款维殷。咸丰四年（1854），给事中仙保上《（察哈尔）八旗官荒地亩请开垦升课以裕经费》一折，请求在奕兴上缴马厂苏鲁克地段（今尚义县坝上西部）试行招商开垦，议准。这一垦务活动虽为时不长，但它首开坝外官为招垦的先河。更有意义的是，流民从中受到鼓舞，乘势涌出坝外，私垦官荒空闲乃至旗、群、台站、庙仓的牧地草场。

咸丰十年以后，蒙地封禁进一步松弛。同光之际，沿边各蒙地私垦成

---

① 《大清会典事例》卷 156。
② 《清宣宗实录》卷 148。

风。在察哈尔坝外，如光绪八年（1882）察哈尔都统所禀，不仅"旗、群空闲官荒牧厂早经奸民私垦，日甚一日，游牧地方也多为蚕食……（流民）恃口外游牧平原辽测，殊少界限，乘隙偷垦，已成习惯"。① 到光绪末叶，各旗牧地"比年来经官兵等互相串卖，各便身图，有将全佐领私放净尽几无尺寸者"。② 大多牧群也如此，如正黄牛群（群地在今张北县境）、正黄羊群（群地在今尚义县境）"溯自咸丰年间，各处民人私垦厂地、台地，渐次侵入群界。……蒙官贪利私放，民户益无所顾忌，陆续开垦，愈久愈宽，数十年来，群地未开者牛群不过十之二三，羊群则仅十之一二"。③ 至于各王公马厂，"自近年以来，久已有地无牧"。对此，统治者禁止不得，驱逐不能，被迫承认事实。

光绪元年（1875），直隶总督奏请清查东翼私垦地亩，补收押荒，并设押荒局开办官荒及部分王公马厂地亩，由官招商垦种，允准。八年垦务告结。接着又准晋省抚臣所奏开办西翼，十一年奏结。光绪二十四年及二十五年，东西两翼又先后开办官荒马厂地亩。至二十八年五月，东翼两次放地10900余顷，西翼两次放地3000余顷，事实上，"已垦而未报者固不止此数，已报而未经官丈放者尚未及半"，④ 盖因私垦甚盛，干扰垦政。

以上是察哈尔开发的第二阶段。该阶段虽在咸丰以后有过几次较大规模的局部招垦，但事竣总要掘壕分界，界外不得复行开垦，封禁如故。从主体看为禁垦阶段，但就实质而言，"名为禁垦，实则私开"。⑤ 清政府本不愿让汉人进入蒙地，但禁令愈严，私垦愈盛。分析其原因，首先在于流民禁而难绝。就统治者言，流民大量涌入，若将其"尽行驱逐入口，则伊等俱系无

---

① 朱寿朋：《光绪朝东华续录》卷48。
② 贻谷：《垦务奏议》。
③ 贻谷：《垦务奏议》。
④ 贻谷：《垦务奏议》。
⑤ 贻谷：《垦务奏议》。

籍穷人，人口无耕种之地，至于度命艰难，不无作乱为非之事"，<sup>①</sup>出于维护统治地位及统治秩序，不能不正视严峻现实而朝令夕改。就流民言，开垦生活条件虽苦，但受剥削轻于内地，只要付出劳动就可稍得温饱，所以联络而行，争相往垦。但事实上领垦又多被"揽头"垄断，这些被称作"揽头""地商""户总"的富商大贾、官僚士绅以及少数蒙员包揽开垦，暗中分块加价放给垦众，转手渔利。无数到蒙地求生的流民为求得一块落脚地，不得不佃租于揽头。生活在蒙汉封建势力双重剥削下，处境不可能得到根本的改善。但揽头追求渔利，这驱使他们勾结胥吏蒙员，积极设法揽垦，客观上对蒙地开发起到了一定的推动作用。

其次在于地主追求押荒（地价），贪图租银。察哈尔八旗官兵俸饷原本只及满兵一半，道光以来牧业凋敝，生计日艰；各牧群向赖两淮盐务生息银，道光十年后屡屡欠解，咸丰二年太平天国起义后更形停解，"大小蒙员率皆贫窘"。<sup>②</sup>出荒收取地利成为他们私下的普遍愿望，加上"汉民之来口外，挟资以饵之，诡谋以诱之，蒙员牟利之"，<sup>③</sup>双方私相授受，各得好处。至于王公马厂，均系清廷恩赏地，大都自为风气，官府绝不过问，出荒招佃无所顾忌，尤其积极。光绪六年，清政府批准直隶总督李鸿章所议《报垦马厂地亩酌拟现办章程》，声明所有报垦马厂应将押荒并地课银两责命专解部库，另加该王公私租银每亩4厘，即使这样，他们还是能从出荒中得到一笔可观的收入。

地方官吏对封禁令并不着力奉行也是一个原因。道光以来，从中央到地方经费支绌，特别是边远地区。在他们看来，流民到，农地增，田赋加，而且有民可役，更是利权双收。地方官吏对流民到来持欢迎态度，官与民结合，民与蒙相护，三种势力形成一股潮流，封禁政策失效也就不可避免。

---

① 《口北三厅志·地舆》附录"察哈尔都统洪升奏疏"。

② 贻谷：《垦务奏议》。

③ 贻谷：《垦务奏议》。

# 三

光绪末，沿边蒙地多已开垦，牧业日形凋敝，相当数量牧民转牧为农或以农为主，牧业经济向农业经济转化已是大势所趋。甲午战争后，清政府币藏一空如洗，各省不得不就地筹款，开放蒙地收取押荒地课成为解决饷源的重要谋路，地方官员一再呈请开放。而这一时期，俄之谋蒙日迫，全国舆论要求抵制帝俄侵略，边疆大吏及有识之士纷议实边之策，开发蒙地，充实蒙边，成为全国迫切的政治要求。

庚子之变后，清政府内外交困。为挽救其垂危命运，光绪二十七年在全国推行"新政"，翌年正式颁布开垦蒙荒令，这一举措史称"移民实边"。在这一形势下，察哈尔蒙地以空前的速度和规模掀起垦荒高潮。

光绪二十七年冬，准山西巡抚岑春煊所奏，"察哈尔左右翼及乌兰察布、伊克昭两盟请饬一律招垦"，简派兵部右侍郎贻谷为督办晋边垦务大臣。光绪二十八年五月初一日，贻谷在丰镇设丰宁垦务局，旋分成丰镇、宁远二局，开局畅办西翼垦务。是月二十日，察哈尔都统奏请东翼会同一律开办，十月初一在张家口设局，署理东翼垦务。各局一面接收旧有押荒局未完事宜，已垦之地一律划清丈明，私垦者饬令照章押荒升科；一面招领生熟各荒。其放地，各旗牧地酌留公共牧场及蒙员随缺地亩，其余一律放垦；群地、台地除丈明已垦外，荒熟相间之地齐其陇塍，不令有犬牙相错之势，已全开而无余荒的群地则移群或并群；王公马厂除喀尔喀亲王哈拉罕马厂（址在今河北省康保县南部）外一律放垦，报效国家。其招垦，私设地局一律解散，地商、户总名目一律革除，由局直接对民招垦。以360步为亩，亩收押荒银2钱、办公银1钱。领户呈缴押荒后给照世管为业，升科年限区别已垦、未垦，已垦之地（即熟荒）于缴纳押荒次年升科，未垦地缴纳押荒后试垦三年再行升科。是年八月，以垦局零星散放纷扰太多，又在两翼分设东西两路垦务公司，官商合办。一经丈明，即由公司承领，或自种，或分等加收地价发佃放垦。光绪二十九年，以垦区剧增，西翼析置陶林、兴和二厅，隶山西省归绥道，东翼也有在张麻井或闪电河（皆在今沽源县境）析置厅治之议。光绪三十四年，贻谷以"二误四罪"名被参逮，垦务告停。宣统元年（1909）复设推广垦务局，但行效甚微，不过办理前局未结事宜矣。据贻谷《蒙垦陈述供状》"东西全垦丈放地亩数目表"，光绪二十八年五月至三十四年四月，察哈尔共丈放 4488177.031 亩，其中东翼 2006068.289 亩（已征押荒 1878646.016 亩），西翼 2482108.742 亩（已征押荒 1965048.662 亩）。

以上是察哈尔开发的第三阶段。该阶段全面开禁，大张旗鼓厉行招垦，垦区东连围场，西接土默特，南与坝下旧垦地相连，形成一大农业区，自然面貌发生巨大变化。这一变化，不仅为今天该区大部分地域农业经济结构的形成从根本上奠定了基础，而且对后世产生巨大影响。民国 4 年，继往开来，全面开垦（史称"大开荒"），在前基础上，仅用短短十数年就完成了单一牧业经济向以农为主社会经济结构的转变。

从上述三个阶段的发展过程可以看出，察哈尔蒙地开发，先于流民冒禁私垦，地主主动违禁容留，两相情愿造成事实，迫使统治者一次又一次地局部招垦，最终全面开禁；垦地由坝内到坝外，由官荒及牧场。这一发展过程实是一自发的由小到大、由少及多的发展过程。这一历史过程表明，一个自然区域经济形态的形成和演变，与全国经济发展和政治形势变化是紧密相连的，它不可能长期孤立和单一存在。用封禁办法滞固一个地区的经济发展，既是愚昧的，也是难以持久的，在一定历史条件下，各族人民必将冲破阻隔，求得本地区经济发展和自身生活条件的改善。

# 张北县境清代公私牧厂考[*]

尹自先

《清朝野史大观·阅视群牧》曰："我太宗时，以独石口至张家口山北一带，水草肥饶，指为放牧之地。今历数十余年孳息，既不累民，亦不费官，自古马政之善，无如本朝者。"《口北三厅志·考牧志》载："太宗文皇帝（皇太极——笔者注。以下相同者不再说明）既平插汉（察哈尔），谓其地宜牧，遂历置公私牧厂于此。自上驷院庆丰司而外，又有王公大人分地。康熙年间，马驼牛羊蕃息大约三百余万，考牧之盛自古未有也。"地处"独石口至张家口山北"之间，作为察哈尔地域一部分的张北县，境内有哪些牧厂？本文考据并不揣浅陋，就前人一些认识作辩。

## 一 太仆寺左右翼牧厂

这是清政府最早建立的马场，原名"大库口外种马场"。"顺治初，大库口外设种马厂，隶兵部。康熙九年，改牧厂属太仆寺，分左翼右翼二厂，均在口外。"[①]左翼称太仆寺左翼牧厂，右翼称太仆寺右翼牧厂，通常两翼组织机构、马群数和马匹数量相同。光绪三十二年（1906），太仆寺两翼牧厂归

---

* 原载张北县历史文化研究会《研究动态》总第 14 期，2015。
① 《清史稿·兵志·马政》。"乾隆六年（1741），马厂按地区分为左、右两翼。"苏亮：《清代太仆寺述略》，《文学界（理论版）·历史回廊》2011 年 11 期。与《清史稿》分歧颇大。苏说不知依据何在，存此备考。

陆军部管理。三十三年，正式更名为太仆寺两翼牧群。1928年，改为察哈尔省立第三模范牧厂，1932年改归国民政府中央军政部。1937年，伪蒙古联盟自治政府改太仆寺左右翼牧群为太仆寺左翼、右翼旗。1950年，太仆寺右翼旗与明安旗（前身即清代的牛羊群）合并为明安太右联合旗，1956年撤销，其行政区域划归正蓝旗、正镶白旗。①1957年，太仆寺左翼旗与宝昌县合并，称太仆寺旗。

太仆寺左右翼牧厂的主要任务是繁殖和训练马匹，以备朝廷军用和差用。骒马、骟马②分厂牧养，骒马厂经管马匹孳生，以备补耗，还要挑选俊秀马驹送进御厩供皇帝备用，有时也调马驹和骒马③；骟马厂主要训练马匹，纯熟堪骑，以备调用。

太仆寺左右翼牧厂是国家牧厂，太仆寺主要承办均齐赏罚等事宜，所谓"均齐"，即每三年对两翼各牧群马匹平均划一，并对官兵赏罚一次。骒马群每三匹马三年要孳生马驹一匹，应孳生额数外，多孳生者议赏；额数内少孳生、未孳生且在原给之数内缺少者议罚。骟马群以在厂马数为十分，一年准倒毙一分。根据训习生熟和倒毙多寡定赏议罚。调用厂马则要通过兵部。户部发放牧厂官兵的月饷、出差口粮、应赏布匹等。工部发给牧厂饲秣所需工具、鞍辔、应赏皮袍端罩等。上驷院配给马匹生癞之药。张家口监督负责收领倒毙马皮。

关于其组织机构，《镶黄旗志·沿革·察哈尔四牧群》记："太仆寺左翼牧群下辖5群，分别为镶黄、正白、镶白、正蓝旗牧群和骟马群；太仆寺右翼牧群下辖5群，分别为正黄、正红、镶红、镶蓝旗和骟马群。"④各厂有牧

---

① 《镶黄旗志》载：其行政区域"1956年并入正蓝旗"。

② 公马称儿马，母马称骒马，不及3岁者称驹，公驹在3岁被阉割者为骟马。放牧之时，骒、骟马分群。骒马群，5匹配儿马1匹，未阉割之3岁以下马驹随母马入群。每群马数定为400匹，骟马群以马驹骟后始入群计数，逾400匹则增群。

③ 《清圣祖实录》卷264，康熙五十四年六月庚辰："命发打布孙诺尔及太仆寺马厂所有马驹、骒马，各二千匹，往甘州。"

④ 《镶黄旗志》编纂委员会编《镶黄旗志·沿革·察哈尔四牧群》，内蒙古人民出版社，1999，第67页。

群若干。

按:《镶黄旗志》所记，与一些学者认为仅镶黄等四旗牧厂（群）和正黄等四旗牧厂（群）的观点相左，证之以宣统二年（1910）察哈尔都统兼两翼牧厂统辖总管崑源的奏折:

> 张家口外两翼牧群，地势沃衍，厥号名扬，乃经牧之人，积久旧弊，因派员调查，复亲赴履勘。计两翼骒马群现存马七千九百八十四匹，亏二万七千四百三十五匹，骟马二千六十六匹，亏额二千七百十五匹，口轻膘壮者不过十之三、四。至兵丁之额，及老弱充数者，右翼为甚，官长之疲玩亦如之。旋遍历两翼各旗群，考其地势，计左翼东西约一百二十里，南北约一百三十里，地势缺其西北，面积约八千五百余方里，其草地以骒马群之镶白、正蓝两旗及骟马群为上，骒马群之镶黄、正白两旗次之；右翼东西约九十余里，南北约百二十余里，地势锐其南，面积约六千六百余方里，其草地以骒马群之正黄、镶红、镶蓝三旗为上，骒马群之正红旗及骟马群次之。山原为属牧之上腴，证以陆军部上年原绘地图，复据各该协领等指称，左翼镶黄、镶白两旗及骟马群，右翼正黄、正红、镶红各旗界内，有毗连之蒙古王公游牧，及察哈尔牛群游牧占领或放垦地段。左翼之正蓝旗骟马群，有官私开垦地段，其官放者系光绪二十八、九年间设垦务局，及光绪三十二、三年间设推广垦务局给领，由多伦、独石两厅升科纳粮。当时各牧若干，无案可稽，以故官私越垦，无从分悉。右翼正蓝旗厂地，则北洋马队据其半，五十家子台站据其半。查右翼牧场本较左翼狭窄，又因前垦务大臣贻毂等会奏，放垦右翼骟马群之博罗柴济地方，将该骟马群移并骒马群牧地，割正红、正黄两旗各一段界之，右翼牧场遂益局促。……①

---

① 转引自苏亮《清代太仆寺述略》,《文学界》（理论版）2011 年第 11 期。

从奏折中可以看出，两翼都有骟马群，《镶黄旗志》中"五群"的说法是对的。

太仆寺左右翼牧厂设统辖两翼牧厂总管一人，由察哈尔副都统等兼理。两翼各设总管一人，正四品，各设骒马群翼领一人，骟马群翼领一人，正六品；各设骒马群协领四人（每旗一人），骟马群协领一人，八品；每群设牧厂、牧副各一人；骒马群每群设牧丁10人（雍正八年以后改为8人），骟马群每群设牧丁12人（康熙三十三年后为14人）。此外，还设有副管（正五品）、防御（正五品）、骁骑校、护军校、护军等防御系统职守，除"统辖总管而外，官兵皆用察哈尔"。①

雍正三年（1725），定"在厂之马以四万匹为止"。乾隆三十一年（1766），额定"每群不得过四百匹之数"。②厂马最多时（乾隆五年）有骒马160群，36512匹；骟马32群，10712匹。③厂马一年四季常川牧放，牧厂及牧群各有定界，"彼此不得侵越"。

乾隆二十三年（1758）平定准噶尔战事结束后，大规模的军马征调骤然减少。从乾隆二十九年裁减骟、骒马群开始，太仆寺牧厂养马业走上下坡路。宣统二年，"计两翼骒马群现存马七千九百八十四匹，亏二万七千四百三十五匹，骟马二千六十六匹，亏额二千七百十五匹，口轻膘壮者不过十之三、四"。④民国19年（1930），察哈尔省政府派员调查第三模范牧畜场（即清之太仆寺两翼牧厂），"现有实数马二千八百五十七匹"。⑤

关于太仆寺左右翼牧厂的位置，清廷于乾隆八年（1743）议准："两翼马场原各有一定处所，恐日后混淆，立界以垂久远。左翼四旗，东以布呼衣

---

① 《光绪会典》卷72，转引自陈安丽《清代太仆寺左右翼牧厂初探》，《内蒙古大学学报》（哲学社会科学版）1988年第2期。

② 《嘉庆会典事例》卷818，转引自陈安丽《清代太仆寺左右翼牧厂初探》，《内蒙古大学学报》（哲学社会科学版）1988年第2期。

③ 转引自陈安丽《清代太仆寺左右翼牧厂初探》，《内蒙古大学学报》（哲学社会科学版）1988年第2期。

④ 察哈尔都统兼两翼牧厂统辖总管崑源奏折。

⑤ 《察哈尔省通志》卷27《蒙古编》。

布拉克为界，西以察罕齐老台为界，南以都什山为界，北以呼什呼兰台山巴颜托罗垓为界。右翼四旗，东以库努克拉罗垓努赫图沟为界，西以珠噜台乌赫尔齐老为界，南以克伊格达瓦都德衣哈喇为界，北以布尔噶苏台河南岸为界。各该翼骠马、骟马游牧其中，彼此不得侵越，不许私自垦种。"①奏议提到的四至，全系当时的蒙古语地名，与今天的地名几乎无法对照。（乾隆）《大清一统志》中的记载还算明了：左翼牧厂在"张家口东北一百四十里哈喇泥墩井，东西距一百三十里，南北距五十里。东至宣化府边界，西至镶黄旗牧厂界，南至镶蓝旗牧厂界，北至镶黄察哈尔界"；右翼牧厂在"张家口西北三百一十里齐齐尔罕河，东西距一百五十里，南北距六十里。东至正黄旗察哈尔界，西至镶黄旗，南至丰镇厅北界，北至正红旗察哈尔界"。②《口北三厅志》沿用此说，虽然语焉不详，但总算给了读者一个大概的印象。

近些年，有人系统研究清代马政，对太仆寺左右翼牧厂的位置做出判断。陈安丽在《清代太仆寺左右翼牧厂初探》中认为："太仆寺左翼牧厂在张家口东北 140 里喀喇尼墩井，今内蒙古锡林郭勒盟太仆寺旗南部，右翼牧厂原在张家口西北 310 里齐齐尔汉河，内蒙古乌兰察布盟丰镇县北。乾隆初年，左翼牧厂面积约 6,500 平方里，右翼牧厂面积约 9,750 平方里。"作者称这个数字来自《大清一统志》（乾隆九年刻本），应该是可信的。后来由于牧厂开垦、牧群转移，一些史籍记载的面积就不一定准确了。《清代察哈尔八旗四群及其历史地理》③一文说："左翼牧厂在张家口东北 140 里的喀喇尼敦井（约在今太仆寺旗南——原注），东西距 130 里，南北距 50 里。大体相当于今河北省康保县东部、张北县北部、沽源县西部和太仆寺旗南部。清末放垦后，到民国初年，只剩今太仆寺旗贡宝拉嘎苏木。右翼牧厂初在张家口西北 310 里的齐齐尔汉河（今丰镇市饮马河——原注）。东西距 150 里，南北距 65 里。大体相当于今凉城县东南部、丰镇市大部和兴和县笔者在太仆寺

① 转引自苏亮《清代太仆寺述略》引文。
② 《大清一统志·牧厂九》。
③ 从文章看，作者对察哈尔的研究颇深。笔者曾努力联系此人，就教于他，但没有回音。

旗贡宝拉嘎调查，以上关于太仆寺左翼牧厂位置的判断是准确的。《乌兰察布史》关于太仆寺右翼牧厂位置的记述也与上述大体相同。[①]

在明确太仆寺左右翼牧厂的位置后，先探讨一下它的前身——大库口外种马场的位置。《清史稿·兵志·马政》载："天聪初，征服察哈尔，其地宜牧，马蕃息。顺治初，大库口外设种马厂，隶兵部。康熙九年，改牧厂属太仆寺，分左翼右翼二厂，均在口外。"关于"大库口外"的具体位置，多数学者在涉及时避而不谈，或以为在辽东。只有苏亮在《清代太仆寺述略》里说："太仆寺所属边外的两个牧马厂，原属兵部管理，称大库口外种马二场。"此"大库口外种马二场"显然是指太仆寺左右两翼牧厂，就是说苏氏认为此"口外"在张家口边外。我们在苏文中找不到此说的根据，但这一观点让人耳目一新。前不久，北京大学图书馆将其馆藏部分古地图编辑出版，名为《皇舆遐览：北京大学图书馆藏清代彩绘地图》（中国人民大学出版社，2008）。内中有一幅《口外诸王图》，图上长城外侧大约今内蒙古自治区乌兰察布市丰镇县一带用汉字标记"兵部牧厂"，这里恰恰就是太仆寺右翼牧厂的故地。按大库口外种马场建于顺治初，隶兵部，康熙九年（1670）改属太仆寺，在此之前有可能称兵部牧厂，或者以隶属关系径称兵部牧厂。笔者查阅，图中张家口口外之察哈尔地带有关牧厂除这个"兵部牧厂"（一处）外，只有八旗牧厂（八处）、"两黄旗马驼牛羊等厂"（一处），能与大库口外种马场匹对的非"兵部牧厂"莫属，"兵部牧厂"极有可能就是大库口外种马场。哈斯巴根、成崇德二位先生分析[②]，《口外诸王图》绘制于康熙二十七年至二十九年间，但图中没有太仆寺左右翼牧厂，著名的御马厂也没有，甚至于康熙十四年迁来的蒙古察哈尔八旗也没有！窃以为制图时间可能在顺治末康熙初，甚至更早。果真是在康熙二十七年至二十九年间绘制，绘图者的信息来源也是理藩院、内阁等机构过去一段时间的档案资料，所以图中没有太仆寺左右翼牧厂等更多牧厂的信息，换言之，"兵部牧厂"也不会是对其

---

① 政协乌兰察布市委员会编《乌兰察布史》，中国文联出版社，2009。
② 哈斯巴根、成崇德：《关于〈口外诸王图〉》，《清史研究》2010 年第 1 期。

他牧厂的误记。

有清一代，太仆寺牧厂以繁殖为主，左右两翼的骒马群始终是骟马群的数倍。建厂初称"大库口外种马场"可能就以此得名。康熙三十三年（1694），才增骟马群，[①] 当时每群牧丁2人，规模很小。伴随征讨噶尔丹、平定准噶尔等一系列战事，太仆寺牧厂扩大，尤其骟马群，于是出现了左、右两翼牧厂，右翼留在原地，即大库口外种马场故地，左翼拨到草场广阔的今内蒙古锡林郭勒盟太仆寺旗南部。

再来探讨太仆寺两翼牧厂在张北县境分布的状况。

民国19年，察哈尔省政府调查察哈尔八旗四群，提到左翼牧群的宗教情况："宗教：本牧群咸安寺，又名玛拉盖庙，大小喇嘛四百二十八，香火地六十顷。广法寺，又名栋达庙，大小喇嘛六十二，香火地三十顷，以上寺庙共计二处，大小喇嘛四百九十，香火地九十顷。"玛拉盖庙[②]在今太仆寺旗贡宝拉格苏木黑沙图嘎查境内。栋达庙，又作东大庙，位于察北管理区石门管理处前东大庙村北2里沽源县红圪塄乡东大庙村，民国5年时东大庙在张北县境内。[③]清代大兴黄教，蒙古草原喇嘛寺庙广布，或由旗、群或以苏木集体建筑，也有个人捐资兴建，寺庙都建在旗、群、苏木的中心地带，方便信徒往来。清政府规定：各个牧厂、牧群的"总管、翼领、协领各在该适中之地居住，以便约束放牧"。[④]所以寺庙既是宗教中心，也是所在地各该旗、群、苏木的政治中心，这在清代和民国年间蒙古大草原上极其普遍。玛拉盖

---

① 见苏亮《清代太仆寺述略》。

② 玛拉盖庙，又称咸安寺，玛拉盖为蒙语音译，意思是帽子。建于1722年康熙末年，全庙由神灵殿、大雄宝殿、天王殿及左右配殿、后殿6个殿及藏经阁、钟鼓楼和4个大学塾等8个大院组成，有房屋200余间，占地20余亩。"文革"时期被拆毁，遗址尚存。玛拉盖庙是太仆寺左翼牧厂宗教文化中心，每年农历五月十三至六月十五是玛拉盖祭祀日，其间举行的庙会上有多种活动，商贾云集。六月十三是太仆寺左翼牧厂5个牧群的祭祀仪式，由总管和5个牧群协领主持。这一天，不分官员、喇嘛和俗人，男女老少均着节日盛装，带上供奉和要出售的物品、牲畜等，从四面八方聚集到庙前，除给庙内供奉外，剩余的牲畜、皮毛、奶食品等在庙会上出售或兑换日用品。庙会期间，沽源、赤城、多伦等周边的商人、庶民也前来赶会，甚为热闹。

③ 参见察哈尔全区垦务总局编《察哈尔全区垦政辑览》"附张北县图"。

④ 《光绪会典事例》卷1088，转引自陈安丽《清代太仆寺左右翼牧厂初探》。

庙是太仆寺左翼牧厂的旗庙（一厂一旗的中心庙），栋达庙是下属某个牧群的群庙。可以明确，栋达庙周围都是左翼牧厂的牧地，方圆四至虽不能明晰，但它地跨张北县东北地域（含今察北管理区）是很清楚的。

光绪二十八、二十九年，清政府移民实边，民国初继之，太仆寺左翼牧厂四周草场渐次垦辟。光绪八年时张家口厅东北面"原界至麻泥坝①地方，嗣经开垦，至英图壕②及左翼牧厂为界"。③民国6年，张家口垦务总局在玛拉盖庙设立两翼清丈行局，后以垦区内有元代宝昌州旧址（九连城）更名宝昌设治局。该局成立后，张北县奉命于当年"将张北所属之英图壕一带计地一千余顷（约70平方公里）划拨宝昌设治局管辖"。④

太仆寺右翼牧厂，可能在乾隆三十年移群腾地俾民开垦后，⑤首迁张北县境内。民国《张北县志》记载："右翼太仆寺：第一次迁移在乾隆年间，由兴和县移到马莲渠。第二次迁移在大尔齐庙东。至光绪三十二年再移至闪电河，即现在之地。"⑥马莲渠即今张北县台路沟乡马莲渠，打拉齐庙又作大尔齐庙、大拉奇庙，民国《张北县志》作达拉齐庙，皆蒙语音译，遗址在今张北县馒头营乡庙脚底村西。民国《张北县志》记："达拉齐庙：在第一区县城西三十里……前清嘉庆年所建，由太仆寺右翼管辖……"从建庙时间看，右翼第二次移群在嘉庆年间，而非"嘉庆以后"。

从马莲渠移到达拉齐庙，北移不过10公里，似为右翼厂署的移动，也反映骟马厂规模不大。《钦定大清会典事例》卷1088《太仆寺·职掌》记载，康熙初首次对太仆寺两翼牧厂在厂马均匀分配，并额定每翼骒马40群、骟

---

① 今仍名，即张北县、崇礼县交界的麻泥坝。
② 笔者主编《张北县志》时走访，得知察北管理区中、东部及三号乡西北部，沽源县九连城、红圪塄、黄盖淖三乡（民国时期沽源三乡属宝昌县第三区）的中、南部过去统称"英图壕"，现在一些老人还知道。英图壕系蒙语，目前尚不明白含义，笔者怀疑是太仆寺左翼牧厂下属这一带牧群的名称，待考。
③ 民国《张北县志·地理志·沿革》。
④ 民国《张北县志·地理志·沿革》。
⑤ 《石渠余纪·口外牧厂》："三十一年以太仆寺右翼牧厂二万三千余顷招民垦耕。"《清朝文献通考·田赋考》：乾隆三十年，察哈尔都统巴尔品奏言，有"太仆寺右翼迁移牧厂废弃空地"。
⑥ 民国《张北县志·地理志·沿革》。

马 8 群。此后定额有增加，乾隆二十九年裁减马群，骒马由 160 群减为 94 群，骟马从 32 群减为 16 群，裁减后每翼骒马 47 群、骟马 8 群，骟马维持在康熙年间水平。乾隆中叶以后清朝马政开始走下坡路，据此，嘉庆年间右翼骟马厂的马群不会超过 8 群。陈安丽《清代太仆寺左右翼牧厂初探》引用《嘉庆会典》说，嘉庆年间第二次移动后，"右翼骟马厂约 3500 平方里（合 875 平方公里）"，这一数字似乎有点夸大。① 八群马牧放在面积 875 平方公里的草场上，其分散状态可想而知。马连渠东稍偏南 6.5 公里处玻璃采村曾驻牧一个（或几个）马群。玻璃采，民国《张北县志》作波罗钗察，因波罗钗察河经过而名，后讹作玻璃采。前引察哈尔都统兼两翼牧厂统辖总管崑源奏折中提到："查右翼牧厂本较左翼狭窄，又因前垦务大臣贻谷等会奏，放垦右翼骟马群之博罗柴济地方，将该骟马群移并骒马群牧地，割正红、正黄两旗各一段界之，右翼牧厂遂益局促。"博罗柴济即波罗钗察，原有座规模不小的喇嘛庙——波罗钗察庙，民国《张北县志》记此庙曰："清乾隆五十年所建，奉旨建筑。此庙属大马群蒙古人管辖。后因该地蒙人迁移他处，于民国二十年将该庙拆归大马群建庙之用。"② 应属太仆寺右翼牧群，但的确是拆归了大马群建庙。《察哈尔省通志》记：商都牧群（即大马群）有"布尔吹吉庙，大小喇嘛一百一十二"。③ 但因建庙晚没有香火地。《镶黄旗志》称此庙为"宝日车吉庙"。④ 有资料记载，乾隆皇帝乘坐的御马就产于此，随乾隆南征北战，病死时，乾隆极为悲恸，为之辍朝，下令建庙纪念。民国《张北县志》记："相传乾隆北巡时，御马至此病不能前行。祷祝建庙，马遂愈。"⑤ 前一条来自野史，民国《张北县志》当属正史，孰是孰非，备考。

---

① 张北县总面积 3863 平方公里，含察北管理区为 4185 平方公里。
② 《张北县志·建置志·祠庙》。
③ 《察哈尔省通志》卷 27《蒙古编》。
④ 《镶黄旗志》说宝日车吉庙原建于河北省张家口市北边大汗沟处，1933 年迁到商都马群，在今镶黄旗宝达音高勒苏木境内。1940 年时有喇嘛 112 名。
⑤ 《张北县志·建置志·祠庙》

## 二 镶黄正黄正白三旗官驼马群牧厂

该牧厂隶内务府上驷院，上驷院有直属御马驼厂多处，在京郊者叫内厂，在长城以外者叫外厂。外厂养马分三处：一在山海关外大凌河，名曰"大凌河养息牧"或称"盛京养息牧"；二在独石口、张家口外，称"口外养息牧"，又名"边墙养息牧"，即《口北三厅志》所称之商都达布逊淖尔牧厂；三在达里岗爱①，称"达里岗爱养息牧"。商都达布逊淖尔牧厂又分两处，一在上都河，一在达布逊淖尔，合称商都达布逊淖尔牧厂。关于镶黄正黄正白三旗官驼马群牧厂称名，多数学者认为因牧丁是察哈尔镶黄、正黄、正白旗人，故名。按镶黄、正黄、正白三旗为"上三旗"②，笔者以为其是内务府（主要职能是管理皇家事务，有皇室管家内务府三旗之称）的别称更妥当些。

商都牧厂，以位在商都河得名。商都河即今滦河上游闪电河，商都是满语"水旋"的意思，闪电河清流急湍，尤为洄旋，所以清代称此河为商都必拉（必拉，意为"河水"）。商都河又常讹作上都河，故清代一些政令、文牍、著述也经常把商都牧厂写作上都牧厂，以致彼此不分。商都牧厂又名御马厂，厂署在"独石口东北一百四十五里博罗城"，即今内蒙古自治区正蓝旗黑城子（元明时叫李陵台）。③

达布逊淖尔牧厂，因厂内有一大盐池，蒙古名作达布逊淖尔，故名。铁志军《张北县西北部地区清代牧厂遗迹调查》认为就是今张北县两面井乡西盐淖村的西盐淖，待考。达布逊淖尔牧厂与上都牧厂隔太仆寺左翼牧厂而不

---

① 达里岗爱牧厂，康熙三十年（1691）"多伦诺尔会盟"之后，新归顺的喀尔喀车臣汗、土谢图汗将两部中间的达里山和岗爱湖附近的广袤土地献给清廷后形成的清代最大的皇家牧厂，属内务府上驷院，由庆丰司所属张家口群牧处兼辖。

② 清军入关前，镶黄旗由皇太极亲自统领，后加正黄旗、正蓝旗，称"上三旗"。入关后，多尔衮将自己所领的正白旗纳入上三旗而将正蓝旗降入下五旗。多尔衮病逝后，顺治皇帝接管正白旗统领权。

③ 《口北三厅志·制敕志》："康熙三十五年三月丁卯，上出独石口……戊辰，上驻跸诺海和硕即红城子，上渡（都）河居中地方。己巳，上驻跸博洛河屯，犹华言青城，在诺海和硕正北六十余里，遗址尚存。……"红城子即今沽源县闪电河乡小红城子，青城是黑城的意思。

相连，大约在今商都、化德、康保县及张北县北边一带。据《镶黄旗志》，"哈音海尔瓦庙：原商都马群旗庙，始建于康熙五年（1666）"。原称马王庙，"在商都马群宝音德力格尔山阳坡（今内蒙古化德县白土卜子乡境内）"。康熙四十八年，赐名广益寺，赐给一尊50两重的哈音海尔瓦银佛，故此庙又叫哈音海尔瓦庙。清末民初，庙四围皆垦辟，1936年搬迁到今镶黄旗哈音海尔瓦苏木政府所在地。据《察哈尔省通志》1930年调查，广益寺有"大小喇嘛一千零十三，香火地一百一十顷"。"文革"前尚有喇嘛80名，"文革"期间庙被彻底拆除。1988年，锡林郭勒盟公署和镶黄旗财政拨款在旧址重建，规模大不如前，仍称广益寺。①

关于商都达布逊淖尔牧厂，现在还没有专门的研究文章，商都牧厂后来的归宿、商都县名的由来，目前无令人信服的定论。据陈安丽《清代太仆寺左右翼牧厂初探》援引上驷院档案，清同治元年商都、达布逊淖尔这两个牧厂尚存，从光绪二十八年开始清廷"移民实边"，大肆垦荒，光绪三十二年驻牧在张北县境内的太仆寺右翼骟马厂又被挤到商都牧厂、太仆寺右翼骒马厂以及不少王公大臣私人牧厂所在的上都河两岸，牧地日蹙，商都牧厂很可能腾地移到达布逊淖尔地方。《清朝文献通考·职官考》称光绪二十八年（1902），由于农牧争地，为缓解矛盾，"马群游牧西移，面积亦扩充"，②应该即指此。至少可以说，商都达布逊淖尔牧厂的重心已转到草场面积相对宽大的达布逊淖尔，言商都牧厂者主要指达布逊淖尔地方。很可能与太仆寺左右两翼牧厂归陆军部后更名太仆寺左右两翼牧群同时，商都达布逊淖尔牧厂更名商都牧群，俗称大马群，商都县县名应该由此而来。③ 1914年，商

---

① 《镶黄旗志·寺庙·旗庙》。

② 《清朝文献通考·职官考》，转引自苏亮《清代八旗马政研究》。

③ 关于商都县名，《商都县事情》（1936年察哈尔盟商都县公署总务科刊行）载："'商都'，满语'水漩'也。以注入察汗诺尔之水，清澈激湍，回漩成纹，故蒙人即以满文商都称之。"张景三在《塞外怀古话商都》（《内蒙古地名》1982年第3期）里说："据该县《县志》（指《商都县事情》）所述为满文'水漩'之意。这是由于从北部流来的不动河（蒙语为粗大的河流——原注）清流激湍，在这里拐了个弯儿，然后逶迤向东注入浩瀚的察汗淖尔湖，因河水在拐弯处打漩儿，故得此名。"李俊义《内蒙古盟旗名称语言文化特性研究》（硕士学位论文，内蒙古大学，2010）"商都县"条全文引用二说。

都牧群划归陆军部。1928 年改为察哈尔省立第一模范牧畜场，1932 年改归中央军政部。从民国开始，随着牧地被大面积开垦，商都牧群不断北移，到1934 年时，已移到今化德县以北镶黄旗新宝拉格、宝格达音高勒、哈音海尔瓦三个苏木。1935 年，德王领导的蒙古地方自治政务委员会（简称"蒙政会"）改商都牧群为商都旗，旗署设在哈夏图（即今镶黄旗政府所在地新宝拉格镇）。1949 年，商都旗、镶黄旗和明安旗第二、四佐合并为商都镶黄联合旗，旗署在哈音海尔瓦庙，1952 年迁到哈夏图。1960 年，与化德县合并，称镶黄旗。1963 年与化德县分设。

上驷院专管宫廷所用驼马供皇差祭陵及军用，所属牧厂专门牧放驼马，不养牛羊。与太仆寺左右翼牧厂一样，也是国家牧厂，但设官与太仆寺牧厂稍异。初设蒙古总管 1 人管理牧事，康熙四十年（1701），因驼马蕃息，于内八旗大臣中拣选总管一名管理牧事，原设蒙古总管改为副总管，协同总管管理牧事及所辖牧丁。总管下设协领、副协领（支厂负责人），无论骒、骟每牧群均设牧长、副牧长各 1 人，牧丁 7 人；防御系统设有防御、骁骑校、护军校、护军等职官。副总管以下官丁皆由察哈尔蒙古人充任。

《镶黄旗志·沿革·察哈尔四牧群》记载：商都牧群下辖 5 群，有骆驼群、左翼骒马群、右翼骒马群、左翼骟马群、右翼骟马群。据《大清会典事例》，达布逊诺尔牧厂"顺治年间，设牝马二十群，骟马六群"。[1] 商都达布逊淖尔"顺治年间，设牝驼十群，骟驼二群"。[2]《清朝文献通考》记载，乾隆六年（1741）移上都马厂骒马 20 群于达里冈崖牧厂放牧，留上都骒马124 群、骟马 40 群、走马 1 群。乾隆十二年又接收大凌河牧厂骒马 5000 匹放牧孳生。[3] 以上是一些零星记载，到乾隆二十三年则更为明确，"上（商）都达布逊诺（淖）尔二处骒马一百三十四群"，"骟马四十六群"，"骟驼六群"[4]，每厂各有多少没有记载。到咸丰末年，商都牧厂骒马群有48 群，达布

---

① 《大清会典事例》卷 1207，"内务府"38，"畜牧·达布逊诺尔马群"条。

② 《大清会典事例》卷 1207，"内务府"38，"畜牧·商都达布逊诺尔驼群"条。

③ 《清朝文献通考》卷 193，兵 15。

④ 《口北三厅志·考牧志》。

逊诺尔骒马群有 49 群①。商都牧厂骒马群已较"留上都骒马 124 群"锐减了76 群。民国 19 年,"现有实数,马二千八百五十七匹"。②

关于商都达布逊淖尔牧厂在张北县境分布状况,本期《研究动态》刊载的铁志军《张北县西北部地区清代牧厂遗迹调查》一文,就这一状况做了不少调查,据此张北县西北部分布有达布逊淖尔牧厂的某些牧群是可以肯定的。民国《张北县志》记张家口理事抚民厅(张北县)光绪八年时西北界:"原界至云头坝③,后经开垦至五台之大青沟④,于民国 6 年商都成立设治局,将张北县所属之四台黄芪岔羊群、三海子洼马群、商都牧群三处共计地二千一百五十八顷五十八亩二分(约 144 平方公里),划拨商都设治局管辖。"⑤ 按:四台指清代阿尔泰军台第四台,今尚义县后石庄井乡四台蒙古营子;黄芪岔羊群,即清代之正黄旗羊群,驻牧今尚义县黄芪岔水库一带;三海子洼,今尚义县七甲乡三海洼,三海子洼马群可能是王公奕兴的马厂⑥,范围包括尚义县八道沟、七甲、哈拉沟等乡。商都牧群当指尚义县北部大苏计、大营盘一带。上述三地大体就是今尚义县坝上地区,历史上几次改归别属。⑦ 如果尚义县北部大苏计、大营盘一带曾属商都牧群这一判断无误,那么邻近的张北县西北部也属商都牧群某个或几个牧群的牧地。正北面也有商都牧群的属地,民国 21 年康保成立设治局时,奉令"将张北县所属之马莲渠、克公、商都牧群等处地方共计地二千零三十三顷一十一亩均划拨康保设治局"。

什巴尔台一带曾驻牧商都牧厂(御马厂)的马群。《清朝野史大观》卷

---

① 据陈安丽《清代太仆寺左右翼牧厂初探》援引上驷院档案。

② 《察哈尔省通志》卷 27《蒙古编》。

③ 云头坝,今张北县西部与尚义县交界处,民国《张北县志·户籍志》里有云头坝乡,管辖今张北县大河、台路沟二乡的绝大部分村落。

④ 五台,清代阿尔泰军台第五台,在尚义县五台河东蒙古营子。大青沟,即今尚义县大青沟。

⑤ 民国《张北县志·地理志·沿革》。

⑥ 见尹自先《张北县开发史》(《张北政协文史资料》(1~6 辑合订本)。

⑦ 改属商都设治局时为其第二行政区。1934 年,商都县二区及三、五区各一部(今大青沟、大营盘、大苏计、哈拉沟、后石庄井乡)划出成立尚义设治局,署衙在大青沟。1936 年,设治局改尚义县。1943 年,张北县第五区(今尚义县南部、中部共 11 个乡)划归尚义县,县公署由大青沟迁至南壕堑。

三 "阅视群牧"条记载了康熙四十四年（1705）八月秋围后，康熙帝阅视独石口至张家口一线口外牧厂的情况：

> 乙酉八月杪，围场既撤。驾自兴安岭一带巡边，入张家口。……驼马牛羊，弥望不绝，皆数年中赐种孳自者。每位诸王下，马驹二千余匹，八旗每一牛录，有马一千二三百匹，余畜产称是。三十日早发诺海和硕，先阅镶黄旗畜牧，次阅太仆寺官马，马驹一万三千余匹。上沿途缓辔，选其骏异者归上驷院。计程七十余里，抵塔班托罗海驻跸。九月初二日，自乌兰脑儿至杳木哈兔脑儿，阅视庆丰司羊群，计二十六万头。又东宫监牧四万头，共羊三十万。初三日阅视牛群，约十万余。是夕驻跸托里浑脑儿。初四日阅视上驷院马驹，每群以毛色为别。白者青者黑者红者黄者紫者杂色者，散布山冈，望同云锦，为数约二十万。四十里抵昂乌力海巴拉汉，典牧官员，屯聚于此。过此六里驻跸。初五日，上御幔城南门，观调生马，先赐南书房翰林官马八匹；赐随驾总兵副将各官，人各马一匹。初七日，至西巴里台，上谕云："此间尚有上驷院马二十一群，向经调习者。每年春夏放青，九月归厂。今岁因朕巡边，恐马力疲乏，留备更替，故不令赶来。"上又谕云："明朝养马，大累民间。我太宗时，以独石口至张家口山北一带，水草肥饶，指为放牧之地。今历数十余年孳息，既不累民，亦不费官。自古马政之善，无如本朝者。"①

观诸上述文字可知，兴安岭，清代指围场；张北高原南缘一线山岭，即坝头；②上都必拉、诺海和硕即前面提到的商都河、小红城子。康熙四十四年八月末，围场撤猎，康熙帝取道张家口回京，顺便就近视察口外牧厂。"自上都必拉至诺海和硕，五十里间"，表明商都河这个地点离小红城子50里，

---

① 《清朝野史大观》，河北人民出版社，1997，第231页。
② 嘉庆重修《大清一统志》："兴安岭，其山甚高大，自张家口而东，绵亘千里……"

当在今小红城子北面正蓝旗黑城子牧厂一带。康熙帝行程的方向是朝南，"三十日早发诺海和硕，先阅镶黄旗畜牧，次阅太仆寺官马……计程七十余里，抵塔班托罗海驻跸。"太仆寺指太仆寺左翼牧厂（康熙年间太仆寺右翼牧厂不在此间），在小红城子西，旗庙玛拉盖庙正好在小红城子西大约 70 里。这天康熙帝驻跸的塔班托罗海是否就是玛拉盖庙，不能断言。九月初二、初三阅庆丰司的羊群和牛群，几个地名不能确指，可能是与太仆寺左翼牧厂毗邻的北面的正白旗牛、羊群。"初四日，阅视上驷院马驹"，就是上驷院下属三厂之一的达布逊淖尔牧厂，别处太远。当天"四十里抵昂乌力海巴拉汉，典牧官员屯聚于此。过此六里驻跸"。昂乌力海巴拉汉，疑在张北县境内的安固里淖一带，清前期这里有个哈留台（又作哈柳台，即张北县境内的阿尔泰军台第三台，今呼三台蒙古营子），每逢齐年（马群均齐、牛羊群平群的年度），各牧厂的总管、翼领、协领等典牧官员都要在此集合，恭候并跟随太仆寺、内务府派遣的官员检查各牧厂，后来改在布尔嘎苏台（今张北县城西 3 里处的二台蒙古营子），察哈尔都统也趁此机会遣员考校察哈尔八旗官兵。"典牧官员屯聚于此"，无疑是聚来迎候康熙帝，这个地点应该是平常习惯集合的地方。"初七日，至西巴里台"，即今张北县小二台乡什巴尔台。什巴尔台在蒙语中意为"有泥淖"，这里水草丰美，尤其靠近坝头，清廷镇压太平天国、捻军起义征调的蒙古马队，多在此驻屯南下，更是通往集砂坝的要道。集砂坝扼阿尔泰军台（张家口至蒙古国乌里雅苏台），70 年代修张朝公路（张北至张家口大境门外朝天洼）过此，也算得上南北通衢。康熙帝此行取道张家口回京，史籍多有记载，有的提到途经陶赖庙。经陶赖庙"入张家口"，只能过集砂坝走阿尔泰军台到达。

可以肯定，"西巴里台"就是今天的什巴尔台。那"此间尚有上驷院马二十一群"表明清代什巴尔台曾驻牧皇家牧群。这一事实在《口外诸王图》里也可见，该图就在这里标记"两黄旗马驼牛羊等厂"，是镶黄正黄正白三旗官驼马群牧厂和镶黄正黄正白三旗官牛羊群牧厂的前身，"两黄旗"指正黄旗、镶黄旗。

## 三　镶黄、正黄、正白三旗官牛羊群牧厂

隶内务府庆丰司，庆丰司管理在京内外牛羊圈和各地牧厂，前身是"三旗牛羊群牧处"。庆丰司所属牛羊圈，在皇城内及南苑、丰台有牛圈4个、羊圈6个；在张家口外设牛群牧厂3个、羊群牧厂4个，即镶黄旗牛、羊群，正黄旗牛群、羊群，正白旗牛群、羊群和达里岗爱羊群；另有盛京、打牲乌拉等处牛羊群。镶黄、正黄、正白三旗官牛羊群牧厂职责为："供坛庙祭品及膳房取用，并春秋支应乳饼乳皮之用。每三年定为三牛孳生一牛，每六羊孳生五羊，照数取用。"[①]

镶黄、正黄、正白三旗官牛羊群牧厂，设总管一员，副总管二员；各群设牧养协领一员，委协领二员；每十群设什群长一员，领催2名；每群有牧丁20名。雍正十一年（1733）增设防御系统，设有防汛三旗牧厂副总管一员，以及防守尉章京、骁骑校、护军校、护军等职官。以上皆由察哈尔蒙古人充任。

顺治年间定例各畜的群数和畜数，以及孳生数目、考校、赏罚等制度办法，康熙四十年"谕旨牛定为三万头，羊定为二十一万只，每三年一次查核"，[②] 这是庆丰司所属全部牛羊牧厂的定数。据《口北三厅志·考牧》，乾隆二十三年时，三旗牛厂各有95群，羊厂各有180群，镶黄正黄正白三旗官牛羊群牧厂计有牛285群，羊540群。当时"羊三旗群共一十七万余只"（计算每群315只），加达里岗爱羊群"历年孳生本群共七万余只"，"共计二十四万余只"，已经超过康熙四十年"二十一万"的定数，这还不包括盛京、打牲乌拉等处的数字。

清中叶以后，镶黄、正黄、正白三旗官牛羊群牧厂俗称"牛羊群"，这个时期，受垦辟影响，各群陆续北移，借地镶黄旗、镶白旗等处牧放。民国

①　《察哈尔省通志》卷27《蒙古编》。
②　《口北三厅志·考牧》。据《清史稿·兵志·马政》，"骒马及羊三年一平群，牛六年"。

《张北县志·沿革》附有"察哈尔清代蒙旗沿革略图",绘制了牛羊群各厂的迁徙时间和迁徙地,还有太仆寺左右两翼牧厂的迁徙,颇有学术价值。与商都牧群改归陆军部的境遇不同,1914年,牛羊群以及达里岗爱的牛羊群合并建立了"土牧厂",谓"土"者,大概是下放,不再隶属中央。1916年,改为明安牧厂。1918年,又改为察哈尔省立第二模范牧畜场,据1930年调查,该场"现有实数二千零九十八匹"。[1] 1937年,伪蒙古联盟自治政府改明安牧厂为明安旗。1949年,明安旗除第三、四佐(原镶黄羊群)和太仆寺右翼旗合并成立明安太仆寺联合旗,1956年与正蓝旗合并,当时原属明安旗的镶黄牛群、正黄牛羊群的八个苏木归于正镶白旗。

接下来探讨镶黄、正黄、正白三旗官牛羊群牧厂在张北县境分布状况。

镶黄旗牛群牧厂是明确在张北县境内的一个牧厂。《口北三厅志·考牧》记:"自吗呢图至什巴尔台,又自音图西至插汉巴尔哈逊地方系镶黄旗牛群牧厂。"又记:"在音图等一带地方驻牧,周围一百余里。"音图,即英图壕,吗呢图即前述之麻泥坝,什巴尔台即今康保县南部的什巴尔台,插汉巴尔哈逊即今张北县馒头营乡白城子。镶黄旗牛群又称黑牛群,旗庙即波罗素庙。该牧厂于"清光绪三十二年由波罗素庙移至正白旗明安地方,民国八年又移至镶白旗"。[2]

关于正黄旗牛群,有学者认为:"原驻康湖地方,在正黄旗羊群驻地殷子川西南,约今兴和县西南与丰镇市交界地带。后因牧厂被垦,渐次北移。先移至阿尔泰军台第三、四台(张北县海流图乡三台蒙古营子、尚义县后石庄井乡四台蒙古营子)西南、西路文书台第四台(张北县大河乡寒淖台)北,今张北县海流图河及安固里淖尔一带。再移至镶黄羊群西大马群地,在今商都县西北与察右后旗交界地带。清末民国初,再东移到今正镶白旗。"布日古德《察哈尔左翼四旗土地开垦问题研究》说:"正黄旗牛群,原驻康湖地方,在正黄羊群驻地殷子川西南,后因牧厂陆续被开垦,渐次北移。先

---

① 《察哈尔省通志》卷 27《蒙古编》。
② 民国《张北县志·地理志·沿革》。

移至阿尔泰军台三、四台西南地、西路文书台第四台北后，再移至镶黄旗羊群西边上驷院牧厂马群地。"① 二人的说法几乎一致，后者注释其资料来源于民国《张北县志·地理志·沿革》"察哈尔清代蒙旗沿革略图"，前者可能也参酌了此图。

民国《张北县志·地理志·沿革》"察哈尔清代蒙旗沿革略图"，绘制比较精致，相对准确，可以信赖。但民国《张北县志·地理志·沿革》"张北县各旗群之变迁"中诸多记载，唯独没有正黄旗牛群的迁移情况，或许是由于疏忽。查民国《张北县志·户籍志》有正黄牛群乡，所属 50 个村庄全在今张北县单晶河、海流图二乡境内，从地名学角度，布日古德等人的研究是正确的。

## 四　私家牧厂

张北县境内除上述公家牧厂外还有很多私人牧厂，还有王公大臣官员牧厂。这类牧厂散处察哈尔八旗地和各大牧厂间，多系清廷恩赏，也有借住地，牧地范围数十里或百十里不等。清末，大都有地无牧，有名无实。这些王公马厂"与察哈尔各旗地毗连交错，牵混最多，辨认不易，蒙古地名重复隐奥、猝难明晰，又往往东西易位，壖堨无凭。度其地在恩赏之初，不过括指地段，本无里数可稽"。② 尤其是"各府展转承继，历年既久，有经府中管事人丁租售者，有被附近居民侵占者。其初，王公世爵类皆殷实，亦不过问，甚至甲私售予乙，乙复售予丙，更分售予丁戊"。③ 光绪二十九年（1903），督办垦务钦差大臣贻谷奏请"令该王公将厂地一律报效开垦"，同时"饬令垦务委员会同各旗群总管等详查察哈尔两翼所属旗地王公马厂若

---

① 布日古德：《察哈尔左翼四旗土地开垦问题研究》，硕士学位论文，内蒙古师范大学，2012。
② （清）冯汝玠：《察垦汇编》，徐丽华主编《中国少数民族古籍集成》第 38 册，四川民族出版社，2012。
③ 《察哈尔全区垦务总办呈内务部财政部农商部酌拟清理各旗群牧厂马厂划一办法以清悬案而安民业文》。

干、坐落何处及已未开垦情形"，经过将近一年时间的勘查，到光绪二十九年五月十二日才查明察哈尔右翼有王公牧厂10处，左翼有15处，左翼里提到张北境内有和亲王牧厂、松公牧厂、宝公（阿公）牧厂三处。[①]据《口北三厅志·考牧》"附王公大臣官员等牧厂"，乾隆二十三年（1758）张北县境内就有四厂："和硕和亲王牧厂，在张家口外红山子西（三号乡东南部）"；"果毅公讷亲牧厂，在张家口外兴和城西"；"侯波隆代牧厂，在张家口外云头坝东南"；"戈什哈牧厂，在张家口外兴和城南喇嘛庙（指波罗钗察庙）东北"。150年后，除和亲王牧厂，或增或减，变化太大。而后来的民国《张北县志》仅记二处："克公府，在大马群东界，系为借住。德公府，在正黄羊群，亦系借住。"[②]贻谷这次勘查统计的口径不能详知，可能只统计了当时有头主并且仍从事实业的牧厂，《张北县志》也是这样？真如此，我们只好另辟蹊径。

民国《张北县志·政治志·财政》"田赋"条载有张北县各村纳赋的地亩数目，并附田亩所在地段，钩沉可得以下信息：

1. 京旗（满族）宝公府马厂：在新白城子、头台（东营盘一带）、兴和城、旧白城子，四处开垦升科地共3125多顷，折合面积210平方公里。加上黑地（隐报未升科之地，坝上地广，黑地一般占升科地三分之一强）及不适宜垦种地，宝公府马厂在300平方公里之谱。

2. 京旗协尉白桂喜马厂：在云头坝，开垦升科地973余顷，合65平方公里（黑地及不宜垦种地不在其中，下同）。光绪十八年（1892），俄国人阿·马·波兹德耶夫考察游历内外蒙古时过县境，他自寒淖台东行，在小河至多尔济花（马莲渠）的路上听说："这里也是贝金苏鲁克的放牧区，也就是朝廷封给一位满族宗室贝亲王放牧牲畜的地方，这块地方北面好像一直到哈柳台驿站为止。可是他的牲畜，据当地察哈尔人

---

① 察哈尔左翼垦务局奏《谨将左翼四旗境内各王公马厂地亩已未办结各情形缮具清折恭呈鉴核由》（光绪二十九年十二月十七日）。贻谷：《垦务奏议》，内蒙古自治区图书馆藏。

② 《张北县志·地理志·沿革》"张北县各旗群之变迁""王公牧厂"条。

说，却少得可怜，其唯一的财产就是牛和羊，马和骆驼连一匹也没有。放牧和看守贝金苏鲁克的人一共不超过十户，他们都是察哈尔人。"① 这位俄国人所到处可能就是协尉白桂喜马厂。

3. 京旗源公府马厂：在苏计梁、古力半诺尔，开垦升科地 2084 余顷，约 140 平方公里。按：苏计梁、古力半诺尔二地大体为今尚义县北部七甲、八道沟、炕楞、套里庄四乡，另有张北县大河乡大河村西面的黄土湾、石盖梁、三道沟等 13 个村落（时属张北县第一区苏计梁头牌乡），未便剔除。

4. 京旗子爵俊璋马厂：在兴隆滩、板升图、毛金坝（二台、白庙滩、大圆图三乡交界一带），开垦升科地 1144 余顷，约 81 平方公里。

5. 京旗松公府马厂：在松公黑水河（公会北部），开垦升科 1793 多顷，约 120 平方公里。

6. 京旗克公府马厂：在克公勤耕堂（公会、二泉井一带），开垦升科地 1849 余顷，约 124 平方公里。

7. 和亲王府马厂：在红山子，开垦升科地 2360 余顷，合 158 平方公里。俄国人阿·马·波兹德耶夫也路过和亲王府马厂，他在日记里说："王金苏鲁克"牧场的"这位王爷是满族人，通常住在北京，蒙古人都叫他和亲王。他在这一带有三个苏鲁克的马，六个苏鲁克的牛和两个苏鲁克的羊，都由察哈尔人放牧"。

8. 子爵祥霖马厂：在台子沟，开垦升科地 563 余顷，约 38 平方公里。

9. 子爵成海马厂：在花（黄）台坝，开垦升科地 458 余顷，30 多平方公里。

10. 侯延秀马厂：在二台，开垦升科地 810 余顷，约 54 平方公里。

---

① "3 月 22 日　星期一"，〔俄〕阿·马·波兹德耶夫著《蒙古及蒙古人》，张梦林等译，转引自尹自先主编《张北县志·艺文·文荟》。

按照察哈尔垦务章程规定，所有报垦马厂都给付私租银每亩四厘，由田赋带征。据《张北县志·政治志·财政》"田赋"记载，张北县境内这十家马厂"并由各该王府子爵等来县具领"，可知这十家马厂都有头主。民国5年2月，子爵成海还与俊璋因马厂地界发生纠纷，在向察哈尔全区垦务总局"报效马厂地亩"时，曾请求垦务总局命令张北垦务局会同县知事查核办理此事。这一事件也反映了私家牧厂的混乱状况，兹录全文于后，佐证备考。

**垦务总局令张北县知事、局长据成海禀称遵章报效地亩恳请清丈文**

民国五年二月十日

按据京都镶黄旗世职轻车都尉兼勋旧佐领成海禀称，窃职始祖阿鲁哈原系关中廓尔扎赉特部贝子，于前清崇德初年投诚，蒙恩赏散秩大臣头等男爵，世袭罔替，授领侍卫大臣，留京供职。顺治二年，天下统一，复蒙恩赏牧马厂一处，坐落张家口外花台坝、脑包图等处地方。职高祖山东青州副都统伍什布于乾隆六年查明界址，有印图为证，复于光绪初年职先严轻车都尉兼勋旧佐领吉勒罕保禀请勘放，奉部行文察哈尔都统、理事府注册立案，准予开垦，始有此项地亩，张北户科现有私租为凭。前闻包公府牧厂毛金坝等处经俊璋禀请清丈，误将花台坝之三牌混入立案。职闻信前来与俊璋接洽，伊情甘退让，各无侵越，立有合同为据，和平解决，自应各立各案，将来清丈应按图印分界，亦无纠葛之处。伏读大总统命令，凡有地亩，无论王公，准予报效，定以优待条件，职不胜预祝之至。况值国帑奇绌之际，唯有竭力报效遵章清丈，以增岁赋而清隐匿，国计民生两有裨益，职藉可稍尽涓滴之义务。为此，不揣冒昧呈请钧局核准，立案酌办施行批示。只遵实为公便等情，前来除批禀悉仰候令张北垦务局会同该县知事查核办理。此批。揖发外合亟令该县垦务局会同该县知事查核办理。此令①

---

① 转引自尹自先主编《张北县志·垦荒》。

成海马厂建于顺治二年（1645），《口北三厅志》却没有记载，其疏漏可见。该志所记张北县境四厂，只有和亲王牧厂存留，其他消失。乾隆以后是否还设有别的牧厂？上述十厂的历史沿革，是否与消失的牧厂有承袭或瓜葛？笔者学识浅陋，没见到相关资料。以上钩沉未必全面，抛砖引玉，用备参考。

# 张北县西北部地区清代牧场遗迹调查*

铁志军

张北县西北部有大乌登山、小乌登山、阿拉庙山，三山紧连，绵延起伏，南起张北县海流图乡，中过大西湾乡，北至两面井乡，西南向东北延伸，方圆二十余里。安固里淖是坝上最大的内陆湖，坐落于大乌登山东侧。安固里淖和大小乌登山（明时称大小伯颜山）一带有着不同寻常的牧场史。

清代，包括张北县在内的察哈尔，草场茂盛，广袤无垠，适合养殖牲畜，这里逐渐演化形成了商都牧场、牛羊群牧场（正黄旗羊群、正黄旗牛群，镶蓝旗羊群、镶蓝旗牛群，正白旗羊群、正白旗牛群，达里冈爱牛羊群）、太仆寺左翼牧场和太仆寺右翼牧场四个大畜群，习惯称察哈尔四牧群或四苏日克。

（1）商都牧场。原镶黄、正黄、正白三旗官驼马群牧场下辖之达布逊淖尔牧场。镶黄、正黄、正白三旗官驼马群牧场隶上驷院（清代内务府所属三院之一），上驷院下辖大凌河牧场、上都达布逊淖尔牧场、达里冈爱牧场，上都达布逊淖尔牧场分布在两处，一在上都河，一在达布逊淖尔，因此合称上都达布逊淖尔牧场，又因曾经隶属御马监，所以又称御马厂，俗称大马群。达布逊淖尔牧场因厂内有一大盐池，蒙古名作达布逊淖尔，故得此名。笔者以为，此达布逊淖尔淖就是张北县两面井乡西盐淖村的西盐淖。西盐淖

---

　　* 　原载张北县历史文化研究会《研究动态》总第 14 期，2015。

村南 30 米处有人类大规模居住遗址，现有大量陶片、铁铜器等古物出土，郑铭《张北县地名志》也有记载，笔者疑为此处很有可能就是布逊淖尔淖牧场场址所在地。

（2）牛羊群牧场。原镶黄正黄正白三旗官牛羊群牧场，隶内务府庆丰司，俗称牛羊群，下辖察哈尔牛羊群牧场、达里冈爱牛羊群牧场和养息牧牧场。察哈尔区内的各牧场因迭次放垦，先后几次北移今内蒙古自治区正镶白旗明安一带，民国 5 年牛羊群改称明安牧场。其中镶黄旗牛群（原驻牧张北县波罗素庙——该牧群的群庙一带）是光绪三十二年第二次北移到明安地方的。正黄旗牛群原驻康湖（今内蒙古自治区兴和县西南与丰镇市交界地带），先移至阿尔泰军台第三、四台西南、西路文书台第四台北，即今张北县海流图及安固里淖一带，再移至镶黄羊群西大马群地，在今商都县西北与察右后旗交界地带，清末民初，东移到今正镶白旗。[①]

（3）太仆寺左翼牧场和太仆寺右翼牧场。隶属于太仆寺。太仆寺左翼牧场由察哈尔游牧八旗的镶黄、正蓝、正白、镶白旗人分旗牧放，故由四个支牧群组成。太仆寺右翼牧场由另四旗牧放，组织结构同左翼。

（4）王公牧场。许闻诗《张北县志》曰："王公牧场，清乾隆及光绪时代将八旗借给各王公作为牧场，方圆十里为牧地。……克公府，在大马群东界，系为借住。德公府，在正黄旗羊群，亦为借住。"清末，张北境内的王公牧场有 7 家[②]：德公牧场（德公府在海流图乡南公沟村一带，称德公地；大西湾乡境内的东友村也有驻牧地）、克公地（大西湾乡黄石崖村一带）、松公地（公会镇公沟房子、淖海营子村一带）、富公地（公会富公村、新义村、汽车桥一带）、简亲王府（大囫囵镇南部）、和亲王府（察北牧场红山子一带）以及阿公地（又称"宝公爷牧场"，在馒头营乡馒头营村一带）。据《张北县地名志》，馒头营是道光年间一位叫馒头扎嘎的蒙古王爷的牧地，村名由此而来。阿公疑是馒头扎嘎，馒头扎嘎或为阿公府人。德公府在海流图乡南公沟

---

① 乞牙惕沙贺喜格忙来主编《镶黄旗翁贡羊群史》，内蒙古文化出版社，2000，第 251 页。

② 许闻诗：《张北县志》卷 1《察哈尔清代蒙旗沿革略图》。

村一带，公会镇公沟房子村是松公地，这两个村名字中都有一个"公"字，这是否与王公住牧有关，有待于考证。但公会镇富公村，的确是因富公驻牧而得名，现在张北西北部的老百姓还称公会富公村、新义村、汽车桥一带为"富公滩"。

笔者考证，清中叶以前，两面井乡西盐淖村驻过达布逊淖尔牧场，整个张北西北部地区为牧场的一部分。清中叶后，以大小乌登山和阿拉庙山为界，山西边是商都牧场，山东边是太仆寺左冀牧场或镶黄旗牛群牧场。两面井乡地颜庆庙以北又是明安牧场（牛羊群牧场）的属地，因此这里是三个牧场交接的地方。张北西北部还有克公、德公、松公、富公四位王爷的私人牧场。另外，公会镇西部和海流图乡全境有正黄旗牛群、镶黄旗牛群驻牧，故人称"牛群梁"，安固里淖以北称"马群地"，关于"牛群梁""马群地"，笔者从老人们口中收集到清代的一首民谣："马群地，牛群梁，乌登山上尽遇狼，渴饮雪，饥吞毡，驼盘窝在大淖边（安固里淖）。"清末，安固里淖西岸海流图乡瓦房营子村一带，还建有"打马厂"。

张北县西北部是商都牧场的部分驻牧地，大小乌登山是商都牧场与太仆寺左冀牧群或镶黄旗牛群牧地的分界线。关于此，笔者有以下几点理由。

（1）清代凡有马厂的地方必有饮马的泉水。大乌登山西侧有个西水泉村，许闻诗《张北县志·地理志》记："西水泉村水泉，在县城西北六十里，该村南十余步有水泉一，水量不能灌田，出流不断。"

（2）西水泉村东南方向数十步的山坡上有天然石头六块，上刻蒙文，经认别，全系梵语"阿里嘛咪吽"。西水泉村西500米处，发现苏鲁克马厩遗址一处。1995年笔者测绘，遗址位于村西一里处的坡下，西水泉村村民一直称此地为"大马群囹圄"，也有人称之为"苏鲁克马厩"。马厩地基用石头垒成，面积有2亩大，因马厩地基多有石头，复垦困难，如今这片地还是生荒地。此处还发现石砌井一眼，过去井旁放置一方形饮马石槽，解放初石槽不见了。马厩北原有一个囹圄，周围有壕沟，内圈马。此遗址是见证商都牧场历史活动的实物资料，具有研究价值。

（3）紧依阿拉庙山东侧有座阿赖庙，在大西湾乡少道尼行政村的开地房子村。许闻诗《张北县志》记载："阿赖庙，在第三区县城西北八十余里，亦为蒙古庙。建于清雍正年间，系大马群蒙人公共捐款建筑。计正殿二十八间，楼房十二间，东西配殿各五间，砖瓦筑成，殿顶有金顶，殿后有塔，属商都牧场总管辖，内住藏洞阔尔佛，现已西归，未返。"这也证明阿拉庙山两侧归商都牧场。

据当地老人回忆，在大小乌登山顶上早年共有 11 个敖包，这些敖包都置于山的最高峰上，西水泉村 2 个，胡达赖村 4 个，徐大保村 3 个，东友村 2 个，部分敖包遗址还能找到，并且还有石块。许闻诗《张北县志》记载："考脑包之名甚多，又名鄂博……原系蒙古名词。推脑包意有三：一分境界，因边外土地辽阔，为远望无际，标志界址甚形困难，故蒙人多以脑包分界以资识别……"这众多的敖包可能是商都牧场和他厂的分界标志。大西湾乡永德村老人讲，距他们村东南六里远的大乌登山上，当地人称"抬道洼"地方，是永德堂村、海流图乡郭家村、尚义县东山村三个村的地界交会处，这里曾有一块石刻界碑，界碑是自然形成的玄武岩，高七尺，宽五尺，界碑上刻有"马群地交界"五个汉字，当地人称这块界石就是"大马群"和"太仆寺左翼牧场"的分界石。1960 年左右，这块石头被尚义县人拉走建房去了，实在可惜。所谓"交界"，可能是商都牧场与太仆寺左翼牧场或镶黄旗牛群交界，以大小乌登山顶为界。

笔者对大西湾乡境内克公府和德公牧场实地考察，走访知情老人，对这两个牧场略知一二。

清时大西湾乡一带称为"克公地"，由许闻诗《张北县志》卷1《察哈尔清代蒙旗沿革略图》按图索骥，可以找到克公府对应的地点就在大西湾乡境内，很可能是安固里淖北岸的黄石崖村。走访黄石崖村于全亮、赵进财二位老人，得知黄石崖村蒙古名称为"莞儿图不拉"，意为"王爷居住的地方"。黄石崖村北卜子就是当年克公府遗留的，这个遗址建筑面积 2 亩大，1890 年最早来这里开荒垦地的焦旺、王德宝在卜子地刨出好多地基石头和石头炕板子，他们用这些石料建筑了自家院落。相传，此处有一眼人工井，水深清澈，克公府撤离时，将井封存填埋。一直缺水的黄石崖村民，几代人在此处找井无果。黄石崖村西 200 米的一个山洼里，克公府留下一眼泉水井，当年井沿上垒了四块石条，还有一个饮马的大石槽，这眼井现在是黄石崖全村人唯一的吃水井。井西旁边曾建有一座胡神庙，面积有七八平方米，如今村民在旧址上建起一座龙王庙。

关于德公府，笔者采访了知情人虎万祥和魏德录二位老人。虎万祥，1926 年生，其祖父虎占成和父亲虎连胜在张北县大西湾乡东友村德公马厂当过副牧长。魏德录，1930 年生，大西湾乡东友村人，其父亲魏祥林在德公马厂当过牧丁。他俩讲述：德公府在张北县海流图乡南公沟村境内，清末时人称德公地，南公沟一带是德公的牛羊群牧地。德公在张北县大西湾乡东友村建有马厂，当时称德公前马厂，后马厂在康保县的三格达赖井，这两个马厂统称为"德公马厂"。

关于德公个人及其家庭情况，虎万祥与魏德录二位老人知道得不多，他俩只知道，德公是位蒙古王爷，家住北京城，生有五个儿子，有四个儿子在京城经营绸缎庄，在京城享有名气，只有德公的老儿子管理养马，老儿子死后，牧场由德公府总管代理经营。德公的老儿子叫乌拉（汉名"双山"），道光年间，在东友村养过马。乌拉贪吸鸦片，不喜书文，喜欢养马，于是王爷让他挑选草场养马。乌拉看到有两个土包的山（现在东友村的魏家山），与自己的名字乌拉有缘，于是就在魏家山北边建起牧场住宅。草场方圆十里，即现在大西湾乡东友、西号、五号、四号和两面井乡四号、五号、二号、七格赖、二羊倌 9 个自然村。乌拉在东友村魏家山后 50 米处，建有正房 10 间、偏房 8 间，土木结构。东正房 3 间乌拉居住；中间正房 3 间总管和牧长居住；西边正房 4 间，副牧长占 1 间，牧丁占 1 间，伙房占 2 间。偏西房 4 间为马料仓库（为下驹的马和生病的马准备的细料）；偏东房 4 间，1 间为兽药库（为生病的马准备的药，还有清明节为马灌喂的下火药），1 间存放马鞍、嚼子、皮条等杂物，2 间为人用食物仓库。院内立有多个石刻拴马桩，宅院东北方向 300 米处，用石头垒了一个很大的囫囵，用来圈马。东友村现在的老人还称之为"石头囫囵牧场"。乌拉在石头囫囵牧场居住 20 多年，因吸食鸦片不到 40 岁死去，葬在东友村魏家山根底。1971 年挖战备洞，在这里挖出一墓室，上年纪的人说是"乌拉墓"。

虎万祥的祖父虎占成，23 岁来到德公前马厂当副牧长，德公马厂的总管和牧长在前后两个马厂之间来回巡驻，虎占成虽是副牧长，其实负责德公前马厂的一切事务，重大情况向牧长和总管汇报。虎占成老了以后，他的儿子虎连胜接替了其职务。虎连胜当副牧长期间，牧丁有魏祥林、韩顺、刘根喜三人。

魏德录父亲魏祥林，张家口市人。同治十年，魏祥林父亲魏文华在张家口开了"德祥"马店，德公府总管从京城回前马厂时，常住此店，后来 15 岁的魏祥林就跟随总管来到前马厂当了牧丁。据魏德录讲述，德公前马厂养的是良种棕红色大蹄蹲子马，飞跑疾快，马群共有 150 多匹马，年终京城来人将膘满肉肥的马赶往京城。副牧长年薪银 5 两，米 10 斗；牧丁 3 两，米 5 斗。放牧时间，黎明出圈，太阳落山回家。午时牧丁轮流回家吃饭，饮马的地点在两面井乡二羊倌村的泉子。清末，魏祥林在二羊倌村赶马群饮马时，德公府的人为他照了一张相，此像"文革"时被"红卫兵"撕毁。德公府总管养有一只狗熊，常拴在魏家山顶一块凿刻有眼石的石头上。总管有一把盒子枪，经常骑马在乌登山上打黄羊。还有一辆小汽车，开着它在前后两个马厂之间跑动。光绪年间，放垦蒙地，魏祥林买下了德公前马厂的住宅，房前的两座小山由此叫成了魏家山，他的后代也在东友村定居下来。

笔者调查，除克公、德公的王公牧场外，这一带还有不少私家牧场——三脑印私人牧场（大西湾乡永德堂村）、登计私人牧场（大西湾乡徐大保村）、贲口私人牧场（大西湾乡大恒城村）、伊玛图私人牧场（大西湾乡满德堂村）、阿拉庙牧场（为阿赖庙庙产），应该属清末民初蒙汉大户人家的私产。察哈尔镶黄旗衙署专设"打马厂"，收缴它们的课税。

关于"打马厂"，知情人吴万锦和闵有禄讲：清末，瓦房营打马厂的总管名叫孟子义，人称"孟总管"，蒙古族人，家住单晶河乡黄土沟。现在单晶河西南 1.5 公里处有块洼地，当地人叫"坟卜"，就是孟总管的家族墓地。有人回忆说，墓志中有"皇亲诰命武显将军"的内容，落款为光绪十八年。"文革"前这里有一方形坟园，四周有石头雕刻的围柱，园门前有石雕的拴马柱，园内有石雕桌、凳、缸、动物等造型的器具，"文革"期间遭破坏，现已被夷为平地。①

闵有禄是大西湾乡闵家村人，已过世。他的曾祖父闵贵，是光绪年间第一个来大西湾乡垦荒的人，闵贵村因此得名。闵贵是"打马厂"总管孟子义的干爹，孟找地局子（张北县公会镇旧局子村）总班为闵贵买下了开垦权，闵贵才得以在此开荒种地。闵贵原籍是尚义县八道沟镇东牛圈村人，八旗牧场每年在八月来到尚义县八道沟镇放牧，孟子义每年此时将"打马厂"成年良马送到八道沟，交给八旗牧场兵部查验备案，孟子义时常住在闵贵家，由此与闵贵认识。《清史稿》卷十二《马政》记载，兵部每年"出青"牧场就在张家口西北 100 里处的诺木浑博罗山（今尚义县八道沟镇与满井镇交界处附近）。东西距 130 里，南北距 250 里。厂西 7 里有希尔巴台河（今二龙河，下游称五台河，源于今八道沟镇后水泉村）。

孟子义后来做了察哈尔省副省长。清末，孟子义与闵贵全家合影，照片经几代人辗转，被保存下来。

孟子义当"打马厂"总管时，手下有两名翼长，都是蒙古族人。一叫脑脑印，他弟弟叫三脑印（大西湾乡永德堂村西三脑印村由此而名）；一叫王安板。脑脑印负责尚义县八道沟一带的马课，王安板负责安板营（两面井乡安板营村由王安板而名）一带的马课。吴万锦老人讲："打马"税就是清政府根据所占草场面积，结合畜群的多寡，五年一匹母马上缴一匹两岁小马，三头牛上缴一头活牛，六只羊上缴三只活羊。所征之马牛羊全部集中在瓦房营子"打马厂"内，由镶黄旗衙署统一调度，挑成熟的良马每年八月赶往八道沟交给八旗牧场。

---

① 《张北县地名志》，中国社会出版社，2011，第十二章第一节"单晶河行政村"。

清末放垦蒙地，越来越多的垦荒者到来，草场面积渐渐缩小，牧民生存受到威胁。"打马厂"孟子义、脑脑印、王安板三人在蒙古牧民的鼓动下，指派代表脑脑印去张家口垦务总局告状，要求停止垦荒。垦局没理他，脑脑印回家后就气死了。尸体在瓦房营子用成垛的羊砖火化时，放地商人都骑马过去喝酒庆贺。闹闹印死后，王安板不敢吱声，孟总管过了几年升任了察哈尔省副省长。关于这段历史，大西湾还流传着一段顺口溜："气死脑脑印，唬住了王安板，升了个孟总管。"

# 从四台蒙古营出土文物看
# 元代北方草原的农牧经济[*]

格日勒

在尚义县四台蒙古营村西面的山坡上，有一片当年耕作时留下的"地影子"，约有上千亩，不知何年所留。明清时这里为蒙古部落驻牧的地方，不见有开垦的记载。直到晚清民国时期，这里才有汉族移民建村垦田。据老人回忆，西山坡从来没有被开垦过。在"地影子"东面，有一处村落遗址，现为耕地，面积约 1.5 万平方米，曾出土铁农具和铜权及铜镜，铁农具分别为犁、铧、耧、耙齿、镰等，形制和现在的工具基本一样，只是显得宽大厚重。与这些工具一同出土的两件铜权上，分别刻有"延祐六年"（1319）、"大德三年"（1301）字样，"延祐""大德"分别为元仁宗、元成宗的年号，显然这是一处元代村落遗址。"地影子"也应该是元代遗留。

在该遗址中，现在还可以看到石碾槽和石碾轮，碾槽由多个弧形石块组成，槽石上凿有宽十多公分、深十多公分的弧形槽，槽内壁光滑，使用痕迹十分明显。石碾轮被丢弃在村边，距石碾槽三四百米处，已断成三块。同时，在该遗址中还发现了石碌碡、石臼、石杵。蒙古营村附近村庄几乎都是晚清民国时期形成的，有几个村庄的村民前来"地影子"开田种地，曾挖出几口具有明显元代特征的绿釉大缸（其中一口现在仍被使用）。这些石制工

* 原载张北县历史文化研究公《研究动态》总第 17 期，2017。

具是元代遗留的呢？还是晚清民国时期这些移民所留的呢？不得而知。

石碌碡，元人王祯《农书·耒耜门》记载："……然北方多以石，南人用木，盖水陆异用，亦各从其宜也。其制长，可三尺，大小不等，或木或石，刊木括之，中受轴，以利旋转。……俱用蓄力挽行，从牵之，碌打田畴上，块垡易为破烂，及碌捍场圃间，麦禾即脱穗，水陆通用之。"这说明元代就已有碌碡，是碎土和脱粒的工具。石碾槽、石碾轮、石臼、石杵，明代宋应星在《天工开物》里也有记载，并附图对这些工具的使用做了形象化的说明。《天工开物》成书于明代晚期，说明这些工具至少在明代甚至更早就已出现。石臼、石杵在山西绛县裴家堡金墓壁画中就已出现。[①] 这样的器物在北方其他地方也被发现。如在内蒙古包头市达茂旗大苏吉乡华格纳村西南狗不添山和额尔登敖包乡哈沙图村周围半公里范围内的遗址中，遗留有50多个碌碡，[②] 这些碌碡已被考古确定为元代遗物。另外，还有达茂旗查干敖包村的刻着"至元三十二年，王李"具有时代特征的字款的石臼，[③]北京元大都出土的刻着"至元十四年六月初一日"字样的石槽碾。[④] 通过与这两件有着准确纪年的石臼、石槽以及被考古确定了年代的碌碡进行对比，四台蒙古营的石臼、石槽碾、碌碡形制样式上与上述确定了年代的器物完全一致，结合遗址的年代，可以断定这些石制工具应是元代遗物。另外，在该遗址中还发现了好几排储藏窖，深1.5米，直径约1米，个别窖中还出土了碳化的粮食，可能是糜粟之类，显然这些窖也是元代遗留的。这里很有可能是屯田之所，或为军屯，或为民屯。

翻地、种地、锄地、脱粒，这些加工粮食的成套器具在四台蒙古营的出现，以及粮食的出土，从考古学上充分证明了元代坝上地区存在农业经济。

元代，在汪古部、兴和路（即下文隆兴路）、云需总管府境内的一些

---

① 盖山林：《阴山汪古》，内蒙古人民出版社，1991，第59页。
② 盖山林：《阴山汪古》，第59页。
③ 《内蒙古通史》（二）。
④ 《内蒙古通史》（二）。

地方，即内蒙古大青山以北，大同边外、张家口长城以北，金界壕南线①以南，也就是现在包头市达茂旗南部和乌兰察布全境（属汪古部）、张家口坝上三县（尚义、康保、张北）和内蒙古太仆寺旗（属兴和路）、张家口沽源县（属云需总管府）这片区域（为了行文方便，以下这片区域统称"坝上草原"），元代村落遗址比比皆是，像尚义县四台蒙古营发现的铁农具和石制工具，都曾在这些遗址中出现，有的村还是用"碌碡""槽碾""碾盘"来命名的。村落的出现，才使这些工具的产生成为可能；工具的出现，又使农业得以产生；农业的发展又促使村落的扩大，村落数量又决定了农业的规模。这片区域如此多的村落出现，说明农业具有了一定规模。

而金界壕南线以北草原地区，从文物普查资料来看，很少有元代村落遗址，金界壕南线几乎成了元代时期农业生产区域和畜牧业区域的分水岭。当然，也有例外，界壕以北，个别地方也曾出现农业生产，如元上都。又如内蒙古正镶白旗，笔者曾在此考察，在十平方米范围内就发现了20多件元代铁犁铧和1个磁州窑白釉梅瓶及部分瓷片，但是此处没有发现村落遗址，很有可能是军屯之所，春天来此扎营耕种，秋收后返回驻地。

元代北方草原农业出现，甚至还出现在现在的纯牧区，如上都、正镶白旗、四王子旗。除了考古发现，文献也有记载。居于净州天山（四王子旗）的马氏汪古"业耕稼畜牧，赀累巨万"，"自力耕垦，畜牧所入，遂为富人"（《恒州刺史马君神道碑》）；上都城外（正蓝旗）"卧龙岗外有人家，不识江南早稻花，种出碛中新粟卖，晨炊顿顿饭连沙"（宋本《上京杂诗》)；《元史·拜住传》记察汗淖儿行宫（沽源县）"此地苦寒，入夏始种粟黍"；周伯琦扈从元顺帝巡幸路过鸳鸯泊（安固里淖），看见"原隰多种艺，农畟犬牙错，涤场盈粟麦，力穑喜秋获"（周伯琦《扈从集》）。这都证实这里出现了农业经济。

另外，四台蒙古营遗址的灰堆或者灰层内，也含有不计其数的牛、马、

---

① 金界壕南线西起至呼和浩特市武川县，向东北延伸，经过达茂旗、四子王旗、察右后旗、商都县、化德县，进入河北省康保县，出河北省进入内蒙古太仆寺旗、正蓝旗、多伦县，再进入河北省丰宁县，然后向东北延伸，最终止于内蒙古自治区呼伦贝尔市莫力达瓦达斡尔族自治旗尼尔基水库。

羊、骆驼等动物的骨骼，以羊的数量为最，这种现象在上述区域各个村落遗址灰堆或灰层中几乎都存在，可见坝上草原同时还有大规模畜牧经济存在。村落畜牧经济的存在，说明这时畜牧业可能已过渡到非游牧形态。饲养的家畜以羊为最多，这种畜种结构和现在坝上地区的畜种结构相一致。村落和城镇的畜牧业应为私营畜牧业。除了私营之外，还有官营牧场，这从下面的奏章中可以看出，至元三十年（1293）八月，平章政事不忽术奏："按坦火儿及抚州（治所在张北）所有官马，除肥健者支散外，其瘦弱者，按坦火儿马分使上都，抚州马委抚州，令各于其境内牧养。"①

元朝前承辽金故制，群牧（官牧）之制十分兴盛，牧地非常之广，所谓"其牧地，东越沈罗，北瑜火里荼麻，西至甘肃，南及云南等地，凡一十四处，自上都，大都以至玉你伯牙，折连砪呆儿，周回万里，无非牧地"，②但凡水草丰美之地均为牧地。因此，坝上出现畜牧业是很自然的事。

坝上地区自有记载以来就是游牧民族活动的舞台，就辽金而言，辽乙室部就驻牧于长城以北的今乌兰察布市、张家口坝上地区。会同三年（939），乙室部"更夷离堇为大王，隶南府，其大王都监驻西南之境（今乌兰察布市——引者注），司徒居鸳鸯泊（今张北县安固里淖——引者注）"。③到了金代，"天会七年，徙奚第一第三部来戍桓州"（治所在今内蒙古自治区正蓝旗四郎城），④奚为契丹所制。大定十年前，桓州辖区为乌兰察布盟东部、张家口坝上地区、锡林郭勒南部地区，⑤可见坝上主体民族仍然是契丹人。又《金史·兵志》载："（大定）十七年，又以西南、西北路招讨司契丹余党心素狠戾，复恐生事，它时或有边隙，不为我用，令迁之于乌古里石垒部及上京之地。"这也说明金时坝上草原生活的主体民族仍是契丹人。契丹人"顺寒暑，逐水草畜牧"，"行营到处即为家，一卓穹庐数乘车，千里山川无土著，四时

---

① 《大元马政记》。
② 《元史》卷100《兵志·马政》。
③ 《辽史·地理志》。
④ 《金史·兵志》。
⑤ 李宪昌：《金代行政区划史》。

畋猎是生涯"，①这就是他们游牧生活的真实记录。金代赵秉文《抚州》诗云：
"燕赐城（张北）边春草生，野狐岭上断人行。沙平草远望不尽，日暮唯有牛
羊声。"形象地描绘了茫茫坝上草原牛羊遍野、人烟稀少的情景，间接说明金
代坝上草原居民主要从事畜牧业，文物普查资料和田野考古也证实了这一点。
辽金时期，坝上草原单纯的村落或营盘比较少见，这与他们的生产活动有关，
四处游牧，没有固定的营盘或生活点，自然不会形成有着深厚的文化层村落
的遗址。现在所发现的辽金遗址，多为辽金元文化叠加遗址，这种遗址中，
辽金文化层很浅，甚至很难发现，也只是通过出土的陶、瓷器的形制、窑口、
釉色及其他文物的工艺时代等特征加以判断，这都间接说明了辽金时坝上草
原经济形态是以游牧经济为主。

　　为什么到了元代，村落如雨后春笋般地出现在这片草原上呢？笔者认
为，首先，蒙古经过多年的攻夏、伐金、灭宋战争，使坝上草原居民的民族
成分有了很大的改变，原来的契丹、纥、女真人或随蒙军运征他乡，或被迁
调他处，随之而来的是掳掠的大量汉族人口，如1312年木华黎将河北永清
一带降人十余万家迁之漠北，②这也从侧面反映出元代坝上地区大量汉人移入
的历史原因，因此也就有了兴和路治所"西抵太原千里，郡多太原人"③的
记载。另外，在坝上草原各个村落遗址中，都可以找到底部墨书"张""王"
等姓氏字迹的瓷片。这些被俘虏的汉族农民，通过和其他民族的经济和文化
交流，改变了当地的生产和生活方式，把传统的农业经济带到那里。其次，
元王朝的农业经济政策促使坝上地区由游牧业逐渐转向农牧业。忽必烈建立
元朝后，颁布了"国以民为本，民以食为本，衣食以农桑为本"④的诏令，同
时颁布《农桑辑要》一书。对北方草原的牧民也采取一系列鼓励农业发展的
措施。如至元元年（1264）八月，诏"蒙古户种田，有马牛羊之家，其粮住

---

① 苏颂：《苏魏公全集》。
② 参见赵文坦《金元之际汉人世侯兴起与政治动向》之《史秉直神道碑》。
③ 周伯琦：《扈从诗后序》。
④ 《元史·食货志》。

支，无田者仍给之"。<sup>①</sup> 至大元年（1308）二月，"和林贫民北来者众，以钞锭济之，仍于大同、隆兴等处籴粮以赈，就令屯田"。<sup>②</sup> 最后，定居生活使人口数量急剧增长，从而出现城镇和众多村落，据《中国文物地图集·河北分册》《中国文物地图集·内蒙古分册》记载，这片区域各旗、县村落遗址有一两百处，相比于辽金时期，这里人口有了很大的增长。单纯的畜牧业经济已无法满足生活需求，农牧并重才能解决民生保障问题。最后，为了满足军队用粮和支援上都及漠北地区，元政府在兴和路、上都以及新城、砂井、静州（汪古部所属三路府）等地修建广储仓，收购储备粮食。至元十九年（1282）五月，"发钞三万锭，于隆兴、德兴、宣德府和籴九万石"。<sup>③</sup> 至元二十三年（1286）正月，"发钞五千锭籴粮与沙、净、隆兴"。<sup>④</sup> 这就需要当地发展农耕经济，就近收购。王恽在《便民三十五事》里提醒当政者："新城、砂井、静州等仓，供应繁重，和籴粮斛浩大，应就近屯田。"兴和路、静州、砂井总管府、新城、上都作为北方重要的粮食储备基地，势必推动当地军民对农业的开发。正因如此，才有可能出现关于当地农民籴粮情景的记录："宰相使刑部（指刑部侍郎井源），出令使民得入粟受厚直，于是任者（手抱）辇者（车推的）负者（肩扛的）戴者（头顶的）毕至。"<sup>⑤</sup>

以上根据有限材料，对元代北方地区农牧业概况做了简要探讨。客观评价当时的生产力水平：纵向比较，由于国家的空前统一，吸收了汉民族的先进生产技术，这一地区和以前相比，有了很大发展。横向比较，这里地处塞外，是传统游牧区，农业发展属于草创阶段，如目前还没有发现灌溉系统，没有施肥现象，村镇遗址中的灰堆几乎完整地保存着，耕作尚属粗放，农业技术较为落后。虽然坝上草原元代遗址很多，但是农田仍"插花"式分布在城镇和村落周围，各个村落规模都不是很大，人口也不是很多，农业规模也

---

① 《元史·世祖本纪》。
② 《元史·武宗本纪》。
③ 《元史·世祖本纪》《元史·食货志》。
④ 《元史·世祖本纪》《元史·食货志》。
⑤ 《威宁井氏墓志铭》，《口北三厅志》卷13。

不是太大，粮食自给不足，每当灾歉，大批粮食仍由内地供给。如至顺三年（1313）年九月，"发粟五千石赈兴和路鹰房"；[①] 十一月，"兴和路鹰房及蒙古民万一千一百余户，大雪畜牧冻死，赈米五千石"。[②]

① 《元史·文宗本纪》。
② 《元史·文宗本纪》。

# 民国时期察哈尔的垦政与政区变化[*]

苏日朦

## 绪　论

### （一）选题缘起与研究价值

察哈尔为蒙古部落之一，16 世纪初，达延汗统一东部蒙古后建立六大万户，其中"察哈尔万户"即为蒙古大汗直属中央万户，为蒙古诸部之宗主部。其部在林丹汗时期为后金所破，林丹汗病薨，其子额哲率众归附后金。清初，察哈尔作为游牧兀鲁斯（ulus）仍保有其蒙古诸部落中的首领地位，得到清廷的优待。自 1675 年清朝平定察哈尔亲王布尔尼叛乱之后，废止了该部王公札萨克世袭制度，改为"总管制"。从此，察哈尔被编为左右两翼，每翼各四旗，纳入游牧八旗系统。与此同时，察哈尔附有四个牧群，即商都牧群、太仆寺左右翼牧群以及牛羊群，统称察哈尔十二旗群。除此，在察哈尔设有阿尔泰军台以及以察汉拖罗盖为头台的蒙古驿站，该路驿站延伸至库伦，以库伦为枢纽直抵恰克图以及科布多、阿尔泰等地。自清末新政以来，大量内地汉民涌入察哈尔部，对其境内的旗、群、台以及王公马厂进行开荒。随着垦殖与内地移民的增多，察哈尔地区逐渐由游牧走向农耕和定居，于是无法适应农耕的牧民则不断北迁，将广袤的牧场留给了汉族农民。

---

[*]　内蒙古大学硕士学位论文，2017，作者已于 2019 年 4 月 25 日出具授权书。

进入 20 世纪以后，察哈尔部经历了剧烈的社会变迁，其社会、经济以及自然环境等各方面皆发生了巨大的变化。在此背后隐藏的不仅是游牧民族与农耕定居民族之间的交融与冲撞，而且映射出二战前后列强在东北亚地区的势力角逐以及整个内陆亚游牧经济衰败的现实。民国以后中央政府为达到统治蒙古的目的，在内蒙古广设县治和治局等，陆续采取了一系列移民垦殖政策和措施，使内蒙古行政建制出现剧变。察哈尔十二旗群就是其中一例。本文旨在以察哈尔的土地开垦为切入点，系统、整体地研究察哈尔政区变迁的前因后果、特点和影响，力图呈现民国初期至察哈尔省建制撤销近半个世纪的行政区划变迁过程。

## （二）前人研究概述

### 1. 国外研究

（1）欧美等西方国家研究

有关察哈尔历史的研究可谓成果丰硕，其中涉及察哈尔部早期历史研究的居多。比利时神父司律思（Henry Serruys, 1911–1983），是较早关注察哈尔历史的国外学者之一。20 世纪 30~40 年代，他到蒙古和中国传教，对蒙古和中国有了很深的了解。相关研究有 *The Chakhar Populationduring the Qing*（《清代察哈尔人口研究》）以及 *A Study of Chinese Penetration into Chakhar Territory in the Eighteenth Century*（《18 世纪察哈尔蒙地移民研究》），前者对有清一代察哈尔八旗人口总数做了较为详细的考证；后者则探讨了 18 世纪以来进入察哈尔旗群的移民垦殖问题。

David F. Aberle 著有 *Chahar and Dagor Mongol Bureaucratic Administration：1912-1945*（《1912—1945 年察哈尔以及达斡尔蒙旗行政制度研究》），该书主要探讨了 1912~1945 年察哈尔与达斡尔地区的行政制度，其主要资料来源于当时在美国的两位蒙古学家——John Hanggin 与 Urgenge Onon，他们一个是察哈尔蒙古人，一个是达斡尔人，为作者的研究提供了十分详尽的信息与线索。此书探讨了中华民国时期包括日伪"蒙疆"政权时期察哈尔部的行政变迁，是关于近代以来察哈尔地区的专题研究著作。

Justin Tighe 所著 *Constructing Suiyun，The Politics of Northwestern Territory and Development in Early Twentieth-Century China*（《构建绥远——20 世纪初中国西北地区的政策以及发展研究》）第六章 "Suiyuan and the Challenge of Mongol Space"（"绥远及蒙古人的生存挑战"）及第七章 "Suiyuan and the Rise of Beile-yin Sume"（"绥远及百灵庙暴动"）等部分亦涉及包括察绥在内的蒙古社会的一些情况，其中包括"百灵庙暴动"等重大历史事件。

另外，还有美籍蒙古族学者札奇斯钦所著 *The Last Mongol Prince：The Life and Times of Demchugdongrob，1902-1966*（《最后的蒙古王公——德王的一生及其生活的时代（1902~1966）》）及其中文版《我所知道的德王和当时的内蒙古》，通过撰述"内蒙古自治运动"领袖德王生平事迹，反映了当时察哈尔乃至内蒙古错综复杂的政局。其自传《一个蒙古老人的回忆——札奇斯钦的口述历史》叙述了其亲身经历的近代内蒙古变局，其中就包括"蒙疆政府时期"察哈尔盟设立的问题。

（2）日本方面的研究

以和田清、冈田英弘、森川哲雄为代表的日本学者也对蒙古察哈尔部早期历史进行了深入研究。和田清在《察哈尔部变迁》一文中对 16~17 世纪察哈尔部的动向进行了非常细致的考察。冈田英弘的《达延汗六万户起源》《察哈尔蒙古部溯源》等著作皆为探讨察哈尔部起源的重要之作。森川哲雄教授则着墨于北元蒙古社会制度研究，《察哈尔八鄂托克及其分封》《布尔尼亲王之乱》等研究成果进一步深化了日本学界对察哈尔的研究。

安斋库治《清末绥远开垦》一文包括察哈尔右翼旗的开垦、督办蒙旗垦务大臣的设立、旧垦地的整理、押荒及升科办法的改定、察哈尔旗群边界划定、王公马厂的奉还、东路垦务公司的成立、开垦的成效等方面的内容。

## 2. 国内研究

在国内，以乌云毕力格、达力扎布为代表的一批蒙古族学者主要利用满蒙文档案文书等资料对明代和清代早期的察哈尔历史进行了深入研究。达力扎布的《察哈尔扎萨克旗考》、《清初察哈尔设旗问题考略》、《清代察哈尔八旗》以及专著《明代漠南蒙古历史研究》，乌云毕力格的《清初"察哈尔国"游牧地考》、《明朝兵部档案中的有关林丹汗与察哈尔的史料》以及宝音楚古拉的博士学位论文《察哈尔蒙古历史——以十七世纪察哈尔本部历史为中心》等论著对清初察哈尔部进行了精细的研究。

苏德毕力格的《察哈尔开垦与环境变迁》（"Reclamation of Pastureland in Chakhar：Regional and Environmental Transformation"）一文主要研究了清末以来察哈尔的开垦及行政沿革问题。其他几部论著，如《晚清政府对新疆、蒙古和西藏政策研究》《张之洞与口外七厅改制》《关于清末内蒙古西部地区的放垦》《试论晚清边疆、内地一体化政策》等，都涉及了本研究主题内容——察哈尔的移民垦殖问题。

王艳萍的《清末察哈尔八旗蒙地的放垦》一文主要对清末放垦前的察哈尔十二旗群沿革、清末东路垦务公司的设立、察哈尔左右翼垦务局的放垦及其影响等方面内容进行了系统的研究。

乌兰的《从〈察哈尔放垦章程〉看察哈尔垦务》一文主要以《察哈尔放垦章程》为线索，探讨了察哈尔垦务的性质及后果。

乌云格日勒的《十八世纪至二十世纪初内蒙古城镇研究》一书对内蒙古城镇形成过程进行了相当详细的研究。她的另外几篇文章——《略论清代内蒙古的"厅"》《清末内蒙古的地方建制与筹划建省"实边"》《口外诸厅的变迁与清代蒙古社会》等，亦涉及本文所讨论的察哈尔诸厅设立的问题。

此外，邢亦尘的《清末察哈尔垦务探述》、牛敬忠的《清代至民国时期中央政府对察哈尔地区行政控制的加强》《晚清察哈尔蒙旗有目的的开垦及地权问题——以韩大成案为中心的考察》《近代的察哈尔地区》等论著与本文内容有直接的关联。

郝维民编写的《内蒙古近代简史》《内蒙古革命史》以及金海、白拉都格其等编写的《蒙古民族通史》第五卷等通史性成果也涉及本文的主题，即察哈尔的垦政以及政区变迁。

除此之外，薛智平的《清代内蒙古地区设治述评》、周振鹤主编的《中国行政区划通史·民国卷》以及孟和宝音的博士学位论文《近代内蒙古行政建制变迁研究》等也囊括了近代察哈尔设治方面的问题。

另外，诸如《察哈尔蒙古族史话》《察哈尔史》《察哈尔往事》等地方文史工作者撰写的此类相关论著中也或多或少涉及本文的内容。

此外，近几年来，专门研究察哈尔的学位论文也不少，如鲍格根图雅的硕士学位论文《民国前期察哈尔地区开垦研究》对民国前期北京政府在察哈尔实行的开垦政策、开垦情况以及开垦所带来的后果做了初步研究。幸福的硕士学位论文《清末察哈尔右翼四旗土地开垦研究》从区域史的角度，以察哈尔八旗之右翼四旗为主要研究对象，对晚清察哈尔右翼四旗土地开垦的背景、开垦的过程以及开垦所导致的社会变迁等问题进行了较全面的研究。除此之外，还有贾兴路的《晚清察哈尔地区的教案研究——以地亩争夺案为中心》、樊双的《清末察哈尔口北三厅垦务研究——1902-1908》、郭岩伟的《清代前期口北三厅地区政区体制研究》、阿如汗的《内蒙古中西部诸厅之研究》以及朱诗亭的《清代察哈尔游牧八旗政区边界研究》等。

综观以往的研究，有关蒙古察哈尔部的研究成果多集中于察哈尔部的形成、八旗察哈尔及察哈尔游牧地的考证等察哈尔早期历史以及晚清以来察哈尔开垦方面。关于近现代以来移民垦殖背景下察哈尔设县及设治局等政区演变方面的研究成果甚少。因此，该领域研究尚待进一步深化和拓展。有鉴于此，本文拟在充分吸收前人研究成果的基础上，对近代以来察哈尔的政区变迁进行较为系统的研究与分析，力图阐释政权更迭、垦殖推进对近代察哈尔社会带来的冲击与引发的变革。

### （三）基本史料

本文所利用的基本史料为清末察哈尔垦务档案、清光绪朝《谕折汇存》、民国时期的《政府公报》、察哈尔全区垦务总局所编《察哈尔全区垦政辑览》、察哈尔都统署所编《察哈尔政务辑要》、部分蒙藏委员会档案以及《蒙藏委员会公报》等。

## 一　特别区时期察哈尔政区的变化

晚清中央政府对察哈尔左右翼各旗的一系列开垦及设治活动，使察哈尔旗群原有的政区发生了变化。清朝覆亡，中华民国成立后，北京政府在察哈尔设立特别区域，仍推行移垦设治政策，使察哈尔旗群政区进一步发生变化。

### （一）清代察哈尔的旗群与诸厅的设立

#### 1. 察哈尔旗群及厅的设立

察哈尔部最初为漠南诸部落中的宗主部。1675 年察哈尔布尔尼亲王趁三藩之乱，举兵反抗清朝统治，不久便兵败身亡。自平定察哈尔叛乱后，清朝废止了该部王公札萨克世袭制度，改为"官不得世袭、事不得自专"的"总管旗"，即 ambanqosiyu，每旗各设总管一员主掌旗政。将其游牧地从义州①边外迁到宣化、大同边外驻牧。察哈尔游牧八旗同满洲八旗一样，以四色相称，正、镶各一旗。被安置在独石口之外的三旗分别是正白旗、镶白旗及正蓝旗。另外四旗，即镶黄旗、正黄旗、镶红旗与正红旗分别在张家口北及西北方向，镶蓝旗以杀虎口以北的地域为游牧地。②

---

① 据乌云毕力格《察哈尔扎萨克旗游牧地考证补》[《中央民族大学学报》（哲学社会科学版）2015 年第 2 期] 一文考证，义州大体上等于今天辽宁省义县，位于辽宁省西部，隶属锦州市，位于辽宁省锦州市北部。东与北镇市接壤，北邻阜新市，西接北票市，南与锦州市区毗连，大凌河横贯境内。

② 金志章著，黄润可校补，乌云格日勒校注《口北三厅志》（中国边疆研究文库），黑龙江教育出版社，2016，第 292 页。

察哈尔八旗又分左右二翼，每翼各四旗。左翼为正白、镶白、正蓝以及镶黄旗；右翼包括正黄旗、正、镶红旗以及镶蓝旗。可见，左右二翼旗色并非完全对称。察哈尔八旗不驻京，其旗务仍由理藩院受理，因此并不完全等同于满八旗。目前学界为区别于外藩蒙古，称其为"内属蒙古"。战时，察哈尔八旗兵马则随时听命于清廷调派。

察哈尔八旗设立初期，未设都统一职，俱受在京蒙古都统兼辖。[1]乾隆二十六年（1761），在张家口设立察哈尔都统一职，总理察哈尔八旗旗务，兼辖张家口驻防官兵。同时，设副都统二人，在左右翼游牧边界驻扎。[2]自此，察哈尔八旗脱离八旗蒙古都统管辖，由察哈尔都统节制，并成为独立于蒙古八旗与满洲八旗的游牧八旗。乾隆三十一年（1766），左右翼副都统内裁汰一人，留副都统一人，驻扎于张家口，协同都统办事。[3]

清初在漠南蒙古建立盟旗制度，为治蒙基本政策。为维护盟旗制度，清廷禁止内地民人随意进入蒙地开垦。但是由于不能消灭流民进入蒙地的经济和社会根源，事实上也未能完全禁止民人流入蒙地，因此采取变通措施，管理流入蒙古地区的民人事务。沿长城以北的蒙古地区，蒙汉杂居，汉人又不归蒙旗管理。清朝治理蒙古的机构——理藩院在京处理蒙旗事务，对蒙地的民人，难免鞭长莫及，而地方驻防将军、都统亦无法对其进行有效管理。在此背景之下，首先采取了由理藩院派遣官员驻扎于蒙地的措施。[4]雍正元年（1723），清廷议准察哈尔八旗"每旗设理事员外郎二人，在京人员与游牧察哈尔旗下各选授一人，审理一应事务。在京由护军校、骁骑校选用者，授为员外郎。由中书、笔帖式、护军选用者，授为主事，俟三年后，果能称职授为员外郎。在外由散秩官、护军校、骁骑校选用者，授为员外郎。由笔帖式选用者，授为主事，三年后称职，授为员外郎"。[5]

---

[1] 《钦定大清会典事例》卷977《理藩院·设官》，中国藏学出版社，2006，第197页。

[2] 《钦定大清会典事例》卷977《理藩院·设官》，第202页。

[3] 《钦定大清会典事例》卷977《理藩院·设官》，第202页。

[4] 薛智平：《清代内蒙古地区设治述评》，《内蒙古垦务研究》，内蒙古人民出版社，1990，第57页。

[5] 《钦定大清会典事例》卷977《理藩院·设官》，第200页。

　　其次是在察哈尔设厅。清代的厅分为两种：一是直隶厅，一是散厅。直隶厅直隶于省，与府同级。散厅隶属于府，也有辖于驻防将军或道者。厅的长官为同知或通判，派同知任长官者为同知厅，派通判任长官者为通判厅。以其兼衔，可分为理事厅和抚民厅。理事厅者，专门负责审理少数民族和民人之间的交涉、诉讼事件，是清代特有官制；抚民厅者，统辖下境内一切事务，与内地地方官几乎没有区别。[①] 作为清朝地方行政制度的"直隶厅"与"散厅"在乾隆中期才成为"定制"，其转折点是"直隶厅"的设立。[②]

　　对察哈尔的开垦，清前期主要以私垦的形式进行。到乾隆中叶，随着清廷平定准噶尔叛乱和全国局面的稳定，对军马、军驼的需要量大为减少，牧厂逐渐荒废，农垦日益发展。[③] 清廷为管理进入察哈尔的民人，在察哈尔左翼相继设置了张家口、独石口、多伦诺尔三厅，该三厅是隶属直隶省的直隶厅。其中最早在察哈尔旗群界内设立的厅为张家口厅，据《口北三厅志》记载，雍正二年（1724），察哈尔都统弘昇等人奏称，丈量察哈尔右翼四旗得地亩共计 29709 顷 25 亩，且流入察哈尔右翼四旗的民人多系无籍穷人，没有耕种之地，若将这些丈量所得地亩交由这些流民耕种，并令其每亩交纳钱粮七分，一年可获得十九万余两。设立满洲同知一员，驻扎于四旗之中正红旗口北新庄，监督管理农民事务。自张家口至镶蓝旗察哈尔西界各处，所居民户近万余口，因此不免会发生偷盗等事，应于张家口地方，再设理刑满洲同知一员，负责管理该地区的民人。[④]

　　张家口厅的设立为察哈尔旗群界内设厅治的开端。张家口厅理事同知所辖地域为："东一百五十里至龙门沟与独石口交界，西二百里至大青山与山西大同府丰川卫交接，南系边墙境门，与万全县交界，北自边墙起……东南顺边四十里至青边口与宣化县交界，东北一百四十里至麻呢坝与镶黄旗察哈尔

①　乌云格日勒：《略论清代内蒙古的厅》，《清史研究》1999 年第 3 期，第 99 页。
②　真水康树：《"直隶厅"与"散厅"的"定制"化及明代起源》，《北京大学学报》（哲学社会科学版）1996 年第 3 期。
③　金海、齐木德道尔吉：《清代蒙古志》，内蒙古人民出版社，2009，第 176 页。
④　金润章纂，黄润可校补，乌云格日勒校注《口北三厅志》（中国边疆研究文库）。

交界，西南边顺边一百一十里至洗马林口与万全县交界，西北一百五十里至云头坝，与正黄旗察哈尔交界。东西广三百五十里，南北袤一百二十里。东南至宣化府六十里，至京师四百二十里。"[①]

雍正十年（1732），清政府设立了多伦诺尔厅，置理事同知一员，管理"东翼正蓝、正白、镶黄、镶白等察哈尔四旗暨内扎萨克、外扎萨克一百三十余旗[②]蒙民交涉命盗等案"。[③]其所辖地域为："东一百里至乌兰哈尔哈与热河围场交界，西五百二十里至喀喇鄂博图于正黄旗察哈尔交界，南二百二十里至赤伦巴尔哈逊［即石柱子］，与独石口交界，北二百里至博落温杜尔与阿霸垓扎萨克旗分交界，东南七十里至森吉图与热河土城子交界，东北一百四十里至格勒苏台与克什克腾扎萨克旗分交界，西南三百四十里……与蒙古苏尼特扎萨克旗分交界。"[④]

雍正十二年（1734），清廷设立了独石口厅，管理独石口外东翼正白、镶白、镶黄、正蓝旗四旗逃匪、命盗等案，并口内延庆、怀来、龙门、赤城四州县旗民互讼人命之事。其所辖地域为："东二百九十里至大西沟与土城子交界，西七十五里至好来沟与多伦诺尔交界，南三百七十里至珍珠泉与延庆州交界，北五十里至东石柱子与多伦诺尔交界，东南三百一十里至黄土梁与热河交界，东北七十里至老漳沟与多伦诺尔交界，西南七十五里至龙门沟与张家口交界，西北八十里至王爱卜落北沟口与多伦诺尔交界。"[⑤]

进入张家口及独石口外的汉人流民主要从事农耕，而进入察哈尔东北部区域多伦诺尔周围的移民则主要从事商业。由于早先清廷在多伦诺尔建有汇宗寺、善因寺等诸多藏传佛教寺庙，从蒙古各旗前来此地的僧侣、拜佛施僧的蒙古人往来较多，逐渐发展成一个宗教小镇，也刺激了内地商人进入蒙地

---

① 金润章纂，黄润可校补，乌云格日勒注《口北三厅志》（中国边疆研究文库），第44页。
② 主要负责管理多伦厅辖境内往来内扎萨克以及外扎萨克一百三十余旗蒙民交涉案件。
③ 金润章纂，黄润可校补，乌云格日勒注《口北三厅志》（中国边疆研究文库）。
④ 金润章纂，黄润可校补，乌云格日勒注《口北三厅志》（中国边疆研究文库），第45页。
⑤ 金润章纂，黄润可校补，乌云格日勒注《口北三厅志》（中国边疆研究文库），第45页。

从事商业活动，以谋取利益。[①]

以上三厅均隶属于直隶省口北道，因此又称为"口北三厅"。该三厅所辖地区是内地流民出关后首先到达的地区，因此这一地带的开垦有增无减。乾隆元年（1736），清政府丈量察哈尔左翼四旗，分给口外流民承领。而右翼垦务主要是开垦那些不会妨碍游牧的牧厂荒地。[②]察哈尔右翼及左翼南部沿长城线的张家口、独石口两同知所辖地方，到乾隆初期，移民已相当多，店铺也几乎是每村都有。[③]

乾隆十五年（1749），清廷在察哈尔右翼设立了丰镇、宁远二厅，"听"蒙古、民人交涉之事，该二厅是属于山西省大同府及朔平府之散厅。[④]丰镇厅原为雍正十二年（1734）于张家口厅辖地高庙子设置的丰川卫，与于衙门口设置的镇宁所，一并属于大同府。[⑤]后于光绪十年（1884）升丰镇、宁远二厅为直隶厅。

厅与旗并存于一地，旗管蒙人，厅管民人。关于司法权限，若系蒙人与蒙人交涉案件，由蒙旗自行审理；若系民人交涉案件，由地方官直接审理；若系蒙人与民人交涉案件，则由地方官与蒙旗会同审理。该五厅的设立是为察哈尔政区变革的开端，是为内地汉人流民进入该地的产物。由此察哈尔蒙古人的游牧地区出现汉人农耕地带，使得毗邻察哈尔的直隶、山西二省势力延伸至长城以北的察哈尔蒙旗界内，为日后汉人移民进入察哈尔蒙地开垦土地奠定了基础。

## 2. 清末放垦与察哈尔左右二翼的划界

鸦片战争之后，国际国内形势发生了剧变。针对内忧外患的局势，毗邻蒙古的邻省督抚、将军等纷纷向清廷请奏要求解除对蒙封禁。[⑥]光绪二十七

---

[①] 司律思（Henry Serruys）：《18 世纪察哈尔蒙地的移民研究》（*A Study of Chinese Penetration into Chakhar Territory in the Eighteenth Century*）.

[②] 邢亦尘：《清末察哈尔垦政》，《察哈尔绥远历史沿革考录》，远方出版社，2010，第 203 页。

[③] 〔日〕田山茂：《清代蒙古社会制度》，潘世宪译，内蒙古人民出版社，2015，第 274 页。

[④] 金润章纂，黄润可校补，乌云格日勒校注《口北三厅志》（中国边疆研究文库）。

[⑤] 《清世宗实录》第 8 册，卷 124，中华书局，1985。

[⑥] 主要有山西巡抚张之洞、刚毅、黑龙江将军伊克唐阿等封疆大吏，请求开放蒙地。

年（1901）十一月，以批准山西巡抚岑春煊的开垦晋边蒙地的奏请为转折，清廷正式下令推行对蒙新政。对蒙新政落实到察哈尔旗群最主要的内容即为开放察哈尔旗群、台站以及王公马厂之土地。清廷任命兵部侍郎贻谷为督办蒙旗垦务大臣赴晋边，督办西部蒙旗垦务，由此察哈尔进入全面开垦时期。

总管制下的察哈尔八旗直接隶属于皇帝，对其庶民和土地没有支配权，在这方面与"全权管辖治理旗民，处理旗内行政、司法、财政、职官任免，且对本旗境内的土地有着传统支配权的扎萨克旗"截然不同，[1] 因此在察哈尔八旗的放垦过程中并未受到乌、伊二盟蒙古王公抵制开垦的抗垦事件的影响，放垦总体上较为顺利。

（1）清末放垦时期察哈尔左右翼的划界

光绪二十八年（1902）四月，督办蒙旗垦务大臣贻谷在归化设立了"督办蒙旗垦务总局"。随后，贻谷于五月十三日驰抵张家口，与察哈尔都统奎顺等筹议开垦事宜。光绪二十八年（1902）五月二十日，奎顺奏请清廷"请将察哈尔左翼东四旗会同一律开垦，以广地利"，并称："……伏查察哈尔左翼东四旗尚有未开荒地甚多，该处土脉，亦颇膏腴。若不及时开办，私放私租势必轇轕，日甚难免争端非特无益于边民，且恐无穷之隐患，请将察哈尔左翼东四旗一律会同开垦。"[2] 清廷准其所奏："着会商贻谷妥筹办理。"同月十九日，贻谷等以"比照右翼成案绩办左翼四旗押荒升科办法办理"。[3]

在丰镇、宁远设立垦务分局，分别负责察哈尔右翼四旗垦务。随之又在张家口设立了垦务总局，在总局之下分设张家口、独石口、多伦诺尔三厅分局，分管察哈尔左翼四旗垦务。

察哈尔八旗左右二翼原有升科地之界线向来不清晰，察哈尔右翼开垦地归属丰镇、宁远二厅管理，察哈尔左翼开垦地归属张家口、独石口以及多伦

---

[1] 幸福：《清代察哈尔右翼四旗土地开垦研究》，硕士学位论文，内蒙古师范大学，2011。

[2] 《谕折汇存》（清光绪二十八年五月二十五日），"奎顺奏拟将察哈尔左东四旗一律开垦案"。

[3] 《谕折汇存》（清光绪二十八年六月十九日），"户部贻谷奏蒙古王公马厂有地无牧禁垦及而私放亦应一律饬其报垦案"。

诺尔口北三厅。然而，察哈尔左右翼之间牛羊群地毗连交错，界线不清，导致旧垦各地户任意争夺，导致争端纷起。因此，贻谷饬令相关各旗、群及厅、局派员勘察界址，公同定界。[①]

光绪二十八年（1902）八月二十八日，贻谷亲抵正黄白塔山勘察左右二翼边界；九月九日，察哈尔都统奎顺亦抵达该处，会同细履勘察，划分直、晋二省诸厅所属垦地边界。其划定界线如下："由古勒班答尔东边，南自洪明牧厂北界起，向北取直线平分至羊群尽处，与五台接界止，计长二十二里有奇，东归直隶省，西归山西。"[②]划清直、晋边界之后，据称察哈尔左右翼各地户均无异议，没有发生纠纷及阻挠事件，并依据该界线挖壕堑、立石碑。

五台以北及羊群西北地续增开垦升科后，为避免左右翼混淆起见，光绪三十年（1904）续行划分，"由旧界起向北直分至马群大山公级脑包止，计四十七里"。[③]左右二翼划定界线之后，察哈尔八旗左右二翼升科地之隶属问题得到初步解决，为在察哈尔全面推行开垦提供了便利条件。开垦以及清厘地亩章程制订、放垦机构成立以及察哈尔左右翼划界之后，察哈尔八旗正式进入大规模"官垦"时期。

由于新政时期察哈尔八旗左右翼垦地面积及移民人数的增加，清前期陆续在察哈尔左右翼设置的各厅已无法承担日渐繁重的蒙汉事务。光绪二十八年，山西巡抚赵尔巽鉴于察哈尔右翼之地一律开垦、民户渐多的情势，奏请朝廷在察哈尔右翼设立厅治。[④]经议，在原丰镇、宁远厅所辖界内，分设兴和、陶林二厅。所辖范围为：原宁远厅北界的灰腾梁以北各村户归陶林厅，厅治选址为宁远厅东北距宁二百六十里，以东界正红旗，南界灰腾梁西界归化城之索力图，北界四子部的科布尔。并设同知加理事衔。[⑤]

兴和厅所辖范围为：由丰镇东界的卢家营、常胜窑起，至察哈尔正黄旗

---

① 《谕折汇存》（清光绪二十八年九月十九日），"户部贻谷划清直、晋、蒙分界案"。
② 《谕折汇存》（清光绪二十八年九月十九日），"户部贻谷划清直、晋、蒙分界案"。
③ 《谕折汇存》（清光绪二十八年九月十九日），"户部贻谷划清直、晋、蒙分界案"。
④ 《察垦汇编》第6册，内蒙古大学蒙古史研究所油印本。
⑤ 《察垦汇编》第6册。

九佐领止，以东各村划归于该厅，以西各村为丰镇厅，厅治选址为二道河，地在丰镇东北一百八十里处，其东界为直隶，北界为黄羊滩，西南两面皆丰镇升科地。设抚民通判，加理事衔。①

次年，贻谷、奎顺等以"察哈尔左翼四旗垦地日广，体察情形应行移添设厅治以资治理"为由，奏请在察哈尔左翼设立厅治。贻谷、奎顺等提出将"原设张家口、独石口二厅均移驻口外适中之地便民就治，并选址附近之大塔拉老虎山等处则设一厅以控制西北，又张、独厅之间如张麻井，独石口及多伦诺尔二厅之间如闪电河均系冲要处所，或再斟添设一厅"，拟仿照光绪二十八年所设察哈尔右翼添设陶林及兴和二厅建制，扩大左翼厅治。

这一奏请得到直隶省总督袁世凯及光绪帝的批准之后②，转至吏部审议，但具体设治事宜到清朝统治结束也没有得到具体实施。

清末"新政"时期察哈尔右翼兴和、陶林二厅的设置无疑缩小了察哈尔八旗的游牧地，且进一步分割了察哈尔蒙旗的管辖范围以及察哈尔都统的权利，使直、晋二省的势力进一步延伸至察哈尔旗群界内。这为后来民国政府推行垦政和设治奠定了坚实的基础。

## （二）民国政府的治蒙政策与察哈尔地位问题

中华民国宣告成立后，北京政府宣称：对"独立"的外蒙古主要以外交手段取消其"独立"，同时积极以武力应对；对内蒙古则极力笼络、优待蒙古王公，试图达到使之拥戴"共和"的目的，同时继承晚清政府的移垦设治政策，积极推进蒙地改制。

察哈尔作为清朝时期的内属蒙古，不同于其他札萨克旗，"事不能自专"，且无世袭的封建领主，由清廷直接任命总管管理察哈尔旗群，其土地、人民等均由清廷直接管理。中华民国成立后，由于实行"共和制"且标榜"五族

---

① 《察垦汇编》第6册。
② 《察左翼垦地日广体察情形应行移添设厅治以资治理而固边防恭折仰析》（光绪二十九年八月二十一日），《察垦汇编》第6册，第1~4页。

共和"，清时期受清廷严格控制、自主地位远低于外藩札萨克旗的察哈尔旗群，试图在新的国家体制下改变自己原有的地位，以获得同其他盟旗相等的政治地位。而察哈尔旗群的这一诉求在民国北京政府对蒙法令中能够得到反映，这是值得研究的问题。

### 1.《蒙古待遇条例》中涉及的察哈尔问题

清朝覆亡之际，政局动荡不安，边疆之患尤为严峻。从蒙古方面来看，外蒙古及呼伦贝尔地区在沙俄的扶持之下宣布"独立"。内蒙古诸盟王公贵族在"拥戴共和"或"归附外蒙古政权"之间犹豫不决，一部分内蒙古王公选择归顺外蒙古博格多汗政权，而另一部分则采取观望的态度。在此纷杂的背景下，一部分驻京的蒙古王公组成"蒙古王公联合会"，要求袁世凯政权对蒙古王公上层的特殊利益及旧有的统治秩序予以慎重考虑。[1] 此前在"南北和谈"之时，袁世凯结合清朝皇帝逊位条件，曾提出《满蒙回藏各属之待遇条件》，承认满蒙王公贵族世职之照旧，并承诺爵位仍旧世袭等。[2] 因此，中华民国成立后，以阿穆尔灵圭为首的蒙古王公联合会于 1912 年 3 月 15 日向袁世凯提出十一条"优待蒙古"的要求。[3]

上述"优待蒙古"要求中即有涉及察哈尔的内容，即第八条、第九条："八、从前在蒙古所设之官，如将军、都统、办事大臣、参赞大臣等一律裁撤，凡蒙地由中央政府另设行政机关，专以蒙古世爵治理，其以下之执掌五族人通用。""九、察哈尔八旗原系游牧之地，暨上都牧群、牛羊群地方，可为蒙古王公筹划生计，至已开垦设治之处，除设治照旧外，其所入租赋亦划归筹划王公生计之用。"[4]

清廷以"放垦蒙地"为主要内容的对蒙"新政"在蒙地实行过程中，设立于蒙地的绥远将军、察哈尔都统等驻防大臣均承领清廷命令，大兴蒙垦，

---

① 汪炳明：《清朝覆亡之际驻京蒙古王公的政治活动》，《内蒙古大学学报》1985 年第 3 期。

② 乌力吉陶格套：《清至民国时期蒙古法制研究——以中央政府对蒙古的立法及其演变为线索》，内蒙古大学出版社，2007，第 98 页。

③ 白拉都格其：《袁世凯治蒙政刍议》，《中央民族大学学报》（哲学社会科学版）2002 年第 6 期。

④ 赛杭、金海、苏德毕力格：《民国内蒙古史》，内蒙古大学出版社，2007，32 页。

大大损害了蒙旗利益，引起了蒙古王公上层的强烈不满。因此，清朝覆亡后，蒙古王公上层欲裁撤此类驻防大臣，要求中央政府在蒙地另设立行政机关，以蒙古世爵贵族主持政务，从而保护蒙旗权益。

察哈尔旗群作为清朝的内属旗，其土地所有权完全归属于清朝皇帝。那么清朝崩塌，皇帝宣告退位之后，中华民国是否具备继承清朝皇帝这一遗产的资格？答案可从第九条中窥见，在蒙古王公看来，察哈尔旗群为清朝皇帝所属，清朝皇帝既然已退位，那么察哈尔旗群的地权应归还蒙古，而不应为新中央政权所继承。因此，蒙古王公上层特意提出第九条要求，并要求将已开垦设治之处的租赋等划给蒙古王公，用作维持蒙古生计。可见，蒙古王公为收回察哈尔旗群土地自主权做了一定的努力。然而，蒙古王公上层的要求并未被袁世凯政府全盘接受。同年 8 月，袁世凯政府公布《蒙古待遇条例》，其中涉及察哈尔的内容："察哈尔之上都牧群、牛羊群地方除已开垦设治之处仍旧设治外，可为蒙古王公筹划生计之用。"①

北京政府对蒙古王公联合会所提出条件中的第八条，以"关系官制，应汇入全案另议"为由"暂搁"未议。清朝通过在蒙古设立将军、都统、大臣等军政官员，在政治方面加强了中央对边疆地区的管理。各驻边将军、都统、大臣等严格按照皇帝的意志，监督、控制蒙古。②清朝灭亡之后，蒙古王公上层欲通过废除这一驻防体制，提高蒙旗自主权。然而，袁世凯一方则以涉及官制为由，"暂搁"了这一提议。

第九条系察哈尔的游牧地问题，虽然北京政府予以允诺该条件，但因为内属总管旗无世袭王公札萨克，一时无法兑现。

《蒙古待遇条例》的颁布标志着新成立的民国政府以法律的形式确立了对蒙古的基本政策，其核心内容为确保蒙古王公上层待遇照旧。③经过分析《蒙古待遇条例》，可看出察哈尔旗群作为清朝皇帝遗留的"皇产"，就

① 《政府公报》第 130 号，1912 年 8 月 21 日，印铸局发行。
② 苏德毕力格：《晚清政府对新疆、蒙古和西藏政策研究》，内蒙古人民出版社，2005，第 6 页。
③ 乌力吉陶格套：《清至民国时期蒙古法制研究——以中央政府对蒙古的立法及其演变为线索》，第 100 页。

由谁接管的问题，蒙古王公以及袁世凯在《蒙古待遇条例》的制定过程中展开了利益角逐，就其结果而言，并未起到任何有益于察哈尔旗群游牧生计的作用。

### 2. 察哈尔特别区的设立

民国北京政府时期对蒙政策基本特征是对王公上层恩威并施，对地方加强军备，加大开垦力度。1912 年 5 月，设立蒙藏事务处，7 月又改为隶属于内阁总理的蒙藏事务局。1914 年 5 月，按照清朝理藩院（部）建制，改事务局为蒙藏院，隶属大总统，并通过两次东蒙王公长春会议以及西盟王公会议"劝导"各王公拥戴"共和"，使内蒙古局势逐渐稳定下来。[①]

在蒙古地区的行政建制问题上，民国政府亦沿袭了清末在蒙古"筹划建省"的设想和政策。然而，由于内外蒙古局势尚未稳定，并未在蒙古贸然推行"省制"改革，而是在漠南蒙古成立了三个特别区。1914 年 6 月 14 日，民国北京政府宣布："察哈尔特别区域疆域已为定论，并命察哈尔都统和绥远城将军查照此次划定区域一律遵守，毋得再有争议，分行直隶、山西巡按使查照此令办理。"[②]据民国时期《政府公报》记载，关于察哈尔、热河、绥远改为特别区，最早出台的文件之一为 1914 年 7 月 6 日国务卿徐世昌颁布的第九十一号教令即《热河道绥远道兴和道区域表》（见表 1）

表 1　热、绥、兴和道区域

| 热河道辖县及地方区域 | 承德县、滦平县、丰宁县、隆化县、平泉县、塔沟县、朝阳县、阜新县、建平县、绥东县、赤峰县、开鲁县、林西县、围场县 |
| --- | --- |
| 绥远道辖县区域 | 归绥县、萨拉齐县、清水河县、托克托县、和林格尔县、五原县、东胜县 |
| 兴和道辖区域 | 张北县、独石县、多伦县、丰镇县、凉城县、兴和县、陶林县 |

资料来源：《政府公报》1914 年 7 月 7 日。

---

① 赛航、金海、苏德毕力格：《民国内蒙古史》，第 34~35 页。
② 《内务部呈核议察哈尔特别区域各情形请训示施行由》，《政府公报》第 757 号，1914 年 6 月 15 日，大总统令。

其中，兴和道为察哈尔特别区域所属。张北县原为张家口厅，1914年改为张北县，1917年在兴和旧城遗址上建县公署，遂由张家口下堡里移治。[①]1912年，多伦诺尔、丰镇、陶林、兴和等厅均改为县；同年，宁远厅改为县治，后于1913年改名为凉城县。1912年，独石口厅改为独石口县，1915年又改称为沽源县。其中，张北、独石口、多伦三县由直隶划归察哈尔，丰镇、凉城、兴和、陶林四县由绥远划归察哈尔管辖。[②]

与此同时，北京政府颁布划分热、察、绥三特别行政区域的命令，在都统下分设道尹来治理民政并兼管蒙旗事务。其具体内容如下："前以热河、绥远、察哈尔各属辟在边陲，毗连蒙境，诚恐直隶、山西巡按使难以控制，故特为划分由，于各该部都统、将军直接管辖。唯恐热河、绥远、察哈尔均系边围重镇，军事民政极为冲繁。绥远城将军著改为绥远都统，俾与热河都统、察哈尔都统名称划一，并于热河都统之下设置热河道尹一缺，绥远都统之下设置绥远道尹一缺，察哈尔都统之下设置兴和道尹一缺。各该道尹均治理民政监管蒙旗事务以专责成。热河、绥远、兴和三道区域表经制定公布。所有该道尹职权及公署组织应均按照道官制一律办理。"[③]

从这里可以看出，之前直隶、山西巡按使所属的各县被划入热、察、绥都统管辖，并在都统之下又设置了道尹来管理这些县的民政事务。

此外，与上述法令相配套的另一份文件为《都统府官制》，内容共有二十五条，首先明确规定察哈尔都统管辖兴和道、锡林郭勒盟及察哈尔左翼四旗、察哈尔右翼四旗、各旗牧厂、达里冈厓、商都各牧厂，并管理该地区军政事务，对所辖区域负有维持地方安宁之责任，遇有特别事变或经所辖道尹之详请，认为有必要时得使用兵力。都统管辖所属区域内民政各官及巡防警备等队，并受政府之特别委任监督财政、司法以及其他特别官署之行政

---

① 许闻诗：《张北县志》（中国方志丛书·塞北地方·第三十五号），台北：成文出版社，1968，第5页。
② 察哈尔都统署编《察哈尔政务辑要》上册，远方出版社，2012，第34页。
③ 《划分热察绥三特别行政区域》，《政府公报》第779号，1914年7月7日，大总统令。

事务。除此之外，还设定了都统府编制、地方官吏惩戒奖励事宜等方面的细则。①

这样察哈尔旗群由清朝时期驻防都统统辖区域正式变成"准省级"的特别区。都统虽在名称上与清朝八旗官制之都统一致，但不再是统辖察哈尔旗群的武官，而是成了集军事与民政于一身的省级地方行政长官，其职权较前者有所扩大，亦更具有实权。都统之下设道尹一缺代替直隶、山西巡按使一职，管理民事。都统衙门设在张家口。副都统移驻多伦，改为多伦镇守使，归都统统辖。清代，移驻察哈尔的汉人分别由直隶、山西两省管理，但是民国时期把察哈尔汉人的管理权转交给察哈尔都统，并在本地专设道尹来管理，前后二者之间有了性质上的区别。可以说，经过这次都统制改革，自清中叶开始移居到察哈尔的汉人在这时才正式变成"察哈尔人"。

都统制改革和察哈尔特别区的设立带来的另一重要变革，是察哈尔都统不仅直接管理兴和道所属各县、察哈尔旗群，还对锡林郭勒盟十个旗具有统辖权。从清末开始，边省督抚、朝廷官员等力主将将蒙地行政与内地归于"一体"，但终清一代未能实现。民国政府将察哈尔等蒙地改为特别区，可谓继承晚清的筹边思想，在蒙地与内地的"一体化"方面迈出了重要一步，且成效颇大。特别区的设立作为民国政府边政改革的实质性成果，为其日后正式改省奠定了坚实的基础。

## （三）察哈尔特别区的开垦

随着袁世凯统治地位的稳固及设立察哈尔特别区，民国政府为了解决燃眉之急——财政方面的窘状，开始在察哈尔大力推行有计划、有目的的开垦活动。这一时期，开垦与设治在察哈尔并行，在其原有县的基础上，又增设了诸多设治局，后将这些设治局一律改为县治。

---

① 《都统府官制》，《政府公报》第 779 号，1914 年 7 月 7 日。

大规模开垦蒙地是民国政府对蒙政策的主要内容之一。在政权建立初期，北京政府十分了解，以"放垦蒙地"为主的清末对蒙"新政"导致民族矛盾激化。为了安抚王公上层，缓和民族矛盾，袁世凯北京政府曾颁布蒙旗"既有闲荒亦暂不放垦"和准许"各旗未放荒地留归各旗自行开垦"等法令，①并未贸然推行放垦。然而，随着袁世凯在全国的统治地位基本巩固，大部分蒙古王公"决心拥戴共和"，袁世凯改变了起初的蒙古地区"暂不放垦"政策，转而大兴蒙垦，积极推进移民垦殖与设治。而新设立的三个特别区，若将其行政区及所属人口、垦地规模，以及日常行政等各项经费，与内地同一行政级别的省县保持相当程度，也只有靠迁移内地汉民、放垦蒙地才能维持或实现。因此，放垦蒙地政策的全面启动，注定成为民国政府对蒙政策的重要内容。

1915 年 2 月，奉大总统命令，由财政部会同农商部、蒙藏院，拟订"垦辟蒙荒奖励办法"七条。9 月获准公布《垦辟蒙荒奖励条例》。11 月又颁布《禁止私放蒙荒通则》。②后蒙藏院制定了《边荒条例》，明文规定放垦游牧地，其所得由地方官员和蒙旗分润。此类通则、办法、条例的实质为赋予地方军阀权力来控制蒙旗土地。③

### 1. 察哈尔放垦前的预备工作

1912 年 11 月，察哈尔都统何宗莲为筹办清丈地亩，补垦余荒一案呈请大总统。但该案并未立即得到大总统的批准，其理由为："筹办垦务，自系切要之，清丈地亩一事，牵涉颇多，办理稍一不慎，地方易生枝节，现值边陲多事，宜稍示怀柔，原议既称领地各户蒙民居多，果而推行清丈，诚恐易起惊疑，致滋纷扰，该都统所请设局清丈地亩案，现时机，应暂从缓议。"④此时的袁世凯对蒙垦采取的是比较保守的态度，认为目前并非适合开展蒙垦，

---

① 汪炳明:《是"放垦蒙地"还是"移民实边"》,《蒙古史研究》第 3 辑, 内蒙古大学出版社, 1989。

② 乌力吉陶格套:《民初科左中旗垦务纠纷与蒙地放垦条例的出台》,《内亚史和文化》( *Studies in Inner Asian History and Culture* ) 2017 年第 2 期。

③ 色音:《蒙古游牧社会的变迁》, 内蒙古人民出版社, 1998, 第 18~19 页。

④ 《政府公报》第 260 号, 1913 年 1 月 26 日。

应顾忌察哈尔诸旗群总管之意愿，从缓实行开垦蒙地。但是，察哈尔都统何宗莲则提出：

> 查该部以时机而论暂从缓议，不为无见，然局外隐揣，不如当局者详知底蕴，其间领地各户虽多蒙民，而蒙民素来谨愿但求清丈，谅无纷扰，再清丈补垦，必须双方进行，于事乃能有济。盖原领各民户内，竟有原领一顷，私垦至数顷者，有徒领押荒条据，至今未换部照，希图不纳国赋者；甚有一顷不领，私垦盗卖者，其中流弊比比皆是。究其弊端，率由从前包揽大段，欺隐公家，鱼肉贫民，一班地痞土棍之所为，今闻清丈，若辈生畏，难免不设计阻挠，而善良地户知私垦难久远，现已纷纷呈请，情愿清丈。而筹办垦务，不从清丈入手，余荒夹荒，将来终为彼等欺隐蚕食，则私垦盗卖之弊源终难清。窃维清丈手续虽繁，若办理得法，似不至枝节旁生，至察境原放之荒，均系内地民户承领，并无蒙民垦种清丈一事，与蒙民并无干涉；即有蒙民尚求清丈而不得，决不至有惊疑纷扰之事，其中领地之户虽有教民，若与各教堂主教等宣迎妥洽，自无他项梗阻。此次清丈补垦，与察防用款及八旗生计关系匪浅。现值经济困难一筹莫展，与其借款仰人鼻息，何若就地筹款，……为开辟察境利源，筹办旗民生计起见，拟先篆刻关防，设局筹办，一俟蒙事稍平，即着手办理，以便节节进行，逐渐推广，庶因果兼收，不负国家注重垦务，隐寓实边之至意。[①]

何宗莲认为，察哈尔境内原先放垦之荒地，均由内地汉人承领，并无蒙古人垦种清丈之事，与蒙古人无关。既是有蒙古人要求清丈的荒地而未如愿，也不至于引起纷扰。而设局筹办垦务，首先，要清理原先承领蒙地之民户即汉人中存在的问题。由官府出面清理垦务，消除从前"地痞土棍"包揽

---

① 《政府公报》第260号，1913年1月26日。

大段土地、"欺隐公家，鱼肉贫民"之弊端，以保证民户如实交纳国赋。其次，为加强察哈尔防务，就地筹款，以减轻国家的负担；再次，蒙古地方一旦稳定下来，即逐渐推广垦务，以期取得移民实边之效果。当然，何宗莲最终目的是建立地方财政，而地方财政则主要靠税收，因此他对蒙垦持积极态度，想方设法清丈土地，补垦余荒。

推行垦务的另一个关键问题，是统一察哈尔政区与垦务管理权问题。察哈尔与绥远的各厅在清代分属直、晋二省，而各厅之间权限历来并不分明。清末察哈尔、绥远等地的开垦，均由督办蒙旗垦务大臣办理，该职属特设职掌，不以地方为界。贻谷在察哈尔放垦的目的不是建立地方财政，而是通过放垦收取押荒银，缴纳给政府，因此也没有必要十分详细地划分垦政与地方民政的界限。设立察哈尔特别区、绥远特别区之前，察哈尔右翼丰镇、凉城、兴和、陶林四县垦务由绥远将军管理。察哈尔、绥远特别区建立后，察哈尔右翼丰镇、凉城、兴和、陶林四县划归察哈尔。因此，绥远都统、督办垦务大臣潘矩楹因"政区与垦务并无连带关系"为由，呈请内务部将察右四县垦务仍暂由绥远都统督办，等清理垦务之后再移交察哈尔。[1]对潘氏的此项要求，内务部经核定之后，呈文大总统："……查察哈尔右翼四旗丰镇、凉城、兴和、陶林四县之地自改划察绥区域以来，该处民事蒙务均归察哈尔都统管理，所有该地一切事项自愿完全移归察属，俾一事权，清理垦荒，纯系民、旗地亩之事，一切查丈手续，解决争端，民蒙纠葛均与行政息息相关，若与行政区域分离仍归绥远督办，将来处理一切事件权限不清，必致治丝而棼，自愿由察哈尔都统一并管理以昭划一。"[2]从内务部的这一呈文可以看出，内务部对潘氏的要求持否定意见，认为只有行政与民事统一管理，才能防止权限不清的问题。

① 《内务部呈遵议差察哈尔右翼四旗丰凉兴陶四县清理垦务一案自愿按照区域实行划分文并批令》，《政府公报》第836号，1914年9月2日。
② 《内务部呈遵议差察哈尔右翼四旗丰凉兴陶四县清理垦务一案自愿按照区域实行划分文并批令》，《政府公报》第836号，1914年9月2日。

其呈文接着说道:"垦务与政区并无连带关系等语徵之,已往事实,自属实在情形。盖当日察绥两处地方,尚未明划区域,而督办蒙旗大臣办理蒙旗垦务,又属特设职掌,原不以地方为界限,现在改出区域,既经分别划清,设置道县,而蒙旗事宜,亦应由该地方管理。今昔情势殊异,办法自宜变通。"①这也说明民国官员对时局的认识,他们认为清朝不要求划分地方界线,但是如今却不同。

后又提到:"右翼四旗垦户,积欠荒价,蒂欠档册均在绥远,其办理余荒夹荒,各员均系老于垦务之人,未便易生手等语,事属接替问题,自可安为筹计,此项卷档册籍,既为清理垦务之根据,应与办事机关随之转移,将来分别点交自无应有所隔阂,其办事旧员,果系熟习各该地方情形,颇资得力者,即垦务改由察属办理,亦必酌量留用。此等事实,虽于察绥两处,有互相连涉之关,但使接洽安协,尚无事实困难之可言。"②从这里可以看出,察哈尔右翼之前开垦的档册都在绥远,办理垦务的均为有经验的官员,所以察哈尔接管右翼垦务以后,也应当考虑资历,留用一部分官员。

又称:"该地积欠押荒,绥远已拟作归还股本抵款一节,查从前拨借公司股本,据称系为垦务开渠之用,与他种经费不同,且系指定用途未便听其无着,自应由察绥会同查明切实数目,将来在清理垦务收入项下,设法提还,以清积欠。"③这表明在此之前开垦过程中有收取押荒银一事,所以察、绥两方应该协同并把实际积欠金额清理,将来在垦务收入中予以偿还。

内务部认为:"总之,察属右翼四县之地,为民蒙交错杂处之区,而清理该地垦荒,又属民蒙互有纠葛之事,该处民事蒙务,因现行区域之上划分,既已统属察哈尔都统管理该地垦务事项,与其俟清理以后再归察属致涉纷

---

① 《内务部呈遵议差察哈尔右翼四旗丰凉兴陶四县清理垦务一案自愿按照区域实行划分文并批令》,《政府公报》第836号,1914年9月2日。

② 《内务部呈遵议差察哈尔右翼四旗丰凉兴陶四县清理垦务一案自愿按照区域实行划分文并批令》,《政府公报》第836号,1914年9月2日。

③ 《内务部呈遵议差察哈尔右翼四旗丰凉兴陶四县清理垦务一案自愿按照区域实行划分文并批令》,《政府公报》第836号,1914年9月2日。

歧，若按照区域实行划分清理，各有专责，所有议察哈尔右翼四旗丰、凉、兴、陶四县清理垦务缘由，是否有当理合具呈谨乞。"①

综上所述，民国初年察哈尔的垦务，不仅是清理地亩、开浚利源的问题，更关系到察哈尔与绥远两个特别区划分辖区问题，而其背后隐藏的是绥远都统与察哈尔都统的利益角逐。即便当时察哈尔右翼四县已划归察哈尔特别区，绥远都统仍力争维护其旧有利益，要求察哈尔右翼四县垦务仍由其暂为代理。但鉴于垦务涉及地方民事，不宜将垦务与政区分离，将察哈尔右翼四县垦务移交绥远，因此内务部提议将该四县垦务改由察哈尔都统一并管理。至此，察哈尔全区诸县的垦政民政一并归察哈尔都统管理，察哈尔垦政与政区建设归于一统，为此后察哈尔移垦设治的有力推进奠定了初步的基础。

### 2. 察哈尔全区垦务总局的成立

民国初年，因时局动荡，内蒙古东西垦务均处于停滞状态。随着局势的稳定，民国政府开始着手制定专门法律法规和采取相应的措施，以逐步推进蒙垦。

察哈尔地处漠南蒙古中部，其都统所在地张家口是进入中原的咽喉，也是京师的门户。因此，察哈尔的防务和垦政，为历代中央政府所重视。民国北京政府为有效推进察哈尔垦政，专门设立了负责察哈尔特别区全境垦务工作的机构——察哈尔全区垦务总局（简称"察垦总局"）。察垦总局事务由兴和道尹监管，各县酌设分局，以知事为坐办委员，与分局局长会同办理。因清代以来的长期开垦，察哈尔所放地亩多为各旗群间的"夹荒"或"余荒"，地段零落，因此每次放垦时常发生纠葛，而其他大段荒地多为王公牧地，交涉更加不易。②

---

① 《内务部呈遵议差察哈尔右翼四旗丰凉兴陶四县清理垦务一案自愿按照区域实行划分文并批令》，《政府公报》第836号，1914年9月2日。
② 《留任署察哈尔都统何宗莲呈察属垦务拟请援案由道尹等兼任办理以免面纷更请示文并批令》，《政府公报》第1079号，1915年5月10日。

1915年4月，民国政府批准财政部呈请，委派龙骧①出任察哈尔全区垦务总局总办一职，在其领导之下，推进清丈及开垦等一系列工作。5月，张家口设立察哈尔全区垦务总局。②次年12月，察哈尔都统向大总统提出将察哈尔全区垦务总局总办一职改为实官的呈请。其理由有以下两方面：（1）察哈尔地域辽阔，各盟各旗、各庙、各台站之生荒，均系蒙地；换言之，察哈尔尚未开垦的牧地，均属于各盟旗，根据惯例必须由官府与盟旗接洽、商定后，方能放垦。而盟旗的盟长、寺庙的活佛，以及王公等官阶高、职位尤崇。因此，非明令简任垦务总办一职，不足与蒙古盟旗交涉。（2）察哈尔全区垦务总局统辖包括锡林郭勒盟在内的全区，兼管清丈熟地、开放生荒、设治、屯垦各事宜。其"职掌之重，事务之繁"，不可与内地普通垦务局等量齐观。据此，民国大总统以"察哈尔地区地处蒙疆，寒荒待开，垦务为绥边殖民要政，由将全区垦务总办一职改为实官，明令简任以重职守"。由此察哈尔全区垦务总局总办便成为由中央明令简任的实官，以利于与蒙旗交涉，加快土地开垦进程。

察哈尔全区垦务总局"掌理全区一切垦务事宜"，并以都统公署为监督机关，都统为督办。但垦务总局的关防则由财政部发文授予。总局建成后，将旧有各垦务分局所酌量裁并，其应存者一律改为分局，归总局直接管辖。垦务总局设总办、会办、科长、科员等，除总办由内务部呈请大总统派委外，以道尹、财政分厅厅长为会办。其余科长、科员由总办商同会办，秉承督办，酌定额数，报部核准。垦务总局往来公文程式，对于督办用详，对于道尹、财政分厅用咨，对于各县及各县垦务局用饬。垦务总局遇有重要事件，除呈督办外，得直接请示财政部。垦务总局经费以裁并原有各机关经费酌量支配报部核定。《绥远察哈尔各垦务总局办事权限大纲》自呈准之日起

---

① 龙骧，湖北孝感人，1887年出生，毕业于湖北师范学堂，1915年升任察哈尔实业厅厅长兼垦务局总办。之后被委派办理外蒙军机等重要事宜。1920年，担任农商部参事，后又任国务院财政部顾问、总统府顾问等要职。

② 鲍·格根图雅：《民国前期察哈尔地区开垦研究》，硕士学位论文，内蒙古大学，2008，第12页。

施行，其余办事细则由总办商同会办秉承督办另定之。① 由此可见，垦务总局是直属民国政府财政部兼受察哈尔都统监督的特殊的中央政府派出机构。垦务总局总办的官阶与道尹、财政分厅相等，对于县和县分局以及各旗、群，则是上级官员。

察哈尔全区垦务总局编制为：督办一员，由察哈尔都统兼充任；总办一员，由大总统简任；会办二员，以兴和道尹和特别区财政厅厅长分别兼任，驻局坐办一员，由察哈尔都统会同主管各部委派。② 总局内分第一科、第二科、第三科等，分管察哈尔境内的土地开垦、沿革调查，审查直辖分局、管理本局所入款项等各项工作。③

在察哈尔全区垦务总局之下分别设多伦、沽源（原独石口县）、陶林、凉城、丰镇、兴和、张北七县垦务局，分管各县垦政。此外，还组建了十个屯垦队，驻各地分管屯垦。察哈尔全区垦务总局编制十分完备，其总办直接由大总统简任，各科各司分工详细明确，足以反映出民国政府对察哈尔移民开垦工作的重视程度。

清代以来察哈尔的开垦分为官垦和私垦两大部分，所谓"官垦"，指由官府出面清丈并通过合法程序进行的土地放垦；所谓"私垦"，指蒙汉之间私自授受而放垦，或汉人私占盗垦。如上所述，自清末以来，在察哈尔"私垦盗卖"泛滥，流弊丛生。因此，民国初期察哈尔垦地的清丈整理，无论对中央政府还是对地方政府都显得十分紧迫。

1915 年 10 月，民国政府颁布《察哈尔县知事垦务局局长清查余荒夹荒考成条例》，共十三条，主要内容有清查地亩员司之考成，由全区垦务总办会办考核禀呈全区垦务督办执行，先报部备查。具体考成分以下几部分内容。

---

① 《行政组织（上）》，察哈尔全区垦务总局编《察哈尔全区垦政辑览》，台北：文海出版社，1988，第 166 页。

② 《行政组织（上）》，察哈尔全区垦务总局编《察哈尔全区垦政辑览》，第 166 页。

③ 《行政组织（上）》，察哈尔全区垦务总局编《察哈尔全区垦政辑览》，第 166 页。

针对各县知事兼垦务坐办及垦务局局长，办理清丈事件依限完竣者、清丈事竣无控案者、遴用绳丈员书人等能始终慎事者、清丈事件依限完竣、另委抽查毫无作弊者、绳丈人员清丈地亩不误限期者、办结人民照界纠葛十起以上者，绘造地图详确无讹者，均予以记功或加俸加薪之奖励。收解荒价达于考成数目以上者，得遵照额外增加奖励条例之规定，奖劳绩年金及各级双、单金鹤章①。办理延缓不及考成数目者、因清丈发生控案委员查明实系扰民者、任用私人经长官查出舞弊者、委员书绳舞弊不能觉察者、土豪地棍借端聚众抵抗不能迅事消弭者、受委员书绳串通办事不公，经人民诉告委查属实者，罚俸、罚薪之成数及月数，由全区垦务总办、会办临时酌度办理，禀承全区垦务督办执行之；记过次数得与记功次数相抵消，均予以记过或罚俸罚薪之处分。办理清丈，叠起风潮，或因循敷衍，不及考成数目五成者，县知事撤任，垦务局局长撤委，撤任撤委后，倘有贿分贼情，查实褫革官职，依法治罪。

针对科员以及绳丈员，清丈地亩不能依限竣事者、清丈地亩经人民抵抗至二次以上者、绘造图册未能详确者、办理人民照界纠葛结案后复起争端者，罚薪之成数及月数，由全区垦务总局总办会办临时酌度定之，记过次数得与记功次数相抵消，均予以记过或罚俸罚薪之处分。

察哈尔开放旗群台站，大段荒地，设置垦务行局兼设治局局长，所有关于垦务之考成均依上述条例之规定执行。②后又颁布《修正察哈尔清查余荒夹荒考成条例》，对原有的条例进行了补充和修订。③

通过奖惩手段考核负责执行清丈、开垦等垦务工作的垦务局局长以及县知等，以保障垦政的效率和进度。用赏罚分明的考成制度考核大到县知事、垦务局坐办、垦务局局长，小到科员、绳丈员等垦务工作人员，一方面可以勉励勤于垦务的人员，另一方面则可以严惩怠慢垦务者。这一套考核制度无

---

① 中华民国时期设置的奖章。
② 《行政组织（上）》，察哈尔全区垦务总局编《察哈尔全区垦政辑览》。
③ 《修正察哈尔清查余荒夹荒考成条例》，《政府公报》第1287号，1915年12月7日，转引自乌力吉陶格套主编《民国政府有关蒙古的法律》，内蒙古科技出版社，2015，第108页。

疑从客观上调动了垦务工作人员的积极性，为其后续开垦察哈尔蒙地提供了有效的人力保障。

### 3. 察哈尔开垦章程及开垦概况

民国政府以"察属地处边陲，拱卫畿疆，所有理财设治，移民实边，一切要政无不根基于垦务"为由，强调禁止旗群牧厂的私垦盗垦，鼓励通过合法途径开垦蒙地，为此颁布了一系列章程和办法。除了所有蒙旗通行的《垦辟蒙荒奖励条例》和《禁止私放蒙荒通则》两部关于蒙地开垦的重要法令外，民国政府以及地方政府还专门针对察哈尔制定了《察哈尔地区领地承垦章程》以及与之相配套的《察哈尔屯垦章程》《两翼牧场试办清丈章程》《缴卖领照注册之办法》《察哈尔区域推广两翼八旗垦务办法》《察哈尔清丈章程》等一系列章程和办法。

察哈尔地域辽阔，旗、群、台、王公牧厂几近占全区十分之八九，察哈尔全局垦务总局总办龙骧以及会办单晋龢、严汝诚等一再呈请北京政府在察哈尔旗群大力推行垦务，妥筹蒙、民生计，借以增开县邑。其所持理由有六端：

一、察哈尔特别区域一盟（锡林郭勒盟）八旗（察哈尔左右翼八旗），除旧开七县暨新开辟一设治局仅占全区面积十分之一二，其余则深闭固拒，久未启局，非破除成例，尽开榛莽，无由积县以成省，此以筹设行省论。

二、八旗蒙饷为数甚巨，改革以来久经停拨，各旗官兵势成坐困，欲筹蒙旗生计，莫如查取户口，按户授田，责令就地耕耘，俾可自存自立，盖国家抚恤蒙旗，宜使自食其力，以谋永久生理，无取岁拨巨款等，于豢养以致两困，矧近年欠发蒙饷，积至数十万元之多，所谓豢养之资，且空悬无着乎，此以蒙旗生计论。

三、世界列强竞行垦殖政策，多由国库拨款，以经营期事。今吾国财力内外同一艰窘，国库既无款接济本区，更无力经营。唯有收集内地资本，借以开拓边地，如果能将八旗荒地一律开放，则内地资本实业各家，投资垦殖愈增多，此以吸收内地资本论。

四、清制旗群台站圈地最多，大都自为风气，官府绝不过问，如能破例，准令蒙民就地自垦自食，由游牧而入于耕种，此外另招汉人投资垦辟，俾令杂居，从而统一语言，齐其风俗，则汉蒙可期同化，地方官吏亦可施行行政之权，此以沟通蒙汉论。

五、全区荒地垦成，则赋额方有增益，其他各项税捐亦必有人有土方可就地征收。若今之一盟八旗，荒芜未开，有地等诸石田，筹款安有善策，此以增开利源论。

六、边防要政以设险屯军为前驱，以移民垦殖为后盾。今八旗禁例不除，内地富商大贾虽欲投资，亦不可得户口，何由增殖荒地，何由发荣，此以整顿边防论。而八旗垦务极应推广者也。①

从察垦总局总办所述内容可得知，从他们的角度看，垦务有以下益处。（1）通过开垦设治达到设省一级地方行政组织规模。较之晚清，民国政府的蒙垦政策已不再顾及蒙古地方的特殊性和固有自主地位，也不再区分内属旗与札萨克旗。因此，主张破除清时期禁止随意开垦蒙旗牧地的成例，"尽开榛莽"，在察哈尔八旗和锡林郭勒盟一律推进垦殖，从而积县成省。（2）八旗官兵的饷银问题可以就地解决。（3）可以吸收内地资本，增加财政收入，借以开拓边地。（4）通过大规模移民，同化蒙汉，达到地方统一管理的目的。（5）开放八旗及锡林郭勒盟荒地，开辟利源，从而增加新的税务，即耕地课税。（6）破除察哈尔八旗土地以往不得随意开垦的"禁例"，通过增加移民人口，以期达到加强边防的目的。

其目的，较之晚清时期的开垦有了质的变化，察哈尔垦务机构将察哈尔的开垦并非看作察哈尔一隅的垦政问题，而是把它和国家的国防战略和边疆

---

① 《开放盟旗群台第二》，察哈尔全区垦务总局编《察哈尔全区垦政辑览》。

政策紧密地联系起来，强调其重要性，因而对于蒙旗固有的权利和地位基本不予考虑。

另外，察垦总局又制定了察哈尔特别区所辖蒙旗的开垦步骤。察哈尔全区开垦，首先是自察哈尔八旗开垦入手，渐次推进到锡林郭勒全盟。具体分为调查期、筹备期、结束期。

第一步，先委派垦务官员派驻各旗，协同总管调查各旗实在户口，并将未开荒（荒地）、厂（牧厂）造册绘图，据实报告。皆委派候补知事或垦务局局长等出任，以重责成，此为调查期。

第二步，调查结束后，即破除禁垦察哈尔牧地的清代成例，计户授田；除上年放垦时已划给随缺地亩各户，其余蒙民一律免价，按丁授田五十亩。此外，未开垦的荒、厂悉数放垦，招户承领；在放垦之旗设立招垦设治局，以原派调查专员为局长，本旗总管兼充坐办。放垦面积较小者，联合不同旗份合为一区，设立招垦设治局；如地势不便联合或荒、厂无多者，可归并于就近县治管辖，不另设专局，此为筹备期。

第三步，荒、厂放垦完毕，地租征收确有把握后，招垦设治局即改成县，新设县的县知事，从各该局局长、坐办内择优呈请补任，以酬其功，此为结束期。

从上述察哈尔全区放垦具体步骤看，民国北京政府厉行移垦设治、推进蒙地汉化的施政目标十分明确。该计划呈国务院并分咨内务、财政、农商三部以及蒙藏院查核备案后，即令该总办拟定办事细则，遴选合格人员按既定步骤实施。[1]

自从察哈尔全区垦政计划实施后，察哈尔旗、群、台地开垦规模迅速扩大。到 1916 年五月，在察哈尔左右翼八旗及牧群、军台地界内已注册的垦牧公司以及垦户多达二百六十余。[2]

---

[1]　察哈尔全区垦务总局编《察哈尔全区垦政辑览》。

[2]　《开放盟旗群台第二》，《察哈尔垦牧公司及垦户一览表》（截至 1917 年 5 月），《招垦第三》，察哈尔全区垦务总局编《察哈尔全区垦政辑览》。

民国政府有关禁止"私垦"、奖励"官垦"的蒙地放垦法令、法规的实施，对于内地资本家、实业家等投资察哈尔开垦产生了很大的吸引力。其间，察垦总局清查正镶红二旗、正镶白二旗、正镶黄二旗、正镶蓝二旗等各旗，各王公马厂，五至十二台①以及商都设治区域，各县丈放官荒、蒙荒时，丈出可放之地数万顷。察垦总局呈请大总统，要求变通察哈尔两翼八旗及锡林郭勒盟旧制，极力推行垦政，借以"积户成乡，积乡成县，积县成省"，以"巩固边疆"。

1915年，民国政府颁布了《察哈尔全区垦务总局开放官荒蒙荒情形及领地承垦章程》。承领土地的具体办法如下：（1）丈放各旗、群、台厂荒地，其中大段荒地要登报招垦外，还要编列地亩数号、坐落等，将此公布后，听凭民户自行承领。（2）专设垦户招待室及招待员，与前来承领某号荒段的民户接洽，或民户可自行与各县垦务局及设治局联系。（3）察区放荒事宜命令禁止赊欠及垦务工作人员与地商勾结，作弊屯留土地。（4）总局放垦定章、丈地委员，不得为招垦委员，丈地委员既无所施其巧技，故所丈地亩之广窄，以及所分等则之高下，均归核实，绝无蒙蔽取巧等弊。（5）总局及各县垦务局、行局以及设治局，概不收纳现款；凡民户愿领荒地若干，即核计需欵总数几何，由该民户自行送交兴业银行、中国银行、交通银行或殖边银行，掣取收据，到局验证，一面过账，一面填发部照，注明四至，交由该民户收执。（6）民户执有察垦总局填发部照，即可驰赴荒地，察垦总局及各垦务局、行局以及设治局等，于荒地所在另派专员接待，遵章按照拨地。（7）所放地亩分为上、中、下等，以黑土二尺厚者为上，一尺厚者为中，黄土沙碱为下。清丈时，由绳丈委员认真勘察绘图，注明表内，总局据实注册编号存记。（8）上地每亩收银七钱，中地每亩收银五钱，下地每亩收银三钱，外加收注册费、丈费等。（9）领垦荒地以本国人为限，各民户领照时，需取具保证书，不得抵押或转卖于外国人。

---

① 五至十二台站依次为奎苏图台、扎噶苏台、明爱、察察尔图、沁岱、乌兰哈达、贲巴图、锡喇哈达。

察垦总局对垦户的优待及给予的便利条件主要有以下几方面：（1）凡从事垦牧，领垦大段荒地者，可赴口外实地调查，察垦总局提供放垦简章及有关口外垦牧收支方面的预算书；（2）凡海内著名实业专家预领大段荒地，亲往口外实地调查时，察垦总局要求沿途各垦务局、行局、设治局妥为接洽；（3）察区放荒，招垦与设治并行，凡遇开放大段荒地时，同时禀承都统呈准中央政府添设县治，分驻军警，保卫地方，俾各垦户安居乐业。（4）察区开放新荒，遵照定章以三百六十弓为一亩，百亩为一顷，所有沙石碱滩、芨芨草滩概行剔除，暂免收价，但此项沙碱草滩，在为补足地价以前，不准向其他人抵押或专卖，至垦成之日，仍应补交地价。（5）放垦新荒自领照之日起，无论上、中、下等，则三年之内，均准免升科。（6）领垦荒地，照章须缴清地价，发给部照方准营业，以免赊欠而杜流弊。但有海内著名实业专家承领远边大段荒地至四十顷以上，又有确实保证人为之保证者并准量予变通。（7）凡民户承垦荒地，遵章缴纳荒价，发给部照之后，即可永远管业。（8）由于近来口外风气日开，燕晋农民相率出口以工谋生者极众，户口繁殖，且今寒带回温，各垦牧公司领垦荒段，招佃固易，招工亦极踊跃，工价尤廉。（9）察垦总局为接济农民、推广垦殖起见，设立兴业银行以资接济而便周转。①

在察哈尔土地承领章程及清丈章程等一系列法规的指引下，察哈尔旗、群、台界内的荒地，大多被移居此地的内地农民承领。

1915年6月，经沽源县垦务局查明，正白旗头佐之南与牛群连界之五哈尔策鲁以内游牧空闲荒地，由垦务总局出面，命正白旗总管报荒。同月，垦务总局命镶黄旗查明该旗十一枝箭等处是否有空闲地；命牛羊群总管卓特巴扎布将所属界内闲荒报局招垦；命和亲王府总管将黑山子私开之地遵章报放。同年8月，垦务总局饬令开放魁璋马厂并开放正白旗牛羊群以及头台等地。这样，在垦务总局的命令下，察哈尔旗、群、台站的牧地陆续上报垦务

---

① 《招垦第三》，察哈尔全区垦务总局编《察哈尔全区垦政辑览》。

总局招垦。① 以清丈—划界—报荒—招垦为固定程式的察哈尔垦务迅速推进，领垦者遍布察哈尔全境，放垦面积日趋扩大。

根据相关数据，民国北京政府以及察哈尔地方政府在察哈尔推行的开垦政策基本上达到了预期效果。1915~1917 年察哈尔境内被垦牧公司以及垦户实际开垦亩数概况如表 2 至表 6 所示。

### 表 2  羊群暨马群界内实垦亩数

单位：亩

| 坐落地点 | 实垦亩数 | 坐落地点 | 实垦亩数 |
|---|---|---|---|
| 羊群布档图、土城子、蓝旗大道等处 | 25800 | 马群十一苏木 | 4308 |
| 羊群察汗诺尔等处 | 60787 | 马群五菊花八颜花 | 12050 |
| 羊群花贺秀、霍牙尔、托洛盖等处 | 36505 | 六台羊群等处 | 18744 |
| 马群土城子七台西山坡 | 4133 | 羊群阿木乌苏 | 2000 |
| 总计亩数 | | 164327 | |

资料来源：《察哈尔垦牧公司及垦户一览表》，《招垦第三》，察哈尔全区垦务总局编《察哈尔全区垦政辑览》。

### 表 3  左翼察哈尔界内实垦亩数

单位：亩

| 坐落地点 | 实垦亩数 | 坐落地点 | 实垦亩数 |
|---|---|---|---|
| 正白旗大梁底、大小黄羊滩等处 | 60000 | 正蓝旗一把树、正蓝旗脑包等处 | 10000 |
| 正蓝旗小碱滩等处 | 50000 | 正蓝旗芦草胡同、二道沟等处 | 5000 |
| 正白旗头枝箭 | 14813 | 达木诺尔 | 2000 |
| 正白旗馒头山、台吐沟等处 | 20000 | 一素沟 | 10000 |
| 总计亩数 | | 171813 | |

资料来源：《察哈尔垦牧公司及垦户一览表》，《招垦第三》，察哈尔全区垦务总局编《察哈尔全区垦政辑览》。

---

① 《开放盟旗群台第二》，察哈尔全区垦务总局编印《察哈尔全区垦政辑览》。

### 表4 右翼察哈尔界内实垦亩数

单位：亩

| 坐落地点 | 实垦亩数 | 坐落地点 | 实垦亩数 |
|---|---|---|---|
| 正红旗二苏木 | 9798 | 镶蓝旗十苏木 | 5328 |
| 正红旗四苏木 | 5200 | 正红旗三苏木 | 4864 |
| 镶红旗十二苏木 | 4250 | 正黄旗牛群霍塔鄂博 | 3117 |
| 正红旗多与坡、八苏木、巴罗达拉等处 | 3096 | 正红旗四七苏木 | 3094 |
| 正红旗十二苏木 | 12906 | 镶蓝旗十一、十二苏木 | 11390 |
| 正红旗火石山 | 2480 | 镶红旗吉庆庄 | 2593 |
| 正红旗十五苏木 | 2460 | 镶红旗头苏木 | 2300 |
| 镶红旗四苏木 | 2066 | 镶红旗五苏木 | 2053 |
| 镶红旗八苏木 | 2150 | 总计亩数 | 79145 |

资料来源：《察哈尔垦牧公司及垦户一览表》，《招垦第三》，察哈尔全区垦务总局编《察哈尔全区垦政辑览》。

### 表5 群、台站、王公牧厂界内实垦亩数

单位：亩

| 坐落地点 | 实垦亩数 | 坐落地点 | 实垦亩数 |
|---|---|---|---|
| 太仆寺 | 16923 | 和亲王府马厂 | 6000 |
| 太仆寺大胜沟 | 15796 | 六台 | 4333 |
| 太仆寺龙虎台 | 5772 | 德公府牌双井子、大孤山 | 2011 |
| 八台花卧钵英儿等处 | 8208 | 德公府牌孤山子、沙岭诺尔等处 | 2555 |
| 德公府马莲滩、大狐山 | 2154 | 德公府牌铧子炉、二道沟 | 2871 |
| 博罗柴济台站 | 5101 | 太仆寺闷炉胡同 | 2800 |
| 德公府牌小河子等处 | 2750 | 德公府牌西乾沟 | 2058 |
| 德公府牌七里河、豫亲王二道洼 | 2002 | 豫亲王府、德公府头道脑包 | 2401 |
| 德公府牌渝树沟、水泉沟等处 | 2283 | 七台及七台十一苏木 | 6865 |
| 总计 | | 92883 | |

资料来源：《察哈尔垦牧公司及垦户一览表》，《招垦第三》，察哈尔全区垦务总局编《察哈尔全区垦政辑览》。

表 6  察哈尔旗群境内各县实垦地亩数

单位：亩

| 坐落地点 | 实垦地亩数 | 坐落地点 | 实垦地亩数 |
|---|---|---|---|
| 沽源县本牌滩乌克河庙 | 2904 | 沽源县水泉沟、本牌滩 | 2880 |
| 沽源县阿古庙、井儿沟、大西洼 | 2650 | 沽源牛角沟、库伦诺杨皮房村 | 2480 |
| 沽源小井沟、西案口、大红山、大东滩 | 2470 | 陶林县 | 1631 |
| 凉城莫盖图等处 | 5700 | 丰镇西界马厂梁南 | 6000 |
| 沽源黑山嘴本牌滩 | 4180 | 凉城永义村东胜庄 | 4275 |
| 沽源西胡同牌王大人庙 | 2100 | 沽源十号梁太平沟 | 2000 |
| 沽源本牌滩小官厂子梳妆楼 | 4040 | 沽源三道营 | 2000 |
| 总计亩数 | | 45310 | |

资料来源：《察哈尔垦牧公司及垦户一览表》，《招垦第三》，察哈尔全区垦务总局编《察哈尔全区垦政辑览》。

从上可知，当时推行的蒙地放垦遍及察哈尔八旗、牧厂、台站、前清王公马厂以及诸县等察哈尔旗群全境，垦牧公司以及个人垦户开垦了数量相当可观的地亩。而且民户承领荒地之后，就可以"永远管业"，也就是获得了土地所有权，于是大片官荒、马厂以及公共游牧地转变为汉族农民的私有地。民国政府的鼓励，相对低廉的地价，尤其是永远管业的私有地的获得，吸引大量内地农民来到察哈尔开垦定居，使该地区农业人口数量迅速增加。

在开放察哈尔旗群台的过程中，地处察哈尔北部的锡林郭勒盟十旗亦受到了垦务总局的关注。如上所述，从察哈尔旗群台入手，将垦务渐次推及锡林郭勒盟十旗，是察哈尔全区垦务总局的重要目标之一。1915 年 8 月 26 日，察哈尔全区垦务总局呈报大总统开垦办法及锡林郭勒盟地图各一份，以便测勘土地并推广垦务。[1] 然而，由于该盟盟长及各旗札萨克的强烈反对，北京政府将开垦锡盟蒙旗牧地一事暂时搁置下来。

———————————

[1]　《开放盟旗群台第二》，察哈尔全区垦务总局编《察哈尔全区垦政辑览》。

### （四）察哈尔境内招垦设治局的设立

察哈尔全区垦务总局开始推行垦政后，在察哈尔特别区所辖多伦、沽源、陶林、凉城、丰镇、兴和、张北七县均分设垦务局，以监督管理当地垦务。民国政府在"积户为乡，积乡为县，积县为省"的基本方针下，开垦与设治双管齐下，在察哈尔境内设立了若干垦务行局、设治局。设治局制度萌芽于清光绪末年，为设县之阶梯。当时东三省等边远地区拟设新县，先有设治委员前往划界，招徕移民垦殖，加强治安，待确有成效后，再正式设立县治。北京政府时期，设治局名称正式出现，成为与县并列但地位略低的地方行政机构。[①] 设治局的蒙古语译文为"siyan-nubeledkeltobciya"，其意为县治筹备局，充分体现出设立该局的意图。设治局的设立是察哈尔旗群政区变迁过程中的重要一环，同时也是民国政府拓殖边疆最有效的举措之一。

### 1. 商都招垦设治局的设立

北京政府时期察哈尔第一所设治局建在商都牧群，该牧群亦称大马群、御马厂等。商都官牧场设于清朝乾隆年间，初称商都牧厂，为察哈尔正黄旗与镶黄旗辖地，其地方归察哈尔都统节制，光绪年间开始陆续放垦此地，大批汉人随之涌入，逐渐由昔日的游牧地转变为农耕区域。商都一带地处内蒙古高原中部，地形起伏不平，西高东低，土壤绝大部分属栗钙土，其余为碱盐土、草甸土、沼泽土、灰褐土。由于处在阴山复杂构造带和大兴安岭隆起带的交会处，所以形成了多样类型的地貌，主要河流有五台河、不冻河、六台河等。[②]

至1915年9月，大马群暨羊群界内放垦大段荒地，以三百六十弓、[③] 合地一亩计算，约地一万数千顷；若以二百四十弓、合地一亩计算，已在两万

---

① 周振鹤主编《中国行政区划通史·中华民国卷》，复旦大学出版社，2007，第101页。

② 《商都县志》（内蒙古自治区地方志丛书），内蒙古文化出版社，2007，第128~129页。

③ 弓，旧时丈量土地的计量单位，一弓为五尺，三百六十弓为一亩。

余顷以上。经由垦务局派员勘丈、编号、列表布告招垦。招垦之初，有立本垦牧公司及垦户、千顷垦牧有限公司、宝丰垦牧有限公司，兴业垦牧公司等资本雄厚的垦牧公司，以及个别民户前来领垦大段荒地。[①]但该区域内荒地，距离县治大都甚远，或盗贼出没，或界址毗连游牧地带，蒙汉时起纷争，故农民自行领垦小段者实不多，这使招垦受到很大影响。因此，垦务局官员主张及早选择适中地点设立垦务行局兼设治局，一则推广垦殖，开地利；一则代理诉讼，保护居民。遂陆续有诸多垦牧公司以及垦户纷纷前来，踊跃承领。

1915 年 9 月，察哈尔都统何宗莲呈请大总统，拟在大马群、羊群[②]设立垦务局。具体管辖区域包括张北县所管之四台，兴和县所辖之五、六、七台，陶林县所辖之八台。当时上述各地方荒地尚未尽垦。私垦盗占，诉案纠纷，均因县治太远，清理较难，造成国课损失很大。何宗莲认为，应将上述地方一并划入新放垦之大马群、羊群界内大段荒地，另设为一区。其境域东至马群，西至苏尼特，南至三台，北至九台，东西约计一百六十余里，南北约计二百三十余里，统归新设垦务行局兼设治局局长负责，就近招放新荒，清理余荒，并暂行代理所辖境内一切诉讼事宜，会同该管统领节制调遣辖境所驻巡防马队。目前放垦的荒地，商都牧群的较多，因此拟请定名为商都招垦局，择定七台乾井梁地方为设治局地点。举荐前奉天候补同知、现察哈尔张北垦务局局长吴恩溥试署商都招垦设治局局长。试办一二年后，荒地垦成，地租收入较多时，即请改为商都县。[③]

1916 年 1 月，司法、内务、财政及农商四部会核察哈尔都统所呈后认为："察哈尔商都地方设立垦务行局兼设治局之事，合理可行，似可照准，以广垦殖，亦为设县治过度之制，宜并将商都垦务行局兼设治局改称为商都招

① 《察哈尔垦牧公司及垦户一览表》，《招垦第三》，察哈尔全区垦务总局编《察哈尔全区垦政辑览》。
② 大马群、羊群为商都牧群及周边地区牧场的泛称。
③ 《留任察哈尔都统兼垦务督办何宗莲呈拟于现放大马群、羊群地方设立垦务行局兼设治局推广垦殖保护商民以资治而与地方请示文》，《政府公报》第 1198 号，1915 年 9 月 4 日，呈。

垦设治局。"① 随之，北京政府将大马群、羊群之放垦地段以及张北、兴和、陶林三县之五至八台等地划归商都招垦设治局，以七八台之间乾井梁之十苏木②白石山为设治局所在地，由此揭开了商都设县的序幕。

1916 年 3 月 5 日，察哈尔都统任命吴恩溥为商都设治局首任局长。9 月 1 日，吴恩溥调离，郭成钧补任商都设治局局长。③ 自 1916 年 6 月开始，垦务总局便派员勘定商都设治局边界，同时命张北、兴和、陶林三县迅速将五至八台垦务交由商都招垦设治局办理。④

《商都招垦设治局办事大纲十一条》规定了设治局局长权限以及设治局内部编制。首先明文规定该局以"推广垦殖，保护商民，筹备县治"为宗旨。设治局局长按照《县知事兼理司法事务暂行条例》以及《县知事审理诉讼暂行章程》代理所辖境内一切诉讼事宜，且对境内所驻巡防军队有会同该管统领，节制、调遣之权。招垦设治局局长遇有民政、财政、司法垦务各项要务，应秉承兴和道尹、特别区财政厅厅长、审判处处长、垦务总办分别核示办理，遇有重大事件亦得呈察哈尔都统示遵。局内设置承审员、科长、科员等办理应办事务；雇佣录事专司缮写，但须守定部核概算册，所定名额不得超过。设治局的常年经费由察哈尔全区垦务总局执拨。⑤ 同时，察垦总局又颁布了《商都招垦设治局招垦科办事大纲》，共九条内容，规范了该局招垦工作。⑥

自设立商都招垦设治局以来，内地民人及垦牧公司纷纷购置地亩，大兴垦荒，到 1918 年，商都招垦设治局已具备县治规模，同年 11 月 1 日，大总统命察哈尔都统将商都招垦设治局改为县缺，改局长为知事，任命郭成钧为

---

① 《司法、内务、财政、农商等四部奏为会核察哈尔马羊群地方拟设垦务行局兼设治局》，《政府公报》第 12 号，1916 年 1 月 17 日，奏。
② 为正黄旗第十苏木。
③ 《商都县志》（内蒙古自治区地方志丛书），第 30 页。
④ 《设治第四》，察哈尔全区垦务总局编《察哈尔全区垦政辑览》。
⑤ 《设治第四》，察哈尔全区垦务总局编《察哈尔全区垦政辑览》。
⑥ 《设治第四》，察哈尔全区垦务总局编《察哈尔全区垦政辑览》。

商都县知事。[1] 商都招垦设治局作为察哈尔境内设立的第一个招垦设治局，为察哈尔垦政的推广积累了很多经验，后续设立的招垦设治局纷纷效仿其建制，在察哈尔旗群界内伸展开来。

### 2. 宝昌招垦设治局的设立

宝昌招垦设治局是继商都招垦设治局后在察哈尔设立的垦务管理机构。管辖地域主要位于太仆寺左翼牧群境内。各牧群占地辽阔，水草丰美，土质肥沃。自清中叶以来，随着传统畜牧业的衰落，太仆寺左右两翼各牧群牧地不断被附近民户占据，或被盗卖私垦。因此，为清丈两翼牧群熟地生荒，民国初年即于垦务总局之下设立了两翼清丈行局。

1916 年 11 月 3 日，两翼牧场清丈行局以"赴经太仆寺境哈辣根台察勘，土地肥沃，有一万顷，且天气和煖，以之开垦设治，可筹得二百万元，较于商都有过之无不及。另于荒废之地设县治，于边塞之区固卫边隅，开通风之气，为国家计万世之利……"为由，呈请察哈尔全区垦务总局在太仆寺牧厂设治。[2]

1917 年 5 月 6 日，由垦务总局派员划清两翼牧群界址，察哈尔都统命该地凡已垦熟地及余荒夹荒，不便放牧者，均可清丈放垦；其整段草荒，未被占垦者，留备牧畜。同年，察哈尔都统田中玉[3]向大总统呈请拟于两翼牧群设立太仆寺招垦设治局，称："经数月清丈勘察，查得熟地以三百六十弓折合一亩计算，不下七八千顷；以二百四十弓折合一亩计算，已达万余顷以上。牧场以北正白一旗，除已垦熟地已划归沽源县外，其未垦生荒以三百六十弓为一亩计算，亦约有一万余顷。这一区域位于多伦、张北之间，东接沽源，西趋兴和，南靠商都招垦设治局。商都招垦设治局自成立以来，余荒日开，户口日增，成效显著。因此，仿照两翼牧群已垦熟地及正白旗未垦生荒，亟应作为一区，另设招垦设治局。所有办事权限，概照商都县章程办理。拟一

---

① 《政府公报》第 1846 号，1918 年 1 月 2 日，大总统令。
② 《设治第四》，察哈尔全区垦务总局编《察哈尔全区垦政辑览》。
③ 田中玉（1869—1935），直隶抚宁人，北洋武备学堂学员出身，曾任北洋第一镇炮队第一标统带等要职。1916 年任察哈尔都统，属直皖系军阀。

面清丈余荒，开放生荒，推广垦殖；一面代理诉讼，经征钱粮，筹设县治。两翼牧场在清朝原归太仆寺管辖，日后荒地垦成，地租增益，即改为太仆县。同时举荐前署多伦县知事现充该处（多伦）垦务局局长林茂亭署理太仆寺招垦设治局局长……"①

不过，财政部、陆军部、农商部及内务部等考虑到两翼牧群系陆军部军用马厂，提出军用牧场与放垦区域要划清界限，禁止越垦。所有放垦所得收入以十分之九批解陆军部办理牧政，十分之一拨充放垦及设治经费。此外，对田中玉所请定名为太仆寺招垦设治局之案提出异议。因为两翼牧群名为太仆寺左右翼牧群，若以此命名之，将造成垦政与牧政名称相混，所以要求咨明内务部重新核定名称，以昭慎重。②太仆寺原为清朝的官用御马厂，民国建立后，改作陆军部军马场。民国政府在此已投入大量经费，用以改良军马品种。因此，对于在此设立招垦设治局，较之前设立商都招垦设治局稍显谨慎。

1917年5月6日，为择定新招垦设治局的名称，垦务总局令两翼牧厂清丈行局局长，左翼总管等，将太仆寺牧厂境内宝昌州碑文拓片一份火速送到垦务总局。据太仆寺左翼牧厂总管面称，太仆寺牧厂界内有唐致和年间宝昌州碑文。但经考证，得知唐代无致和年号，惟元泰定帝时改元为致和。因此，总局就此碑是否元泰定帝所立，要求该总管会同该行局局长查明。③后经一番考证得知，太仆寺牧场境内石碑系元朝致和元年太岁戊辰六月所立，而建碑者多系当时兴和路宝昌州职官。最后，察哈尔全区垦务总局确定将在两翼牧厂拟设之新设治局定名曰宝昌招垦设治局。

1917年6月8日，察哈尔都统咨内务、财政、陆军、农商等部称："……拟即沿袭元代宝昌州旧名定名为宝昌招垦设治局，将来招垦事竣，设治告成，即径称为宝昌县，用符名实而垂久远。"后转呈财政、陆军、农商三部

① 《大总统会核察哈尔都统请立招垦设治局一案》，《政府公报》1917年4月2日，呈。
② 《设治第四》，察哈尔全区垦务总局编《察哈尔全区垦政辑览》。
③ 《设治第四》，察哈尔全区垦务总局编《察哈尔全区垦政辑览》。

备案。此为宝昌名称之由来。同年 8 月，内务部咨察哈尔都统将太仆招垦设治局改名为宝昌招垦设治局，太仆寺左翼牧厂与该招垦设治局并存于一地。[①]

察哈尔全区垦务总局以"自在宝昌设治以来，边荒逐渐开辟，户口日增，各属生荒垦熟已过半数，现在升科地亩均逾六千余顷，额征粮赋正税均达一万七千余元，与各三等县缺收入相当，地方行政亦粗具规模，农商群集诉讼渐繁，非设治不足以治理"为由，呈请北京政府拟将宝昌设治局改为县治。1925 年 7 月，内务、财政、农商三部转呈大总统："……宝昌自民国六年设治以来成绩已昭著，自应及时改为县治作为三等县缺，宝昌设治局定名曰宝昌县，宝昌招垦设治局局长胡传璐任命为宝昌县县知事。"[②]

综上所述，北京政府时期蒙地设治主要以颁布开放蒙荒章程→鼓励民户领垦→设立招垦设治局→改设县治的模式进行，甚至开垦与设治同时进行。这两个设治局的成立对民国北京政府在察哈尔其他旗群的放垦设治发挥了开路先锋之作用。

### 3. 集宁、康保等招垦设治局的设立

集宁在清朝属蒙古察哈尔正红、正黄二旗游牧地。1921 年，丰镇垦务局全局移至集宁，名为"平地泉招垦设治局"，此为集宁设治之始，设治时划丰镇之地居多，其次为兴和县和凉城县之地。该局局长杨葆初在查干哈达下平旷地会集乡绅以及土豪进行土地丈量，修建城壕，在五里外修筑土城墙。随着垦殖的推进，该区域民户人口迅速增长，形成了杨家弯等诸多村落，民户数万户。由于其境内有元代的集宁路遗址，因此改平地泉设治局为集宁设治局。[③]

1922 年，由张北、商都两县析置康保招垦设治局。此地原为察哈尔左翼镶黄旗游牧地。1925 年，康保设治局改为康保县。"康保"一名来源于其境内

---

① 《设治第四》，察哈尔全区垦务总局编《察哈尔全区垦政辑览》。
② 《内务财政农商部等呈临时执政会核察哈尔宝昌康保两设治局改为县治拟请照准文》，《政府公报》1925 年 7 月 8 日，呈。
③ 杨葆初：《集宁县志》（中国地方丛书·塞北地方·第一十三号），台北：成文出版社，1968，第25~26 页。

的一处淖尔，其蒙古语为康巴淖尔，康保为康巴之谐音，县名由此而得。[①]

一系列开垦活动和设治使察哈尔旗群原有游牧地大大缩小，传统的畜牧业经济遭到冲击，从而大大加速了游牧地农耕化、蒙地汉化进程。正因如此，这一时期察哈尔地区政区变革尤显突出，可视为民国政府筹划察哈尔省的过渡阶段。

## 二　察哈尔改省后的政区变化

### （一）察哈尔省的建立

1927 年，国民革命军北伐胜利，国民政府定都南京。国民党在全国范围内确立其统治体系的过程中，针对蒙藏事务，设立了专门机构——蒙藏委员会。该机构即为国民政府时期的边政机构，从清朝理藩院、北京政府时期的蒙藏院演变而来。在边疆治理上，国民政府与北京政府一脉相承，继续秉持以开垦设治为基本方针的治边政策，执政后对蒙古地区采取的第一个重要举措便是改设行省。

#### 1. 察哈尔省的建立

1928 年 3 月，国民党中央政治会议通过《蒙藏委员会组织法》，送交国民政府公布。[②]1929 年 7 月，正式设立蒙藏委员会。蒙藏委员会的地位与国民政府的各部委相同，隶于行政院。该月，蒙藏委员会委员长阎锡山等拟订《蒙藏委员会施政纲领》。该纲领较为具体地规划和制定了对蒙古的施政纲领以及实施步骤，并集中体现了国民政府在训政时期对蒙古的基本施政方针。

1928 年 8 月，内政部以《建国大纲》中仅有省治并无特别区之规定，况值"军政"结束、训政开始，提出将特别区次第改省，以昭划一。此时绥远特别区计辖九县二设治局及乌伊二盟；察哈尔特别区计辖张北等九县一设治局及锡林郭勒盟、察哈尔部八旗等。内政部的意见是绥远改省后可沿用旧

---

①　河北省地名志办公室编《河北省地名志（张家口分册）》，1985，第 46 页。

②　赛航、金海、苏德毕力格等：《民国内蒙古史》，第 76 页。

称，察哈尔改省，拟改称集宁省，因为"察哈尔"系"番文"，不宜沿用。

当时以上述原则作成提案，由内务部部长薛笃弼以中央委员会名义于是月 29 日提请政治会议，做出如下决议："热、察、绥远及西康、青海均改为省，并将青海、西康部分交内政部详议再提。"内政部依据上项决议，复将热、察、绥及西康、青海特别区之应改名称、设置所在以及组织区域详加计议，并提出中央政治会议所拟定内容：

一、察哈尔

名称：集宁省、兴和省、口北省、万全省抉择其一。

省治：万全

组织：设省政府委员五人，以一人为主席，余四人分任民、财、建、教四厅厅长

将旧直隶之口北道属宣化、赤城、万全、龙关、怀来、阳原、怀安、蔚县、延庆、涿鹿十县划归察哈尔，并将前由绥远划归丰镇、凉城、兴和、陶林等四县及后置之集宁县划归绥远。

二、绥远省

（一）名称：绥远

（二）省治：归绥（原绥远都统驻在地，故设省治于此）

（三）组织：与察哈尔同

（四）除现有九县，将从察哈尔划归丰、凉、集、陶、兴和等五县。[1]

上述即为国民政府改特别区为省治的决议案的基本内容。绥远、热河等特别区域均系汉文名称，只有察哈尔为蒙古部落名称，系蒙古语。因此，察哈尔改省后如何取名，成了棘手问题。当时相关各方列举了兴和、集宁、万

---

[1] 纪霭士:《察哈尔与绥远》，上海文化建设月刊社铅印本，1936，第 21~23 页。

全、开平①等省名。察哈尔政区范围的提议为：拟将口北道所属之十县划归察哈尔，而绥远省所辖县较之甚少，因此将原察哈尔特别区所属察哈尔右翼五县即丰镇、陶林、凉城、兴和以及集宁划归绥远省，从而平衡察、绥两省所辖县。

同年9月5日，国民党中央政治会议第153次会议议决将察哈尔特别区改为察哈尔省。17日，国民政府依照上述中央决议案通电，统一布告训政开始，热河、察哈尔、绥远、青海、西康各区均改为省，依照法令组织省政府。热河、青海、西康三省区域均仍其旧，唯将原隶直隶省之口北道十县划归察哈尔省管辖，原隶察哈尔之丰镇、凉城、兴和、陶林、集宁五县划归绥远省管辖，②并宣布察哈尔省仍用旧名。察哈尔省府委员是赵戴文，绥远省府委员是徐永昌。③

1928~1929年，热河、察哈尔、绥远、宁夏四省政府相继宣告成立。随之，锡林郭勒盟与察哈尔十二旗群、达里冈厓牧厂及口北道十县划归察哈尔省，而察哈尔右翼四旗之五县划归绥远省。昭乌达盟、卓索图盟划入热河省；阿拉善旗和额济纳旗划入宁夏省，乌兰察布、伊克昭盟以及土默特特别旗划入绥远省。

1929年1月1日，原属察哈尔的丰、凉、兴、陶、集五县正式被绥远省政府接收。④由于上述五县原为开垦察哈尔右翼四旗土地而设的县治，这些县与察哈尔右翼四旗并存，因此不可避免地出现了"一地二管"的现象。自该五县被划入绥远省之后，察哈尔右翼四旗唯恐随同该五县划入绥远省，于是察哈尔右翼四旗各总管分别电呈察哈尔省政府并国民党中央党部、国民政府、蒙藏委员会，提出："……就右翼四旗历史统治上，及文化生活习俗上，并地势与蒙族关系上，各有特异情形，万难随同该五县划归绥远。"国民政

---

① 元代在察哈尔地区设有开平路。
② 《国民政府公报》第93期，1928年9月，令。
③ 纪霭士：《察哈尔与绥远》，第25页。
④ 《绥远省政府致建设厅厅长电文》，转引自曹晋《察哈尔往事》，中国文化出版社，2016，第23页。

府允准其呈请，"旋以五县划归绥区，而四旗仍暂属察"。①由于察哈尔右翼四旗总管极力反对，察哈尔右翼四旗才得以暂时隶属于察哈尔省。然而，由于察哈尔右翼五县已划入绥远省，右翼四旗与五县在同一区域内，因此实际上是察哈尔右翼四旗的土地归绥远省管理，而四旗所属蒙古人则归察哈尔省管理，处于两难境地。

在民国政府早期建立的察哈尔特别区的基础上，国民党主政伊始便实现了晚清以来中央政府在蒙地筹划设省的目标，察哈尔旗群终被置于省治之下。

### 2.《蒙古盟部旗组织法》与察哈尔部

国民党一大召开期间,《建国大纲》规定："对于国内之弱小民族，政府当扶植之，使之能自决自治。"北伐期间，国民党首脑亦宣称要遵循孙中山"扶持中国境内的弱小民族实现自决自治"遗训，由此引起蒙旗上下的极大关注。国民政府在南京成立后，纷纷派代表赴南京，展开了一系列的请愿活动，请求将之前国民党鼓吹的"扶持弱小民族实现其自决自治"的主张付诸现实。然而，南京国民政府并未允诺兑现之前大肆渲染的"扶持弱小民族实现其自决自治"的主张，并且对蒙古方面的自治要求持冷漠的态度。②1928年8月，国民党中央执行委员恩克巴图③于国民党第二届第五次执监委全体会议上递交了《内蒙古及青海各盟自治暂行条例草案》，要求取消蒙地改建行省。在此期间，察哈尔代表杭锦寿、尼玛鄂特索尔等人到南京，会见国民政府官员，向他们提出了成立"察哈尔内蒙古自治委员会分会"的想法。该委员会主旨为：(1)察哈尔蒙旗奉行三民主义，诚信拥护中央，并一致参加

---

① 蒙藏委员会总务处编《蒙藏委员会公报》第16期，南京中华印刷公司，1931年铅印本。

② Sechin Jagchid, "Mongolian Nationalism in Response to Great Power Rivalry（1900-1950），" *Essays in Mongolian Studies*，Brigham Young University Press，p.246（札奇斯钦：《蒙古民族主义对大国竞逐的回应：1900—1950》,《蒙古学文集》，杨百翰大学出版社）

③ 恩克巴图（1882—1944），字子荣，太仆寺左翼牧群正白旗敖包人。18岁起在雍和宫当喇嘛，29岁时参加了孙中山领导的同盟会。历任国民党第一届至第五届中央执行委员会委员，监察委员会委员，中央政治委员会委员，国民政府立法委员会委员，蒙藏委员会委员，国民政府委员等诸多要职。

国民党，设立国民党察哈尔内蒙区党部，以党化蒙旗民众；（2）脱离都统统治，自行组织成立察哈尔内蒙古自治委员会，作为政治委员会分会直接隶属中央，将现有的总管均改为委员，选举有名望者为主席；（3）察哈尔以旗为单位，旗政府之政治委员会由民众普选产生；（4）将与各县接壤之未开垦或开垦不完全之牧地一律返还所属各蒙旗，作为蒙古人生计和自治之用；今后无自治委员会之决议，不得擅自开垦蒙地，以永久保护蒙人生活。[①]（5）察哈尔各旗群翼与县脱离统治。（6）察哈尔及内蒙古须联合各旗群翼自设政治委员分会，即"察哈尔内蒙古自治委员会分会"，直隶中央，不受其他机关支配。（7）察哈尔内蒙古自治委员会设于各旗群翼适中地点，以总管为委员，推资望较深者为主席。[②]

从上述内容看，察哈尔旗群代表借新政权上台之机会，争取察哈尔的自治地位和相应的自主权并脱离省县控制的意图十分明显。但这些诉求并未被国民党中央重视，被束之高阁，始终未果。

1929年4月15日，以锡林郭勒盟盟长索那木拉布坦及副盟长德穆楚克栋鲁普为首的锡盟王公札萨克向国民政府提出诉求，他们认为："蒙古之土俗、人情、种族、礼教、语言文字与内地种种不同，因之一切政治亦随之而异。如以治内地之政策施之，于蒙古必至凿枘不入，有汹汹难安之势。今特别区改省业已实现，蒙人无不疾首，诚恐从此纷更设县，开垦逐渐实行，内蒙古原有之土地日蹙矣，游牧之生计日困矣，盟旗之统辖权亦消归无有矣"，要求国民政府"保持内蒙习惯，不变更原有政教组织。"为此提出了如下六条要求：（1）内蒙古的盟旗制度一律照旧，不得设县治；（2）各盟长、副盟长、兵备札萨克由中央从本盟中择优任命；（3）盟旗归所设省管辖的范围仅以外交及抵御外侮的军事为限，所以地方行政仍由王公处理；（4）设在蒙地的省府必有半数蒙人委员，经蒙旗公推，由中央任命；（5）凡内蒙古未垦之

---

① 《最近的内蒙政况》，日本外务省外交史料馆档案，档案号：A-6-1-2-1-14，转引自白拉都格其、赛航等著《蒙古民族通史》第5卷上，内蒙古大学出版社，2002，第342~343页。

② 纪霭士：《察哈尔与绥远》，第96页。

地，不得借任何名义进行开垦，其开垦者，土地所有权仍由蒙人自主；（6）以上各条均请中央明令颁布并永远遵行之。[①]蒙古王公上层试图通过上述要求维护蒙旗固有权益。

1929 年 5 月，刚成立不久的察哈尔省政府在张家口召开了察哈尔省蒙务会议。参会的各蒙旗代表借机向国民政府提出了维护蒙旗政治、经济等多方面权益的要求。其中，锡林郭勒盟各旗代表提出"请中央前颁之蒙古待遇条例明令颁布有效，在未经颁布以前由省政府发给正式公文，声明盟旗制度、地方权力及世爵一律照旧，以取信于蒙民"，并"请保留盟旗未垦之地永远为牧场，俾资养畜以维持蒙民生计"。[②]

内蒙古各盟上至王公上层，下至平民知识分子，皆对设省持强烈反对的态度，迫于此，国民政府筹备召开蒙古会议，以专门商讨蒙古问题。国民党中央政治会议决定于 1929 年 11 月召开蒙古会议，由蒙藏委员会具体筹备会议事项。但由于内蒙古至南京路途遥远，且正值蒋介石与冯玉祥一派的中原大战，路途多被阻断，蒙古会议一直推迟到 1930 年 5 月才召开。《蒙古盟旗组织法》的出台是此次会议的最主要成果，与内蒙古各盟旗今后命运息息相关。

《蒙古盟旗组织法》中，关于盟旗地位与相关权益的规定如下：蒙古盟旗行政治理权照旧，蒙古盟旗以其现行划分为界，如遇特别时期可更改；蒙古各盟旗照旧直接隶属于中央政府，遇有涉省相关事宜，依律与省政府协商处理；盟照旧处理所辖之蒙旗事务，遇有涉及县相关事宜，依律与县政府共同协商；蒙古地方之军事、外交事务及其他行政均统一于国民政府；蒙古地区所设行省以及县，如涉及盟旗事务时，需依律与盟旗衙门进行协调；蒙古各盟盟长统一处理盟务，副盟长协助盟长办理盟务，各盟设立帮办盟务，辅佐盟长、副盟长协理事务；盟长、副盟长、兵备札萨克、帮办盟务等任命手

---

① 中国第二历史档案馆档案，全宗号 441，卷号 3。
② 《察哈尔省蒙务会议议事录》，中国第二历史档案管档案，档号 1296，代号 141，转引自潘小平、武殿林主编《察哈尔史》上卷，内蒙古人民出版社，2015，336~337 页。

续另行制定；于盟政府内可设立专门局以处理诸事务；等等。①

盟旗行政体制中新增重要内容为在蒙古地方设立盟民代表会议及旗民代表会议，于盟公署中设总务处及政务处。各盟分别设立蒙民代表会议，代表由各该旗民代表会议委员会推选，名额定为大旗三人、中等旗二人、小旗一人，其任期以一年为限；管理盟务立法、设计、审议、监察等。盟民代表会议推选出5~9名常任代表，任期为一年。②

《蒙古盟旗组织法》的出台同察哈尔部代表向国民政府积极争取自治权利的努力是分不开的。但此时察哈尔仍为部而非盟，因此《蒙古盟旗组织法》中并未体现出察哈尔部的自主地位，这显然是察哈尔各旗难以接受的。国民政府考虑到察哈尔部的特殊性，遂在《蒙古盟旗组织法》中增加了"部"字，即改作《蒙古盟部旗组织法》。该组织法是国民政府时期针对蒙古地方制定的最主要的法律之一。其中所增之"部"，实为察哈尔之类总管旗所考量，寓意深刻。从此，察哈尔部在政治上获得了与盟相等的地位，最终摆脱了清代形成的内属蒙古地位，加强了同各盟之间的平等联系，自然也增强了与省、县抗衡的能力。

### （二）察哈尔改省后的旗群境遇

#### 1. 设治局的增设

国民党执政后，承袭北京政府的治边方针，继续推进垦政，因此国民政府时期察哈尔的开垦设治仍旧取得了很大成就。察哈尔改省后，北京政府时期设立的察哈尔全区垦务总局裁撤并入省实业厅，内设放垦、清丈、收价三处。③察哈尔省政府依旧以推行移民垦殖为首要任务。

被划入察哈尔省的锡林郭勒盟十旗以及察哈尔十二旗群对中央政府和省政府继续开垦蒙旗土地表示不满和反对。1929年6月14日，锡林郭勒盟副

---

① 《蒙古会议决议案》（蒙古文，1930），蒙古各盟旗联合驻京办事处译印，藏于内蒙古大学蒙古史研究所。

② 《蒙古会议决议案》（蒙古文，1930）。

③ 李延棨、杨实：《察哈尔经济调查录》（新中国建设学会丛书之九），1933，第61页。

盟长德穆楚克栋鲁普通过察哈尔省政府呈文蒙藏委员会，请求保留蒙旗未垦之地，永作牧场。其呈称："……查察哈尔右翼四旗之地至今尚未开垦者已寥寥无几。即锡盟旷野千里，而其中沙漠贫瘠，不堪垦种者甚多，皆为牧场，绝非荒地。自不识蒙地情形者视之为荒废可惜则误矣。夫蒙民素不司农，以游牧为唯一之生活，万不可以漠视之。近年来蒙地多旱，畜产已不如往昔之旺。倘再开垦则开垦一分，即少一分之牧场，愈开愈少，牧地愈狭，蒙民之生计愈艰，失业流离。政府又将何以处之。拟请保留盟旗及未垦之地用为牧场，俾资养畜，以维持蒙民生计。"[1]

1929年7月，经蒙藏委员会大会决议，原案转呈行政院、农矿部等中央机关核示，[2]又经蒙藏委员会第十八次常会共同讨论，提出察哈尔盟旗地亩一时尚不宜开垦，拟准如所议，将未垦之地仍旧划作牧场。[3]但是，这一提议并未在地方得到有效执行。同年，察哈尔省建设厅颁布《蒙旗放垦办法六条》，其主要内容如下：

放垦办法：本省放垦，各令旗群、台站荒地须由主管机构呈请省政府转令各旗群会商妥洽后，方能指界丈绘，呈报备案。向例未经接洽，不能即行勘丈，未经勘丈，亦不能即行招垦。

恤蒙银两：本省开放旗群、台站等地，除照旧章每亩提给恤蒙银四分外，并按民六新章[4]加恤各旗群，上则地亩银六分、中则地每亩银五分、下则地每亩四分，由各旗群、台站总管官长向主管机构具领。

劈地分价：本省开放各王公牧场地亩，照旧章应得所收地价劈给王公四成，由原管地主向主管机构具领。

---

① 《察哈尔省请保留蒙旗未垦之地永作牧场有关文书》，国民党蒙藏委员会，机关号：141，案卷号：1593，中国第二历史档案馆藏。

② 《察哈尔省请保留蒙旗未垦之地永作牧场有关文书》，国民党蒙藏委员会，机关号：141，案卷号：1593。

③ 《察哈尔省请保留蒙旗未垦之地永作牧场有关文书》，国民党蒙藏委员会，机关号：141，案卷号：1593。

④ 指民国6年所颁布的新章程。

四厘私租：旗群台站及王公牧场等地放领升科后，每亩随征私租银四厘，由各该管官长暨原地主按年各向该管县政府承领。

升科年限：本省地亩升科办法，按照旧章，无论上、下、中则，均自领照日起，三年后升科。民国十六年垦务改组，遵照新章，凡领垦生荒上、中则地，满五年升科，下则以下各地，满十年升科，其不堪耕种之地，由人民创作牧场，发给特别执照，暂不升科。[①]

如前所述，北京政府曾制定一系列关于察哈尔蒙地开垦的章程、奖励办法等。察哈尔改省后，即制定《蒙旗放垦办法六条》，以法律形式重申了北京政府颁布的开垦章程之有效性，并以延长领垦生荒之升科年限的办法来鼓励内地农民放垦察哈尔旗群及台站的土地。

1930年3月，制定《察哈尔省奖励蒙民种地办法》，其主要内容为蒙民领地耕种，每人以二百亩为限，但遇数人联合耕种，成绩优异者，得酌予增加；蒙民承垦地亩免缴地价；蒙民领地耕种，得按旧日放垦章程所定升科年限加倍延长，即上、中地满十年后升科，下等地满十五年后升科；等等。[②]鼓励蒙古人承垦土地，以事农耕。

该两项垦荒条例，大大加强了察哈尔旗群开垦工作的成效。移民、垦殖仍旧是这一时期察哈尔旗群政区变迁的主要因素。由于垦地规模扩大，农民人口迅猛增长，导致原有的县治无法负担，地方政府向中央呈请增设设治局以资管理，由此1934年5月在察哈尔左翼旗群界内同时增设了三个设治局。

1934年5月，设崇礼设治局。最初的管辖范围为察哈尔左翼正白旗南部以及镶白旗西南部。这些地方原系张北县第二、第四区。因张北县辖境过大，不便推行庶政，遂析出张北县第二、第四区成立设治局，名曰"崇礼"，

---

① 贺杨灵：《察绥蒙民经济的解剖》，《中国边疆行纪调查记报告书等边务资料丛编·初编》第26册，香港：蝠池书院出版，2010，第215~216页。

② 《察哈尔省政府公报》1930年第9期，转引自金海、赛航等编《内蒙古自治区通史》，人民出版社，2011，第435页。

寓意提倡"礼义廉耻"[①]，其驻地为太平庄。其方位在张北县东南、省会东北，地理坐标为东经 116 度，北纬 14 度，东与赤城、龙关县接壤，南与万全、宣化县接壤，西与张北县接壤，北与宝昌、沽源两县接壤。设治局下辖 2 区，共 307 个村，16026 户，67445 口，其中第一区辖 111 村，5492 户，24385 口；第二区辖 196 村，10534 户，43065 口。[②]

1934 年 5 月，设尚义设治局。其辖境北部地区最初为商都马群地界，剩余部分为正黄旗羊群地界。1925 年，改为商都县第二行政区，因介于张、商之间，相距甚远，地方政府深感行政设置诸多不便，于是奉令划商都县第二区全境及第三、五区之各一部，成立设治局。[③]取"崇尚礼仪"之意，命名尚义设治局，其驻地为大青沟。[④]其方位在省会西北，地理坐标为东经 111 度 40 分，北纬 40 度 31 分，东至四台山分水，与张北县接壤；西至五台河，与商都县接壤；南以老虎山为界与张北县接壤；北以察汉诺尔东部为界，与商都县接壤；东北与张北县接壤；东南至牛羊群梁，与张北县接壤；西北以察汉诺尔为界，与商都县接壤；西南至沙河庙，与绥远省兴和县接壤。[⑤]原商都县第二区全区，以及第三区之赵家乡、李家乡以及姚家乡，西大井乡六顷村等 16 村划归该设治局，共 1 区 6 乡 16 村。[⑥]

1934 年 5 月，设化德设治局。其辖境西南部，原系商都马群暨商都县第五区之七整乡二半乡，东北部原系康宝县第一区屯垦乡之一部，计 1 镇 11 乡。其方位在省会西北，地理坐标为东经 143 度，北纬 14 度。东与康保县接壤，西与商都县接壤，南与商都县接壤，北与商都牧群接壤。东北与康保县、镶黄旗两处接壤，西北于商都县、商都牧群两处接壤，东南与康保、商都两县接壤，西南与商都县接壤。境内有张库、张北、张白等汽车路，西北通库

①　河北省地名志办公室编《河北省地名志》（张家口分册），第 60 页。
②　宋哲元修《察哈尔通志》卷 4，1935 年铅印本，第 347 页。
③　宋哲元修《察哈尔通志》卷 1，1935 年铅印本，第 95 页。
④　河北省地名志办公室编《河北省地名志·张家口分册》，第 57 页。
⑤　宋哲元修《察哈尔通志》卷 4，第 349 页。
⑥　宋哲元修《察哈尔通志》卷 12，1935 年铅印本，第 1036 页。

伦、百灵庙，东北通贝子庙。[①] 其驻地为嘉卜寺。

三个设治局编制为局长 1 人，科长每局 1 人，科员、办事员等无定额。国民政府设立三个设治局后，察哈尔的开垦由右翼延伸到左翼腹地，十二旗群全域感到垦殖之压力，其势日难挡，世代居住于此的蒙古人遂不断退向北方。这样凡设县的地方成为以汉人为主体居民的农耕区域，不仅使蒙旗原有区域大大缩小，而且其属民亦不断北迁，造成人口大量外迁。

### 2. 察哈尔右翼四旗迁移游牧地案

察哈尔、绥远二省成立之后，将原隶于察哈尔特别区的察哈尔右翼五县划归绥远省，察哈尔右翼四旗虽未被划入绥远省仍留在察哈尔省，但由于县、旗同处一地，不断受到来自县方的压力，尤其是农耕侵占牧地所带来的冲击，右翼四旗人民的生存因而变得越来越艰险。

早在察哈尔改建设省之前，察哈尔右翼正红旗总管富龄阿[②]、正黄旗总管巴彦孟克[③]、镶红旗总管额色尔固蟒赖及镶蓝旗总管额色勒克门德等经察哈尔十二旗群联合政治办事处[④]、察哈尔省政府及蒙藏委员会等机构，联名呈请南京国民政府准其迁移牧场。有关此次呈请迁移牧场的详情连续刊载于《蒙古旬刊》，[⑤] 同时也被收录于《蒙藏委员会公报》。这四位总管在呈文中称：

> 窃查察哈尔右翼之正红旗、镶红、正黄、镶蓝四旗界在察西，原有牧地自前清放垦以来陆续开放，已由民户渐次承垦耕种，变牧为农。先后设丰镇、兴和、陶林、凉城、集宁五县。而右翼四旗即于同一区域内，与该五县散居并处，汉蒙杂居，交感不便，而蒙民牧畜无地，生计

---

① 宋哲元修《察哈尔通志》卷 4，第 345 页。

② 富龄阿（1873~1936），又名富化亭，察哈尔正红旗十苏木马莲滩人，后任察哈尔正红旗总管一职。

③ 巴彦孟克（1869~1930），字善儒，察哈尔正黄旗四苏木人，1910 年任正黄旗总管一职，共在任 21 年。

④ 察哈尔十二旗群联合政治办事处（Caqar-un arban qoyar qosiɣu sürüg-un qolbuɣan neileldejü alba siidkeküyajar）成立于察哈尔省会张家口。12 位总管一年 12 个月轮流驻张家口处理涉及察哈尔旗群相关事务，当值的总管被称为"Jisiyan-nu amban"（意为"当值总管"）。另外，每旗群均派一名代表驻张家口。该办事处代表察哈尔十二旗群与省政府及中央政府接洽，实质上为联络机构。

⑤ 苏德毕力格：《论民国时期察哈尔右翼四旗迁游牧地一案》，《内蒙古大学学报》2016 年第 4 期。

窘促，实亦亟大隐忧，当经总管等迭次请求择地迁移，以维蒙众生计。①

如前文所述，南京国民政府改察哈尔、绥远、热河等特别区为省后，将察哈尔右翼五县划归绥远省。而察哈尔右翼五县均设于察哈尔右翼四旗境内。起初，国民政府本想将察哈尔右翼四旗连同该五县一并划给绥远省，但是右翼四旗总管坚决反对划入绥远省，而竭力要求与左翼四旗一同归属察哈尔省。他们认为于历史统治、传统文化、生活习惯及各方面均与该五县不同，因此分别呈请察哈尔省政府并国民党中央党部、蒙藏委员会等，请求"只将五县划归绥区，而四旗仍暂属察（省）"。由于总管联名请愿，国民政府最终批准右翼四旗仍归于察哈尔省。然而，即便右翼四旗留在了察哈尔省，但同处一地的五县却归绥远省，这给行政管理带来了诸多不便，旗县之间的龃龉不断加剧。而更加难以应对的是，周边各县垦区日渐扩大对四旗畜牧业带来极大冲击。万般无奈之下，右翼四旗总管做出弃地迁移的决定，联名向察哈尔省政府呈请右翼四旗全部人口迁移到该四旗迤北附近地方，"以保察哈尔右翼四旗蒙民永久生活"。②

十二旗群联合政治办事处将右翼四旗总管的呈文转交察哈尔省政府。当时，察哈尔省府秘书处第三科科长赵福洪以《为察哈尔右翼四旗极应择地迁移以清政权而免纷歧谨陈管见》呈文省政府，提出：

> 以其之见，丰、兴、凉、陶、集五县，奉令归划绥远，业经施行在案。惟该五县土地原属察哈尔右翼四旗，今县治已归划绥远，而四旗仍属察省管辖范围，各行各政。虽无问题发生，设若汉蒙涉讼，究归何方，既不能沿前会审之例，又不能保存正黄、正红两旗间设之塔拉审判处及镶红、镶蓝两旗间设之巴音察汉审判处之司法机构，似此两省行政司法职权互相牵涉，难保不无纠纷。极应择地，将右翼四旗蒙众早为迁

---

① 蒙藏委员会总务处编《蒙藏委员会公报》第 17~19 期，1931 年铅印本。
② 蒙藏委员会总务处编《蒙藏委员会公报》第 17~19 期，1931 年铅印本。

移他处，俾汉蒙各得其所，各安其业。对于察绥两省行政司法管辖权上均属便利。[①]

对右翼四旗迁牧地址及迁移所需经费等问题，赵氏亦提出了自己的见解。他认为，就迁牧地址而言，右翼四旗共有 58 个佐领，且每个佐领人数不少，除非有大段地亩，否则无以容纳众多蒙古人。现在阿尔泰军台中自十台至二十台，长六七百里、宽二三十里的地段已荒废，且无人经营，若将右翼蒙众迁移此地，较为适宜。就迁移所需经费，他提出："仅就各旗每佐现有随缺生计草场地七十五顷，按五十八个佐领，共有地千三百五十顷，每亩平均按二元计算，共合洋八十七万元。再加蒙旗在该五县内每顷每年应得租银，按五县粮地，约计亦有一万五千顷上下。将此卖给民户，每顷以六七元定价，约可得洋十万元左右，连前共得约有九十余万元，以作蒙众迁移以及安置各费，大致有盈无亏，倘蒙众在各旗置有恒产，不顾迁往者听其自便。许其附入县籍，俾便管理，似此办法两有裨益，应由十二旗群政治联合办公处召集右翼四旗总管、参佐妥订办法，俾策进行管见。"[②]

赵福洪将该文提交察哈尔省政府第九次委员会议决，遂决定先令旗群办公处、民政厅各派委员会同实地勘察绘图。于是，察哈尔十二旗群联合政治办事处的纪伦和民政厅的高文耀二人受察哈尔省政府委派前往勘察拟迁移四旗蒙古人的台站地方。

1929 年 4 月，高文耀、纪伦等驰抵阿尔泰军台，由十台起依次查勘至十八台，此外尚有十九、二十两台，因系外蒙古辖境不能前往。[③]据其调查结果，每一台站地长三四十里，宽三十里，俱属方形，大小不尽相同，若以长宽折算，有二百余方里，可容纳右翼四旗蒙古人。土质水草虽不甚佳，但蒙古人来此游牧，足以维持生计。只是各台中间及四周均系四子王旗领地，

---

① 蒙藏委员会总务处编《蒙藏委员会公报》第 17~19 期，1931 年铅印本。
② 蒙藏委员会总务处编《蒙藏委员会公报》第 17~19 期，1931 年铅印本。
③ 十九台、二十台位于土谢图汗部境内。

而四子王旗归绥远省，若将右翼四旗蒙众迁移此地，则于四子王旗住民四周交错，遇有交涉事件，即牵涉两省，于行政治理，恐有不便。最好是设法与四子王旗进行交换，使各台站地连成一片，以供四旗蒙古人迁居，这也便于绥、察两省管理各自居民。而四子王旗蒙古人均住蒙古包，易于移动。[1]

该报告提交察哈尔省政府后，右翼四旗总管等亦十分乐意迁往上述台站地，请求省政府从速设法与四子王旗商洽，将该地段截长补短，连成一整段，以便于迁移。此外，据总管们称，其实迫于生计、自行移入该台站地及四子王旗一带谋生的蒙古人已占据四旗蒙古人十分之二三。[2]察哈尔右翼五县即丰镇、凉城、兴和、陶林、集宁五县，完全系察哈尔右翼四旗之牧场开垦而成。其中丰、凉、兴、陶四县在晚清时期已开垦成熟。民国早期，中央及地方政府在察哈尔大肆开办垦政，设治与开垦同时进行，致使蒙旗游牧地范围大大缩小，蒙古牧民不断向北迁徙。自察西五县划归绥远之命令下达后，右翼四旗总管坚持不改隶，并称右翼四旗迁牧势在必行，不能再缓；要求无论五县划归何处，而右翼四旗则只求有地可迁，绝不再旗县混合，以保护其传统的牧业免遭农业化的冲击。

但正当察哈尔省政府根据右翼四旗总管所求着手办理迁牧事宜之际，蒋介石与冯玉祥、阎锡山等军阀之间爆发中原大战，此案遂告停顿。战争结束后，右翼四旗总管再度呈文察哈尔省政府，声称："以生计关系言，为救数万蒙民之生命，既势在必迁，不容再缓。而阿尔泰军台系属察省管辖，与四旗相距较近。迁移又为便利，不过截长补短，须与四子王旗交换，但既据印委呈称该王府旗民均系蒙古包，俾其移动亦容易。若与绥远省接洽办理，并非难事。且该台站久经荒废，无人经营。蒙民畜牧艰难，若令迁移该站地址，则人得其所，地无弃利，不惟汉蒙无杂处之不便，政权无牵涉之纠纷，而地方之殷繁富庶翘足可待，是为移民实边计，为发展省治计，为整顿行政、司法系统计，右翼四旗实更有移牧之必要。念右翼四旗数万蒙众生计无着，准

---

[1]　蒙藏委员会总务处编《蒙藏委员会公报》第17~18期，1931年铅印本。

[2]　蒙藏委员会总务处编《蒙藏委员会公报》第17~18期，1931年铅印本。

予据情分别呈咨，并迅令迁移，以资救济。"①

该呈文经察哈尔省政府转交蒙藏委员会，经蒙藏委员会第七十五次常务会议决后，又呈交行政院。1931 年 3 月 21 日经由行政院议准后下达第五零九号指令准其所求。蒙藏委员会接到指令并派员调查后再行核办。蒙藏委员会专门派委员郭文田、牛载坤、康玉书会同前往，与张家口台站管理局及察哈尔、绥远两省政府、乌盟盟长、四子部落旗、察哈尔右翼四旗等各关系方妥商办理，②并请察哈尔右翼四旗派员到随同商洽办理。同样的指令也传至张家口台站管理局及乌兰察布盟四子部落旗札萨克公署。③

当时张家口台站管理局局长吉尔格朗呈称："西路各个台站地原系由各蒙旗划出定为台站员丁之赡养地，其土地权自属各台站享有。惟民国以来，所有察干托罗盖头台至钦岱九台各台站地先后皆放垦，原定每年应给之四厘小租，近年来亦经省府划作教育经费，各台站丁等既失牧养之地，又短进辅助私租，更兼拖欠经费，前后已达数年之久。近几年荒歉，大雪成灾，粮食缺乏，畜牧倒毙。因生计形艰，员丁等为极寒所迫，朝不保夕者甚多。无业劳民难免留为匪类，必会影响边地治安。拟将所属四路十台至十八台各站，未垦之地划为已失生计之各台员丁牧养居住。再查上述九台地旷人稀，足容失业员丁，与各该台固有员丁之牧养、居住。至该员丁等应差务，仍令在各原站轮班。应差员丁等既无家室之忧，自能安心服务……"④

张家口台站管理局所属九台界线均与乌兰察布盟四子王旗毗连，因此二者之间不免发生土地纠纷。据张家口台站管理局局长称，四子王旗屡次向台站员丁勒索畜牧，欺压站员，以致发生命案。⑤张家口台站管理局屡请察省府转咨绥远省府制止勒索，依法究办。但是察、绥二省政府相互推诿，并

---

① 蒙藏委员会总务处编《蒙藏委员会公报》第 17~18 期，1931 年铅印本。

② 蒙藏委员会总务处编《蒙藏委员会公报》第 17~18 期，1931 年铅印本。

③ 蒙藏委员会总务处编《蒙藏委员会公报》第 17~18 期，1931 年铅印本，《令张家口台站管理局》，1934 年 3 月 11 日，第 43 页；《令四子部落旗扎萨克公署》，1934 年 3 月 11 日，第 44 页。

④ 蒙藏委员会总务处编《蒙藏委员会公报》第 17~18 期，1931 年铅印本。

⑤ 察哈尔十台章京松鲁布因奉差务，被四子王旗拘拿，刑拷以致死亡。

未结案，以致与该旗毗连各站员丁不堪该旗之勒索压迫，无法安居，流徙他地。如若不先行划清原界，难免部与四子王旗发生纠纷。因此，张家口台站管理局局长请求按照原有该台地图界线从实划清，以便台众迁就谋生，从而避免发生纠纷争执。①

从上述察哈尔右翼四旗总管以及张家口台站管理局局长等人的呈文来看，察哈尔十二旗群以及察哈尔境内的台站等地，历经晚清新政时期的大规模官垦，又经民国前期对察哈尔有计划、有组织、有目的的放垦，其境内蒙古人赖以生存的牧地日渐缩小，传统畜牧业面临严峻的挑战。

察哈尔右翼四旗总管自愿放弃世代居住的牧场，迁移到阿尔泰军台已荒废之牧场的呈请因牵涉绥远、察哈尔两省管辖权问题，最终未能得到国民政府的批准。察哈尔右翼四旗迁牧案，是民国时期察哈尔垦殖对蒙汉两族和农牧两种经济所带来的截然不同结局的真实写照。

## 三　察哈尔盟的成立与撤并

晚清民国以来，蒙古族无论在经济上还是在政治上均面临着诸多危机和挑战。在经济上，危机主要体现为蒙古人赖以生存的土地日渐缩小，传统游牧经济日渐受到农耕化的冲击。在政治上，危机主要体现为盟旗固有的自主权利不断被侵蚀和剥夺，民族共同地域被省县所分割而变得四分五裂。尤其是国民党当政以后，随着热、察、绥三个省的建立，省县当局对蒙旗的压迫日甚一日。于是，在内蒙古终于爆发了以要求建立统一的民族自治机关为主要目标的"高度自治运动"。②但是，这场本以反对改省、实现自治为目的的民族运动，因为日本的侵入而变得复杂，进而偏离了原有的轨道。

---

① 蒙藏委员会总务处编《蒙藏委员会公报》第17~18期，1931年铅印本。
② 白拉都格其：《关于近代内蒙古民族运动研究的几个问题》，《内蒙古社会科学》1997年第6期，第68页。

## （一）察哈尔盟的成立

### 1. 《蒙古自治办法原则》与察哈尔部改盟之议

1931 年，国民政府颁布《蒙古盟部旗组织法》，蒙古盟旗制度得以保留，使盟旗在法律、体制上获得了与省县同等的地位。但是，它并没有明确规定如何有效保障蒙古各盟旗权益不受省县侵犯。各盟旗分散在各省区域之内，且没有统一的自治机关，因而无法与拥有强大军政实力的省县相抗衡。事实上，热、察、绥三省完全无视《蒙古盟部旗组织法》，因此该组织法在实际施行过程中并未起到有效作用，新设立的省份仍然继续推行垦殖，侵夺蒙旗游牧地。"九一八"事变后，内蒙古东部盟旗沦陷，西部盟旗也面临日本侵略势力的步步进逼和国民政府不抵抗政策所带来的极大刺激。

在上述背景下，内蒙古各盟旗要求自治的呼声日益高涨，最终形成了锡林郭勒盟、乌兰察布盟、伊克昭盟以及察哈尔十二旗群王公等联合发起的"内蒙古高度自治运动"。

1933 年 7 月 26 日，以德王为首的蒙古王公及部分蒙旗代表在乌兰察布盟达尔罕旗贝勒庙召开第一次内蒙古自治会议，发布自治通电，宣布实行自治。10 月，德王等在百灵庙召开内蒙古自治会议（亦称为"第二次自治会议"），先后通过了《内蒙古自治会议组织大纲》《内蒙古自治政府组织法》等几项重要决议。蒙古王公公然树起"自治"旗帜，立即引起国民党中央的高度重视。迫于形势，国民党中央在不改变其根本政策的同时，试图找出某种折中的办法来解决这一棘手的问题。

1934 年 2 月 28 日，国民党中央政治会议通过了《蒙古自治办法原则》八项，其中第三条规定"察哈尔部改称为盟，以昭一律，其系统组织照旧"，[①]赋予察哈尔部与内蒙古六盟相同的法律地位。《蒙古自治办法原则》是国民党中央应对蒙古自治运动颁布的一项十分重要的法令。其核心内容是以法律形式允许在内

---

① 乌力吉陶格套:《清至民国时期蒙古法制研究——以中央政府对蒙古的立法及其演变为线索》，第178 页。

蒙古设立统一的自治机关——蒙古地方自治政务委员会（简称"蒙政会"）。这对内蒙古后来的政治演变产生了重要影响。从这一点上看，《蒙古自治办法原则》多少满足了内蒙古各盟旗的自治要求，一定程度上保障了蒙旗的自治地位及权利。①

根据《蒙古自治办法原则》，国民党中央政治会议通过了由行政院草拟的《蒙古地方自治政务委员会暂行组织大纲》和《蒙古地方自治指导长官公署暂行条例》，并于3月7日以国民政府名义正式公布实施。4月23日，蒙古地方自治政务委员会在贝勒庙正式成立。

《蒙古自治办法原则》颁布后，察哈尔十二旗群在法理上终于获得了与各盟相同的政治地位和组织形式。察哈尔改省以后，右翼四旗虽然留在了察哈尔省内，但由于与绥东五县并存于一地，察哈尔部固有领地事实上被两个省分割。因此，早在察、绥改省之初，察哈尔十二旗群政治联合办公处屡次向中央提出改设察哈尔为盟的要求。察哈尔十二旗群欲通过改盟，使察哈尔左右翼八旗及四牧群形成一个整体，以保护固有的领地和共同的传统，并抵御省县的移垦设治。②

《蒙古自治办法原则》明确规定"察哈尔部改称为盟"，对察哈尔十二旗群来说，是个极其难得的机会。所以，该法令颁布后，察哈尔旗群总管积极行动起来，争取早日建立察哈尔盟。1934年7月和1935年7月，察哈尔部十二旗群总管召开两次会议，做出改部为盟的决议，并请求蒙政会和蒙藏委员会批准。可是由于察、绥二省的极力反对，始终未能实现。③

### 2."蒙古军政府"与察哈尔盟的成立

《蒙古自治办法原则》虽颁布，蒙政会业已成立，但盟旗与有关各省之

---

① 乌力吉陶格套:《清至民国时期蒙古法制研究——以中央政府对蒙古的立法及其演变为线索》，第179页。

② 参见 Owen Lattimore, *Inner Asian Frontiers of China*, New York：American Geographical Society（Research Series No.21）（欧文·拉铁摩尔:《中国亚洲内陆边疆》，纽约：美国地理学会）。

③ 札奇斯钦:《我所知道的德王以及当时的内蒙古》，东京外国语大学亚非语言文化研究所，东洋出版印刷株式会社，1993，第6页。

间的区域划分、权限划分等问题并没有得到明确的解决，省县与盟旗并存的状况依然如故。在这种情况下，蒙政会与各省政府之间的权责利益冲突，势所难免。正当蒙政会与察、绥两省围绕盟旗权利激烈角逐之际，日本侵略势力迅速向内蒙古西部推进，竭力引诱西蒙古王公靠拢日伪势力。而蒙政会与察、绥两省之间的权利纷争，恰好为日本的侵略带来了可乘之机。

蒙政会自成立以来，由于绥境乌、伊二盟和蒙政会所在地贝勒庙处在当时绥远省政府控制之下，事实上对乌、伊二盟各旗无法实施有效的领导和管理。于是，德王等人将注意力集中到对察哈尔省控制力较弱的锡林郭勒盟及察哈尔部各旗的经营和控制上。为此，蒙政会抓紧筹划察哈尔部改盟事宜，以加强蒙政会同省方抗衡的能力。但是，德王的这一意图却被日本军方利用，使察哈尔盟的成立变为日本对内蒙古西部实施侵略的重要一环。

1935 年 6 月，李守信[①]伪军攻占多伦县城，并在此组建了"察哈尔东部特别自治区"行政公署，表示脱离国民政府。[②]同年 12 月，驻多伦诺尔的"察东警备军"的一支，由尹宝山指挥，占领察北的宝昌县。接着警备军的另一支，由刘继广指挥，占领了沽源县。随着李守信伪军的推进，土肥原贤二对察哈尔省政府主席宋哲元施以压力，使察北地区的武装一律停止抵抗。李守信伪军遂以保安队的名义，很快占领张北、尚义、商都、化德、康保、宝昌、沽源等县。

在日伪势力西侵、蒙旗形势日趋严峻的形势下，德王便以蒙政会的名义，命令察哈尔各旗群改为盟，并以张北县为盟公署所在地，任命明安旗总管卓特普扎布[③]为首任盟长，正黄旗总管达密凌苏隆[④]为副盟长。

1936 年 1 月 20 日，察哈尔盟公署成立暨盟长、副盟长就职典礼在已被

---

① 李守信（1892~1970），卓索图盟土默特右翼旗人，后参加了以德王为首的"蒙古军政府"，任总司令，后任"蒙古自治联合政府"副主席。

② 察哈尔盟公署编《察哈尔盟各县概况》（1939 年 5 月），内蒙古自治区档案馆藏。

③ 卓特普扎布（1876~1947），生于正白羊群旗世袭总管之家，16 岁任苏鲁克长，20 岁任正白牛群副总管，1900 年受封牛群总管，1916 年任明安牧场场长，1917 年任蒙藏院副院长。

④ 达密凌苏隆（1879~1950），商都牧群人，1923 年任察哈尔正黄旗副参领，1927 年升为正黄旗参领，1930~1945 年任正黄旗总管。

日伪占领的张北县举行。据称，当时有很多日本顾问在场，仪式过程中除了德王以及新上任的盟长卓特普扎布讲话之外，还有关东军代表讲话，强调日蒙"亲善"，一致行动。① 察哈尔旗群由"部"改成"盟"，这本是国民政府以法律条文形式赋予察哈尔旗群的一项自治性权利。但由于日本人的介入，察哈尔盟的成立蒙上了"伪政权"的阴影，这对后来察哈尔旗群的命运产生了直接影响。

察哈尔盟公署驻张北县城，下辖正蓝旗、正白旗、镶黄旗、镶白旗、明安牧群即牛羊群、商都牧群、太仆寺左右翼牧群以及多伦、宝昌、沽源、张北、康保、化德、尚义、崇礼等县及设治局。而此时的察哈尔省政府所辖区域仅剩南部原属直隶省的十个县，其人口构成为：汉族40万~50万人，蒙古人约3万人。盟公署的财政收入主要依靠各县的税收。②

察哈尔盟公署成立后不久，德王在日方势力的扶持下，于1936年2月12日，在苏尼特右旗王府宣誓就任"蒙古军总司令"，"蒙古军总司令部"宣告成立。从此，德王与日方的联系更加频繁，日方也加强了对内蒙古西部蒙旗的控制。

1936年4月24日，即蒙政会成立两周年纪念日，德王等人在乌珠穆沁右翼旗索王府召开"蒙古大会"，索王以盟长身份召集了锡林郭勒盟十旗的札萨克。德王以蒙政会的名义邀请了察哈尔、乌兰察布、伊克昭、土默特各旗的札萨克、总管等参加会议。会议通过了《蒙古军政府组织大纲》，共十二条。其主旨为："蒙古为筹备建国，设立蒙古军政府，至蒙古国成立时，改组为蒙古国政府。"会议决定以"蒙古军政府"作为蒙古的"中央政府"，将来把察哈尔、绥远、阿拉善、额济纳、青海蒙古置于该政府统治之下。另外，"蒙古军政府"不具有独立的财政来源，在财政方面处于寄食察哈尔盟公署的状态。③ 至此，德王发起的"内蒙古自治运动"脱离了原有的轨道，跌

① 札奇斯钦：《我所知道的德王和当时的内蒙古》（二），东京外国语大学亚非语言文化研究所，东洋出版印刷株式会社，1993，第6~7页。

② 森久男：《蒙古军政府研究》，《内蒙古多伦史料与研究》，内蒙古大学出版社，2015，第646页。

③ 森久男：《蒙古军政府研究》，《内蒙古多伦史料与研究》，第646页。

入日本人设下的"独立建国"陷阱。察哈尔十二旗群虽进入了不同于以往的"察哈尔盟"时期，但是毫无自治权利可言，反而深陷日本控制的泥潭。

察哈尔盟公署成立后，首先对其所控制的县、设治局进行了一定的改组，将原属察哈尔省的崇礼设治局改为县公署，并将原属张家口特别区的第五区及大境门一带划给崇礼县。从此，崇礼县公署驻西湾子，全县南与"察南政府"，东与"满洲国"边境相接。全县分为九个自治公所。次年1月，又将九个自治公所改为九个乡。[1]1936年1月李守信伪军占领化德后，将化德设治局改为新明设治局。察哈尔盟公署建立后，又将新明设治局改为县治，德王恐"化德"一名对其不吉利，为了表明由他来教化此地，遂改称"德化"县，隶属于察哈尔盟。

5月12日，"蒙古军政府"在德化县嘉卜寺成立。德化之所以被选为"蒙古军政府"驻地，是因为其正好处在绥远省和察哈尔省交界处，也是内蒙古中部通往内地的交通要冲。7月7日，将德化县升为德化特别市，其蒙古语名为erdemsoyoltuqota，直属军政府管辖。至此，察哈尔各旗群及察北各县完全置于日本人控制的"蒙古军政府"之下。日伪控制下的察哈尔盟采取"废小县，设大县"的措施，将宝昌、沽源二县合并为宝源县，县公署驻宝昌县城。[2]这一点亦可见于占领察哈尔省南部十县之后，将万全县及怀安县合并为"万安"县。[3]

（1）察哈尔右翼四旗改隶问题

蒙政会建立后，蒙、绥矛盾日渐激化。为瓦解百灵庙蒙政会以及打压德王等人的势力，绥远省主席傅作义等采取了一系列措施，制订了一系列计划。1936年1月10日，傅作义向阎锡山提出了彻底取缔百灵庙蒙政会的建议，其中一条即为"将察哈尔左右翼四旗分割管理。他说道，察绥蒙情不同，如不分治，牵掣殊多，尤以右翼四旗，在此察北、绥东严重情形下，更应当机立断"。[4]接着

---

[1]　察哈尔盟公署编印《察哈尔盟各县概况》（1939年5月），内蒙古自治区档案馆藏。

[2]　河北省地名办公室编《河北省地名志（张家口分册）》，第54页。

[3]　《青旗报》1941年5月24日。

[4]　《阎伯川要电存录——关于内蒙自治之件》，第0726-0728号，转引自长命《资料分析与历史解读——从百灵庙自治运动到绥境蒙政会成立》，内蒙古教育出版社，2011，第208页。

傅作义又向蒙藏委员会委员长赵丕廉提出了分别建立绥远省蒙古各盟旗地方自治政务委员会和察哈尔蒙古各盟旗地方自治政务委员会的方案，还提议绥远省蒙古各盟旗地方自治政务委员会所属盟旗为乌、伊二盟十三旗暨土默特旗、察哈尔右翼四旗，共十八旗。[①]

接到傅作义的提议后，就察哈尔右翼四旗划归问题，蒙藏委员会提出了甲、乙两案。甲案为将察哈尔右翼四旗划入乌、伊二盟；乙案为将察哈尔右翼四旗官兵划归绥远省，并令各总管在阎锡山的监督之下协力御侮。蒋介石倾向于乙案，傅作义则表示先明发乙案，再发甲案为妥。但阎锡山表示实行甲案为上策，蒋介石最终同意并采纳了阎锡山的分析及建议，并命令傅作义监管察哈尔右翼四旗。[②]

1936 年 1 月，国民政府批准成立绥远省蒙古各盟旗地方自治政务委员会和察哈尔省蒙古各盟旗地方自治政务委员会，将德王等人建立的内蒙古地方自治政务委员会一分为二，同时公布了《绥远省境内蒙古各盟旗地方之委员会暂行组织大纲》《绥远省境内内蒙古各盟旗地方自治指导长官公署暂行条例》，任命了绥境蒙政会的官员。[③]虽名为"蒙古地方自治政务委员会"，但实际操控者是傅作义。2 月，绥远省蒙政会在归绥正式成立，并将察哈尔右翼四旗划归绥远省，隶属于绥远省蒙政会。从此，察哈尔右翼四旗亦被称为"绥东四旗"。事实上，"绥东四旗"与丰镇、兴和、集宁、凉城、陶林等县一同由绥远省辖治，形成了绥远省境内"旗县并存、蒙汉分治"的局面。5 月，国民政府公布了绥远省蒙政会委员长、副委员长以及委员名单，同时右翼四旗之总管均被任命为委员。

察哈尔右翼四旗之所以被划入绥远省，其原因主要有以下几点。其一，在察哈尔右翼四旗地界内设立的丰、陶、凉、兴、集五县早在 1929 年 1 月

---

① 《阎伯川要电存录——关于内蒙自治之件》，第 0743 号。

② 《阎伯川要电存录——关于内蒙自治之件》，第 0751、0759、0762 号。

③ 乌力吉陶格套:《清至民国时期蒙古法制研究——以中央政府对蒙古的立法及其演变为线索》，第 181 页。

即划入绥远省，形成了"察哈尔右翼四旗蒙古与五县民众同壤错处者，则犹别属察省，故当时县与旗虽共居一地，而行政权之管辖，却分寄于二省"[①]的"一地二管"局面，不便于统一管理；且因开垦问题，蒙汉纠纷频繁。绥远省政府多次向国民党中央提出要求将右翼四旗一同划归绥远省，但察哈尔省则以保持察哈尔十二旗群的完整为由，不愿将其划出。[②]当然，右翼四旗蒙古人并不愿意被划入绥远省是最根本原因。察北失陷、"蒙古军政府"建立后，以傅作义为首的绥远省政府借此机会，提出将右翼四旗划入绥远省，将绥东四旗与绥东五县的行政管辖权一统于绥远省，以利于抵抗日伪的侵犯，这是主要原因。其二，察哈尔的战略位置决定了其必将成为德王与傅作义争夺的要地。就地理位置及交通而言，察哈尔是华北地区的门户，北邻外蒙古，南达天津，东连四省，西通后套，并拥有张家口至库伦的商道及平绥铁路等交通方面的优势。其三、傅作义等特意将察哈尔左右翼八旗分割成两部分，分属不同的省份，以图压缩察哈尔盟管辖地域，从而达到打击德王"蒙古军政府"的目的。

同年 11 月 5 日，就察哈尔右翼四旗划入绥远省一事，德王向傅作义发电，要求归还察哈尔右翼四旗，但遭到傅作义及国民政府的驳斥。德王再次致电绥远省政府，提出了五项要求，第一条即为："察哈尔右翼四旗，原属察哈尔八旗管辖，现察哈尔遵照中央颁行之《蒙古自治办法原则》已改部为盟，兹为完整该盟盟土计、为锡、察二盟民众在集宁、丰镇等处，买卖粮食、牛马、皮毛以及煤炭等物便利计，即日请将察哈尔盟右翼四旗归还给察哈尔盟，并归本会管辖，以符名实。……以上五项系为蒙古生存计，必不得已之要求。以前种种压迫蒙古错误，即应一一承诺，克期实行。否则，蒙古虽弱，亦不能不作最后之挣扎，因此而演变成任何事变，均由贵省负之也。"[③]

发出电报后的第三天，德王收到傅作义谴责其改元易帜、成立"蒙古军

---

① 《绥远省通志稿》卷 1《省疆域沿革》，内蒙古大学近现代内蒙古史研究所油印本。

② 曹晋：《察哈尔往事》，香港：中国文化出版社，2016，第 28 页。

③ 札奇斯钦：《我所知道的德王和当时的内蒙古》，东京外国语大学亚非语言文化研究所、东洋出版印刷株式会社，1993。

政府"的强硬答复。该电文涉及察哈尔右翼四旗归属问题时，傅作义称："查该四旗本多年隶察，相安无事，自张北六县脱离察省管辖，该四旗官民，始惶然呈请中央，颁定改隶之命。执事对义既有期勉，义敢不以诚反求于执事……"劝阻德王悬崖勒马，以国事为重，若张北等六县仍归属察哈尔省管理，恢复旧制，则虽中央明令在前，恳想察哈尔右翼四旗必仍愿还隶旧治。①傅作义等将察哈尔右翼四旗改隶问题的主要责任推给了德王，并以此作为条件，要求德王放弃"高度自治"，将察北六县归还察哈尔省政府。由此，察哈尔左右翼四旗正式分属两个不同的省份，察哈尔部十二旗群作为一个整体存在的历史至此终结。

（2）"蒙古联盟自治政府"时期的察哈尔

"七七"事变后，日军沿着平绥路，攻陷张垣、大同，进而占据绥远、包头。1937年9月4日，日军扶持商人于品卿建立伪政权"察南自治政府"，统辖万全、宣化等旧口北道所辖之十县，即1928年察哈尔改省时由直隶省划入的十个县。9月13日，日军占领晋北大同，10月15日扶持夏恭在大同成立了伪政权"晋北自治政府"，统辖雁门关以北之十三县，即大同、阳高、左云、右玉、平鲁、山阴、天镇、浑源、广灵、灵丘、怀仁、朔州、应州。

9月23日，日军和蒙古军攻占集宁，14日攻占归绥，17日又占领内蒙古西部重镇包头。傅作义所部及绥远省政府退到黄河以南伊克昭盟境内。日军占领归绥以后，随同日军进城的"蒙古军政府"接收人员，开始接收绥远省各机关。10月27日，第二次蒙古大会在归绥召开。28日，大会讨论通过了《蒙古联盟自治政府组织大纲》《蒙古联盟自治政府暂行组织法》《第二次蒙古大会宣言》等，成立了"蒙古联盟自治政府"，选举云王（未到会）为政府主席、德王为副主席。

《蒙古联盟自治政府组织大纲》规定，"蒙古联盟自治政府，以蒙古固有

---

① Sechin Jagchid, *Last Mongol Prince*: *The Life and Times of Demchugdongrob*, *1902-1966*, Western Washington University Press.（札奇斯钦：《最后的蒙古王公——德穆楚克栋鲁普的一生及其生活的时代（1902~1966）》，西华盛顿大学出版社。）

之疆土为领域，暂以乌兰察布盟、锡林郭勒盟、察哈尔盟、巴彦塔拉盟、伊克昭盟及厚和市、包头市为统治区域"，① 首府设于归绥，并改称厚和豪特。上述五盟均设立盟公署，并成为"蒙古联盟自治政府"的一级行政机构。

"蒙古联盟自治政府"成立之后，对已改隶于绥远省的察哈尔右翼四旗政区隶属问题做了调整。《蒙古联盟自治政府组织大纲》中提到的"巴彦塔拉盟"，是"蒙古联盟自治政府"成立之时，由德王主张设立的一个新盟。该盟由土默特、察哈尔右翼正红、正黄、镶红、镶蓝（原绥东四旗）、归绥县（后改为巴彦县）、萨拉齐、清水河、托克托、陶林、集宁、凉城、和林格尔、兴和、丰镇等旗县组成。②

"蒙古联盟自治政府"成立时，察哈尔右翼四旗就曾提出与左翼四旗合并，回归察哈尔盟。与此同时，察哈尔右翼四旗和归化城土默特旗也曾提出废止其辖镜内的县治。但日方考虑尚未找到治理境内汉人的可行办法，主张已设之县，无法撤销，可鉴于察哈尔在盟公署之下旗县分治之法，③随即成立了巴彦塔拉盟公署，盟公署设在厚和豪特市原绥远将军衙署内，任命德王之亲信补英达赖④为盟长、默勒根巴图尔为副盟长。

原察哈尔四牧群即明安牧群（系牛羊群）、商都牧群、太仆寺左右翼牧群均改为旗制。原直隶于"蒙古军政府"的"德化特别市"改为德化县，重新隶属于察哈尔盟。⑤察哈尔盟盟长仍由卓特巴扎布出任，副盟长为特穆尔博罗特⑥。伪蒙古联盟自治政府区域见图1。

自民国成立以来，察哈尔十二旗群总管屡向中央政府提出将察哈尔改为盟的要求，但这一要求并未在民国统治时期得以实现。不仅如此，国民政

---

① Sechin Jagchid, *Last Mongol Prince*: *The Life and Times of Demchugdongrob*, 1902-1966, Western Washington University, Press.
② 《关于行政区域划分项》伪蒙古联盟自治政府公署编《蒙古联盟自治政府内务》，第5页。
③ 《关于行政区域划分项》，伪蒙古联盟自治政府公署编《蒙古联盟自治政府内务》，第6页。
④ 补英达赖，1886出生于察哈尔明安旗，德王尊称其为姨夫，历任西苏尼特旗协领、管旗章京、锡盟驻张家口办事处处长。国民临时参政会参政。1933年"蒙政会"成立后，任保安处处长，在"蒙疆政权"时期屡任要职。
⑤ 《关于行政区域划分项》，伪蒙古联盟自治政府公署编《蒙古联盟自治政府内务》，第5页。
⑥ 伪蒙古联盟自治政府公署编《蒙古联盟自治政府各盟市旗县地方长官名簿》。

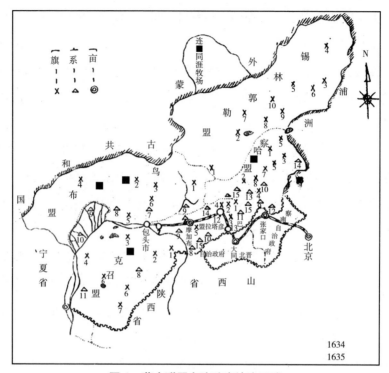

**图1 蒙古联盟自治政府统治区域**

说明：巴彦塔拉盟：1.正黄旗；2.正红旗；3.镶红旗；4.镶蓝旗；5.土默特旗；6.巴彦县；7.萨拉齐县；8.清水河县；9.托克托县；10.凉城县；11.兴和县；12.集宁县；13.丰镇县；14.陶林县；15.和林格尔县。

察哈尔盟：1.明安旗；2.商都旗；3.太仆寺左翼旗；4.太仆寺右翼旗；5.镶白旗；6.正蓝旗；7.正白旗；8.镶黄旗；9.张北县；10.宝源县；11.商都县；12.崇礼县；13.康保县；14.多伦县；15.德化县；16.尚义县。

资料来源：伪蒙古联盟自治政府公署所编《蒙古联盟自治政府统治区域图》。

府将察哈尔右翼五县划入绥远省，改变了察哈尔部地域的整体性。"九一八"事变后，德王借助日本势力成立了察哈尔盟。但是，在整个伪蒙疆政权时期，虽有察哈尔盟之建制，但作为一个整体的察哈尔十二旗群并未被划入该盟，该盟仅辖有察哈尔左翼旗群及各县；察哈尔右翼四旗以及诸县则被划入新设立的巴彦塔拉盟。这样，察哈尔十二旗群始终未作为一个整体被划入同一个政区。

### （二）察哈尔盟与察哈尔省的终结

1945 年 8 月 15 日，日本宣布无条件投降，中国抗日战争取得胜利。国民党傅作义部队向察哈尔地区进军。察哈尔成为国民党和共产党部队争夺的战略要地，察哈尔的局势变得十分复杂。但总体上察哈尔地区处于中国共产党及其军队的领导和控制之下，察哈尔盟亦基本保持原有的建制。

11 月，内蒙古自治运动联合会成立大会在张家口召开，包括察哈尔盟以及巴彦塔拉盟在内的 8 个盟、36 个旗的代表参加了此次会议。会后联合会派出工作队到察哈尔盟各旗开展自治运动，拟建立自治运动联合会各级组织和各级民主自治政府。[①]1946 年春，在哈巴嘎召集察哈尔盟各旗旗长及蒙古青年知识分子召开大会，经过民主协商成立了内蒙古自治运动联合会察哈尔盟分会筹备委员会。随后在察哈尔盟各旗建立了自治运动联合会旗支会。[②]

1947 年 5 月，内蒙古自治政府成立，宣布其所辖行政区域包括呼伦贝尔、纳文慕仁、兴安、锡林郭勒、察哈尔 5 个盟，34 个旗，1 个县。[③]其中，察哈尔盟下辖正蓝旗、镶白旗、正白旗、镶黄旗、商都旗、明安旗、太仆寺左旗、太仆寺右旗 8 旗。这时察哈尔旗群界内建立的各县则归属于察哈尔及绥远省政府

1949 年，察哈尔盟对所辖各旗进行调整，改建商都镶黄联合旗、明安太右联合旗、太仆寺左旗、正蓝旗、正白镶白联合旗等。中华人民共和国成立后，于 1950 年将原属察哈尔省的多伦、宝昌、化德三个县划入察哈尔盟。

1952 年 9 月 22 日，中共中央批准了华北局关于撤销察哈尔省制的意见，华北局经与内蒙古自治区、河北省、山西省等相关省区协商，提出了撤销察哈尔省建制以后的行政区划调整方案，决定将商都、康保、尚义、沽源四县

---

① 潘小平、武殿林主编《察哈尔史》上卷，第 414 页。

② 李玉伟等：《试论内蒙古自治运动联合会察哈尔盟分会的历史贡献》，《中央民族大学学报》2013 年第 1 期。

③ 白拉都格其、金海、赛航：《蒙古民族通史》第 5 卷下，第 624 页。

划归内蒙古自治区。[①]

1952年11月20日，中央人民政府委员会第十九次会议通过《关于调整省、区建制的决议》，决定撤销察哈尔省建制，遂将现属察哈尔省原为山西省管之朔县、平鲁、左云、右玉、怀仁、山阴、大同、浑源、灵丘、广灵、阳高、天镇等十三县及大同市划归山西省；将原河北省旧辖之赤城、龙关、延庆、怀来、宣化、涿鹿、万全、怀安、阳原、蔚县等十县，张家口、宣化二市及察北的崇礼、张北、康保、尚义、商都、沽源等六县划属河北省；[②]在察哈尔左翼四旗境内的原口北六县划入河北省。[③]

1954年1月，绥远省召开第一届第三次各界人民代表会议，一致通过关于绥远省与内蒙古自治区合并方案，撤销绥远省建制，其辖区并入内蒙古自治区，统一由内蒙古自治区人民政府领导。伊克昭盟、乌兰察布盟两个蒙古民族自治区改为两个盟；集宁区改为平地泉行政区，陕坝专区改为河套行政区；归绥市改称呼和浩特市；平地泉行政区辖集宁县、丰镇县、凉城县、卓资县、兴和县、武川县、萨拉齐县、托克托县、武东县、和林格尔县、清水河县、土默特旗、平地泉镇。另外，历史上遗留下来的问题——"绥东旗县并存"问题也得到解决。[④]该会议拟定了《结束绥东旗县并存的划界方案及划界委员会名单》；同年3月，内蒙古自治区政府发布《结束绥东旗县并存的划界方案的命令》，正式宣布撤销陶林县建制，[⑤]对原绥东四旗与各县进行了如下调整：

1）察哈尔右翼四旗改为察哈尔右翼前、中、后三旗。原东四旗中

---

① 《中华人民共和国时期的内蒙古自治区（二）》，郝维民、齐木德道尔吉主编《内蒙古通史》第7卷，人民出版社，2011，第828页。

② 《察哈尔省人民政府布告》（一九五二年十一月二十日），代理主席李济寰，"府字第三号"。

③ 1962年将河北省所辖商都县划归内蒙古自治区，7月1日由乌兰察布盟管辖，转引自《中华人民共和国时期的内蒙古自治区（二）》，郝维民、齐木德道尔吉主编《内蒙古通史》第7卷，内蒙古人民出版社，2011，第828页。

④ 郝维民、齐木德道尔吉主编《内蒙古通史纲要》，人民出版社，2006，第58页。

⑤ 庆格勒图：《绥远地区解决"旗县并存、蒙汉分治"问题初探》，《内蒙古师范大学学报》1996年第1期。

心旗[①]改为察哈尔右翼后旗，其行政区域以原中心旗第一区、正黄旗第一区、原陶林县红格尔图、土牧尔台二区、集宁县第七区为基础，划入中心旗第三区大房子乡，集宁县第三区高家地，三苏木房子，刘五村等乡划入后形成。

2）察哈尔右翼前旗的行政区域以原正黄旗第二、三、四区及原东四旗中心旗第二区的大部地区为基础，并将集宁县第五区土城子，李黄二乡第六区的四个乡及馒头沟的一道沟及宋家等自然村和桌子县的八音沟，大卜沟二乡及金城窊乡的大部分自然村和兴和县第四区皂火口乡所辖王三元、小河子、戈家村等自然村及第三区鄂卜乡所辖洞沟、占家等自然村划入后形成。

3）察哈尔右翼中旗原镶蓝镶红联合旗第一区及原陶林县西半部的五个区为基础，并将原镶蓝镶红联合旗第三区所辖的山子、大面沟二乡及十一苏木的东西营子村和桌子县北部的三个乡及东胜乡划入后形成。又将东四旗第三区沙帽营、马莲滩、坝王河三个乡划归集宁县。其余部分划入卓资县。原正黄旗第二区营子川、佰楞营两乡及马家湾、仓房梁、三岔口、赵家山、好来沟、庙沟，老利海等自然村划归兴和县。第三区木栋脑包和楼子庙的各一半划归集宁县。[②]

历经一年的行政区域及边界调整，到了次年年初，绥东旗县并存及蒙汉分治这一历史问题得到妥善解决。

1956 年 10 月，察哈尔盟人民委员会将该盟原来的五个旗三个县，调整成四个旗两个县，除了化德、多伦二县不变，撤销宝昌县制，除星耀区以及哈巴嘎区外，并入太仆寺左翼，并改称太仆寺旗，旗人民委员会迁至宝昌城内，宝昌县哈巴嘎区划归正蓝旗。

---

① 即正红旗，1949 年 11 月实行中心旗制，以正红旗为中心旗。中心旗除了处理本旗旗务之外，还领导正黄旗、镶红旗与镶蓝旗旗务。

② 《内蒙古自治区行政区域沿革》，内蒙古大学蒙古史研究所手抄本。

明安太仆寺右翼联合旗除布拉根陶海苏木外，全部并入正蓝旗，正蓝旗人民委员会由纳尔图迁驻黄旗大营子；撤销明安太仆寺右翼联合旗建制，将明安太仆寺右翼联合旗之布拉根陶海苏木以及宝昌县星耀区划归正白镶白联合旗，人民委员会由布尔都迁驻察汉淖，并改称正镶白旗。

正镶白旗翁公苏木西部和武恩巴图苏木西部划归商都镶黄联合旗，并改成商都镶黄旗，后改称镶黄旗。

1958 年，撤销平地泉、河套二行政区，分别划入乌兰察布盟、巴彦淖尔盟。察哈尔右翼前、中、后三旗以及丰镇县、兴和县、凉城县和集宁县划入乌兰察布盟，集宁由县升为市，改为乌兰察布盟公署驻地。①

10 月 1 日，撤销察哈尔盟建制，所属地区全部并入锡林郭勒盟。至此，原察哈尔八旗四群和各县分别被划入内蒙古自治区乌兰察布盟、锡林郭勒盟和河北省张家口市等跨省区、跨盟的不同行政区，察哈尔部、察哈尔盟、察哈尔省最终成为历史地域名称。

## 结　语

近代察哈尔旗群政区变革，在晚清、民国以及日伪"蒙疆政权"时期都有着不同的表现形式。清末"新政"时期，由于清政府推行开垦设治，察哈尔政区开始发生变革，主要变化是厅的数量增加，旗群地域缩小。清朝覆亡，中华民国成立后，察哈尔旗群改为察哈尔特别区。为了稳固边疆局势及建立地方财政，中央政府及地方政府在察哈尔继续推行开垦设治政策。这一时期，在垦务机构、开垦清丈章程以及开垦力度等方面均超过了晚清时期的开垦，致使察哈尔旗群政区进一步发生变化，其直接结果为在察哈尔左右翼八旗以及四牧群界内出现了诸多设治局。随着移民人口增长及垦地面积扩大，这些设治局不久均被改为县，形成了察哈尔"旗县并存"局面，且县的规模越来

---

① 《内蒙古自治区行政区域沿革》，内蒙古大学蒙古史研究所手抄本。

越大，旗的地域越来越小。国民政府时期，国民党政府继承北京政府时期的边政思想，为了进一步加快移垦设治，索然建立察哈尔省，并将察哈尔右翼五县划归绥远省。与此同时，在察哈尔增设了三个设治局。农耕区域的不断扩大，县的增设，造成察哈尔蒙古人赖以生存的游牧地急剧缩小，不识农耕的蒙古人不得不向北部的干旱地带迁移，其生存变得更加艰难。察哈尔右翼四旗总管为了摆脱被划入绥远省的命运，改变"旗县并存"的现实，宁愿请求国民政府迁牧至荒凉废弛的台站地，也不愿再与从事农耕的右翼五县同处一地。日伪"蒙疆政权"时期，虽设立"察哈尔盟"，但其政区仅限于察哈尔左翼旗群及诸县，察哈尔右翼四旗及诸县仍划归新设立的"巴彦塔拉盟"，并未改变"察哈尔左右翼分裂""旗县并存"的局面。

晚清到民国时期中央政府的对蒙政策，是导致近代内蒙古行政建制不断发生变化的最根本原因，而地处要冲之察哈尔部受其影响较深。有清一代，察哈尔旗群作为内属旗，较之于其他札萨克旗，自主权相对薄弱。清朝覆亡之后，察哈尔旗群的总管们和民国政府就察哈尔旗群政治地位与归属问题，有过很多次的交锋。察哈尔旗群在民国时期虽经历了特别区、省制、盟制等区划变革，但在国家政权更迭、区域政治经济变革中始终处于边缘化的境地，其诉求往往被束之高阁，终未能达成保护察哈尔部整体的目标。这一历史事实生动地反映了民国政府边政理念和少数民族政策的核心价值取向。

# 张北县开发史<sup>*</sup>

尹自先

**摘　要：** 张北县开发，为时三百年。从其发展过程看，先于流民冒禁私垦，地主主动违禁容留，两相情愿造成事实，迫使统治者一次又一次地局部招垦，并顺应形势最终全面开禁。垦地由坝下到坝上，由官荒及牧厂。实是一自发的由小到大、由少及多的发展过程。本文揭示这一开垦历程，并勾勒各个时期开垦地段，以及张北县疆域和人口的变化。

**关键词：** 张家口厅　左右两翼　八旗　坝上私垦　招垦

张北设县始于金代，历元至明复为荒服。清雍正二年设张家口厅，民国2 年改厅为县，以位在张家口北称张北县。谈张北县开发史，当从张家口厅谈起。

## 一

明朝末年，清太宗平定察哈尔，谓其地宜牧，自顺治初历置公私牧厂；康熙十四年（1675），迁察哈尔蒙古东西两翼八旗驻牧宣（化）、大（同）边

---

\* 原载张北县历史文化研究会《研究动态》总第 21 期，2018。

外，即官牧余地分授放牧；三十二年以后又置军台、文书路，建喇嘛庙，皆有养息牧地。是时，宣大边外，张（家口）、独（石口）口北，荒原莽莽，畎亩未开。

清顺治初，圈占张家口外荒地，授给八旗王公宗室垦种，始有畎亩，但所授大都占而不垦，垦而复荒。康熙初退占京畿圈地，谕令宗室官兵，有自愿耕种口外（泛指长城以北）旷地者，由其都统资送牛种，按丁拨给。康熙八年（1669），饬部"将张家口、山海关等处旷土，换拨各旗耕种"。时张家口外东、正两沟[①] 拨给镶红、镶蓝两旗满兵耕种，其后又有他旗在今崇礼县境换拨耕种。据张鹏翮《奉使倭罗斯日记》，康熙二十七年（1688），使团"次察汗托诺亥大坝，犹华言白头岭也。……山河一道，即达口之定边河也。有蒙古沿岸穹庐以居，此中有皇庄与旗庄，同蒙古杂处。自此皆向西行。……"察汗托诺亥大坝即今崇礼县察汗陀罗，定边河即今自崇礼流经张家口的清水河，张鹏翮在此见到的"皇庄与旗庄"正是上述张家口外东、正两沟拨给满兵耕种的田庄。汉人则在禁止之列。

康熙中叶以后，内地土地兼并日趋发展，人口大幅度增加，耕地严重不足，加之天灾水旱，流民成批涌现。每当灾年，大批流民不顾禁令出边垦种。康熙二十七年，跟随张鹏翮一同使俄的外语翻译张诚神父在哈拉特岭（即前述之崇礼县察汗陀罗）下看到流民"居住的泥棚"，并断言在"这里定居是为了开垦他们能找到的最好的土地"。[②] 这是对汉人来垦的首次记载。到康熙末，对于流民冒禁走边（外长城及东北柳东边），清政府多次予以驱逐究办。但流民成批涌入，带来社会动荡和不安，迫使统治者不得不重视这一严峻的社会现实，康熙五十一年，康熙帝"命有司稽查口外流民徙边种地者"后说："山东民人往来口外（长城外）垦地者多至十余万，伊等皆朕黎庶，既到口外种田生理。若不容留，令伊等何往？"[③] 这反映了当时统治

---

① 位于今张家口大境门外。清雍正二年成立张家口理事厅，大境门以北都是该厅辖地。

② 张宝剑等译《张诚日记》，中国社会科学院历史研究所清史研究室编《清史资料》第五辑，中华书局，1984。

③ 《清圣祖实录》，康熙五十一年，中华书局，1985。

者的无可奈何的心理。终康熙一朝，张家口外私垦流民成千上万。雍正二年（1724），遵"边外开禁，招民垦获"的诏令，察哈尔都统弘昇丈量察哈尔右翼四旗地亩时，就"看得自张家口外至镶蓝旗察哈尔（驻今内蒙古自治区察右前、中旗一带——自注）西界各处，山谷僻隅，所居者万余"。①

康熙朝一度对古北等口外开放，但对张家口外并无明令。雍正即位，在积极发展农业生产的同时注意解决流民问题。雍正元年（1723），颁诏令："敕督抚以下各官加以劝民人开垦旷土，听其相度地宜，自报自垦。"同时，准各边外开禁，招民垦获，并设总理大臣专司口外报粮编审。这一政令，正式揭开包括张北县在内的口外开发的帷幕。《口北三厅志·地粮志》称："我世宗宪皇帝神明御宇，灼知塞外闲田独多芜淤，始招民垦获。"

雍正二年，以"居民既多"设张家口理事同知厅（以下简称"张家口厅"），管理口外东西两翼察哈尔地方，继征西四旗入官地租银两，承审口内沿边八县民人与蒙人互讼事务。这一年，察哈尔都统差人丈量右（西）翼四旗（含本县曾辖之尚义坝下一带，时称正黄半旗）官荒空闲地亩。招垦以240步为亩，不征地价，世管为业，旱地十年起科（即征赋）。乾隆十年上任的大朔理事通判（雍正十三年设，驻扎衙门口，乾隆二十一年改设丰镇厅）长世图曾作《大朔设官纪略》，称斯地"其始为察哈尔八旗及太仆寺马厂地亩，雍正三年以地土闲旷，招民垦种，隶张家口征纳"。②张家口厅与其同步，民国《张北县志》记载："张北开垦始于清雍正年间，初在东西两汛坝下开放，先放右翼旗地，继放左翼旗地。至光绪年间始在坝上开放。"③西汛辖区的主体是今尚义县坝下（驻乌里雅苏台），为正黄半旗属地，靠近右翼丰镇，可判断于雍正三年招民垦种。

是期，垦务大兴，如《石渠余纪》所言："雍正间劝农之诏屡下，各边外皆以次招垦。"谓"边外"，不过是长城附近而已，张家口"边外"则在

---

① 金润章纂，黄润可校补，乌云格日勒校注《口北三厅志·地舆志》引"雍正二年，理藩院为知会事，据都统弘昇等奏"，内蒙古历史文献丛书，内蒙古出版集团、远方出版社，2015。

② 光绪《丰镇厅志·艺文》。

③ 《张北县志·财政·田赋》。

坝下 ① 地带。据民国《张北县志·财政·田赋》，雍正年间所开地段共十七路 ②。头二三道营、耗尔沁（毛耗沁）、骆驼鞍、南山窑、榆树林、胡素太、四杆旗、圪料沟、乌拉哈达、察汗陀罗八路皆在崇礼县境；元宝山一路，今属张家口市；洗马林口外六路，即洗马林东路前后地、上下北路地、南路地，海拉坎山黄榆沟、立兔沟、长条沟，这六路基本涵盖了尚义坝下的大部分。

雍正十年，以张家口厅辖区太长"鞭长莫及"，析置独石口厅；十二年，又析置多伦诺尔厅。

乾隆元年（1736），西翼正红、镶红、镶蓝三旗及正黄旗的另半个旗改归山西省大朔通判管辖，张家口厅辖理东翼镶黄一个旗（驻牧今崇礼县王冒营）及西翼正黄另半个旗。这一时期继承雍正政策，继续招民垦种。乾隆四年，直隶总督孙嘉淦委员调查，查得独石口外"计开平（即元上都故址）、红城（沽源县小红城）之间可耕之田不下数万顷"，又张家口外"计兴和（张北）、新平（张北西百里，今址不详）之间可耕之田亦不下数万顷"，遂"为沿边添驻满兵事"上奏，奏札里提到："口外之山，绵亘千余里，名曰大坝，凡坝内之田，皆已招民垦种，现征钱粮，此诸城（指开平、红城、兴和、新平）之地，逼近大坝……臣于明春饬地方官招民垦种……"③可能因"于蒙古滋扰"，计划并未施行，仍限坝内。据《口北三厅志·地粮志》，到乾隆二十年，张家口厅征粮地共计3494顷80亩，其中招民垦种地为大宗，次为"入官地"（满蒙各旗佐领上交的垦熟地，地粮由官方经征），又有"报垦地"（私垦地报官纳赋）等。以上是赋额数，私垦或已垦而未升科及抛荒地不在其内。另外，镶黄旗界内满蒙各旗佐领占产地已开垦（自行或被流民

---

① 指张北——围场高原南部边缘一线山岭，清时俗称"大巴""达坂""大坝"，蒙语山岭的意思，今演绎成"坝头"或"坝"。系地质构造形成的深断裂，属尚义套里庄—北票深断裂。

② 查民国18年及民国23年《张北县志》行政区划，民国初县下设区，区设村、保。民国17年改村、闾、邻制。民国20年，区下改乡、闾、邻制，并无"路"一级建制。可能是历代田赋收支簿册相沿习用，指跨乡联村以名气大地望居中的村落命名的大片地段，视同现在所称的"片"。

③ 孙嘉淦：《请于开平、兴和添驻满兵奏札》，《口北三厅志·艺文一·奏疏》。

私垦）的也不在少数。

垦殖初，清廷规定："出口种地民人不准带领妻子前往，除情愿在口外过冬人等外，余者俟秋之后约令入口，每年种地之时再行出口耕种。"其时口外天寒地冻，一般人也不在口外过冬。也确有留住口外的，久而久之，渐渐形成聚落。据《口北三厅志·村窑户口志》，其时张家口厅辖境（见图1）为今崇礼县和尚义县坝下及今张北县台路沟乡张家湾、镇虎台等四五个村，共有村落 286 个，6072 户。其中，西汛千总（雍正三年设）管下村 125 个，旗（满）户 19 户、民（汉）户 2354 户、铺（驿站）户 263 户，计 2636 户；东汛把总（驻今崇礼太平庄，雍正三年设）管下（今崇礼县）村 161 个，旗户 507 户、民户 2824 户、铺户 105 户，计 3436 户。

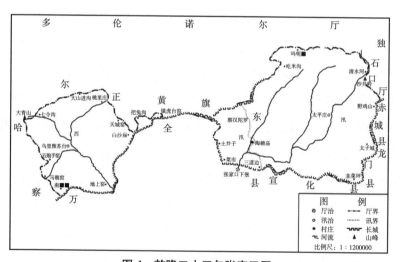

**图 1　乾隆二十三年张家口厅**

资料来源：尹自先据《口北三厅志·村窑户口志》绘。

这一时期，来垦者络绎不绝，荒旷供不应求。乾隆三十年冬，直隶总督方观承、察哈尔都统巴尔品等以太仆寺右翼马厂（驻牧殷子川，今内蒙古自治区丰镇、兴和县一带）"荒废日久，召民承垦"，"丈明共得地二万三千三百顷有零"，"俾民开垦"。就张家口外而言，坝内已无可供招垦的大段荒地，流民开始私垦牧地，并且蚕食坝外官荒。乾隆后期，内蒙古其他沿边游牧地方也多发生私垦事。对此清廷多次禁止，甚至实行全面封禁，但势难阻止。

对于旗、群、台站、王公马厂集中的坝外，历来封禁甚严，就是雍正督垦时也不忘严谕："断无容其向外占垦游牧之地。"张家口厅坝上地界，除察哈尔镶黄旗、正黄半旗，官牧就有正黄旗牛群、羊群，镶黄旗牛群三群的全部或大部，太仆寺左、右翼牧群和商都牧群的部分，以及几处八旗军马"出青"①的牧厂，台站则有头、二、三、四、五台，王公马厂十数家。流民蚕食坝外活动不停，王公马厂追逐地利，率先违例私募出佃。乾隆四十六年，户部议："口外牧厂辽阔，近来王公牧放渐稀，流寓小民渐渐聚成村落，势难禁其私垦，不若准其耕种升科，做为有牧之土，惟实与游牧毗者仍禁私垦。地利渐兴，耕与牧固不相妨也。"所称"口外牧厂"，指张家口、独石口外坝上众多官牧所在的广大草场。嘉道以后流民急剧增多，统治者多次严谕禁止出边。嘉庆十一年（1806），清廷颁布《禁止出边开垦地亩令》，再度全面厉行封禁政策。十五年，廷臣奏查张家口外垦况："张家口地方偏僻，关外东西两沟虽有山坡垦种，地亩无多。数十里外即系游牧草地，并无可垦，亦无村落。""游牧草地"指坝上，但地处坝上的满旗子爵俊璋马厂地毛金坝（今本县与崇礼县交界之毛金坝），这一时期②已俾流民开垦7200多亩。道光二十年（1840），王公奕兴的赛尔（今尚义县赛尔台）一带马厂地被"家奴募民私垦300余顷"（这一年奕兴全部马厂地以私垦上缴入官）。这是关于张家口厅坝上开发的最早的明确的记载。

有清一代，《蒙古律例》《大清会典则例》等诸多文献中，有大量有关禁止内地农民私入蒙地垦种，禁止内地商人随意到口外经商贸易，不许内地民人携眷进入蒙地以及各种不许蒙汉联姻、不许蒙人招留汉人等政策规定。察哈尔八旗虽系内属蒙古，却也在禁止之列。如乾隆十四年（1749）九月规定：

---

① 驻京满蒙八旗军马五月赴察哈尔牧放，九月驱回，称"出青"。乾隆后期准噶尔战事结束后逐渐裁汰。

② 民国《张北县志·财政·田赋》记录"毛金坝一路系清嘉庆年间开放"。

"嗣后，将容留民人居住，增垦地亩者严行禁止，至翁牛特、巴林、克什克腾、阿鲁科尔沁、敖汉各处亦应严禁出典开垦，并晓谕察哈尔八旗，一体遵照。"[①] 各个阶段都有不同的禁止私垦的法令，但是口外移民和私垦从来就没有间断过。

咸丰年间，清政府经费支绌，筹款维殷。咸丰四年（1854），给事中仙保上"（察哈尔）八旗官荒地亩请开垦升科以裕经费"一折，请求在奕兴上缴马厂苏鲁克地段（今尚义县坝上西部）试行招商开垦，议准。遂招商承领指定官荒（地商再转手发佃），始征押荒银（每亩一钱），由押荒局核收。熟地（多系私垦地）于缴押荒银领取执照次年升科，生荒三年后升科。据民国《张北县志·财政·田赋》，这一阶段约开垦 150000 亩，地段一在苏鲁克，一在赛尔、哈达和硕等台站（原属正红旗水草地，今尚义县赛尔台、哈拉沟一带）。这一举措为时不长，但它首开坝外官为招垦的先河，流民从中受到鼓舞，乘势涌出坝外，私垦官荒空闲乃至旗、群、台站、庙仓的牧地草场。

同治、光绪之际，蒙地封禁政策进一步松弛，私垦成风。如光绪八年（1822）察哈尔都统所禀，不仅"旗、群空闲官荒牧厂早经奸民私垦，日甚一日，游牧地方也多为蚕食……（流民）恃口外游牧地方辽阔，殊少界限，乘隙偷垦，已成习惯"。到光绪末年，各旗牧地"比年来经官兵等互相串卖，各便身图，有将全佐领私放净尽几无尺寸者"。大多牧群也如之，如正黄羊群（官牧，地在今尚义县北部）、正黄牛群（官牧，地在本县海流图、单晶河及临近的尚义县炕楞一带）"溯自咸丰年间，各处民人私垦厂地、台地，渐次侵入群界……蒙官贪利私放，民户益无所顾忌，陆续开垦，愈久愈宽。数十年来，群地未开者牛群不过十之二三，羊群则仅十之一二"。至于王公马厂，"自近年以来，久已有地无牧。"对此，统治者禁止不能，驱逐不得，被迫承认现实。

光绪元年（1875），直隶总督奏请清查左（东）翼私垦地亩，补收押荒，

---

① 《清高宗实录》卷 348，乾隆十四年，中华书局，1985。

并设押荒局开办官荒及王公马厂空闲之地，仍由官招商承领，亩征押荒银二钱，办垦公费银八分，八年告竣。是期共约开 700000 亩，地段共十一路。

苏济梁一路：原属满旗源公府马厂地，今尚义县老虎山以南坝上，即七甲、八道沟、炕楞等乡一带。

奎腾、汗诺尔台一路：原属正黄旗水草地，今尚义县奎腾台、张北县寒淖台一带。

云头坝一路：原属满旗协尉白桂喜马厂地，今张北县大河、台沟路二乡的大部分。

兴和城一路：原属满旗宝公府马厂地，今馒头营乡南部及张北镇、油篓沟乡北部。

台子沟一路：原满旗子爵祥林马厂地，今大圐圙镇瓦窑沟、双石头沟、大小台沟一带。

花台坝一路：原满旗子爵成海马厂地，今白庙滩乡东部、大圐圙镇西南部，崇礼县山岔、大水泉二乡北部。

板深图一路：原满旗子爵俊璋马厂地，今二台镇板申图，大圐圙镇对九卜、脑包图一带。

白庙子滩一路：原系官荒，今白庙滩乡。

四村地一路：原官荒，今尚义县四村地一带，咸丰年间已开，属复开。

张家湾一路，原系官荒，今台路沟乡张家湾一带，乾隆时已开，属复开。

新河口一路：原系官荒，今台路沟乡西部、大河乡南部。

以上除新河口一路系光绪二年开放外，其他均在光绪元年开放。

光绪二十四年再次开办，至二十八年九月，约共开垦 200000 亩，地段五路：

旧黑沙图一路：原系官荒，今白庙滩乡下红果图一带。

旧兴隆滩一路：原满旗子爵俊璋马厂地，今二台镇南部、郝家营东北一带。

旧白城子一路：宝公府马厂地，今馒头营乡中部及两翼。

旧三眼井一路：原系官荒，今战海乡三眼井一带。

七里河一路：原系官荒，今小二台乡南部、油篓沟乡东部。

光绪末，内蒙古沿边各地牧业凋敝。甲午战争后，清政府币藏一空如洗，开发蒙荒收取押荒、地课成了解决饷源的重要谋路。而这一时期，俄之谋蒙日迫，全国舆论要求抵制帝俄侵略，开发蒙地，充实蒙边，成为全国迫切的政治要求。庚子之变后，清政府内外交困，为挽救其垂死命运，光绪二十七年在全国推行"新政"，翌年正式颁布开垦蒙荒令，这一举措史称"移民实边"。在此形势下，张家口厅与其他蒙地一样，以空前的速度和规模掀起垦荒高潮。

光绪二十八年十月初一，在张家口设左翼垦务局，一面接收旧有押荒局未完事宜，凡已垦地一律划清丈明，私垦者饬令照章押荒升科。如其地荒熟相间，则齐其垅塍；分行插垦，则群相归并；已全开，则将牧群移并，是时驻牧尚义县北部的正黄羊群，驻牧张北县马莲渠之太仆寺右翼骟马群，单晶河、海流图乡一带之正黄牛群，波罗素、白塔一带的镶黄旗牛群北移。一面由垦务局直接招民户承垦，呈缴押荒银后，给发地照。地商、户总[①]名目一律革除，私设地局（地商、户总发佃时所设办事机构）一律解散。以 360 步为一亩（称"大亩"），五顷为一号，每亩收押荒银二钱、办公银一钱。升科年限区别已垦、未垦，已垦于收缴押荒之年起征，未垦地试垦三年，再行起征。同时，酌留公共牧地及蒙员随缺地亩，每一苏木留 12 顷，随缺地亩一项数额不等，总管拨地 800 亩为最高，步兵（察哈尔蒙古八旗皆行八旗制度，平时为民，战时兵）

---

① 原招商承垦，由商发佃，从中渔利，此等办地商人称为"地商""户总"。

60 亩为最低，随缺地亩或自行耕种或招佃分成听便，并免其押荒升科。是时，无论旗、群、台站，凡空闲地一律开垦，王公马厂除喀尔喀亲王那彦图马厂（在今康保县哈咇嘎一带）外一律开垦。二十九年正月又在张家口设立东路垦务公司，官商合办，生熟各地一经垦务局丈明，即由公司勘验承领，分起缴纳押荒，地归公司，由公司自行垦种或分等加价发佃放垦（是时公司多发佃）。

光绪二十八年十月至三十三年三月，张家口厅共丈放 1381819.2 亩（此系已缴押荒银地数），另有虽丈放但未交押荒地约 800000 亩，此外尚有私垦地，该阶段实际开垦合计在 2200000 亩之谱。地段共十七路：

二台一路：原系官荒，今二台镇北部及临近察北管理区南部一带。

乌兰脑包一路：原系官荒，今二台镇、郝家营、白庙滩乡接合部。

大小岳岱一路，原系官荒，海流图乡大小岳岱山一带。

正黄牛群一路，原正黄牛群牧地，北移后为官荒，今单晶河乡、海流图乡中南部。

头台一路，原属宝公府马厂，今张北镇东南、油篓沟乡北部。

新黑沙图一路，原系官荒，今二台镇大小黑沙图、壕堑一带。

沙拉胡洞一路，原系官荒，今公会镇一带。

马兰渠一路，原太仆寺右翼牧群牧地，北移后为官荒，今大营滩、马莲渠一带。

新三眼井一路，原系官荒，今大圐圙镇、三号、战海乡交界之葫芦树沟、石家沟一带。

镶黄牛群一路，原该群牧地，北移后为官荒，今察北管理区白塔南部，原波罗素乡及二台镇西部。

新白城子一路，原宝公府马厂地，今二泉井乡南部，馒头营乡中、北部。

古力半淖尔一路，原源公府马厂地，今尚义县七甲乡南部。

松公黑水河一路，原系满旗松公府马厂地，今公会镇北部，两面井乡东部及相邻之康保县部分。

勤耕堂克公一路，原系满旗克公府马厂地，今大西湾乡北部，两面井乡西、北部及相邻之康保县部分。

新兴隆滩一路，原满旗子爵俊璋马厂地，今二台镇吉庆沟、察北牧场宇宙营一带。

红山子一路，原满旗和亲王马厂，今大圐圙北部、察北管理区东南部、三号乡大部及大圐圙镇西部。

延侯马厂一路，原系满旗延侯府马厂，今二台镇西北一带。

光绪三十四年，督办晋边（含察哈尔）垦务大臣贻谷以"二误四罪"被参逮，垦务告停。宣统元年（1909）又设推广垦务局，不过办理前局未完事宜。宣统年间约开 100000 亩，多系上期已经丈放未交押荒地，地段也多分布于上述各路。

清末，张家口厅辖境大体为今崇礼县大部（清水河以东、沙岭以北归独石口厅）、尚义县大部（老虎山以北属正黄羊群及商都牧群）、张北县大部（仅北部、东北部小面积属察哈尔镶黄旗，今属康保县）和太仆寺左翼牧群（今地属察北管理区一分场、沙沟乡及二台镇）。东、西、中（光绪八年增中汛，驻兴和城）三汛（警区性质）共有 30849 户，100300 人。垦熟地 3030000 亩（此为民国 3 年赋额数，清末至民国 3 年间无较大规模垦务活动，故此数可视为清末数），加上"黑地"，实际开垦 4000000 亩。

自清咸丰年间，历光绪初、中期，张北县坝上虽有几次较大规模的局部招垦，但事竣总要"掘壕分界，界外不得复行开垦"，封禁如故，总体看似禁垦，但就实质而言，"名为禁垦，实则私开"。清末"移民实边"，张北县全面开禁，厉行招垦，为本县开发史上的黄金时期。它不仅为今天农业经济结构的形成从根本上奠定了基础，而且对后世产生巨大影响，民国初继往开来，仅用短短十数年时间，就完成了单一牧业经济向以农业为主的社会经济结构的转变。

## 二

民国初,"移民实边,理财设治,诸般要政皆以垦务为前提"。民国 3 年(1914),北洋政府颁布"奖励垦辟蒙荒办法七条",批准《察哈尔垦务章程》。民国 4 年,在张家口设垦务总局,张北县(民国 2 年改厅设县)设分局,大张旗鼓地清丈招垦,史称"大开荒"。

是时,先调查察哈尔八旗户口荒地,计户授田,蒙民一律免价按丁授田 50亩。此外,未辟旗、群、台站、王公马厂荒场悉数放垦,凡开放者不分等则,每地一亩提给恤蒙银四分,外加恤各旗、群,下则地每亩四分,中则地五分,上则地六分,以资奖励。各王公牧厂、马厂报由垦务总局丈放所收地价提出二成总分,除各局经费外,半劈给该王公。同时,颁布《禁止蒙旗私放荒地章程》。

招垦仍以 360 步为亩,5 顷为号,地分上、中、下三等,垦局丈竣后除登报招垦外,还将所编地亩、号数、坐落等列表牌示公众局门,听凭民户自行指领。地价按照等则,上地亩七钱,中地五钱,下地三钱,核收地价后填发部照,一经填发,所领之地即归民户,世管为业,民户自持部照赴荒,按照给拨,自 1915 年 7 月 20 日起,随征荒价一成为丈费,自 1917 年 5 月 31日起每顷随征教育费一两。领垦生荒三年后升科。

是时垦务勃兴,领户踊跃,甚至有乘黑夜风雨之间私垦偷开者,以图原垦原领。自 1915 年 5 月至 1917 年 6 月,约开 400000 亩,部分分散在前述各路,主要地段有五路:

正黄羊群一路,原系该群牧地,光绪末北移,今尚义县老虎山迤北大青沟四台、五台一带。

商都牧群一路,原系该群牧地,光绪末北缩,今本县两面井乡北部、黄石崖乡西部、尚义县三海子洼一带、康保县土城子乡以及邓油坊、赵顺二乡南部。

　　哈拉汗一路，原系那亲王马厂地，今康保县哈必嘎乡及其西、北邻界部分地带。

　　红山子一路，原和亲王马厂。

　　博罗柴济台一路，原属正黄旗台站地，今油篓沟乡玻璃彩一带。

　　是时，张北县面积之大前所未有，除包括今张北、崇礼、尚义三县全境外，北部扩至今康保县邓油坊、土城子、哈必嘎乡的大部或部分，东北部与今境大体相当（见图2）。

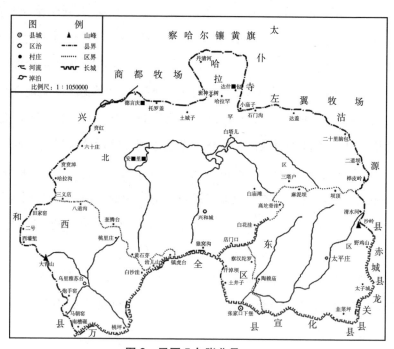

图2　民国5年张北县

资料来源：尹自先对照察哈尔全区垦务总局编《垦政辑览·杂录第十》（内蒙古自治区图书馆藏）附"张北县图"绘制而成。

　　1917年，今尚义县老虎山迤北"共计地二千一百五十八顷五十八亩二分"[①]，划拨商都设治局（县级行政机构），东北英图壕一带（今二台镇波罗素、左

---

　　①　民国《张北县志·经纬度之位置·疆界》。

家营、麻黄山一带及察北管理区西北边部）"计地一千余顷"，[1] 划拨宝昌设治局。当年9月调查全县户口，共有38322户，141586人。民国11年，又将今张北、康保交界以北"共计地两千零三十三顷一十一亩"[2] 划拨康保设治局。

1924年后，事变迭起，土匪纷扰，兼以连年亢旱，许多地户逃亡。当局多方强化垦务活动，一度成立护垦队，但衰败趋势已不能挽。1927年3月，裁撤垦务总局并入察哈尔实业厅，改设放垦、清丈、收价三处（县级垦务机构此前已多变化），并降低荒价，延长升科年限，但因局面混乱，无法进行。1928年，取消放垦等三处，官方组织的垦务活动到此基本告停。这一年，全县已垦升科地3165000亩，未垦升科地60000亩，计3225000亩，加上1/3的"黑地"及抛荒轮休地，垦熟地约在5000000亩之谱。全县设一、二、三、四、五区，辖1711个村，领44360户，208896人（男124966人，女83930人），人口为中华人民共和国成立前最高。

1934年5月，将二区（坝上之察北管理区中西部，大囫囵镇、三号乡、战海乡及其西邻部分，）及四区（今崇礼县全境及张家口市元宝山、土井子西沟一带）全部划出成立崇礼设治局，共计划出2区、111乡、409村、16028户、67445人。

1929年以后，自发的开垦活动仍有，但不值一提。1935年，中日签署《秦土协定》，规定中国政府以后不得再往察区屯田移民，官为组织的垦务活动完全停止。

## 三

1940年，伪蒙疆当局采用最新科学方法逐地勘量，公布张北县（时辖一、三、五3个区，36个乡，1138个村）既耕地（实际开垦土地）3929200亩，其中应该包括"黑地"和轮休地。

---

① 民国《张北县志·经纬度之位置·疆界》。
② 民国《张北县志·经纬度之位置·疆界》。

1944 年，五区（今尚义县老虎山以南广大地区）全部划拨尚义县。1935 年，张北县赋征额 1491500 亩，加上"黑地"、轮休地，不足 2000000 亩。

1948 年 11 月，划拨崇礼县之东部原二区还属本县，至此，张北县域成为现在面目。这一年（1948 年）统计，张北县赋征地仅有 884000 亩。